中国人为人、处世、治学的必读书。

品读国学经典　汲取无穷智慧

◎彩绘全注全译全解◎

四书

（春秋）孔子等　著

思履　主编

北京联合出版公司
Beijing United Publishing Co.,Ltd.

图书在版编目（CIP）数据

彩绘全注全译全解四书 /（春秋）孔子等著；思履主编．-- 北京：北京联合出版公司，2014.10（2023.4 重印）
ISBN 978-7-5502-3731-5

Ⅰ．①彩… Ⅱ．①孔… ②思… Ⅲ．①四书—注释②四书—译文 Ⅳ．①B222.1

中国版本图书馆 CIP 数据核字（2014）第 227481 号

彩绘全注全译全解四书

著　　者：（春秋）孔子等
主　　编：思　履
责任编辑：徐秀琴
封面设计：彼　岸
责任校对：赵宏波
美术编辑：杨玉萍

出　　版：北京联合出版公司
地　　址：北京市西城区德外大街 83 号楼 9 层　100088
经　　销：新华书店
印　　刷：三河市兴博印务有限公司
开　　本：720mm × 1020mm　1/16　印张：27.5　字数：760 千字
版　　次：2014 年 10 月第 1 版　2023 年 4 月第 13 次印刷
书　　号：ISBN 978-7-5502-3731-5
定　　价：75.00 元

本书若有质量问题，请与本公司图书销售中心联系调换。
电话：（010）88893001　82062656

前言

"四书"是儒家思想文化的重要核心载体，是中华民族最为宝贵的精神财富。古代上至帝王将相、下至黎民百姓，他们修身、齐家、治国、立德都以"四书"为根本依据。现代人要想真正了解中华国学传统文化经典，就必须阅读"四书"。所谓"四书"，是指《大学》《论语》《孟子》《中庸》这四本书，它们为儒家传道、授业的基本教材。

南宋理学家朱熹在阅读"四书"时曾说，要"先读《大学》，以定其规模；次读《论语》，以定其根本；次读《孟子》，以观其发越；次读《中庸》，以求古人之微妙处"。按照这个由浅入深的次序，我们将逐一介绍"四书"，以便对"四书"的大致内容有个基本的把握。

《大学》原本是《礼记》中的一篇，相传经由孔子的学生曾参整理成文，是孔子讲授"初学入德之门"的要籍。主要讲述"修身""齐家""治国""平天下"的重要思想，这也成为儒家传统思想中知识分子尊崇的信条和最高的理想。

《论语》由孔子的弟子及其再传弟子编撰而成，是儒家学派的经典著作之一，集中体现了孔子的政治主张、伦理思想、道德观念及教育原则等。

《孟子》由孟子和他的弟子记录并整理而成，是孟子言论的汇编， 记录了孟子的治国思想、政治观点（仁政、王霸之辨、民本、格君心之非，民为贵社稷次之君为轻）和政治行动，成书大约在战国中期，属儒家经典著作。

《中庸》也是《礼记》中的重要一篇，相传是"孔门传授心法"的著作，是孔子的孙子子思"笔之子书，以授孟子"的。中庸是儒家的一种主张，意思是"执两用中"。中庸也是完美之意，即在处理问题时不要走极端，而是要找到最适合的方法，使人生变得完美。

《大学》《论语》《孟子》和《中庸》这"四书"一起表达了儒学的基本思想体系，是研治儒学的最重要文献。

"四书"是中国历史悠久、地位崇高的文化典籍，这些经典中蕴含了华夏先哲的智慧，记述了儒家学说的核心思想，内容涉及历史、政治、哲学、文学等诸多方面。自西汉“独尊儒术”后，这些经典就一直备受推崇。阅读“四书”，既可修身养性，又可增智广识，还可立德励志。然而，传统国学经典对我们多数人来说可能存在着某些阅读障碍，因此我们在编辑本书时，增加注音、注释、译文等辅助性项目，为读者扫除了字、词、句等阅读障碍，使几千年前的经典浅显易解。同时，为帮助读者更为直观地理解和领会古代先贤的思想与精神，本书选取了与正文相契合的精美插图示意，原汁原味地再现了当时历史背景、社会生活和人物的情感、精神风貌，诠释圣贤的思想和言论。对于文章中难于理解的部分，更做详细图解，让人一目了然。图文配合，意境悠远，与经典古籍相得益彰，为读者的阅读增添了不少趣味，使阅读变为一种赏心悦目的视觉享受。

阅读“四书”，通晓古今智慧，塑造完整人格，丰富美好情感，同时改进我们的生活态度、工作态度和思维方式，成就不一样的人生。

目录

》总论 …… 1

第一卷　大学

》大学 …… 3

第二卷　中庸

》中庸 …… 17

第三卷　论语

》学而篇第一 …… 45
》为政篇第二 …… 54
》八佾篇第三 …… 66
》里仁篇第四 …… 79
》公冶长篇第五 …… 88
》雍也篇第六 …… 99
》述而篇第七 …… 110
》泰伯篇第八 …… 123
》子罕篇第九 …… 131
》乡党篇第十 …… 142
》先进篇第十一 …… 151
》颜渊篇第十二 …… 161
》子路篇第十三 …… 170
》宪问篇第十四 …… 180
》卫灵公篇第十五 …… 195
》季氏篇第十六 …… 207
》阳货篇第十七 …… 213
》微子篇第十八 …… 222
》子张篇第十九 …… 227
》尧曰篇第二十 …… 235

第四卷　孟子

》梁惠王章句上 …… 240
第一章 …… 240
第二章 …… 241
第三章 …… 242
第四章 …… 244
第五章 …… 244
第六章 …… 246
第七章 …… 247
》梁惠王章句下 …… 253
第一章 …… 253
第二章 …… 255
第三章 …… 256
第四章 …… 257
第五章 …… 259
第六章 …… 260
第七章 …… 261
第八章 …… 261
第九章 …… 262
第十章 …… 263
第十一章 …… 264
第十二章 …… 265
第十三章 …… 265

第十四章…… 266
第十五章…… 266
第十六章…… 267

》公孙丑章句上 …… 269

第一章…… 269
第二章…… 271
第三章…… 276
第四章…… 276
第五章…… 277
第六章…… 278
第七章…… 279
第八章…… 280
第九章…… 280

》公孙丑章句下 …… 282

第一章…… 282
第二章…… 283
第三章…… 285
第四章…… 286
第五章…… 286
第六章…… 287
第七章…… 288
第八章…… 288
第九章…… 289
第十章…… 290
第十一章…… 292
第十二章…… 292
第十三章…… 293
第十四章…… 294

》滕文公章句上 …… 295

第一章…… 295
第二章…… 296
第三章…… 297
第四章…… 300
第五章…… 304

》滕文公章句下 …… 306

第一章…… 306
第二章…… 307
第三章…… 308
第四章…… 309
第五章…… 310
第六章…… 312
第七章…… 312
第八章…… 313
第九章…… 313
第十章…… 315

》离娄章句上 …… 317

第一章…… 317
第二章…… 318
第三章…… 319
第四章…… 319
第五章…… 320
第六章…… 320
第七章…… 320
第八章…… 321
第九章…… 322
第十章…… 323
第十一章…… 323
第十二章…… 323
第十三章…… 324
第十四章…… 324
第十五章…… 325
第十六章…… 325
第十七章…… 326
第十八章…… 326
第十九章…… 327
第廿章…… 327
第廿一章…… 328
第廿二章…… 328
第廿三章…… 328
第廿四章…… 329
第廿五章…… 329
第廿六章…… 329
第廿七章…… 330
第廿八章…… 330

》离娄章句下 …… 331

第一章…… 331
第二章…… 331
第三章…… 332
第四章…… 333
第五章…… 333
第六章…… 333
第七章…… 333
第八章…… 334
第九章…… 334
第十章…… 334
第十一章…… 334
第十二章…… 334
第十三章…… 335
第十四章…… 335
第十五章…… 335
第十六章…… 336

第十七章…………………………………… 336
第十八章…………………………………… 336
第十九章…………………………………… 337
第廿章…………………………………… 337
第廿一章…………………………………… 337
第廿二章…………………………………… 338
第廿三章…………………………………… 338
第廿四章…………………………………… 338
第廿五章…………………………………… 339
第廿六章…………………………………… 339
第廿七章…………………………………… 340
第廿八章…………………………………… 340
第廿九章…………………………………… 341
第卅章…………………………………… 342
第卅一章…………………………………… 342
第卅二章…………………………………… 343
第卅三章…………………………………… 344
》**万章章句上** …………………… **345**
第一章…………………………………… 345
第二章…………………………………… 346
第三章…………………………………… 348
第四章…………………………………… 349
第五章…………………………………… 350
第六章…………………………………… 351
第七章…………………………………… 353
第八章…………………………………… 354
第九章…………………………………… 355
》**万章章句下** …………………… **356**
第一章…………………………………… 356
第二章…………………………………… 357
第三章…………………………………… 358
第四章…………………………………… 359
第五章…………………………………… 361
第六章…………………………………… 362
第七章…………………………………… 363
第八章…………………………………… 364
第九章…………………………………… 365
》**告子章句上** …………………… **366**
第一章…………………………………… 366
第二章…………………………………… 367
第三章…………………………………… 367
第四章…………………………………… 368
第五章…………………………………… 369
第六章…………………………………… 370
第七章…………………………………… 371
第八章…………………………………… 372
第九章…………………………………… 373
第十章…………………………………… 374
第十一章…………………………………… 375
第十二章…………………………………… 375
第十三章…………………………………… 375
第十四章…………………………………… 375
第十五章…………………………………… 376
第十六章…………………………………… 377
第十七章…………………………………… 377
第十八章…………………………………… 378
第十九章…………………………………… 378
第廿章…………………………………… 378
》**告子章句下** …………………… **379**
第一章…………………………………… 379
第二章…………………………………… 380
第三章…………………………………… 381
第四章…………………………………… 382
第五章…………………………………… 383
第六章…………………………………… 384
第七章…………………………………… 385
第八章…………………………………… 387
第九章…………………………………… 388
第十章…………………………………… 388
第十一章…………………………………… 389
第十二章…………………………………… 390
第十三章…………………………………… 390
第十四章…………………………………… 391
第十五章…………………………………… 391
第十六章…………………………………… 392
》**尽心章句上** …………………… **393**
第一章…………………………………… 393
第二章…………………………………… 393
第三章…………………………………… 394
第四章…………………………………… 394
第五章…………………………………… 394
第六章…………………………………… 394
第七章…………………………………… 395
第八章…………………………………… 395
第九章…………………………………… 395
第十章…………………………………… 396
第十一章…………………………………… 396
第十二章…………………………………… 396
第十三章…………………………………… 397
第十四章…………………………………… 397
第十五章…………………………………… 397

第十六章…… 398
第十七章…… 398
第十八章…… 398
第十九章…… 399
第廿章…… 399
第廿一章…… 399
第廿二章…… 400
第廿三章…… 400
第廿四章…… 401
第廿五章…… 401
第廿六章…… 402
第廿七章…… 402
第廿八章…… 402
第廿九章…… 403
第卅章…… 403
第卅一章…… 403
第卅二章…… 404
第卅三章…… 404
第卅四章…… 404
第卅五章…… 405
第卅六章…… 405
第卅七章…… 406
第卅八章…… 406
第卅九章…… 406
第四十章…… 407
第四十一章…… 407
第四十二章…… 408
第四十三章…… 408
第四十四章…… 409
第四十五章…… 409
第四十六章…… 409
》尽心章句下 …… 410
第一章…… 410
第二章…… 410
第三章…… 411
第四章…… 411
第五章…… 412
第六章…… 412
第七章…… 412
第八章…… 413
第九章…… 413
第十章…… 413
第十一章…… 413
第十二章…… 414
第十三章…… 414
第十四章…… 414
第十五章…… 415
第十六章…… 415
第十七章…… 415
第十八章…… 416
第十九章…… 416
第廿章…… 417
第廿一章…… 417
第廿二章…… 417
第廿三章…… 418
第廿四章…… 418
第廿五章…… 419
第廿六章…… 419
第廿七章…… 420
第廿八章…… 420
第廿九章…… 420
第卅章…… 420
第卅一章…… 421
第卅二章…… 421
第卅三章…… 422
第卅四章…… 422
第卅五章…… 423
第卅六章…… 423
第卅七章…… 424
第卅八章…… 426

四书的来源

《大学》《论语》《孟子》和《中庸》这“四书”一起表达了儒学的基本思想体系，是研治儒学的最重要文献。

《大学》原是《礼记》中第四十二篇，相传经由孔子的学生曾参整理成文，是孔子讲授“初学入德之门”的要籍。主要讲述“修身”“齐家”“治国”“平天下”的重要思想。

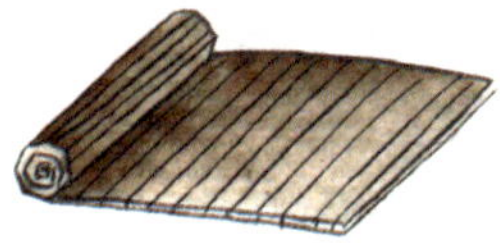

《中庸》原是《礼记》中第三十一篇，相传是“孔门传授心法”的著作，是孔子的孙子子思“笔之子书，以授孟子”的。中庸是儒家的一种主张，意思是“执两用中”。“中”即是在两个极端中间找到最适合的那一个，而不是中间的那一个。

《论语》由孔子的弟子及其再传弟子编撰而成，它是儒家学派的经典著作之一，集中体现了孔子的政治主张、伦理思想、道德观念及教育原则等。汉有《鲁论》《齐论》《古论》，今本以《鲁论》为主。

《孟子》由孟子和他的弟子记录并整理而成，它是战国时期孟子言论的汇编，记录了战国时期思想家孟子“仁政”的治国思想和“民本”的政治策略，同时它从性善论的角度出发，提出了“兼爱”“非攻”“尚贤”的德治主张和用人原则。

四书的次第

南宋光宗绍熙元年（1190 年），著名理学家朱熹将《小戴礼记》中的《大学》和《中庸》两篇抽出来，与《论语》《孟子》汇集到一起，作为一套经书刊刻问世。此后，朱熹的《四书章句集注》便成为影响中国社会最深最广的一套经书。

关于“四书”的读法，历代学者研究甚多，但是作为“四书”体系的建立者，朱熹却有着自己的看法：“某要人先读《大学》，以定其规模，次读《论语》，以立其根本。次读《孟子》，以观其发越。次读《中庸》，以求古人之微妙处。《大学》一篇，有等级次第，总作一处易晓，宜先看。《论语》却实，但言语散见，初亦难看。《孟子》有感激兴发人心处。《中庸》亦难读，看三书后，方宜读之。”朱熹这段话的意思是，读《四书》有先后次序，应先读《大学》，再读《论语》，然后读《孟子》，最后读《中庸》。为什么朱熹提倡这样的读书方法？

朱熹晚年的高徒陈淳（号北溪先生），在论及朱熹的“读书次第”说时，有一段非常好的注解：

“书所以载道，固不可以不读，而圣贤所以垂训者不一，又自有先后缓急之序，而不容以躐进。

……

“盖大学者，古之大人所以为学之法也。其大要惟曰“明明德”，曰“新民”，曰“止于至善”三者而已。于三者之中，又分而为格物、致知、诚意、正心、修身以至于齐家、治国、平天下者，凡八条。大抵规模广大而本末不遗，节目详明而始终不紊，实群经之纲领，而学者所当最先讲明者也。

“其次，则论语二十篇，皆圣师言行之要所萃，于是而学焉，则有以识操存涵养之实。

“又其次，则孟子七篇，皆谆谆乎王道仁义之谈，于是而学焉，则有以为体验充广之端。

“至于中庸一书，则圣门传授心法，程子以为其味无穷，善读者味此而有得焉，则终身用之有不能尽者矣。然其为言，大概上达之意多，而下学之意少，非初学者所可骤语。……”

“概不先诸‘大学’，则无以提纲挈领，而尽‘论’、‘孟’之精微；不参诸‘论’、‘孟’，则无以发挥蕴奥，而极中庸之归趣；若不会极于中庸，则又何以建立天下之大本，而经纶天下之大经哉！”

通过这段注解，我们不难理解朱熹的说法：所谓“定其规模”就是定下三纲领、八条目的修己治人的思想规模；“立其根本”就是打下儒学的理论基础；“观其发越”就是理解儒家学说的进一步发挥；“求古人之微妙处”就是探索古圣人“微妙而难见”的道心。由此可见，朱熹这个次序既考虑到“四书”之间的有机联系，又考虑到“四书”理解上的难易程度。

朱熹提倡先读《大学》，并把其视为无所不能容纳的“纲领”，他说：“先通《大学》，立定纲领，其他经皆杂说在里许。通得《大学》了，去看他经，方见得此是格物致知事，此是正心诚意事，此是修身事，此是齐家、治国、平天下事。”

早在朱熹之前，北宋理学名家程颐和程颢也认为《大学》是儒学的入门读物：“《大学》，孔氏之遗书，而初学入德之门也。于今可见古人为学次第者，独赖此篇之存，而《论》《孟》次之。学者必由是而学焉，则庶乎其不差矣。”

第一卷

大学

大 学

《大学》虽然只有2000多字，但却讲了齐家、治国、平天下的大道理。孙中山先生称之为中国最有系统的政治哲学。

《大学》

作者 曾参

曾子，姓曾，名参，字子舆。他出身没落的贵族家庭，性格相当豪放。他勤奋好学，是儒学的积极推广者，是孔子之后具有承上启下作用的重要人物。

时代 春秋末年

西戎、犬戎与申侯伐周，杀周幽王于骊山，镐京大乱，周平王东迁洛邑。周室衰微，诸侯兼并相篡弑，诸侯领地动辄百里，王畿仅数里。礼崩乐坏，时局动荡，战祸不息，历时数百年。

内容 初学入德之门

朱熹自《礼记》中取出《大学》一篇，分经一章，传十章，并且作了注。

曾子的学生把老师阐释的“大学之道”记录下来，编成书本。但在当时，这本书没有得到应有的重视，学者们只把它收在《礼记》中。一直到了唐朝，《大学》才受到了大儒韩愈的推崇。及至宋代，朱熹还把它定为“四书”的第一部书，并特意为《大学》作章句集注。

曾子得到了孔子的真传。

“三纲八目”是“大学之道”的核心。“三纲”指的是明德、新民、至善；“八目”是格物、致知、诚意、正心、修身、齐家、治国、平天下。实际上，儒家学说都是围绕“大学之道”展开的，若是懂得了它，就好比抓住了一把打开儒学大门的金钥匙，到时就可以登堂入室，领略儒学经典中蕴藏的全部精义了。

曾参认为，早在夏商周时代，就已经开始强调品德之事了，他还引用《尚书》中的《康诰》《太甲》《帝尧》来论证：“《康诰》篇上说：‘能够光大美好的品德。’《太甲》篇上说：‘上天赋予的光明禀性是应该经常被注视的。’《帝尧》篇上说：‘伟大美德能够得以弘扬。’这些都是在说光明正大的美德应该得到发扬。”

孔子之后，曾子将儒学继续发扬光大。

格物致知是“大学之道”的第一个阶梯，是要我们研究了解每一种事物，这样的话心中的知识才有可能推究到极点。人的心灵最为敏锐，能够认识各种事物；而天下的各种事物，都有一定的道理可寻。只是对这些道理深入研究，就能让知识充实。

看得出，《大学》一书的形成和成熟，不但有孔子的智慧，也有曾子的智慧，甚至于朱熹的智慧也渗透其间。因此，也可以说《大学》是中国知识分子集体智慧的结晶。

三纲领

“大学之道，在明明德，在亲民，在止于至善”，这就是《大学》的第一句话，它讲的正是儒家学者的终极理想。儒家认为成人学习的根本有三点：

明明德

首先是要“明明德”，就是要把原本人自身所具备的善良通明的品德展现出来。虽然每个人都有这样的品德，但不是每个人都能将它们展现出来。所以儒家首先要倡导彰显自身的光明的德行，以光明整个社会。

亲民

其次是要“亲民”，就是要身躬力行地与周遭人相亲近，知其所难，助其所危。这是一个很广义的说法，我们知道每个儒家学者都有治国平天下的理想，所以所谓亲民，大的是指要亲近治下的民众，小的则是指要关心周遭的每个人，无论为官还是为民，都要有为民着想、关心社会的心，这样才可以创造一个和谐的社会环境。

止于至善

最后是要“止于至善”，就是将事物做到尽善尽美而不动摇。这是一个很高的境界。

儒家心目中有一个理想的大同世界，在这个世界里，人们单纯善良，不欺互助，和谐无间。而要实现这样的大同，无疑需要每个人的努力。“明明德”“亲民”“止于至善”，统称为《大学》的三纲目，是儒家教育希望每个儒者应该具备的人生终极目的。

八条目

格物

就是要求人们亲历其事，亲操其物，即物穷理，增长见识。在读书中求知，在实践中求知，而后明辨事物，穷尽事物之理。

致知

就是从推格事物之理中，求为真知。所谓知，指道德意识而言，知既至，则能明是非、善恶之辨，闻见所及，胸中了然。物格而后知至。

诚意

诚意，就是要意念诚实。好善之意发于心之自然，非有所矫饰，自然能做到不欺人，亦不自欺，要在“慎独”上下功夫，严格要求自己，修养德性。

正心

正心，就是要除去各种不安的情绪，不为物欲左右，保持心灵的安静。心得其正，则公正诚明，无所偏倚。故意诚而后心正。

修身

修身，就是要不断提高自己的品德修养。只有自身的品德端正，修养深厚，无偏见，无邪念，才能为人民所拥护。

齐家

齐家，就是要整治好自己的家庭，只有教育好自己的家庭成员，才能教化人民。

治国

治国，就是要为政以德，实行德治，施仁政于国中。君主要像保护赤子那样保护人民，以至善之德教化人民，使人民除旧布新。

平天下

平天下，就是要布仁政于天下，使天下太平。平天下最重要的是要求君主具有“絜矩之道”，即以度己之心度人的高尚崇高品质，作为人民的榜样。

六个步骤

止

知止是知道目的和标准。人生要有方向，事业要有目标，做人要有本分。事物之优劣，人事之是非都有标准，所以无论治国、齐家、修身都要知道目的和标准是什么。

定

目的既明，方向明确，则心志便能确定不移了。人生最怕没有方向，心志飘移，蹉跎岁月，一事无成。

静

心志确定下来，知道为了什么而活着，向着哪个方向去努力，就会平心静气了。浮躁归于宁静，宁静方能致远。

安

“安”是随处而安稳。朱子释“安”字为“安，谓随处而安”。《管子·内业》曰：“圣人与时变而不化，从物而不移，能正能静，然后能定。”

虑

“虑”是思考精审。朱子《大学章句》释“虑”字为“虑，谓处事精详”。凡事需周密考虑再行动，方能最大限度地避免各种偏颇与失误。

得

“得”有完成、达成的意思。朱子《大学章句》释“得”字为“得，谓得其所止”，就是最终达到当初所设定的目的和标准。

伟大的孙中山先生说：“我们今天要恢复民族精神，不但是要唤醒固有的道德，就是固有的知识也应该唤醒他。中国有什么固有的知识呢？就人生对于国家的观念，中国古时有很好的政治哲学。我们以为欧美的国家，近来很进步，但是说到他们的新文化，还不如我们政治哲学的完全。中国有一段最有系统的政治哲学，在外国的大政治家还没有见到，还没有说到那样清楚的，就是大学中所说的‘格物、致知、诚意、正心、修身、齐家、治国、平天下’那一段话。把一个人从内发扬到外，由一个人的内部做起，推到平天下止。像这样精微开展的理论，无论外国什么政治哲学家都没有见到，都没有说出，这就是我们政治哲学的知识中独有的宝贝，是应该要保存的。这种正心、诚意、修身、齐家的道理，本属于道德的范围，今天要把他放在知识范围内来讲，才是适当。我们祖宗对于这些道德上的功夫，从前虽然是做过了的，但是自失了民族精神之后，这些知识的精神，当然也失去了。所以普通人读书，虽然常用那一段话做口头禅，但是多是习而不察，不求甚解，莫明其妙的。”

【原文】

古之欲明明德于天下者先治其国。

大学之道[①]，在明明德[②]，在亲民[③]，在止于至善[④]。

知止而后有定[⑤]，定而后能静，静而后能安，安而后能虑，虑而后能得[⑥]。

物有本末[⑦]，事有终始。知所先后，则近道矣。

古之欲明明德于天下者，先治其国；欲治其国者，先齐其家；欲齐其家者，先修其身；欲修其身者，先正其心；欲正其心者，先诚其意；欲诚其意者，先致其知；致知在格物[⑧]。

物格而后知至，知至而后意诚，意诚而后心正，心正而后身修，身修而后家齐，家齐而后国治，国治而后天下平。

自天子以至于庶人，壹是皆以修身为本[⑨]。

其本乱[⑩]，而末治者，否矣。其所厚者薄，而其所薄者厚，未之有也。

【注解】

①道：指一定的人生观、世界观、政治主张和思想体系。②明明德：前一个“明”为动词，使……明显。明德，就是美德，光明的德行。③亲民：亲，当作“新”，动词，使……革旧更新。民，天下的人。④止：达到。至善：指善的最高境界。至，极。⑤止：所到达的地方，作用名词，指上文所说的“止于至善”。⑥得：获得。⑦本：树的根本。末：树梢。⑧致知：致，达到，求得。知，知识。格物：推究事物的原理。⑨壹是：一切。⑩乱：紊乱。这里指破坏的意思。

【译文】

大学的主旨，在于使人们的美德得以显明，在于鼓励天下的人革除自己身上的旧习，在于使人们达到善的最高境界。

知道所应达到的境界是“至善”，而后才能有确定的志向，有了确定的志向，而后才能心静不乱，心静不乱而后才能安稳泰然，安稳泰然而后才能行事思虑精详，行事思虑精详而后才能达到善的最高境界。

世上万物都有本有末，万事都有了结和开始，明确了它们的先后秩序，那么就与道接近了。

在古代，想要使美德显明于天下的人，首先要治理好他的国家；想要治理好自己国家的人，首先要整治好他的家庭；想要整治好自己家庭的人，首先要努力提高自身的品德修养；想要提高自身品德修养的人，首先要使他心正不邪；想要心正不邪，首先要他自己意念诚实；想要意念诚实，首先要获得一定的知识；而获得知识的方法就在于穷究事物的原理。

只有将事物的原理一一推究到极处，而后才能彻底地了解事物，只有彻底地了解事物，而后才能意念诚实，只有意念诚实，而后才能心正不邪，只有心正不邪，而后才能提高自身的品德修养，只有提高了自身的品德修养，而后才能整治家庭，只有整治好家庭，而后才能治理好国家，只有治理好国家，而后才能使天下太平。

从天子到老百姓，都要以提高自身品德修养作为根本。

自身的品德修养这个根本被破坏了，却要家齐、国治、天下平，那是不可能的。正如我所厚待的人反而疏远我，我所疏远的人反而厚待我，这样的事情是没有的。

【原文】

《康诰》曰[①]：“克明德[②]。”

《太甲》曰[③]：“顾諟天之明命[④]。”

《帝典》曰⑤："克明峻德⑥。"皆自明也。

【注解】

①《康浩》：是《尚书·周书》中的篇名。周公在平定三监（管叔、蔡叔、霍叔）武庚所发动的叛乱后，便封康叔于殷地。这个诰就是康叔上任之前，周公对他所作的训辞。②克：能够。明：崇尚。③《太甲》：是《尚书·商书》中的篇名。④顾諟天之明命：这是伊尹告太甲的话。顾，回顾，这里指想念。諟，是，此。明命，即明德，古人认为是天所赋予的，故称为明命。⑤《帝典》：即《尧典》，《尚书·虞书》中的篇名，主要记述尧、舜二帝的事迹。⑥峻：大。

【译文】

《康诰》中说："能够崇尚美德。"

《太甲》中说："经常想念上天赋予的美德。"

《尧典》中说："使大德能够显明。"这些都是说要使自己的美德得以发扬。

【原文】

汤之盘铭曰①："苟日新②，日日新，又日新。"

《康诰》曰："作新民。"

《诗》曰③："周虽旧邦④，其命维新⑤。"

是故，君子无所不用其极⑥。

【注解】

①汤：即商汤，商朝的建立者。盘：青铜制的盥洗器具。铭：是镂刻在器皿上用以称颂功德或申鉴戒的文字，后来成为一种文体。②苟：假如，如果。③《诗》：指《诗经》。是我国第一部诗歌总集。这里所引得两句诗，出自《诗经·大雅·文王》，这是一首歌颂周文王的诗。④周：指周国。邦：古代诸侯封国之称。⑤命：天命。⑥君子：这里指统治者。极：尽头，顶点。

【译文】

商汤在盘器上镂刻警辞说："如果能在一天内洗净身上的污垢，那么就应当天天清洗，每日不间断。"

《康诰》中说："振作商的遗民，使他们悔过自新。"

《诗经》中说："周国虽是一个旧的诸侯国，但由于文王初守天命除旧布新，所以它的生命力还是旺盛的。"

所以，那些执政者在新民方面，没有一处不用尽心力，达到善的最高境界。

【原文】

《诗》云："邦畿千里①，维民所止②。"

《诗》云："缗蛮黄鸟③，止于丘隅④。"子曰："于止，知其所止，可以人而不如鸟乎⑤？"

《诗》云："穆穆文王，于缉熙敬止⑥。"为人君，止于仁；为人臣，止于敬；为人子，止于孝；为人父，止于慈；与国人交，止于信。

《诗》云："瞻彼淇澳⑦，菉竹猗猗⑧。有斐君子⑨，如切如磋⑩，如琢如磨⑪。瑟兮僩兮⑫，赫兮咺兮⑬。有斐君子，终不可諠兮⑭！""如切如磋"者，道学也；"如琢如磨"者，自修也；"瑟兮僩兮"者，恂慄⑮也；"赫兮喧兮"者，威仪也；"有斐君子，终不可諠兮"者，道盛德至善，民之不能忘也。

《诗》云："于戏⑯！前王不忘。"君子贤其贤而亲其亲，小人乐其乐而利其利，此以没世不忘也⑰。

【注解】

①邦畿（jī），古代指直属于天子的疆域。即京都附郭地区，以后多指京城管辖地区。千里：方圆千里。②维：犹

“为”。止，居住。③缗（mín）蛮：鸟鸣声。缗。原诗为“绵”字。黄鸟：即麻雀。④止：栖息。丘：多树的土山。隅：原诗为“阿（ē）”字，即较大的丘陵。这两句诗引自《诗经·小雅·绵蛮》篇。⑤“子曰”一句：孔子这段话的意思是，鸟都知道在应该栖息的地方栖息，那么人更应当努力达到善的最高境界。⑥于：同“於”，乌的古字，叹词。缉熙：光明的样子。止：语气词。这两句诗引自《诗经·大雅·文王》篇。⑦淇：淇水，在今河南省北部。澳（yù）：水弯曲的地方。⑧猗猗：优美茂盛的样子。⑨斐：有文采的样子。君子：指卫武公。⑩如切如磋：切，用刀切断。磋，用锉锉平。指治学应如切锉骨器那样严谨。⑪如琢如磨：琢，用刀雕刻。磨，用沙磨光。指修身应如琢磨玉器那样精细。⑫瑟：庄重。僩（xiàn）：威严。⑬赫：光明。咺（xuān）：有威仪貌。⑭諠：忘记。⑮恂：惶恐。慄：恐惧。恂慄，即谦恭谨慎的样子。⑯于戏：音义同“呜呼”，叹词，相当于现代汉语的“哎呀”。⑰没世：终身，一辈子。

邦畿千里，维民所止。

【译文】

《诗经》中说：“方圆千里的京都，那里都为许多百姓所居住。”

《诗经》中说：“缗蛮叫着的黄鸟，栖息在山丘多树的地方。”孔子说：“黄鸟在栖息的时候，都知道栖息在它所应当栖息的处所，难道人反而不如鸟么？”

《诗经》中说：“端庄美好的周文王啊，为人光明磊落，做事始终庄重谨慎。”做君主的要尽力施行仁政，做臣子的要尽力恭敬君主，做儿女的就要尽力孝顺父母；做父亲的就要尽力做到对儿女慈爱，与他人交往，要尽力做到诚实守信。

《诗经》中说：“看那淇水弯曲的岸边，绿竹优美茂盛。那富有文采的卫武公，研究学问如切磋骨器，修炼自身如琢磨美玉，认真精细。他的仪表庄重威严，他的品德光明显赫。这样的一位文采斐然的卫武公，真是令人难忘啊！”“如切如磋”，是说他研求学问的工夫；“如琢如磨”，是说他省察克治的工夫；“瑟兮僩兮”是说他戒慎恐惧的态度；“赫兮喧兮”，是说他令人敬畏的仪表；“有斐君子，终不可諠兮”，是说他盛大德性臻于至善的地步，人民所以不能忘记他啊。

诗经上说：“呜呼！前代贤王的德行我们不能忘记啊！”后世的贤人和君主，仰赖前代贤王的教化，尊敬他们所尊敬的贤人，亲近他们所亲近亲人；后世的人民，也仰赖前代贤王的教化，享受他们赐予的安乐和福利。所以在他们没世以后永久也不忘记啊！

【原文】

子曰：“听讼，吾犹人也，必也使无讼乎①！”无情者不得尽其辞②。大畏民志③，此谓知本。

【注解】

①“子曰”一句：引自《论语·颜渊》。听：处理，判断。讼：诉讼，争讼。②无情：情况不真实。辞：此处指虚诞之辨。③畏：作动词，让……敬服。意谓在上者之明德既明，自然能使人民的心志为之畏服。

听讼，吾犹人也，必也使无讼。

【译文】

孔子说：“听诉讼审理案子，我也和

别人一样，最要紧的，在于使诉讼不再发生。”使隐瞒真实情况的人不敢陈说虚诞的言辞来控告别人，自然没有争讼。让人民敬服圣德，没有争讼，这才叫知道根本。

【原文】

此谓知本[①]。此谓知之至也[②]。

【注解】

①此谓知本：这一句和上一章的末句相同，程子以为是“衍文”，就是多余的一句，应该该删去。②此谓知之至也：朱子以为这一句的上面有阙文，这是阙文结尾的一句。

【译文】

这才叫知道听讼的根本。这才叫了解得彻底。

【原文】

所谓诚其意者，毋自欺也[①]。如恶恶臭[②]，如好好色[③]，此之谓自谦[④]。故君子必慎其独也[⑤]。

小人闲居为不善[⑥]，无所不至。见君子而后厌然[⑦]，揜其不善[⑧]，而著其善[⑨]。人之视己，如见其肺肝然，则何益矣！此谓诚于中，形于外。故君子必慎其独也。

曾子曰：“十目所视，十手所指，其严乎[⑩]！”

富润屋，德润身[⑪]，心广体胖[⑫]，故君子必诚其意。

【注解】

①自欺：自己欺骗自己。②恶（wù）恶（è）：前一个“恶”字，动词，憎也。后一个“恶”字，形容词，不善也。③好（hào）好（hǎo）：前一个“好”字，动词，爱也。后一个“好”字，形容词，美也。④谦：同“慊（qiè）”，快也，足也。⑤独：独处也。⑥闲居：即独处。⑦厌然：闭藏貌。就是藏藏躲躲见不得人的样子。⑧揜：覆蔽也，就是遮掩的意思。⑨著：显明。⑩其严乎：严，敬畏也。其严乎，是说敬畏之甚也。⑪润身：谓润益其身，荣泽见於外也。可引伸为修养身心之意。润，益也，泽也。⑫心广体胖（pán）：广，宽大之意。胖，舒坦。

【译文】

经文中所说“诚其意”的意思，是说不要自己欺骗自己。要使厌恶不好的事物如同厌恶腐坏的气味一样，喜爱善良如同喜爱美色一样，这就是求得满足，没有丝毫矫饰的意思。所以君子致力於自修，特别慎重在一个人独处，所行所为没有别人知道的时候。

小人在他一个人独处的时候做坏事，无所不为，见到君子便藏藏躲躲地掩盖他的坏处，彰显他的善良。可是别人看来，看到他的坏处如同看见他的肺脏一样清清楚楚，这样掩饰，又有什么益处呢？这就是说，一个人内心的真实，一定会表现于外的。所以君子致力于自修，特别慎重在一个人独处，所行所为没有别人知道的时候。

曾子说：“在一个人独处的时候，就像有十只眼睛在注视着自己，十只手在指着自己，这是多么严峻而可畏啊！”

财富可以修饰房屋，道德可以修饰人身，使心胸宽广而身体舒泰安康。所以，品德高尚的人一定要使自己的意念真诚。

【原文】

所谓修身，在正其心者。身有所忿懥[①]，则不得其正；有所恐惧，则不得其正；有所好乐，则不得其正；有所忧患，则不得其正。

心不在焉，视而不见，听而不闻，食而不知其味。

此谓修身，在正其心。

【注解】

①身：程颐认为应为“心”。忿懥（zhì）：愤怒。

【译文】

经文中所说“修身在正其心”的意思，是说心里有了忿怒，于是心就不得端正；有了恐惧，于是心就不得端正；有了贪图，于是心就不得端正；有了愁虑，心就不得端正。

如果心不专注，心中有了忿怒、恐惧、贪图、愁虑而不知检察，为它们所支配。那么，眼睛看着东西却像没有看到，耳朵听着声音却像没有听到，口里吃着东西也不知道是什么滋味了。

所以说修身在于端正自己的心。

【原文】

所谓齐其家，在修其身者。人之其所亲爱而辟焉[①]，之其所贱恶而辟焉，之其所畏敬而辟焉，之其所哀矜而辟焉[②]，之其所敖惰而辟焉[③]。故好而知其恶，恶而知其美者，天下鲜矣！

故谚有之曰：“人莫知其子之恶，莫知其苗之硕[④]。”

此谓身不修，不可以齐其家。

【注解】

①之：同“于”，对于。辟：偏向。②哀矜：同情，怜悯。《诗经·小雅·鸿雁》：“爰及矜人，哀此鳏寡。”③敖：倨慢。惰：怠慢，不敬。④硕：本谓头大，引申为大，这里是茂盛的意思。

【译文】

经文中所说“齐其家在修其身”的意思，是说一般人对于自己所亲近爱护的人往往有过分亲近的偏向；对于自己所轻蔑厌恶的人往往有过分轻蔑厌恶的偏向；对于自己所畏服敬重的人往往有过分敬畏尊重的偏向；对于自己所哀怜悯恤的人往往有过分爱怜悯恤的偏向；对于自己所鄙视怠慢的人往往有过分鄙视怠慢的偏向。所以，喜爱一个人而又能了解他的坏处，厌恶一个人而又能了解他的好处，这种人真是天下少有了。

因此谚语有说：“人都不知道自己儿子的缺点，不满足自己禾苗的茁壮。”

这就叫作不提高自身的品德修养，就不能整治好家庭。

【原文】

所谓治国，必先齐其家者，其家不可教而能教人者无之。故君子不出家而成教于国。孝者，所以事君也；弟者，所以事长也；慈者，所以使众也。

《康诰》曰：“如保赤子[①]。”心诚求之，虽不中，不远矣，未有学养子而后嫁者也。

一家仁，一国兴仁；一家让，一国兴让；一人贪戾，一国作乱；其机如此。此谓一言偾事[②]，一人定国。

尧、舜帅天下以仁而民从之[③]。桀、纣帅天下以暴而民从之，其所令，反其所好，而民不从。是故，君子有诸己而后求诸人[④]；无诸己而后非诸人，所藏乎身不恕，而能喻诸人者，未之有也。

故治国，在齐其家。

《诗》云：“桃之夭夭，其叶蓁蓁。之子于归，宜其家人[⑤]。”宜其家人，而后可以教国人。

欲治其国先齐其家。

《诗》云："宜兄宜弟[⑥]。"宜兄宜弟，而后可以教国人。

《诗》云："其仪不忒，正是四国[⑦]。"其为父子兄弟足法，而后民法之也。

此谓治国，在齐其家。

桃之夭夭，其叶蓁蓁。之子于归，宜其家人。

【注解】

①赤子：初生的婴儿。孔颖达疏："子生赤色，故言赤子。"《尚书·周书·康诰》原文作"若保赤子。"②偾（fèn）事：犹言败事。偾，覆盖。③帅：同"率"，率领，统帅。④有诸己：为自己所有的。这里指自己有了善的品德。诸，"之于"的合音。⑤"桃之"四句：这四句诗引自《诗经·周南·桃夭》的最后一段。《桃夭》这首诗是祝贺女子出嫁时所唱的歌。夭夭：草木茂盛的样子。诗以桃树喻少女。蓁蓁（zhēn）：树叶茂盛的样子。之子：那个少女，指待嫁少女。于归：出嫁。⑥宜兄宜弟：这句诗引自《诗经·小雅·蓼萧》。《蓼萧》是一首感恩祝福的诗歌。宜兄宜弟意为使家中兄弟互相友爱。⑦"其仪"两句：这两句诗引自《诗经·曹风·鸤鸠》。仪：指礼仪。忒：差错。正是：亦作"是正""整正"的意思。

要以爱护婴儿一样的心情去爱护百姓。

【译文】

所谓治理国家，必须首先治好家庭，意思是说，如果连自己的家人都不能教育好而能教育好一国人民的人，那是没有的。所以君子能够不出家门，就把他的教化推广及于全国。在家里孝顺父母，就是能侍奉君主的；在家里恭顺兄长，就是能侍奉尊辈长上的；在家里慈爱子女，就是能善于使用属下和民众的。

《康诰》中说："（爱护百姓）如同爱护婴儿一样。"这就要求做父母的以诚恳之心去忖度婴儿的心情。虽然不能完全中意，但是也不会差得很远。爱子之心出于天性，人人都有。谁也没有见过女子先学会抚养孩子的方法而后再出嫁的。

国君的一家能够践行仁爱，仁爱就会在一个国家里盛行起来；国君的一家能够践行礼让，礼让就会在一个国家里盛行起来；要是国君自己贪婪暴戾，那么一国的人也会跟着起来作乱了。国君所作所为的关键作用竟有这样的重要。这就叫作一句话可以败坏事业，一个人的行为可以安定国家。

尧、舜用仁政统率天下，于是人民就跟随着仁爱；桀、纣以暴政统率治天下，那么人民也就跟他们不讲仁爱。他们要人民从善的政令，与他们喜好暴虐的本性是相违背的，于是人民不服从他们的政令。所以说，国君自己有了善的品德而后才能要求别人为善，自己身上没有恶习而后才能去批评别人，使人改恶从善。如果自己不讲恕道，却去开导别人要讲恕道，那是办不到的事。

所以君主要治理好国家，首先要治好他的家庭。

《诗经》中说："桃花是那么娇嫩美好，叶子又是那么茂盛，像花一样美好的这个女子，嫁到夫家，一定会和他的家人和睦相处。"君主只有使一家人和睦相亲，而后才能教育全国的人民。

《诗经》中说："家中兄弟和睦友爱。"君主只有使自家兄弟和睦相处，互相友爱，而后才能教育全国的人民。

《诗经》中说："他的行为规范仪容端庄没有差错，才能整正好各国。"国君要使自己家中的人，做父亲的讲慈爱，做儿子的讲孝顺，做兄长的讲友爱，做弟弟的讲恭敬，只有使他们的言行足以成为全国人民的标准，然后全国人民才会效法。

【原文】

所谓平天下，在治其国者，上老老而民兴孝①，上长长而民兴弟②，上恤孤而民不倍③，是以君子有絜矩之道也④。

所恶于上，毋以使下；所恶于下，毋以事上；所恶于前，毋以先后；所恶于后，毋以从前；所恶于右，毋以交于左；所恶于左，毋以交于右，此之谓絜矩之道。

《诗》云："乐只君子⑤，民之父母。"民之所好好之，民之所恶恶之。此之谓民之父母。

《诗》云："节彼南山，维石岩岩。赫赫师尹，民具尔瞻。"有国者不可以不慎，辟则为天下僇矣⑥。

《诗》云："殷之未丧师，克配上帝。仪监于殷，峻命不易⑦。"道得众，则得国；失众，则失国。

是故君子先慎乎德⑧。有德此有人，有人此有土，有土此有财，有财此有用。

德者，本也；财者，末也。

外本内末，争民施夺⑨。

是故财聚则民散，财散则民聚。

是故言悖而出者，亦悖而入；货悖而入者，亦悖而出。

《康诰》曰："惟命不于常⑩。"道善则得之；不善则失之矣。

《楚书》曰："楚国无以为宝，惟善以为宝。"

舅犯曰："亡人无以为宝，仁亲以为宝⑪。"

《秦誓》曰："若有一个臣，断断兮无他技⑫。其心休休焉⑬，其如有容焉。人之有技，若己有之。人之彦圣，其心好之，不啻若自其口出⑭。寔能容之⑮。以能保我子孙黎民，尚亦有利哉。人之有技，媢疾以恶之⑯。人之彦圣，而违之俾不通⑰。寔不能容，以不能保我子孙黎民，亦曰殆哉！"

外本内末，争民施夺。

唯仁人放流之，迸诸四夷⑱，不与同中国⑲。此谓"唯仁人为能爱人，能恶人。"

见贤而不能举，举而不能先，命也⑳。见不善而不能退㉑，退而不能远，过也。

好人之所恶，恶人之所好，是谓拂人之性，菑必逮夫身㉒。

是故君子有大道，必忠信以得之，骄泰以失之。

生财有大道，生之者众，食之者寡，为之者疾，用之者舒㉓，则财恒足矣！

仁者以财发身，不仁者以身发财。

未有上好仁，而下不好义者也；

见贤而不能举，举而不能先，命也。

未有好义，其事不终者也[24]；未有府库财，非其财者也。

孟献子曰[25]："畜马乘[26]，不察于鸡豚[27]；伐冰之家[28]，不畜牛羊；百乘之家[29]，不畜聚敛之臣，与其有聚敛之臣，宁有盗臣。"此谓国不以利为利，以义为利也。

长国家而务财用者，必自小人矣。彼为善之[30]，小人之使为国家，菑害并至，虽有善者，亦无如之何矣。此谓国不以利为利，以义为利也。

唯仁人为能爱人。

【注解】

①老老：尊敬老人。②长长（zhǎng）：尊重长上。③恤：体恤，怜爱。倍：同"背"，违背。④絜：量度。矩：制作方形的工具。⑤只：犹"哉"，语气词。⑥节：高峻，雄伟的样子。维：发语词。岩岩：高峻的山崖。赫赫：显赫。师尹：太师尹氏的简称。师，太师，周王朝执政大臣之一。具：通"俱"。瞻：望。这里是"注视"的意思。僇（lù）：通"戮"，杀戮。⑦丧：丧失。师：众人。克：能。配：符合。仪监于殷：是说应以失败的殷商为借鉴。峻命：指天命。峻，大。⑧乎：在。⑨争民：使人民争斗。施夺：进行抢夺。⑩惟：只。命：指天命。不于常：没有一定常规。⑪亡人：流亡在外的人。⑫断断：诚恳的样子。⑬休休：平易宽容的样子。⑭不啻（chì）：不仅，不但。⑮寔："实"的异体字。《尚书》为"是"，可以通用。是，"这"的意思。⑯娼（mào）疾：嫉妒。"娼"，《尚书》为"冒"。⑰俾：使。不通：即不达于君。通，《尚书》为"达"。⑱迸：通"屏"，驱除。四夷：古代泛指我国边境的少数民族。东夷、西戎、南蛮、北狄，谓之四夷。⑲中国：汉族多建都于黄河南北，故称其地为"中国"。⑳先：尽早地使用。命：当作"慢"字，是怠慢的意思。㉑退：离去。引申为摈斥。㉒菑："灾"的异体字，灾祸。逮：及，到。㉓舒：舒缓，适当。㉔终：完成。㉕孟献子：鲁国的大夫。姓仲孙名蔑。㉖乘（shèng）：古时一车四马为一乘。㉗察：细看。引申为计较。㉘伐：凿。㉙百乘之家：指诸侯之下的大夫，有封邑，可出兵车百辆。㉚彼为善之：朱注："此句上下，疑有阙文误字。"

【译文】

所谓要使天下太平在于治理好国家，是因为国君尊敬老人，便会使孝敬之风在全国人民中兴起，国君尊敬长上，便会使敬长之风在全国人民中兴起，国君怜爱孤幼，便会使全国人民照样去做。所以，做国君应当做到推己及人，在道德上起示范的作用。

我憎恶上面的人以无礼待我，我就不能以无礼对待我下面的人；我憎恶下面的人以不忠诚待我，我就不能以不忠诚来侍奉我上面的人；我憎恨前面的人以不善待我，我就不能把不善加在我后面人的身上；我憎恶后面的人以不善待我，我就不能以不善施于我前面的人；我憎恶右边的人以不善待我，我就不能以不善施于我左边的人；我憎恨我左边的人对我不善，我就不能以不善对待我右边的人。这就是所说的道德上的示范作用。

《诗经》中说："快乐啊国君，你是全国人民的父母。"国君应当喜爱人民所喜爱的东西，憎恶人民所憎恶的东西。这才能称为人民的父母。

《诗经》中说："雄伟高峻那南山，石崖高峻不可攀。权势显赫尹太师，人民目光把你瞻。"掌握了国家大权的人不可以不慎重，如有偏差，就会被天下人民所不容。

《诗经》中说："殷代没有丧失众人拥护的时候，还能与上天的旨意相配合。今天我们周朝应以殷商的失败为借鉴，因为天命是不容易获得的。"国君能在道德上起模范作用，就会得到众人的拥护，也就会得到国家；否则，就会失去众人的拥护，也就会失去国家。

所以，国君首先要在道德修养上慎重从事，有了道德就会有人；有了人就会有国土；有了国土就会有财富；有了财富国家就好派用场。

道德像是树的根本，财富像是树的枝梢。

如果国君把道德和财富二者本末倒置，就会使人民相互争斗、抢夺。

所以，国君只是聚敛财富，就会使人民离散；国君把财富散发给人民，就会使人民归聚在他的周围。

所以，用违背情理的言语出口去责备别人，别人也将以违背情理的言语来回敬；用违背道理的手段聚敛来的财富，最终也会被别人用违背道理的手段掠夺去。

《康诰》中说："只有天命的去留没有常规。"好的道德就能得到天命，没有好的道德就会失去天命。

《楚书》说："楚国没有什么可以当作宝贝的，只有把'善'当作宝贝。"

（晋献公之丧，秦穆公使人吊公子重耳）重耳的舅舅子犯教晋文公回答说："逃亡在外的人没有什么可以当作宝贝，只有把热爱父亲当作宝贝。"

《秦誓》中说："假如我有这样一个臣子，忠诚老实而没有其他本领，但是他品德高尚，胸怀宽广，能够容人，别人有才能，就像他自己有才能一样；别人具有美德，他打从内心喜爱，不只是像从他口中说出来的那样，这种胸怀宽广的人如果加以重用，那是完全可以保住我子孙后代和人民的幸福的，是完全可以为我子孙后代和人民谋利益的。如果别人有才能，便嫉妒和憎恨他；别人有美德，便对人家进行压抑，使别人的美德不能被国君所了解，这种心胸狭窄的人如果加以任用，那是不能够保住我子孙后代和人民的幸福的，这种人也是太危险了啊！

只有有仁德的人，才能把这种避贤忌才的人给予流放，驱逐他到边远蛮荒的地方，不许他们与贤能的人同留在中原地区。这就是说"只有有仁德的人，才懂得爱什么人，恨什么人。"

见到贤才而不能荐举，或是虽然推举却又不能先于己而重用，这是以怠慢的态度对待贤才；见到坏人而不能予以黜退，或是已予黜退却有不能驱之远离，这是政治上的失误。

如果你喜爱大家所厌恶的坏人，厌恶大家所喜爱的好人，这叫作违背了人的本性，灾祸必然会降临到你的身上。

所以国君要有在道德上起示范作用的大道理，必须以忠诚老实的态度才能获得它，如果傲恣放纵，那就会失掉它。

创造财富有个重要方法，这就是让众多的人投入到生产中去，减少消费的人数，并且要使生产加快，使用资财留有余地。这样才能使国家财富经常充足。

有仁德的国君会用散财使自身兴起，没有仁德的国君会用尽心机专门聚敛财富。

从来没有在上的国君爱行仁政，而在下的臣民不以忠义事君的事情；从来没有臣民都爱好仁义，而有什么事情做不成功的道理；没有听说过人民爱好忠义，而不能把国家府库中的财富当成自家财富那样给予保护的道理。

鲁国的贤大夫孟献子曾说："有四匹马拉车的大夫之家，不应该去计较那些饲养鸡豚的微利；能够凿冰丧祭的卿大夫之家，不应该饲养牛羊以图利；有兵车百乘并有封地的卿大夫之家，不应该蓄养只懂得聚敛民财的家臣。与其有这种敛财的家臣，还不如有盗窃府库的家臣。这就是说，一个国家不应该以财货为利，而应该以仁义为利。

治理国家的君主专门致力于财富的聚敛，这一定是受了来自小人好利心理的影响。那些小人想以此投其所好，以获得国君的喜爱。如果国君重用那些小人来治理国家，那么天灾人祸就会同时到来。到那时，虽然有善人贤才，也是无可奈何，挽救不了的。这说明治理国家的人不能以自己的私利为利益，而应当以仁义为利益。

这些都说明，国君要治理好国家，首先要整治好他的家庭。

若有一个臣，断断兮无他技。其心休休焉，其如有容焉。

第二卷

中庸

中 庸

宋代朱熹说，《中庸》是“孔门”传授心法。《中庸》的内容，论述了人性、社会、政治、哲学，提出了具有普遍意义的中庸之道。

《中庸》

作者 子思

子思是孔子的孙子，子思的父亲早在孔子在世时就死了，但子思却获得了经常与孔子交流的机会。孔子死后，子思又拜曾子为师，成为儒家八派中的一个代表，他将他所得真传传给了孟子，便是《中庸》。我们现在经常说孔孟之道，要知道在孔子和孟子之间，还有曾子和子思为儒家作出的贡献。

时代 战国初年

战国始于公元前475年，或者从韩、赵、魏三家分晋（公元前403年）算起，至公元前221年秦并六国。战国时期，齐、楚、燕、韩、赵、魏、秦这七个诸侯强国连年征战，在军事、政治、外交各方面的斗争十分激烈。由于秦国的商鞅变法发挥了富国强兵的重要作用，秦国终于后来居上，逐一灭掉了其他六国，完成了“秦王扫六合”的统一大业。

内容 孔门心法

不偏不倚　过犹不及　忠恕之道

中庸，其实是一种处世方法，这种方式融入人的行为方式，就自然成为一种道德素养；融入国家管理，则成为政治管理原则。这里所讲的，就是这种处世方法的理论和运用。

安贫守志的子思

鲁缪公曾多次邀请子思做官，子思坚持不受。为了潜心研究学问，他移居到了宋国，以免被人打扰。鲁缪公这人倒是很执着，一次被拒绝了不死心，就派了使者去宋国拜见子思，还带了一份厚礼。子思二话没说，当即把人赶了出去。子思一辈子也没做官，学生求学时给他的一点见面礼就成了他唯一的生活来源，所以他一辈子住在破旧的陋巷中度日，过着饥寒交迫的日子，跟颜回有点像。饱受生活折磨的子思，到了六十二岁的时候再也支撑不下去了，终于离开了人世。

子思作《中庸》。

何为“中庸”？《中庸》里主要讲了什么？

所谓中庸，宋代程颐解为：“不偏之谓中，不易之谓庸。”《中庸》云：“喜怒哀乐之未发，谓之中；发而皆中节，谓之和。中也者，天下之大本；和也者，天下之达道也。致中和，天地位焉，万物育焉。”这是《中庸》的核心思想，写出了天地和谐的自然天性，是宇宙的本来状态，而天地之间的人一旦拥有这样的和谐状态，就达到很高的境界。天地万物达到一种和谐无碍的境界，人与天地合为一体，行事自在，万物欣欣向荣，人则可以得到可持续的发展。

《中庸》不长，不到一万字，却是跟《论语》《孟子》并列的经典，它主要说的是什么呢？说白了就是中庸之道，就是用中正、中和的方式做人做事，这是《中庸》最核心的东西。

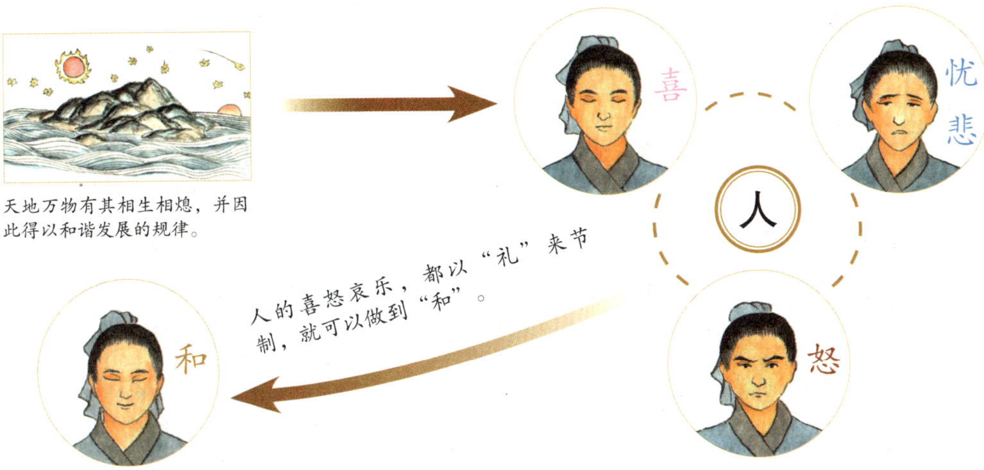

天地万物有其相生相熄，并因此得以和谐发展的规律。

“中”原意不是现在人想的“持中，中立”那么简单，它其实是有点玄机的，首先是叫人不要过头了、极端了，不偏不倚是为中，万事都要刚好才行。就像是一道菜，火候适中时候才能烧好。《中庸》里还说“喜怒哀乐之未发谓之中”，可见它还指人的本心，人人心里都有个“礼”，喜怒哀乐变成行为的时候，这个“礼”就让行为做到恰当、自如不过分。“庸”如何解呢？孔子说“不易之谓庸”，庸就是稳定不变的东西。一句话，中庸就是让人的内心和行为做到协调，做事情不要有过和有不及。

如果说《大学》是治世哲学，那《中庸》可称得上修身哲学，如书中说“自诚明，谓之性；自明诚，谓之教。诚则明也，明则诚也”，说的是心诚跟明理的关系，如果理顺了，读书人可受益一辈子。所以历史上的朱熹、顾炎武、曾国藩诸人，读懂了《中庸》，才做到了至善、至诚的中庸境界。

《中庸》还提出了“诚”的概念。人要想与天地并列，达到天人合一的境界，就必须要“至诚”。曾子也把“诚”作为达到最高理想的必要修养，子思把诚发挥到极致。只有诚，才能充分发挥自己固有的天性，才能发挥事物最大的能力，才能参与天地化育。

高明之道，中庸不是折中主义

孔子的中庸思想长时间被人误读。很多人觉得中庸就是“折中主义”，做到中庸的人就表现为唯唯诺诺，软弱无能，“好好先生”。其实呢，中庸所揭示的道理，非但不是这般消极悲观的，而且还是积极乐观的。承认矛盾，重视统一，这是中庸反映的道理，这也是儒家思想重要的一部分。这种“无过无不及”的“恰到好处”，就是儒家道德的最高准则。

《中庸》解释的不单是做人的道德准则，还涉及国计民生的问题，所以它才会成为人们终身受用的经典和“实学”。

【原文】

天命之谓性[①]，率性之谓道[②]，修道之谓教[③]。

道也者，不可须臾离也；可离，非道也。是故君子戒慎乎其所不睹，恐惧乎其所不闻。莫见乎隐[④]，莫显乎微[⑤]。故君子慎其独也。

喜怒哀乐之未发，谓之中[⑥]；发而皆中节[⑦]，谓之和。中也者，天下之大本也；和也者，天下之达道也。致中和，天地位焉，万物育焉。

【注解】

①天命之谓性：人的本性是上天所赐予的。命，令也。性，指天赋予人的本性。②率：循，遵循。道：是指事物运动变化所应遵循的普遍规律。③教：教化，政教。④见：通“现”，表现。隐：隐蔽，暗处。⑤微：细事。⑥中：指不偏不倚，不过与不及。⑦发：表露。中（zhòng）：合乎，符合。节：法度。

【译文】

天所赋予人的就是本性，遵循着本性行事发展就是道，把道加以修明并推广于众就是教化。

道，是不可以片刻离开的，如果可以离开，那就不是道了。所以，君子就是在没有人看见的地方也是谨慎小心的，在没有人听见的地方也是有所戒惧的。要知道，最隐暗的地方，也是最容易发现的。最微细得看不见的事物也是最容易显露的。因此，君子要特别谨慎一个人独居的时候。

人们喜怒哀乐的感情没有表露出来的时候无所偏向，叫作中；表现出来以后符合法度，叫作和。中，是天下万事万物的根本；和，是天下共行的普遍标准。达到“中和”的境界，那么，天地一切都各安其所，万物也都各遂其生了。

【原文】

仲尼曰：“君子中庸[①]，小人反中庸，君子之中庸也，君子而时中[②]。小人之反中庸也，小人而无忌惮也。”

【注解】

①中庸：不偏不倚，无过不及。②时中：做事恰到好处。

【译文】

孔子说：“君子的言行都符合中庸不偏不倚的标准，小人的言行违背了中庸的标准，君子之所以能够达到中庸的标准，是因为他们的言行处处符合中道。小人之所以处处违背中庸的标准，是因为他们无所顾忌和畏惧！”

君子慎独。

【原文】

子曰：“中庸其至矣乎！民鲜能久矣[①]。”

【注解】

①鲜：少。

【译文】

孔子说：“中庸是最高的道德标准了吧！可是人民已经长时间不能做到了。”

【原文】

子曰：“道之不行也[①]，我知之矣：知者过之②，愚者不及也。道之不明也，我知之矣：贤者过之，不肖者不及也③。人莫不饮食也，鲜能知味也。”

子曰：人莫不饮食也，鲜能知味也。

【注解】

①道：中庸之道。②知者：指智慧超群的人。知，通“智”，智慧，聪明。③不肖者：柔懦的庸人，与贤者相对。

【译文】

孔子说：“中庸之道不能在天下实行，我知道原因了：聪明的人自以为是，实行的时候超过了它的标准，而愚蠢的人智力不及，不能达到它的标准。中庸之道不能为人所明了，我也知道原因了：有德行的人要求过高，因而把它神秘化了，没有德行的人要求又太低，因而把它庸俗化了。这正像人们没有谁不吃不喝，但却很少有人能够真正品尝滋味。”

【原文】

子曰：“道其不行矣夫①！”

【注解】

①其：助词，表示推测。矣夫：感叹语，意犹未尽的意思。

【译文】

孔子说：“中庸之道恐怕不能在天下实行了啊！”

【原文】

子曰：“舜其大知也与！舜好问而好察迩言①，隐恶而扬善，执其两端，用其中于民。其斯以为舜乎！”

【注解】

①迩言：浅近的话。《诗经·小雅·小旻》：“维迩言是听，维迩言是争。”

【译文】

孔子说：“舜帝可算是一个拥有大智慧的人吧！他乐于向别人请教，而且喜欢对那些浅近的话进行仔细审察。他替别人包涵缺点而表扬优点，他度量人们认识上“过”与“不及”两个极端的偏向，用中庸之道去引导人们。这就是舜之所以成为舜的原因吧！”

【原文】

子曰：“人皆曰‘予知’，驱而纳诸罟擭陷阱之中①，而莫之知辟也。人皆曰‘予知’，择乎中庸，而不能期月守也②。”

人皆曰‘予知’，驱而纳诸罟擭陷阱之中，而莫之知辟也。

【注解】

①罟（gǔ）：网的总称。擭（huò）：装有机关的捕兽木笼。罟擭陷阱，这里比喻利的圈套。②期（jī）月：一整月。

【译文】

孔子说："人人都说：'我是明智的'，但是在利欲的驱使下，他们都却都像禽兽那样落入捕网木笼的陷阱中，连躲避都不知道。人人都说：'我是明智的'，但是选择了中庸之道却连一个月也不能坚持下去。"

【原文】

子曰："回之为人也①，择乎中庸。得一善，则拳拳服膺②，而弗失之矣。"

【注解】

①回：即颜回，字子渊，鲁国人，孔子最得意的门生。②拳拳：奉持之貌，牢握不舍的意思。服膺：谨记在心。

【译文】

孔子说："颜回的为人，选择了中庸之道。他得到了这一善道，就牢牢地把它记在心中，丝毫不敢忘却。"

【原文】

子曰："天下国家可均也①，爵禄可辞也②，白刃可蹈也③，中庸不可能也。"

【注解】

①均：平治。②爵禄：爵位俸禄。辞：辞掉。③蹈：踩踏。

【译文】

孔子说："天下国家是可以平治的，官爵俸禄是可以辞掉的，利刃是可以践踏上去的，只有中庸之道是不容易做到的。"

【原文】

子路问强。子曰："南方之强与？北方之强与？抑而强与①？宽柔以教，不报无道②，南方之强也，君子居之。衽金革③，死而不厌④，北方之强也，而强者居之⑤。故君子和而不流⑥，强哉矫⑦！中立而不倚，强哉矫！国有道，不变塞焉⑧，强哉矫！国无道，至死不变，强哉矫！"

子路问强。子曰：南方之强与？北方之强与？

【注解】

①抑：抑或，表示选择。而：同"尔""汝"，指子路。②报：报复。无道：横暴无礼。③衽金革：枕着武器、盔甲睡觉。衽，卧席，这里作动词用。金，指刀枪剑戟之类。革，指盔甲之类。④厌：悔恨。⑤居之：属这一类。⑥流：随波逐流，无原则地迁就。⑦矫：强盛的样子。⑧不变塞：不改变穷困时的操守。塞，原指堵塞，这里指穷困。

【译文】

子路问孔子要怎样才算得刚强。孔子回答说："你问的是南方人的刚强呢，还是北方人的刚强呢，还是像你这样的刚强呢？用宽容温和的态度去教化别人，即便别人对我蛮横无礼也不加以报复，这是南方人的刚强，君子就属于这一类。经常枕着刀枪、穿着盔甲睡觉，在战场上拼杀，战死而不悔，这是北方人的刚强，性格强悍的人属于这一类。所以，君子善于与人协调，又决不无原则地迁就别人，这才是真正的刚强啊！君子真正独立，不偏不倚，这才是真正的刚强啊！国家太平、政治清明时，君子不改变穷苦时的操守，这才是真正的刚强啊！国家混乱，政治黑暗时，君子到死坚持操守，这才是真正的刚强啊！”

【原文】

子曰：“素隐行怪[①]，后世有述焉，吾弗为之矣。君子遵道而行，半途而废，吾弗能已矣。君子依乎中庸，遁世不见知而不悔[②]，唯圣者能之。”

【注解】

①素：据《汉书》，应为“索”，寻求。②遁世：避世。

【译文】

孔子说：“世上有些人总爱去追求那些隐僻的道理，去做那些怪异荒诞的事情，虽然后代有人称道他们，但是我绝不会做这样的事。有些君子遵循中庸之道行事，却往往半途而废，但我是不会中途停止的。有些君子依着中庸之道行事，虽然避世隐居不为人们所了解，他也不悔恨，这只有圣人才能做到。”

【原文】

君子之道，费而隐。

夫妇之愚可以与知焉[①]，及其至也[②]，虽圣人亦有所不能焉。夫妇之不肖，可以能行焉，及其至也，虽圣人亦有所不能焉。天地之大也，人犹有所憾[③]。故君子语大，天下莫能载焉；语小，天下莫能破焉。

《诗》云：“鸢飞戾天，鱼跃于渊[④]。”言其上下察也。

君子之道，造端乎夫妇[⑤]，及其至也，察乎天地。

君子之道，造端乎夫妇。

【注解】

①夫妇：非指夫妻之夫妇，而是指匹夫匹妇。②至：最，指最精微之处。③撼：不满意。④“鸢飞”两句：这两句诗引自《诗经·大雅·旱麓》。《旱麓》是一首赞扬有道德修养的人，求福得福，能培养人才的诗。戾：到达。⑤造端：开始。

【译文】

君子所持的中庸之道，作用非常广泛而且本体非常精微。

匹夫匹妇虽然愚昧，但是对于日常的道理他们也是可以知道的，若要论及这些道理的精微之处，那即使是圣人也会有不知道的奥秘。匹夫匹妇虽然不贤。但是对于日常的道理他们也是能够实行的，若是达到这些道理的最高标准，那即使是圣人也有不能达到的地方。天地可以说是十分辽阔广大的了，但仍然不能使人一切都感到满意。因此，君子所持的道，就大处来讲，天下没有什么能承载得了的；就小处来讲，天下没有谁能剖析得了的。

《诗经》中说：“老鹰高飞上青天，鱼儿跳跃在深渊。”这两句诗是比喻持中庸之道的人能够对上对下进行详细审察。

君子所持的中庸之道，开始于匹夫匹妇之间，达到最高境界，便彰明于天地之间，到处存在。

【原文】

子曰："道不远人。人之为道而远人，不可以为道。

《诗》云：'伐柯伐柯，其则不远[①]。'执柯以伐柯，睨而视之[②]，犹以为远。故君子以人治人，改而止。

忠恕违道不远[③]，施诸己而不愿，亦勿施于人。

君子之道四[④]，丘未能一焉[⑤]。所求乎子以事父，未能也；所求乎臣以事君，未能也；所求乎弟以事兄，未能也；所求乎朋友先施之，未能也。庸德之行[⑥]，庸言之谨，有所不足，不敢不勉，有余不敢尽。言顾行，行顾言，君子胡不慥慥尔[⑦]！"

【注解】

①"伐柯"两句：这两句诗引自《诗经·豳风·伐柯》。《伐柯》是一首描写关于婚姻的诗。伐：砍。柯：斧柄。②睨：斜视。③忠恕：儒家伦理思想。尽己之心为"忠"；推己及人为"恕"。④君子之道四：即孝、悌、忠、信。⑤丘：孔子自称其名。⑥庸德：平常的道德。⑦胡：何。慥慥（zào）：笃厚真实的样子。

【译文】

孔子说："中庸之道并不是远离人们的，假若有的人在行道时使它远离人们，那就不可以叫作中庸之道了。

《诗经》中说：'砍斧柄啊砍斧柄，斧柄的样子在眼前。'拿着斧柄作样子来砍制斧柄，斜着眼睛瞧瞧就看得见，但对砍制斧柄的人来说，还算是离得远的。所以，君子以其人之道还治其人之身，直到他们改了为止。

能够做到忠和恕，那就离中庸之道不远了。何为忠恕？心中不乐意别人加给自己的东西，也施加给别人。

君子之道有四种，我孔丘一种也不能做到。做儿子的道理在于孝，我常要求做儿子的必须孝顺父母，但我却不能完全做到这一点；做臣子的道理在于忠，我常要求臣子必须忠于国君，但我自己却不能对国君尽忠；做弟弟的道理在于尊敬兄长，我常要求做弟弟的这样做，但我自己往往不能完全做到这一点；做朋友的道理在讲信用，我常要求别人这样做，但我自己往往不能首先这样做。在平常道德的实行上，在日常语言的谨慎上，我有许多做得不够的地方，这使我不敢不努力去加以弥补，有做得较好的地方，也不敢把话全部说尽。言语要照顾到行动，行动也要照顾到言语。如果能这样做，那么君子的心中还有什么不笃实的呢！"

【原文】

君子素其位而行[①]，不愿乎其外[②]。素富贵，行乎富贵；素贫贱，行乎贫贱；素夷狄，行乎夷狄；素患难，行乎患难；君子无入而不自得焉。

在上位，不陵下[③]。在下位，不援上[④]。正己而不求于人，则无怨，上不怨天，下不尤人。故君子居易以俟命[⑤]，小人行险以徼幸[⑥]。

子曰："射有似乎君子[⑦]，失诸正鹄[⑧]，反求诸其身。"

射有似乎君子。

【注解】

①素：处在。位：地位。②愿：倾慕，羡慕。其外：指本位之外的东西。③陵：同"凌"，凌虐，欺压。④援：攀附，巴结。⑤居易：处在平

易而不危险的境地。俟：等候。命：天命。⑥行险：即冒险。徼："侥"的异形字。⑦射有似乎君子：这句是以射箭的道理来比喻君子"正己而不求于人"的道理。⑧失诸正鹄：指未射中靶子。失，这里指没有射中。正鹄，箭靶。

【译文】

君子在自己所处的低位上行使自己所奉行的道理，从来不会倾慕本位之外的东西。处于富贵的地位上，就做富贵地位上所应该做的事情；处于贫贱的地位上，就做在贫贱地位上所应该做的事情；处在夷狄的地位上，就做在夷狄地位上所应该做得事情；处于患难中，就做处在患难中应该做的事情。君子无论处于什么地位，都不会感到不安适的。

君子高居上位，不会去凌虐居于下位的人。君子居于下位，也不会去巴结居于上位的人。自己正直就不会去乞求别人，这样，就无所怨恨，对上不怨恨天命，对下不归咎别人。所以，君子按照自己现时所处的地位来等候天命的到来，而小人则企图以冒险的行为来求得偶然成功或意外地免除不幸。

孔子说："射箭的道理与君子'正己而不求于人'的道理有相似之处。比如没有射中靶子，应该回过头来从自己身上去找原因。"

【原文】

君子之道[①]，辟如行远，必自迩；辟如登高，必自卑。

《诗》曰："妻子好合，如鼓瑟琴。兄弟既翕，和乐且耽。宜尔室家，乐而妻帑[②]。"子曰："父母其顺矣乎！"

【注解】

①君子之道：指求取君子之道的方法。②"妻子"六句：这几句诗引自《诗经·小雅·常棣》。《常棣》是一首称述家庭和睦、兄弟友爱的诗。鼓：弹奏。琴瑟：是古代两种拨弦乐器的名称，比喻夫妻感情和谐。翕：聚合。耽：久。原诗为"湛"字。妻帑：妻子儿女的统称。帑，儿子。

妻子好合，如鼓瑟琴。

【译文】

求取君子之道的方法，就像走远路一样，一定要从近处开始；就像登高处一样，一定要从低处开始。

《诗经》中说："你和妻子很和好，就像琴瑟声调妙；兄弟相处极和睦。团聚快乐实在好。组织一个好家庭，你和妻儿感情深。"孔子赞叹说："像这样，父母就能安乐无忧，心情舒畅啊！"

【原文】

子曰："鬼神之为德[①]，其盛矣乎！视之而弗见；听之而弗闻；体物而不可遗。使天下之人，齐明盛服[②]，以承祭祀[③]，洋洋乎如在其上[④]，如在其左右。

《诗》曰：'神之格思，不可度思，矧可射思[⑤]。'夫微之显[⑥]，诚之不可揜，如此夫！"

【注解】

①鬼：古代迷信者认为人死后精灵不灭，称之为鬼。一般指已死的祖先。神：宗教及古代神话中所幻想的主宰物质世界，超乎自然，具有人格和意识的精灵。②齐明：在祭祀之前必须斋戒沐浴，以示虔诚。齐（zhāi），同"斋"。盛服：衣冠穿戴整齐华美。③承：奉。祭祀：指祭鬼祀神。④洋洋：舒缓漂浮的样子。⑤"神之"五句：这几句诗引自《诗经·大雅·抑》。《抑》主要写的是规劝周朝统治者修德守礼，指责某些执政者的昏庸。格：至，来。思：语助词，无意义。矧（shěn）：况且。射（yì）：厌弃。⑥微：这里指鬼神的事情隐匿虚无。显：指鬼神可将祸福显现于人间，所以又是明显的。

【译文】

孔子说："鬼神的德行可真是大得很啊！看它也看不见，听它也听不到，但它却体现在万物之中使人无法离开它。天下的人都斋戒净心，穿着庄重整齐的服装去祭祀它，无所不在啊！好像就在你的头上，好像就在你左右。

《诗经》说：'神的降临，不可揣测，怎么能够怠慢不敬呢？'从隐微到显著，真实的东西就是这样不可掩盖！"

鬼神之为德，其盛矣乎。

【原文】

子曰："舜其大孝也与！德为圣人，尊为天子，富有四海之内，宗庙飨之①，子孙保之。故大德，必得其位，必得其禄，必得其名，必得其寿。故天之生物，必因其材而笃焉，故栽者培之，倾者覆之。

《诗》曰：'嘉乐君子，宪宪令德。宜民宜人，受禄于天。保佑命之，自天申之②。'故大德者必受命。"

舜其大孝也与。德为圣人，尊为天子。

【注解】

①宗庙飨之：指在宗庙里受祭献。飨，祭献。②"嘉乐"六句：《这是诗经·大雅·假乐》中的第一章。《假乐》是一首为周成王歌功颂德的诗。嘉乐：喜欢，快乐。嘉，原诗为"假"字。宪宪：原诗为"显显"，意同，即盛明的样子。令德：美德。令，善，美。民：泛指庶人。人：不包括庶人的"民"在内，一般指士大夫以上的人，即在位的人。这句意为，周成王既能与在下之民相处得好，又能与在位之人相处得好。

【译文】

孔子说："舜帝可以说是个大孝子吧！他有圣人的崇高品德，有天子的尊贵地位，普天下都是他的财富，世世代代在宗庙中享受祭献，子子孙孙永保祭祀不断。所以，像舜这样有大德大仁的人，必然会获得天下至尊的地位，必然会获得厚禄，必然会获得美好的名声，而且必然会获得高寿。所以，天生万物，必定要由各自资质的本身来决定是否给予厚施，能够栽培的就一定会去栽培它，而要倾覆的也就只能让它倾覆。

《诗经》中说：'欢喜快乐周成王，美德盛明放光芒。善处庶人百官中，获得天赐厚禄长。上帝保佑周成王，使他福禄能长享。'所以说，有崇高道德品质的人，一定会受到上天的命令而成为天下的君主。"

【原文】

子曰："无忧者，其惟文王乎①！以王季为父②，以武王为子③，父作之④，子述之⑤，武王缵大王、王季、文王之绪⑥，壹戎衣而有天下⑦，身不失天下之显名，尊为天子，富有四海之内，宗庙飨之，子孙保之。

武王末受命，周公成文武之德⑧，追王大王、王季⑨，上祀先公以天子之礼。斯礼也，达乎诸侯大夫，及士庶人。父为大夫，子为士，葬以大夫，祭以士；父为士，子为大夫，葬以士，祭以大夫。期之丧⑩，达乎大夫；三年之丧，达乎天子；父母之丧，无贵贱，一也。"

【注解】

①文王：指周文王。②王季：名季烈，周太王子，周文王之父。③武王：周武王，西周王朝的建立者。④父作之：指父亲王季为文王开创了基业。作，开创，创始。⑤子述之：指儿子武王继承文王的遗志，完成统一大业。述，循、继承。⑥缵：继承。大王："大"古读"太"。大王，即王季之父古公亶父。绪：事业，这里指前人未竟的功业。⑦壹戎衣：即歼灭大殷。壹，同"殪"，歼灭。戎，大。衣，"殷"之误读。⑧周公：西周初年的政治家。姓姬名旦，武王之弟，故又称"叔旦"，因采邑周地，又称"周公"。⑨王：第一个"王"为动词，即尊……为王。⑩丧：丧礼。

【译文】

孔子说："自古帝王中，无忧无虑的大概只有周文王吧！因为他有显明的王季做父亲，有英勇的武王做儿子，父亲王季为他开创了基业，儿子武王继承了他的遗志，完成了他所没有完成的事业。武王继承了太王、王季、文王的未竟功业，灭掉了殷朝，取得了天下。周武王这种以下伐上的行动，不仅没有使他自身失掉显赫天下的美名，反而被天下人尊为天子，普天下都是他的财富，世世代代在宗庙中享受祭献，子子孙孙永保祭祀不断。

周武王直到晚年才受上天之命而为天子，因此他也有许多没有完成的事业。武王死后，周公辅助成王才完成了文王和武王的功德，追尊太王、王季为王，用天子的礼节来追祭祖先，并且把这种礼节一直用到诸侯、大夫以及士和庶人中间。周公制定的礼节规定：如果父亲是大夫，儿子是士的，当父亲亡故时，那就必须以大夫的礼节来安葬他，在祭祀时儿子只能用士的礼节。父亲是士，儿子是大夫的，当父亲亡故时，那就必须以士的礼节来安葬他，在祭祀时儿子用大夫的礼节。为期一年的丧礼，只能在大夫中使用；为期三年的丧礼，就只有天子才能使用；至于父母的丧礼，没有贵贱之分，天子、庶人都是一样的。"

【原文】

子曰："武王周公其达孝矣乎！夫孝者，善继人之志；善述人之事者也。春秋[①]，修其祖庙，陈其宗器[②]，设其裳衣，荐其时食[③]。

宗庙之礼，所以序昭穆也[④]；序爵，所以辨贵贱也；序事，所以辨贤也；旅酬下为上[⑤]，所以逮贱也[⑥]；燕毛[⑦]，所以序齿也[⑧]。

践其位，行其礼，奏其乐；敬其所尊，爱其所亲；事死如事生，事亡如事存，孝之至也。

郊社之礼[⑨]，所以事上帝也；宗庙之礼，所以祀乎其先也。明乎郊社之礼，禘尝之义[⑩]，治国其如示诸掌乎[⑪]！"

【注解】

①春秋：四季的代称。这里指祭祖的时节。②陈：陈列。宗器：古代宗庙祭祀时所用的器物。③荐：进献。时食：指古代祭祀祖先所进献的时鲜食品。④昭穆：是古代一种宗法制度。宗庙的次序是有规定的，始祖庙居中，以下是父子（祖、父）递为昭穆，左为昭，右为穆。昭穆，在这里指祭祀的时候，可以排出父子、长幼、亲疏的次序。⑤旅：众。酬：以酒相劝为酬。⑥逮：及。⑦燕毛：指祭祀完毕，举行宴饮时，以毛发的颜色来区别老少长幼，安排宴会的座次。燕，同"宴"，宴会。毛，头发。⑧序齿：即根据年龄的大小来定宴会的席次或饮酒的次序。齿，年龄。⑨郊社：周代于冬至的时候，在南郊举行祭天的仪式，称为"郊"；夏至的时候，在北郊进行祭地的仪式，称之为"社"。⑩禘尝：在此应为宗庙四时祭祀之一，每年夏季举行。尝，也是四时祭祀之一，在秋季举行。《礼记·王制》："天子诸侯宗庙之祭，春曰礿，夏曰禘，秋曰尝，冬曰烝。"⑪示：同"视"。

武王周公其达孝乎！

【译文】

孔子说："周武王和周公，他们可以算达到孝的最高标准吧！所谓孝的标准，就是要像周武王和周公那样，善于继承前人的遗志；善于完成前人所未完成的事业。在春秋祭祀的时节，及时整修祖宗庙宇；陈列祭祀要用的祭器，摆设先王遗留下来的衣裳；进献时鲜食品。

按照宗庙的礼节，就能把父子、长幼、亲疏的次序排列出来；把官职爵位的秩序排列出来，就能将贵贱分辨清楚；排列祭祀时各执事的秩序，就能分辨清楚才能的高低；在众人劝酒时，晚辈必须为长辈举杯，这样就能使爱抚之情延伸到地位低下的人身上；以毛发的颜色来决定宴席的座次，就能使老老少少秩序井然。

站立在先前排定的位置上，行使祭祀的礼节；奏起祭祀的音乐；尊敬那些理应尊敬的人；爱护那些理应亲近的人；侍奉死去的人就像侍奉活着的人一样；侍奉亡故的人就像侍奉生存着的人一样，这才是孝的最高标准。

制定了祭祀天地的礼节，是用来侍奉上帝；制定了宗庙的礼节，是用来祭祀祖先。明白了郊社的礼节和夏祭秋祭的意义，那么治理天下国家的道理，也就像看着自己手掌上的东西那样明白容易啊！"

【原文】

哀公问政①。子曰："文武之政，布在方策②。其人存，则其政举；其人亡，则其政息。人道敏政③，地道敏树④。夫政也者，蒲卢也⑤。

为政在人，取人以身。

故为政在人，取人以身，修身以道，修道以仁。仁者，人也⑥，亲亲为大⑦。义者，宜也，尊贤为大。亲亲之杀⑧，尊贤之等，礼所生也⑨。

在下位不获乎上，民不可得而治矣⑩。故君子不可以不修身；思修身，不可以不事亲；思事亲，不可以不知人；思知人，不可以不知天。

天下之达道五，所以行之者三。曰：'君臣也；父子也；夫妇也；昆弟也⑪；朋友之交也'。五者，天下之达道也。'知、仁、勇'三者⑫，天下之达德也。所以行之者一也⑬。

或生而知之，或学而知之，或困而知之，及其知之一也。或安而行之，或利而行之，或勉强而行之，及其成功一也。"

子曰："好学近乎知，力行近乎仁，知耻近乎勇。

知斯三者，则知所以⑭修身；知所以修身，则知所以治人；知所以治人，则知所以治天下国家矣。

凡为天下国家有九经⑮，曰：修身也；尊贤也；亲亲也；敬大臣也；体群臣也；子庶民也⑯；来百工也⑰；柔远人也⑱；怀诸侯也⑲。

修身，则道立；尊贤，则不惑；亲亲，则诸父昆弟不怨；敬大臣，则不眩⑳；体群臣，则士之报礼重㉑；子庶民，则百姓劝；来百工，则财用足；柔远人，则四方归之；怀诸侯，则天下畏之。

齐明盛服㉒，非礼不动，所以修身也；去谗远色㉓，贱货而贵德，所以劝贤也；尊其位，重其禄，同其好恶，所以劝亲亲也；官盛任使㉔，所以劝大臣也；忠信重禄，所以劝士也；时使薄敛㉕，所以劝百姓也；日省月试，既禀称事㉖，所以劝百工也；送往迎来，嘉善而矜不能，所以柔远人也；继绝世㉗，举废国，治乱持危，朝聘以时㉘，厚往而薄来，所以怀诸侯也。凡为天下国家有九经，所以行之者一也。

凡事豫则立，不豫则废。言前定，则不跲[29]；事前定，则不困；行前定，则不疚；道前定，则不穷。

在下位不获乎上，民不可得而治矣；获乎上有道，不信乎朋友，不获乎上矣；信乎朋友有道，不顺乎亲，不信乎朋友矣；顺乎亲有道，反诸身不诚，不顺乎亲矣；诚身有道，不明乎善，不诚乎身矣。

诚者，天之道也；诚之者，人之道也。诚者，不勉而中，不思而得，从容中道[30]，圣人也。诚之者，择善而固执之者也[31]。

博学之，审问之，慎思之，明辨之，笃行之。有弗学，学之弗能弗措也；有弗问，问之弗知弗措也；有弗思，思之弗得弗措也；有弗辨，辨之弗明弗措也；有弗行，行之弗笃弗措也。人一能之，己百之；人十能之，己千之。果能此道矣，虽愚必明，虽柔必强。

诚者，天之道也。

信乎朋友有道，在顺乎亲。

有弗问，问之弗知弗措也。

【注解】

①哀公：即鲁哀公，名蒋。春秋时鲁国国君，在位二十七年，谥号哀公。②布：陈列。方策：指典籍。方，方版，古时书写用的板。策，同“册”，竹简。③人道：是我国古代哲学中与“天道”相对的概念。这里指以人施政的道理。敏:迅速。④地道：谓以沃土种植的道理。⑤蒲卢：即芦苇。⑥仁者，人也：意思是说，所谓仁就是人民之间相亲相爱。⑦亲亲为大：意思是说，人们虽然相互亲爱，但都是以爱自己的亲属为主要方面。亲亲，前一个“亲”为动词，意为“爱”。后一个“亲”指亲属。⑧杀（shài）：降等。⑨礼所生也：这句是说“亲亲之杀，尊贤之等。”都是从礼仪中产生。礼，泛指奴隶社会或封建社会贵族等级制的社会规范和道德规范。⑩此句疑误印，与下文重复。⑪昆弟：兄弟。昆，兄长。⑫知、仁、勇：这三种是儒家的伦理思想，被誉为通行于天下的美德。⑬一：专一，诚实。⑭所以：怎样。⑮经：常规。⑯子：动词，即爱……如子。庶民：众民，指一般的人民。⑰来：招来，招集。百工：西周时对工奴的总称，春秋时沿用此称，并作为各种手工业工匠的总称。⑱柔：安抚，怀柔，引申为优待。远人：这里指远方的来客，即外族人。⑲怀：安抚。⑳眩：眼花，引申为迷惑。㉑报：报答。礼：这里是敬意。重：深厚。㉒齐明：这里专指内心虔诚。盛服：衣冠穿戴整齐，这里指外表仪容端庄。㉓去谗：摒弃谗佞小人的坏话。去，摒弃。谗，谗佞小人的坏话。远色：远离女色。㉔官盛：官属众多。任使：听任差使。㉕时使：使用百姓要适时。薄敛：减轻赋税的征收。㉖既禀：与“饩廪”同。饩廪，古代指月给的薪资粮米。称：相称。事：工效。㉗绝世：指卿大夫子孙中已经失去世禄的人。㉘朝聘：古代诸侯定期朝见天子。《礼记·王制》：“诸侯之于天子也，比年一小聘，三年一大聘，五年一朝。”㉙跲（jiá）：窒碍。㉚从容：举止行动。㉛固执：坚守不渝。执，握住。

【译文】

或生而知之，或学而知之，或困而知之。

鲁哀公向孔子询问政事。孔子回答说："周文王和周武王的政治理论都记载在典籍上。如果今天有像周文王和周武王那样的人存在，那么他们的政治理论便能实施；如果今天没有像周文王和周武王那样的人存在，那么他们的政治理论也就也就废弛了。以人施政的道理在于使政治迅速昌明；以肥沃土地种植树木的道理在于使树木迅速生长。以人施政最容易取得成效，就像种植蒲苇那样容易生长。

所以国君处理政事的方法就在于获得贤才，而获得贤才的方法，就在于国君努力提到自身的品德修养，要提高自身的品德修养，就在于使自己的言行符合道德规范；要使自己的言行符合道德规范，就在于树立仁爱之心。所谓仁，就是人与人之间相互亲爱，而以爱自己的亲属最为重要。所谓义，就是说人们相处应该适宜得当，而以尊敬贤人最为重要。爱自己的亲属有等级，尊敬贤人有级别，这些都是从礼仪中产生出来的。

处在下位的人不能够得到上面的信任和支持，那么他就不可能管理好人民。所以，君子不能不努力提高自身的品德修养；想提高自身的品德修养，就不能不侍奉好自己的亲人；想侍奉好自己的亲人，就不能不知道尊贤爱人；想知道尊贤爱人，就不能不了解和掌握自然的法则。

天下普遍共行的大道有五种，而实行这些大道的美德有三种。就是说：'君臣之道，父子之道，夫妇之道，兄弟之道，交朋友之道。'这五种就是天下共行的大道。'智慧，仁爱，勇敢'这三种，就是天下共行的美德。而实行这些大道和美德的方法只能是诚实专一。

有的人生来就知道这些道理，有的人通过学习才知道这些道理，有的人是在遇到困难后去学习才知道这些道理。虽然人们掌握这些道理有先有后，但是到了真正知道这些道理，他们又都是一样的了。有的人心安理得去实行这些道理，有的人是看到了它的益处才去实行这些道理，有的人则是勉强去实行这些道理。虽然人们实行这些道理有差别，但是当他们获得了成功的时候，却又都是一样了。"

孔子说："爱好学习的人接近智，努力行善的人接近仁，知道羞耻的人接近勇。

知道这三项的人，就知道怎样提高自身的品德修养；知道怎样提高自身的品德修养，就知道怎样治理别人；知道怎样治理别人，就知道怎样去治理天下国家了。

大凡治理天下国家有九条常规，那就是：努力提高自身的品德修养，尊重贤人，爱护自己的亲人，敬重大臣，体恤众臣，像爱自己的儿子那样去爱人民，招集各种工匠以资国用，优待远方的来客，安抚四方的诸侯。

能够提高自己的品德修养，就能树立一个良好的道德典范；能够尊重贤人，就不会被事物的假象所迷惑；能够爱自己的亲人，就不会使叔伯、兄弟产生怨恨；能够尊敬大臣，在处理事情时就不会感到迷惑不定；能够体恤众臣，那些为士的人就会重重报答恩德；能够做到爱民如子，百姓们就会更加勤奋努力；能够招集各种工匠，就可以使国家财务充足；能够优待远方的来客，四方的人都会归顺；能够安抚各国诸侯，全天下的人都会自然敬畏。

必须内心虔诚外表端庄，不符合礼节的事绝不要去干，这才是提高自身品德修养的方法；摒弃那些谗佞小人的坏话，远离那些诱人的女色，轻视钱财货物，珍视道德品质，这才是劝勉贤人最好的方法；加升他们的爵位，重赐他们的俸禄，与他们的喜好厌恶相同，这才是劝勉人们去爱自己亲人的好方法；为大臣多设属官，这才是奖励大臣的好方法；对待士要讲究'忠''信'，并以厚禄供养他们，这才是劝勉士为国效力的好方法；役使百姓要适时，赋税征收要减轻，这才是劝勉百姓努力从事生产的好方法；天天省视工匠的工作情况，月月考查他们的技术本领，发给他们的粮米薪资要与他们的工效相称，这才是劝勉各种工匠努力工作的好方法；对于远方的客人，要盛情相迎，热情相送，对其中有善行的人要给予嘉奖，对其中能力薄弱的人要给予同情，这才是招徕远方来客的好方法；延续已经绝禄的世家，复兴已经废灭的国家，整顿已经混乱的秩序，扶救处于危难之中的国家，让诸侯各自选择适当的时节来朝聘，贡礼薄收，赏赐厚重，这才是安抚四方诸侯的好方法。大凡治理天下国家有九条常规，但是，实行这些常规的方法只是一条，即诚实专一。

无论做什么事情，如能预先确立一种诚实态度，就一定能成功，不能这样，就不能成功。人们在讲话之前能规定自己必须诚实，讲起话来就会流畅而无障碍；做事以前规定自己必须诚实，做事时就不会感到有什么困难；行动之前规定自己必须诚实，行动之后就不会产生内疚；实行道德之前规定自己必须诚实，实行时就不会有什么行不通的地方。

处在下位的人不能得到上面的信任和支持，那就不可能治理好人民。要想得到上面的信任和支持，有一定的道理，这就是在交朋友时要讲信用，如果连朋友都不信任自己，那么就不能得到上面的信任和支持；要使朋友信任自己，有一定的道理，这就是要孝顺父母，如果不能孝顺父母，那么就不能得到朋友的信任；要孝顺父母，有一定的道理，这就是要使自己内心诚实，不能使自己内心诚实，就不能孝顺父母；要使自己内心诚实，有一定的道理，这就是要显出自己善的本性来，如果不能使自己善的本性显出来，那么就不能使自己的内心诚实了。

诚，是上天赋予人们的道理；实行这个‘诚’，那是人为的道理。天生诚实的人，不必勉强，他为人处世自然合理，不必苦苦思索，他言语行动就能得当，他的举止，不偏不倚，符合中庸之道。这种人就是我们所说的‘圣人’，要实行这个诚，就必须选择至善的道德，并且坚守不渝才行。

要广泛地学习各种知识，详尽细密地探究事物的原理，对自己所学的东西要谨慎思考，辨清是非，当获得了真理之后，就要坚决地去实践它。有的东西不学习也就罢了，学了，就一定要能掌握它，如果还不能掌握，那就不要停止学习；有的东西不问也就罢了，问就得问一个清楚，如果还没有弄清楚，那就不要罢休；有的问题不思考也就罢了，要思考就要有切身体会，如果不能获得什么体会，那就不要停止思考；有的事情不辨别也就罢了，要辨别就一定要把是非辨清，如果不能辨清，那就不要停止辨别；有的措施不实践也就罢了，要实践就一定要做到彻底，如果不彻底，那就不要停止实践。别人一遍能做好的，我做它一百遍也一定能做好；别人十遍能做好的，我做它一千遍也一定能做好。一个人如果能够按照这个道理去做，那么即使是愚蠢的人，也一定会变得聪明；即使是柔弱的人，也一定会变得刚强。

【原文】

自诚明[①]，谓之性；自明诚，谓之教；诚则明矣，明则诚矣。

【注解】

①自：由于。

【译文】

由于内心诚实而明察事理，这叫作天赋的本性；由于明察事理后达到内心真诚，这叫作后天的教育感化。凡心真诚也就会自然明察事理，而明察事理也就会做到内心诚实。

【原文】

唯天下至诚，为能尽其性[①]；能尽其性，则能尽人之性；能尽人之性，则能尽物之性；能尽物之性，则可以赞大地之化育；可以赞天地之化育，则可以与天地参矣[②]。

自诚明，谓之性。

【注解】

①尽其性：即尽量发挥自己的天赋本性。②与天地参：与天地并列为三。参，并立。

【译文】

只有天下至诚的圣人，才能尽量发挥自己天赋的本性；能尽量发挥自己天赋的本性，就能尽量发挥天下人的本性；能尽量发挥天下人的本性，就能尽量发挥万物的本性；能尽量发挥万物的本性，就可以帮助天地对万事万物进行演化和发展；能帮助天地对万事万物进行演化和发展，就可以与天地并立为三了。

【原文】

其次致曲[①]，曲能有诚，诚则形，形则著，著则明，明则动，动则变，变则化，唯天下至诚为能化。

【注解】

①致曲：推究出细微事物的道理。致，推致。曲，郑玄注："犹小小之事也。"

【译文】

那些次于圣人的贤人，如果能通过学习而推究一切细微事物的道理，那么由此也能达到诚；内心诚实了就会表现出来，表现出来了就会日益显著，日益显著就会更加光明，更加光明而后能使人心感动，就会使人发生转变，使人发生了转变，就可以化育万物，只有天下至诚之人才能做到化育万物。

【原文】

至诚之道，可以前知。国家将兴，必有祯祥；国家将亡，必有妖孽。见乎蓍龟[①]，动乎四体[②]。祸福将至：善，必先知之；不善，必先知之。故至诚如神。

【注解】

①见乎蓍（shī）龟：从蓍草、龟甲的占卜中发现。蓍龟，即蓍草和龟甲，古代用来占卦。②动乎四体：即从人们的仪表、行动中察觉。四体，四肢。

至诚之道，可以前知。

【译文】

掌握了至诚之道，就可以预知未来的事。国家将要兴旺，一定有吉祥的征兆；国家将要衰亡，必然会有妖孽出来作祟。这些或呈现在蓍草龟甲上，或表现在人的仪表上。祸福即将要来临时，是吉兆，是一定可以预先知道的；是凶兆，也一定可以预先知道。所以说掌握了至诚之道的人就像神灵一样。

【原文】

诚者，自成也；而道，自道也。诚者[①]，物之终始，不诚无物。是故君子诚之为贵。诚者，非自成己而已也，所以成物也。成己，仁也；成物，知也。性之德也，合外内之道也，故时措之宜也。

【注解】

①诚：此处的诚，是从广义上讲，指的是贯穿于一切事物中的实理，即事物的本质和发展规律。

【译文】

诚，就是完成自身道德修养的要素；道，就是知道自己走向完成品德修养所应该走的道路。诚，是天地自然之力，它贯穿在世界上万事万物之中，而始终不能离开，没有“诚”就没有世界上的万事万物。所以，君子把“诚”看作是一种高贵的品德。所谓诚，并不仅仅是完成自身的品德修养就算到头了，而是要使万物都得到完成。完成自身的品德修养便是“仁”；使万物得到完成便是“智”，“仁”和“智”都是人们天性中所固有的美德，它们内外结合，便是“成己”“成物”的道理，所以经常实行就没有不适宜的地方。

【原文】

故至诚无息，不息则久，久则征①，征则悠远，悠远则博厚，博厚则高明。博厚，所以载物也；高明，所以覆物也；悠久，所以成物也。博厚配地，高明配天，悠久无疆。如此者，不见而章，不动而变，无为而成。

天地之道，可一言而尽也：其为物不贰②，则其生物不测。天地之道：博也，厚也，高也，明也，悠也，久也。今夫天，斯昭昭之多③，及其无穷也，日月星辰系焉④，万物覆焉。今夫地，一撮土之多，及其广厚，载华岳而不重⑤，振河海而不泄⑥，万物载焉。今夫山，一卷石之多⑦，及其广大，草木生之，禽兽居之，宝藏兴焉。今夫水，一勺之多⑧，及其不测，鼋鼍蛟龙鱼鳖生焉，货财殖焉。

《诗》云：“维天之命，于穆不已⑨。”盖曰天之所以为天也⑩。“于乎不显⑪，文王之德之纯⑫。”盖曰：文王之所以为文也，纯亦不已。

【注解】

①征：验证，证明。②不贰：无二心。③斯昭昭之多：这句是指天由小小的明亮所积累。昭昭，小小的光明。④星辰：星系的总称。系：悬系。⑤华岳：即西岳华山，为五岳之一。⑥振：郑玄注“振，犹收也。”此处引申为“收容”的意思。泄：同“泄”，泄露。⑦一卷石之多：山由小小石堆积累而成。⑧勺：古代舀酒用的器具。⑨“维天”两句：这两句诗引自《诗经・周颂・维天之命》。《维天之命》这首诗是祭祀周文王的乐歌。于：叹词。穆：庄严，肃穆。不已：不止。⑩盖：推原之词。⑪于乎：与“呜呼”同。显：光明。⑫纯：纯洁无瑕。

【译文】

所以，至诚的道理是从来不会止息的。没有止息就会长久流传，长久流传就会得以验证，得以验证就会悠远，悠远就会广博深厚，广博深厚就会精明高妙。广博深厚，所以能承载天下万物；精明高妙，所以能覆盖天下万物；悠远长久，所以能生成天下万物。广博深厚可以与地相比，精明高妙可以与天相比，悠远长久则是永无止境。像这样，虽然不加以表现，却自然彰明；虽然不去行动，却自然可以感人化物；虽然无所作为，却自然会获得成功。

天地的道理用一句话就可以全部概括：它自身诚一不贰，而化生万物，形形色色，难以测知其中奥秘。天地的道理还在于：广博，深厚，高妙，精明，悠远，长久。现在就拿天来说吧，它只不过是由点点光明所积累，可是论到天的整体，那真是无穷无尽，日月星辰都靠它维系，世界万物都靠它覆盖。现在拿地来说吧，地，不过是由一撮土一撮土聚积起来的，可是论及地的全部，那真是广博深厚，承载像华山那样的崇山峻岭也不觉得重，容纳那众多的江河湖海也不会泄漏，世间万物都由它承载了。再说山吧，不过是由拳头大的石块聚积起来的，可等到它高大无比时，草木在上面生长，禽兽在上面居住，宝藏在上面储藏。再说水吧，不过是一勺一勺聚积起来的，可等到它浩瀚无涯时，蛟龙鱼鳖等都在里面生长，珍珠珊瑚等值价的东西都在里面繁殖。

《诗经》中说，“只有那天命啊，肃穆庄严，运转不停！”这大概就是说的天之所以为天的原因吧。“多么显赫光明啊，文王之德大而且纯！”这大概就是说的文王之所以被称为“文”王的原因吧，就是因为它纯洁无瑕的品德常行不止。

【原文】

大哉圣人之道！洋洋乎发育万物，峻极于天①。优优大哉②，礼仪三百③，威仪三千④。待其人而后行。故曰：苟不至德，至道不凝焉。故君子尊德性而道问学，致广大而尽精微，极高明而道中庸，温故而知新，敦厚以崇礼。是故居上不骄，为下不倍[⑤]。国有道，其言足以兴；国无道，其默足以容[⑥]。《诗》曰："既明且哲，以保其身[⑦]。"其此之谓与！

君子居上不骄，为下不倍。国有道，其言足以兴；国无道，其默足以容。

【注解】

①峻极：极其高峻。于：至②优优：宽裕充足的样子。③礼仪：经礼，典礼制度。④威仪：曲礼，指礼的细节。⑤倍：同"悖"，违背。⑥其默足以容：谓缄默不语，足以为执政者所容，因而也就可以远避灾祸。⑦"既明"两句：这两句诗引自《诗经·大雅·烝民》。《烝民》是一首歌颂仲山甫（周宣王的臣子）的诗。

【译文】

伟大啊，圣人的道德！充满于天地之间，使万物生长发育，它高及苍天，无所不包。真是充裕而又伟大啊，礼的大纲多到三百天，礼的细节有三千多条。一定要等那有才德的圣人出来才能够实行。所以说，假如不是像伟大的圣人那样具有最高的德行，那么伟大的道理就不会凝聚在他心中。因此君子一定要恭敬奉持天生的德行，广泛学习，探究事理，使学问和天赋德行日臻广大，达到精深高妙的境界，不偏不倚，遵循中庸之道。在学习方面，要做到温习已有的知识从而获得新知识；在道德修养方面，要使专诚之心更加充实，用以崇尚礼仪。所以身居高位不骄傲，身居低位不自弃，国家政治清明时，他的言论足以振兴国家；国家政治黑暗时，他的沉默足以保全自己。《诗经》说："既明智又通达事理，可以保全自身。"大概就是说的这个意思吧！

【原文】

子曰："愚而好自用[①]；贱而好自专[②]；生乎今之世，反古之道[③]；如此者，灾及其身者也。"

非天子，不议礼，不制度[④]，不考文[⑤]。今天下，车同轨[⑥]，书同文[⑦]，行同伦[⑧]。虽有其位，苟无其德，不敢做礼乐焉[⑨]；虽有其德，苟无其位，亦不敢作礼乐焉。

子曰："吾说夏礼[⑩]，杞不足征也[⑪]；吾学殷礼[⑫]，有宋存焉[⑬]。吾学周礼，今用之，吾从周。"

【注解】

①自用：只凭自己的主观意图行事。②自专：按自己的主观意志独断专行。③反：同"返"，引申为恢复，④制：制定。度：法度。⑤考：考订。文：指文字的笔画和形体。⑥轨：车子两轮间的距离。古代制车，两轮之间的距离都有定制。⑦书同文：书写的是同样的文字。⑧伦：指伦理道德。⑨乐：音乐。古代天子治理作乐，以治天下。⑩说，解说。一说为"悦"，喜爱。夏礼：夏代的礼法。⑪杞：古国名。⑫殷礼：殷代礼法。⑬宋：古国名，开国君主是商纣的庶兄微子启。

【译文】

孔子说："愚昧的人往往喜欢凭自己的主观意图行事；卑贱的人却常常喜欢独断专行。他们生于现在的时代不遵守当今的法律，却一心想去恢复古代的法律。这样的人，灾祸一定会降到他们的身上。"

不是天子，不敢议论礼制，不敢制订法度，不敢考订文字的笔画形体。现在天下车子的轮距一致，文字的字体统一，实行的伦理道德相同。虽然处在天子的地位，如果没有圣人的德行，是不敢制作礼乐制度的；虽然有圣人的美德，如果没有天子的地位，也是不敢制作礼乐制度的。

孔子说："我解说夏朝的礼制，但是夏的后代已经衰败，现在只有一个杞国存在，所以不足以验证；我学习殷朝的礼制，现在还有它的后代宋国存在；我学习周朝的礼制，它正是当今所使用的，所以我遵从周礼。”

【原文】

王天下有三重焉，其寡过矣乎！上焉者[①]，虽善无征；无征不信；不信民弗从。下焉者[②]，虽善不尊[③]；不尊不信；不信民弗从。故君子之道，本诸身，征诸庶民，考诸三王而不缪[④]，建诸天地而不悖，质诸鬼神而无疑[⑤]，百世以俟圣人而不惑。质诸鬼神而无疑，知天也；百世以俟圣人而不惑，知人也。

君王治理天下要做好议订礼仪，制订法度，考订文字规范这三件大事。

是故，君子动而世为天下道，行而世为天下法，言而世为天下则。远之则有望，近之则不厌。《诗》曰：“在彼无恶，在此无射。庶几夙夜，以永终誉[⑥]。”君子未有不如此，而蚤有誉于天下者也[⑦]。

【注解】

①上焉者：指远于当今之世的礼仪制度，如前文所说的夏礼、商礼。②下焉者：指虽为圣人，而地位在下，他主张的礼仪制度虽善却不能实施。③不尊：没有尊贵的地位。④三王：指夏禹、商汤、周文王。缪：通“谬”，错误。⑤质：证实，保证。一说为质问。⑥“在彼”四句：这四句诗引自《诗经·周颂·振鹭》。《振鹭》这首诗是周王设宴招待来朝的诸侯时，在宴席上唱的乐歌。在彼无恶：彼，诸侯所在国。无恶，无人憎恨。这句是说，诸侯勤于政事，本国无人憎恨。在此无射：此，指周王所在地，即朝廷。无射，不厌恨。这句是说，诸侯来到朝廷朝见天子，朝廷里没有人厌恨他。庶几夙夜：庶几，差不多。夙夜，早晚，犹言早起晚睡。这句是说，各诸侯早起晚睡，勤于政事。以永终誉：永，长。终，“众”的假借字。誉，赞誉。这句是说，各诸侯能长受众人的称赞。⑦蚤：通“早”。

【译文】

君王治理天下能够做好议订礼仪、制订法度、考订文字规范这三件重要的事，他的过失就会减少了。离当今社会很远的礼仪制度，虽然好，但由于年代相隔太远，因而得不到验证，得不到验证就不能取信于民，不能取信于民，老百姓就不会听从。身为圣人而身处下位的人，他所主张的礼仪制度虽然好，但由于没有尊贵的地位，也不能取信于民；不能取信于民，老百姓就不会听从。所以君子治理天下的道理，应该以自身的品德修养为根本，并从老百姓那里得到验证和信任，用夏、商、周三代的礼仪制度来考察而没有谬误，建立于天地自然之间而没有违背之处，得到了鬼神的证实而没有疑问，这样就是等到百世以后的圣人来实行也不会有什么疑惑之处了。得到鬼神的证实而没有疑误不明的地方，这是因为了解和掌握了天理；等到百世以后的圣人来实行也不会有什么疑惑之处了，这是因为知道了人的情理。

所以君王的言语行动能世世代代成为天下共行的道理，君王的所作所为能世世代代成为天下遵循的法度，君王言谈话语能世世代代成为天下必守的准则。隔得远的则有仰慕之心，离得近的也不会有厌恶之意。

《诗经》说：“诸侯在国没有人憎恶，在朝同样没有人厌烦，早起晚睡政事勤，众人称赞美名存。”君王中没有不这样做而能够早早在天下获得名望的。

【原文】

仲尼祖述尧舜[①]，宪章文武[②]，上律天时[③]，下袭水土[④]。辟如天地之无不持载[⑤]，无不覆帱[⑥]。辟如四时之错行，如日月之代明[⑦]。万物并育而不相害[⑧]，道并行而不相悖[⑨]，小德川流，大德敦化，此天地之所以为大也。

【注解】

①祖述：遵循前任的行为或学说。这句是说孔子遵循尧舜二帝的道统。②宪章文武：宪章，效法。这句是说效法周文王和周武王的典章制度。③上律天时：律，效法。天时，谓自然变化的时序，或言节气、气候或言阴晴寒暑的变化。“天时”在古时用意很广。④袭：合符。水土：犹言地理环境。⑤“辟如”句：这句是说天地广博深厚没有什么不能承载。⑥无不覆帱：没有什么不能覆盖。覆帱，覆盖的意思。⑦代：交替的意思。⑧并育：即同时生长。相害：互相妨害。⑨道：指天地之道，即四季更迭，日月交替之道。悖：违背。

【译文】

孔子遵循尧舜二帝的道统，效法文王、武王所定制的典范，上依据天时变化规律，下符合地理环境。譬如天地广博深厚，没有什么不能承载，没有什么不能覆盖。又譬如四季的更迭运行，日月的交替照耀。天地间万物同时生长而互不妨害，天地之道同时并行而互不冲突。小的德行如河水一样长流不息，大的德行使万物敦厚淳朴，无穷无尽。这就是天地之所以盛大的原因。

【原文】

唯天下至圣，为能聪明睿知，足以有临也①；宽裕温柔，足以有容也②；发强刚毅，足以有执也③；齐庄中正④，足以有敬也；文理密察⑤，足以有别也⑥。

溥博渊泉⑦，而时出之⑧。溥博如天，渊泉如渊。见而民莫不敬，言而民莫不信，行而民莫不说⑨。

是以声名洋溢乎中国，施及蛮貊⑩；舟车所至，人力所通，天之所覆，地之所载，日月所照，霜露所队⑪，凡有血气者，莫不尊亲⑫，故曰配天。

唯天下至圣，为能聪明睿知。

【注解】

①临：本指高出朝向低处，后引申为上对下之称。②容：包容，容纳。③执：操持决断天下大事。④齐庄：庄重恭敬。中正：不偏不倚。⑤文理：条理。密察：详察细辨。⑥别：分别是是非邪正。⑦溥博渊泉：溥博，普遍广博。溥，普遍。渊泉，深潭。《列子·黄帝》：“心如渊泉，形如处女。”后引申为思虑深远。⑧而时出之：出，溢出。这句是说，至圣的人的美德就像渊泉外溢一样，常常表现出来。⑨说：同“悦”，喜悦。⑩施：传播。及：到。蛮貊：谓南蛮北狄等边远少数民族。⑪队：同“坠”，坠落。⑫尊亲：尊重亲近。“尊、亲”二字后面省略了宾语。

发强刚毅，足以有执也。

【译文】

只有天下最圣明伟大的人，才能做到聪明智慧，足以居上位而临下民；宽博优裕，温和柔顺，足以包容天下的人和事；奋发图强，刚强坚毅。足以操持决断天下大事；庄重恭敬。处事中正，足以获得人民的尊敬；条理清晰，祥辨明察，足以分辨是非邪正。

圣明伟大的人，他们的美德广博而深厚，并常常会表露出来。他们的美德就像天空一样广阔，就像潭水一样幽深。这种美德表现在仪容上，老百姓没有谁不敬佩；表现在言谈中，老百姓没有谁不信服；表现在行动上，老百姓没有谁不喜悦。

因此，他们美好的名声充满了整个中原地区，并且传播到边远少数民族的地方；凡是船只车辆所能到达的，人所能通行的，苍天所能覆盖的，大地所能承载的，天阳和月亮所能照耀着的，霜露所能坠落到的地方，凡是有血气生命的人，没有不尊重和不亲近他们的；所以说圣人的美德可以和天相配。

【原文】

唯天下至诚，为能经纶天下之大经①，立天下之大本②，知天地之化育。夫焉有所倚？肫肫其仁③，渊渊其渊④，浩浩其天⑤。苟不固聪明圣知⑥，达天德者⑦，其孰能知之？

【注解】

①经纶：原指整理丝缕，这里引申为创制天下的法规。大经：指常道，法规。②大本：根本大德。③肫肫：诚挚，与“忳忳”同。忳，恳诚貌也。④渊渊其渊：意思是说圣人的思虑如潭水一般幽深。渊渊，水深。⑤浩浩其天：圣人的美德如苍天一般广阔。浩浩，原指水盛大的样子。⑥固：实。⑦达天德者：通达天赋美德的人。

【译文】

只有天下达到诚的最高境界的人，才能创制天下的法规，才能树立天下的根本大德，掌握天地化育万物的道理，这怎么会有偏向呢？他的仁心是那样的真诚，他的思虑像潭水般幽深，他伟大的美德像苍天一样广阔。假如不是具有真正聪明智慧而通达天赋美德的人，谁又能真正了解他呢？

【原文】

《诗》曰：“衣锦尚絅①。”恶其文之著也。故君子之道，闇然而日章②；小人之道，的然而日亡③，君子之道，淡而不厌，简而文，温而理，知远之近④，知风之自⑤，知微之显⑥，可与入德矣。

《诗》云：“潜虽伏矣，亦孔之昭⑦。”故君子内省不疚⑧，无恶于志⑨。君子之所不可及者，其唯人之所不见乎！

《诗》云：“相在尔室，尚不愧于屋漏⑩。”故君子不动而敬，不言而信。

《诗》曰：“奏假无言，时靡有争⑪。”是故君子不赏而民劝⑫，不怒而民威于铁钺⑬。

《诗》曰：“丕显惟德，百辟其刑之⑭。”是故君子笃恭而天下平。

《诗》云：“予怀明德，不大声以色⑮。”子曰，“声色之于以化民，末也。”《诗》曰：“德輶如毛⑯。”毛犹有伦⑰，“上天之载，无声无臭⑱。”至矣。

【注解】

①“衣锦”句：这句诗引自《诗经·卫风·硕人》。《硕人》写的是庄姜初嫁庄公为妻时的场景。衣：动作词，穿。锦：这里指色彩华美的丝绸服装。尚：加在上面。絅：用麻纱制作的单罩衣。尚絅：即加上麻纱罩衣。②闇然，暗淡的样子。闇，“暗”的异体字。日章：日渐彰明。章，同“彰”。③的然：鲜艳的样子。的，鲜艳，显著。④知远之近：意思是要往远去必从近开始。⑤知风之自：风，谓教化。这句是说，教化别人必须从自己做起。⑥知微之显：微，隐蔽之处。这句是说，隐蔽之处对明显之处也有一定的影响。⑦“潜虽”两句：这两句诗引自《诗经·小雅·正月》。《正月》是一首揭露现实的诗。潜：潜藏。伏：隐匿。孔：很，甚。昭：明。⑧内省（xǐng）：经常在内心省察自己。疚：原意为久病。引申为忧虑不安。⑨无恶：引申为“无愧”。志：心。⑩“相在”两句：这两句诗引自《诗经·大雅·抑》。相：看。在尔室：你独自一个人在室。尚：当。不愧于屋漏：意指心地光明，不再暗中做坏事或者起坏念头，屋

君子之道，淡而不厌。

漏，指古代室内西北角阴暗处。⑪“奏假”两句：这两句诗引自《诗经·商颂·烈祖》。《烈祖》是商的后代宋在祭祀祖先时唱的乐歌。奏假：祷告。无言：默默无声。⑫不赏而民劝：不需赏赐就能使人民受到鼓励。⑬𫓧钺：古代执行军法时用的斧子，与“斧钺”同。这里引申为刑戮。⑭“不显”两句：这两句诗引自《诗经·周颂·烈文》。《烈文》是周王在举行封侯仪式上所唱的乐歌。丕显：充分显扬。丕，大。百辟：谓诸侯。刑：同“型”，法则。⑮“予怀”两句：这两句诗引自《诗经·大雅·皇矣》。《皇矣》是一首史诗，叙述周朝祖先开国创业的历史。⑯“德𬨎”句：这句诗引自《诗经·大雅·烝民》。德：指德的微妙。𬨎：古时候一种轻便车辆，引申为轻。毛：羽毛。⑰毛犹有伦：这句是说羽毛虽然轻微，但还是有东西可以类比的。⑱“上天”两句：这两句诗引自《诗经·大雅·文王》。载，事。臭（xiù），气味。这句诗的大意是说，上天化育万物的道理，没有声音和气味，世上没有什么东西可以形容它的高妙。

【译文】

《诗经》说：“身穿锦绣衣服，外面罩件套衫。”这是为了避免锦衣花纹太鲜艳。所以，君子为人的道理在于，外表黯然无色而内心美德才日益彰明；小人的为人之道在于，外表色彩鲜艳，但是随着时间的推移便会日渐黯淡。君子为人的道理还在于，外表素淡而不使人厌恶，外表简朴而内含文采，外表温和而内有条理，知道远是从近开始，知道感化别人是从自己做起，知道微小隐蔽的地方会影响到显著的地方，能够掌握以上这些道理的，就可以进到圣人崇高的美德中去了。

《诗经》说：“即使鱼潜藏很深，但仍然会看得明显的。”所以君子经常在内心省察自己，就不会有过失和内疚，就不会有愧心。由此可知，人们之所以不能超越君子的原因，大概就是因为君子在这些不被人看见的地方也严格要求自己。

《诗经》说：“看你独自在室内的时候，应当也无愧于神明。”所以，君子就是在没做什么事的时候也是怀着敬畏谨慎的心理，在没有言语的时候就已经诚信专一了。

《诗经》说：“默默无声暗祈祷，今时不再有争斗。”所以，君子不用赏赐而老百姓也会受到鼓励；不用发怒而老百姓畏惧他就会胜过刑戮的威严。

《诗经》说：“弘扬好的德行，诸侯们便会来效法。”所以，君子笃实恭敬，就能使天下太平。

《诗经》说：“怀念文王光明的美德，从不用厉声厉色。”孔子说：“用厉声厉色去感化老百姓，这是没有抓住根本。”《诗经》说：“美德轻如羽毛。”羽毛虽轻微细小，但还是有东西可以类比。《诗经》中说“化育万物上天道，无声无息真微妙”这才是达到了最高的境界啊。

小人之道，的然而日亡。

相在尔室，尚不愧于屋漏。

予怀明德，不大声以色。

第三卷

论语

论语

《论语》是记载孔子和他的弟子们言行的典籍，全书20篇，一万余字。一般认为，《论语》是由孔子弟子所辑录。

《论语》

作者 孔门弟子

《论语》一书真实而生动地记录了孔子的言行和他与弟子们的对话，这应该是孔门弟子在孔子生前就开始了记录。孔子逝世以后，弟子们继续追忆编纂成书。

时代 春秋末期至战国初期

传说孔子有弟子三千人，至于最后由谁来最终编撰在一起的，已经无可考证了。最后编订当在战国初期。今天的《论语》版本，是东汉末年的大学者郑玄根据几个古本作的《论语注》。今注本有杨伯峻的《论语译注》。

内容 孔门言行录

为最早的语录体书籍

现存《论语》共20篇，492章。其中记录孔子跟弟子或其他人谈话的约有444章。记录孔门弟子之间相互言论的有48章。内容以伦理教育为主，对中国文化影响极为深远。

孔子与《论语》

孔子是中国古代伟大的思想家、教育家。由他开创的儒家学派在历史上产生过深远影响，儒家文化一直成为封建时代中华民族的主体文化。但是孔子“述而不作”，没有留下完整、系统的学术专著。两千多年间，只有一部记录了孔子及其学生的言论与事迹的语录体著作流传了下来，这就是《论语》。

此书共20篇，492章，总约一万余字。这些文字，是我们今天研究孔子思想最宝贵的材料。

何以书名《论语》，诸家说法不一。一般认为，“论”是“论纂”，“语”是“语言”，因此，“论语”就是把孔子及其弟子的对话“论纂”起来的意思。《论语》各篇都以每篇开始的两字或三字为篇名。如第一篇的第一章以“学而时习之，不亦说乎”为首句，于是第一篇便定名为“学而篇”；第二十篇以“尧曰”开头，因此第二十篇便称为“尧曰篇”。

《论语》的编纂，约始于春秋末年，而成书于战国初年。

孔子像。

孔子其人

孔子生平大略

孔子，名丘，字仲尼，春秋时鲁国陬邑(今山东曲阜东南)人。历史上对孔子的生卒年月一直争论不休，但意见相差也不过一两年。大多学者认为是生于周灵王二十一年、鲁襄公二十二年(公元前551年)，死于周敬王四十一年、鲁哀公十六年(公元前479年)，享年73岁。

孔子是殷商的苗裔。周武王灭殷商后，封殷商的微子启于宋。孔子的祖先便是宋国的宗室。后来家世衰微，失掉了贵族的地位。孔子的父亲叔梁纥，曾做过鲁国鄹地(今山东曲阜县境内)的地方长官，在孔子3岁那年就去世了。孔子从小与寡母相依为命。孔子曾说："吾少也贱，故多能鄙事。"(《子罕》)他不得不从事各种劳动，广泛地接触了下层社会。

30岁前后，孔子开始收徒讲学，创办了中国历史上第一所私学，孔子以"学而不厌，诲人不倦"的精神，培养了"贤人七十，弟子三千"。50岁时，孔子在鲁国做官，先后做过中都宰(中都的长官)、司空和大司寇(主管司法)，但时间不长，终因鲁国的动乱而离开了鲁因。此后他周游列国，到过卫、曹、宋、陈、蔡等国，向各国君主宣传自己建立社会秩序、尊重人爱护人的主张，但都没有被采用。68岁，孔子又返回鲁国，开始专心于教育和整理、传授古代文化的工作。中华上古文化正是因为有了孔子才流传下来、普及开来，前人说："天不生仲尼，万古长如夜。"孔子的光辉永远不会熄灭。

少年贫贱，勤奋好学。

青年时已博学多艺，开始授徒。

中年时入朝为官，鲁国因此大治。

其道不行，周游列国，历经坎坷。

回到鲁国，整理遗产，聚徒授业。

圣人离世，光照千古。

《论语》的内容

《论语》的内容非常丰富，涉及社会与人的各个方面，有人誉之为"东方的圣经"，并不为过。《论语》的核心内容是"仁"。它既是孔子理想中最高的政治原则，又是最高的道德准则。"仁"的根本含义则是"仁者爱人"。

"忠恕"是由"仁"派生出来的，忠恕之道的基本要求是以诚待人，推己及人。具体内容是，己立立人，己达达人；己所不欲，勿施于人(《卫灵公》)。由此中国人形成了"四海之内皆兄弟"的宽广情怀。

"仁"推广到政治就是"仁政"。孔子认为治理好国家，君主一定要重视人品、道德，要讲究信用，爱护民众，这是治国的基本原则。子曰："道千乘之国，敬事而信，节用而爱人，使民以时。"

《论语》中，讲到"仁"109次，讲到"礼"75次。孔子认为有了"仁"的本质还要通过"礼"的实践而达到全社会的遵守。

孔子的教学内容

孔子致力于培养士和君子，即为实现仁政、德治培养人才，他很注重人的内在素质和外在表现，他的教育方针是德才并重，道德教育和知识教育并重。

孔子最基本的教育内容是德育，即加强弟子们的品德修养。孔子以“仁”为最高目标，为了使弟子们准确地把握仁、理解仁，曾多次详尽地回答过弟子们提出的问题。

何谓仁？

孔子认为刚强正直、果断朴实、言语谨慎，都可以说是接近于仁的。

汉字的“仁”由二人会意，讲的就是如何最恰如其分地处理好人与人之间的关系。

孔子讲“仁者爱人”，但不是无原则地爱；“君子亦有恶”，“唯仁者能好人，能恶人”。并强调人的感情容易冲动，需要有所抑制，掌握分寸，就是“中庸”之道。

孔子认为仁人必须立志，一个人如果具备了求仁的意志，就可以求仁而达仁。体现“仁”的外在形式是“礼”。他说“克己复礼为仁”

在具体的教学中，孔子以《诗》《书》《礼》《乐》《易》《春秋》作为教材。

詩　書　禮　樂　易　春秋

《诗》在当时主要是用于典礼、讽谏、言语和赋诗言志等各个方面。孔子教授《诗》以“温柔敦厚”的诗教为主。

《书》即是《尚书》，是上古时代有关政治大事及言论的实录资料。孔子把它作为政治教材和历史教材来用，要求弟子们以此作为从政、行道、立身的法典依据。《论语》中记录孔子三次引《书》，都是以古喻今，讲解如何从政、行道的。

《礼》指《仪礼》，是一本专门讲解各种典礼节仪及行为规范之书。其中“士礼”占了很大部分，是当时的士阶层立身行事的具体规范。孔子既把《礼》作为文献教材进行讲解，又把《礼》作为学习礼的仪式技能的重要教材。孔子进行的礼教，重在实用。因为礼是立身处世的行动准则，所以他告诫自己的儿子孔鲤说：“不学礼，无以立。”

《乐》也是孔子教学中的一项重要教材，今已亡佚。乐教不仅指学习音乐的基本功，同时也包括学习音乐理论和审美等内容。孔子主张礼乐治国，以礼来规范制约，以乐来陶冶浸染。他是把《诗》《礼》《乐》融为一体的：“兴于诗，立于礼，成于乐。”在孔子的心目中，立志而后学诗，学诗而后知礼，知礼以后才能从音乐的启迪中自觉地陶冶性情。

《易》分《经》《传》两部分。《经》的内容在孔子以前就已经有了，《传》的内容则是后儒完成的。在孔子时代，《易》是一部讲阴阳八卦的占卜之书，内容神秘庞杂，在鲁国保存得比较完整。据《史记·孔子世家》记载，“孔子晚而喜《易》”，“读《易》，韦编三绝”。孔子曾经深入研究过《易》，并吸取书中朴素的辩证法思想来教育弟子。

《春秋》成书于孔子去世前二年，是他亲自编著的。孔子以当时的《百国春秋》为蓝本，将各国“史记”中的主要大事统于一体，先作为教材用，后来才整理成现今的传本。《春秋》中包含了孔子的社会政治理论，定名分，寓褒贬，微言大义，是孔子对学生们进行政治和历史教育的重要教科书。

孔子还以“六艺”来培养弟子们的才能，包括礼、乐、射、御、书、数。

行礼

演奏音乐

射箭

驾驭车马

书法

算数

有教无类的办学方针

孔子的办学方针是“有教无类”，与殷、周统治阶级主要为贵族阶级办学的方针大不相同。孔子所收的弟子知名的，除了孟懿子、南宫敬叔来自贵族家庭外，绝大部份来自贫贱人家及少数所谓“自由民”。而得意门生中，颜渊是住在陋巷的穷苦子弟；曾参，母亲以纺织为业，自己曾种地耘瓜；子路，曾穷得主食草籽，“为亲负米”；子张原是“鲁之鄙人”；闵子骞，父亲出外时还得给父亲拉车子；原宪，家住穷巷，穿戴破旧；公冶长，是被人疑为盗窃而拘囚监狱，受过冤刑的青年；至于比较富裕的子贡，也不过是个属于“自由民”的商人。

孔子招收学生的手续很简单，只要携带一束干肉（束脩），象征性地表示对老师的敬意就可以了。孔子弟子号称三千，是指孔子一生中教授学生的总数，这些学生大都出身寒微。收教这些贫贱人家的子弟的目的，正如他的弟子子夏所说的，是“学而优则仕”，让这些贫贱的劳动人民的子弟学习文化知识、六艺技艺，将来为官行政，实行他的“仁”道政治主张。

孔子教学以“文、行、忠、信”来分科。“文”是文化，“行”是道德修养，“忠”是尽己为人，“信”是言行一致、言而有信。这四种内容，都是普通百姓所喜爱的。因而吸引了很多普通人家的年轻子弟。这就把殷周以来专为贵族开办的各种礼仪的“儒术”，改造成为经世济民的“儒学”，孔子自己也就成为中国儒家学派的“开山祖”了。

有教无类。

孔门十哲

据《史记》记载，孔子有弟子三千，其中精通六艺者有七十二人，称“七十二贤人”。其中最为有成的十个弟子被称为“孔门十哲”。

在德行方面出众的有：颜回、闵损、冉耕、冉雍。

在政事方面出众的有：冉求、仲由。

在言语方面出众的有：宰我、端木赐。

在文学方面出众的有：言偃、卜商。

孔子弟子多达三千人，其中贤人七十二，而且有很多为各诸侯国高官栋梁。孔子死后，“七十子之徒散游诸侯，大者为师傅卿相，小者友教士大夫”。

颜回

闵损

冉耕

冉雍

冉求

仲由

宰我

端木赐

言偃

卜商

《论语》的价值

孔子的“仁学”，体现了他“仁以为己任”及“明道救世”的使命感，与重道义、轻私利的价值观念。它赋予中国传统文化以道德教育，深刻地影响着中国人的思想和行为模式，成为中国人品格和心理的理论基础，闪耀着人道主义、现实主义的思想光辉。

1. 奠定了中华文明基本的价值观

孔子继承了尧、舜、禹、汤、文、武、周公的道统，完整地提出了“仁”，奠定了中国社会人与人之间的基本道德准则，也是政治伦理的基本观念。孔子提出了一整套的建立和谐社会的价值观，如孝、悌、恭、敬、信、宽、惠等。

孔子是中国历史上最早创设较大规模私学的伟大教育家。

2. 创造了人格的典范

怎样做人，怎样做一个具有完善人格的“仁者”，《论语》做了最好的讲述。《论语》中所表现的真实孔子的伟大人格，两千多年来，一直是中华民族的榜样。

3. 提出了理想社会的秩序

4. 有极高的文学价值

《论语》是学习文言文的最好的奠基性读物。《论语》的记事非常生动，刻画精细入微，连孔子与学生谈话时的不同的神情都能生动地传达出来。

学而篇第一

【原文】

1.1　子曰[①]："学而时习之[②]，不亦说乎[③]？有朋自远方来，不亦乐乎[④]？人不知而不愠[⑤]，不亦君子乎[⑥]？"

【题解】

孔子向弟子阐释学习之道和为人之道。

这是《论语》第一篇的第一章，本章开宗明义，概括了孔子人生理想的三个方面，实际上也是所有人人生的三个要务：人要学习，以至终身学习，以学为快事；人要交友处世，以人和为乐事；人要自知自立，不奢求于外。人不学不知道，但学习之后不代表就掌握了，还要按时去温习和巩固，这样才能做到学而有知。有知之后，再与朋友相互切磋，把学习中遇到的难题或新收获与人共同分析、分享，自是人生快事。即使自己不被人了解，不被人器重，却依然能够安贫乐道，不心生怨尤，这不正是君子的作风吗？虽然这一段只有这看似简单的三句话，却表达了孔子对前来向他学习的弟子的欢迎之意，又表明自己授业内容的总括——学习之道和学习的目以及儒家提倡的君子之道。

【注解】

①子：中国古代对有学问、有地位的男子的尊称。《论语》中"子曰"的"子"都是指孔子。②习："习"字的本意是鸟儿练习飞翔，在这里是温习和练习的意思。③说（yuè）：同"悦"，高兴、愉快的意思。④乐（lè）：快乐。⑤愠（yùn）：怒，怨恨，不满。⑥君子：《论语》中的"君子"指道德修养高的人，即"有德者"；有时又指"有位者"，即职位高的人。这里指"有德者"。

【译文】

孔子说："学到的东西按时去温习和练习，不也很高兴么？有朋友从很远的地方来，不也很快乐么？别人不了解自己，自己却不生气，不也是一位有修养的君子么？"

【原文】

1.2　有子曰[①]："其为人也孝弟[②]，而好犯上者，鲜矣[③]；不好犯上，而好作乱者，未之有也[④]。君子务本，本立而道生。孝弟也者，其为仁之本与[⑤]！"

【题解】

孝、弟（悌），是中国传统社会要求子女对父母、弟弟对兄长持有的正确态度。如此，可以防止犯上作乱的行为。这便是孝道的社会政治意义。自春秋、战国以后的每个朝代，都继承了孔子的孝悌学说，主张"以孝治天下"。从重亲情扩大到有利于社会秩序的规范，这是有借鉴意义的。孔子重视个人与社会之间的和谐，强调以礼来建构社会伦理秩序。在这个秩序中，仁是其根本，而仁的根本又在于孝悌，是从懂得珍惜自己身边的亲人做起的，也就是俗语所说的“百善孝为先”。有了对父母的孝和对兄弟的友爱，然后推己及人，从而建立起父子、君臣、夫妇、长幼、朋友等对应的关系秩序，达成社会的整体和谐。一个懂得孝和敬的人，自然会在社会中安分守己，不会去做逆反的事情。

有子认为，恪守孝悌是“仁”道之本。

【注解】

①有子：孔子的学生，姓有，名若。在《论语》中，孔子的学生一般都称字，只有曾参和有若称“子”。②弟（tì）：同“悌”，敬爱兄长。③鲜（xiǎn）：少。④未之有也：“未有之也”的倒装句，意思是没有这种人。⑤与：即“欤”字，表示疑问的助词。《论语》中的“欤”字皆作“与”。

【译文】

有子说：“那种孝顺父母、敬爱兄长的人，却喜欢触犯上级，是很少见的；不喜欢触犯上级却喜欢造反的人，更是从来没有的。有德行的人总是力求抓住这个根本。根本建立了便产生了仁道。孝敬父母、敬爱兄长，大概便是仁道的根本吧！”

【原文】

1.3 子曰：“巧言令色[①]，鲜矣仁[②]！”

【题解】

花言巧语者，一定是为人处世不讲原则、表面讨好别人、实际只图达到个人目的的人。这种人，孔子是一贯反对的。孔子注重人的实际行动，强调人应当言行一致，力戒空谈巧言、心口不一。这种质朴精神和本色的态度，是中国传统道德中的精华内容。巧言令色的人往往轻薄不务实，一味追求外在的悦人而不去修养内心的仁德，摆着伪善的面孔混迹在人群之中，摇唇鼓舌，惑乱人心，使人上当受骗。明末著名思想家顾炎武曾在《日知录》中归纳出天下两种最不仁的人，其一是好犯上作乱的人，其二便是巧言令色的人。孔子一生周游列国，识人无数，所以总结出这样的人“鲜矣仁”。

【注解】

①巧言令色：巧，好；令，善。巧言令色，即满口说着讨人喜欢的话，满脸装出讨人喜欢的脸色。②鲜：少的意思。

【译文】

孔子说：“花言巧语，伪装出一副和善的面孔，这种人是很少仁德的。”

【原文】

1.4 曾子曰[①]：“吾日三省吾身[②]：为人谋而不忠乎？与朋友交而不信乎？传不习乎[③]？”

【题解】

曾参在孔门中以注重修身著称，他提出了“反省内求”的修养方法，不断检查自己的言行，终使自己修养成完美的人格。这种自省的道德修养方式在今天都是令人改过迁善的最有效的方法。曾参还提出了“忠”和“信”的做人标准：“忠”的特点是一个“尽”字，即办事尽心尽力；“信”是信任和信用，表现为诚实不欺，说真话，说话算数。这是一个人立身处世的基石。在纷纭的世道中，天下人熙熙攘攘皆为利来利往，如何才能保持真我，保持沉着的心态呢？曾子告诉我们，要不断审视反省自身，一天之内要多次问问自己：是否不为自己的私利，做到与人忠信？与朋友交往，是否做到诚信不欺诈？老师传授的功课是否温习过？曾子坚持“一日三省”，在纷纷扰扰的春秋末期做到了精心修业，成为孔子学说的传道人之一。

【注解】

①曾子：孔子晚年的学生，名参（shēn），字子舆，比孔子小四十六岁。生于公元前505年，鲁国人，是被鲁国灭亡了的鄫国贵族的后代。曾参是孔子的得意门生，以孝著称，据说《孝经》就是他撰写的。②三省（xǐng）：多次反省。③传：老师讲授的功课。

【译文】

曾参说：“我每天从多方面反省自己：替别人办事是不是尽心竭力了呢？与朋友交往是不是诚实守信了呢？对老师传授的功课，是不是用心复习了呢？”

【原文】

1.5 子曰：“道千乘之国①，敬事而信②，节用而爱人③，使民以时④。”

【题解】

孔子向弟子们阐释治理大国的施政要点。

这段话反映了孔子的政治主张。他提出了五条关于治理国家的基本原则：敬事、取信于民、节用、爱人、使民以时，即要求国家管理者严肃认真地办理各方面事务，恪守信用；节约用度，爱护人民；役使百姓应注意不误农时等。宋代理学家朱熹在《论语集注》中说：“言治国之要，此五者，亦务本之意。”在孔子生活的时代，西周初年建立的宗法分封制度瓦解，各个诸侯国都欲争霸天下，彼此之间战争不断，给人民带来无休止的苦痛。孔子感叹乱世之中民生之疾苦，建议执政者要以仁道治国，具体来说就是执政者要敬其事，对人民有公信力，爱护民众、节约经费，让人民服劳役要在农闲之时。直到今天，孔子这种具有民本思想的政治主张还闪耀着光芒。

【注解】

①道：通“导”，引导之意。此处译为治理。千乘（shèng）之国：乘，古代用四匹马拉的兵车。春秋时期，打仗用兵车，故车辆数目的多少往往标志着这个国家的强弱。千乘之国，即代指大国。②敬事：“敬”是指对待所从事的事务要谨慎专一、兢兢业业，即今人所说的敬业。③爱人：古代“人”的含义有广义与狭义之分。广义的“人”，指一切人群；狭义的“人”，仅指士大夫以上各个阶层的人。此处的“人”与“民”相对而言。④使民以时：“时”指农时。古代百姓以农业为主，这里是说役使百姓要按照农时，即不要误了耕作与收获。

【译文】

孔子说：“治理拥有一千辆兵车的国家，应该恭敬谨慎地对待政事，并且讲究信用；节省费用，并且爱护人民；征用民力要尊重农时，不要耽误耕种、收获的时间。”

【原文】

1.6　子曰："弟子入则孝[①]，出则弟[②]，谨而信[③]，泛爱众，而亲仁[④]。行有余力[⑤]，则以学文[⑥]。"

【题解】

这段话表明了孔子希望培养的理想人格，即达到孝、弟（悌）、谨（慎）、信、泛爱、亲仁、学文七条标准。同时也表明孔子的教育是以道德教育为中心，重点在育人。孔子重视个人的修养，认为一个人最应该具备的能力首先是爱人的能力。爱人就是首先要爱父母，再次是爱兄弟，最后是爱朋友，其次是爱大众、爱人类，这样才能亲近仁。能做到这样的人就已经很了不起了。如果尚有余力的话，再去学习文化知识，掌握历史典籍、文献知识，以及历史的经验和现实的实践，这样在生活中就会明白掌握世事的规律，恰当地处理事情，懂得人生的道理，圆满自我的价值。

【注解】

①弟子：有二义，一是指年幼之人，弟系对兄而言，子系对父而言，故曰弟子；二是指学生。此处取前义。入：古时父子分别住在不同的居处，学习则在外舍。入是入父宫，指进到父亲住处；或说在家。②出：与"入"相对而言，指外出拜师学习。出则弟，是说要用悌道对待师长，也可泛指年长于自己的人。③谨：寡言少语称之为谨。④仁：指具有仁德的人，即温和、善良的人。此形容词用作名词。⑤行有余力：指有闲暇时间。⑥文：指诗、书、礼、乐等文化知识。

【译文】

孔子说："小孩子在父母跟前要孝顺，出外要敬爱师长，说话要谨慎，言而有信，和所有人都友爱相处，亲近那些具有仁爱之心的人。做到这些以后，如果还有剩余的精力，就用来学习文化知识。"

【原文】

1.7　子夏曰[①]："贤贤易色[②]；事父母，能竭其力；事君，能致其身[③]；与朋友交，言而有信。虽曰未学，吾必谓之学矣。"

【题解】

这段话提出了正确处理夫妇、父子、君臣、朋友四种关系的道德标准。子夏认为，一个人有没有良好的教育，主要不是看他的文化知识，而是要看他能不能实行"孝"、"忠"、"信"等基本道德。只要做到了这几点，即使他说自己没有学习过，也可以认为他已经是个有良好教养的人了。这一章与前一章联系起来，就更可以看出孔子施教重在人的德行与本质的基本特点。子夏作为孔子的弟子，申述了孔子育人注重人的品质德行修养，其次才是学习文化知识。一个人是否有学问，不在于看他读过多少本书，而是看他是否达到了做人的修养。也就是说，一个人要想精通学问之道，要先从自己的品行的修养、待人接物上着手。明白为人处世的道理，才能够学有所成，即《红楼梦》中所谓"世事洞明皆学问，人情练达即文章"。

子夏认为，君子应当尊重贤者而看轻女色。

【注解】

①子夏：姓卜，名商，字子夏，

孔子的高足，以文学著称。比孔子小四十四岁，生于公元前507年。孔子死后，他在魏国宣传孔子的思想主张。②贤贤：第一个“贤”字作动词用，尊重的意思。贤贤即尊重贤者。易：有两种解释，一是改变的意思；二是轻视的意思，即尊重贤者而看轻女色。③致其身：致，意为“奉献”、“尽力”。这里是要尽忠的意思。

【译文】

子夏说：“一个人能够尊重贤者而看轻女色；侍奉父母，能够竭尽全力；服侍君主，能够献出自己的生命；同朋友交往，说话诚实、恪守信用。这样的人，即使他自己说没有学过什么，我也一定要说他已经学习过了。”

【原文】

1.8 子曰：“君子不重则不威①，学则不固②。主忠信③。无友不如己者④。过则勿惮改⑤。”

【题解】

这里，孔子提出了君子应当庄重大方，才能具有人格的威严，庄重而威严才能认真学习而所学牢固。君子还要慎重交友，还要有过则勿惮改的对待错误和过失的正确态度。这一思想把君子从内到外的修养联系起来，对世人的内外在修养具有重要指导意义。一个人内心端正庄严，会反映到气质容颜上来，神态庄重威严、大方得体，就会使人感到稳重可靠，人们自然会加以敬重、信赖。反之，一个人倘若容仪不修，散漫随意，举止轻浮，人们也就会随意待他。故人必自重而后人重之，人必自侮而后人侮之。要重视学习，善于结交朋友，着眼于朋友比自己好的方面加以学习，从而不断提高自己，完善自我。在遇到错误的时候，要正面对待，不逃避掩饰，勇敢地加以改正。

【注解】

①重：庄重、自持。②学则不固：所学不牢固。与上句联系起来就可理解为：一个人不庄重就没有威严，所学也不牢固。③主忠信：以忠信为主。④无：通“毋”，不要的意思。不如己者：指不忠不信的人，“不如己者”是比较委婉的说法。⑤过：过错、过失。惮：音dàn，害怕、畏惧。

【译文】

孔子说：“一个君子，如果不庄重，就没有威严；即使读书，所学也不会牢固。行事应当以忠和信这两种道德为主。不要和不忠不信的人交朋友。有了过错，要不怕改正。”

【原文】

1.9 曾子曰：“慎终追远①，民德归厚矣②。”

【题解】

儒家非常重视丧祭之礼，他们把祭祀之礼看作一个人孝道的继续和表现，认为通过祭祀之礼，可以培养个人对父母和先祖尽孝的情感。儒家重视孝的道德，是因为孝是忠的基础，一个不能对父母尽孝的人，是不可能为国尽忠的。所以忠是孝的延伸和外化。只要做到忠与孝，社会与家庭就可以得到安定。孔子并不相信鬼神的存在，他说“敬鬼神而远之”，就证明了这一点。他没有提到过人死之后是否有灵魂存在的问题，而是通过祭祀亡灵，来实行教化，希望把人们塑造成有教养的忠孝两全的君子。

曾子对于慎终和追远的重视，是在于对死的敬畏和对过往的崇敬。因为生死是相对的，没有生就没有死，没有死也就无所谓生。而人从过往的历史中可以获得借鉴，也就是古可以鉴今。历史有传承的作用，忘记历史的人也必将被历史所忘记。

【注解】

①慎终追远：慎终，指对父母之丧要尽其哀；追远，指祭祀祖先要致其敬。②民德：指民心，民风。厚：朴实，淳厚。

民德归厚，指民心归向淳厚。

【译文】

曾子说："谨慎地对待父母的丧事，恭敬地祭祀远代祖先，就能使民心归向淳厚了。"

【原文】

1.10 子禽问于子贡曰[①]："夫子至于是邦也，必闻其政，求之与？抑与之与[②]？"子贡曰："夫子温、良、恭、俭、让以得之。夫子之求之也，其诸异乎人之求之与[③]？"

【题解】

本章通过子禽与子贡两人的对话，表现了孔子的为人处世的方式与风格。孔子之所以到处都能受到礼遇和尊重，在于孔子具有温和、善良、恭敬、俭朴、谦让的道德品格。他能不激不厉，即之也温；仁德待人，宽厚善良；尊重他人，处事恭敬；居仁守礼，自奉俭朴；先人后己，谦退礼让。所以每到一个诸侯国，都受到各国国君的礼遇，与人交往，都能得到别人的尊重。他不用去乞求什么，别人都愿意帮助他。这就是孔子与众不同的待人接物的方式。

子贡告诉子禽，孔子之所以走到哪里都备受礼遇，在于孔子温和、善良、恭敬、俭朴、谦让。

孔子每周游到一个诸侯国，都会与闻其国的政事。这并不是因为他心中对名利禄位有所欲求，而是因为一个国家的政事关系到国家的盛衰兴亡，关系到人民的生产生活，是一个国家的核心元素。故孔子要去关心、了解、洞察政治的发展变化，而不同于那些汲汲于功名富贵的人，故不卑不亢，不忮不求，纯然一派君子之风。

【注解】

①子禽：姓陈，名亢，字子禽。子贡：姓端木，名赐，字子贡，比孔子小三十一岁。②抑与之：抑，反语词，可作"还是……"解。与之，（别人）自愿给他。③其诸：表示不太肯定的语助词，有"或者"、"大概"的意思。

【译文】

子禽问子贡说："夫子每到一个国家，一定听得到这个国家的政事。那是求人家告诉他的呢，还是人家主动说给他听的呢？"子贡说："夫子是靠温和、善良、恭敬、节俭和谦让得来的。夫子的那种求得的方式，大概是不同于别人的吧？"

【原文】

1.11 子曰："父在，观其志[①]。父没，观其行[②]。三年无改于父之道，可谓孝矣。"

【题解】

这一章仍是谈"孝"的问题，把"孝"具体化了。这段话有一个前提，就是父亲所尊崇的道理一定要是正确的。但不管一个做父亲的人思想和道德水准有多高，他对于儿子的期望标准总该是好的，而且这里说了，父亲在世的时候，儿子已经表现出了自己的志向。那么父亲去世之后，儿子不要降低自己的标准。三年内都不改变他父亲所尊崇的正确的道理，这就是尽孝了。这里需要说明的是，这段话并没有阻碍下一代发展的意思，有人用儿子“言行举止都总停留在过去的水平上”来批评这句话，显然是曲解。

【注解】

①其：指儿子，不是指父亲。②行（xíng）：行为。

【译文】

孔子说：“当他父亲活着时，要看他本人的志向；他父亲去世以后，就要考察他本人的具体行为了。如果他长期坚持父亲生前那些正确原则，就可以说是尽孝了。”

【原文】

1.12　有子曰：“礼之用，和为贵。先王之道①，斯为美，小大由之。有所不行，知和而和，不以礼节之，亦不可行也。”

【题解】

这段话讲的是治国之道，强调礼乐相济为用。“和”是儒家所特别倡导的伦理、政治和社会准则。《礼记·中庸》写道：“喜怒哀乐之未发谓之‘中’，发而皆中节谓之‘和’。”礼的推行和应用要以和谐为贵，但并不是要为和谐而和谐，礼是社会规范和社会秩序的具体表现，脱离了社会秩序和规范的和谐是行不通的。在人类社会的相当长的一段时间里，社会是有等级差别的，秩序和规范是必要的。所谓先王之道，就是西周以来行之有效的礼乐制度。但到春秋时代，这种社会秩序和规范开始破裂，臣弑君、子弑父的现象已属常见。对此，有子提出“和为贵”的主张，又指出不能为和而和，要以礼节制之。可见有子提倡的“和”并不是无原则地调和，这是有其合理性的。在历史上，凡是要加强社会秩序的时候，有子的这种思想都会受到重视。

【注解】

①先王之道：指的是古代圣王治国之道。

【译文】

有子说：“礼的功用，以遇事做得恰当和顺为可贵。以前的圣明君主治理国家，最可贵的地方就在这里。他们做事，无论事大事小，都按这个原则去做。如遇到行不通的，仍一味地追求和顺，却并不用礼法去节制它，也是行不通的。”

【原文】

1.13　有子曰：“信近于义，言可复也①；恭近于礼，远耻辱也②；因不失其亲③，亦可宗也④。”

【题解】

这段话讲的是儒家的交友待人之道。

孔子的弟子有子在本章所讲的这段话，表明他们对“信”和“恭”是十分看重的。“信”要以义为基础，方能做到践行可复；“恭”要以周礼为标准，方能远离耻辱，也就是保持人与人之间的尊重。不符合礼的话绝不能讲，讲了就不是“信”的态度；不符合礼的事绝不能做，做了就不是“恭”的态度。这是讲的为人处世的基本态度。

信义是社会道德共同之所尚，故古人有一诺千金之说，有重然诺而轻生死者。并非人不重生死，而是信义高于生死，惟其义尽，所以至于仁。背信弃义者遭人唾弃是信义社会对人的外在他律，人还必须坚持内心的自律，保持一种恭肃近于礼的状态，这样他律和自律相辅相成，从而生发出正体的道德精神之美善，方得以堂堂正正立于天地之间。

【注解】

①复：实践，履行。②远（yuàn）：使远离，可以译为避免。③因：依靠之意。④宗：主。可宗，可靠。

【译文】

有子说："约言符合道德规范，这种约言才可兑现。态度谦恭符合礼节规矩，才不会遭受羞辱。所依靠的都是关系亲密的人，也就可靠了。"

【原文】

1.14 子曰："君子食无求饱，居无求安，敏于事而慎于言，就有道而正焉[①]，可谓好学也已。"

【题解】

孔子认为，君子要善于抵制物欲，要尽可能地把精力用于追求理想和真理上。

本章讲的是君子的日常言行的基本要求。孔子认为，作为一个君子，不应当过多地讲究自己的饮食与居处，他在工作方面应当勤劳敏捷，谨慎小心，而且能经常检讨自己，请有道德的人对自己的言行加以匡正。不去追求物质享受，不贪图安乐，把注意力放在做有意义的事情上面，追求真理。既有勤奋的精神，又有高明的方法，才可以算作是热爱学习。这是孔子对学生的教诲，也是孔子一生求学精神的真实写照。

人活着不仅仅为了求得饱暖安逸，还应该有一种对理想的追求精神。有了这样的理想，就不应再沉溺于物质的欲望，要有克制自己的能力，把对物质的追求提升为对真善美的追求，以及精神的独立上来。这样就不会去计较私欲得失，蝇营狗苟，而会敏于事而慎于言，使自己的内心清澄，去接近有道之人来匡正自己。

【注解】

①有道：指有道德、有学问的人。正：匡正，端正。

【译文】

孔子说："君子饮食不追求饱足；居住不追求安逸；对工作勤奋敏捷，说话却谨慎；接近有道德有学问的人并向他学习，纠正自己的缺点，就可以称得上是好学了。"

【原文】

1.15 子贡曰："贫而无谄，富而无骄，何如？"子曰："可也。未若贫而乐，富而好礼者也。"子贡曰："《诗》云：'如切如磋，如琢如磨[①]'，其斯之谓与[②]？"子曰："赐也[③]，始可与言《诗》已矣，告诸往而知来者[④]。"

【题解】

这段话记载了子贡和孔子讨论如何对待穷和富的问题。在历史上的很长时间里面都会有贫富差距的问题，而且这不是个人能够解决的问题。孔子希望他的弟子以及所有人，都能够达到贫而乐道、富而好礼的境界，因而在平时对弟子的教育中，就把这样的思想讲授给学生。贫而乐道，富而好礼，这样，个人可以得到最大限度的发展，社会上无论贫或富也都能做到各安其位，便可以保持社会的安定了。孔子还赞扬了子贡“举一反三”地灵活运用知识的能力。

子贡是孔子的学生，他学有所得，是孔门弟子中杰出的学问家、政治家和外交家，而且善于经商，富至千金。他向孔子求教：贫穷而不谄媚，富有而不傲慢，怎样？想必在他内心这是很高的境界了，因为人穷生活容易捉襟见肘，难免气短阿谀人以图利，而富贵之人又容易财大气粗、盛气凌人，这都是一般人好富恶贫的共同心理。所以人要能达到子贡所说的境界已经是很了不起的了。但仁者止于至善，所以孔子说，可也，但还不如贫而乐道，富有却好礼。聪明的子贡马上领悟了，并且触类旁通地去举一反三，孔子才由衷地赞扬他这下入门了。

【注解】

①如切如磋，如琢如磨：出自《诗经・卫风・淇奥》篇。意思是：好比加工象牙，切了还得磋，使其更加光滑；好比加工玉石，琢了还要磨，使其更加细腻。②其：表测度语气，可译为“大概”。③赐：子贡的名。孔子对学生一般都称名。④来者：未来的事，这里借喻为未知的事。

【译文】

子贡说：“贫穷却不巴结奉承，富贵却不骄傲自大，怎么样？”孔子说：“可以了，但还是不如虽贫穷却乐于道，虽富贵却谦虚好礼。”子贡说：“《诗经》上说：‘要像骨、角、象牙、玉石等的加工一样，先开料，再粗锉，细刻，然后磨光’，那就是这样的意思吧？”孔子说：“赐呀，现在可以同你讨论《诗经》了。告诉你以往的事，你能因此而知道未来的事。”

【原文】

1.16　子曰：“不患人之不己知，患不知人也。”

【题解】

孔子教育学生，在处世上要有人不知而不愠的精神，能够在寂寞中做成应该做的事业，完成应该具有的仁德修养。学，是为了自己的进步，而不要把精力用于怨天尤人上。处世是需要了解别人的，自己心态平和，才能真实地了解别人。不去苛求别人，要把精力用于提升自己的能力上。君子不担心没有人了解自己，不忧虑不能树立美好的名声，只忧虑自身的修养不够深厚，不能去充分了解别人。

孔子教育学生要耐得住寂寞，不要把精力浪费在怨天尤人上。

【译文】

孔子说：“不要担心别人不了解自己，应该担心的是自己不了解别人。”

为政篇第二

【原文】

2.1　子曰："为政以德，譬如北辰[①]，居其所而众星共之[②]。"

【题解】

孔子认为，为政者广施德政，百姓就会像群星拱卫北斗一样拥护他、支持他。

孔子用了一个形象的比喻来说明施行德治仁政可以得人心，孚人望，得到人民的广泛拥护和支持。这段话代表了孔子的"为政以德"的思想，实行德治仁政，天下的人就会发自内心地走向正确的轨道。这是强调仁德在政治生活中的核心作用，主张以道德教化为治国的原则。这是孔子学说中较有价值的部分，表明儒家治国的基本原则是德治，而非严刑峻法。

仁是蕴藏于内的品质，发抒于外而惠及他人因而形成人格力量的即为德。这种人格力量充满了吸引力、凝聚力和感召力，能使人心归附，就好比北极星，安然处在自己的位置上，而其他众多的星星都围绕着它。

【注解】

①北辰：北极星。②共（gǒng）：同"拱"，环绕。

【译文】

孔子说："用道德的力量去治理国家，自己就会像北极星那样，安然处在自己的位置上，别的星辰都环绕着它。"

【原文】

2.2　子曰："《诗》三百[①]，一言以蔽之[②]，曰：'思无邪'。"

【题解】

《诗经》在孔子时代就称作《诗》，经过孔子的整理加工以后，被用作教材。孔子对《诗经》有深入的研究，所以他用"思无邪"来概括它。这句话表达了孔子对《诗经》真挚健康的文学风格的深刻印象与高度评价。

所谓"诗言志"，是指表达个人或集体情志。《诗经》由来自民间的歌谣、士大夫创作的宫廷正乐以及天子、诸侯用以祭祀宗庙的舞曲组成。其中有对历史、社会、时事、政治的看法和意见，有对历史的诉说和情感的抒发，流露的是人真实的思想和情感，即使是怨，也是源于爱和希望，其本身是纯正无邪的。孔子认为《诗》可以兴、观、群、怨，可以作为统治者考察民心民俗的借鉴。

【注解】

①《诗》三百：《诗经》中共收诗三百零五篇。"三百"是举其整数而言。②蔽：概括。

【译文】

孔子说："《诗经》三百多篇，用一句话来概括它，就是'思想纯正'。"

【原文】

2.3　子曰："道之以政[①]，齐之以刑，民免而无耻[②]；道之以德，齐之以礼，有耻且格[③]。"

【题解】

在本章中，孔子举出了两种截然不同的治国方针。孔子认为，刑罚只能使人避免犯罪，而不能使人懂得犯罪可耻的道理。而道德教化比刑罚要高明得多，既能使百姓循规蹈矩，又能使百姓有知耻之心。这反映了德治在治理国家时不同于法治的特点。孔子认为用礼制来规范、劝导百姓的思想和行为，能有效地抑制"犯上作乱"动机的形成。这反映了儒家同法家在治国方略上的差异。

孔子在这里将法治和礼治进行了对比，高下立见。关于这一段，清代名家陆陇在《松阳讲义》中解说得很好。他说："操术不同，功效各异。路头一差，而风俗由之而殊，气运由之而变，不可不辩也。"法治以惩罚性手段使人心存畏忌，免于犯法；而礼治德政却使人心悦诚服，顺应了人的廉耻之心。

【注解】

①道：有两种解释，一说是引导的意思，一说是领导、治理，与"道千乘之国"的"道"相同。此从后解。②免：免罪、免刑、免祸。③格：纠正。

【译文】

孔子说："用政令来治理百姓，用刑罚来制约百姓，百姓可暂时免于罪过，但不会感到不服从统治是可耻的；如果用道德来统治百姓，用礼教来约束百姓，百姓不但有廉耻之心，而且会纠正自己的错误。"

【原文】

2.4　子曰："吾十有五而志于学[①]，三十而立[②]，四十而不惑，五十而知天命，六十而耳顺[③]，七十而从心所欲，不逾矩。"

【题解】

这是孔子最为著名的言论之一，讲述了他学习和修养的过程。这一过程，是一个随着年龄的增长，思想境界逐步提高的过程。整个过程为：十五岁立下志向学习上进；三十岁打下思想、学业和事业的基础；四十岁就可以明辨一切是非，确定正确方向了；五十岁能够明了事物的规律；六十岁听到一切都不再吃惊，也不受环境左右了；七十岁则到了主观意识和做人的规则融合为一的境界，此时，道德修养达到了最高的境界。孔子的道德修养过程，有合理因素：第一，他看到了人的道德修养不是一朝一夕的事，不能一下子完成，不能搞突击，要经过长时间

孔子十五岁立志向学，一生修身立德，最终达到了从心所欲而不逾矩的境界。

的学习和锻炼，要有一个循序渐进的过程。第二，道德的最高境界是思想和言行的融合，自觉地遵守道德规范，而不是勉强去做。这两点对任何人，都是适用的。

【注解】

①有（yòu）：同“又”。古文中表数字时常用“有”代替“又”，表示相加的关系。②立：站立，成立。这里指立身处世。③耳顺：对于外界一切相反相异、五花八门的言论，能分辨真伪是非，并听之泰然。

【译文】

孔子说：“我十五岁立志学习，三十岁在人生道路上站稳脚跟，四十岁心中不再迷惘，五十岁知道上天给我安排的命运，六十岁听到别人说话就能分辨是非真假，七十岁能随心所欲地说话做事，又不会超越规矩。”

【原文】

2.5　孟懿子问孝[①]。子曰：“无违[②]。”樊迟御[③]，子告之曰：“孟孙问孝于我，我对曰：‘无违。’”樊迟曰：“何谓也？”子曰：“生，事之以礼；死，葬之以礼，祭之以礼。”

【题解】

孔子极其重视孝，要求人们对自己的父母尽孝道，无论他们在世或去世，都应如此。但这里着重讲的是，尽孝时不应违背礼的规定，否则就不是真正的孝。他主张，属于家庭伦理范畴的孝道不能越出作为政治伦理原则的“礼”的规定。可见，孝不是随意的，必须受礼的规制，依礼而行才是孝。

孟懿子是鲁国的大夫，他遵循父亲的遗嘱向孔子学礼，自以为这样就做到了孝，便向孔子请教孝道。孔子告诉他，孝亲之道，只在于无违而已。因为《论语》是语录式的文体，没有记下孟懿子听到孔子的回答后的反应。孔子的话虽然简单，却自有深意，这在他与学生樊迟的对话上反映出来了。能遵循父亲的遗嘱，当然是孝，但这却只是小孝。孟懿子作为鲁国的大夫，当然应该知道君主以孝道治理天下，为人臣之孝在于是否遵循了礼。他现在问孝，要首先想想自己对待父母生前的起居和死后的葬祭，是不是合乎礼的精神，有没有僭越违逆之处。

【注解】

①孟懿子：鲁国大夫，姓仲孙，名何忌。懿，谥号。②无违：不要违背礼节。③樊迟：孔子的学生，姓樊，名须，字子迟。御：驾车，赶车。

【译文】

孟懿子问什么是孝道。孔子说：“不要违背礼节。”不久，樊迟替孔子驾车，孔子告诉他：“孟孙问我什么是孝道，我对他说：‘不要违背礼节。’”樊迟说：“这是什么意思？”孔子说：“父母活着的时候，依规定的礼节侍奉他们；死的时候，依规定的礼节安葬他们，祭祀他们。”

【原文】

2.6　孟武伯问孝[①]。子曰：“父母唯其疾之忧[②]。”

【题解】

从古到今，做父母的最根本的愿望是孩子能健康成长，最担忧的事情就是儿女有了疾病。所以，做儿女的能够让父母放心的最基本的做法就是保证自己的身心健康，这就是尽孝了。俗话说，“儿行千里母担忧”，当然，做儿女的能够体会父母的这种心情，也应该知道如何去关心父母。

父母对子女的爱是最博大最无私的，做人子女的当能体会父母的用心，想到生命是父母赐予的，自己是父母守护长大的，念及此，怎么会不去加以珍惜呢？然而世情却正如《红楼梦》中“好了歌”所云：

"世人只晓神仙好，只有子孙忘不了，痴心父母古来多，孝顺子孙谁见了？"孝是对生命的一种回报，乌鸟尚有反哺之心，羔羊尚知跪乳，何况是人呢？孝实在是为人之本，所以孔子在《论语》一书中多次强调。

【注解】

①孟武伯：上文孟懿子的儿子，名彘（zhì），"武"是谥号。②其：指孝子。

【译文】

孟武伯问什么是孝道，孔子说："父母只为孩子的疾病担忧（而不担忧别的）。"

【原文】

2.7　子游问孝[1]。子曰："今之孝者，是谓能养。至于犬马，皆能有养；不敬，何以别乎？"

【题解】

本章还是谈论孝的问题。进一步阐述了孔子对于"孝"的观点。他认为老人不仅需要奉养及物质上的满足，更需要尊敬和精神上的满足。人们对于犬马及宠物都能尽心尽力地饲养，如果对于父母只知奉养而不尊敬，那就不能称为孝了。

人有精神的需求，故有别于犬马。孝顺父母不应该仅仅停留在物质保障的层次上，还要在内心深处真正地孝敬父母，要去体谅父母的感受，敬重父母的意愿，不然即使是饥饿的乞丐也不愿意吃别人施舍的嗟来之食，何况是对待父母呢？如果没有敬重之心，那赡养又有何意义呢？

老人不仅需要物质上的奉养，更需要精神上的满足。

【注解】

①子游：孔子的高足，姓言，名偃，字子游，吴人。

【译文】

子游请教孝道，孔子说："现在所说的孝，指的是能养活父母便行了。即使狗和马，也都有人饲养；对父母如果不恭敬顺从，那和饲养狗马有什么区别呢？"

【原文】

2.8　子夏问孝。子曰："色难[1]。有事，弟子服其劳[2]；有酒食[3]，先生馔[4]，曾是以为孝乎[5]？"

【题解】

孔子所提倡的孝，体现在各个方面和各个层次上，他要求为人子女者不仅要从形式上按周礼的原则侍奉父母，而且要从内心深处真正地孝敬父母。这段话意思是说，只有对父母的敬重充溢于心，才能时时处处在眉宇之间、言行之中表现出和悦的神色和敬意。

真正的孝不是"有事情，小辈们去效劳；有酒食，长者先享用"，那些只是表面的敬爱。真正的孝是要有爱，内心要始终充溢着敬爱的情感，表现在外就是对父母始终是和颜悦色的。《礼记·祭义》中有这样一段话："孝子之有深爱者必有和气，有和气者必有悦色，有悦色者必有婉容。"不是真正的孝者，很难在父母面前保持一贯的和悦之色。故孔子会在弟子子夏问孝时，深有感触地说出“色难”二字。

【注解】

①色难：有两种解释，一说孝子侍奉父母，以做到和颜悦色为难；一说难在承望、理解父母的脸色。今从前解。②弟子：年轻的子弟。③食：食物。④先生：与“弟子”相对，指长辈。馔：吃喝。⑤曾：副词，竟然的意思。

【译文】

子夏问什么是孝道，孔子说：“侍奉父母经常保持和颜悦色最难。遇到事情，由年轻人去做；有好吃好喝的，让老年人享受，难道这样就是孝吗？”

【原文】

2.9　子曰：“视其所以①，观其所由②，察其所安③。人焉廋哉④？人焉廋哉？”

孔子向弟子讲述怎样观察、了解一个人。

【题解】

这段话是孔子讲述的观察别人的方法。孔子认为，对人应当听其言而观其行，还要看他做事的出发点，和他什么时候最心安理得，这就可以从他的言论、行动到他的内心，全面了解观察他这个人。

前面孔子说过“不患人之不己知，患不知人也”，那么，如何知人呢？本章就是他给出的知人的方法，非常具有指导意义。“视其所以”就是看此人平时所做之事，这是从眼前看，不足以知人，还要从远处“观其所由”，也就是看此人是如何处理事情的，过去的所作所为，做事的出发点是什么，这样就可以进一步认识此人。“察其所安”，就是看他处理完事情之后，表现出什么样的神情。如果是行善事而安之，则善日积；如是行恶事而安之，则恶日增。用这样的知人方法来观察一个人，自然便可见出他是君子还是小人了。

【注解】

①以：为。所以，所做的事。②所由：所经过的途径。③安：安心。④廋（sōu）：隐藏，隐蔽。

【译文】

孔子说：“看一个人的所作所为，考察他处事的动机，了解他心安于什么事情。那么，这个人的内心怎能掩盖得了呢？”

【原文】

2.10　子曰：“吾与回言终日①，不违如愚。退而省其私②，亦足以发，回也不愚。”

【题解】

这一章讲孔子的教育思想和方法。他提倡启发式的教学，提倡学生也要有主动发明和创造精神，不满意那种“终日不违”、从来不提相反意见和问题的学生，希望学生在接受教育的时候，能够开动脑筋，思考问题，对老师所讲的问题应当有所发挥。所以，他认为不思考问题、不提不同意见的人，是愚人。颜回在实践上能发挥孔子平日所讲授的，所以孔子说他不愚。

颜回大概是个大智若愚的人，他在孔子讲学的时候，不轻易发表自己的见解，不急于去表现自己的敏捷和锐思，显得很沉默，所以他给孔子的初始印象是个迟滞愚钝的人。然而孔子又发现颜回能在回去之后对所讲学问进行细细地琢磨而不懈怠，做到洞明之后，还能有所发挥。从“愚”到“不愚”，是孔子对颜回的一个认识过程，反映了颜回的沉静深思，也反映了孔子对学生的考察并非是一时一地的，而是长期的观察，可见孔子是非常善于识人的。

【注解】

①颜回：孔子最得意的门生，字子渊，鲁国人。②退：从老师那里退下。省（xǐng）：观察。私：私语，指颜回与别人私下讨论。

【译文】

孔子说：“我整天对颜回讲学，他从不提出什么反对意见，像个蠢人。等他退下，我观察他私下里同别人讨论时，却能发挥我所讲的，可见颜回他并不愚笨呀！”

【原文】

2.11　子曰：“温故而知新，可以为师矣。”

【题解】

孔子这句话强调了举一反三、领会精神实质在教学中的重要性。“温故而知新”是孔子对我国教育学的重大贡献之一，他认为，不断温习所学过的知识，从而可以获得新的知识。这一学习方法抓住了“学习”这一人的最重要的活动之一的本质规律，就是人的认知是从低到高、从片面到全面、从浅薄到深刻的过程，新知识、新学问都是在过去所学知识的基础上发展而来的。因此，温故而知新是一个切实可行的学习方法，也是学习的基本规律。

古人常常会把已经读过的书拿过来温习研磨，叫作“温书”。所谓“好书不厌百回读”，就是好书有常读常新的功效。由于眼界、人生经验等多方面的限制，很少有人能在一次之内就完全读通、读透一本好书，而是随着视野的开阔，人生阅历的增长，再回过头读旧书，会发现以前读书有疑惑的地方竟能豁然开朗了。《论语》就是这样一本好书，我们要不时地温习它，总会有意外的收获。

【译文】

孔子说：“在温习旧的知识时，能有新的收获，就可以当老师了。”

【原文】

2.12　子曰：“君子不器。”

【题解】

孔子认为君子应为通才，博学多能。君子是孔子心目中具有理想人格的人，他应该担负起治国安邦平天下的重任。对内可以处理各种政务；对外能够应对四方，不辱君命。所以，孔子说，君子应当博学多识，具有多方面才干，不只局限于某个方面，因此，他可以通观全局、领导全局，成为合格的领导者。这种思想在今天仍有可取之处。

君子在这个世界上不是作为一个只有一种功用的器具而存在的，而是要不拘泥于人与事的，要有容纳百川的大胸襟、大气度，善于发现他人之善而加以吸取借鉴，善于反省自己而能加以变通，这就是孔子的“不器”思想。器具终究有所局限，不能通达，一个人如果像只器具，就会心胸褊狭行动局促，难以通达天下。所以君子求学，不以一器为自己画地为牢，而是要博学多闻，具备浩然的大丈夫胸襟。

【译文】

孔子说：“君子不能像器皿一样（只有一种用途）。”

【原文】

2.13　子贡问君子。子曰："先行其言而后从之。"

【题解】

做一个有道德的、博学多识的君子，不能只说不做，而应先做后说。只有先做后说，才可以取信于人。孔子教育学生注重因材施教，有的放矢。这是强调实际行动、反对夸夸其谈的回答，也是对聪明敏捷的子贡的提醒。

孔子被后世称为"至圣先师"，的确有其过人之处。他在对学生有所了解后再加以有针对性地教导。子贡长于言辞，这样的人往往容易去逞口舌之辩或犯言过其实的错误。所以孔子教他先做，做完了之后再说，其中也有着"敏于事而慎于言"的意思。

孔子告诫子贡，君子要用实际行动证明自己，而不是夸夸其谈，光说不练。

【译文】

子贡问怎样才能做一个君子。孔子说："对于你要说的话，先实行了，然后说出来。"

【原文】

2.14　子曰："君子周而不比①，小人比而不周。"

【题解】

孔子在这一章中提出君子与小人的区别点之一，就是小人因私利而结党勾结，不能与大多数人融洽相处。而君子则不同，他做事总为多数人着想，能与众人和谐相处，但不与人相勾结。只要有人群的地方，孔子这种思想就有积极意义。

朱熹在《四书集注》中注道："周，普遍也。比，偏党也。""周"、"比"两字都有与人亲厚团结的意思，但二者又不完全相同。"周"是为了公，"比"是为了私。君子办事与人团结在一起，是出于公心，而不为私。在平时的修养中，也是去其私心，存其公心，不会为了私利与人勾结在一起。这就是"周而不比"。而小人办事，汲汲于名利，而不为公。闲暇无事时，心中所想的，也是有私无公，为了趋近利益而与人狼狈为奸结为党羽，一旦利不合，就会马上翻脸，甚至互相落井下石。人处在社会之中，难免会有群体合作的时候，如何合作，君子与小人之道各有不同。

【注解】

①周：团结多数人。比：勾结。

【译文】

孔子说："德行高尚的人以正道广泛交友但不互相勾结，品格卑下的人互相勾结却不顾道义。"

【原文】

2.15　子曰："学而不思则罔①，思而不学则殆②。"

【题解】

这句话提出了学习和思考的关系，指出学与思要相结合。这是孔子治学方法的重要总结。孔子认为，在学习的过程中，学和思不能偏废。因为学而不思就会迷惘，而思而不得则会疑惑。因此主张学与思相结合的学习方式。只有将学与思相结合，才可以使自己成为既有思想，又有学识的人。

不学不知道，学习能令人知晓世界的关系和因果；不思无所得，思考令人洞明义理。读书学习不去思索好坏便一味地加以吸收，容易使人拘泥刻板，流入教条主义的泥淖。不去读书学习一味去凭空思索，将现实中的经验和智慧置之不顾，最后只能是徒然耗费了精力却无所成。所以不能将学习和思索分开，要在学习的过程中去思考，在思考中去学习，这样才会大有长进。

【注解】

①罔：迷惘，没有收获。②殆：疑惑。

【译文】

孔子说：“学习而不思考就会迷惘无所得；思考而不学习就不切于事而疑惑不解。”

【原文】

2.16　子曰：“攻乎异端[①]，斯害也已[②]！”

【题解】

异端就是指中庸的两端，一个是过，一个是不及，孔子讲究中庸，主张执两端而用其中，亦即是不要偏执一端。对于异端不要闭目塞听，而是要去研究，知道了它的弊端在哪儿，辨识能力和免疫能力也就在了解抵抗中逐渐形成，不会去盲目听从。这也就是俗语所说的“见怪不怪，其怪自败”。故孔子主张要能容纳不同的意见，博施广采，兼收并蓄，巧妙地结合事物的两端，从中抓住事物的本质，这样才能辨识明了，避免偏执一端的毛病。

孔子主张博施广采、兼收并蓄，反对偏执一端、刚愎自用。

【注解】

①攻：做。异端：中庸的两端，指“过”和“不及”。②斯：连词，这就、那就的意思。也已：语气词。

【译文】

孔子说：“做事情过或不及，都是祸害啊！”

【原文】

2.17　子曰：“由[①]！诲女，知之乎[②]？知之为知之，不知为不知，是知也。”

【题解】

“知之为知之，不知为不知，是知也”，是孔子被人广为传播的名言之一，后世常用来提醒人们用老实的态度来对待知识，来不得半点的虚假和骄傲。要养成学习踏实认真、实事求是的作风，避免鲁莽虚荣的习气。

根据这句话的语气和意趣来看，似乎是孔子在讲学，中途一眼瞥见子路（仲由）在那儿心不在焉，于是突然向他发问：“由！你听懂了没有？”子路可能支吾着说懂了，或说半懂不懂的。子路是孔子弟子中好勇力的一个，较为莽撞浮躁。于是孔子就语重心长地教诲他说："懂了就是懂了，不懂就是不懂，这才是真正的智慧。"意思是要他沉下心来向学，要冷静思考，不要学得一知半解的，便以为掌握了真知。

【注解】

①由：孔子的高足，姓仲，名由，字子路，卞（故城在今山东泗水县东五十里）人。②知：作动词用，知道。

【译文】

孔子说："由啊，我教给你的，你懂了吗？知道就是知道，不知道就是不知道，这才是真正的智慧！"

【原文】

2.18 子张学干禄[①]。子曰："多闻阙疑[②]，慎言其余，则寡尤[③]；多见阙殆[④]，慎行其余，则寡悔。言寡尤，行寡悔，禄在其中矣。"

【题解】

孔子这段话是回答子张怎样能够做好官。孔子教导学生要慎言慎行，言行不犯错误。他认为，身居官位者，要说有把握的话，做有把握的事，这样可以减少失误，减少后悔，这是对国家对个人负责任的态度。当然，这里所说的并不仅仅是一个为官的方法，也是立身于社会的基本原则。这也表明了孔子在知与行二者关系问题上的观念。孔子并不反对他的学生谋求官职，但是主张要把官做好，还要做好官。

孔子教导子张为官要慎言慎行。

孔子一生周游列国，虽没怎么受到诸侯国君的重用，但他论为政为官的言论却还是为从政者所重视和推崇的。他弟子三千，其中有好些就是专门向他学习求官为官之道的。在学有所成的七十二贤人中，就有不少在政治上很有作为，子张就是其中之一。子张比孔子小四十八岁，正是年轻有为、意气昂扬的时候，便很坦率直接地问老师怎样求得官职。孔子也不迂腐，耐心地教他该怎样做，因为年轻人容易果敢有余而不够细心，所以孔子一再强调要慎言慎行，做到言语少错误，行动上少有懊悔，官禄自然在其中了。

【注解】

①子张：孔子的学生，姓颛（zhuān）孙，名师，字子张。干禄：谋求禄位。②阙疑：把疑难问题留着，不下判断。阙，通"缺"。③尤：过失。④阙殆：与"阙疑"对称，同义，故均译为"怀疑"。

【译文】

子张请教求得官职俸禄的方法。孔子说："多听，把不明白的事情放到一边，谨慎地说出那些真正懂得的，就能少犯错误；多观察，不明白的就保留心中，谨慎地实行那些真正懂得的，就能减少事后懊悔。言语少犯错误，行动很少后悔，自然就有官职俸禄了。"

【原文】

2.19 哀公问曰[①]："何为则民服？"孔子对曰："举直错诸枉[②]，则民服；举枉错诸直，则民不服。"

【题解】

鲁哀公向孔子请教如何治理国家、让人民拥护的办法，孔子则从用什么人和怎么用人的方面予以解答。荐举贤才，选贤用能，是孔子德治思想的重要组成部分。宗法制度下的选官用吏，唯亲是举，孔子的这种用人思想可说在当时是一大进步。“任人唯贤”的思想在历史上一直闪耀着光辉。

鲁哀公作为鲁国国君，他关注的自然是怎样才能使人民服从的问题。孔子则以举错之道对之。因为“政者，正也”，为政者如果能秉持公正之心，举用正直贤能的人才，舍置曲枉不正的人，人民自然会心悦诚服。反之，为政者没有公正之心，以一己之好恶去举用曲枉不正的人，而舍置正直贤能的人，人民深受其害，自然会怨声载道，即使无力去抗拒强权暴政也会心有不服。

【注解】

①鲁哀公：鲁国国君，姓姬，名将，鲁定公之子，在位二十七年，“哀”是谥号。②错：同“措”，安置。诸：“之于”的合音。枉：邪曲。

【译文】

鲁哀公问道：“我怎么做才能使百姓服从呢？”孔子答道：“把正直的人提拔上来，使他们位居不正直的人之上，则百姓就服从了；如果把不正直的人提拔上来，使他们位居正直的人之上，百姓就会不服从。”

【原文】

2.20　季康子问①：“使民敬、忠以劝②，如之何？”子曰：“临之以庄，则敬；孝慈，则忠；举善而教不能，则劝③。”

【题解】

季康子的本意，是想向孔子请教治理百姓的方法，而孔子教他的却是做人的道理，引导他提高个人的品质和修养。孔子主张“礼治”、“德治”，这不单单是针对老百姓的，对于当政者也是如此。当政者本人应当庄重严谨、孝顺慈祥，如此则老百姓就会亲近、尊敬当政者，从而真心向善，努力劳作。

季康子是鲁国的权臣，他所问的重点在于使民之道：怎样才能使百姓对上恭敬尽忠、勤勉做事。孔子的回答却是重在修己之道，要求执政者首先做到用庄重的态度对待老百姓，孝顺父母，爱护幼小，举贤用能，教育能力低下的人。认为“子帅以正”，老百姓自然就会心悦诚服，竞相效仿。其实质是人心美德存在着巨大的感染力，引导事物朝良性方向发展。

【注解】

①季康子：鲁大夫季桓子之子，鲁国正卿，“康”是谥号。②以：通“与”，可译为“和”。③劝：勉励的意思。

【译文】

季康子问：“要使百姓恭敬、忠诚并互相勉励，该怎么做？”孔子说：“如果你用庄重的态度对待他们，他们就会恭敬；如果你能孝顺父母、爱护幼小，他们就会忠诚；如果你能任用贤能之士，教育能力低下的人，他们就会互相勉励。”

【原文】

2.21　或谓孔子曰①：“子奚不为政②？”子曰：“《书》云③：‘孝乎！惟孝，友于兄弟。’施于有政④，是亦为政，奚其为为政？”

【题解】

这一章反映了孔子的一个基本思想：把亲情扩充为人与人之间的仁德之心，把治家之道伸展到治国之道。这种思想有着跨越时代的价值。他认为，治理国家以孝为本，孝父友兄的人才有资格担当国家的官职。说明了孔子的“德治”思想主张。

孔子认为为政在德，而孝为德之本。虽然没有身居官位，但在家施行孝道，友爱兄弟朋友，亦是在参与政治教化了。孔子还引用古代的经典《尚书》来论证自己修身为政的观点。《诗经》上亦有：“刑于寡妻，至于兄弟，以御于家邦。”意思是说，做妻子的表率，从而推广到兄弟，再推广到封邑和国家。所以个人是否为官从政并不重要，重要的在于个人以孝来齐家，流风所及而化育万物，使全国上下形成孝的社会风气，使万民得以沐浴其恩泽。

孔子认为，自己在家奉行孝道，亦是在参与政治教化。

【注解】

①或：有人。②奚（xī）：疑问词，当“何”、“怎么”、“为什么”讲。③《书》：指《尚书》。“《书》云”以下三句见伪《古文尚书·君陈》，略有出入，可能是《尚书》逸文。④施于有政：“有”在此无实在的意义。

【译文】

有人问孔子说：“您为什么不当官参与政治呢？”孔子说：“《尚书》中说：‘孝呀！只有孝顺父母，才能推广到友爱兄弟。并把孝悌的精神扩展、影响到政治上去。’这也是参与政治，为什么一定要当官才算参与政治呢？”

【原文】

2.22　子曰：“人而无信[①]，不知其可也。大车无輗[②]，小车无軏[③]，其何以行之哉？”

【题解】

孔子用一个著名的比喻，阐述了诚实守信的重要性。信，是儒家传统伦理准则之一。孔子认为，信是人立身处世的基石。在《论语》中，信的含义有两种：一是信任，即取得别人的信任；二是对人讲信用。一个良好的社会环境确实应该让不守信的人无法畅行无阻。人无信不立，丧失了别人的信任，或是对别人不讲信用，最后终将陷入孤独的焦灼之中，感觉不到任何的依恃，好比车子没有了铆钉，就不能行走天下。

【注解】

①而：如果。信：信誉。②大车：指牛车。輗（ní）：大车辕和车辕前横木相接的关键。③小车：指马车。軏（yuè）：古代车辕与横木相连接的关键。

【译文】

孔子说：“一个人如果不讲信誉，真不知他怎么办。就像大车的横木两头没有活键，小车的横木两头少了关扣一样，怎么能行驶呢？”

【原文】

2.23　子张问：“十世可知也[①]？”子曰：“殷因于夏礼[②]，所损益，可知也；周因于殷礼，所损益，可知也；其或继周者，虽百世，可知也。”

【题解】

这里孔子讲了礼制史的继承与发展的情况，指出了其损益规律。孔子历来不反对变革，但是一切变革都是在既有的基础上进行的，是有迹可循的。孔子在这儿提出一个重要概念：损益。它的含义是增减、兴革，即对前代典章制度、礼仪规范等有继承、沿袭，也有改革、变通。子张问“十世”者，世为朝代，意即今后之十代，其制度变易如何？所走过的路不会全然没有任何痕迹，循着它，可以通向何方？一个国家的历史和文化亦有其演变的印迹可循，可知我们将要通向何方。故孔子先征以夏商周三代之沿革，后答以未来。原有的而不合时宜的东西，加以废弃，谓之损；其为时代之所需而原来没有的，便加以建立，谓之益。殷有天下，依于夏朝之礼制，有损有益。周有天下，依于殷朝之礼制，其所损益亦然。其或继周而有天下者，亦必依于周礼而损益之。如是虽百世而亦可知也。变的是制度，不变的是基本的伦常，那也是礼之根本。

【注解】

①世：古时称三十年为一世，一世为一代。也有的把“世”解释为朝代。也：表疑问的语气词。②殷：殷朝，即商朝，商王盘庚迁都于殷（今河南安阳西北），后来就称商朝为“殷”。因：因袭，沿袭。

【译文】

子张问：“今后十代的礼制现在可以预知吗？”孔子说：“殷代承袭夏代的礼制，其中废除和增加的内容是可以知道的；周代继承殷代的礼制，其中废除和增加的内容，也是可以知道的。那么以后如果有继承周朝的朝代，就是在一百代以后，也是可以预先知道的。”

【原文】

2.24 子曰：“非其鬼而祭之，谄也。见义不为，无勇也。”

【题解】

孔子提出“义”和“勇”的概念，都是儒家有关塑造高尚人格的规范。《论语集解》注：“义，所宜为”。符合于仁、礼要求的，就是义。“勇”，就是果敢、勇敢。孔子把“勇”作为实行“仁”的条件之一。“勇”，必须符合“仁、义、礼、智”，才算是勇，否则就是“乱”。

按照周礼，祭祀是国之大事，有着详细的制度。但到了春秋末期，礼崩乐坏，很多诸侯国的国君已经不再遵守周礼所定的祭祀之礼了。不是自己应该祭祀的鬼神而去加以祭祀，其意在求福，自是一种谄媚之举了。见义不为，一则由于畏难，二则由于避祸。畏难是庸碌者所为，避祸则贤者有时也难免。祸有当避，有不当避，孟子就讲，所恶有甚于死者，故患有所不避也。而在见义之后不能挺身而出，这就是没有勇气了。

孔子认为，见义而为，敢于驳斥小人，可以称之为勇。

【译文】

孔子说：“祭祀不该自己祭祀的鬼神，那是献媚；见到合乎正义的事而不做，那是没有勇气。”

八佾篇第三

【原文】

3.1　孔子谓季氏[①]："八佾舞于庭[②]，是可忍也[③]，孰不可忍也？"

【题解】

这段话是孔子直接针对季氏僭用礼乐的行为而发的。春秋末期，社会处于剧烈的变化之中，违背周礼、犯上作乱的事情不断发生。季孙氏用八佾舞于庭院，是典型的破坏周礼的行为。对此，孔子表现出极大的愤慨，"是可忍也，孰不可忍也"一句，反映了孔子性格鲜明的一面，他对于理想的坚持是有原则的。

季孙氏在自己家里用天子的规格奏乐舞蹈，这是典型的僭越行为。

在孔子时代，鲁国有孟孙、仲孙、季孙三家权臣，整个政权都操在他们手上，国君对他们也无可奈何。季氏即季孙氏，他作为卿大夫本来只能用四佾规格的乐舞，但他却僭用了天子才能用的八佾规格的乐舞。飘风起于青萍之末，祸乱始于人心之变乱，风气变坏始于规矩之坏，故孔子以这件事断定，季氏将来什么事都做得出来。果然，没过多久，季氏削弱鲁国公室，三家权臣联合起来攻打鲁昭公，昭公出奔到齐，后又至晋，死于晋国的乾侯。

【注解】

①季氏：季孙氏，鲁国大夫。②八佾（yì）：古代奏乐舞蹈，每行八人，称为一佾。天子可用八佾，即六十四人；诸侯六佾，四十八人；大夫四佾，三十二人。季氏应该用四佾。③忍：忍心，狠心。

【译文】

孔子谈到季孙氏说："他用天子才能用的八佾在庭院中奏乐舞蹈，这样的事都狠心做得出来，还有什么事不能狠心做出来呢？"

【原文】

3.2　三家者以《雍》彻[①]。子曰："'相维辟公，天子穆穆[②]'，奚取于三家之堂？"

【题解】

本章与前章都是谈鲁国当政者违"礼"的事件。对于这些越礼犯上的举动，孔子表现得极为愤慨。天子有天子之礼，诸侯有诸侯之礼，礼是根本的秩序，各守各的礼，秩序才能维持，天下才可以安定。因此，"礼"是孔子政治思想体系中的重要范畴，被孔子看得极重。

礼乐在孔子心目中具有神圣的地位，是国家秩序和传统文化精神的象征，远远超越单纯的娱乐和消遣之用。三家权臣僭用天子的礼乐，其用心昭然若揭。所以孔子引用古代的诗说："相维辟公，天子穆穆。"意思是说，在中央天子奏《雍》这支国乐的时候，天子站在中央，辟公（即当时的诸侯）站在两边拥护着天子，然后天子目不斜视地从中间走过。这是十分庄严的，因为天子是社稷的象征。

孔子所处时代的社会风气已然变坏，国家精神和人文精神亦在逐渐消失，所以孔子感到十分痛心。

【注解】

①三家：鲁国当政的三家大夫孟孙、叔孙、季孙。《雍》：《诗经·周颂》中的一篇，为周天子举行祭礼后撤去祭品、祭器时所唱的诗。彻：同“撤”，古代祭礼完毕后撤祭馔，乐人唱诗以娱神。②“相维辟公，天子穆穆”二句：诸侯都在助祭，天子恭敬地主祭。见《雍》诗。相（xiàng），助祭的人。维，用于句中的助词，可以译为“是”。辟（bì）公，诸侯。穆穆，庄严肃穆。

【译文】

孟孙、叔孙和季孙三家祭祖时，唱着《雍》这首诗歌来撤除祭品。孔子说：“《雍》诗说的‘诸侯都来助祭，天子恭敬地主祭’怎么能用在三家大夫的庙堂上呢？”

【原文】

3.3　子曰：“人而不仁，如礼何[①]？人而不仁，如乐何？”

【题解】

礼与乐都是制度文明，而仁则是人们内心的道德规范，是人文的基础。所以，乐必须反映人们的仁德。乐是表达人们思想情感的一种形式，在古代，它也是礼的一部分。礼与乐都是外在的表现。这里，孔子指出礼、乐的核心与根本是仁，没有仁德的人，根本谈不上什么礼、乐的问题。

仁是孔子学说的中心，它来自固有的道德，是礼乐所由之本。礼讲谦让敬人，乐须八音和谐，无相夺伦。一个人没有仁的本质，则无谦让敬人、和谐无夺等美德，即便行礼奏乐，也不具有实质意义。所以，人而不仁，礼对他有什么用？人而不仁，乐对他有什么用？这里即是说不仁之人，是用不了礼乐的。

【注解】

①如礼何：怎样对待礼仪制度。

【译文】

孔子说：“做人如果没有仁德，怎么对待礼仪制度呢？做人如果没有仁德，怎么对待音乐呢？”

【原文】

3.4　林放问礼之本[①]。子曰：“大哉问！礼，与其奢也，宁俭；丧，与其易也[②]，宁戚。”

【题解】

孔子在这里阐述了“礼”的真义：“礼”是以真诚的情感为基础的，而不是虚文浮饰的事物。林放问礼之本，孔子在这里没有正面回答他的问题。但仔细一想，孔子明确说明了礼之根本的问题不在形式而在内心。不能只停留在表面仪式上，真实、真诚、真心才是礼的根本。

林放提的问题很大，本来不是三言两语就能讲清楚的，即使讲解了，也有可能因为受知识和阅历的限制而难以理解和领悟。孔子的回答是智慧的，他不去空泛地谈论礼的根本是什么，而是就现实中的礼仪的奢华

孔子认为，礼之根本不在形式而在内心，治丧的核心是内心哀痛，而不是仪式上的面面俱到。

铺排和丧礼的仪式周全发论。礼贵在得宜适中，铺张奢侈和俭约节省代表两个极端，都不是尽善尽美，但俭可以避免繁文缛节，比较接近礼的本源，就是真诚的心意。丧礼强调要真诚心意，更甚于其他的礼，所以孔子特别加以说明。知道礼之本后，就不会为虚荣心所驱使去做舍本逐末的事了。

【注解】

①林放：鲁国人。②易：治理，办妥。

【译文】

林放问礼的根本。孔子说："你的问题意义重大啊！礼，与其求形式上的豪华，不如俭朴一些好；治丧，与其在仪式上面面俱到，不如内心真正悲痛。"

【原文】

3.5 子曰："夷狄之有君①，不如诸夏之亡也②。"

【题解】

孔子这两句话乃是针对当时华夏诸国君不君、臣不臣现象的伤时之语。孔子的思想里有明确的"夷夏观"，后世则逐渐演变成"夷夏之防"的观念。这不是像有些人说的是在宣扬大汉族主义，孔子的本义是在提倡礼乐文明的传统。

夷狄是古代用于指文化落后的边疆地区，没有所谓的礼乐教化。当时诸夏是周朝诸国，为华夏文明区。春秋时期，周朝曾经五年没有天子；鲁国曾经九年没有国君。孔子的思想是以礼乐文化为中心，认为那些落后地区的蛮族，虽然也有君主，但没有文化，不如华夏文明区，即使没有了君主，但传统的文化精神还是在世世代代相传。所以孔子这句话的意思就是说，有政权的存在而没有文化的精神，那有什么用呢？

【注解】

①夷狄：古代中原地区的人对周边地区的贬称，谓之不开化。②诸夏：古代中原地区华夏族的自称。亡（wú）：通"无"。

【译文】

孔子说："边远地区有君主而不讲礼节，还不如中原的没有君主而讲礼节哩。"

【原文】

3.6 季氏旅于泰山①。子谓冉有曰②："女弗能救与？"对曰："不能。"子曰："呜呼！曾谓泰山不如林放乎？"

【题解】

在这一章，孔子对当时季孙氏的"僭礼"行径进行抨击，谈论的仍旧是礼的问题。祭祀泰山在古代是天子和诸侯的专权，这是礼的规定。季孙氏只是鲁国的大夫，竟然也去祭祀泰山，而冉有身为季氏的家臣却不能阻止。孔子对这样"僭礼"的行径，不说季氏如何，也不再谴责冉有该如何，而是唏嘘感叹：难道泰山之神还不如林放懂礼？因为林放作为一个普通人，尚且懂得问礼之根本，而身居上位的季孙氏却不遵循礼，而且还认为神灵会接受他这种无礼的人间欲求。

【注解】

①旅：祭山，这里作动词用。在当时，只有天子和诸侯才有资格祭祀名山大川。②冉有：名求，字子有，孔子的学生，比孔子小二十九岁。冉有当时在季氏门下做事。

【译文】

季氏要去祭祀泰山，孔子对冉有说："你不能阻止吗？"冉有回答说："不能。"孔子说："唉！难道说泰山之神还不如林放懂礼吗？"

【原文】

3.7　子曰："君子无所争。必也射乎[①]！揖让而升[②]，下而饮，其争也君子。"

【题解】

孔子在这里所说的反映了儒家思想的一个重要特点，即强调谦逊礼让而反对无礼的、不公正的竞争。孔子在这里所说的"君子无所争"，这个"争"指的是争斗，而不是合理的竞争，合理的竞争应该是有法则、有秩序的，这才是孔子所提倡的。射是六艺之一，为自古战阵所必需，是贵族男子必学的基本技艺之一。平时则有射艺比赛，定有明确的礼仪。君子谦谦，向来与人无争。一定说有的话，也就是射箭了。射礼在堂上举行，在走上堂和走下堂时，都会揖让作礼，无论胜负都会饮酒，负者先饮，胜者陪之。只有在射箭时，各显示其技艺，以求射中正中心，这就是所谓的"君子之争"。整个过程依礼而行，重点在参与人际互动，而不在胜过别人，不同于小人之争，显得雍容和谐。

儒家倡导谦逊礼让的君子之争，反对恶性竞争。

【注解】

①射：指古代的射礼。大射礼规定两人一组，相互作揖然后登堂，射完再相互作揖退下。各组射完后，再作揖登堂饮酒。②揖：拱手行礼。

【译文】

孔子说："君子没有什么可与别人争的事情。如果有，一定是比射箭了。比赛时，相互作揖谦让后上场。射完后，登堂喝酒。这是一种君子之争。"

【原文】

3.8　子夏问曰："'巧笑倩兮[①]，美目盼兮[②]，素以为绚兮[③]'，何谓也？"子曰："绘事后素。"曰："礼后乎？"子曰："起予者商也[④]！始可与言《诗》已矣。"

【题解】

子夏问诗，认为丽质天生的美女，不必多作装饰，只要穿上素色衣服就很吸引人了，其本意在于礼仪形式之华美，而孔子的回答在于礼仪之实，即内容之美。子夏理明辞达，领悟力很高，马上受到启发，因论诗而知学。孺子可教，于是孔子赞扬子夏从"绘事后素"中体会到"礼后乎"，就是用绘画作比喻来说明仁和礼的关系。他认为，外表的礼节仪式同内心的真实情感应是统一的，如同绘画一样，质地不洁白，不会画出丰富多彩的图案。

【注解】

①倩：笑容美好。②盼：眼睛黑白分明。③绚（xuàn）：有文采。这三句诗前两句见《诗·卫风·硕人》，第三句可能是逸诗。④起：阐明。

【译文】

子夏问道："'轻盈的笑脸多美呀，黑白分明的眼睛多媚呀，好像在洁白的质地上画着美丽的图案呀。'这几句诗是什么意思呢？"孔子说："先有白色底子，然后在上面画画。"子夏说："这么说礼仪是在有了仁德之心之后才产生的了？"孔子说："能够发挥我的思想的是卜商啊！可以开始和你谈论《诗经》了。"

【原文】

3.9　子曰："夏礼，吾能言之，杞不足征也①；殷礼，吾能言之，宋不足征也②。文献不足故也③。足，则吾能征之矣。"

【题解】

这段话表明两个问题。一，孔子认为，对夏礼、殷礼的说明，要依赖足够的历史典籍和贤人来阐述，这些反映了他对知识的实事求是的态度。二，孔子对夏商周三代的礼仪制度非常熟悉，他希望人们都能恪守礼的规范，可惜当时僭礼的人实在太多了。

孔子博学多识，但是不轻易下断语，对于有关文献典籍和历史事实则更是十分谨慎。夏朝的礼，孔子能说，但须取得证明。然而夏朝灭亡后，子孙封于杞国，积弱不振，多次迁徙，其文史记载不足以为证。殷朝的礼，孔子也能说，然而为殷朝后代的宋国，国势也每况愈下，其文献资料也不足以为证。夏、殷之礼，孔子虽然能知能言，却尚须寻求文献，以为征信，由此可见孔子强调言必有所据的一面。

孔子借论古代礼仪文献缺失，教育弟子们做学问要严谨慎重。

【注解】

①杞：国名，杞君是夏禹的后代，周初的故城在今河南杞县，其后迁移。征：证明、验证。②宋：国名，宋君是商汤的后代，故城在今河南商丘县南。③文献：文，典籍；献，指贤人。

【译文】

孔子说："夏代的礼仪制度，我能说一说，但它的后代杞国不足以作证明；殷代的礼仪制度，我能说一说，但它的后代宋国不足以作证明。这是杞、宋两国的历史资料和知礼人才不足的缘故。如果有足够的历史资料和懂礼的人才，我就可以验证这两代的礼了。"

【原文】

3.10　子曰："禘自既灌而往者①，吾不欲观之矣。"

【题解】

这是孔子对鲁国举行禘礼是非礼的评论，反映出当时礼崩乐坏的状况，也表示了他对现状的不满。

禘祭是古代祭祀天地祖宗的大礼，源自于人类对不可知事物的敬畏心理，为人心虔诚之信仰。只有天子才可以主持，代表民众的愿望与天地祖宗进行沟通交流，使之降福人间。因此，不仅仪式隆重而盛大，更要在内心保持诚敬。

然而到了春秋末期，孔子看到的禘祭已经是徒然具有铺排的仪式而没有诚心敬意之实了。这标志着传统文化的衰落，所以孔子会痛心地说："不想继续看下去了。"

【注解】

①禘（dì）：一种极为隆重的祭礼，只有天子才能举行。灌：祭礼开始时，向代表受祭者献酒的仪式。

【译文】

孔子说："举行禘祭的仪式，从完成第一次献酒以后，我就不想看下去了。"

【原文】

3.11 或问禘之说。子曰："不知也。知其说者之于天下也，其如示诸斯乎[①]！"指其掌。

【题解】

孔子认为，鲁国的禘祭已名分颠倒，不值一看，所以当有人问及禘祭，他故作不知。但紧接着又说，谁能懂得禘祭的道理，治天下就容易了。这就是说，谁懂得禘祭的规定，谁就可以恢复天下的秩序于礼了。

孔子说不知有三种可能性：一是问题太大了，无从说起；二是禘礼已被僭用，孔子为鲁君讳，不敢妄议其是非；三是孔子对禘祭没完全掌握，故不轻易言说。但他无疑知道禘祭的精神内涵：禘祭界定了人与天、地、祖先的关系，引发人的报本反始之心，意义重大，只要明白其中的道理，治国就顺理成章了。

孔子指着自己的手掌说，知道禘礼的人治理天下，大概就像把东西放在这里一样容易吧。

【注解】

①示：有二义，一为"置"，摆或放的意思，即指放在手上的东西，一目了然；一为"视"。两说皆通，今从前说。斯：指后面的"掌"字。

【译文】

有人问孔子关于举行禘祭的内容，孔子说："不知道。知道的人治理天下，可能像把东西放在这里一样容易吧！"说的时候，指着自己的手掌。

【原文】

3.12 祭如在[①]，祭神如神在。子曰："吾不与祭[②]，如不祭。"

【题解】

孔子平时很少提及鬼神之事，如他说："敬鬼神而远之。"所以，这一章他

孔子诚心祭祀。

说祭祖先、祭鬼神，就好像祖先、鬼神真在面前一样。并非认为鬼神真的存在，而是强调参加祭祀的人，应当在内心有虔诚的情感。这样看来，孔子主张进行的祭祀活动主要是道德的而不是宗教的。

【注解】

①祭如在：祭祀祖先时，好像祖先真的就在前面。祭，祭祀。在，存在，这里指活着。②与（yù）：参与。

【译文】

祭祀祖先时，好像祖先真的在面前；祭神的时候，好像神真的在面前。孔子说："我如果不亲自参加祭祀，祭了就跟不祭一样。"

【原文】

3.13　王孙贾问曰[①]："'与其媚于奥[②]，宁媚于灶[③]'，何谓也？"子曰："不然，获罪于天，无所祷也。"

【题解】

古人认为奥神的地位高于灶神，王孙贾是卫国的权臣，在此以奥神比喻卫灵公，以灶神比喻卫灵公身边有权势的臣子，用这个当时的俗语暗示孔子与其奉承卫灵公不如奉承他身边的权臣。孔子不以为然，认为做事违背道理，得罪上天，到什么地方祷告也没用。只要顺理而行，也就不用去谄媚于人。

朱熹认为王孙贾是卫国权臣，他这样引用当时的俗语来询问孔子的看法，实际上是讽喻孔子，效忠君王不如阿附权臣（王孙贾自己），体现了人对于自身切近礼仪的维持和欲求。孔子却认为，一个人非分而求，便是得罪于天，必受天谴。

【注解】

①王孙贾：卫国权臣。据说他是周王之后，因得罪周王，出仕于卫。他的问话，用的是比喻，带有挑衅意味。②奥：后室的西南角，被视为尊者所居的位置。③灶：古人认为灶里有神，因此在灶边祭之。这里王孙贾以奥比喻卫灵公或其宠姬南子，以灶自喻，暗示孔子与其巴结卫灵公及南子，不如巴结自己更实惠。

【译文】

王孙贾问道："'与其巴结奥神，不如巴结灶神'，这是什么意思？"孔子说："不是这样的。如果得罪了上天，到什么地方去祷告求情也是无用的。"

【原文】

3.14　子曰："周监于二代[①]，郁郁乎文哉[②]！吾从周。"

【题解】

孔子对夏商周的礼仪制度等有深入的研究。他认为，历史和文化是不能割断的，其必有所依循而复有所演变的发展之道，后一个王朝对前一个王朝必然有承继、沿袭。周礼就是在夏商二代之礼的基础上加以损益形成的，因此礼乐制度完备而盛极，所以孔子主张遵从周礼。我们今天的中国文化，也是周朝文化沿革、发展、损益的结果。"郁郁乎文哉"，是孔子对周礼的评价，意思是说周礼制度完备，仪式谨严，是多么的丰富多彩啊！于是发出了由衷的赞叹，表示自己接受周代的礼制。

【注解】

①监（jiàn）：通"鉴"，借鉴。二代：指夏、商二代。②郁郁：文采盛貌。文：指礼乐制度。

【译文】

孔子说："周代的礼仪制度是参照夏朝和商朝修订的，多么丰富多彩啊！我主张接受周代的。"

【原文】

3.15　子入太庙[①]，每事问。或曰："孰谓鄹人之子知礼乎[②]？入太庙，每事问。"子闻之，曰："是礼也。"

【题解】

孔子对周礼十分熟悉，他来到祭祀周公的太庙里却每件事都要问别人。所以，有人就对他是否真的懂礼表示怀疑。孔子听到后，不以为忤，亦不以为耻，还很坚持：这就是礼啊。孔子这种"每事问"的行为体现了他谦逊好学的态度，认为学无止境，故虚心向人请教。同时也说明他对祭祀大典的诚敬谨慎，不以问人为耻。

【注解】

①太庙：开国的君主叫太祖，太祖的庙叫太庙。这里指周公的庙，周公是鲁国最先受封的君主。②鄹（zōu）：鲁国地名，在今山东省曲阜市东南。孔子的父亲做过鄹大夫，所以这里称为鄹人。

【译文】

孔子进入太庙，每遇到一件事都细细地询问。有人说："谁说鄹邑大夫的儿子懂得礼仪呀？他进到太庙里，每件事都要问人。"孔子听到这话，说："这正是礼嘛。"

【原文】

3.16　子曰："射不主皮[①]，为力不同科[②]，古之道也。"

【题解】

"射"是周代贵族经常举行的一种礼节仪式，属于周礼的内容之一。孔子在这里说明了射礼所重之事是在于能射中目标，而不在于要去贯穿箭靶的皮革。因为古时射礼所行之道在于观人品行，注重养德。古时不主张射穿其皮，但能射中靶心即可，即便稍偏，亦无不可。因为各人的力气大小不同等，君子无所争，君子尚礼不尚力。而主皮之射就是崇尚武力，流于粗野及争胜。

孔子借射礼教导弟子们要注重养德。

【注解】

①射不主皮：皮，代指箭靶。古代箭靶叫"侯"，用布或皮做成，中心画着猛兽等。孔子此处讲的射不是军事上的射，而是练习礼乐的射，因此以中不中为主，不以穿破皮侯为主。②为（wèi）：因为。同科：同等，同级。

【译文】

孔子说："比射箭，主要不是看能否射穿皮做的箭靶子，因为各人力气大小不同。这是古时候的规则。"

【原文】

3.17　子贡欲去告朔之饩羊[1]。子曰："赐也，尔爱其羊，我爱其礼。"

【题解】

孔子向子贡表明自己不同意去掉告朔之羊的主张。

古时天子在每年秋冬之际，颁发来年的历书给诸侯，诸侯领受后把历书藏放在祖庙，并按照历书规定每月初一杀一只活羊祭庙，这叫作"告朔"。当时的鲁国君主已不亲自去"告朔"，"告朔"已经成为形式，所以子贡提出免掉"饩羊"奉供。对此，孔子不以为然，表明了他重视古礼的保存的态度。当时鲁国国君虽然并没有废弃告祭祖庙的仪式，但已经不亲临祖庙告祭，也不听政，只是杀一只羊代祭。国君尚且不能做到循礼以为表率，则当时社会风尚之堕落亦可以想见了，故孔子大为叹息。

【注解】

①去：去掉，废除。告朔之饩（xì）羊：告朔，朔为每月的第一天。周天子于每年秋冬之交向诸侯颁布来年的历书，历书包括指明有无闰月、每月的朔日是哪一天，这就叫"告朔"。诸侯接受历书后，藏于祖庙。每逢初一，便杀一头羊祭于庙。羊杀而不烹叫"饩"（烹熟则叫"飨"）。告朔饩羊是古代一种祭礼制度。

【译文】

子贡想把每月初一告祭祖庙的羊废去不用。孔子说："赐呀！你爱惜那只羊，我则爱惜那种礼。"

【原文】

3.18　子曰："事君尽礼，人以为谄也。"

【题解】

这一章从侧面表明了当时的君臣关系已经遭到破坏。其时臣侍奉君多无礼，故有人做到了服侍君主尽臣子之礼，却反被人认为是在谄媚，故孔子有此感慨。

【译文】

孔子说："按照礼节去侍奉君主，别人却认为这是在讨好君主哩。"

【原文】

3.19　定公问[1]："君使臣，臣事君，如之何？"孔子对曰："君使臣以礼，臣事君以忠。"

【题解】

这一章阐述了孔子君臣之礼的主要内容，即国君依礼役使臣子，而臣子侍奉国君要尽忠。从本章的语言环境来看，孔子还是侧重于对君的要求，强调君应依礼待臣，还不像后世那样：君主可以无礼，臣下必须尽忠，以至于发展到愚忠。

君臣相待，应当各尽其道。君应当以礼使臣，凡事当依国家所定的规矩而行，不要粗率简易。臣应当以忠事君，不要欺君罔上，要尽其应尽的职责。有圣明的君主则有贤臣，这样上安下顺，就是清明的政治了。

【注解】

①定公：鲁国国君，姓姬名宋，“定”是谥号。

【译文】

鲁定公问：“国君役使臣子，臣子服侍君主，各应该怎么做？”孔子答道：“君主应该按照礼节役使臣子，臣子应该用忠心来服侍君主。”

【原文】

3.20　子曰：“《关雎》乐而不淫[①]，哀而不伤。”

【题解】

孔子赞美《关雎》一诗的情感适度合宜，发乎情而止于礼，或乐或哀皆不失其正，体现了他对“中庸”之美的推崇。

《诗经》中正和平，温柔敦厚。它由国风《周南》开始，而《关雎》是《周南》的第一篇。《关雎》以《诗经》首篇的显要位置，历来受人关注。但在《诗经》的研究史上，人们对《关雎》诗义的理解却多有分歧。《毛诗序》认为，这首诗是赞美“后妃之德”的，以为女子只有忠贞贤淑、含蓄克制，才能够配得上王侯。因此，把这首诗放在《诗经》之首，以明教化。

【注解】

①关雎（jū）：《诗经》中的第一篇。

【译文】

孔子说：“《关雎》这首诗快乐而不放荡，悲哀而不悲伤。”

【原文】

3.21　哀公问社于宰我[①]。宰我对曰：“夏后氏以松，殷人以柏，周人以栗，曰，使民战栗。”子闻之，曰：“成事不说，遂事不谏[②]，既往不咎。”

【题解】

古时立国都要建立祭土神的庙，选用宜于当地生长的树木做土神的牌位。宰我回答鲁哀公说，夏朝用松树，是取其不易凋零永久之意；殷朝用柏树，是取其万古长青丰茂的勃勃生机；周朝用栗木做社主是为了使百姓有所战栗畏惧。孔子对周朝的文治武功都很赞赏，只认为在这件栗木做社的事上做得还不大妥当，但对前辈的圣人，不便多加批评，所以他说过去的已经不可挽回，那就不必再加追究了。

鲁哀公问宰我祭祀土地神的牌位该用什么木料。

【注解】

①社：土地神，祭祀土神的庙也称社。宰我：名予，字子我，孔子的学生。②遂事：已完成的事。

【译文】

鲁哀公问宰我，做土地神的神

位应该用什么木料。宰我回答说："夏代人用松木，殷代人用柏木，周代人用栗木，目的是使百姓战战栗栗。"孔子听到这些话，告诫宰我说："已经过去的事不用解释了，已经完成的事不要再劝谏了，已过去的事也不要再追究了。"

【原文】

3.22 子曰："管仲之器小哉[①]！"或曰："管仲俭乎？"曰："管氏有三归[②]，官事不摄[③]，焉得俭？""然则管仲知礼乎？"曰："邦君树塞门[④]，管氏亦树塞门。邦君为两君之好，有反坫[⑤]，管氏亦有反坫。管氏而知礼，孰不知礼？"

【题解】

在《论语》中，孔子对管仲的评论有四处，有批评，也有肯定。这里，孔子指出管仲一不节俭、二不知礼的缺点，目的是宣扬儒家的"节俭"和"礼制"。孔子说管仲器小，不是指管仲的器量，而是指管仲虽然懂得治国，却不懂得推行礼乐之道。管仲辅佐齐桓公九合诸侯，一匡天下，成为春秋初期的霸主，有大功于民，但是未能继续修身立德，走入王道，以致终究局限在世俗的荣华富贵中，没有正大光明的气象，所以孔子说他的见识与度量小了些。管仲筑三归之台，以为游玩观赏之所，在经济上十分奢侈浪费，而且因人设官，重重叠叠设置了太多的部门，其实可以精简的而他没有简化，这是在行政上的不俭。国君齐桓公在大门外建立屏风——塞门，管仲的宰相府也建立有塞门，这是其僭礼之一。诸侯为了两国的宴会，设有放置酒杯的反坫之坛，非大夫所宜用，而管仲也有反坫，这是其僭礼之二。就凭这两点，如果说管仲也懂礼的话，那天下之人还有哪一个不懂礼呢？

【注解】

①管仲：名夷吾，齐桓公时的宰相，辅助齐桓公成为诸侯的霸主。②三归：三处豪华的公馆。③摄：兼任。④树塞门：树，树立。塞门，在大门口筑的一道短墙，以别内外，相当于屏风、照壁等。⑤反坫（diàn）：古代君主招待别国国君时，放置献过酒的空杯子的土台。

【译文】

孔子说："管仲的器量太小啦！"有人问："管仲节俭吗？"孔子说："管仲有三处豪华的公馆，他手下的人从不兼职，怎么能称得上节俭呢？""那么管仲懂礼仪吗？"孔子说："国君在宫门前立了一道影壁，管仲也在自家门口立了影壁；国君设宴招待别国君主、举行友好会见时，在堂上设有放置空酒杯的土台，管仲宴客也就有这样的土台。如果说管仲知礼，那还有谁不知礼呢？"

【原文】

3.23 子语鲁大师乐[①]，曰："乐其可知也：始作，翕如也[②]；从之[③]，纯如也[④]，皦如也[⑤]，绎如也[⑥]，以成[⑦]。"

【题解】

乐是孔子教育的重要内容之一。这一章孔子告诉鲁国乐官音乐演奏的全过程，反映了孔子的音乐思想和高超的音乐欣赏水平。

音乐对人有感染浸润的作用，孔子提倡乐感教育，他自己对音乐是很内行的。他给鲁国大师讲解奏乐技艺时说，音乐开始的时候，是轻轻地舒展开来。接着由小而大，但是很纯正。后来到了高潮，或激昂慷慨，或庄严肃穆，有着勃然的生机，又有敦厚蕴藉的内蕴。最后乐曲奏完了，但还是余音缭绕，好像还有幽幽未尽的情韵。这便是成功的音乐。

【注解】

①语（yù）：告诉，作动词用。大（tài）师：太师，乐官名。②翕（xī）：意为合，聚，协调。③从（zòng）：放纵，展开。④纯：美好、和谐。⑤皦（jiǎo）：音节分明。⑥绎：连续不断。⑦以成：以之而成，即以从之纯如、皦如、绎如三者而成。

【译文】

孔子给鲁国乐官讲奏乐过程："奏乐过程是可以了解的：开始演奏时，各种乐器合奏，声音宏亮而优美，听众随着乐声响起而为之振奋；乐曲展开后美好而和谐，节奏分明，连续不断，如流水绵绵流淌，直至演奏结束。"

【原文】

3.24　仪封人请见[①]。曰："君子之至于斯也，吾未尝不得见也。"从者见之[②]。出曰："二三子何患于丧乎[③]？天下之无道也久矣，天将以夫子为木铎[④]。"

【题解】

孔子在他所处的那个时代，已经是十分有影响的人，信服孔子的人很多，仪封人便是其中之一。他在见过孔子之后，就认为上天将以孔夫子为圣人来教化天下，预言了孔子将垂教万世。

木铎是用来敲响警惕人心的。天下之无道也久矣，人心渐已倦怠，但只要还有人在不倦地追求，这世界就还会有希望。天下不能永远无道，既然无道已久，上天将以夫子为木铎，来警醒世人，以先王之道来施教于天下，进而唤起民心。

【注解】

①仪封人：仪，地名。封人，镇守边疆的小官。请见：请求会见孔子。②从者：随从之人。见之：让他被接见。③二三子：你们这些人。患：忧愁，担心。丧（sàng）：失掉官位。④木铎：以木为舌的铜铃，古代用以宣布政教法令。

【译文】

仪地的一个小官请求会见孔子，说："凡是到这个地方的君子，我没有不求见的。"孔子的学生们领他去见孔子。出来以后，他说："你们几位为什么担心失去官位呢？天下无道已经很久了，因此上天将以孔夫子为圣人来教化天下。"

【原文】

3.25　子谓《韶》[①]："尽美矣[②]，又尽善也[③]。"谓《武》[④]："尽美矣，未尽善也。"

【题解】

因为乐教对孔子个人及他的学生，都居于非常重要的地位，所以他曾和当时的乐人不断有交往。前面"子语鲁太师乐"一章，及《卫灵公》"师冕见，及阶，子曰，阶也"一章，可以得到证明。《微子》"大师挚适齐，亚饭干适楚"一章，必系孔子对于鲁国这七位乐人的风流云散，发出了深重的叹息，所以他的学生才这样把叮咛郑重地记下来。孔子对音乐的欣赏，《论语》上有很多的记载。

孔子不仅欣赏音乐，而且曾对音乐做了一番重要的整理工作。所以他说，"吾自卫反鲁，然后乐正，《雅》、《颂》各得其所"（《子罕》）；这使诗与乐，得到了它原有的配合与统一。《史记·孔子世家》说"三百五篇，孔子皆弦歌之，以求合《韶》、《武》、《雅》、《颂》之音，礼乐自此可得而述"，这种陈述也是可信的。

"尽善尽美"一词后来成为著名的成语，是孔子就《韶》乐和《武》乐表达了他的美学理想。他既重视艺术的形式美，更注重艺术内容的善。

孔子为弟子讲解《韶》乐与《武》乐。

一个时代的国家精神往往可以从当时的音乐中感受到，因为音乐是人心的流荡，浸染着当时的风俗。《韶》相传是舜帝时的音乐，雍容和雅。《吕氏春秋·古乐篇》载："帝舜乃命质修《九韶》、《六列》、《六英》以明帝德。"由此可知，舜作《韶》主要是用以歌颂帝尧的圣德，并示忠心继承。《韶》乐表达了尧舜时代以德治国、清明和泰的气象；《武》，是周武王之乐，武王之有天下，由于伐纣而得，其乐演奏起来，虽然宏大壮美，但犹有杀伐之声，不如舜的音乐那样调和。说明孔子崇尚和平，反对武力战争，故评论《韶》乐尽美而又尽善，《武》乐尽美未尽善。

【注解】

①《韶》：相传是舜时的乐曲名。②美：指乐曲的声音言。③善：指乐曲的内容言。④《武》：相传是周武王时的乐曲名。

【译文】

孔子评论《韶》，说："乐曲美极了，内容也好极了。"评论《武》，说："乐曲美极了，内容还不是很好。"

【原文】

3.26　子曰："居上不宽，为礼不敬，临丧不哀，吾何以观之哉！"

【题解】

这一章充分反映了孔子以礼治国的思想。身居上位的人基于恕道，为人要宽厚，多为百姓着想，不能过分苛刻。因为水至清则无鱼，人至察则无徒，为人太过精明，在下位的人就不容易发挥他的才能。在礼的范围之内，居于上位者要爱护下面的人，下面的人也就会由衷地对身居上位的人恭敬。参加丧礼而没有一点哀戚之意，表现得与自己毫不相关，又何必去呢？孔子提出的居上不宽、为礼不敬、临丧不哀这三点，是有感于当时社会风气的颓坏现象，说像这个样子的社会，就没有什么可看了，感叹当时文化思想的衰落。

在这一章里，孔子所说的实际上是"礼"要以内在的真实感情为基础，认为人的道德内在性是自我实现的必要条件，不能化约为一套外在的力量。在古代历史中，在上位者有一套完整的维护统治的政治制度、礼仪制度和行为规范，可是，如果没有内在的真实感情、对他人的爱和尊敬，那么这一切都不过是为了维护统治，实现无限膨胀的私欲的规定而已。

"礼"的根源在于人的心灵的自然感情。如果这种礼的规定寓于其中的感情是冷漠的、丑恶的，甚至是残酷的，那么规定这种礼和执行这种礼的人就是虚伪的和丑恶的。

从孔子的学说来看，"礼"是外在的形式，而"仁"是内在的内容，没有仁的内容而徒有礼的形式，那么这个礼就没有了积极的意义，没有了价值。"仁"是什么呢？仁的核心是爱，是对人要有爱心。怎么爱？不仅仅是亲人之爱、恋人之爱，它的基础是道德的理性和感情的真实性，是一种自觉的对于他人的尊重和爱护。

孔子批评那些身居高位却不具备宽厚德行的人。

【译文】

孔子说："居于统治地位的人，不能宽宏大量，行礼的时候不恭敬，遭遇丧事时不悲伤哀痛，这个样子，我怎么看得下去呢？"

里仁篇第四

【原文】

4.1　子曰："里仁为美[①]。择不处仁，焉得知[②]？"

孔子认为，选择居所最好是在风气仁厚的地方。

【题解】

重视居住的环境，重视对朋友的选择，是儒家关于个人修养的思想的一个重要方面。环境对人有重大的影响，春秋时期的孔子就注意到了这个问题，所以他提出了居必择仁的原则。近朱者赤、近墨者黑，与有仁德的人住在一起，耳濡目染，就会受到仁德者的熏陶，这才是明智的选择。

【注解】

①里：可作名词讲，居住之地；也可以作动词讲，居住。均通。今从第二义。②知：同"智"。

【译文】

孔子说："居住在有仁风的地方才好。选择住处，不居住在有仁风的地方，怎能说是明智呢？"

【原文】

4.2　子曰："不仁者不可以久处约[①]，不可以长处乐。仁者安仁，知者利仁[②]。"

【题解】

在这一章，孔子突出地强调了做人以仁为本的思想，认为没有仁德的人长久地处在贫困或安乐之中都会更加堕落，只有仁者才能安于仁，也只有智者才会行仁。有了仁的本心，就能在任何环境下做到矢志不移，保持节操。

【注解】

①约：穷困之意。②知（zhì）：同"智"。

【译文】

孔子说："没有仁德的人不能够长久地安于穷困，也不能够长久地处于安乐之中。有仁德的人长期安心于推行慈爱精神，聪明的人认识到仁对他有长远的利益而实行仁。"

【原文】

4.3　子曰："唯仁者能好人[①]，能恶人[②]。"

【题解】

在孔子看来，只有具有仁爱之心的人才是最公正的，这样的人没有私心。因为大公无私，所以能够真正地知道好恶，因而会有正确的爱和恨。而不仁之人心存私利，其所好者往往未必是善的，而其所恶者未必是恶的，不能真正做到好善恶恶。

【注解】

①好（hào）：爱好。②恶（wù）：厌恶。

【译文】

孔子说："只有讲仁爱的人，才能够正确地喜爱某人、厌恶某人。"

【原文】

4.4 子曰："苟志于仁矣，无恶也。"

【题解】

这是紧接上一章而言的，仍然强调仁是做人的根本。孔子勉励人们立志行仁，就能够远离一切坏事。既不会犯上作乱、为非作恶，也不会骄奢淫逸。可以有益于国家，有利于百姓。

【译文】

孔子说："如果立志追求仁德，就不会去做坏事。"

【原文】

4.5 子曰："富与贵是人之所欲也，不以其道得之，不处也；贫与贱是人之所恶也，不以其道得之，不去也。君子去仁，恶乎成名[①]？君子无终食之间违仁，造次必于是[②]，颠沛必于是[③]。"

【题解】

孔子在这里提出了一个极重要的普遍性现象：任何人想行仁，都不能脱离社会，仁者不一定就富贵，但是一位真正的仁者是在任何情况下都不违背仁的。任何人都不会甘愿过贫穷困顿、流离失所的生活，都希望得到富贵尊荣，但这必须通过正当的手段和途径去获取。否则，君子宁守清贫而不去享受富贵。

【注解】

①恶（wū）乎：怎样。②造次：急促、仓猝。③颠沛：用以形容人事困顿，社会动乱。

【译文】

孔子说："金钱和地位，是每个人都想得到的，但是，以不正当的手段得到它们，君子不享受。贫困和卑贱，是人们所厌恶的，但是，不通过正当的途径摆脱它们，君子是不会摆脱的。君子背离了仁的准则，怎么能够成名呢？君子不会有吃一顿饭的时间离开仁德，即使在匆忙紧迫的情况下也一定要遵守仁的准则，在颠沛流离的时候也和仁同在。"

孔子认为，君子即便在颠沛流离之中也会与仁同行。

【原文】

4.6　子曰："我未见好仁者，恶不仁者[①]。好仁者，无以尚之[②]；恶不仁者，其为仁矣，不使不仁者加乎其身。有能一日，用其力于仁矣乎？我未见力不足者。盖有之矣，我未之见也。"

孔子教导弟子们要积极践行仁道。

【题解】

这一章是孔子教导人们为仁的方法。他认为只要努力去做，就能达到仁。真正为仁，"我未见力不足者"，强调了道德修养要依靠自觉的努力。而且重要的是从当日起就去做，今天行仁了，今天就得到了仁，这种思想一直影响着明代王阳明"知行合一"的心学。

【注解】

①好、恶：同4.3章解。②尚：通"上"，用作动词，超过的意思。

【译文】

孔子说："我从未见过喜爱仁德的人和厌恶不仁德的人。喜爱仁德的人，那就没有比这更好的了；厌恶不仁德的人，他实行仁德，只是为了不使不仁德的事物加在自己身上。有谁能在某一天把他的力量都用在仁德方面吗？我没见过力量不够的。或许有这样的人，只是我没有见过罢了。"

【原文】

4.7　子曰："人之过也，各于其党[①]。观过，斯知仁矣[②]。"

【题解】

孔子在这一章谈的是观察、了解别人的方法。孔子认为，从一个人的优点固然可以了解人，但从一个人的过错更可以了解人。不仁的人往往失在刻薄凶狠，而仁人往往失在过于宽厚和善良。

【注解】

①党：类别。②斯：则，就。仁：通"人"。

【译文】

孔子说："人们所犯的错误，类型不一。所以观察一个人所犯错误的性质，就可以知道他的为人。"

【原文】

4.8　子曰："朝闻道[①]，夕死可矣。"

【题解】

这一段话在后世常常被追求真理的人所引用。真理，是每个仁人志士矢志不渝的追求目标，哪怕要付出生命的代价。

【注解】

①道：道理，指真理。

【译文】

孔子说："早晨能够得知真理，即使当晚死去，也没有遗憾。"

【原文】

4.9 子曰："士志于道，而耻恶衣恶食者，未足与议也。"

【题解】

本章和前一章讨论的都是道的问题。这里，孔子认为，一个人斤斤计较个人的物质享受，是不会有远大志向的。他的所由、所安都不在道，所以就不必与他讨论道的问题。

【译文】

孔子说："读书人立志于追求真理，但又以穿破衣、吃粗糙的饭食为耻，这种人就不值得和他谈论真理了。"

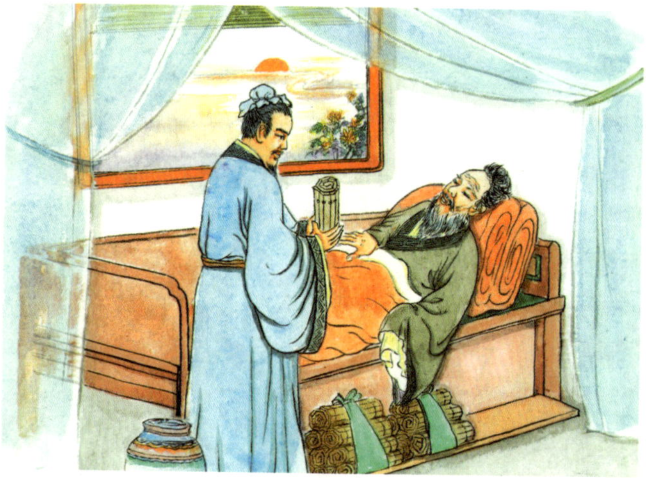

孔子教导弟子要矢志不渝地追求"道"。

【原文】

4.10 子曰："君子之于天下也，无适也①，无莫也②，义之与比③。"

【题解】

这一章里孔子提出对君子的基本要求："义之与比"。君子行仁则为人公正，不会偏私、固执成见，处事唯义所在，必然通达。

【注解】

①适（dí）：通"嫡"，意为专主、依从。②莫：不肯。无适无莫，指做事不固执。③义：适宜、妥当。比：亲近、相近。

【译文】

孔子说："君子对于天下的事，没有规定一定要怎样做，也没有规定一定不要怎样做，而只考虑怎样做才合适恰当，就行了。"

【原文】

4.11 子曰："君子怀德，小人怀土；君子怀刑，小人怀惠。"

【题解】

本章孔子提到君子与小人这两种不同类型的人，认为这两种人心怀和志向都不同。

【译文】

孔子说："君子心怀的是仁德；小人则怀恋乡土。君子关心的是刑罚和法度，小人则关心私利。"

【原文】

4.12　子曰："放于利而行[①]，多怨。"

【题解】

孔子在这章提出了待人处世之道的核心问题之一——义与利的问题。他认为，作为君子，道总是大于利，利总是归于义，如果唯利是图，做任何事都容易招致来自各方的怨恨。

孔子认为，一个人唯利是图，就难免与人相争。

【注解】

①放（fǎng）：或译为纵，谓纵心于利也；或释为依据，今从后说。利：这里指个人利益。

【译文】

孔子说："如果依据个人的利益去做事，会招致很多怨恨。"

【原文】

4.13　子曰："能以礼让为国乎[①]，何有[②]？不能以礼让为国，如礼何[③]？"

【题解】

此章讲治国者必须礼让，因为礼主敬，依礼而行就会处事合宜；谦让生和，就会上下无争。能做到礼让，治国也就没有困难了。

【注解】

①礼让：礼节和谦让。②何有：何难之有，不难的意思。③如礼何：把礼怎么办？即如何实行礼制呢？

【译文】

孔子说："能用礼让的原则来治理国家吗，难道这有什么困难吗？如果不能用礼让的原则来治理国家，又怎么能实行礼制呢？"

【原文】

4.14　子曰："不患无位，患所以立。不患莫己知，求为可知也。"

【题解】

这一章说明了君子求其在己。孔子并非不想身居官职，而是希望他的学生首先立足于自身的学问、修养、才能的培养，具备足以胜任官职的素质。

【译文】

孔子说："不愁没有职位，只愁没有足以胜任职务的本领。不愁没人知道自己，应该追求能使别人知道自己的本领。"

【原文】

4.15　子曰："参乎！吾道一以贯之[①]。"曾子曰："唯。"子出。门人问曰："何谓也？"曾子曰："夫子之道，忠恕而已矣[②]。"

【题解】

忠恕之道是孔子思想的重要内容，待人忠恕，是仁的基本要求，它贯穿于孔子思想的各个方面。孔子之道，一理贯穿万事，万事归于一理。

【注解】

①贯：贯穿，贯通。如以绳穿物。②忠恕：据朱熹注，尽己之心以待人叫作"忠"，推己及人叫作"恕"。

【译文】

孔子说："曾参呀！我的学说可以用一个根本的原则贯通起来。"曾参答道："是的。"孔子走出去以后，其他学生问道："这是什么意思？"曾参说："夫子的学说只不过是忠和恕罢了。"

【原文】

4.16　子曰："君子喻于义[①]，小人喻于利。"

【题解】

本章从义利的角度来区别君子与小人。小人追求个人利益，而君子亦会追求个人利益，但会先考虑所得是否合于义，以义为原则来规范自己的行为。这种义利观在中国历史上影响深远。

【注解】

①喻：通晓，明白。

小人只关注自己的利益。

【译文】

孔子说："君子懂得大义，小人只懂得小利。"

【原文】

4.17　子曰："见贤思齐焉[①]，见不贤而内自省也[②]。"

【题解】

这里孔子勉励世人要以贤人为榜样，不断学习；以贤人为标准，坚持自我反省。看到贤人有高于自己的地方，立刻省察自己应该如何改善，加以学习，想着与之齐等。看到不贤的人，亦应该自我反省，我亦如此不贤吗？有则改之，无则加勉，凭借着反省的精神加以改善，于是乃能德学俱进。

【注解】

①贤：贤人，有贤德的人。齐：看齐。②省：反省，检查。

【译文】

孔子说："看见贤人就应该想着向他看齐；见到不贤的人，就要反省自己有没有类似的毛病。"

【原文】

4.18　子曰："事父母几谏[①]。见志不从，又敬不违，劳而不怨[②]。"

【题解】

孔子这里讲到孝敬父母的具体做法。

【注解】

①几（jī）：轻微，婉转。②劳：劳心；担忧。

【译文】

孔子说："侍奉父母，对他们的缺点应该委婉地劝止，如果自己的意见没有被采纳，仍然要对他们恭敬，不加违抗。只在心里忧愁而不怨恨。"

【原文】

4.19　子曰："父母在，不远游。游必有方。"

【题解】

"父母在，不远游"是先秦儒家关于孝道的具体标准之一，对后世影响深远，以至于成了做子女的处世进退必须先考虑的前提。

【译文】

孔子说："父母活着的时候，子女不远游外地；即使出远门，也要有一定的去处。"

孔子认为侍奉父母要敬而不违，劳而无怨。

【原文】

4.20 子曰："三年无改于父之道，可谓孝矣。"

【题解】

此章已见于《学而》篇，当是重出。

【译文】

孔子说："如果能够长时间地不改变父亲生前所坚持的准则，就可说做到了孝。"

【原文】

4.21 子曰："父母之年，不可不知也。一则以喜，一则以惧。"

【题解】

此章是说关心父母的年龄也是孝道之一。

【译文】

孔子说："父母的年纪不能不知道，一方面因其长寿而高兴，一方面又因其年迈而有所担忧。"

【原文】

4.22 子曰："古者言之不出，耻躬之不逮也[1]。"

孔子告诫弟子，说话做事要说到做到。

【题解】

孔子在这里提出重言、力行的重要性，不轻易说话，是因为要说到做到。

【注解】

①逮（dài）：及，赶上。

【译文】

孔子说："古代的君子从不轻易地发言表态，他们以说了而做不到为可耻。"

【原文】

4.23 子曰："以约失之者鲜矣[1]。"

【题解】

孔子在这里谈的是自我约束和节制在为人处世上的重要性。一个人要想减少过失，自我约束是必不可少的。

【注解】

①约：约束，拘谨。

【译文】

孔子说："因为约束自己而犯错误，这样的事比较少。"

【原文】

4.24　子曰："君子欲讷于言而敏于行[①]。"

【题解】

此章讲的是人的活动最重要的就是"言"和"行"，言的准则是要慎重、实在，当然说话就要慢一些；行的准则是要落实，当然就要快一些。

【注解】

①讷（nè）：说话迟钝。

【译文】

孔子说："君子说话应该谨慎，而行动要敏捷。"

【原文】

4.25　子曰："德不孤，必有邻。"

【题解】

这句话是孔子对于人们修养道德的勉励。有德的人是永远不会孤独的，这是因为人性向善，所以人们才"必定"亲近与支持有德者。这句话表明了孔子的信念，相信人性是"向善"的。

孔子认为，有德者总有与其志同道合的人为伴。

【译文】

孔子说："品德高尚的人不会孤独，一定有志同道合的人和他做伴。"

【原文】

4.26　子游曰："事君数，斯辱矣；朋友数，斯疏矣。"

【题解】

子游的这段话间接地表达了孔子关于服侍君王和交往朋友的见解。无论是事君还是交友，都要讲求一个度，如不能适可而止，往往会出现适得其反的结果。

子游认为，劝谏君主太过频繁，就会遭受侮辱。

【译文】

子游说："进谏君主过于频繁，就会遭受侮辱；劝告朋友过于频繁，反而会被疏远。"

公冶长篇第五

【原文】

5.1 子谓公冶长[①]："可妻也[②]。虽在缧绁之中[③]，非其罪也。"以其子妻之[④]。

【题解】

本章通过孔子把自己的女儿嫁给公冶长一事，说明公冶长是个贤德之人。这也是孔子对公冶长作的较高评价，虽然并没有说明公冶长做了哪些具体的事情，不过从本章所谈的内容看，作为公冶长的老师，孔子对他有全面的了解。孔子在这件事上表明了他的不同于流俗的择人标准。

公冶长在狱中。

【注解】

①公冶长：齐国人（或说鲁国人），姓公冶，名长，孔子的高足。②妻（qì）：把女儿嫁给。③缧（léi）绁（xiè）：捆绑犯人的绳索。这里指监狱。④子：儿女，此处指女儿。

【译文】

孔子谈到公冶长时说："可以把女儿嫁给他。虽然他曾坐过牢，但不是他的罪过。"便把自己的女儿嫁给了他。

【原文】

5.2 子谓南容[①]："邦有道，不废；邦无道，免于刑戮。"以其兄之子妻之[②]。"

【题解】

孔子把自己的侄女嫁给南容，也表明了南容的贤明与仁德。本章里，孔子说得比较具体，南容善于处世，在治世能有作为，在乱世能保全自己，这也反映了孔子的择人标准。

【注解】

①南容：姓南容，名适（kuò），字子容。孔子的高足。②兄之子：孔子的哥哥孔皮，此时已去世，故孔子为侄女主婚。

【译文】

孔子评论南容时说："国家政治清明时，他不会被罢免；国家政治黑暗时，他也可免于刑罚。"就把自己兄长的女儿嫁给了他。

【原文】

5.3 子谓子贱[①]："君子哉若人！鲁无君子者，斯焉取斯？"

【题解】

从这段话可以看出，孔子很重视社会环境对人的影响。子贱是孔子的弟子，他治理单父县时，德治教化为一时之盛。孔子在这里称赞子贱为君子，接下来说，子贱的君子之德是在鲁国养成的。鲁国与周文化渊源很深，有着适宜君子成长的风气，故子贱在这种环境氛围中浸染熏陶，养成了君子之德。

孔子称子贱是君子。

【注解】

①子贱：姓宓（fú），名不齐，字子贱，也是孔子的高足。

【译文】

孔子评论子贱说："这个人是君子啊！如果鲁国没有君子，他是从哪里获得这种好品德的呢？"

【原文】

5.4　子贡问曰："赐也何如？"子曰："女，器也。"曰："何器也？"曰："瑚琏也[①]。"

【题解】

子贡在孔子学生中是个通才，在政治、经济、外交方面皆很擅长且很有成就。瑚琏是古代国家举行大典时用的一种贵重而华美的玉制祭器，平常供在庙堂，精美洁净而庄严。此处孔子把子贡比做瑚琏，是说他才智出众，堪当重任。

【注解】

①瑚（hú）琏（liǎn）：古代祭祀时盛粮食的器具，很珍贵。

【译文】

子贡问孔子："我这个人怎么样？"孔子说："你好比是一个器具。"子贡又问："是什么器具呢？"孔子说："宗庙里盛黍稷的瑚琏。"

【原文】

5.5　或曰："雍也仁而不佞[①]。"子曰："焉用佞？御人以口给[②]，屡憎于人。不知其仁，焉用佞？"

【题解】

孔子向来不赞成花言巧语的佞人，他认为为人之道在于有仁德，根本不需要伶牙俐齿。仅仅靠空言善说处世的人，只能招人讨厌。如果没有仁德，花言巧语又有什么用呢？

【注解】

①雍：冉雍，字仲弓，孔子的学生。佞（nìng）：能言善说，有口才。②御：抵挡，这里指争辩顶嘴。口给（jǐ）：应对敏捷，嘴里随时都有供给的话语。

【译文】

有人说："冉雍这个人有仁德，但没有口才。"孔子说："何必要有口才呢？伶牙俐齿地同别人争辩，常常被人讨厌。我不知道他是否可称得上仁，但为什么要有口才呢？"

【原文】

5.6　子使漆雕开仕[①]。对曰："吾斯之未能信。"子说[②]。

【题解】

孔子的教育理念是"学而优则仕"，学好知识，就去为官做事。孔子是鼓励学生从政做事的。他让学生漆雕开去出仕，但漆雕开觉得自己尚未达到"学而优"的程度，没有充分的把握，想继续学礼，晚点去做官，孔子很满意他这种谦谨的态度，认为他有沉着好学的品行，知道尚须进德修业，而不急着做官，没有沾染上当时社会中流行的急功近利的作风。

【注解】

①漆雕开：姓漆雕，名开，字子若。孔子的高足。②说：同"悦"。

【译文】

孔子叫漆雕开去做官。他回答说："我对这事还没有信心。"孔子听了很高兴。

【原文】

5.7　子曰："道不行，乘桴浮于海[①]。从我者，其由与？"子路闻之喜。子曰："由也好勇过我，无所取材。"

【题解】

这段对话表达了孔子对于自己不能行道于中国，处处碰壁后的感叹，也说出了对学生仲由的信任和深厚情感。

【注解】

①桴（fú）：用来在水面浮行的木排或竹排，大的叫筏，小的叫桴。

孔子说只有子路肯随自己乘木排去海外行道。

【译文】

孔子说："如果主张的确无法推行了，我想乘着木排飘流海外。但跟随我的，恐怕只有仲由吧？"子路听了这话很高兴。孔子说："仲由这个人好勇的精神大大超过我，但不善于裁夺事理。"

【原文】

5.8　孟武伯问："子路仁乎？"子曰："不知也。"又问，子曰："由也，千乘之国，可使治其赋也。不知其仁也。""求也何如？"子曰："求也，千室之邑，百乘之家，可使为之宰也[①]；不知其仁也。""赤也何如[②]？"子曰："赤也，束带立于朝，可使与宾客言也。不知其仁也。"

【题解】

此章中，孔子对自己的三个学生进行了评价，认为他们各有专长，有的可以管理军事，有的可以管理内政，有的可以主持外交。在孔子看来，最重要的标准——仁，他的学生们都没有达到，这也反映了为仁之难。在孔子心目中，仁的标准很高，是一种理想和完美的人格，故孔子不轻易以仁来许人。

孔子和孟武伯谈论弟子们的才能。

【注解】

①宰：古代县、邑一级的行政长官。卿大夫的家臣也叫宰。②赤：公西赤，字子华，孔子的学生。

【译文】

孟武伯问："子路算得上有仁德吗？"孔子说："不知道。"孟武伯又问一遍。孔子说："仲由呵，一个具备千辆兵车的大国，可以让他去负责军事。至于他有没有仁德，我就不知道了。"又问："冉求怎么样？"孔子说："求呢，一个千户规模的大邑，一个具备兵车百辆的大夫封地，可以让他当总管。至于他的仁德，我弄不清。"孟武伯继续问："公西赤怎么样？"孔子说："赤呀，穿上礼服，站在朝廷上，可以让他和宾客会谈。他仁不仁，我就不知道了。"

【原文】

5.9　子谓子贡曰："女与回也孰愈[①]？"对曰："赐也何敢望回？回也闻一以知十，赐也闻一以知二。"子曰："弗如也！吾与女弗如也[②]。"

【题解】

颜回是孔子最为器重的学生，他不仅勤于学习，而且善于融会贯通，对一个道理领悟透彻，触类旁通，无所遗漏。孔子博闻广记，领悟力非凡，但还是认为自己和子贡在对道理的领悟和触类旁通上赶不上颜回。就老师不必各方面都胜过学生而言，孔子立下了表率。

【注解】

①愈：胜过，超过。②与：有两种解释：其一，同意、赞成；其二，和。此处取后一种说法。

【译文】

孔子对子贡说："你和颜回相比，哪个强一些？"子贡回答说："我怎么敢和颜回相比呢？颜回他听到一件事就可以推知十件事；我呢，听到一件事，只能推知两件事。"孔子说："赶不上他，我和你都赶不上他。"

【原文】

5.10　宰予昼寝。子曰："朽木不可雕也，粪土之墙不可杇也[①]。于予与何诛[②]？"子曰："始吾于人也，听其言而信其行；今吾于人也，听其言而观其行。于予与改是。"

【题解】

宰予在孔子学生中以善于言辞著称，有时还夸夸其谈。孔子于是便借“昼寝”一事将他责备了一番。宰予作为孔门言语科的高才生，辩才无碍，言出理随，很容易让人相信他是个言出必行的人，但事实却未必如此。所以孔子提出要准确判断一个人，既要听其言，还要去观其行，看看他的言行是否一致。

【注解】

①杇（wū）：同“圬”，指涂饰，粉刷。②与（yú）：语气词。诛：意为责备、批评。

【译文】

宰予在白天睡觉。孔子说：“腐朽了的木头不能雕刻，粪土一样的墙壁不能粉刷。对宰予这个人，不值得责备呀！”孔子又说：“以前，我对待别人，听了他的话便相信他的行为；现在，我对待别人，听了他的话还要观察他的行为。我是因宰予的表现而改变了对人的态度的。”

【原文】

5.11 子曰：“吾未见刚者。”或对曰：“申枨[①]。”子曰：“枨也欲，焉得刚？”

孔子与人谈论申枨。

【题解】

孔子认为，人的欲望过多，便容易内心软弱而不刚强了。

【注解】

①申枨（chéng）：孔子的学生，姓申，名枨，字周。

【译文】

孔子说：“我没有见过刚毅不屈的人。”有人回答说：“申枨是这样的人。”孔子说：“申枨啊，他的欲望太多，怎么能刚毅不屈？”

【原文】

5.12 子贡曰：“我不欲人之加诸我也[①]，吾亦欲无加诸人。”子曰：“赐也，非尔所及也。”

【题解】

子贡这里所讲的，与前面《里仁》篇的“己所不欲，勿施于人”相照应，表明了他的志向。

【注解】

①加：有两种解释，一是施加，一是凌辱。今从前义。

【译文】

子贡说：“我不愿别人把不合理的事加在我身上，我也不想把不合理的事加在别人身上。”孔子说：“赐呀，这不是你可以做得到的。”

【原文】

5.13　子贡曰："夫子之文章，可得而闻也；夫子之言性与天道[①]，不可得而闻也。"

【题解】

《论语》一书中言及性与天道的确实不多，孔子注重的是培养学生的现实精神，对于人性和天道采取存而不述的态度，仅仅是示之以端，想要学生深造而自得。

【注解】

①天道：天命。《论语》中孔子多处讲到天和命，但不见有孔子关于天道的言论。

【译文】

子贡说："老师关于《诗》《书》《礼》《乐》等文献的讲述，我们能够听得到；老师关于人性和天命方面的言论，我们从来没听到过。"

【原文】

5.14　子路有闻，未之能行，唯恐有闻。

【题解】

此章形象表述了子路的急切率直，勇于力行。

【译文】

子路听到了什么道理，如果还没有来得及去实行，便唯恐又听到新的道理。

【原文】

5.15　子贡问曰："孔文子何以谓之'文'也[①]？"子曰："敏而好学，不耻下问，是以谓之'文'也。"

孔子向子贡解释孔文子的谥号为"文"的缘故。

【题解】

孔文子是指卫国大夫孔圉，谥号为"文"。孔文子聪明而勤奋好学，有着不耻下问的谦虚和乐于求教的精神，所以能得到"文"的美谥。

【注解】

①孔文子：卫国大夫，姓孔，名圉（yǔ），"文"是谥号。

【译文】

子贡问道："为什么谥孔文子'文'的称号呢？"孔子说："他聪明勤勉，喜爱学习，不以向比自己地位低下的人请教为耻，所以谥他'文'的称号。"

【原文】

5.16 子谓子产[①]："有君子之道四焉：其行己也恭，其事上也敬，其养民也惠，其使民也义。"

【题解】

子产是春秋时期杰出的政治家，孔子对他的评价很高。认为他正是因为做到这四点，克己力行，才使郑国从春秋列国争强中脱颖而出，赢得尊重和安全。

【注解】

①子产：姓公孙，名侨，字子产，郑国大夫。做过正卿，是郑穆公的孙子，为春秋时郑国的贤相。

【译文】

孔子评论子产说："他有四个方面符合君子的标准：他待人处世很谦恭，侍奉国君很负责认真，养护百姓有恩惠，役使百姓合乎情理。"

【原文】

5.17 子曰："晏平仲善与人交[①]，久而敬之。"

【题解】

孔子在这里称赞齐国大夫晏婴善于跟人交朋友。

【注解】

①晏平仲：名婴，谥号为"平"，齐国的大夫。曾任齐景公的宰相。

【译文】

孔子说："晏平仲善于与人交往，相识时间久了，别人更加尊敬他。"

晏子善于与人交往，很受他人尊敬。

【原文】

5.18 子曰："臧文仲居蔡[①]，山节藻棁[②]，何如其知也[③]？"

【题解】

臧文仲在当时被人们称为"智者"，而孔子却认为他不智。古时国有大事不决，就用龟甲来占卜。用于占卜的龟有六种，按照周礼的规定，六种龟各藏一个屋子，由专门的龟人来掌管。臧孙氏三代为鲁国掌龟大夫，臧文仲在大乌龟的屋子上刻有山形的斗拱和画有水藻的梁柱，这是国君的庙饰，而藏文仲却加以擅用，是违反

孔子认为臧文仲擅用国君的庙饰很不明智。

礼制的，这样做当然称不上明智。

【注解】

①臧文仲：姓臧孙，名辰，“文”是他的谥号。春秋时鲁国大夫。居蔡：居，作动词用，藏的意思。蔡，国君用以占卜的大龟。蔡这个地方产龟，因此把大龟叫“蔡”。臧文仲藏了一只大龟。②山节藻棁（zhuō）：节，柱上的斗拱。棁，房梁上的短柱。山节藻棁即指把斗拱雕成山形，在棁上绘上水草花纹。古时是装饰天子宗庙的做法。③知：同“智”。孔子认为臧文仲为大龟盖豪华的房子，为僭越行为，不智。

【译文】

孔子说：“臧文仲为产自蔡地的大乌龟盖了一间房子，中有雕刻成山形的斗拱和画着藻草的梁柱，他这样做算一种什么样的聪明呢？”

【原文】

5.19　子张问曰：“令尹子文三仕为令尹①，无喜色；三已之，无愠色。旧令尹之政，必以告新令尹。何如？”子曰：“忠矣。”曰：“仁矣乎？”曰：“未知，焉得仁？”“崔子弑齐君②。陈文子有马十乘③，弃而违之④。至于他邦，则曰：‘犹吾大夫崔子也。’违之。之一邦，则又曰：‘犹吾大夫崔子也。’违之，何如？”子曰：“清矣。”曰：“仁矣乎？”曰：“未知，焉得仁？”

孔子与子张谈论令尹子文和陈文子的道德境界。

【题解】

孔子是强调“仁”的本体性的，仁是天地之道最本质的事物，也是最根本的做人之道。仅有忠和清还谈不上仁。在孔子看来，“忠”和“清”都只是仁的一些外在行为，应该从根本的仁德上去努力做好。

【注解】

①令尹：楚国的官名，相当于宰相。子文：姓斗，名穀（gòu）于（wū）菟（tú），字子文，楚国贤相。三仕三已的“三”不是实指，而是概数，可译为“几”。②崔子：崔杼，齐国的大夫，曾杀掉他的国君齐庄公。弑（shì）：古代位在下的人杀掉位在上的人叫“弑”。③陈文子：齐国大夫，名须无。④违：离开。

【译文】

子张问道：“楚国的令尹子文三次担任令尹的职务，没有显出高兴的样子；三次被罢免，也没有怨恨的神色。他当令尹时的政事，一定交代给下届接位的人。这个人怎么样？”孔子说：“可算得上对国家尽忠了。”子张问：“算得上有仁德吗？”孔子说：“不知道，这怎么能算仁呢。”子张又问：“崔杼杀了齐庄公，陈文子有四十匹马，他都丢弃不要，就离开了。到了另一个国家，说：‘这里的执政者和我国的崔子差不多’，又离开了。再到了一国，说：‘这里的执政者和我国的崔子差不多’，还是离开了。这人怎么样？”孔子说：“很清高。”子张说：“算得上有仁德吗？”孔子说：“不知道，这怎么能算有仁德呢？”

【原文】

5.20　季文子三思而后行[①]。子闻之，曰：“再，斯可矣。”

孔子不赞成人们像季文子一样过度慎重。

【题解】

孔子在这里又给人们一个重要的提示，凡事都有一个度，慎重如果过了头就变成怯懦了。“三思而后行”是一句传世名言，很多人奉之为处世法则。

【注解】

①季文子：鲁国的大夫，姓季孙，名行父，“文”是谥号。

【译文】

季文子办事，要反复考虑多次后才行动。孔子听到后，说：“考虑两次就可以了。”

【原文】

5.21　子曰：“宁武子邦有道则知[①]，邦无道则愚。其知可及也，其愚不可及也。”

【题解】

本章表现了孔子的一个基本思想：既积极进取，又洁身保身。他称道宁武子在“邦无道”的情况下处世的“愚”，实际上是一种智慧，可以避免不必要的牺牲，这种大智若愚的思想对后世影响深远。

【注解】

①宁武子：姓宁，名俞，谥号为“武”，卫国的大夫。

【译文】

孔子说：“宁武子这个人，在国家政治清明时就聪明，当国家政治黑暗时就装傻。他的聪明是别人可以做得到的，他的装傻，别人是赶不上的。”

【原文】

5.22　子在陈[①]，曰：“归与！归与！吾党之小子狂简[②]，斐然成章，不知所以裁之。”

【题解】

孔子说这段话时，正当鲁国季康子执政，想要召回冉求去协助办理政务。

【注解】

①陈：国名，大约在今河南东部和安徽北部一带。②吾党：我的家乡。党是古代地方组织的名称，五百家为党。狂简：志向远大而行为粗率。

【译文】

孔子在陈国，说：“回去吧！回去吧！我家乡的那帮学生志向远大而行为粗率，文采虽然很出众，但他们不知道怎样克制自己。”

【原文】

5.23　子曰："伯夷、叔齐不念旧恶[1]，怨是用希。"

【题解】

孔子在这一章讲的是他的忠恕之道。他称赞伯夷、叔齐的"不念旧恶"，就是不念旧时之恶而欲加报复，给人以自新的机会，为人处世以和为贵，这种思想给后世以深远的影响。

【注解】

①伯夷、叔齐：孤竹君的两个儿子。父亲死后，互相让位，都逃到周文王那里。周武王起兵伐纣，他们以为这是以臣弑君，拦在马前劝阻。周灭商统一天下后，他们以吃周朝的粮食为耻，逃进山中以野草充饥，饿死在首阳山中。

【译文】

孔子说："伯夷、叔齐这两兄弟不记旧仇，因此别人对他们的怨恨很少。"

【原文】

5.24　子曰："孰谓微生高直[1]？或乞醯焉[2]，乞诸其邻而与之。"

微生高向邻居讨醋。

【题解】

孔子通过微生高从邻居家借醋给前来讨醋的人这件小事，认为他用意委曲，有做作之嫌，不是真正的直率。孔子表明的是一种是怎样就是怎样的直道，不为虚名牵累自己。

【注解】

①微生高：姓微生，名高，鲁国人，以直爽著称。

②醯（xī）：醋。

【译文】

孔子说："谁说微生高这个人直爽？有人向他求点醋，他却向自己邻居那里讨点来给人家。"

【原文】

5.25　子曰："巧言、令色、足恭，左丘明耻之[1]，丘亦耻之。匿怨而友其人，左丘明耻之，丘亦耻之。"

【题解】

在这段话里，孔子表达了他鲜明的是非好恶态度。左丘明为鲁国太史，相传是《左传》的作者，以秉笔直书、褒贬善恶著称。孔子把他引为自己的同道中人，对巧言令色、过分恭顺的行为，以及内心对别人有怨恨，表面却显得要好的行为深感憎恶，认为这些行为是可耻的。

【注解】

①左丘明：鲁国史官，姓左丘，名明。一说姓左，名丘明。相传是《春秋左氏传》和《国语》的作者。

【译文】

孔子说："花言巧语，面貌伪善，过分恭敬，这种人，左丘明认为可耻，我也认为可耻。把仇恨暗藏于心，表面上却同人要好，这种人，左丘明认为可耻，我也认为可耻。”

【原文】

5.26 颜渊、季路侍①。子曰："盍各言尔志？”子路曰："愿车马、衣轻裘，与朋友共，敝之而无憾。”颜渊曰："愿无伐善②，无施劳。”子路曰："愿闻子之志。”子曰："老者安之，朋友信之，少者怀之③。”

【题解】

此章中，孔子和他的弟子们表述了各自的志向。子路以朋友的情义远重于个人的财物的回答显示了他讲义气的豪爽本色；颜回的志向则反映了谦逊、注重自我修养的品格；而孔子的志向实际上就是追求让所有人各得其所的大同境界。老年人安逸，朋友之间有信义，少年人得到关怀。这是一个理想社会的景象。

【注解】

①季路：即子路。②伐善：夸耀功劳。伐，夸耀。③怀：关怀，照顾。

【译文】

颜渊、季路站立在孔子身边。孔子说："你们为什么不各自谈谈自己的志向？”子路说："我愿意拿出自己的车马、穿的衣服，和朋友们共同使用，即使用坏了也不遗憾。”颜渊说："我愿意不夸耀自己的长处，不宣扬自己的功劳。”子路说："我们希望听听老师的志向。”孔子说："我愿老年人安度晚年，朋友之间相互信任，年幼的人得到照顾。”

【原文】

5.27 子曰："已矣乎！吾未见能见其过而内自讼者也。”

【题解】

孔子在这一章里感叹人们有过失而不去反省，即使见到自己的过错也会去掩饰推诿，不会在内心里责备检讨自己的世风。

【译文】

孔子说："算了吧！我从未见过看到自己有错误便能自我责备的人。”

【原文】

5.28 子曰："十室之邑，必有忠信如丘者焉，不如丘之好学也。”

孔子以自身为例，勉励弟子们努力学习。

【题解】

在这一章，孔子以自身成就为例，强调了学习的重要性。他认为自己忠信的资质与常人一样，只是因为自己好学，所以能异于常人，故也是在勉励人们要有好学的精神。

【译文】

孔子说："就是在只有十户人家的小地方，一定有像我这样既忠心又守信的人，只是赶不上我这样好学罢了。”

雍也篇第六

【原文】

6.1　子曰："雍也可使南面[①]。"

【题解】

古代以面向南为尊位，天子、诸侯与卿大夫听政都是面南而坐。孔子这句话是对弟子冉雍的高度评价，认为冉雍虽然出身于卑贱的人家，但就其所具备的德行与能力而言，足以胜任卿大夫的职位。

【注解】

①南面：古时尊者的位置是坐北朝南，天子、诸侯、卿大夫等听政时皆面南而坐。此以"南面"代指卿大夫之位。

【译文】

孔子说："冉雍这个人啊，可以让他去做一个部门或一个地方的长官。"

【原文】

6.2　仲弓问子桑伯子[①]，子曰："可也，简。"仲弓曰："居敬而行简，以临其民，不亦可乎？居简而行简，无乃大简乎[②]？"子曰："雍之言然。"

孔子与仲弓讨论子桑伯子的行事风格。

【题解】

从这段师生之间的对话中，可以看出孔子是主张做事简要不烦的。但这种简要不是指内心随便马虎，简单办事，而是要内心严谨敬畏，做事简约，不烦扰百姓。

【注解】

①子桑伯子：鲁人，事迹不详。②无乃：岂不是。

【译文】

仲弓问子桑伯子这个人怎么样，孔子说："这个人不错，他办事简约。"仲弓说："如果态度严肃认真，而办事简约不烦，这样来治理百姓，不也可以吗？如果态度马虎粗疏，办起事来又简约，那不是太简单了吗？"孔子说："你的话很对。"

【原文】

6.3　哀公问："弟子孰为好学？"孔子对曰："有颜回者好学，不迁怒[①]，不贰过[②]，不幸短命死矣[③]。今也则亡[④]，未闻好学者也。"

【题解】

孔子在本章中深深赞许了颜回的好学。颜回的好学不仅仅指他爱好学习，而且还包括他不迁怒、不贰过的心性修养。

孔子回答哀公问，认为门下弟子中颜回最好学。

【注解】

①不迁怒：不把对此人的怒气发泄到彼人身上。②不贰过："贰"是重复、一再的意思。这是说不犯同样的错误。③短命死矣：颜回死时年仅三十一岁。④亡：同"无"。

【译文】

鲁哀公问："你的学生中谁最爱好学习？"孔子回答说："有个叫颜回的最爱学习。他从不迁怒于别人，也不犯同样的过错。只是他不幸短命死了。现在没有这样的人了，再也没听到谁爱好学习的了。"

【原文】

6.4 子华使于齐①，冉子为其母请粟②。子曰："与之釜③。"请益。曰："与之庾④。"冉子与之粟五秉⑤。子曰："赤之适齐也，乘肥马，衣轻裘，吾闻之也，君子周急不继富。"

【题解】

此章表达了孔子做人的一个原则：君子应当周济穷困的人，给他们雪中送炭，而不是去给富有的人锦上添花，让他们更加富有。孔子的这种思想带有一定的普世意义。

【注解】

①子华：孔子的学生，姓公西，名赤，字子华，鲁国人。②冉子：姓冉，名求，字子有，鲁国人。粟：小米。③釜：古代量器，六斗四升为一釜。④庾（yǔ）：古代量器，二斗四升为一庾。⑤秉（bǐng）：古代量器，十六斛为一秉；一斛为十斗。

【译文】

子华出使齐国，冉有替子华的母亲向孔子请求补助一些小米。孔子说："给她六斗四升。"冉有请求再增加一些，孔子说："再给她二斗四升。"冉有却给了她八百斗。孔子说："公西赤到齐国去，骑肥马，穿着又轻又暖和的皮袍。我听人说：君子应该救济有紧急需要的穷人，而不应该给富人添富。"

【原文】

6.5 原思为之宰①，与之粟九百，辞。子曰："毋！以与尔邻里乡党乎②！"

【题解】

此章和上一章一样，都反映了孔子处理钱财的态度，自己有所富余，便去周济邻里乡党中穷困的人。

【注解】

①原思：姓原，名宪，字子思，孔子的学生。宰：家宰，管家。②邻里乡党：古代地方单位的名称。五家为邻，二十五家为里，一万二千五百家为乡，五百家为党。

【译文】

原思做了孔子家的总管，孔子给他报酬小米九百斗，他推辞不要。孔子说："不要这样推辞！多余的就给你的邻里乡亲吧！"

【原文】

6.6　子谓仲弓曰[①]："犁牛之子骍且角[②]，虽欲勿用，山川其舍诸？"

【题解】

孔子在这一章用牛作比喻讲举贤的观点，他认为人的出身并不是最重要的，重要的在于自己应有君子的道德和出色的才干。

【注解】

①子谓仲弓：有两种解释，一是孔子对仲弓说；二是孔子对第三者议论仲弓，今从前说。②犁牛：耕牛。骍（xīn）且角：祭祀用的牛，毛色为红，角长得端正。骍，红色。

【译文】

孔子对仲弓说："耕牛生的小牛犊长着红色的毛皮，两角整齐，虽然不想用来当祭品，山川之神难道会舍弃它吗？"

【原文】

6.7　子曰："回也，其心三月不违仁。其余则日月至焉而已矣。"

【题解】

颜回是孔子最得意的门生，因为他能将"仁"贯穿于自己的一切思想与行动当中，对孔子以"仁"为核心的思想有深入的理解，一生对"仁"不停地追求、实践。

【译文】

孔子说："颜回呀，他的心中长久地不离开仁德，其余的学生，只不过短时间能做到这点罢了。"

孔子评价颜回的"仁"道境界。

【原文】

6.8　季康子问[①]："仲由可使从政也与？"子曰："由也果，于从政乎何有？"曰："赐也可使从政也与？"曰："赐也达，于从政乎何有？"曰："求也可使从政也与？"曰："求也艺，于从政乎何有？"

【题解】

从本章可以看出，孔子对弟子们的特点和优点一清二楚，反映了一种亲密无间的师生关系。端木赐、仲由和冉求，在从事国务活动和行政事务方面，都各有所长。他们都是孔子所培养的为国家做事的人才，能够辅佐君主或大臣从事政治活动。孔子对他的三个学生都给予较高评价，认为他们已经具备了从政并担任重要职务的能力。

【注解】

①季康子：即季孙肥，春秋时期鲁国的正卿。"康"是谥号。

【译文】

季康子问："仲由可以参与政事吗？"孔子说："仲由呀，办事果断，参与政事有什么困难呢？"又问："端木赐可以参与政事吗？"孔子说："端木赐呀，通情达理，参与政事有什么困难呢？"又问："冉求可以参与政事吗？"孔子说："冉求呀，多才多艺，参与政事有什么困难呢？"

【原文】

6.9 季氏使闵子骞为费宰[①]。闵子骞曰："善为我辞焉。如有复我者，则吾必在汶上矣[②]。"

【题解】

本章讲述的是闵子骞拒绝做官的故事，反映了他宠辱不惊、明哲保身的超然态度，实在是极富智慧的处世哲学。孔子主张"道不同不相为谋"，闵子骞就是这样做的。

闵子骞拒绝季氏的聘任，坚决不做费城长官。

【注解】

①闵子骞（qiān）：孔子的学生，姓闵，名损，字子骞。费：季氏的封邑，在今山东省费县西北。②汶：汶水，即今山东大汶河。汶上，暗指齐国。

【译文】

季氏派人通知闵子骞，让他当季氏采邑费城的长官。闵子骞告诉来人说："好好地为我推辞掉吧！如果再有人为这事来找我，那我一定逃到汶水那边去。"

【原文】

6.10 伯牛有疾[①]，子问之，自牖执其手[②]，曰："亡之，命矣夫！斯人也，而有斯疾也！斯人也，而有斯疾也！"

【题解】

这一章孔子以极其沉痛的语气与他的得意门生冉伯牛诀别。他对冉伯牛的不幸而牵挂、担忧、焦虑，然而又感到无可奈何。

【注解】

①伯牛：孔子的学生，姓冉，名耕，字伯牛。②牖（yǒu）：窗户。

【译文】

冉伯牛病了，孔子去探望他，从窗户外握着他的手，说道："没有办法，真是命呀！这样的人竟得这样的病呀！这样的人竟得这样的病呀！"

【原文】

6.11 子曰："贤哉，回也！一箪食[①]，一瓢饮，在陋巷。人不堪其忧，回也不改其乐。贤哉，回也！"

【题解】

孔子对弟子颜回的赞美，实际上是对一种人格、一种行为方式的表彰。此名言对后世有志于治学、修身、立行的人产生了深远的影响。颜回生活清苦，但他全不以为意，安贫乐道，依然孜孜不倦地学习、修身，这就是孟子所说的“贫贱不能移”精神的真实写照。所以孔子连发两次感慨：“颜回真是个贤人啊！”

【注解】

①箪（dān）：古代盛饭的竹器。

【译文】

孔子说：“真是个大贤人啊，颜回！用一个竹筐盛饭，用一只瓢喝水，住在简陋的巷子里。别人都忍受不了那穷困的忧愁，颜回却能照样快活。真是个大贤人啊，颜回！”

【原文】

6.12　冉求曰：“非不说子之道①，力不足也。”子曰：“力不足者，中道而废。今女画②。”

【题解】

从这段对话中可以看出什么是最好的老师，最好的老师是让学生产生希望和自信。冉求对学习理论失去了信心，孔子则以学走路为喻对他进行开导和帮助。孔子告诉他，并非是他的能力不够，而是他思想上的畏难情绪在作怪，自己给自己设置了障碍，只要努力去做，肯定能够克服一切困难，达到学习的目标。

孔子批评冉求自我设限、不思进取。

【注解】

①说（yuè）：同“悦”。②女：同“汝”，你。画：划定界限，停止前进。

【译文】

冉求说：“我不是不喜欢老师的学说，是我力量不够。”孔子说：“如真的力量不够，你会半途而废。如今你却画地为牢，不肯前进。”

【原文】

6.13　子谓子夏曰：“女为君子儒，毋为小人儒。”

【题解】

在本章中，孔子提出了“君子儒”和“小人儒”之区别，并要求子夏做君子儒，不要做小人儒。“君子儒”是指懂得大道、有仁德、有高尚人格的人；“小人儒”则是指只知眼前利益、不懂大道、品格平庸的人。

【译文】

孔子对子夏说："你要做个君子式的儒者，不要做小人式的儒者。"

【原文】

6.14　子游为武城宰[1]。子曰："女得人焉尔乎？"曰："有澹台灭明者[2]，行不由径。非公事，未尝至于偃之室也。"

【题解】

孔子问子游的这段话是在表彰澹台灭明为人奉公守法且有所不为的高尚品格，同时也反映出他举贤才的标准：任用正直诚实、公私分明的人。

【注解】

①武城：鲁国的城邑，在今山东省费县西南。②澹台灭明：人名，姓澹台，名灭明，字子羽。后来也是孔子的学生。

【译文】

子游担任武城地方的长官。孔子说："你在那里得到什么优秀人才了吗？"子游回答说："有个名叫澹台灭明的人，行路时不抄小道，不是公事，从不到我家里来。"

【原文】

6.15　子曰："孟之反不伐[1]，奔而殿[2]。将入门，策其马[3]，曰：'非敢后也，马不进也。'"

【题解】

孔子高度评价了孟之反的谦逊精神。讲他的故事就是宣扬他的这种勇敢、自我牺牲以及不居功的优秀品质。

【注解】

①孟之反：又名孟之侧，鲁国大夫。伐：夸耀。②殿：在最后。③策：鞭打。

【译文】

孔子说："孟之反不喜欢自夸，打仗败了，他走在最后（掩护撤退）。快进城门时，他用鞭子抽打着马说：'不是我敢殿后呀，是我的马不肯快跑呀！'"

鲁国与齐国交战失利，孟之反勇于殿后。

【原文】

6.16　子曰："不有祝鮀之佞[1]，而有宋朝之美[2]，难乎免于今之世矣！"

【题解】

孔子这段话是对于衰败的社会风气的感叹。人有爱美之心，但也有可能因为美色而带来祸害，宋公子朝因容貌俊美而惹乱。

【注解】

①祝鮀（tuó）：卫国大夫，字子鱼。他是祝官，名鮀。善于外交辞令。②宋朝：宋国的公子朝。《左传》中曾记载他因美貌而惹起祸乱的事情。

【译文】

孔子说："如果没有祝鮀那样的口才，却仅仅有宋朝那样的美貌，在当今的社会里就难以避免祸害了。"

【原文】

6.17　子曰："谁能出不由户？何莫由斯道也？"

【题解】

孔子一心想恢复周初的礼乐制度，只是社会发展到春秋末期已经世风日下，人心不古。各诸侯国各竞其力，争夺霸权，仁义道德几殆荡然之境。面对这种状况，孔子一方面大力推行他的仁礼学说，一方面对效果甚微深深忧虑。他以人出门必须经由房门来比喻说明他的道是人生正途，只可惜没有什么人能真正循行他的学说。

【译文】

孔子说："谁能够走出屋子而不经过房门呢？为什么没有人走这条必经的仁义之路呢？"

【原文】

6.18　子曰："质胜文则野，文胜质则史。文质彬彬[①]，然后君子。"

【题解】

这是孔子的传世名言。它高度概括了文与质的合理互补关系和君子的人格模式。文与质是对立统一、相辅相成的。未经加工的质朴是朴实淳厚的，但容易显得粗野。后天习得的文饰，虽然华丽可观，但易流于虚浮。

【注解】

①文质彬彬（bīn）：文质配合适当。

【译文】

孔子说："质朴多于文采就难免显得粗野，文采超过了质朴又难免流于虚浮，文采和质朴完美地结合在一起，这才能成为君子。"

孔子向弟子阐释文与质的关系和君子的人格模式。

【原文】

6.19　子曰："人之生也直，罔之生也幸而免[①]。"

【题解】

"直"，是孔子高度重视的道德规范，认为是人生的基本品质。

【注解】

①罔：诬罔不直的人。

【译文】

孔子说："人凭着正直生存在世上，不正直的人也能生存，那是靠侥幸避免了祸害啊。"

【原文】

6.20　子曰："知之者不如好之者，好之者不如乐之者。"

【题解】

知之、好之、乐之是学习的三个层次，这段话强调了爱好和兴趣在人们学习中至关重要的作用。

【译文】

孔子说："（对于任何学问、知识、技艺等）知道它的人，不如爱好它的人；爱好它的人，又不如以它为乐的人。"

【原文】

6.21　子曰："中人以上，可以语上也[①]；中人以下，不可以语上也。"

【题解】

根据学生智力水平的高下来安排教授的内容，是孔子因材施教教育思想的具体表现。孔子向来认为，人的智力是有差别的，所以在教学过程中要根据各人的接受能力来加以循循启迪。这种因材施教的思想对我国的教育产生了深远的影响。

【注解】

①语（yù）：告诉，讲说，谈论。

孔子告诉樊迟，努力从事人们认为合理的工作，就是智慧。

【译文】

孔子说："中等以上资质的人，可以给他讲授高深的学问；而中等以下资质的人，不可以给他讲授高深的学问。"

【原文】

6.22　樊迟问知[①]。子曰："务民之义，敬鬼神而远之[②]，可谓知矣。"问仁，曰："仁者先难而后获，可谓仁矣。"

【题解】

本章孔子提出了"智、"仁"等重要观念的一些具体体现。

面对现实，以回答现实的社会问题、人生问题为中心，是孔子思想的一个突出特点。他提出了"敬鬼神而远之"的观点，主张应该在尊敬鬼神时保持人的责任意识，远离了宗法社会传统的神权观念。他不迷信鬼神，自然也不主张以卜筮向鬼神问吉凶。所以，孔子是力求以实事求是的态度看待人生与社会的。

【注解】

①樊迟：孔子的学生，姓樊，名须，字子迟。②远（yuàn）：作及物动词，疏远，避开。

【译文】

樊迟问怎么样才算聪明，孔子说："努力从事人民认为合理的工作，尊敬鬼神，但要疏远它们，这样可以称得上是聪明了。"樊迟又问怎么样才叫作有仁德，孔子说："有仁德的人先付出艰苦的努力，然后得到收获，这样可以说是有仁德了。"

【原文】

6.23 子曰："知者乐水[①]，仁者乐山。知者动，仁者静。知者乐，仁者寿。"

【题解】

这是孔子的一段极为著名的言论。孔子以水和山为喻，来说明智者和仁者的内心与外在特征，是非常聪明和贴切的。这里所说的"智者"和"仁者"，是指那些有修养的"君子"。水流宛转流动，充满动感和变化；智者运用其才智以治世，贵在变通灵动，好比水之变动不居，故乐水。山安稳凝重不动，充满了化育万物的涵容和厚重；仁者以仁为归，贵在择善而从，故乐山。智者心思活跃，灵动而快乐；仁者守仁，其心宁静而不忧，故寿。

【注解】

①乐（lè）：喜爱。按旧读五效切，现代普通话读yào，今不从。

【译文】

孔子说："聪明的人乐于水，仁德的人乐于山。聪明的人爱好活动，仁德的人爱好沉静。聪明的人活得快乐，仁德的人长寿。"

【原文】

6.24 子曰："齐一变，至于鲁；鲁一变，至于道。"

【题解】

孔子这段话对齐鲁两国的政治、社会的历史和现实作了评论，并提出了"道"的观念。此处所讲的"道"是天下的最高原则。

【译文】

孔子说："齐国的政治一有改革，便可以达到鲁国的这个样子；鲁国一有改革，就可以达到合符大道的境界了。"

【原文】

6.25 子曰："觚不觚，觚哉！觚哉！"

【题解】

在这里，孔子用觚不觚来影射当时君不君、臣不臣、父不父、子不子的礼

孔子认为，"道"是治国安邦的最高原则，在这方面，齐国应效法鲁国，鲁国则应该效法先王之道。

崩乐坏的社会现实。

【译文】

孔子说："觚不像个觚的样子，这还叫觚吗！这还叫觚吗！"

【原文】

6.26　宰我问曰："仁者，虽告之曰'井有仁焉'，其从之也？"子曰："何为其然也？君子可逝也①，不可陷也；可欺也，不可罔也②。"

【题解】

因白天睡觉而受到孔子批评的宰我，向孔子提出了一个很尖锐的问题：一个有仁德的人，如果别人告诉他井里掉下一位仁人，他是不是会跟着跳下去呢？孔子没有正面地回答。他认为君子会想方设法救助落难的人，但不会陷自己于危险境地。然后批评宰我问的问题不道德，说君子可以被人用正当的理由欺骗，但不可以被愚弄。

【注解】

①逝：去救的意思。②罔：诬罔，愚弄。

【译文】

宰我问道："一个有仁德的人，如果别人告诉他'井里掉下一位仁人'，他是不是会跟着跳下去呢？"孔子说："为什么要这样做呢？君子可以到井边设法救人，不让自己陷入井中；可以被人用正当的理由欺骗，但不可以被愚弄。"

【原文】

6.27　子曰："君子博学于文，约之以礼，亦可以弗畔矣夫①！"

【题解】

本章清楚地说明了孔子的教育目的。他当然不主张离经叛道，那么该怎么做呢？他认为应当广泛地学习古代典籍，而且要用"礼"来约束自己。说到底，他是要培养懂得"礼"的君子。后来孟子亦说过："动容周旋中礼者，盛德之至也。"

【注解】

①畔：通"叛"。矣夫：语气词，表示较强烈的感叹。

【译文】

孔子说："君子广泛地学习文化知识，再用礼来加以约束，这样也就不会离经叛道了。"

孔子教导弟子如何恪守正道。

【原文】

6.28　子见南子①，子路不说②。夫子矢之③，曰："予所否者④，天厌之！天厌之！"

【题解】

南子是卫灵公的夫人，她名声不太好，还恃宠擅权，想要孔子帮忙参政，却又无真心任用之意。孔子不得已而见了她，子路十分不高兴。孔子便对天发誓，说他去见南子并没有做什么不正当的事。这件事显示出孔子很重视师生之间的关系和感情。从这里可以看出孔子是一个十分真诚的人，不像后世的假道学。

【注解】

①南子：卫灵公夫人。当时把持着卫国的朝政，行为不端。关于她约见孔子一事，《史记·孔子世家》有较生动的记载。②说（yuè）：通“悦”。③矢：通“誓”。④所……者：相当于“假如……的话”，用于誓词中。

【译文】

孔子去见南子，子路不高兴。孔子发誓说：“我假若做了什么不对的事，让上天厌弃我吧！让上天厌弃我吧！”

【原文】

6.29　子曰：“中庸之为德也[①]，其至矣乎！民鲜久矣[②]。”

【题解】

“中庸”是儒家思想的核心范筹之一。但在《论语》中，却仅此一处提及。从孔子称“中庸”为至德，则可见他对这一思想的重视。中庸属于哲学范畴，也是道德行为的高度适度状态，是最高的德行。宋儒说，不偏不倚，选择行为之恰到好处，谓之中；就日常生活之长期坚持，谓之庸。

【注解】

①中庸：孔子学说的一种最高道德标准。中，折中，调和，无过之也无不及。庸，平常，普通。②鲜（xiǎn）：少。

【译文】

孔子说：“‘中庸’作为一种道德，该是最高的了！但人们已经长久缺乏这种道德了。”

【原文】

6.30　子贡曰：“如有博施于民而能济众，何如？可谓仁乎？”子曰：“何事于仁，必也圣乎！尧、舜其犹病诸[①]！夫仁者[②]，己欲立而立人，己欲达而达人。能近取譬，可谓仁之方也已。”

【题解】

这一章孔子继续阐述他提出的“仁”的概念。他认为一个仁爱的人一定是善于为别人着想的。“己欲立而立人，己欲达而达人”是实行“仁”的重要原则。

【注解】

①尧、舜：传说中上古时代的两位天子，是孔子推崇的圣人。病：心有所不足。②夫（fú）：助词，用于句首，提起下文。

【译文】

子贡说：“如果一个人能广泛地给民众以好处，而且能够帮助众人生活得很好，这人怎么样？可以说他有仁德了吗？”孔子说：“哪里仅仅是仁德呢，那一定是圣德了！尧和舜大概都难以做到！一个有仁德的人，自己想树立的，同时也帮助别人树立；自己要事事通达顺畅，同时也使别人事事通达顺畅。凡事能够推己及人，可以说是实行仁道的方法了。”

述而篇第七

【原文】

7.1　子曰："述而不作，信而好古。窃比于我老彭[1]。"

【题解】

孔子一生自觉地致力于整理文化遗产，普及文化教育。在这一章里，孔子总结自己的事业是"述而不作"，是他老人家对传统的尊重，后人不必把保守的帽子叩在前人头上。

【注解】

①比于我老彭：把自己比作老彭。我，表示亲近。老彭，商代的贤大夫彭祖。

【译文】

孔子说："阐述而不创作，相信并喜爱古代文化，我私下里把自己比作老彭。"

孔子向弟子们传授知识。

【原文】

7.2　子曰："默而识之[1]，学而不厌，诲人不倦，何有于我哉？"

【题解】

本章讲为学和为师的基本原则。"默而识之"，讲的是要用心，学能不厌的关键是学出乐趣，诲人不倦的关键是对学生有爱心。在这三方面孔子都为后世留下了光辉的示范。

"学而不厌，诲人不倦"已经成为流传千古的名言，对中国传统教育思想的形成与发展产生了不可磨灭的影响。

【注解】

①识（zhì）：通"志"，记住。

【译文】

孔子说："把所见所闻默默地记在心上，努力学习而从不满足，教导别人而不知疲倦，这些事我做到了多少呢？"

【原文】

7.3　子曰："德之不修，学之不讲，闻义不能徙，不善不能改，是吾忧也。"

【题解】

这一章孔子慨叹世人不注重自身的修养与学问的提高，不能迁善改过，对此，他常以为忧虑。他把仁德修养、学习明礼、见义勇为和知过能改几个问题提出来，希望引起世人的注意。

【译文】

孔子说："不去培养品德，不去讲习学问，听到义在那里却不能去追随，有缺点而不能改正，这些都是我所忧虑的。"

【原文】

7.4　子之燕居[①]，申申如也[②]，夭夭如也[③]。

【题解】

有人说这章表明孔子即便在闲居时，也十分注意个人思想情操的修养，这不是本章的本义。本章恰恰是描写了孔子平日闲居在家时十分舒适自如的情况，正见出他恬淡平和的心境，以及高深的修养。

【注解】

①燕居：安居，闲居。②申申：舒展齐整的样子。③夭夭：和舒之貌。

【译文】

孔子在家闲居的时候，穿戴很整齐，态度很温和。

孔子在家闲居的时候，穿戴很整齐，态度很温和。

【原文】

7.5　子曰："甚矣吾衰也！久矣吾不复梦见周公[①]。"

【题解】

此章是孔子慨叹自己已经没有好梦，在对梦境淡去的叹息中，表露了自己步入暮年而痛感实现理想的希望已经十分渺茫的心情。

这句话，表明了孔子对周公的思念之情，也表明了他对周礼的念念难忘。

【注解】

①周公：姓姬，名旦，周武王之弟，鲁国国君的始祖。他是孔子最敬佩的古代圣人。

【译文】

孔子说："我衰老得很厉害呀！我已经好久没有再梦见周公了。"

【原文】

7.6　子曰："志于道，据于德，依于仁，游于艺[①]。"

【题解】

这一章讲述的是孔子教导弟子进德修业的秩序和方法，层次分明，像一个教学大纲。孔子培养学生，就是以道为方向，以德为立脚点，以仁为根本，以六艺为涵养之境，使学生能够得到全面的发展。

【注解】

①艺：指六艺，包括礼、乐、射、御、书、数。

【译文】

孔子说："以道为志向，以德为根据，以仁为依靠，而游憩于礼、乐、射、御、书、数六艺之中。"

【原文】

7.7 子曰："自行束脩以上[①]，吾未尝无诲焉。"

【题解】

本章中孔子所说的这段话，表明了他诲人不倦的精神和"有教无类"的教育思想。有很多人解释这段话说是要交十束干肉作学费，还有人说那必定只有中等以上的人家之子弟才交得起，贫民人家是交不出十束干肉的。其实，束脩是古代最菲薄的见面礼，只要是有志于学，而向孔子求学的，孔子都会来者不拒，束脩只是象征性的拜师礼罢了。

【注解】

①束脩（xiū）：一束干肉，即十条干肉，是古代一种最菲薄的见面礼。

【译文】

孔子说："只要是主动给我十条干肉作为见面礼物的，我从没有不给予教诲的。"

【原文】

7.8 子曰："不愤不启[①]，不悱不发[②]。举一隅不以三隅反，则不复也。"

【题解】

这一章孔子既讲了教学方法，也讲了学习方法。主要是讲教育者要激发学生主动思考的能力，让受教育者开启活泼的心灵、生动的智慧，能够独立思考，是一种典型的"启发式"的教学思想。

【注解】

①愤：思考问题时有疑难想不通。②悱（fěi）：想表达却说不出来。发：启发。

【译文】

孔子说："教导学生，不到他冥思苦想仍不得其解的时候，不去开导他；不到他想说却说不出来的时候，不去启发他。给他指出一个方面，如果他不能由此推知其他三个方面，就不再教他了。"

【原文】

7.9 子食于有丧者之侧，未尝饱也。

【题解】

此章表达了孔子是一位感情真挚而且深厚的人。在有丧事的人身边吃饭，孔子从没有吃饱过。可见孔子是非常顾及别人感受的。

【译文】

孔子在有丧事的人旁边吃饭，从来没有吃饱过。

孔子在有丧事的人家吃饭，从没有吃饱过。

【原文】

7.10 子于是日哭，则不歌。

【题解】

此章和上章表达了同一个主题。也从一个侧面反映出孔子的日常生活，在没有哀戚的事情时，孔子是很快乐的，经常唱歌。

【译文】

孔子如果在这一天哭泣过，就不再唱歌。

【原文】

7.11 子谓颜渊曰：“用之则行，舍之则藏，唯我与尔有是夫[①]！”子路曰：“子行三军，则谁与[②]？”子曰：“暴虎冯河[③]，死而无悔者，吾不与也。必也临事而惧，好谋而成者也。”

【题解】

这一段师生之间的问答很有趣。子路见孔子盛赞颜回，于是说自己也有长处，想夫子若是率领三军，必然会选择与自己一起共事。孔子却再一次指出他鲁莽冒失的缺点了，告诉他：光凭勇敢是不行的。短短几句话，反映出了人物的性格。

【注解】

①夫（fú）：语气词，相当于“吧”。②与：同……一起，共事。③暴虎：空手与老虎搏斗。冯河：赤足蹚水过河。冯，同“凭”。

孔子对颜渊说：如果被用，就去积极行动；如果不被用，就隐藏起来。

【译文】

孔子对颜渊说：“如果用我，就去积极行动；如果不用我，就藏起来。只有我和你才能这样吧！”子路说：“如果让您率领三军，您愿找谁一起共事呢？”孔子说：“赤手空拳和老虎搏斗，徒步涉水过大河，即使这样死了都不后悔的人，我是不会与他共事的。我所要找的共事的人，一定是遇事谨慎小心，善于谋划而且能完成任务的人。”

【原文】

7.12 子曰：“富而可求也[①]，虽执鞭之士[②]，吾亦为之。如不可求，从吾所好。”

【题解】

孔子在这里又提到了富贵和道的关系问题。只要是合乎于道，富贵就可以去追求，不合乎于道，富贵就不能去追求。那么，他就做自己喜欢做的事情。

【注解】

①而：用法同“如”，表示假设的连词。可求：可以求得，指道理上可以求得。②执鞭之士：古代的天子、诸侯和官员出入时手执皮鞭开路的人。意思指地位低下的职事。

【译文】

孔子说：“财富如果可以合理求得的话，即使是做手拿鞭子的差役，我也愿意。如果不能合理求得，我还是做自己所爱好的事。”

【原文】

7.13　子之所慎：齐[①]，战，疾。

孔子对待斋戒、战争、疾病这三件事非常小心谨慎。

【题解】

战争关系到人民的生死、国家的存亡，祭祀代表的是对于天地鬼神的敬畏和虔诚，两者都是国家的大事，疾病是个人的大事，孔子都十分谨慎。

【注解】

①齐：同“斋”，古代祭祀之前，先要整洁身心，叫作斋戒。

【译文】

孔子所谨慎小心对待的事有三件：斋戒，战争，疾病。

【原文】

7.14　子在齐闻《韶》[①]，三月不知肉味[②]。曰：“不图为乐之至于斯也！”

【题解】

《韶》乐是赞美舜的乐章，是当时的经典古乐。孔子听了《韶》乐以后，在很长时间内品尝不出肉的滋味，这当然是一种夸张的说法，但同时也表明了孔子对于音乐教化的重视。

【注解】

①《韶》：相传是大舜时的乐章。②三月：很长时间。“三”是虚数。

【译文】

孔子在齐国听到《韶》这种乐曲后，很长时间内即使吃肉也感觉不到肉的滋味，他感叹道：“没想到音乐欣赏竟然能达到这样的境界！”

【原文】

7.15　冉有曰：“夫子为卫君乎[①]？”子贡曰：“诺，吾将问之。”入，曰：“伯夷、叔齐何人也？”曰：“古之贤人也。”曰：“怨乎？”曰：“求仁而得仁，又何怨？”出，曰：“夫子不为也。”

【题解】

孔子反对一切破坏礼制秩序的战争，认为为了个人欲望而使成千上万的百姓遭殃，是极大的不仁。

【注解】

①为（wèi）：帮助，赞成。卫君：卫出公辄。辄是卫灵公之孙，太子蒯聩之子。蒯聩得罪了卫灵公的夫人南子，逃亡晋国。灵公死，辄为君。晋国想借把蒯聩送回之机攻打卫国，被卫国抵御，蒯聩也被拒绝归国。这种情势客观上造成蒯聩与辄父子争夺君位的印象，与伯夷、叔齐互相推让君位恰成对比。子贡引以发问，试探孔子对卫出公辄的态度。

【译文】

冉有说："老师会赞成卫国的国君吗？"子贡说："嗯，我去问问老师吧。"子贡进入孔子房中，问道："伯夷和叔齐是怎样的人呢？"孔子说："他们是古代贤人啊。"子贡说："他们会有怨悔吗？"孔子说："他们追求仁德，便得到了仁德，又怎么会有怨悔呢？"子贡走出来，对冉有说："老师不会赞成卫国国君的。"

【原文】

7.16 子曰："饭疏食[①]，饮水，曲肱而枕之[②]，乐亦在其中矣。不义而富且贵，于我如浮云。"

【题解】

这一章孔子表明的是自己对于人生快乐的理解，再次申明了自己坚持以仁义为主体的理想。

【注解】

①饭：吃。名词用作动词。疏食：糙米饭。②肱（gōng）：胳膊。

【译文】

孔子说："吃粗粮，喝清水，弯起胳膊当枕头，这其中也有着乐趣。而通过干不正当的事得来的富贵，对于我来说就像浮云一般。"

【原文】

7.17 子曰："加我数年[①]，五十以学《易》[②]，可以无大过矣。"

【题解】

孔子对于《周易》的学习表明他具有活到老、学到老、乐天知命而又积极进取的精神。

【注解】

①加：这里通"假"字，给予的意思。②《易》：《易经》，又称《周易》，古代一部用以占筮（卜卦）的书，其中卦辞和爻辞是孔子以前的作品。

孔子学《周易》以知天命，可以做到行为没有过错。

【译文】

孔子说："给我增加几年的寿命，让我在五十岁的时候去学习《易经》，就可以没有大过错了。"

【原文】

7.18 子所雅言[①]：《诗》、《书》、执礼，皆雅言也。

【题解】

此章是就孔子从事主要活动所用的语言来说明孔子对于文明传统的尊重。

【注解】

①雅言：古代西周人的语言，即标准语，相当于今天的普通话。

【译文】

孔子有用雅言的时候，读《诗经》、《尚书》和执行礼事，都用雅言。

【原文】

7.19 叶公问孔子于子路[①]，子路不对。子曰："女奚不曰[②]：其为人也，发愤忘食，乐以忘忧，不知老之将至云尔[③]。"

【题解】

孔子自述其心态："发愤忘食，乐以忘忧"，这是求知日新到了忘我忘情的境界，这种人格和境界为后世树立了榜样、开辟了方向，让人们能够充实地走好自己的人生。

【注解】

①叶（shè）公：楚国大夫沈诸梁，字子高。封地在叶邑，今河南叶县南三十里有古叶城。②奚（xī）：何，为什么，怎么。③云尔：云，如此；尔，同"耳"，而已。

孔子对子路说，自己是个发愤忘食、乐以忘忧、不知老之将至的人。

【译文】

叶公问子路孔子是个怎样的人，子路没有回答。孔子说："你为什么不这样说：他的为人，发愤用功到连吃饭都忘了，快乐得忘记了忧愁，不知道衰老将要到来，如此等等。"

【原文】

7.20 子曰："我非生而知之者，好古，敏以求之者也。"

【题解】

孔子再一次声明自己是经过后天孜孜不倦的努力学习而有成就的，否定自己是生而知之的人。这既是一种谦逊的美德，更是给了他的学生以极大的鼓励和希望。

【译文】

孔子说："我并不是生下来就有知识的人，而是喜好古代文化，勤奋敏捷去求取知识的人。"

【原文】

7.21 子不语：怪、力、乱、神[①]。

【题解】

孔子的言谈中很少有对怪异之事、勇力、叛乱及鬼神的崇信。因为怪异之事难以明白、鬼神之事不可捉摸，无从谈起；勇力不值得夸耀，故也不谈；而叛乱时以下犯上，不和礼，向为孔子所反对，所以也不谈论。

【注解】

①怪：怪异之事。力：勇力。乱：叛乱。神：鬼神之事。

【译文】

孔子不谈论怪异、勇力、叛乱、鬼神。

【原文】

7.22 子曰："三人行①，必有我师焉。择其善者而从之②，其不善者而改之。"

【题解】

孔子这句极为著名的话，已经成为历代有志之士、好学之士的座右铭。这句话的道理很简单，就是为学者要谦虚好学。

【注解】

①行：行走。②善：优点。从：顺从，学习。

孔子说：三个人同行，其中必有可为我所取法的老师。

【译文】

孔子说："三个人同行，其中必定有人可以作为值得我学习的老师。我选取他的优点而学习，如发现他的缺点则引以为戒而加以改正。"

【原文】

7.23 子曰："天生德于予，桓魋其如予何①？"

【题解】

这一章表现了孔子的自信和清醒的使命感。

【注解】

①桓魋（tuí）：宋国的司马（主管军政的官）。孔子离开卫国去陈国，经过宋国，和弟子们在大树下演习礼仪，桓魋想杀孔子，砍掉大树，孔子于是离去。弟子催他快跑，孔子便说："天生德于予，桓魋其如予何！"

【译文】

孔子说："我的品德是上天所赋予的，桓魋能把我怎样呢！"

【原文】

7.24 子曰："二三子以我为隐乎？吾无隐乎尔。吾无行而不与二三子者，是丘也。"

【题解】

前面几章是讲孔子是如何好学的，而这一章讲孔子的教育之道是注重言传身教。弟子们以为夫子之道高深而难以企及，疑惑老师似乎总有某种神方妙诀隐藏不授，所以孔子讲了这样一句话。

【译文】

孔子说：“你们大家以为我对你们有什么隐瞒不教的吗？我没有什么隐瞒不教你们的。我没有一点不向你们公开的，这就是我孔丘的为人。”

【原文】

7.25　子以四教：文、行、忠、信①。

【题解】

这一章是讲孔子教学的内容和由浅入深的顺序。孔子注重历代古籍、文献资料的学习和教学，但仅有书本知识还不够，还要重视社会实践活动，特别是要注意学识与人品并重。

【注解】

①行（xìng）：作名词用，指德行。

【译文】

孔子以四项内容来教导学生：文化知识、履行所学之道的行动、忠诚、守信。

【原文】

7.26　子曰：“圣人，吾不得而见之矣；得见君子者，斯可矣①。”子曰：“善人，吾不得而见之矣；得见有恒者②，斯可矣。亡而为有，虚而为盈，约而为泰，难乎有恒矣。”

孔子论“圣人”、“善人”，认为能做到“君子”和“有恒者”就难能可贵了。

【题解】

这一章表明了孔子对当时现实的感叹。对于春秋末期“礼崩乐坏”的社会状况，孔子认为在此社会背景下，难以找到他理想中的“圣人”、“善人”，而那些以无作有、空虚却假装充实、贫困却冒充富裕的人却比比皆是，在这样的情况下，能看到“君子”、“有恒者”就心满意足了。

【注解】

①斯：就。②有恒：有恒心。这里指保持好的操守。

【译文】

孔子说：“圣人我是不能看到了，能够看到君子，这也就可以了。”孔子又说：“善人，我是看不到的了，能看到有一定操守的人就可以了。没有却装作有，空虚却装作充盈，本来穷困却装作富裕，这样的人很难保持好的操守。”

【原文】

7.27　子钓而不纲[①]，弋不射宿[②]。

【题解】

孔子捕鱼而不用绳网，射鸟而不射已经入巢栖息的鸟，这种不妄杀滥捕的做法，是将仁德之心推及到一切物事，是一种最朴实的生活态度，足以见出孔子仁德的境界。

【注解】

①纲：动词，用大绳系住网，断流以捕鱼。②弋（yì）：用带生丝的箭来射鸟。宿：归巢歇宿的鸟。

孔子行猎，不射杀已经入巢栖息的鸟。

【译文】

孔子只用鱼竿钓鱼，而不用大网来捕鱼；用带绳的箭射鸟，但不射归巢栖息的鸟。

【原文】

7.28　子曰：“盖有不知而作之者，我无是也。多闻，择其善者而从之，多见而识之[①]，知之次也[②]。”

【题解】

这一章是孔子关于学习的方法论，他主张对自己所不知的，应该多听、多看，努力学习。反对那种本来什么都不懂，却在那里凭空杜撰的做法。

【注解】

①识（zhì）：通“志”，记住。②次：《论语》中出现过八次，均当“差一等”、“次一等“讲。

【译文】

孔子说：“大概有自己不懂却凭空造作的人吧，我没有这样的毛病。多听，选择其中好的加以学习；多看，全记在心里。这样的知，是仅次于‘生而知之’的。”

【原文】

7.29　互乡难与言[①]，童子见，门人惑。子曰：“与其进也，不与其退也，唯何甚！人洁己以进，与其洁也，不保其往也。”

【题解】

孔子知道互乡这个地方的人闭塞保守，很难打交道，很多道理可能行不通。所以他说“与其进也，不与其退也”“人洁己以进，与其洁也，不保其往也”，这从一个侧面体现出孔子与人为善的处事态度和宽容精神，对有进取之心的人加以鼓励，而不拘泥于别人过去的过失。

【注解】

①互乡：地名，今在何处，已不可考。

【译文】

互乡这地方的人难以同他们交谈，孔子却接见了互乡的一个童子，弟子们都觉得疑惑。孔子说："我是赞成他求上进，不赞成他退步，何必做得太过呢？别人修饰容仪而来要求上进，就应该赞成他的这种做法，而不要总是抓住他的过去不放。"

【原文】

7.30　子曰："仁远乎哉？我欲仁，斯仁至矣。"

【题解】

从本章孔子的言论来看，仁其实离我们很近。人天生的本性之中就有仁的成分，因此为仁只要诚心去做，"我欲仁，斯仁至矣"。这种认识的基础，是靠道德的自觉，要经过不懈的努力，就有可能达到仁的境界了。这里，孔子强调了人的主观能动性，意义重要。

【译文】

孔子说："仁德难道离我们很远吗？只要自己愿意实行仁，仁就可以达到。"

【原文】

7.31　陈司败问[①]："昭公知礼乎？"孔子曰："知礼。"孔子退，揖巫马期而进之，曰："吾闻君子不党，君子亦党乎？君取于吴为同姓[②]，谓之吴孟子[③]。君而知礼，孰不知礼？"巫马期以告。子曰："丘也幸，苟有过，人必知之。"

【题解】

孔子为鲁昭公取同姓之女这一失礼的行为故作不知，表明了他是"为尊者讳"，不直说君主不知礼。但他的袒护行为被人指了出来，他的学生还特意告诉了他。在这种情况下，孔子承认错误说："丘也幸，苟有过，人必知之。"流露出磊落坦荡的君子之风。

【注解】

①陈司败：陈国主管司法的官，姓名不详。有人说是齐国大夫，姓陈名司败。②吴：国名。鲁为周公之后，吴为太伯之后，都是姬姓。③吴孟子：鲁昭公夫人，本应叫吴姬，因同姓不婚，故去掉她的姓（姬），改称吴孟子。

【译文】

陈司败问："鲁昭公知礼吗？"孔子说："他知礼。"孔子走出去后，陈司败向巫马期作了个揖，请他走近自己，说："我听说君子不因关系亲近而偏袒，难道君子也有偏袒吗？鲁君从吴国娶了位夫人，是鲁君的同姓，于是称她为吴孟子。鲁君若算得上知礼，还有谁不知礼呢？"巫马期把此话告诉了孔子。孔子说："我孔丘真幸运，如果有错误，别人一定会指出来让我知道。"

孔子与陈司败论"昭公知礼"。

【原文】

7.32　子与人歌而善，必使反之[①]，而后和之。

【题解】

孔子注重生活的艺术化，作为音乐爱好者，音乐也是他授课的内容之一。上音乐课的时候，同样抱着平易近人的态度，没有任何架子，他并不认为自己作为老师就应该是全知全能的，故会不断地吸取他人的长处。一个唯有感觉自己不足的人才能成其伟大。

【注解】

①反：复，再。

【译文】

孔子与别人一起唱歌，如果唱得好，一定请他再唱一遍，然后自己又和他一起唱。

【原文】

7.33　子曰："文，莫吾犹人也[①]。躬行君子，则吾未之有得。"

【题解】

孔子一直否认自己是生而知之的，在这里，仍然强调身体力行。

【注解】

①莫：大概，差不多。

【译文】

孔子说："就书本上的学问来说，大概我同别人差不多。身体力行地去做一个君子，那我还没有达到。"

【原文】

7.34　子曰："若圣与仁，则吾岂敢？抑为之不厌[①]，诲人不倦，则可谓云尔已矣[②]。"公西华曰："正唯弟子不能学也。"

【题解】

孔子认为学而不知满足是知，教诲别人而不知疲倦是仁，两者结合起来是圣的境界。他谦称道，说起圣与仁，自己还愧不敢当，但朝这个方向努力，自己也会不厌其烦地去做，而同时，自己也会不感疲倦地去教诲别人。这是他的由衷之言。

【注解】

①抑："只不过是"的意思。②云尔：这样说。

【译文】

孔子说："如果说到圣和仁，那我怎么敢当！不过是朝着圣与仁的方向去努力做而不厌倦，教导别人不知疲倦，那是可以这样说的。"公西华说："这正是我们弟子学不到的。"

【原文】

7.35　子疾病[①]，子路请祷[②]。子曰："有诸[③]？"子路对曰："有之。《诔》曰[④]：'祷尔于上下神祇[⑤]。'"子曰："丘之祷久矣。"

【题解】

孔子患了重病，子路为他祈祷，孔子对此举并不加以反对，而且说自己已经祈祷很久了。这段文字并不是说明孔子是一个迷信天地神灵的人；也不是在表明他对鬼神的怀疑态度，而是表现出孔子对生死与疾病泰然处之的乐观态度。

【注解】

①疾病：疾，指有病。病，指病情严重。②请祷：向鬼神请求和祷告，即祈祷。③诸："之于"的合音。④诔（lěi）：向神祇祷告的文章。和哀悼死者的文体"诔"不同。⑤尔：你。祇（qí）：地神。

【译文】

孔子病得很重，子路请求祈祷。孔子说："有这回事吗？"子路回答说："有的。《诔》文中说：'为你向天地神灵祈祷。'"孔子说："我早就祈祷过了。"

【原文】

7.36 子曰："奢则不孙①，俭则固②。与其不孙也，宁固。"

【题解】

孔子在奢与俭二者的取舍之间，表现出了圣者的理智，把握好了度。孔子认为，这些越礼、违礼的行为,还不如简陋的好。节俭虽然会让人感到寒酸固陋,但与其越礼,则宁可寒酸固陋,保持礼的尊严。

【注解】

①孙（xùn）：同"逊"，恭顺。不孙，即为不逊，这里指"越礼"。②固：简陋、鄙陋，这里是寒酸的意思。

【译文】

孔子说："奢侈豪华就会显得不谦逊，省俭朴素则会显得寒伧。与其不谦逊，宁可寒伧。"

【原文】

7.37 子温而厉，威而不猛，恭而安。

【题解】

这是孔子的学生给老师总结的最为贴切的形象。

【译文】

孔子温和而严厉，有威仪而不凶猛，谦恭而安详。

【原文】

7.38 子曰："君子坦荡荡，小人长戚戚。"

【题解】

君子胸怀坦荡，问心无愧，自然光明磊落，小人身陷于私欲，纠缠于得失，两者相比，生活的境界大不相同。当然，君子与小人的根本差别还是在于人生目标和人生信仰的不同。

【译文】

孔子说："君子的心地开阔宽广；小人却总是心地局促，带着烦恼。"

君子心胸宽广，小人经常忧愁。

泰伯篇第八

【原文】

8.1　子曰："泰伯[①]，其可谓至德也已矣。三以天下让，民无得而称焉。"

【题解】

孔子论泰伯，认为他是一个道德完善的人。

大德无名，大功不争，孔子认为让贤是一种高尚的美德。上古时代民风淳朴，仁德浓厚，常有让贤之事。传说古公亶父知道三子季历的儿子姬昌有德，便想传位给季历。长子泰伯知道父亲的心思，也想让位，便与二弟仲雍一起避居吴地。古公亶父死后泰伯也不回来奔丧，后来又断发文身，表示终身不回来了，于是季历即位，季历之后传国于姬昌，即周文王。武王时，灭了殷商，统一了天下。孔子津津乐道这个故事，表达了他的理想，而让位者显示出的明智与仁德，老百姓也是无比崇敬的。

【注解】

①泰伯：又叫太伯，周朝祖先古公亶父的长子。古公有三个儿子：泰伯、仲雍、季历。季历的儿子就是姬昌（周文王）。传说古公预见到姬昌的圣德，想打破惯例把君位传给幼子季历。长子泰伯为使父亲愿望实现，便偕同仲雍出走他国，使季历和姬昌顺利即位，后来姬昌之子统一了天下。

【译文】

孔子说："泰伯，那可以说是道德最崇高的人了。他多次把社稷辞让给季历，人民简直都找不出恰当的词语来称颂他。"

【原文】

8.2　子曰："恭而无礼则劳，慎而无礼则葸[①]，勇而无礼则乱，直而无礼则绞[②]。君子笃于亲[③]，则民兴于仁；故旧不遗，则民不偷[④]。"

【题解】

这章是孔子说明礼的重要性，虽是好的德行，也要以礼来加以节制，才会没有流弊。凡事过犹不及，孔子重视适度合宜，讲究尺度，人情味和理性要完美结合。

【注解】

①葸（xǐ）：拘谨、畏惧的样子。②绞：说话尖刻，出口伤人。③笃：厚待，真诚。④偷：淡薄，不厚道。

【译文】

孔子说："一味恭敬而不知礼，就未免会劳倦疲乏；只知谨慎小心，却不知礼，便会胆怯多惧；

只是勇猛，却不知礼，就会莽撞作乱；心直口快却不知礼，便会尖利刻薄。君子能用深厚的感情对待自己的亲族，民众中则会兴起仁德的风气；君子不遗忘背弃他的故交旧朋，那民众便不会对人冷淡漠然了。”

【原文】

8.3 曾子有疾，召门弟子曰：“启予足①！启予手！《诗》云：‘战战兢兢，如临深渊，如履薄冰②。’而今而后，吾知免夫！小子！”

【题解】

此章讲的是曾子因病而得出的人生经验，这也是一种学习。曾子借用《诗经》里的诗句来说明自己一生谨慎小心，避免损伤身体，能够对父母尽孝。

【注解】

①启：通“晵”，看。②“战战兢兢”三句：见《诗经·小雅·小旻》。

【译文】

曾子生病，把他的弟子召集过来，说道：“看看我的脚！看看我的手！《诗》上说：‘战战兢兢，好像面临着深渊，好像走在薄薄的冰层上。’从今以后，我才知道自己可以免于祸害刑戮了！学生们！”

【原文】

8.4 曾子有疾，孟敬子问之①。曾子言曰：“鸟之将死，其鸣也哀；人之将死，其言也善。君子所贵乎道者三：动容貌，斯远暴慢矣；正颜色，斯近信矣；出辞气，斯远鄙倍矣②。笾豆之事③，则有司存④。”

【题解】

这一章是曾子对孟敬子讲执政要修身的道理。曾子用鸟将死而鸣哀来比喻人将死而言善的道理，表明了自己的衷肠。他一方面表示自己对孟敬子没有恶意，同时也告诉孟氏，作为君子应当重视三个方面的问题动容貌，正颜色，出辞气。

【注解】

①孟敬子：鲁国大夫仲孙捷。②鄙倍：鄙陋，错误。倍，通“背”，背理，错误。③笾豆：祭礼中使用的器皿，笾是竹制的，豆是木制的。笾豆之事，在此代表礼仪中的一切具体细节。④有司：主管祭祀的官吏。

【译文】

曾子生病了，孟敬子去探问他。曾子说：“鸟将要死时，鸣叫声是悲哀的；人将要死时，说出的话是善意的。君子所应当注重的有三个方面：使自己的容貌庄重严肃，这样就可以避免别人的粗暴和怠慢；使自己面色端庄严正，这样就容易使人信服；讲究言辞和声气，这样就可以避免粗野和错误。至于礼仪中的细节，自有主管部门的官吏在那里。”

病中的曾子与前来看望他的孟敬子谈论君子。

【原文】

8.5 曾子曰："以能问于不能，以多问于寡；有若无，实若虚；犯而不校[①]。昔者吾友尝从事于斯矣[②]。"

【题解】

这一章与前述"不耻下问"的思想是一致的。曾子完全继承了孔子的思想学说。"问于不能"、"问于寡"等都表明了谦逊的学习态度。

【注解】

①校（jiào）：计较。②吾友：有人说指颜渊。

【译文】

曾子说："有才能却向没有才能的人请教，知识广博却向知识少的人请教；有学问却像没学问一样，满腹知识却像空虚无所有；即使被冒犯，也不去计较。从前我的一位朋友就是这样做的。"

曾子谈论学习之道，认为善于学习的人应该虚怀若谷、不耻下问。

【原文】

8.6 曾子曰："可以托六尺之孤[①]，可以寄百里之命[②]，临大节而不可夺也。君子人与[③]？君子人也。"

【题解】

曾子认为，能够有德才担当辅佐国君、执掌国政，一旦面临国家存亡的关头，不为任何利害而改变节操，以天下为己任，决不屈节降志的人，才是真正的具有君子品格的人。

【注解】

①六尺之孤：古人以七尺指成年，六尺指十五岁以下。②百里：指方圆百里的诸侯大国。③与（yú）：同"欤"，表疑问的语气词。

【译文】

曾子说："可以把幼小的孤儿托付给他，可以将国家的命脉寄托于他，面对安危存亡的紧要关头，却能不动摇屈服。这样的人是君子吗？这样的人是君子啊。"

【原文】

8.7 曾子曰："士不可以不弘毅[①]，任重而道远。仁以为己任，不亦重乎？死而后已，不亦远乎？"

【题解】

伟大人格的形成是需要长期修养锻炼的，仅凭一时的血勇之气是不可能炼就伟大人格的。曾子这段话对后世的人才观影响很大。其中"任重道远"、"死而后已"等语早以被人们作为成语使用。

【注解】

①弘毅：弘大刚毅。

【译文】

曾子说："士人不可以不弘大刚毅，因为他肩负的任务重大而路程遥远。把实现仁德作为自己的任务，难道不是重大吗？到死方才停止下来，难道不是遥远吗？"

【原文】

8.8　子曰："兴于诗[①]，立于礼[②]，成于乐[③]。"

【题解】

这一章孔子提出了从事文化教育的基本程序和三方面内容：诗、礼、乐，而且指出了这三者的不同作用。它要求学生不仅要讲个人的修养，而且要有全面、广泛的知识和技能。

【注解】

①兴：兴起，开始。②立：成立，建立。③成：完成。

孔子说：从学习《诗》开始，把礼作为立身的根基，掌握音乐使所学得以完成。

【译文】

孔子说："从学习《诗》开始，把礼作为立身的根基，掌握音乐使所学得以完成。"

【原文】

8.9　子曰："民可使由之，不可使知之。"

【题解】

与孔子同时代的政治家子产治理郑国，先施行了一系列的革新措施，郑国的民众始怨而后德。盖一般民众在政策推行之初难以明白其利害之势，却可使之行其事。孔子对子产的评价很高，这句话也许正是针对这件事而发的。孔子思想上有"爱民"的内容，但是治国自有治国的方策。本章中他提出的"民可使由之，不可使知之"的说法就是从当时的治国之策上说的。

【译文】

孔子说："可以使民众由着我们的道路去做，不可以让他们知道为什么要这样做。"

【原文】

8.10　子曰："好勇疾贫[①]，乱也。人而不仁，疾之已甚[②]，乱也。"

【题解】

本章与上一章联系起来，表达了孔子的分析社会的辩证思想。儒家倡导以礼来规范制约人的行为，认为适宜合度是非常重要的，这样就能把智勇仁义用在好的一面，祸乱也就兴不起来了。

【注解】

①疾：恨，憎恨。②已甚：即太过分。已，太。

【译文】

孔子说："喜欢勇敢逞强却厌恶贫困，是一种祸害。对不仁的人憎恶太过，也是一种祸害。"

【原文】

8.11　子曰："如有周公之才之美，使骄且吝，其余不足观也已。"

【题解】

这段话说明孔子看人强调的是德才兼备而且谦逊大方。孔子再三强调谦逊，认为它是"礼"的重要内容。

【译文】

孔子说："即使有周公那样美好的才能，如果骄傲而吝啬的话，那其他方面也就不值得一提了。"

孔子认为，一个人即使有周公那样美好的才能，如果骄傲而且吝啬的话，也是不足取的。

【原文】

8.12　子曰："三年学，不至于谷①，不易得也。"

【题解】

从这一章也可以看出，孔子重视的是以学本身为乐，尽管孔子办教育的主要目的，是培养治国安邦的人才。

【注解】

①至：想到。谷：小米，这里指做官得俸禄。

【译文】

孔子说："读书三年，没想到去做官得俸禄，这是难得的。"

【原文】

8.13　子曰："笃信好学，守死善道。危邦不入，乱邦不居。天下有道则见①，无道则隐。邦有道，贫且贱焉，耻也；邦无道，富且贵焉，耻也。"

【题解】

这段文字论说的是从政者的进退之道与人品问题。这是孔子给弟子们传授的为官且保身之道。

【注解】

①见（xiàn）：同"现"。

【译文】

孔子说："坚定地相信我们的道，努力学习它，誓死守卫保全它。不进入危险的国家，不居住在动乱的国家。天下有道，就出来从政；天下无道，就隐居不仕。国家有道，而自己贫穷鄙贱，是耻辱；国家无道，而自己富有显贵，也是耻辱。"

【原文】

8.14　子曰："不在其位，不谋其政。"

【题解】

孔子的这句名言，成为后人修身齐家、为政治世的法则。

“不在其位，不谋其政”就是要“安分守己”。为维护社会稳定，就要有规则和秩序，这是一个有用的管理学原则。

【译文】

孔子说：“不在那个职位上，就不考虑它的政务。”

【原文】

8.15 子曰：“师挚之始①，《关雎》之乱②，洋洋乎盈耳哉！”

【题解】

此章是孔子对鲁国太师挚演奏《关雎》乐章的赞叹之辞，寄寓了孔子的礼乐教化思想。赞叹中包含了孔子对文化复兴的希望和信心。

【注解】

①师挚之始：师挚，鲁国乐师，名挚。始，乐曲的开始，一般由太师演奏。挚是太师，所以说师挚之始。②乱：乐曲的结尾。

孔子听师挚演奏，耳边自始至终充盈着美妙动听的音乐。

【译文】

孔子说：“从太师挚开始演奏，到结尾演奏《关雎》乐曲的时间里，美妙动听的音乐都充盈在耳边。”

【原文】

8.16 子曰：“狂而不直，侗而不愿①，悾悾而不信②，吾不知之矣。”

【题解】

此章孔子对一些虚伪的和不可理喻的品质提出了批评。

【注解】

①侗（tóng）：幼稚，无知。愿：谨慎老实。②悾悾（kōng）：诚恳的样子。

孔子认为，求知欲强、勤奋好学才是好的学习态度。

【译文】

孔子说：“狂妄而不正直，幼稚而不谨慎，看上去诚恳却不守信用，我不知道有的人为什么会这样。”

【原文】

8.17 子曰：“学如不及，犹恐失之。”

【题解】

本章讲的是积极的学习态度。

孔子自己对学习知识的欲求十分强烈，这句话是他对自己勤奋好学、至老不衰的求学精神的生动写照，同时也这样要求他的学生。

【译文】

孔子说："学习就像追赶什么似的，生怕赶不上，学到了还唯恐会丢失了。"

【原文】

8.18　子曰："巍巍乎，舜禹之有天下也，而不与焉[①]。"

【题解】

这里孔子所讲的称颂舜禹的话，是别有所感的。当时社会混乱，礼崩乐坏，弑君、篡位者屡见不鲜。孔子赞颂传说中的舜、禹，意有所指。孔子将他们推许为古代君主的典范，表明对古时大同之世的认同。他借称颂舜禹，抨击现实中的诸多问题和现象。

【注解】

①不与（yù）：不参与其富贵，即不图自己享受。

孔子称赞舜、禹，认为舜、禹一心为民的德行就像大山一样崇高。

【译文】

孔子说："多么崇高啊！舜、禹拥有天下，（却是为百姓勤劳）而不是为了自己享受。"

【原文】

8.19　子曰："大哉，尧之为君也！巍巍乎！唯天为大，唯尧则之[①]。荡荡乎，民无能名焉[②]。巍巍乎，其有成功也！焕乎，其有文章[③]！"

【题解】

这一章孔子用最美好的言辞对古代的尧帝大加赞赏。孔子在这里用极美好的语言称赞尧，尤其对当时的礼仪文明愈加赞美，表达了他对古代先王的崇敬之情。

【注解】

①则：效法。②名：形容，称赞。③文章：指礼仪制度。

【译文】

孔子说："尧作为国家君主，真是伟大呀！崇高呀！唯有天最高最大，只有尧能效法于上天。他的恩惠真是广博呀！百姓简直不知道该怎样来称赞他。真是崇高呀，他创建的功绩，真是崇高呀！他制定的礼仪制度，真是灿烂美好呀！"

【原文】

8.20　舜有臣五人而天下治。武王曰："予有乱臣十人[①]。"孔子曰："才难，不其然乎？唐、虞之际，于斯为盛。有妇人焉[②]，九人而已。三分天下有其二，以服事殷。周之德，其可谓至德也已矣。"

【题解】

孔子认为，治国安邦关键在于人才，所以他十分重视举荐贤才。用人在贤，得人在德。周朝兼有礼乐文明仁德之治，周文王虽然能得到贤臣和民心，有三分之二的天下，却能谨守臣道，故孔子推之为“至德”。

【注解】

①乱臣：据《说文》：“乱，治也。”此处所说的“乱臣”，应为“治国之臣”。②妇人：传说是指太姒，文王妻，武王母，亦称文母。

【译文】

舜有五位贤臣，天下就得到了治理。武王说过：“我有十位能治理天下的臣子。”孔子说：“人才难得，不是这样吗？唐尧、虞舜时代以及周武王时，人才最盛。然而武王十位治国人才中有一位还是妇女，所以实际上只有九人而已。周文王得了天下的三分之二，还仍然服侍殷朝，周朝的道德，可以说是最高的了。”

舜有五位贤臣辅政，天下就得到了治理。

【原文】

8.21　子曰：“禹，吾无间然矣①。菲饮食②，而致孝乎鬼神③；恶衣服，而致美乎黻冕④；卑宫室，而尽力乎沟洫⑤。禹，吾无间然矣。”

【题解】

大禹不追求个人的享乐和虚荣，敬仰天地鬼神，隆重地举行祭祀，自己的宫室低矮卑下，却尽力于为民兴修沟渠水利，可见他不仅个人人格完满，而且是个厚爱百姓的君王。故孔子盛赞大禹的功德，表示对他已经无可非议了。

以上这几章，孔子对于尧、舜、禹给予高度评价，并对他们所处时代的圣君贤臣、古国仁德、典章礼乐等，理想的境况充满了向往之情。

【注解】

①间（jiàn）然：意见。间：空隙。②菲（fěi）：薄。③乎：相当“于”。④黻（fú）冕（miǎn）：古代祭祀时的衣帽。⑤沟洫（xù）：沟渠，指农田水利。

【译文】

孔子说：“禹，我对他没有意见了。他自己的饮食吃得很差，却用丰盛的祭品孝敬鬼神；他自己平时穿得很简朴，却把祭祀的服饰和冠冕做得华美；他自己居住的房屋很差，却把力量完全用于沟渠水利上。禹，我对他没有意见了。”

子罕篇第九

【原文】

9.1　子罕言利与命与仁[①]。

【题解】

这章是弟子关于孔子言谈情况的印象。孔子平时所言多是平常话，因为他认为道蕴含在平凡具体之中，故很少去作形而上的空洞的说教。利是人之所欲，但为利当思义，直接谈论利，容易使听者误入歧途。但孔子注重命，赞成仁，《论语》一书中就多次讲到命与仁。

【注解】

①罕：稀少。

【译文】

孔子很少（主动）谈论功利、天命和仁德。

【原文】

9.2　达巷党人曰[①]："大哉孔子！博学而无所成名。"子闻之，谓门弟子曰："吾何执？执御乎？执射乎？吾执御矣。"

【题解】

孔子作为当时百科全书式的渊博学者，于道于艺，无不精通，故听人赞美他"博学而无所成名"时，说出这样诙谐风趣的话：我干什么呢？我还是赶马车吧。

孔子听达巷党人说自己博学而没有成名的专长后，对弟子戏言驾马车就是他的专长。

【注解】

①达巷党人：达巷，地名。党，五百家为党，达巷党，即达巷里（或屯）。

【译文】

达巷里有人说："孔子真是伟大啊！学问广博，可惜没有使他树立名声的专长。"孔子听了这话，对弟子们说："我干什么好呢？是去驾马车呢，还是去当射箭手呢？我还是驾马车吧！"

【原文】

9.3　子曰："麻冕[①]，礼也；今也纯[②]，俭[③]，吾从众。拜下，礼也，今拜乎上，泰也[④]。

虽违众，吾从下。”

【题解】

此章表明了孔子并不是一味地维护传统的礼仪，而是对于礼仪改革持有坚守、有变通的开明态度。涉及礼之精神的是必须坚持的，而那些纯外在的仪文规矩，可以不必坚持。

【注解】

①麻冕：麻织的帽子。②纯：黑色的丝。③俭：用麻织帽子，比较费工，所以说改用丝织是俭。④泰：骄纵。

孔子赞成用丝料代替麻线做礼帽，认为既省俭，又合乎礼。

【译文】

孔子说：“用麻线来做礼帽，这是合乎礼的；如今用丝来做礼帽，这样省俭些，我赞成大家的做法。臣见君，先在堂下磕头，然后升堂磕头，这是合乎礼节的；现在大家都只是升堂磕头，这是倨傲的表现。虽然违反了大家的做法，我还是主张要先在堂下磕头。”

【原文】

9.4 子绝四：毋意[①]，毋必[②]，毋固[③]，毋我[④]。

【题解】

此章孔子提出了个人在认识、判断客观事物方面的四个原则。这是对自我的超越。

【注解】

①意：通“臆”，主观地揣测。②必：绝对。③固：固执。④我：自以为是。

【译文】

孔子杜绝了四种毛病：不凭空臆测，不武断绝对，不固执拘泥，不自以为是。

【原文】

9.5 子畏于匡[①]，曰：“文王既没，文不在兹乎？天之将丧斯文也，后死者不得与于斯文也[②]；天之未丧斯文也，匡人其如予何[③]？”

【题解】

这章记载的是孔子在匡地因被误认为是阳虎而被围困的事，《史记·孔子世家》有载。孔子能临危而不惧，就在于他有坚定的信念。

【注解】

①子畏于匡：匡，地名，在今河南省长垣县西南。畏，受到威胁。公元前496年，孔子从卫国到陈国去经过匡地。匡人曾受到鲁国阳虎的掠夺和残杀。孔子的相貌与阳虎相像，匡人误以为孔子就是阳虎，所以将他围困。②与（yù）：参与。③如予何：奈我何，把我怎么样。

【译文】

孔子在匡地被拘围，他说：“周文王死后，文明礼乐不是保存在我这里吗？上天如果要消灭这种文明礼乐，那我这个后死之人也就不会掌握这种文明礼乐了；上天如果不想灭除这种文明礼乐，匡地的人能把我怎么样呢？”

【原文】

9.6　太宰问于子贡曰[①]：“夫子圣者与？何其多能也？”子贡曰：“固天纵之将圣[②]，又多能也。”子闻之，曰：“太宰知我乎！吾少也贱，故多能鄙事。君子多乎哉？不多也。”

【题解】

此章再一次表明当时孔子并不承认自己是天生的圣人。这些自揭其短的话表明了孔子的诚实和伟大。

【注解】

①太宰：官名，辅佐君主治理国家的人。②纵：使，让。

【译文】

太宰向子贡问道：“夫子是圣人吗？为什么他这样多才多艺呢？”子贡说：“这本是上天想让他成为圣人，又让他多才多艺。”孔子听了这些话，说：“太宰知道我呀！我小时候贫贱，所以学会了不少的技艺。君子会有很多技艺吗？不会有很多的。”

【原文】

9.7　牢曰[①]：“子云：‘吾不试[②]，故艺。’”

【题解】

这一章同样用来说明孔子“我非生而知之”的自知之识。他不认为自己是“圣人”，也不承认自己是“天才”，而是认为自己的多才多艺是由于年轻时身份低下，没有做官，没有俸禄，生活比较清贫，为了谋生才掌握了这许多的技艺。

【注解】

①牢：孔子的学生，姓琴，名牢。《史记·仲尼弟子列传》无此人，当是偶阙。②不试：不被国家任用。

【译文】

子牢说：“孔子说过：‘我不曾被国家任用，所以学得了一些技艺。’”

【原文】

9.8　子曰：“吾有知乎哉？无知也。有鄙夫问于我，空空如也，我叩其两端而竭焉[①]。”

【题解】

此章也是孔子的自谦之辞。孔子本人是十分诚实和谦虚的。孔子有一个分析问题、解决问题的基本方法，就是“叩其两端而竭”。只要抓住问题的两头，研究到底，就能求得问题的解决。

孔子回答别人的问题时，抓住问题的正反两端，研究到底，就能求得问题的解决。

【注解】

①叩其两端而竭焉：指孔子就农夫所问的问题，从首尾两头开始反过来叩问他，一步步问到穷竭处，问题就不解自明了。叩，叩问。两端，指鄙夫所问问题的首尾。竭，尽。

【译文】

孔子说："我有知识吗？我没有知识。有一个边远地方的人来问我，我对他谈的问题本来一点也不知道。我从他所提问题的正反两头去探求，尽了我的力量来帮助他。"

【原文】

9.9 子曰："凤鸟不至[①]，河不出图[②]，吾已矣夫！"

【题解】

孔子为恢复礼制而辛苦奔波了一生，结果并未如愿，到了晚年，他看到周礼的恢复似乎已经成为泡影，于是发出了天下非其时的哀叹。

孔子叹息自己一生将尽，而志愿还没有实现。

【注解】

①凤鸟：传说中的一种神鸟。凤鸟出现就预示天下太平。②河图：传说圣人受命，黄河就出现图画，即八卦图。《尚书·顾命》孔安国注："河图，八卦。伏羲王天下，龙马出河，遂则其文以画八卦，谓之河图。"

【译文】

孔子说："凤凰不飞来了，黄河中没有出现图画，我这一生也就完了吧！"

【原文】

9.10 子见齐衰者、冕衣裳者与瞽者[①]，见之，虽少，必作[②]；过之，必趋[③]。

【题解】

孔子对于周礼十分熟悉，时时处处以礼待人，他知道遇到什么人该行什么礼。对于家有丧事者的哀悼，对盲者的怜悯，对尊贵者的敬重，都是以礼相待。孔子之所以这样做，并身体力行，是因为他想恢复礼治的理想社会。

【注解】

①齐（zī）衰（cuī）：丧服，古时用麻布制成。衣：上衣。裳：下服。瞽（gǔ）：盲。②作：站起来，表示敬意。③趋：快步走，亦表示敬意。

【译文】

孔子对于穿丧服的人、穿礼服戴礼帽的人和盲人，相见的时候，哪怕他们很年轻，也一定会站起身来；经过这些人身边时，他一定快步走过。

【原文】

9.11 颜渊喟然叹曰[①]："仰之弥高[②]，钻之弥坚。瞻之在前，忽焉在后。夫子循循然善诱人[③]，博我以文，约我以礼，欲罢不能。既竭吾才，如有所立卓尔[④]。虽欲从之，末由也已[⑤]。”

【题解】

此章记叙了颜渊对孔子学问道德博大精深、仰高钻坚、虽尽力追赶却难以企及的赞叹。

【注解】

①喟（kuì）然：叹气的样子。②弥：更加，越发。③循循然：有步骤地。④卓尔：高高直立的样子。尔，相当于“然”。⑤末：无。

【译文】

颜渊感叹地说：“我的老师啊，他的学问道德，抬头仰望，越望越觉得高；努力钻研，越钻研越觉得深。看着好像在前面，忽然又像在后面了。老师善于有步骤地引导我们，用各种文献来丰富我们的知识，用礼来约束我们的行为，使我们想要停止学习都不可能。我已经用尽自己的才力，似乎有一个高高的东西立在我的前面。虽然我想要追随上去，却找不到可循的路径。”

【原文】

9.12　子疾病，子路使门人为臣[①]。病间[②]，曰：“久矣哉，由之行诈也！无臣而为有臣。吾谁欺？欺天乎？且予与其死于臣之手也，无宁死于二三子之手乎？且予纵不得大葬[③]，予死于道路乎？”

孔子经过身穿丧服的人身边时，必定快步走过。

【题解】

儒家对于葬礼十分重视，尤其重视葬礼的等级规定。对于死去的人，要严格地按照周礼的有关规定加以埋葬。不同等级的人有不同的安葬仪式，违反了这种规定，就是大逆不道。孔子当时已经没有出仕，没有家臣，故反对学生们按大夫之礼为他办理丧事，是为了恪守周礼的规定。而子路为了尊荣孔子，欲以大夫之礼治其丧事，是因为孔子曾经做过鲁国的大司寇。孔子则愿意弟子们为他治理丧事，既名正言顺，又因为师生感情更亲近。

【注解】

①为臣：臣，指家臣，总管。孔子当时不是大夫，没有家臣，但子路叫门人充当孔子的家臣，准备由此人负责总管安葬孔子之事。②病间（jiàn）：病情减轻。间，空隙，引申为有时间距离，再引申为疾病稍愈。③大葬：指大夫的隆重葬礼。

【译文】

孔子病重，子路让孔子的学生充当家臣准备料理丧事。后来，孔子的病好些了，知道了这事，说：“仲由做这种欺诈的事情很久啦！我没有家臣而冒充有家臣。我欺骗谁呢？欺骗上天吗？况且我与其死在家臣手中，也宁可死在你们这些学生手中啊！而且我纵使不能按照大夫的葬礼来安葬，难道会死在路上吗？”

【原文】

9.13　子贡曰：“有美玉于斯，韫椟而藏诸[①]？求善贾而沽诸[②]？”子曰：“沽之哉！沽之哉！我待贾者也。”

【题解】

孔子一直主张好学、修身是为了用于社会。本章表达了他的求仕心情。

【注解】

①韫（yùn）椟（dú）：藏在柜子里。韫，藏。椟，木柜子。②贾（gǔ）：商人。贾又同“价”，价格。取后一义，善贾便成了“好价钱”。今取前解。沽（gū）：卖。

【译文】

子贡说：“这儿有一块美玉，是把它放在匣子里珍藏起来呢，还是找位识货的商人卖掉呢？”孔子说：“卖掉它吧！卖掉它吧！我在等待识货的商人啊！”

【原文】

9.14 子欲居九夷[①]。或曰：“陋，如之何？”子曰：“君子居之，何陋之有？”

【题解】

孔子认为一个人有了良好的仁德修养，是不怕外部环境的艰苦的，强调了修养过程中人的主体作用。

【注解】

①九夷：泛指东方少数民族。

【译文】

孔子想到九夷去居住。有人说：“那地方非常鄙陋，怎么能居住呢？”孔子说：“有君子住在那儿，怎么会鄙陋呢？”

【原文】

9.15 子曰：“吾自卫反鲁[①]，然后乐正，《雅》、《颂》各得其所[②]。”

孔子说自己从卫国回到鲁国后，把音乐进行了整理。

【题解】

孔子的话表明，他的确对《诗经》做了分类整理。《雅》《颂》是直接有关祭祀等重要典礼的“庙堂诗”，使它们各自得到合适的位置，是承续了周公制作礼乐的事业。

【注解】

①自卫反鲁：孔子从卫国返回鲁国是在鲁哀公十一年冬。反，同“返”。②《雅》《颂》：《诗经》中两类不同的诗的名称，同时也是两类不同的乐曲的名称。

【译文】

孔子说："我从卫国回到鲁国，才把音乐进行了整理，《雅》和《颂》都有了适当的位置。"

【原文】

9.16 子曰："出则事公卿，入则事父兄，丧事不敢不勉，不为酒困，何有于我哉？"

【题解】

"出则事公卿"，是为国尽忠；"入则事父兄"，是为长辈尽孝。忠与孝是孔子特别强调的两个道德规范。它是对所有人的要求，而孔子本人就是这方面的身体力行者。在这里，孔子谦说自己还要勉力去做到这几点。

【译文】

孔子说："出外便服侍公卿，入门便侍奉父兄，有丧事，不敢不勉力去办，不被酒所困扰，这些事我做到了哪些呢？"

【原文】

9.17 子在川上曰："逝者如斯夫！不舍昼夜。"

【题解】

这也是《论语》中的名言。孔子面对奔涌不息的大河，发出了时不我待的感慨。流水一去不复返，无论昼夜永不停息。观于水而悟人生之道，尽管过去的已经过去，但应该时时刻刻保持自强不息、永不懈怠的精神。

【译文】

孔子站在河边，说："消逝的时光就像这河水一样呀，日夜不停地流去。"

孔子站在河边说：时光流逝如水啊，日夜不停。

【原文】

9.18 子曰："吾未见好德如好色者也。"

【题解】

孔子的原意是说"好德"之难，任重而道远，难在自觉和有恒，而"好色"则是本能欲望、人之常情。这里并没有要借"好德"来"禁欲"的意思。据《史记·孔子世家》记载，孔子居住在卫国，卫灵公和夫人南子同乘一辆车，让孔子的车跟随在后面，一路招摇过市，孔子因而发出这般感叹。

【译文】

孔子说："我没有见过像好色那样好德的人。"

【原文】

9.19 子曰："譬如为山，未成一篑[①]，止，吾止也。譬如平地，虽覆一篑，进，吾往也。"

【题解】

孔子在这里说的是，在治学、修身及做事上，要有一股锲而不舍的韧劲。这对于立志有所作为的人来说，永远都是十分重要的箴言。

孔子以堆土成山为喻，告诫弟子学习贵在持之以恒，不能功亏一篑。

【注解】

①篑（kuì）：盛土的筐子。

【译文】

孔子说："好比堆土成山，只差一筐土就完成了，这时停下来，是我自己要停下来的。又好比平整土地，虽然只倒下一筐土，如果决心继续，还是要自己去干的。"

【原文】

9.20　子曰："语之而不惰者[①]，其回也与[②]！"

【题解】

颜回对老师的教导句句皆能领会，所以从无懈怠的时候。孔门弟子三千，能够始终持之以恒，不松懈、不倦怠，自觉坚持道德修养的，亦只有颜回一人了。孔子在赞叹颜回的同时，也是在惋叹天下能坚持不懈于道的人不多。

【注解】

①语（yù）：告诉。②与：同"欤"。

【译文】

孔子说："听我说话而能始终不懈怠的，大概只有颜回吧！"

【原文】

9.21　子谓颜渊，曰："惜乎！吾见其进也，未见其止也。"

【题解】

这是孔子用死去的学生颜渊的勤奋刻苦精神，来激励其他学生好学上进。

【译文】

孔子谈到颜渊，说："可惜啊！我看到他不断地前进，没有看到过他停止。"

【原文】

9.22　子曰："苗而不秀者有矣夫[①]！秀而不实者有矣夫[②]！"

【题解】

此章是孔子借自然界的庄稼的生长、开花到结果这一过程中苗而不秀、秀而不实这一现象，比喻一个人建功立业之难。

孔子用庄稼有苗而不秀、秀而不实的现象为喻，说明建功立业之难。

【注解】

①苗：庄稼出苗。②秀：吐穗开花。实：结果实。

【译文】

孔子说："有只长苗而不开花的吧！有开了花却不结果实的吧！"

【原文】

9.23　子曰："后生可畏，焉知来者之不如今也？四十、五十而无闻焉，斯亦不足畏也已。"

【题解】

这是孔子勉励年轻人的名言。他从正反两个方面来提醒年轻人珍惜时光，努力进取。年轻人的优势在于年轻，来日方长，大有可为。但可惧的是很快会变老，一个人到了四五十岁，他的学问事业倘若还没有任何成就，那他也就没有什么可让人敬畏的了。

孔子四十而不惑，五十而知天命，对生活、人生是有深刻体悟和洞见的。社会在发展，人类在进步，孔子的这种今胜于昔的思想是正确的。

【译文】

孔子说："年轻人是可敬畏的，怎么知道他们将来赶不上现在的人呢？一个人如果到了四五十岁的时候还没有什么名望，这样的人也就不值得敬畏了。"

【原文】

9.24　子曰："法语之言①，能无从乎？改之为贵。巽与之言②，能无说乎？绎之为贵③。说而不绎，从而不改，吾末如之何也已矣。"

【题解】

孔子在这里告诫人们，对待正言规劝要能听得进去，并照着去改正错误；对于恭维表扬的话要去分析其意是真是恶，然后能自省自勉，这才是正确的态度。

【注解】

①法：正道。②巽（xùn）：恭敬，即恭顺谦敬之言，意译为温和委婉的表扬话。③绎：抽出事物的条理，加以分析鉴别。

【译文】

孔子说："合乎礼法原则的话，能够不听从吗？但只有按它来改正错误才是可贵的。恭顺赞许的话，听了能够不高兴吗？但只有分析鉴别以后才是可贵的。只顾高兴而不加以分析，表面听从而不加以改正，我也没有什么办法来对付这种人了。"

【原文】

9.25　子曰："主忠信，毋友不如己者，过则勿惮改。"

【题解】

此章与《学而》篇第八章重复，故译文略。

【原文】

9.26 子曰："三军可夺帅也[①]，匹夫不可夺志也[②]。"

【题解】

这是孔子流传千古的说明个人的独立人格可贵的名言。意思是说：一个人的理想、志向和意志是极为可贵的，人格的崇高和意志的坚强都是做人的最高尊严，不容侵犯。孔子的这种思想影响了中国人"人格"观念的形成。

【注解】

①三军：古代大国三军，每军一万二千五百人。②匹夫：男子汉，泛指普通老百姓。

【译文】

孔子说："一国的军队，可以强行使它丧失主帅；一个男子汉，却不可能强行夺去他的志向。"

【原文】

9.27 子曰："衣敝缊袍[①]，与衣狐貉者立[②]，而不耻者，其由也与？'不忮不求，何用不臧[③]？'"子路终身诵之。子曰："是道也，何足以臧？"

孔子称赞子路：即便穿着破旧的袍子与穿着锦衣华服的人在一起，也不觉得自己相形见绌。

【题解】

这一章记述了孔子对他的弟子子路既表扬又提醒的教诲。

【注解】

①衣（yì）：穿，当动词用。敝：破旧。缊（yùn）袍：用乱麻衬在里面的袍子。②狐貉：用狐和貉的皮做的裘皮衣服。③不忮不求，何用不臧：见《诗经·卫风·雄雉》。忮（zhì），嫉妒。臧，善，好。

【译文】

孔子说："穿着破旧的袍子，与穿着狐貉裘皮衣服的人站在一起，而不觉得羞耻的，大概只有仲由吧！《诗》上说：'不嫉妒，不贪求，为什么不好呢？'"子路听了，从此常常念着这句话。孔子又说："仅仅做到这个样子，又怎么算得上好呢？"

【原文】

9.28 子曰："岁寒，然后知松柏之后凋也[①]。"

【题解】

这也是《论语》中的一句著名格言。孔子通过自然界岁寒时节万物先凋而松柏之叶犹青的现象，揭示了人世间的哲理。

【注解】

①凋：凋零。

【译文】

孔子说："寒冷的季节到了，才知道松柏的叶子是最后凋零的。"

【原文】

9.29 子曰："知者不惑，仁者不忧，勇者不惧。"

【题解】

在儒家传统道德中，智、仁、勇是三个重要的范畴，也是仁之精神境界的不同体现，是君子的基本品质。

孔子希望自己的学生能具备这三种达德，成为有精神境界的真正的君子。

【译文】

孔子说："聪明的人不疑惑，仁德的人不忧愁，勇敢的人不畏惧。"

【原文】

9.30 子曰："可与共学，未可与适道；可与适道，未可与立[①]；可与立，未可与权[②]。"

【题解】

孔子的这段话表明，人的能力是不平衡的，志趣爱好也是千差万别，因此交友一定要慎重和多方察考。要寻求志同道合的人共同发展，在与人交往中能够通权达变，立志于道的人应该坚持自新。

【注解】

①立：立于道而不变，即坚守道。②权：本义为秤锤，引申为权衡轻重，随机应变。

孔子认为，人的能力是不平衡的，人际交往中应注意做到通权达变。

【译文】

孔子说："可以和自己一同学习的人，未必可以和自己走共同的道路；可以和自己走共同的道路，未必可以和自己事事依礼而行；可以和自己事事依礼而行，未必可以和自己一起变通灵活处事。"

【原文】

9.31 "唐棣之华，偏其反而。岂不尔思？室是远而[①]。"子曰："未之思也，夫何远之有？"

【题解】

这里记录的是孔子对古代流传的几句逸诗的评论。其中寄寓了对"仁"执著追求的信念，也就是"我欲仁，斯仁至矣"。

【注解】

①"唐棣"四句：这是逸诗。上两句用以起兴。唐棣，木名。华，同"花"。偏其反而，翩翩地摇摆。反，翻转摇摆。

【译文】

"唐棣树的花，翩翩地摇摆，难道不思念你吗？是因为家住得太远了。"对于这四句古诗，孔子说："那是没有真正思念啊，如果真的思念，又怎么会觉得遥远呢？"

乡党篇第十

【原文】

10.1 孔子于乡党[1]，恂恂如也[2]，似不能言者。其在宗庙朝廷，便便言[3]，唯谨尔。

【题解】

《乡党》篇是弟子们对老师——孔子日常言行的记录。此章记载了孔子在不同场合的不同言谈举止，孔子因时因地制宜，但都能有礼而得体。

孔子在家乡时，非常恭顺，好像不太会说话的样子。

【注解】

①乡党：古代地方组织的名称。五百家为党，一万二千五百家为乡。②恂（xún）恂：恭顺貌。如：相当于“然”。③便（pián）便：明白畅达。

【译文】

孔子在本乡的地方上，非常恭顺，好像不太会说话的样子。他在宗庙和朝廷里，说话明白而流畅，只是说得很谨慎。

【原文】

10.2 朝，与下大夫言，侃侃如也[1]；与上大夫言，訚訚如也[2]。君在，踧踖如也[3]，与与如也[4]。

【题解】

这章描述了孔子在乡党、宗庙、朝廷等不同的场所与不同的人谈话时所表现出的不同的神态。和乡里邻居相处时温和恭敬，而在重要的国事场所则庄严、郑重，对不同的人都能尊重而又恰到好处。

【注解】

①侃侃：温和快乐。②訚（yín）訚：形容辩论时中正，讲理而态度诚恳。③踧（cù）踖（jí）：恭敬而小心的样子。④与与：行步安详。

【译文】

上朝的时候，跟下大夫谈话，显得温和而快乐；跟上大夫谈话时，显得正直而恭敬。君主临朝时，他显得恭敬而不安，走起路来却又安祥适度。

【原文】

10.3 君召使摈[1]，色勃如也[2]，足躩如也[3]。揖所与立[4]，左右手，衣前后，襜如也[5]。趋进[6]，翼如也。宾退，必复命曰：“宾不顾矣。”

【题解】

此章描述了孔子奉君命接待外宾时在外交场所的神态举止。他对人尊敬，也注重维护自己的尊严，严格而忠实地履行着礼制的规范。

【注解】

①摈（bìn）：通“傧”，接待宾客。②勃如：显得庄重。③躩（jué）如：脚步快的样子。④所与立：同他一起站着的人。⑤襜（chān）：衣蔽前，即遮蔽前身的衣服。襜如，衣服摆动的样子。⑥趋进：快步向前。一种表示敬意的行为。

【译文】

鲁君召孔子去接待使臣宾客，他的面色庄重矜持，步伐轻快。向同他站在一起的人作揖，向左向右拱手，衣裳随之前后摆动，却显得整齐。快步向前时，好像鸟儿舒展开了翅膀。宾客告退了，他一定向君王回报说：“客人已经不回头了。”

孔子接待使臣宾客时，面色庄重，步伐轻快。

【原文】

10.4　入公门，鞠躬如也[①]，如不容。立不中门[②]，行不履阈[③]。过位，色勃如也，足躩如也，其言似不足者。摄齐升堂[④]，鞠躬如也，屏气似不息者[⑤]。出，降一等，逞颜色，怡怡如也，没阶，趋进，翼如也。复其位，踧踖如也。

【题解】

此章内容继续描述孔子在朝廷上的言行举止，都是严守礼制，充满了庄重敬畏的情感态度。

【注解】

①鞠躬：此不作曲身讲，而是形容谨慎恭敬的样子。②中门：中于门，表示在门的中间。“中”用作动词。③阈（yù）：门限，即门坎。④摄齐（zī）：提起衣裳的下摆。齐，衣裳的下摆。⑤屏（bǐng）气：憋住气。

【译文】

孔子走进朝廷的大门，显出小心谨慎的样子，好像没有容身之地。他不站在门的中间，进门时不踩门坎。经过国君的座位时，脸色变得庄重起来，脚步也快起来，说话的声音低微得像气力不足似的。他提起衣服的下摆走上堂去，显得小心谨慎，憋住气，好像不呼吸一样。走出来，下了一级台阶，面色舒展，怡然和乐。走完了台阶，快步向前，姿态好像鸟儿展翅一样。回到自己的位置，显得恭敬而不安的样子。

【原文】

10.5　执圭[①]，鞠躬如也，如不胜。上如揖，下如授。勃如战色，足蹜蹜[②]，如有循。享礼[③]，有容色。私觌[④]，愉愉如也。

【题解】

这一章记载了孔子在朝堂上的仪态举止，表现出他对自己职位的敬畏和尊重之情。

以上五章，集中记述了孔子在朝、在外事场所和在乡的言谈举止、音容笑貌，给人留下十分生动而深刻的印象。

【注解】

①圭（guī）：一种玉器，上圆下方。举行典礼时，君臣都拿着。②蹜（suò）蹜：脚步细碎紧凑，宛如迈不开步一样。③享礼：使者向所访问的国家献礼物的礼节。④觌（dí）：会见。

【译文】

（孔子出使到别的诸侯国，行聘问礼时）拿着圭，恭敬而谨慎，好像拿不动一般。向上举圭时好像在作揖，向下放圭时好像在交给别人。神色庄重，战战兢兢；脚步紧凑，好像在沿着一条线行走。献礼物的时候，和颜悦色。私下里和外国君臣会见时，则显得轻松愉快。

孔子出使邻国参加典礼时，举着圭，非常小心谨慎，好像举不起来的样子。

【原文】

10.6　君子不以绀緅饰①。红紫不以为亵服②。当暑，袗絺绤③，必表而出之。缁衣羔裘④，素衣麑裘⑤，黄衣狐裘。亵裘长。短右袂⑥。必有寝衣⑦，长一身有半。狐貉之厚以居⑧。去丧，无所不佩。非帷裳⑨，必杀之⑩。羔裘玄冠不以吊⑪。吉月⑫，必朝服而朝。

【题解】

此章记述了孔子日常在各种场所的衣着服饰。孔子对春秋时穿衣服的礼制作了很好的示范，礼的特点是分别各种等级秩序，体现在衣服穿戴上，也有巨细无遗的规定，以表示上下左右、尊卑贵贱。

【注解】

①绀（gàn）：深青带红（天青色）。緅（zōu）：黑中带红。饰：镶边，缘（yuàn）边。②亵（xiè）服：平时在家里穿的便服。③袗絺绤：袗（zhěn），单衣。絺（chī），细葛布。绤（xì），粗葛布。这里是说，穿粗的或细的葛布单衣。④缁（zī）：黑色。羔裘：羔羊皮袍。古人穿皮袍，毛向外，因此外面要用罩衣。古代的羔裘都是黑色的羊毛，因此要配上黑色罩衣，就是缁衣。⑤麑（ní）：小鹿，白色。⑥袂（mèi）：衣袖。⑦寝衣：被。古代大被叫衾（qīn），小被叫被。⑧居：今字作“踞”。古人席地而坐，即蹲着坐。⑨帷裳：礼服，上朝或祭礼时穿，用整幅的布不加裁剪而成，上窄下宽，多余的布做成褶。⑩杀（shài）：减少，裁去。⑪玄冠：一种黑色礼帽。羔裘玄冠都是黑色的，古代用作吉服，故不能穿去吊丧。⑫吉月：每月初一。

【译文】

君子不用青中透红或黑中透红的布做镶边，红色和紫色不用来做平常家居的便服。暑天，穿细葛布或粗葛布做的单衣，一定是套在外面。黑色的衣配羔羊皮袍，白色的衣配小鹿皮袍，黄色的衣配狐皮袍。居家穿的皮袄比较长，可是右边的袖子要短一些。睡觉一定要有小被，长度是人身长的一倍半。用厚厚的狐貉皮做坐垫。服丧期满之后，任何饰物都可以佩带。不是上朝和祭祀时穿的礼服，一定要经过裁剪。羊羔皮袍和黑色礼帽都不能穿戴着去吊丧。每月初一，一定要穿着上朝的礼服去朝贺。

【原文】

10.7　齐，必有明衣①，布。齐必变食②，居必迁坐③。

【题解】

此章记述了孔子斋戒前沐浴时的衣着和斋戒期间的生活，这些细节都表明了孔子严谨、守礼、诚敬的生活态度。

【注解】

①齐（zhāi）：通"斋"，斋戒。明衣：斋戒沐浴后换穿的干净内衣。②变食：改变日常饮食，不饮酒，不吃韭、葱、蒜等气味浓厚的蔬菜，不吃鱼肉。③迁坐：改变卧室。古人在斋戒以及生病时，住在"外寝"，而平常居住的卧室则叫"燕寝"，与妻室在一起。

【译文】

斋戒沐浴时，一定有浴衣，用麻布做的。斋戒时，一定改变平时的饮食；居住一定要改换卧室。

【原文】

10.8　食不厌精，脍不厌细[①]。食饐而餲[②]，鱼馁而肉败[③]，不食。色恶，不食。臭恶[④]，不食。失饪[⑤]，不食。不时，不食。割不正，不食。不得其酱，不食。肉虽多，不使胜食气[⑥]。惟酒无量，不及乱。沽酒市脯[⑦]，不食。不撤姜食，不多食。

【题解】

此章孔子谈了他对饮食的思想。处处遵守礼制，这些都是孔子注重养生的具体表现。表现了对人生的热爱，对健康的珍视，对礼制的看重。

孔子对饮食要求：粮食不嫌舂得精，鱼肉不嫌切得细。

【注解】

①脍（kuài）：切过的鱼或肉。②饐（yì）：食物经久发臭。餲（ài）：食物经久变味。③馁（něi）：鱼腐烂。败：肉腐烂。④臭：气味。⑤饪（rèn）：煮熟。⑥食气（xì）：饭料，即主食。气，同"餼"。⑦脯（fǔ）：肉干。

【译文】

粮食不嫌舂得精，鱼和肉不嫌切得细。粮食腐败发臭，鱼和肉腐烂，都不吃。食物颜色难看，不吃。气味难闻，不吃。烹调不当，不吃。不到该吃饭时，不吃。切割方式不得当的食物，不吃。没有一定的酱醋调料，不吃。席上的肉虽多，吃它不超过主食。只有酒不限量，但不能喝到神志昏乱的地步。从市上买来的酒和肉干，不吃。吃完了，姜不撤除，但吃得不多。

【原文】

10.9　祭于公，不宿肉[①]。祭肉不出三日。出三日，不食之矣。

【题解】

此章说明孔子不吃三日后的肉，一定要吃新鲜的。

以上几章里，记述了孔子的衣着和饮食习惯。孔子处处坚持遵循"礼"，这不仅表现在与国君和大夫们见面时的言谈举止和仪式上，而且表现在日常衣着和饮食方面。

【注解】

①不宿肉：从公家分回的祭肉（胙），不要留着过夜。

【译文】

参加国家祭祀典礼，分到的祭肉（当天就食用，）不放过夜。一般祭肉的留存不超过三天。放超过了三天，就不吃了。

孔子吃饭的时候从不说话。

【原文】

10.10 食不语，寝不言。

【题解】

孔子有一套正确的保健原则，而且能持之以恒。他非常热爱生命，在经历了颠沛流离的生活之后能活到七十三岁高龄，说明他的养生之道是相当高明的。

【译文】

吃饭的时候不谈话，睡觉的时候不言语。

【原文】

10.11 虽疏食菜羹，瓜祭[①]，必齐如也[②]。

【题解】

这章说明孔子在祭祀活动中严肃认真的态度。

【注解】

①瓜祭：古人在吃饭前，把席上各种食品分出少许，放在食具之间祭祖。②齐：通“斋”，斋戒。

【译文】

即使是粗米饭蔬菜汤，吃饭前也要先把它们取出一些来祭祀一番，而且祭祀要像斋戒时那样严肃恭敬。

【原文】

10.12 席不正[①]，不坐。

【题解】

此章记述了孔子的就坐之礼。

【注解】

①席：古代没有椅子和凳子，在地面上铺席子，坐在席子上。

【译文】

坐席摆放得不端正，不就坐。

孔子说，坐席摆得不端正，不就坐。

【原文】

10.13 乡人饮酒，杖者出，斯出矣。

【题解】

此章说明孔子在日常生活中都保持正大的气象，恪守礼仪。

【译文】

同本乡人在一块儿饮酒，等老年人都出去了，自己这才出去。

【原文】

10.14　乡人傩[①]，朝服而立于阼阶[②]。

【题解】

这章记述孔子在傩祭时的活动。傩祭时，孔子必定穿着朝服恭立在阶，保持敬畏的态度。

【注解】

①傩（nuó）：古代一种迎神以驱逐疫鬼的风俗。②阼（zuò）阶：东边的台阶，主人站在那里迎送宾客。

【译文】

乡里人举行迎神驱疫的仪式时，孔子穿着朝服站在东边的台阶上。

【原文】

10.15　问人于他邦，再拜而送之。

【题解】

此章表明孔子在与外邦人士交往时十分注重礼节。

【译文】

托人向住在其他诸侯国的朋友问候时，便向受托者拜两次送行。

孔子托人向住在其他诸侯国的朋友问候时，要向受托者拜两次送别。

【原文】

10.16　康子馈药[①]，拜而受之，曰："丘未达[②]，不敢尝。"

【题解】

此章说明孔子对服药之事十分慎重。

【注解】

①康子：即季康子，姓季孙，名肥，鲁哀公时的正卿。②达：通，懂得，了解。

【译文】

季康子馈赠药给孔子，孔子拜谢后接受了，却说道："我对这种药的药性不了解，不敢尝用试服。"

【原文】

10.17　厩焚。子退朝，曰："伤人乎？"不问马。

【题解】

这是一个著名的故事，反映了孔子重人轻物的仁爱精神。

【译文】

马厩失火了。孔子退朝回来，说："伤到人了吗？"没问马怎么样了。

【原文】

10.18　君赐食，必正席先尝之。君赐腥，必熟而荐之[①]。君赐生，必畜之。侍食于君，君祭，先饭[②]。

【题解】

孔子严守礼制，当时君主吃饭前，需要有人先尝一尝，君主才吃。孔子在与国君共餐时，都要主动先尝一下，他对礼的遵从真是一丝不苟。

【注解】

①荐：供奉。②先饭：先吃饭，表示为君主尝食。

【译文】

国君赐给食物，孔子一定会摆正席位先尝一尝。国君赐给生肉，他一定会煮熟了，先给祖先上供。国君赐给活物，他一定会养起来。陪侍国君吃饭，当国君进行饭前祭祀的时候，他先取国君面前的饭菜为他尝食。

【原文】

10.19　疾，君视之，东首[①]，加朝服，拖绅[②]。

【题解】

此章表明孔子即使有了疾病，在病榻上，也不会失礼。

【注解】

①东首（shǒu）：头向东。②绅：束在腰间的大带。

【译文】

孔子病了，君主来探望，他便头朝东而卧，把上朝的礼服盖在身上，拖着大带子。

孔子病了，君主来探望，他便头朝东而卧，把上朝的礼服盖在身上，拖着大带子。

【原文】

10.20　君命召，不俟驾行矣。

【题解】

孔子日常的一言一行，都表现出对礼制的遵守和敬畏。本章体现了孔子浓厚的忠君思想。

【译文】

君主下令召见孔子，他不等车马驾好就先步行过去了。

【原文】

10.21　入太庙，每事问。

【题解】

此章与《八佾》篇第十五章重，故译文略。

【原文】

10.22　朋友死，无所归，曰："于我殡[①]。"

【题解】

此章记述了孔子对亡友的情谊和见义而为的人道主义精神。

【注解】

①殡：停放灵柩和埋葬都可以叫殡。这里泛指一切丧葬事务。

【译文】

朋友死了，没有人负责收殓，孔子说："由我来料理丧事吧。"

【原文】

10.23　朋友之馈，虽车马，非祭肉，不拜。

【题解】

此章表明孔子重视的不是物品的本身，而是其礼制的象征意义。

【译文】

朋友的馈赠，即使是车和马，不是祭祀用的肉，孔子在接受时，也不会行拜谢礼。

【原文】

10.24　寝不尸，居不容[①]。

【题解】

孔子是一个通达的人，在独居晏处之时很自然地放松休息，与他外出或待客之时的恪守礼仪、恭谨持重并不一样。

【注解】

①居：家居。容：容仪。

【译文】

孔子睡觉时不像死尸一样直躺着，在家里并不讲究仪容。

朋友的馈赠，只要不是祭肉，即便是车和马，孔子在接受时也不行拜谢礼。

【原文】

10.25　见齐衰者，虽狎，必变。见冕者与瞽者，虽亵，必以貌。凶服者，式之[①]。式负版者[②]。有盛馔，必变色而作[③]。迅雷风烈，必变。

【题解】

此章记述的事例说明，孔子是一个心思敏锐、富于同情心、尊重他人、很懂礼貌而且敬畏天命的人。

【注解】

①式：通“轼”，古代车前横木。用作动词，表示伏轼。②版：古代用木板刻写的国家图籍。③作：站起来。

【译文】

孔子看见穿丧服的人，即使是关系亲密的，也一定会改变态度。看见戴着礼帽和瞎了眼睛的人，即使是很熟悉的，也一定表现得有礼貌。乘车时遇见穿丧服的人，便低头俯伏在车前的横木上表示同情。遇见背负着国家图籍的人，也同样俯身在车前的横木上表示敬意。有丰盛的肴馔，一定改变神色，站起来。遇到迅雷和大风时，一定改变神色。

孔子看见穿丧服的人，即使是关系亲密的，也一定会改变态度，严肃起来。

【原文】

10.26　升车，必正立执绥[①]。车中，不内顾，不疾言，不亲指。

【题解】

本章记述孔子在乘车时，也遵循礼仪。

【注解】

①绥：上车时扶手用的索带。

【译文】

孔子上车时，一定站立端正，拉住扶手的带子登车。在车中，不向里面回顾，不快速说话，不用手指指画画。

【原文】

10.27　色斯举矣，翔而后集。曰：“山梁雌雉，时哉！时哉！”子路共之[①]。三嗅而作[②]。

【题解】

此章孔子借自然现象来抒发自己的情感。

【注解】

①共：“拱”的本字，拱手。②嗅：当作“狊（jù）”，张开两翅的样子。

【译文】

（孔子在山谷中行走，看见几只野鸡。）孔子神色一动，野鸡飞着盘旋了一阵后，又落在了一处。孔子说：“这些山梁上的母野鸡，得其时啊！得其时啊！”子路向它们拱拱手，野鸡振几下翅膀飞走了。

先进篇第十一

【原文】

11.1　子曰："先进于礼乐，野人也[①]；后进于礼乐，君子也[②]。如用之，则吾从先进。"

【题解】

在这一章，孔子主张用人要唯贤是举，其标准是贤，而不看他的出身。

【注解】

①野人：乡野平民或朴野粗鲁的人。②君子：指卿大夫等当权的贵族。他们享有世袭特权，可以先做官，后学习。

【译文】

孔子说："先学习了礼乐而后做官的，是原来没有爵禄的平民，先做了官而后学习礼乐的，是卿大夫的子弟。如果让我来选用人才，那么我赞成选用先学习礼乐的人。"

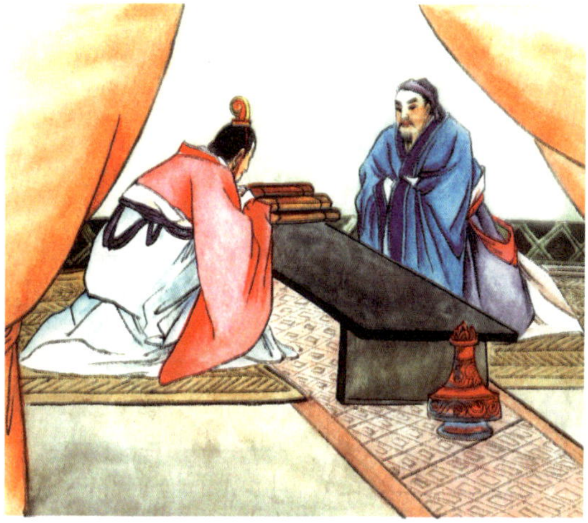

孔子嘉许先学习了礼乐而后做官的人。

【原文】

11.2　子曰："从我于陈、蔡者[①]，皆不及门也[②]。"

【题解】

颜回、子贡和子路等，都是孔子的得意门生，他们曾跟随孔子周游列国，受困于陈、蔡，以至绝粮。孔子追思往昔之艰难，情不自胜，而此时这些弟子都不在身边，孔子由是发出了深深的叹息。这里流露出孔子和弟子们的深厚感情。

【注解】

①陈、蔡：春秋时的国名。孔子曾在陈、蔡之间遭受困厄。②不及门：有两种解释：一、指不及仕进之门，即不当官；二、指不在门，即不在孔子身边。今从后说。

【译文】

孔子说："跟随我在陈国、蔡国之间遭受困厄的弟子们，都不在我身边了。

【原文】

11.3　德行：颜渊、闵子骞、冉伯牛、仲弓。言语：宰我、子贡。政事：冉有、季路。文学[①]：子游、子夏。

【题解】

孔子对自己弟子们的才能、特点了如指掌，并能因材施教。他在这段话中从德行、言语、政事、文学四个方面分别说明了十个学生的特长。

【注解】

①文学：文献知识，即文学、历史、哲学等方面的文献知识。这里文学的含义与今相异。

【译文】

（孔子的弟子各有所长。）德行好的有：颜渊、闵子骞、冉伯牛、仲弓。娴于辞令的有：宰我、子贡。能办理政事的有：冉有、季路。熟悉古代文献的有：子游、子夏。

【原文】

11.4 子曰："回也非助我者也，于吾言无所不说。"

【题解】

此章孔子对颜回能又快又深领悟自己的学说表示了深深的赞许，但也有一定的遗憾。颜回聪敏秀慧，对孔子的言语一听就能领会，故只喜悦于心，而无所疑问。既然没有疑问，孔子便不再发挥，而在座的其他弟子不能有所获益，故孔子有一定的遗憾，但又对颜回的好学深思表示赞许。

【译文】

孔子说："颜回不是对我有所助益的人，他对我说的话没有不喜欢的。"

【原文】

11.5 子曰："孝哉闵子骞！人不间于其父母昆弟之言①。"

【题解】

此章孔子称赞闵子骞，说明了孝道具有巨大的感召力，能够鼓舞人，从感情上深入人心。

【注解】

①间（jiàn）：空隙。用作动词，表示找空子。不间，找不到空子。

【译文】

孔子说："闵子骞真是孝顺呀！人们对于他的父母兄弟称赞他的话没有异议。"

闵子骞单衣顺母。

【原文】

11.6 南容三复"白圭"①，孔子以其兄之子妻之。

【题解】

从这件孔子嫁侄女的事可以看出，孔子喜欢那些做事踏实、说话慎重的人。南容反复诵读"白圭"诗篇，是有感于白色圭玉上的污点尚能磨掉，而人的言语一经出口就难以挽回。足见他注重言语谨慎，亦必能谨慎行事，求其无缺，孔子很欣赏这样的人。

【注解】

①三复"白圭"：多次吟诵"白圭"之诗。《诗经·大雅·抑》有诗句："白圭之玷，尚可磨也；斯言之玷，不可为也。"意思是白玉上面的污点，还可以把它磨掉，但说话不谨慎而出错，却是无法挽回的。南容三复"白圭"，目的是

告诫自己说话要谨慎。

【译文】

南容把“白圭之玷，尚可磨也；斯言之玷，不可为也”几句诗反复诵读，孔子便把自己哥哥的女儿嫁给了他。

【原文】

11.7　季康子问：“弟子孰为好学？”孔子对曰：“有颜回者好学，不幸短命死矣，今也则亡。”

【题解】

鲁哀公也问过同样的问题，那次孔子的回答更为详细具体。见《雍也》篇第三章。

【译文】

季康子问：“你的学生中哪个好学用功呢？”孔子回答说：“有个叫颜回的学生好学用功，不幸短命早逝了，现在没有这样的人了。”

季康子问孔子弟子中谁最好学。

【原文】

11.8　颜渊死，颜路请子之车以为之椁[①]。子曰：“才不才，亦各言其子也。鲤也死[②]，有棺而无椁。吾不徒行以为之椁[③]。以吾从大夫之后[④]，不可徒行也。”

【题解】

这一章反映了孔子对礼的一丝不苟的严肃态度。礼先于情，凡事要与礼合才可以与情合。孔子与颜渊虽为师生却情同父子，他不同意把自己车子卖掉来为颜渊买外棺，不是舍不得车，而是因为礼制规定，大夫出门必须用车，而且礼以俭为宜。故孔子虽然对颜渊之早逝很悲恸，却始终不忘礼，不肯丧失原则性。

【注解】

①颜路：颜渊的父亲，也是孔子的学生，名无繇（yóu），字路。椁（guǒ）：古代棺材有的有两层，内层叫棺，外层叫椁。②鲤：孔鲤，字伯鱼，孔子的儿子。③徒行：步行。④从大夫之后：跟随在大夫行列之后。孔子曾经做过鲁国的司寇，属于大夫的地位，不过此时已去位多年。

【译文】

颜渊死了，他的父亲颜路请求孔子把车卖了给颜渊做一个外椁。孔子说：“不管有才能还是没才能，说来也都是各自的儿子。孔鲤死了，也只有棺，没有椁。我不能卖掉车子步行来给他置办椁。因为我曾经做过大夫，是不可以徒步出行的。”

【原文】

11.9　颜渊死，子曰：“噫！天丧予！天丧予！”

【题解】

孔子的感情比常人更为诚挚，此章抒发了孔子对自己得意门生颜渊的挚爱和痛惜之情。

【译文】

颜渊死了，孔子说："唉！上天是要我的命呀！上天是要我的命呀！"

【原文】

11.10　颜渊死，子哭之恸[①]。从者曰："子恸矣！"曰："有恸乎？非夫人之为恸而谁为[②]！"

【题解】

此章描写孔子对颜回之死的沉痛哀悼，虽然悲痛伤身，但孔子已经置之不顾了。师生之情，可见一斑。

【注解】

①恸（tòng）：极度悲哀。②夫（fú）：指示代词，此处指颜渊。

【译文】

颜渊死了，孔子哭得极其悲痛。跟随孔子的人说："您悲痛太过了！"孔子说："有悲痛太过了吗？不为这样的人悲痛还为谁悲痛呢？"

【原文】

11.11　颜渊死，门人欲厚葬之。子曰："不可。"门人厚葬之。子曰："回也视予犹父也，予不得视犹子也。非我也，夫二三子也。"

【题解】

本章记述在厚葬颜渊的问题上，孔子认为丧葬以哀悼心诚为本，颜渊家贫，丧葬应该量力而行，厚葬违背了礼的节俭之意。

【译文】

颜渊死了，孔子的学生们想要厚葬他。孔子说："不可以。"学生们还是厚葬了他。孔子说："颜回把我当父亲一样看待，我却不能像对待儿子一样看待他。这不是我的意思呀，是那些学生们要这样办。"

颜回去世，孔门弟子都很哀伤，计议厚葬颜回。

【原文】

11.12　季路问事鬼神。子曰："未能事人，焉能事鬼？"曰："敢问死[①]。"曰："未知生，焉知死？"

【题解】

这是孔子的一段极为著名的言论，显示了孔子重视现实人生，注重"有益"、"有用"的理性的、实用的生活态度。

【注解】

①敢：冒昧之词，用于表敬。

【译文】

季路问服侍鬼神的方法。孔子说："人还不能服侍，怎么能去服侍鬼神呢？"季路又说："敢问死是怎么回事。"孔子说："对生都知道得不清楚，哪里能知道死呢？"

【原文】

11.13 闵子侍侧，訚訚如也；子路，行行如也[①]；冉有、子贡，侃侃如也。子乐。"若由也，不得其死然[②]。"

【题解】

此章表述的是孔门四大高足侍于孔子侧所表现出的不同情态，以及孔子对子路的评价。

【注解】

①行（hàng）行：刚强貌。②然：用法如"焉"，可以译为"呢"。

闵子骞、子路、冉有、子贡侍于孔子侧。

【译文】

闵子骞侍立在孔子身边，样子正直而恭敬；子路是很刚强的样子；冉有、子贡的样子温和快乐。孔子很高兴。但他说："像仲由这样，恐怕得不到善终。"

【原文】

11.14 鲁人为长府[①]。闵子骞曰："仍旧贯[②]，如之何？何必改作？"子曰："夫人不言，言必有中。"

【题解】

长府为鲁国财货兵械的聚藏之所，在鲁国国君宫内。统治者好大喜功，想要扩建长府以逞其欲。闵子骞认为扩建国库不但劳民伤财，而且可能带来动乱，故言仍旧按照旧例，何必改作，意在讽刺鲁国统治者的铺张行为。闵子骞在孔门中以德行著称，孔子称赞他平时不大说话，但一说话就说到点子上。

【注解】

①鲁人：指鲁国的执政大臣。长府：鲁国贮藏财货的国库名。②仍：沿袭。贯：事。

【译文】

鲁国的执政大臣要翻修长府。闵子骞说："照老样子不好吗？何必一定要翻修呢？"孔子说："闵子骞这个人平常不大说话，但一开口必定说到要害上。"

【原文】

11.15 子曰："由之瑟[①]，奚为于丘之门？"门人不敬子路。子曰："由也升堂矣，未入于室也[②]。"

【题解】

本章又一次记载了孔子对子路的评价，本意是担心子路性刚而不得寿终，故加以抑制。门人不解孔子语意，因此不敬子路，孔子再用比喻解释，子路的修养造诣已经升堂，但尚未入室而已。“升堂入室”已经成为成语。

【注解】

①瑟：古代的一种弦乐器。子路性情刚勇，他弹瑟的音调也很刚猛，不够平和。故孔子批评他说：为什么在我这里来弹呢？②升堂入室：堂是正厅，室是内室。先入门，次升堂，最后入室，比喻学问的程度。

【译文】

孔子说：“仲由弹瑟，为什么在我这里弹呢？”孔子的其他学生因此而不尊重子路。孔子说：“仲由的学问啊，已经具备规模了，只是还不够精深罢了。”

【原文】

11.16　子贡问：“师与商也孰贤？”子曰：“师也过，商也不及。”曰：“然则师愈与？”子曰：“过犹不及。”

【题解】

“过犹不及”体现了儒家思想的一个重要原则，就是“中庸之道”。孔子教育学生要行中庸之道，认为过度与不足同样不好。

【译文】

子贡问道：“颛孙师（即子张）与卜商（即子夏）谁更优秀？”孔子说：“颛孙师有些过分，卜商有些赶不上。”子贡说：“这么说颛孙师更强一些吗？”孔子说：“过分与赶不上同样不好。”

【原文】

11.17　季氏富于周公①，而求也为之聚敛而附益之②。子曰：“非吾徒也，小子鸣鼓而攻之可也。”

【题解】

本章记述了孔子批评冉求的话，说明他即便是自己的得意门生，只要其有违礼的行为，也毫不姑息。

【注解】

①周公：泛指周天子左右的卿士。一说为周公旦。②聚敛：积聚和收集钱财，即搜刮。

孔子对子贡说：过分和不足同样不可取。

【译文】

季氏比周天子左右的卿士还富有，可是冉求还为他搜刮，再增加他的财富。孔子说：“冉求不是我的学生，你们大家可以大张旗鼓地去攻击他。”

【原文】

11.18　柴也愚①，参也鲁②，师也辟③，由也喭④。

【题解】

此章是孔子对高柴、曾参、子张、子路四位学生的评价，侧重于人天生的气质和个性。高柴愚笨，曾参迟钝，子张偏激，子路鲁莽，原本也是日常生活中有缺点的平凡人，但他们在孔门受教后，却都各有一番长进。孔子认为，他的这些学生各有所偏，不合中行，对他们的品质和德行必须加以纠正。这一章同样表达了孔子的中庸思想。

【注解】

①柴：高柴，字子羔，孔子的学生。②鲁：迟钝。③辟（pì）：通“僻”，偏激。④喭（àn）：鲁莽，刚烈。

【译文】

高柴愚笨，曾参迟钝，颛孙师偏激，仲由鲁莽。

【原文】

11.19　子曰：“回也其庶乎①，屡空②。赐不受命，而货殖焉③，亿则屡中④。”

【题解】

孔子对颜回的评价一直很高，认为他安贫乐道，求仁而得仁；而子贡不接受公家之命去经营货殖，凭借聪明才智致富也不错。孔子并不反对经商致富，只是更加注重人的仁德修养。

【注解】

①庶：庶几，差不多。②屡空：盛食物的器皿常常空虚，即贫困。③货殖：经营商业。④亿：通“臆”，猜测，料事。

【译文】

孔子说：“颜回呀，他的道德修养已经差不多了，可是他常常很贫困。端木赐不听天由命，而去做生意，猜测市场行情往往很准。”

【原文】

11.20　子张问善人之道。子曰：“不践迹①，亦不入于室②。”

【题解】

孔子的学问和道德修养，是在继承优良传统的基础上取得的，他深信要跟着圣人的脚步走，方能升堂入室，强调将圣贤之道落实在日常生活中。

【注解】

①践迹：踩着前人的脚迹走，即沿着老路走。②入于室：比喻学问和修养达到了精深地步。

【译文】

子张问成为善人的途径，孔子说：“不踩着前人的脚印，做学问也到不了家。”

子张问孔子做善人的方法。

【原文】

11.21　子曰：“论笃是与①，君子者乎？色庄者乎？”

【题解】

本章孔子告诫弟子们说话要笃实，而且要言行一致。因为有的人仅仅是在容貌上显得忠厚老实，而真实品性却未必与其外表表现出来的相一致，故不可以容貌来评价一个人，还要从实践中来观察他的言行举止，方能判定他是否是真正的君子。

【注解】

①论笃是与：赞许言论笃实。这是“与论笃”的倒装说法。“与”是动词，表示赞许的意思。“论笃”是提前的宾语。“是”用于动宾倒装，无义。

【译文】

孔子说：“只是赞许说话稳重的人，但这种人是真正的君子呢，还是仅仅从容貌上看起来庄重呢？”

【原文】

11.22　子路问：“闻斯行诸？”子曰：“有父兄在，如之何其闻斯行之？”冉有问：“闻斯行诸？”子曰：“闻斯行之。”公西华曰：“由也问‘闻斯行诸’，子曰‘有父兄在’；求也问‘闻斯行诸’，子曰‘闻斯行之’。赤也惑，敢问。”子曰：“求也退[①]，故进之；由也兼人[②]，故退之。”

【题解】

本章中的故事讲述了孔子的教育原则与方法，显示了孔子因材施教的教育理念和善于知人论事，孔子结合学生的具体心性来施教，一进一退之间，学生终生受益。

孔子向公西华解释为什么子路和冉求问了相同的问题却得到不同回答。

【注解】

①求也退：冉有性懦弱，遇事退缩不前。②由也兼人：子路好勇过人。

【译文】

子路问：“一听到就行动吗？”孔子说：“父亲和兄长都在，怎么能听到就行动呢？”冉有问：“一听到就行动吗？”孔子说：“一听到就行动。”公西华说：“仲由问‘一听到就行动吗’，您说‘父亲和兄长都在，怎么能一听到就干呢’；冉求问‘一听到就行动吗’，您说‘一听到就行动’。我有些糊涂了，斗胆想问问老师。”孔子说：“冉求平日做事退缩，所以我激励他；仲由好勇胜人，所以我要压压他。”

【原文】

11.23　子畏于匡[①]，颜渊后。子曰：“吾以女为死矣。”曰：“子在，回何敢死？”

【题解】

本章这段对话反映了孔子与弟子们患难与共的师生情谊。孔子素来重视颜渊，在此患难中得见他前来，故有此惊喜交集之语，而颜渊亦视孔子如父亲。在古代的观念中，父母健在时，作为子女的不能轻易冒险就死，所以颜回才这样幽默地说。

【注解】

①畏于匡：见《子罕》篇第五章注①。

【译文】

孔子被囚禁在匡地，颜渊后来赶来。孔子说：“我还以为你死了哩！”颜渊说：“您还活着，我怎么敢先死呢？”

【原文】

11.24　季子然问[①]：“仲由、冉求可谓大臣与？”子曰：“吾以子为异之问，曾由与求之问。所谓大臣者，以道事君，不可则止。今由与求也，何谓具臣矣[②]。”曰：“然则从之者与？”子曰：“弑父与君，亦不从也。”

【题解】

本章中孔子强调君臣关系要以道和礼为准绳和行动原则。孔子认为，大臣和具臣有一定的区别。大臣事君以道，出仕是为了推行仁政，实现大济苍生的理想；而具臣只是具备做官才能的人，寻求的是个人才能的发挥，尽忠职守，忠心服从国君。故季氏有后一问，问具臣是否是唯命是从的。孔子正告他，有弑父弑君的，具臣也是绝不会顺从的。

【注解】

①季子然：鲁国大夫季孙氏的同族人。因为当时仲由、冉求都是季氏的家臣，故问。②具臣：备位充数的臣属。《史记·仲尼弟子列传》集解引孔安国说：“言备臣数而已。”朱熹注同。

【译文】

季子然问：“仲由和冉求是否称得上大臣？”孔子说：“我以为你要问别的事，哪知道竟是问仲由和冉求呀。我们所说的大臣，应该能以合于仁道的方式去侍奉君主，如果行不通，便宁可不干。现在由和求这两个人呀，只算得上是备位充数的臣罢了。”季子然又问：“那么，他们肯听话吗？”孔子说：“如果是杀父亲杀君主，他们也是不会听从的。”

【原文】

11.25　子路使子羔为费宰。子曰：“贼夫人之子[①]。”子路曰：“有民人焉，有社稷焉[②]。何必读书，然后为学？”子曰：“是故恶夫佞者。”

【题解】

孔子主张“学而优则仕”，反对在仕中学、学中仕，认为这样会误事误人。子羔学问尚未纯熟，就派他去做官，无异是害他。

【注解】

①贼：害。夫（fú）：那。子羔没有完成学业就去做官，孔子认为这是害了人家的儿子。②社稷：古代帝王、诸侯所祭的土神和谷神，后用为国家的代称。

【译文】

子路叫子羔去做费地的长官。孔子说：“这是害人家的儿子。”子路说：“有百姓，有土地五谷，何必读书才算学习？”孔子说：“所以我讨厌那些能说会道的人。”

【原文】

11.26　子路、曾皙、冉有、公西华侍坐[①]。子曰：“以吾一日长乎尔[②]，毋吾以也。居则曰[③]：‘不吾知也！’如或知尔，则何以哉？”

子路率尔而对曰[④]：“千乘之国，摄乎大国之间[⑤]，加之以师旅，因之以饥馑[⑥]；由也为之，比及三年[⑦]，可使有勇，且知方也[⑧]。”夫子哂之[⑨]。

“求！尔何如？”对曰：“方六七十，如五六十[⑩]，求也为之，比及三年，可使足民。如其礼乐，以俟君子。”

“赤！尔何如？”对曰：“非曰能之，愿学焉。宗庙之事，如会同，端章甫[11]，愿为小相焉[12]。”

“点！尔何如？”鼓瑟希[13]，铿尔，舍瑟而作[14]。对曰：“异乎三子者之撰[15]。”子曰：“何伤乎？亦各言其志也。”曰：“莫春者[16]，春服既成。冠者五六人，童子六七人，浴乎沂[17]，风乎舞雩[18]，咏而归。”夫子喟然叹曰[19]：“吾与点也[20]！”

三子者出，曾皙后。曾皙曰：“夫三子者之言何如？”子曰：“亦各言其志也已矣。”曰：“夫子何哂由也？”曰：“为国以礼，其言不让，是故哂之。”“唯求则非邦也与[21]？”“安见方六七十如五六十而非邦也者？”“唯赤则非邦也与？”“宗庙会同，非诸侯而何？赤也为之小[22]，孰能为之大？”

【题解】

这一段师生之间的平常对话非常有名也非常重要，引发了后世诸多学人的诸多讨论。对答之间，师生各自述其政治理想和志向，子路的爽直不谦让、冉求的有志于邦国、公西华的谦逊、曾皙的洒脱飘逸无不宛然如见。孔子欣赏他们，对他们的志向加以点评，让人有如沐春风之感，充溢着愉快、热烈、祥和而又亲切的气氛。这章既显示了儒家浓郁的入世情怀，也反映了其潇洒自在的人生意趣。

【注解】

①曾皙：名点，字子皙，曾参的父亲，也是孔子的学生。②以：认为。尔：你们。③居：平日。④率尔：轻率，急切。⑤摄：迫近。⑥因：仍，继。饥馑（jǐn）：饥荒。⑦比及：等到。⑧方：方向，指道义。⑨哂（shěn）：讥讽的微笑。⑩如：或者。⑪端：玄端，古代礼服的名称。章甫：古代礼帽的名称。⑫相（xiàng）：傧相，祭祀和会盟时主持赞礼和司仪的官。相有卿、大夫、士三级，小相是最低的士一级。⑬希：同“稀”，指弹瑟的速度放慢，节奏逐渐稀疏。⑭作：站起来。⑮异乎：不同于。撰：具，述。⑯莫（mù）春：夏历三月。莫，同“暮”。⑰沂（yí）：水名，发源于山东南部，流经江苏北部入海。⑱风：迎风纳凉。舞雩（yú）：地名，原是祭天求雨的地方，在今山东曲阜。⑲喟（kuì）然：长叹的样子。⑳与：赞许，同意。㉑唯：语首词，没有什么意义。㉒之：相当于“其”。

【译文】

子路、曾皙、冉有、公西华四人陪同孔子坐着。孔子说：“我比你们年龄都大，你们不要因为我在这里就不敢尽情说话。你们平时总爱说没有人了解自己。如果有人了解你们，那你们怎么办呢？”

子路轻率而急切地回答说：“如果有一个千乘之国，夹在几个大国之间，外面有军队侵犯它，国内又连年灾荒，我去治理它，只要三年，就可以使那里人人有勇气、个个懂道义。”孔子听后讥讽地笑了一笑。

又问：“冉求，你怎么样？”冉有回答说：“方圆六七十里或五六十里的小国家，我去治理它，等到三年，可以使人民富足。至于礼乐方面，只有等待贤人君子来施行了。”

孔子又问：“公西赤，你怎么样？”公西赤回答说：“不敢说我有能力，只是愿意学习罢了。宗庙祭祀或者同外国盟会，我愿意穿着礼服，戴着礼帽，做一个小傧相。”

孔子接着问：“曾点！你怎么样？”曾皙弹瑟的节奏逐渐稀疏，“铿”的一声放下瑟站起来，回答道：“我和他们三位所说的不一样。”孔子说：“那有什么妨碍呢？也不过是各人谈谈志愿罢了。”曾皙说：“暮春三月的时候，春天的衣服都穿在身上了，我和五六位成年人，还有六七个儿童一起，在沂水岸边洗洗澡，在舞雩台上吹风纳凉，唱着歌儿走回来。”孔子长叹一声说：“我赞赏你的主张。”

子路、冉有、公西华三个人都出来了，曾皙后走。他问孔子：“他们三位同学的话怎么样？”孔子说：“也不过各人谈谈自己的志愿罢了。”曾皙说：“您为什么讥笑仲由呢？”孔子说：“治理国家应该注意礼仪，他的话一点也不谦逊，所以笑他。”曾皙又问：“难道冉求所讲的不是有关治理国家的事吗？”孔子说：“怎么见得方圆六七十里或五六十里的地方就算不上一个国家呢？”曾皙再问：“公西赤讲的就不是国家吗？”孔子说：“有宗庙、有国家之间的盟会，不是国家是什么？公西华只能做小傧相，谁能做大傧相呢？”

颜渊篇第十二

【原文】

12.1　颜渊问仁。子曰："克己复礼为仁①。一日克己复礼，天下归仁焉。为仁由己，而由人乎哉？"

颜渊曰："请问其目。"子曰："非礼勿视，非礼勿听，非礼勿言，非礼勿动。"

颜渊曰："回虽不敏，请事斯语矣。"

【题解】

这段话是孔子的著名言论。"克己复礼"是"论语"的核心内容，孔子在此阐释了"仁"与"礼"的关系。

【注解】

①克己复礼：克制自己，使自己的行为归到礼的方面去，即合于礼。复礼，归于礼。

【译文】

颜渊问什么是仁。孔子说："抑制自己，使言语和行动都走到礼上来，就是仁。一旦做到了这些，天下的人都会称许你有仁德。实行仁德是由自己，难道是靠别人？"

颜渊说："请问实行仁德的具体途径。"孔子说："不合礼的事不看，不合礼的事不听，不合礼的事不言，不合礼的事不动。"

颜渊说："我虽然不聪敏，请让我照这些话去做。"

孔子对颜渊说：克制自己，使行为和言语都合乎礼就是"仁"。

【原文】

12.2　仲弓问仁。子曰："出门如见大宾，使民如承大祭。己所不欲，勿施于人。在邦无怨①，在家无怨②。"

仲弓曰："雍虽不敏，请事斯语矣。"

【题解】

此章孔子阐述了为政者如何实践仁的思想，道出了中国人做人的理想人格："己所不欲，勿施于人"。

仁具有丰富的内涵，故孔子每次对仁的回答也不尽相同。

【注解】

①邦：诸侯统治的国家。②家：卿大夫的封地。

孔子回答仲弓说：己所不欲，勿施于人，就是"仁"。

【译文】

仲弓问什么是仁。孔子说："出门好像去见贵宾，役使民众好像去承担重大祀典。自己所不想要的事物，就不要强加给别人。在邦国做事没有抱怨，在卿大夫之家做事也无抱怨。"

仲弓说："我冉雍虽然不聪敏，请让我照这些话去做。"

【原文】

12.3 司马牛问仁。子曰："仁者，其言也讱[①]。"曰："其言也讱，斯谓之仁已乎？"子曰："为之难，言之得无讱乎？"

【题解】

孔子因材施教，因为司马牛多言而浮躁，所以孔子特别针对他这一缺点，告诉他说话要和缓谨慎，少说话多行动，强调言行一致的重要性。

【注解】

①讱（rèn）：说话谨慎，不容易出口。

【译文】

司马牛问什么是仁，孔子说："仁人，他的言语显得谨慎。"司马牛说："言语谨慎，这就可以称作仁了吗？"孔子说："做起来难，说话能不谨慎吗？"

【原文】

12.4 司马牛问君子，子曰："君子不忧不惧。"曰："不忧不惧，斯谓之君子已乎？"子曰："内省不疚[①]，夫何忧何惧？"

【题解】

孔子对弟子们的教育都带有很强的针对性。因为司马牛正直善言而性情急躁，所以在这里，孔子耐心地引导他加强修养，向内省察自己。

【注解】

①疚（jiù）：内心痛苦，惭愧。

【译文】

司马牛问怎样才是君子。孔子说："君子不忧愁，不恐惧。"司马牛说："不忧愁，不恐惧，这就叫君子了吗？"孔子说："内心反省而不内疚，那还有什么忧虑和恐惧的呢？"

【原文】

12.5 司马牛忧曰："人皆有兄弟，我独亡。"子夏曰："商闻之矣：'死生有命，富贵在天。'君子敬而无失，与人恭而有礼，四海之内，皆兄弟也。君子何患乎无兄弟也？"

【题解】

这是《论语》中的一段名言，其中"死生有命，富贵在天"、"四海之内皆兄弟"等语长期为后世所使用。一个君子培养好自己的德行，做到敬重而无过失，对人恭敬有礼，四海之内的人都乐于与之交往，何愁没有兄弟呢？

【译文】

司马牛忧愁地说："别人都有兄弟，唯独我没有。"子夏说："我听说过：'死生由命运决定，富贵在于上天的安排。’君子认真谨慎地做事，不出差错，对人恭敬而有礼貌，四海之内的人，就都是兄弟，君子何必担忧没有兄弟呢？”

子夏向司马牛阐释君子四海之内皆兄弟的道理。

【原文】

12.6　子张问明。子曰：“浸润之谮[①]，肤受之愬[②]，不行焉，可谓明也已矣。浸润之谮，肤受之愬，不行焉，可谓远也已矣。”

【题解】

本章孔子论述的是明智的问题，它对处于领导地位的执政者而言，显得更为重要。有道是“众口铄金，积毁销骨”，能使无孔不入的谗言和诽谤行不通，那可真是明智而且有远见的人了。

【注解】

①浸润之谮（zèn）：像水浸润物件一样逐渐传播的谗言。谮，诬陷。②肤受之愬（sù）：像皮肤感受到疼痛一样的诬告，即诽谤。愬，同“诉”。

【译文】

子张问什么是明智。孔子说：“暗中传播的谗言，切身感受的诽谤，在你这儿都行不通，就可以称得上明智了。暗中传播的谗言，切身感受的诽谤，在你这里都行不通，就可以说是有远见了。”

【原文】

12.7　子贡问政。子曰：“足食，足兵[①]，民信之矣。”子贡曰：“必不得已而去，于斯三者何先？”曰：“去兵。”子贡曰：“必不得已而去，于斯二者何先？”曰：“去食。自古皆有死，民无信不立。”

【题解】

此章孔子阐述了自己以仁德治国的见解。他认为管理一个国家，首先是人民的吃饭问题，然后才是保卫国家的问题，但更重要的是取得人们的信任，这样才能使全国百姓同心协力。

【注解】

①兵：武器，指军备。

【译文】

子贡问怎样治理政事。孔子说：“粮食充足，军备充足，民众信任政府。”子贡说：“如果迫不得已要去掉一些，三项中先去掉哪一项呢？”孔子说：“去掉军备。”子贡说：“如果迫不得已，要在剩下的两项中去掉一项，先去掉哪一项呢？”孔子说：“去掉粮食。自古以来，人都是要死的，如果没有民众的信任，那么国家就站立不住了。”

【原文】

12.8　棘子成曰[①]：“君子质而已矣，何以文为[②]？”子贡曰：“惜乎，夫子之说君子也[③]！驷不及舌[④]。文犹质也，质犹文也。虎豹之鞟犹犬羊之鞟[⑤]。”

【题解】

关于文与质的关系问题，子贡认为应文质兼备，表里一致，这一思想源于孔子。

【注解】

①棘子成：卫国大夫。古代大夫尊称为“夫子”，故子贡以此称之。②质：质地，指思想品德。文：文采，指礼节仪式。③说：淡论。④驷（sì）不及舌：话一出口，四匹马也追不回来，即“一言既出，驷马难追”。⑤鞟（kuò）：去毛的兽皮。

子贡与棘子成谈论君子。

【译文】

棘子成说：“君子有个好的本质就行啦，要文采做什么呢？”子贡说：“可惜呀！夫子您这样谈论君子。一言既出，驷马难追。文采如同本质，本质也如同文采，二者是同等重要的。假如去掉虎豹和犬羊的有文采的皮毛，那这两样皮革就没有多大的区别了。”

【原文】

12.9 哀公问于有若曰：“年饥，用不足，如之何？”有若对曰：“盍彻乎[①]？”曰：“二，吾犹不足，如之何其彻也？”对曰：“百姓足，君孰与不足[②]？百姓不足，君孰与足？”

【题解】

本章记述了鲁哀公和有若的对话，反映了儒家“富民”的经济思想。这段话明确地把百姓放在与君王同等重要的位置上。君民一体，人民富裕，则君主不至于独贫；人民贫穷，则君主亦不能独富。这种要求藏富于民的观念体现了孔子为政以“仁”的思想。

【注解】

①盍（hé）彻乎：盍，何不。彻，西周时流行于诸侯国的一种田税制度。旧注曰：“什一而税谓之彻。”②孰与：与谁，同谁。

【译文】

鲁哀公问有若说：“年成歉收，国家备用不足，怎么办呢？”有若回答说：“何不实行十分抽一的税率呢？”哀公说：“十分抽二，尚且不够用，怎么能去实行十分抽一呢？”有若回答说：“如果百姓用度足，国君怎么会用度不足呢？如果百姓用度不足，国君用度怎么会足呢？”

【原文】

12.10 子张问崇德[①]、辨惑[②]。子曰：“主忠信[③]，徙义[④]，崇德也。爱之欲其生，恶之欲其死；既欲其生，又欲其死，是惑也。‘诚不以富，亦祇以异[⑤]’。”

【题解】

此章孔子谈的主要是个人的道德修养应该以忠信为基础，使自己的行为思想符合义的问题。

【注解】

①崇德：提高道德修养的水平。②惑：迷惑，不分是非。③主忠信：以忠厚诚实为主。④徙义：向义靠拢。徙，迁移。⑤诚不以富，亦衹以异：见《诗·小雅·我行其野》。这两句诗引在这里，颇觉费解。有人认为是错简。今按朱熹《四书集注》中解释译出。

【译文】

子张向孔子请教怎样提高品德修养和辨别是非。孔子说："以忠厚诚实为主，行为总是遵循道义，这就可以提高品德。对于同一个人，爱的时候希望他长期活下去；厌恶的时候，又希望他死去。既要他长寿，又要他短命，这就是迷惑。'这样对自己实在是没有益处，也只能使人感到奇怪罢了'。"

【原文】

12.11　齐景公问政于孔子。孔子对曰："君君，臣臣，父父，子子。"公曰："善哉！信如君不君，臣不臣，父不父，子不子，虽有粟，吾得而食诸？"

【题解】

此章说明了孔子理想中的社会礼法制度。摆正人与人之间名分关系，这对维护社会秩序来说是很重要的。

【译文】

齐景公向孔子询问政治。孔子回答说："国君要像国君，臣子要像臣子，父亲要像父亲，儿子要像儿子。"景公说："好哇！如果真的国君不像国君，臣子不像臣子，父亲不像父亲，儿子不像儿子，即使有粮食，我能够吃得着吗？"

【原文】

12.12　子曰："片言可以折狱者①，其由也与？"子路无宿诺②。

【题解】

仲由凭"片言"就可以"折狱"，不但说明他在审理刑狱方面卓有才干，更重要的是说明他信誉卓著。从来审理刑狱案件都要有原告和被告双方的陈述和供词，才能断案。但子路为人忠信果决，做事雷厉风行，人们信服他，在他面前不弄虚作假，因此他可以只听一面之辞，就可断案。

子路根据单方面的供词就可以判决诉讼案件。

【注解】

①折狱：即断案。狱，案件。②宿诺：拖了很久而没有兑现的诺言。宿，久。

【译文】

孔子说："根据单方面的供词就可以判决诉讼案件的，大概只有仲由吧？"子路没有说话不算数的时候。

【原文】

12.13　子曰："听讼，吾犹人也。必也使无讼乎！"

【题解】

此章表明了孔子一贯主张的德治、礼治的政治思想。

【译文】

孔子说："审理诉讼案件，我同别人一样。重要的是必须使诉讼的案件根本不发生！"

【原文】

12.14　子张问政。子曰："居之无倦，行之以忠。"

【题解】

此章谈论的是从政为官要忠诚和勤谨的问题。身居官位，则要始终如一，不要懒散，懈怠政事。执行君令时，要以忠信，竭心尽力而为。

【译文】

子张问怎样治理政事，孔子说："居于官位不懈怠，执行君令要忠实。"

孔子向子张阐释居官不倦、忠行君令的为政道理。

【原文】

12.15　子曰："博学于文，约之以礼，亦可以弗畔矣夫！"

【题解】

此章与《雍也》篇第二十七章重，故译文略。

【原文】

12.16　子曰："君子成人之美，不成人之恶。小人反是。"

【题解】

这是孔子的一段名言，说明一个有道德的君子是以仁爱为怀的，所以与人为善，愿意成全别人的好事，而不愿意助别人行恶。而小人却总是幸灾乐祸，希望看见别人发生不幸。两者在对人对事的态度上完全不同。

【译文】

孔子说："君子成全别人的好事，而不促成别人的坏事。小人则与此相反。"

【原文】

12.17　季康子问政于孔子。孔子对曰："政者，正也。子帅以正[①]，孰敢不正？"

【题解】

从本章的这段话可以看出，孔子十分注重为政者的模范带头作用。

【注解】

①帅：通"率"，率领。

【译文】

季康子向孔子询问为政方面的事，孔子回答说：'政'的意思就是端正，您自己先做到端正，谁还敢不端正？”

【原文】

12.18　季康子患盗，问于孔子。孔子对曰：“苟子之不欲，虽赏之不窃。”

【题解】

此章孔子谈论的仍是为政为官的道理。上行则下效，为政者的作风对社会的民风影响很大，所以为政者要注意自己的所作所为，要处处做好表率，给百姓以良好的影响。

【译文】

季康子担忧盗窃，来向孔子求教。孔子对他说：“如果您不贪求太多的财物，即使奖励他们去偷，他们也不会干。”

【原文】

12.19　季康子问政于孔子，曰：“如杀无道，以就有道，何如？”

孔子对曰：“子为政，焉用杀？子欲善而民善矣。君子之德风，小人之德草。草上之风[①]，必偃[②]。”

孔子向季康子阐释为政者清廉自洁才是杜绝盗窃现象之根本的道理。

【题解】

季康子向孔子问政，以为杀掉违法乱纪的人而亲近有德的人就能使天下有道。孔子则一向主张以道德感化人民，不主张刑杀治国。

【注解】

①草上之风：谓风吹草。上，一作“尚”，加也。“上之风”谓上之以风，即加之以风。②偃：倒下。

【译文】

季康子向孔子问政事，说：“假如杀掉坏人，以此来亲近好人，怎么样？”孔子说：“您治理国家，怎么想到用杀戮的方法呢？您要是好好治国，百姓也就会好起来。君子的品德如风，小人的品德如草。草上刮起风，草一定会倒。”

【原文】

12.20　子张问：“士何如，斯可谓之达矣[①]？”子曰：“何哉，尔所谓达者？”子张对曰：“在邦必闻，在家必闻。”子曰：“是闻也，非达也。夫达也者，质直而好义，察言而观色，虑以下人[②]。在邦必达，在家必达。夫闻也者，色取仁而行违，居之不疑。在邦必闻，在家必闻。”

【题解】

此章表明一个人在社会上的影响同他的德行、操守是密切相关的。孔子在这里指出了“闻”和“达”

的区别。强调要注重自身的修养去做到通达，而不是去追求在人们心目中的好名声。

【注解】

①达：通达。②下人：下于人，即对人谦逊。

【译文】

子张问道："士要怎么样才可说是通达了？"孔子说："你所说的通达是什么呢？"子张回答说："在诸侯的国家一定有名声，在大夫的封地一定有名声。"孔子说："这是有名声，不是通达。通达的人，本质正直而喜爱道义，体会别人的话语，观察别人的脸色，时常想到对别人谦让。这样的人在诸侯的国家一定通达，在大夫的封地也一定通达。有名声的人，表面上要实行仁德而行动上却相反，以仁人自居而毫不迟疑。他们在诸侯的国家一定虚有其名，在大夫的封地也一定虚有其名。"

孔子向子张解释"闻"和"达"的区别。

【原文】

12.21 樊迟从游于舞雩之下，曰："敢问崇德、修慝、辨惑[①]。"子曰："喜哉问！先事后得，非崇德与？攻其恶，无攻人之恶，非修慝与？一朝之忿，忘其身以及其亲，非惑与？"

【题解】

樊迟提出的三个问题都是关于个人的修身、齐家等有关品德修养和社会实践及影响的。

【注解】

①修慝（tè）：改恶从善。修，治，指改正。慝，邪恶。

【译文】

樊迟跟随孔子在舞雩台下游览，说道："请问如何提高自己的品德修养，改正过失，辨别是非。"孔子说："问得好啊！辛劳在先，享乐在后，这不就可以提高自己的品德修养吗？检查自己的错误，不去指责别人的缺点，这不就改正了过失吗？因为一时气愤，而不顾自身和自己的双亲，这不就是迷惑吗？"

【原文】

12.22 樊迟问仁。子曰："爱人。"问知。子曰："知人。"樊迟未达。子曰："举直错诸

樊迟向孔子请教"仁"和"知"的问题。

枉[①]，能使枉者直。"

樊迟退，见子夏，曰："乡也吾见于夫子而问'知'[②]，子曰：'举直错诸枉，能使枉者直'，何谓也？"子夏曰："富哉言乎！舜有天下，选于众，举皋陶[③]，不仁者远矣。汤有天下，选于众，举伊尹[④]，不仁者远矣。"

【题解】

"仁"是孔子伦理思想的核心，包含了"爱人"和"知人"两部分内容。

"举直错诸枉"，即举拔贤才的思想，是孔子政治思想的重要方面。

【注解】

①举直错诸枉：把正直的人摆在邪恶的人的上面，即选用贤人，罢黜坏人。错，通"措"，安置。②乡（xiàng）：同"向"，过去。见（xiàn）于：被接见。③皋（gāo）陶（yáo）：舜时的贤臣。④伊尹：商汤时辅相。

【译文】

樊迟问什么是仁，孔子说："爱人。"樊迟又问什么是智，孔子说："善于知人。"樊迟没有完全理解。孔子说："把正直的人提拔上来，使他们的位置在不正直的人上面，就能使不正直的人变正直。"

樊迟退了出来，见到子夏，说："刚才我去见老师，问他什么是智，他说：'把正直的人提拔上来，使他们的位置在不正直的人上面'，这是什么意思？"子夏说道："这是涵义多么丰富的话呀！舜有了天下，在众人中选拔人才，把皋陶提拔了起来，不仁的人就远远地离开了。汤得了天下，也从众人中选拔人才，把伊尹提拔起来，那些不仁的人就远远离开了。"

【原文】

12.23　子贡问友。子曰："忠告而善道之[①]，不可则止，毋自辱焉。"

【题解】

此章孔子谈的是交友之道：要忠言直告又要恰当地引导，不宜强加于人。

【注解】

①道：通"导"。

【译文】

子贡问怎样交朋友。孔子说："忠心地劝告他并好好地开导他，如果不听从也就罢了，不要自取侮辱。"

子贡向孔子请教关于"友"的问题。

【原文】

12.24　曾子曰："君子以文会友，以友辅仁。"

【题解】

此章讲的也是交友之道。以文会友被认为是君子所为。朋友之间相互勉励扶持，在一起切磋琢磨，共同走上人生的正途。

【译文】

曾子说："君子用文章学问来结交、聚合朋友，用朋友来帮助自己培养仁德。"

子路篇第十三

【原文】

13.1 子路问政。子曰："先之，劳之。"请益。曰："无倦。"

【题解】

此章谈的是执政者的道德修养问题。为政者自己要首先以身作则，体恤慰劳民众，不要倦怠。

【译文】

子路问为政之道。孔子说："自己先要身体力行带好头，然后让老百姓辛勤劳作。"子路请求多讲一些，孔子说："不要倦怠。"

孔子向子路阐释要以身作则、不要懈怠的为政道理。

【原文】

13.2 仲弓为季氏宰，问政。子曰："先有司，赦小过，举贤才。"曰："焉知贤才而举之？"子曰："举尔所知。尔所不知，人其舍诸？"

【题解】

为政在人，为政者一定要为下面的人做出表率，对下属的小过失不要计较，要抓大放小。重要地在于善举贤才，从近处做起，从自己做起，这些都是孔子的为政之道。

【译文】

仲弓做了季氏的总管，问怎样管理政事，孔子说："自己先给下属各部门主管人员做出表率，原谅他人的小错误，提拔贤能的人。"仲弓说："怎么知道哪些人是贤能的人而去提拔他们呢？"孔子说："提拔你所知道的；那些你所不知道的，别人难道会埋没他吗？"

【原文】

13.3 子路曰："卫君待子而为政，子将奚先？"子曰："必也正名乎！"子路曰："有是哉，子之迂也！奚其正？"子曰："野哉由也！君子于其所不知，盖阙如也①。名不正，则言不顺；言不顺，则事不成；事不成，则礼乐不兴；礼乐不兴，则刑罚不中②；刑罚不中，则民无所措手足。故君子名之必可言也，言之必可行也。君子于其言，无所苟而已矣③。"

【题解】

这是孔子言论中关系到国家大事和为人处世的著名论述，其中"名不正则言不顺"一句常被人们引用。

【注解】

①阙：通"缺"。缺而不言，存疑的意思。②中（zhòng）：得当。③苟：随便，马虎。

【译文】

子路说："卫国国君要您去治理国家，您打算先从哪些事情做起呢？"孔子说："首先必须正名分。"

子路说："有这样做的吗？您真是太迂腐了。这名怎么正呢？"孔子说："仲由，真粗野啊。君子对于他所不知道的事情，总是采取存疑的态度。名分不正，说起话来就不顺当合理，说话不顺当合理，事情就办不成。事情办不成，礼乐也就不能兴盛。礼乐不能兴盛，刑罚的执行就不会得当。刑罚不得当，百姓就不知怎么办好。所以，君子一定要定下一个名分，必须能够说得明白，说出来一定能够行得通。君子对于自己的言行，是从不马虎对待的。"

【原文】

13.4　樊迟请学稼，子曰："吾不如老农。"请学为圃。曰："吾不如老圃。"樊迟出。子曰："小人哉，樊须也！上好礼，则民莫敢不敬；上好义，则民莫敢不服；上好信，则民莫敢不用情。夫如是，则四方之民襁负其子而至矣①，焉用稼？"

孔子批评樊迟问末而不知本。

【题解】

孔子的教育思想在于培养为政的人才，因此以"文、行、忠、信"四科为教育内容，而种田种菜等劳动生产之事不在其教育之中。

【注解】

①襁（qiǎng）：背负小孩所用的布兜子。

【译文】

樊迟向孔子请教如何种庄稼，孔子说："我不如老农民。"又请教如何种蔬菜，孔子说："我不如老菜农。"樊迟出去了。孔子说："真是个小人啊！樊迟这个人！居于上位的人爱好礼仪，老百姓就没有敢不恭敬的；居于上位的人爱好道义，老百姓就没有敢不服从的；居于上位的人爱好诚信，老百姓就没有敢不诚实的。如果能够做到这一点，那么，四方的老百姓就会背负幼子前来归服，何必要自己来种庄稼呢？"

【原文】

13.5　子曰："诵《诗》三百，授之以政①，不达②；使于四方③，不能专对④。虽多，亦奚以为⑤？"

【题解】

本章孔子的这段言论表明，他的教育思想和目的是致力于培养对国家有用的人才，使所育之才能够治理国家，让天下归仁。学习《诗经》的目的也是为了让弟子们增加多方面的知识，成为有用之才，而不是成为纯粹的文人或书呆子。

【注解】

①授：交给。②不达：办不好。③使：出使。④不能专对：不能随机应变，独立应对。古代使节出使，遇到问题要随机应变，独立地进行外事活动。⑤以：用。

【译文】

孔子说："熟读了《诗》三百篇，交给他政务，他却搞不懂；派他出使到四方各国，又不能独立应对外交。虽然读书多，又有什么用处呢？"

【原文】

13.6　子曰："其身正，不令而行；其身不正，虽令不从。"

【题解】

这也是孔子一贯主张的执政者要以身作则的原则。为政者必须先要正己，自身不正，虽有命令别人也不会听从，更别提去正人了。孔子讲为政以德，对上位者提出要求和约束，有其积极意义。

【译文】

孔子说："（作为管理者）如果自身行为端正，不用发布命令，事情也能推行得通；如果本身不端正，就是发布了命令，百姓也不会听从。"

【原文】

13.7　子曰："鲁、卫之政，兄弟也。"

【题解】

鲁国是周公旦的封地，卫国是康叔的封地，周公旦和康叔是兄弟，当时两国的政治情况都趋向于衰败，故而孔子有此感叹。

【译文】

孔子说："鲁国的政事和卫国的政事，像兄弟一样。"

【原文】

13.8　子谓卫公子荆："善居室[①]。始有，曰：'苟合矣[②]。'少有，曰：'苟完矣。'富有，曰：'苟美矣。'"

【题解】

本章是孔子对卫公子荆的赞美之辞。

【注解】

①善居室：善于治理家政，善于居家过日子。②合：足。

卫公子荆善于治理家政。

【译文】

孔子谈到卫国的公子荆，说："他善于治理家政。当他刚开始有财物时，便说：'差不多够了。'当稍微多起来时，就说：'将要足够了。'当财物到了富有时候，就说：'真是太完美了。'"

【原文】

13.9　子适卫[①]，冉有仆[②]。子曰："庶矣哉[③]！"冉有曰："既庶矣，又何加焉[④]？"曰："富之。"曰："既富矣，又何加焉？"曰："教之。"

孔子到卫国去，冉有为他驾车。

【题解】

本章孔子提出了“先富后教”的政治思想，认识到经济富裕是德教的基础。

【注解】

①适：往，到……去。②仆：动词，驾御车马。亦作名词用，指驾车的人。③庶：众多。④加：再，增加。

【译文】

孔子到卫国去，冉有为他驾车。孔子说：“人口真是众多啊！”冉有说：“人口已经是如此众多了，又该再做什么呢？”孔子说：“使他们富裕起来。”冉有说：“已经富裕了，还该怎么做？”孔子说：“教育他们。”

【原文】

13.10 子曰：“苟有用我者，期月而已可也[①]，三年有成。”

【题解】

据《史记·孔子世家》记载，这是孔子在卫国时有感而发的言辞，表达了自己从政的信心。

【注解】

①期（jī）月：一年。

【译文】

孔子说：“假如有人用我主持国家政事，一年之内就可以见到成效了，三年便能完全治理好。”

【原文】

13.11 子曰：“‘善人为邦百年[①]，亦可以胜残去杀矣[②]。’诚哉是言也！”

【题解】

只有具有仁爱之心的善人才会用相当长的时间实行德治，最后达到胜残去杀的目的。这是孔子的理想。

【注解】

①为邦：治国。②胜残：克服残暴。

【译文】

孔子说：“‘善人治理国家一百年，也就能够克服残暴行为，消除虐杀现象了。’这句话说得真对啊！”

【原文】

13.12 子曰：“如有王者，必世而后仁[①]。”

【题解】

接着上一章，治国需要循序渐进，这依赖于人心的向善归仁，需要为政者的教化倡导。

【注解】

①世：古代以三十年为一世。

【译文】

孔子说："如果有王者兴起，也一定要三十年之后才能实现仁政。"

【原文】

13.13　子曰："苟正其身矣，于从政乎何有？不能正其身，如正人何？"

【题解】

此章孔子讲的还是"正人先正己"的道理。

【译文】

孔子说："如果端正了自己的言行，治理国家还有什么难的呢？如果不能端正自己，又怎么能去端正别人呢？"

【原文】

13.14　冉子退朝①。子曰："何晏也？"对曰："有政。"子曰："其事也。如有政，虽不吾以②，吾其与闻之③。"

【题解】

此章孔子区分了"议事"与"议政"两个不同的概念，也有正名的意思，因为冉有是退于季氏的私朝。这也说明孔子虽不在朝，却一直十分关心国家政治。

【注解】

①朝：朝廷。或指鲁君的朝廷，或指季氏议事的场所。②不吾以：不用我。以，用。③与（yù）：参与。

【译文】

冉有从办公的地方回来，孔子说："今天为什么回来得这么晚呢？"冉有回答说："有政务。"孔子说："那不过是一般性的事务罢了。如果是重要的政务，即使不用我，我还是会知道的。"

【原文】

13.15　定公问："一言而可以兴邦，有诸？"孔子对曰："言不可以若是，其几也①。人之言曰：'为君难，为臣不易。'如知为君之难也，不几乎一言而兴邦乎？"曰："一言而丧邦，有诸？"孔子对曰："言不可以若是，其几也。人之言曰：'予无乐乎为君，唯其言而莫予违也。'如其善而莫之违也，不亦善乎？如不善而莫之违也，不几乎一言而丧邦乎？"

【题解】

执政者应该小心谨慎，注意自己的一言一行。

孔子向鲁定公阐释言论、谏诤的重要性。

【注解】

①几（jī）：近。

【译文】

鲁定公问："一句话可以使国家兴盛，有这样的事吗？"孔子回答说："对语言不能有那么高的期望。有人说：'做国君难，做臣子也不容易。'如果知道了做国君的艰难，（自然会努力去做事），这不近于一句话而使国家兴盛吗？"定公说："一句话而丧失了国家，有这样的事吗？"孔子回答说："对语言的作用不能有那么高的期望。有人说：'我做国君没有感到什么快乐，唯一使我高兴的是我说的话没有人敢违抗。'如果说的话正确而没有人违抗，这不是很好吗？如果说的话不正确也没有人敢违抗，这不就近于一句话就使国家丧亡吗？"

【原文】

13.16　叶公问政。子曰："近者说[①]，远者来。"

【题解】

为政之道，在得民心。叶公即楚国贵族沈诸梁。叶公理政，事事公开，慎刑罚，薄赋税，为民众所称颂。孔子至楚，因有叶公问政事。

【注解】

①说：同"悦"。

【译文】

叶公问怎样治理国家。孔子说："让近处的人快乐满意，使远处的人闻风归附。"

【原文】

13.17　子夏为莒父宰[①]，问政。子曰："无欲速，无见小利。欲速，则不达；见小利，则大事不成。"

【题解】

这是孔子提出的关于管理地方政务的原则、方法的一段问答。"欲速则不达"已经成为成语，做大事小事都要遵循这个法则。

【注解】

①莒（jǔ）父：鲁国的一个城邑，在今山东省莒县境内。

孔子教诲子夏为政不要急于求成，不要贪图小利。

【译文】

子夏做了莒父地方的长官，问怎样治理政事。孔子说："不要急于求成，不要贪图小利。急于求成，反而达不到目的；贪小利则办不成大事。"

【原文】

13.18　叶公语孔子曰[①]："吾党有直躬者[②]，其父攘羊[③]，而子证之[④]。"孔子曰："吾党之直者异于是。父为子隐，子为父隐，直在其中矣。”

【题解】

这一章表明了在中国的传统社会中，伦理道德是高于法制的。

【注解】

①语（yù）：告诉。②党：指家乡。古代五百家为党。③攘（ràng）：即偷窃。④证：告发。

【译文】

叶公告诉孔子说：“我家乡有个正直的人，他父亲偷了别人的羊，他便出来告发。”孔子说：“我家乡正直的人与这不同：父亲替儿子隐瞒，儿子替父亲隐瞒，正直就在这里面了。”

【原文】

13.19 樊迟问仁。子曰：“居处恭，执事敬，与人忠。虽之夷狄，不可弃也。”

【题解】

此章孔子提出了做人在生活、工作和交友等各个方面的“仁”的要求，即“恭”、“敬”、“忠”是一个人的为人之道。生活中保持恭肃之心，工作中做事诚敬，毫不苟且，与人相交忠诚以待，到哪里都行得通。

【译文】

樊迟问什么是仁。孔子说：“平时的生活起居要端庄恭敬，办事情的时候严肃认真，对待他人要忠诚。就是去边远的少数民族居住的地方，也是不能废弃这些原则的。”

【原文】

13.20 子贡问曰：“何如斯可谓之士矣？”子曰：“行已有耻，使于四方，不辱君命，可谓士矣。”曰：“敢问其次。”曰：“宗族称孝焉，乡党称弟焉。”曰：“敢问其次。”曰：“言必信，行必果，硁硁然小人哉[①]！抑亦可以为次矣。”曰：“今之从政者何如？”子曰：“噫！斗筲之人[②]，何足算也！”

【题解】

孔子观念中的“士”，首先是有知耻之心、不辱使命的人，能够担负一定的国家使命。其次是孝敬父母、友爱兄长的人。再次才是“言必信，行必果”的人。至于现在的当政者，孔子则认为是斗筲小人，不值一谈。

【注解】

①硁（kēng）硁：象声词，敲击石头的声音。这里引申为像石块那样坚硬。②斗筲（shāo）之人：比喻器量狭小的人。筲，竹器，容一斗二升。

【译文】

子贡问道：“怎样才可称得上‘士’呢？”孔子说：“能用羞耻之心约束自己的行为，出使不辜负君主的委托，这就可以称作‘士’了。”子贡说：“请问次一等的‘士’是什么样的？”孔子说：“宗族的人称赞他孝顺，乡里的人称赞他友爱。”子贡说：“请问再次一等的‘士’是什么样的？”孔子说：“说话一定要诚信，做事一定要坚定果断，这虽是耿直固执的小人，但也可以算是再次一等的‘士’了。”子贡说：“现在那些执政的人怎么样？”孔子说：“唉！一班器量狭小的家伙，算得了什么呢！”

【原文】

13.21 子曰："不得中行而与之[①]，必也狂狷乎[②]！狂者进取，狷者有所不为也。"

【题解】

孔子认为，能够"中行"的人是理想中的合乎中庸之道的人。

【注解】

①中行：行为合乎中庸。与：相与，交往。②狷（juàn）：性情耿直，不肯同流合污。

孔子说：如果找不到行为合乎中庸的人为友，一定只能和勇者及洁身自爱者交往。

【译文】

孔子说："找不到行为合乎中庸的人而和他们交往，一定只能和勇于向前及洁身自好的人交往！勇于向前的人努力进取，洁身自好的人不会去做坏事！激进的人勇于进取，耿直人不做坏事。"

【原文】

13.22 子曰："南人有言曰：'人而无恒，不可以作巫医[①]。'善夫！""不恒其德，或承之羞[②]。"子曰："不占而已矣[③]。"

【题解】

本章中孔子讲了两层意思：一是人必须有恒心，这样才能成就事业。二是人必须恒久保持德行，否则就可能遭受耻辱。这是他对自己的要求，也是对学生们的告诫。

【注解】

①巫医：用卜筮为人治病的人。②不恒其德，或承之羞：此二句引自《易经·恒卦·爻辞》。意思是说，人如果不能长期坚持自己的德行，有时就要遭受羞辱。③占：占卜。

【译文】

孔子说："南方人有句话说：'人如果没有恒心，就不可以做巫医。'这话说得好哇！"《周易》说："不能长期坚持自己的德行，有时就要遭受羞辱。"孔子又说："这句话的意思是叫没有恒心的人不要占卦罢了。"

【原文】

13.23 子曰："君子和而不同[①]，小人同而不和。"

【题解】

"和而不同"是孔子思想体系中的重要组成部分，显示出孔子思想的深刻哲理和高度智慧。

【注解】

①和：和谐，协调。同：人云亦云，盲目附和。

【译文】

孔子说："君子追求与人和谐而不是完全相同、盲目附和，小人追求与人相同、盲目附和而不能与人和谐。"

【原文】

13.24　子贡问曰："乡人皆好之，何如？"子曰："未可也。""乡人皆恶之，何如？"子曰："未可也。不如乡人之善者好之，其不善者恶之。"

【题解】

此章讲的是如何认识人、评价人的问题。孔子认为，评价一个人，不能简单地附众之毁誉，还要细心考察其所以毁、所以誉的原因，然后才能作出准确的评价。

【译文】

子贡问道："乡里人都喜欢他，这个人怎么样？"孔子说："还不行。""乡里人都厌恶他，这个人怎么样？"孔子说："还不行。最好是乡里的好人都喜欢他，乡里的坏人都厌恶他。"

【原文】

13.25　子曰："君子易事而难说也①。说之不以道，不说也；及其使人也，器之②。小人难事而易说也。说之虽不以道，说也；及其使人也，求备焉。"

【题解】

孔子在这里谈的是做人的两种作风。这是君子和小人的又一区别，君子严于律己，心中自有正道和操守，喜欢人以正道行事，他爱惜人才，宽以待人，故人乐为之用。小人喜欢别人顺从取悦自己，做事却对人求全责备。

【注解】

①说：通"悦"。②器之：按各人的才德适当使用。"器"，器用，作动词用。

【译文】

孔子说："在君子手下做事情很容易，但要取得他的欢心却很难。不用正当的方式去讨他的欢喜，他是不会喜欢的；等到他使用人的时候，能按各人的才德去分配任务。在小人手下做事很难，但要想讨好他却很容易。用不正当的方式去讨好他，他也会很高兴；但在用人的时候，却是要百般挑剔、求全责备的。"

【原文】

13.26　子曰："君子泰而不骄，小人骄而不泰。"

【题解】

由于君子和小人内在的心灵、思想和修养不同，诚于中，形于外，自然他们表现于外的风格也不相同。

【译文】

孔子说："君子安详坦然而不骄矜凌人；小人骄矜凌人而不安详坦然。"

【原文】

13.27　子曰："刚、毅、木、讷，近仁。"

【题解】

孔子认为“仁”是人格的最高境界，不易达到，但可以从基本的刚、毅、木、讷这四种美好的品质做起。

【译文】

孔子说：“刚强、坚毅、质朴、慎言，具备了这四种品德的人便接近仁德了。”

【原文】

13.28　子路问曰：“何如斯可谓之士矣？”子曰：“切切、偲偲[①]，怡怡如也[②]，可谓士矣。朋友切切、偲偲，兄弟怡怡。”

【题解】

前面子贡问士，孔子提出了士的三个不同层次；这里子路问士，孔子则提出要处理好朋友之间、兄弟之间的关系。这些回答都是在因材施教。

【注解】

①偲（sī）偲：勉励、督促、诚恳的样子。②怡（yí）怡：和气、亲切、顺从的样子。

【译文】

子路问道：“怎样才可以称为士呢？”孔子说：“互相帮助督促而又和睦相处，就可以叫作士了。朋友之间互相勉励督促，兄弟之间和睦相处。”

【原文】

13.29　子曰：“善人教民七年，亦可以即戎矣[①]。”

【题解】

孔子是主张和平的，但他也认为必须保持民众的忧患意识，要加强人民保卫国家的教育和训练，做好战争的准备。

【注解】

①即戎：参与军事。“即”用作动词，表示“就”的意思。

【译文】

孔子说：“善人教导训练百姓七年时间，就可以叫他们去作战了。”

孔子说：善人教导训练百姓七年时间，就可以叫他们去作战杀敌了。

【原文】

13.30　子曰：“以不教民战，是谓弃之。”

【题解】

此章是说要爱惜人民，如果让没有经过教育和训练的人去打仗，无异于漠视他们的生命，违背了仁德。

【译文】

孔子说：“让没有受过训练的人去作战，这是抛弃他们，让他们去送死。”

宪问篇第十四

【原文】

14.1 宪问耻[①]。子曰："邦有道，谷[②]；邦无道，谷，耻也。""克、伐、怨、欲不行焉[③]，可以为仁矣？"子曰："可以为难矣，仁则吾不知也。"

【题解】

本章是孔子对原宪问耻的回答，意思与《泰伯》篇第十三章同，可以参照阅读。

【注解】

①宪：姓原，名宪，字子思，孔子的学生。②谷：俸禄。③克：好胜。伐：自夸。

【译文】

原宪问什么叫耻辱。孔子说："国家政治清明，做官领俸禄；国家政治黑暗，也做官领俸禄，这就是耻辱。"原宪又问："好胜、自夸、怨恨和贪婪这四种毛病都没有，可以称得上仁吗？"孔子说："可以说是难能可贵，至于是否是仁，我就不能断定了。"

【原文】

14.2 子曰："士而怀居[①]，不足以为士矣。"

【题解】

孔子理想中的士，具有安贫乐道的美好品格。他认为，如果士人贪图安逸的生活，就失去了作为士的资格，。

【注解】

①怀居：留恋家室的安逸。怀，思念，留恋。居，家居。

【译文】

孔子说："士人如果留恋安逸的生活，就不足以做士人了。"

孔子认为，士人应当不畏惧生活的不安定。

【原文】

14.3 子曰："邦有道，危言危行[①]；邦无道，危行言孙[②]。"

【题解】

此章孔子讲的是做人与为政之道，孔子是既主张行"仁"道，又主张重生的。孔子的话并非是怯懦、软弱的表现，而是他不赞成逞一时意气的刚强，注重韧性精神。

【注解】

①危：直，正直。②孙（xùn）：通"逊"。

【译文】

孔子说："国家政治清明时，言语正直，行为正直；国家政治黑暗时，行为也要正直，但言语应谦逊谨慎。"

【原文】

14.4　子曰："有德者必有言，有言者不必有德；仁者必有勇，勇者不必有仁。"

【题解】

这一章阐释的是言论与道德以及勇敢与仁德之间的关系。这孔子的道德哲学观。他认为勇敢只是仁德的一个方面，二者并不是齐等的关系，所以，人除了有勇以外，还要修养其他各种道德，从而成为有德之人。

【译文】

孔子说："有德的人一定有好的言论，但有好言论的人不一定有德。仁人一定勇敢，但勇敢的人不一定有仁德。"

【原文】

14.5　南宫适问于孔子①，曰："羿善射②，奡荡舟③，俱不得其死然。禹、稷躬稼④，而有天下。"夫子不答。

南宫适出，子曰："君子哉若人！尚德哉若人！"

【题解】

此章反映了孔子崇尚忠信、质朴和道德，反对不择手段，鄙视暴力和权术的态度。

【注解】

①南宫适（kuò）：姓南宫，名适，字子容，孔子的学生。②羿（yì）：传说中夏代有穷国的国君，善于射箭，曾夺夏太康的王位，后被其臣寒浞所杀。③奡（ào）：古代一个大力士，传说是寒浞的儿子，后来为夏少康所杀。④禹：夏朝的开国之君，善于治水，注重发展农业。稷（jì）：传说是周朝的祖先，又为谷神，教民种植庄稼。

【译文】

南宫适向孔子问道："羿擅长射箭，奡善于水战，都没有得到善终。禹和稷亲自耕作庄稼，却得到了天下。"孔子没有回答。

南宫适退出去后，孔子说："这个人是君子啊！这个人崇尚道德啊！"

【原文】

14.6　子曰："君子而不仁者有矣夫，未有小人而仁者也。"

【题解】

在孔子看来，仁的境界是非常高的、难以企及的。君子尚且要时时注意努力，小人就更难了。

【译文】

孔子说："君子之中也许有不仁的人吧，但小人之中却不会有仁人。"

孔子教诲学生，"仁"的境界非常高，弟子们要时时勉励。

【原文】

14.7　子曰："爱之，能勿劳乎？忠焉[1]，能勿诲乎？"

【题解】

孔子这里谈的是爱百姓、爱后进，而且要忠于朋友、忠于国家的思想。爱则会为之尽心尽力，忠则会为之谋虑规划。

【注解】

①焉：相当于"于是"，也相当于"于之"，但古代"于"和"之"一般不连用。

【译文】

孔子说："爱他，能不以勤劳相劝勉吗？忠于他，能不以善言来教诲他吗？"

【原文】

14.8　子曰："为命[1]，裨谌草创之[2]，世叔讨论之[3]，行人子羽修饰之[4]，东里子产润色之[5]。"

【题解】

此章是孔子对子产的外交能力的赞赏之辞。

【注解】

①命：指外交辞令。②裨（pí）谌（chén）：郑国的大夫。③世叔：即子太叔，名游吉。郑国的大夫。子产死后，继子产为郑国宰相。④行人：官名，掌管朝觐聘问事务，即外交事务。子羽，公孙羽，郑国的大夫。⑤东里：子产所居之地，在今郑州市。

【译文】

孔子说："郑国制订外交文件，由裨谌起草，世叔提出意见，外交官子羽修改，东里子产作加工润色。"

【原文】

14.9　或问子产，子曰："惠人也。"

问子西[1]，曰："彼哉！彼哉[2]！"

问管仲，曰："人也。夺伯氏骈邑三百[3]，饭疏食，没齿无怨言。"

【题解】

此章孔子针对子产、子西及管仲的政绩，分别作了不同的评价。

【注解】

①子西：楚国的令尹，名申。字子西。一说为郑国大夫。②彼哉，彼哉：他呀！他呀！这是当时表示轻视

孔子评价子产为"宽厚慈惠的人"。

的习惯语。③伯氏：齐国的大夫。骈邑：齐国的地方。

【译文】

有人问子产是怎样的人。孔子说："他是宽厚慈惠的人。"

问到子西是怎样的人。孔子说："他呀！他呀！"

问到管仲是怎样的人。孔子说："他是个人才。他剥夺了伯氏骈邑三百户的封地，使伯氏只能吃粗粮，却至死没有怨言。"

【原文】

14.10　子曰："贫而无怨难，富而无骄易。"

【题解】

孔子认为富足了而不骄傲容易，贫穷时保持心态平和就难了。

【译文】

孔子说："贫穷而没有怨恨很难，富贵而不骄矜倒很容易。"

【原文】

14.11　子曰："孟公绰为赵、魏老则优①，不可以为滕、薛大夫②。"

【题解】

孔子这里讲的是为政者应量才用人，使人各尽所能，各得其所。

【注解】

①孟公绰：鲁国的大夫，为人清心寡欲。赵、魏：晋国最有权势的大夫赵氏、魏氏。老：大夫的家臣。优：优裕。②滕、薛：当时的小国，在鲁国附近。滕在今山东滕县，薛在今山东滕县西南。

【译文】

孔子说："孟公绰担任晋国的赵氏、魏氏的家臣是绰绰有余的，但是做不了滕国和薛国这样小国的大夫。"

孔子向子路阐释何为人格完善的人。

【原文】

14.12　子路问成人①。子曰："若臧武仲之知②，公绰之不欲，卞庄子之勇③，冉求之艺，文之以礼乐，亦可以为成人矣。"曰："今之成人者何必然？见利思义，见危授命，久要不忘平生之言④，亦可以为成人矣。

【题解】

此章是讨论人格完善的问题。其"见利思义"的思想，对后世影响深远。

【注解】

①成人：全人，即完美无缺的人。②臧武仲：鲁国大夫臧孙纥。他在齐国时，能预见齐庄公将败，不受其

田邑。见《左传·襄公二十三年》。③卞庄子：鲁国的大夫，封地在卞邑，以勇气著称。④久要：长久处于穷困之中。

【译文】

子路问怎样才算是完人。孔子说："像臧武仲那样有智慧，像孟公绰那样不贪求，像卞庄子那样勇敢，像冉求那样有才艺，再用礼乐来增加他的文采，就可以算个完人了。"孔子又说："如今的完人何必要这样呢？见到利益能想到道义，遇到危险时肯献出生命，长期处在贫困之中也不忘平生的诺言，也就可以算是完人了。"

【原文】

14.13 子问公叔文子于公明贾[①]，曰："信乎？夫子不言、不笑、不取乎？"

公明贾对曰："以告者过也[②]。夫子时然后言，人不厌其言；乐然后笑，人不厌其笑；义然后取，人不厌其取。"

子曰："其然？岂其然乎？"

【题解】

卫大夫公叔文子以贤德著称于世，他"时然后言"、"乐然后笑"、"义然后取"的高尚人格得到孔子的赞许。

【注解】

①公叔文子：卫国的大夫。公明贾：卫国人，姓公明，名贾。②以：此。

【译文】

孔子向公明贾问到公叔文子，说："是真的吗？他老先生不言语、不笑、不取钱财？"

公明贾回答说："那是告诉你的人说错了。他老人家是到该说话时再说话，别人不讨厌他的话；高兴了才笑，别人不厌烦他的笑；应该取的时候才取，别人不厌恶他的取。"

孔子说道："是这样的吗？难道真的是这样的吗？"

孔子与公明贾谈论公叔文子的为人。

【原文】

14.14 子曰："臧武仲以防求为后于鲁[①]，虽曰不要君[②]，吾不信也。"

【题解】

本章是孔子站在正名和尊君的立场上，认定臧武仲是想要挟君主，犯上作乱。臧武仲之事见《左传·襄公二十三年》。

【注解】

①防：地名，武仲封邑，在今山东费县东北六十里。②要（yāo）：要挟。

【译文】

孔子说："臧武仲凭借防邑请求立他的后代为鲁国的卿大夫，虽然有人说他不是要挟国君，我是不信的。”

【原文】

14.15　子曰：“晋文公谲而不正[①]，齐桓公正而不谲[②]。”

【题解】

本章是孔子站在尊王和维护周礼的立场上，对春秋时期两位著名的政治家分别作了评价。

【注解】

①晋文公：姓姬，名重耳，“春秋五霸”之一，公元前636～前628年在位。谲（jué）：欺诈，玩弄手段。正：正派。②齐桓公：姓姜，名小白，“春秋五霸”之一，公元前685～前643年在位。

【译文】

孔子说：“晋文公诡诈而不正派，齐桓公正派而不诡诈。”

【原文】

14.16　子路曰：“桓公杀公子纠[①]，召忽死之，管仲不死。”曰：“未仁乎？”子曰：“桓公九合诸侯[②]，不以兵车，管仲之力也。如其仁[③]！如其仁！”

【题解】

子路因为管仲没有自杀以殉公子纠而认为管仲没有仁德。对此，孔子解释说，管仲帮助齐桓公召集诸侯会盟，息兵戈而解纷争，使天下由此而安，为维护和平作出了贡献，这就是他的“仁德”。

【注解】

①公子纠：齐桓公的哥哥。齐桓公曾与其争位，杀掉了他。②九合诸侯：指齐桓公多次召集诸侯盟会。③如：乃，就。

【译文】

子路说：“齐桓公杀了公子纠，召忽自杀以殉，但管仲却没有死。”接着又说：“管仲是不仁吧？”孔子说：“桓公多次召集各诸侯国盟会，不用武力，都是管仲出的力。这就是他的仁德！”

【原文】

14.17　子贡曰：“管仲非仁者与？桓公杀公子纠，不能死，又相之。”子曰：“管仲相桓公，霸诸侯，一匡天下，民到于今受其赐。微管仲[①]，吾其被发左衽矣[②]。岂若匹夫匹妇之为谅也[③]，自经于沟渎而莫之知也[④]？”

【题解】

孔子认为管仲安定天下，有功于百姓，这是他的大节。若因一时的意气而自寻短见，忘记以国家大局为重，那是多么浅陋和狭隘的行为啊。

管仲九合诸侯，一匡天下。

【注解】

①微：如果没有。用于和既成事实相反的假设句的句首。②被：通“披”。衽（rèn）：衣襟。“披发左衽”是当时少数民族的打扮，这里指沦为夷狄。③谅：诚实。④自经：自缢。渎（dú）：小沟。

【译文】

子贡说：“管仲不是仁人吧？齐桓公杀了公子纠，他不能以死相殉，反又去辅佐齐桓公。”孔子说：“管仲辅佐齐桓公，称霸诸侯，匡正天下一切，人民到现在还受到他的好处。如果没有管仲，我们大概都会披散着头发，衣襟向左边开了。难道他要像普通男女那样守着小节小信，在山沟中上吊自杀而没有人知道吗？”

【原文】

14.18　公叔文子之臣大夫僎与文子同升诸公[①]。子闻之，曰：“可以为‘文’矣[②]。”

【题解】

此章孔子称赞了公叔文子举贤的美德，他将自己的家臣加以推荐，使之与自己一同升为公卿。这在等级森严的传统社会中颇不容易，所以孔子赞美他当得起“文”的谥号。

公叔文子擢升为卫国大臣。

【注解】

①臣大夫：即家大夫，文子的家臣。僎（zhuàn）：人名。本是文子的家臣，因文子的推荐，和文子一起做了卫国的大臣。同升诸公：同升于公朝。②可以为“文”：周朝的谥法，“赐民爵位曰‘文’”。公叔文子使大夫僎和他一起升于公朝，所以孔子说他可以谥为“文”。

【译文】

公叔文子的家臣大夫僎，（被文子推荐）和文子一起擢升为卫国的大臣。孔子听说了这件事，说：“可以给他‘文’的谥号了。”

【原文】

14.19　子言卫灵公之无道也，康子曰：“夫如是，奚而不丧[①]？”孔子曰：“仲叔圉治宾客[②]，祝鮀治宗庙，王孙贾治军旅。夫如是，奚其丧？”

【题解】

孔子认为知人善任，选用好人才，用人得当，都是治国的关键所在。

【注解】

①奚而：为什么。②仲叔圉（yǔ）：即孔文子，他与祝鮀、王孙贾都是卫国的大夫。

【译文】

孔子谈到卫灵公的昏庸无道，季康子说：“既然这样，为什么没有丧国呢？”孔子说：“他有仲叔圉接待宾客，祝鮀管治宗庙祭祀，王孙贾统率军队。像这样，怎么会丧国呢？”

【原文】

14.20　子曰：“其言之不怍[①]，则为之也难。”

【题解】

孔子一直认为自知之明非常重要，好的品德的体现在于行动，说大话应该感到难堪。

【注解】

①怍（zuò）：惭愧。

【译文】

孔子说："说话大言不惭，实行这些话就很难。"

【原文】

14.21　陈成子弑简公[①]。孔子沐浴而朝[②]，告于哀公曰："陈恒弑其君，请讨之。"公曰："告夫三子[③]！"

孔子曰："以吾从大夫之后，不敢不告也。君曰'告夫三子'者！"之三子告，不可。孔子曰："以吾从大夫之后，不敢不告也。"

【题解】

孔子出于尊君、正名、维护礼制的立场，要求鲁哀公及三桓讨伐陈恒，但遭到了反对，他的意愿未能实现。

【注解】

①陈成子：即陈恒，齐国大夫。弑（shì）：下杀上为弑。简公：齐简公，名壬。②孔子沐浴而朝：沐浴，洗头洗澡，这里指斋戒。当时孔子已告老还家，他认为臣弑其君是大逆不道，非讨不可，故有此举。③夫（fú）：指示代词，那。三子：指孟孙、季孙、叔孙三家大夫。由于他们势力强大，主宰着鲁国的政治，故哀公不敢自主。

【译文】

陈成子杀了齐简公。孔子在家斋戒沐浴后去朝见鲁哀公，告诉哀公说："陈恒杀了他的君主，请出兵讨伐他。"哀公说："你去向季孙、仲孙、孟孙三人报告吧！"

孔子退朝后说："因为我曾经做过大夫，不敢不来报告。可君主却对我说'去向那三人报告'。"孔子到季孙、叔孙、孟孙三人那里去报告，他们不同意讨伐。孔子说："因为我曾经做过大夫，不敢不报告。"

【原文】

14.22　子路问事君。子曰："勿欺也，而犯之[①]。"

【题解】

本章是孔子的经验之谈，也是他对君主要忠诚、做人要正直的一贯主张。

【注解】

①犯：冒犯。指当面直言规劝。

【译文】

子路问怎样服侍君主。孔子说："不要欺骗他，但可以犯颜直谏。"

孔子向子路阐释事君要忠诚、正直的道理。

【原文】

14.23　子曰："君子上达，小人下达[①]。"

【题解】

孔子已多次提出过君子与小人的种种区别，这里从根本上指出了二者的不同：君子通达于道义的信仰，小人通达于物质的欲望。

【注解】

①上达、下达：有各种解释：一、上达于仁义，下达于财利；二、上达于道，下达于器（即农工商各业）；三、上达是日进乎高明，长进向上，下达是日究乎污下，沉沦向下。今从一义。

【译文】

孔子说："君子向上去通达仁义，小人向下去通达财利。"

【原文】

14.24　子曰："古之学者为己，今之学者为人。"

【题解】

孔子这里讲的是古今学者学习的目的。

【译文】

孔子说："古代学者学习是为了充实提高自己，现在的学者学习是为了装饰给别人看。"

孔子说，古代学者学高为己。

【原文】

14.25　蘧伯玉使人于孔子[①]。孔子与之坐而问焉，曰："夫子何为？"对曰："夫子欲寡其过而未能也。"使者出。子曰："使乎！使乎！"

【题解】

此章塑造了一位不卑不亢、反应敏捷、忠诚正直而又谦逊有礼的使者形象。

【注解】

①蘧伯玉：卫国的大夫，名瑗。孔子在卫国时，曾住过他家。

【译文】

蘧伯玉派使者去拜访孔子，孔子请使者坐下，然后问道："先生近来在做什么呢？"使者回答说："先生想要减少自己的过失但还没能做到。"使者出去之后，孔子说："好一位使者呀！好一位使者呀！"

【原文】

14.26　子曰："不在其位，不谋其政[①]。"曾子曰："君子思不出其位。"

【题解】

春秋末期，诸侯越礼、大夫专权之事很多，孔子和曾子的话就是针对这种状况而发的。

【注解】

①这两句重出，见《泰伯》篇第十四章。

【译文】

孔子说："不在那个职位上，就不去谋划那个职位上的政事。"曾子说："君子所思虑的不越出他的职权范围。"

【原文】

14.27　子曰："君子耻其言而过其行[①]。"

【题解】

以言行一致为美德，以言过其行为可耻，这是孔子一贯提倡的做人准则。

【注解】

①而：用法同"之"。

【译文】

孔子说："君子把说得多做得少视为可耻。"

【原文】

14.28　子曰："君子道者三，我无能焉：仁者不忧，知者不惑，勇者不惧。"子贡曰："夫子自道也。"

【题解】

孔子提出仁、智、勇三条作为君子的标准。仁爱的人不忧愁，智慧的人不迷惑，勇敢的人不畏惧，这也是中国传统文化中的核心思想之一。

【译文】

孔子说："君子所遵循的三个方面，我都没能做到：仁德的人不忧愁，智慧的人不迷惑，勇敢的人不惧怕。"子贡说道："这是老师对自己的描述。"

【原文】

14.29　子贡方人[①]。子曰："赐也贤乎哉？夫我则不暇。"

【题解】

孔子讲治学，强调加强自身修养，从自身做起，不要心驰于外，议论别人。

【注解】

①方人：讥评、诽谤别人。

【译文】

子贡议论别人。孔子说："你端木赐就什么都好吗？我就没有这种闲暇。"

孔子批评子贡随便议论别人。

【原文】

14.30 子曰："不患人之不己知，患其不能也。"

【题解】

这一章告诉我们，一个人最重要的是加强自身修养，要有真才实学，不要担心别人不了解自己。

【译文】

孔子说："不担心别人不知道自己，只担心自己没有能力。"

孔子教诲弟子，不要担心别人不知道自己，而要时刻反思自己有没有能力。

【原文】

14.31 子曰："不逆诈[①]，不亿不信[②]，抑亦先觉者，是贤乎！"

【题解】

孔子这里谈的是贤人在人际交往中不去凭空怀疑和臆测，又有知人之明。

【注解】

①逆诈：逆，事先预料。逆诈，据颜师古："谓以诈意逆猜人也。"②亿：通"臆"，主观臆测。

【译文】

孔子说："不预先怀疑别人欺诈，不凭空臆想别人不诚信，却能先行察觉，这样的人才是贤者啊。"

【原文】

14.32 微生亩谓孔子曰[①]："丘何为是栖栖者与[②]？无乃为佞乎[③]？"孔子曰："非敢为佞也，疾固也[④]。"

【题解】

微生亩是长者，所以直呼孔子之名。孔子为了推行周礼，终生忙忙碌碌，周游列国，一再碰壁，但他义无反顾，表现出对天下、国家的负责态度和对理想执著追求的精神。

【注解】

①微生亩：姓微生，名亩，隐君子。②是：副词，当"如此"解。栖栖（xī）：不安定的样子。③佞：花言巧语。④疾：痛恨，讨厌。固：顽固不化。

【译文】

微生亩对孔子说："您为什么如此奔波忙碌呢？不是为了显示您的才辩吧？"孔子说："我不敢显示我有才辩，只是讨厌那种顽固不化的人。"

【原文】

14.33 子曰："骥不称其力[①]，称其德也。"

【题解】

孔子用千里马来比喻说明人的德比才更重要。衡量人才的标准首先是德，在德的基础上要有才。

【注解】

①骥：千里马。古代称善跑的马为骥。

【译文】

孔子说：“对千里马不是称赞它的力气，而是称赞它的品德。”

【原文】

14.34　或曰：“以德报怨，何如？”子曰：“何以报德？以直报怨，以德报德。”

【题解】

“以德报怨”看上去更为宽容，但是不够正直。“仁”的理想本来是推己及人的，要爱憎分明，明辨是非，讲究公正和原则，孔子强调以直报怨，这是正确的。

【译文】

有人说：“用恩德来回报怨恨，怎么样？”孔子说：“那用什么来回报恩德呢？用正直来回报怨恨，用恩德来回报恩德。”

【原文】

14.35　子曰：“莫我知也夫！”子贡曰：“何为其莫知子也？”子曰：“不怨天，不尤人[①]，下学而上达。知我者其天乎[②]！”

【题解】

怀才不遇而抑郁感叹，孔子亦不能免。

【注解】

①尤：责怪。②其：前句中“其”字是用于句中的助词，无义。本句中“其”字用于拟议不定，可以译为“大概”或“恐怕”。

【译文】

孔子说：“没有人了解我啊！”子贡说：“为什么没有人了解您呢？”孔子说：“不埋怨天，不责备人，下学人事而上达天命。了解我的大概只有天吧！”

【原文】

14.36　公伯寮愬子路于季孙[①]。子服景伯以告[②]，曰：“夫子固有惑志于公伯寮[③]，吾力犹能肆诸市朝[④]。”

子曰：“道之将行也与，命也；道之将废也与，命也。公伯寮其如命何！”

【题解】

本章通过公伯寮毁谤子路一事，表明了孔子的天命思想，他认为“道”能否推行，在天不在人，即“谋事在人，成事在天”。

公伯寮向季孙氏控诉子路。

【注解】

①公伯寮：鲁人，字子周，也是孔子的学生。愬（sù）：同“诉”，告发，诽谤。季孙：鲁国的大夫。②子服景伯：鲁国大夫，姓子服名伯，“景”是他的谥号。③夫子：指季孙。④肆：陈列尸首。

【译文】

公伯寮向季孙氏控诉子路。子服景伯把这件事告诉了孔子，说：“季孙氏已经被公伯寮迷惑了，我的力量还能让公伯寮的尸首在街头示众。”

孔子说：“道将要实行，是天命决定的；道将要被废弃，也是天命决定的。公伯寮能把天命怎么样呢？”

【原文】

14.37　子曰：“贤者辟世[①]，其次辟地，其次辟色，其次辟言。”子曰：“作者七人矣[②]。”

【题解】

这一章又一次表明了孔子重生全身的思想。这里讲的为人处世的道理，在历史上是很有作用的。

【注解】

①辟（bì）：通“避”，逃避。②七人：即伯夷、叔齐、虞仲、夷逸、朱张、柳下惠、少连。

【译文】

孔子说：“贤人逃避恶浊乱世而隐居，其次是择地方而住，再其次是避开不好的脸色，再其次是避开恶言。”孔子说：“这样做的人有七位了。”

【原文】

14.38　子路宿于石门[①]。晨门曰[②]：“奚自？”子路曰：“自孔氏。”曰：“是知其不可而为之者与？”

【题解】

孔子明知当时大道不行，礼乐难兴，但仍然周游列国，希望推行仁道于天下。“知其不可而为之”一语充分表现了孔子在困境中执著不屈的献身精神，很有一种宏大的悲壮感。

孔子在卫国击磬，荷蒉者知其心意。

【注解】

①石门：地名，鲁国都城的外门。②晨门：早上看守城门的人。

【译文】

子路在石门住宿了一夜。早上守城门的人说：“从哪儿来？”子路说：“从孔子家来。”守门人说：“就是那位知道做不成却还要做的人吗？”

【原文】

14.39　子击磬于卫，有荷蒉而过孔氏之门者[①]，曰：“有心哉，击磬乎！”既而曰：“鄙哉，硁硁乎[②]！莫己知也，斯己而已矣[③]。深则厉，浅则揭[④]。”子曰：“果哉！末之难矣[⑤]。”

【题解】

此章继续说明了孔子知难而进，为了理想“知其不可而为之”的精神。

【注解】

①蒉（kuì）：土筐。②硁（kēng）硁：抑而不扬的击磬声。③斯己而已矣：就相信自己罢了。④深则厉，浅则揭：穿着衣服涉水叫厉，提起衣襟涉水叫揭。这两句是《诗经·卫风·匏有苦叶》中的诗句。这里用来比喻处世也要审时度势，知道深浅。⑤末：无。难：责问。

【译文】

孔子在卫国，一次正在击磬，有一个挑着草筐的人经过孔子门前，说：“这个磬击打得有深意啊！”过了一会儿又说：“真可鄙呀，磬声硁硁的，没有人知道自己，就自己作罢好了。水深就索性穿着衣服趟过去，水浅就撩起衣服走过去。”孔子说：“说得真果断啊！真这样的话，就没有什么难的了。”

【原文】

14.40　子张曰：“《书》云：‘高宗谅阴[①]，三年不言。’何谓也？”子曰：“何必高宗，古之人皆然。君薨[②]，百官总己以听于冢宰三年[③]。”

【题解】

三年之丧的丧礼在孔子以前的《尚书》中就有记载，孔子认为这是孝道的体现。

【注解】

①高宗：殷高宗武丁，是商朝中兴的贤王。谅阴：古时天子守丧之称。②薨（hōng）：君主时代诸侯或大官死叫薨。③冢宰：官名。听于冢宰是说百官都听命于冢宰，继位的新君可不理政事。

【译文】

子张说：“《尚书》上说：‘殷高宗守丧，三年不谈政事。’这是什么意思？”孔子说：“不只是殷高宗，古人都是这样。国君死了，所有官员都各司其职，听从冢宰的命令长达三年。”

【原文】

14.41　子曰：“上好礼，则民易使也。”

【题解】

本章是在说明上行下效的道理，这是孔子反复向执政者讲解的为政之道。

【译文】

孔子说：“居上位的人遇事依礼而行，民众就容易役使了。”

孔子认为，居上位者好礼，民众就容易役使。

【原文】

14.42　子路问君子。子曰：“修己以敬。”曰：“如斯而已乎？”曰：“修己以安人[①]。”曰：“如斯而已乎？”曰：“修己以安百姓[②]。修己以安百姓，尧、舜其犹病诸[③]！”

【题解】

此章孔子谈的仍是君子要注重修身的道理。从自己做起，自己心诚，对人尊敬，这是立身处世和管理政事的根本。

【注解】

①安人：使别人安乐。②安百姓：使百姓安乐。③病：这里有“难”的意思。诸“之于”的合音。

【译文】

子路问怎样做才是君子。孔子说：“修养自己以做到恭敬认真。”子路说：“像这样就可以了吗？”孔子说：“修养自己并且使别人安乐。”子路又问：“像这样就可以了吗？”孔子说：“修养自己并且使百姓安乐。修养自己，使百姓都安乐，尧、舜大概都担心很难完全做到吧！”

【原文】

14.43 原壤夷俟①。子曰：“幼而不孙弟②，长而无述焉，老而不死，是为贼③！”以杖叩其胫。

【题解】

此章中孔子批评了一生无所作为而又不尊重人的人。

【注解】

①原壤：鲁国人，孔子的老朋友。夷俟：伸腿坐着等待。②孙弟：同“逊悌”，孝悌。③贼：害人的人。

【译文】

原壤伸开两腿坐着等孔子。孔子说：“你小时候不谦恭不敬兄长，长大了没有什么值得称述的，老了还不死掉，真是个害人的家伙。”说完，用手杖敲击他的小腿。

【原文】

14.44 阙党童子将命①。或问之曰：“益者与？”子曰：“吾见其居于位也②，见其与先生并行也③，非求益者也，欲速成者也。”

【题解】

此章表明孔子特别注重教育年轻人要注重礼制，长幼有序是儒家的道德规范之一。

【注解】

①阙党：孔子在鲁国所居地名，又叫阙里。②居于位：据《礼记·玉藻》：“童子无事则立主人之北南面。”可见居于位不合乎当时礼节。③并行：据《礼记·曲礼》：“五年以长，则肩随之。”童子和先生并行，也不合礼。

【译文】

阙党的一个童子来传递信息。有人问孔子：“这是一个求进益的人吗？”孔子说：“我看见他坐在成人的席位上，看见他和长辈并肩而行。他不是个求进益的人，而是一个急于求成的人。”

孔子与人议论阙党童子。

卫灵公篇第十五

【原文】

15.1　卫灵公问陈于孔子[①]。孔子对曰：“俎豆之事[②]，则尝闻之矣；军旅之事，未之学也。”明日遂行。

【题解】

孔子不是不重视军事，而是不愿意谈论军旅，他是想倡导仁政，以孝为根本来教化人心。

【注解】

①陈：同“阵”，军队作战时，布列的阵势。②俎豆：古代盛肉食的器皿，用于祭祀，故意译为礼仪之事。

【译文】

卫灵公向孔子询问排兵布阵的方法。孔子回答说：“祭祀礼仪方面的事情，我听说过；用兵打仗的事，从来没有学过。”第二天就离开了卫国。

【原文】

15.2　在陈绝粮，从者病，莫能兴。子路愠见，曰：“君子亦有穷乎？”子曰：“君子固穷，小人穷斯滥矣。”

【题解】

这是孔子告诉人们怎样渡过困难的一段名言。

【译文】

孔子在陈国断绝了粮食，跟从的人都饿病了，躺着不能起来。子路生气地来见孔子说：“君子也有困窘没有办法的时候吗？”孔子说：“君子在困窘时还能固守正道，小人一困窘就会胡作非为。”

孔子与弟子困于陈国而绝粮。

【原文】

15.3　子曰：“赐也，女以予为多学而识之者与[①]？”对曰：“然。非与？”曰：“非也。予一以贯之[②]。”

【题解】

“一以贯之”，是非常重要的治学思想和方法，也是孔子学问渊博而又能融会贯通的根本原因。

【注解】

①识（zhì）：通“志”，记住。②一以贯之：即以忠恕之道贯串着它。

【译文】

孔子对子贡说：“赐呀，你以为我是多多地学习并能记住的人吗？”子贡回答说：“是的，难道不是这样吗？”孔子说：“不是的，我是用一个基本观念把它们贯穿起来。”

【原文】

15.4　子曰：“由！知德者鲜矣。”

【题解】

“道”是体，“德”是用，有道有德修养才会全面，这里孔子是在教育子路，修身要从“德”这个根本做起。

【译文】

孔子说：“仲由！知晓德的人太少了。”

【原文】

15.5　子曰：“无为而治者，其舜也与？夫何为哉[①]？恭己正南面而已矣。”

【题解】

舜是孔子心目中理想的圣王。孔子之所以十分赞赏大舜无为而治的政治，是因为留恋三代的礼治。

【注解】

①夫（fú）：他。

无为而治的舜帝。

【译文】

孔子说：“无为而使天下得到治理的人，大概只有舜吧？他做了什么呢？他只是庄重端正地面向南地坐在王位上罢了。”

【原文】

15.6　子张问行[①]。子曰：“言忠信，行笃敬[②]，虽蛮貊之邦[③]，行矣；言不忠信，行不笃敬，虽州里[④]，行乎哉？立，则见其参于前也[⑤]；在舆，则见其倚于衡也[⑥]。夫然后行。”子张书诸绅[⑦]。

【题解】

做事忠于人之所托，厚道认真，取信于人，是孔子提倡的为人处世之道，能够做到无往而不通。

【注解】

①行：通达的意思。②笃：忠厚。③蛮貊（mò）：南蛮北狄，指当时我国南方和北方的少数民族。④州里：五家为邻，五邻为里。五党为州，二千五百家。州里指近处。⑤参：显现。⑥衡：车辕前面的横木。⑦绅：贵族系在腰间的大带。

【译文】

子张问怎样才能处处行得通。孔子说：“言语忠实诚信，行为笃厚恭敬，即使到了边远地区，也能行得通。言语不忠实诚信，行为不笃厚恭敬，即使是在本乡本土，能行得通吗？站立时，就好像看见‘忠实、诚信、笃厚、恭敬’的字样直立在面前；在车上时，就好像看见这几个字靠在车前横木上，这样才能处处行得通。”子张把这些话写在衣服大带上。

【原文】

15.7　子曰："直哉史鱼[①]！邦有道，如矢；邦无道，如矢。君子哉蘧伯玉！邦有道，则仕；邦无道，则可卷而怀之[②]。"

蘧伯玉邦有道则仕，邦无道则隐。

【题解】

孔子对两人的处世态度都赞赏，但更欣赏蘧伯玉一些，所以说前者是"直"，后者是"君子"。

【注解】

①史鱼：卫国大夫，字子鱼。临死前要儿子不为他在正堂治丧，以此劝谏卫灵公任用蘧伯玉，斥退弥子瑕，古人称为"尸谏"。②卷（juǎn）：收。怀：藏。

【译文】

孔子说："史鱼正直啊！国家政治清明时，他像箭一样直；国家政治黑暗，他也像箭一样直。蘧伯玉是君子啊！国家政治清明时，他就出来做官；国家政治黑暗时，就把自己的才能收藏起来（不做官）。"

【原文】

15.8　子曰："可与言而不与之言[①]，失人[②]；不可与言而与之言，失言[③]。知者不失人[④]，亦不失言。"

【题解】

这也是孔子关于知人与慎言的一段名言。失人与失言都是不智，要善于把握一个度。孔子注重慎言，说话讲究区分场合和时机。该说的时候不说就是隐瞒，不该说的时候却说了就是躁动。问题的关键在于，自己要有知人之明，而且善于察言观色，判断时机。

【注解】

①与言：与他谈论。言，谈论。②失人：错失人才。③失言：说错话。④知：通"智"，明智，聪明。

【译文】

孔子说："可以和他谈的话但没有与他谈，这是错失了人才；不可与他谈及却与他谈了，这是说错了话。聪明的人不错过人才，也不说错话。"

【原文】

15.9　子曰："志士仁人，无求生以害仁，有杀身以成仁。"

【题解】

这种"杀身以成仁"的精神激励了后世无数仁人志士。

【译文】

孔子说："志士仁人，不会为了求生损害仁，却能牺牲生命去成就仁。"

【原文】

15.10　子贡问为仁，子曰："工欲善其事，必先利其器。居是邦也，事其大夫之贤者，友其士之仁者。"

【题解】

此章孔子讲的"工欲善其事，必先利其器"已成为普遍的做事规律。

【译文】

子贡问怎样培养仁德，孔子说："工匠要想做好工，必须先把器具打磨锋利。住在这个国家，就要侍奉大夫中的贤人，结交士中的仁人。"

【原文】

15.11　颜渊问为邦。子曰："行夏之时①，乘殷之辂②，服周之冕③，乐则《韶》《舞》④，放郑声，远佞人⑤。郑声淫，佞人殆⑥。"

【题解】

孔子的政治理想是恢复周礼，其实就是要建设一个有秩序的国家，让百姓过上健康的、有文化的、和乐的生活。

【注解】

①夏之时：夏代的历法，便于农业生产。②辂（lù）：天子所乘的车。殷代的车由木制成，比较朴实。③冕（miǎn）：礼帽。周代的礼帽比以前的华美。④《韶》：舜时的乐曲。《舞》：同《武》，周武王时的乐曲。⑤佞人：用花言巧语去谄媚人的人。⑥殆：危险。

【译文】

颜渊问怎样治理国家。孔子说："实行夏朝的历法，乘坐殷朝的车子，戴周朝的礼帽，音乐就用《韶》和《舞》，舍弃郑国的乐曲，远离谄媚的人。郑国的乐曲很淫秽，谄媚的人很危险。"

【原文】

15.12　子曰："人无远虑，必有近忧。"

【题解】

本章孔子所说的两句是一个重要的思想方法，有着永恒的价值，已经被后人当作成语来使用。它提醒人们看问题应从长远着眼，否则，眼前就会发生困难。

【译文】

孔子说："人没有长远的考虑，一定会有眼前的忧患。"

【原文】

15.13　子曰："已矣乎！吾未见好德如好色者也。"

【题解】

爱美之心人皆有之，好色是不需要

卫灵公与南子招摇过市。

提醒的，但是好德就不容易了。据《史记·孔子世家》记载，孔子在卫国时，卫灵公与夫人南子同坐一辆车出行，让孔子跟随在后一辆车中，一路招摇过市，孔子于是生发出这样的感慨。

【译文】

孔子说："罢了罢了！我没见过喜欢美德如同喜欢美色一样的人。"

【原文】

15.14　子曰："臧文仲其窃位者与①？知柳下惠之贤②，而不与立也③。"

【题解】

本章孔子所说的两句是一个重要的思想方法，有着永恒的价值，已经被后人当作成语来使用。它提醒人们看问题应从长远着眼，否则，眼前就会发生困难。人能谋虑深远，思考成熟，就会办事周详，及时预防流弊，也就能让忧患之事不得接近。

【注解】

①窃位：身居官位而不称职。②柳下惠：春秋中期鲁国大夫，姓展名获，又名禽，他受封的地名是柳下，"惠"是他的谥号，所以被人们称为柳下惠。③立（wèi）：同"位"。据俞樾《群经平议》。

【译文】

孔子说："臧文仲大概是个窃据官位（而不称职）的人吧！他知道柳下惠贤良，却不给他官位。"

【原文】

15.15　子曰："躬自厚而薄责于人①，则远怨矣。"

【题解】

这一章孔子提出人应该严格要求自己，而不要苛求别人这一做人的原则，是能够和谐处事的根本。

【注解】

①躬自：亲自。

【译文】

孔子说："严厉地责备自己而宽容地对待别人，就可以远离别人的怨恨了。"

孔子认为，君子应该严于律己而宽于待人。

【原文】

15.16　子曰："不曰'如之何，如之何'者，吾末如之何也已矣①。"

【题解】

这一章孔子用颇为幽默的语言，讲述了人要认真对待事情，要三思而后行的道理。

【注解】

①末：无。

【译文】

孔子说："不说'怎么办，怎么办'的人，我对他也不知道该怎么办了。"

【原文】

15.17　子曰："群居终日，言不及义，好行小慧，难矣哉！"

【题解】

此章孔子说的现象恐怕两千多年来所在多有，往往是小人扎堆在一起，所谈论的不过是蜚短流长，言不及义，只喜欢表现小聪明。因此，世人若想有所成就，都要以此为箴言。

【译文】

孔子说："整天聚在一起，言语都和义理不相关，喜欢卖弄小聪明，这种人很难教导。"

【原文】

15.18　子曰："君子义以为质，礼以行之，孙以出之，信以成之。君子哉！"

【题解】

这一章孔子提出了君子的四条行为准则。

【译文】

孔子说："君子把义作为本质，依照礼来实行，用谦逊的言语来表述，用诚信的态度来完成它。这样做才是君子啊！"

【原文】

15.19　子曰："君子病无能焉，不病人之不己知也。"

【题解】

在此章中孔子又一次强调了自强的重要性。

【译文】

孔子说："君子担心自己没有才能，不担心别人不知道自己。"

【原文】

15.20　子曰："君子疾没世而名不称焉。"

【题解】

传名于后世，是对于人生的激励。有理想、有抱负的人，都应该做如是想。

【译文】

孔子说："君子担心死后自己的名字不被人称道。"

孔子认为，君子应该是有理想、有抱负、希望名留青史的人。

【原文】

15.21　子曰："君子求诸己，小人求诸人。"

【题解】

此章与孔子说的"躬自厚而薄责于人"是一个意思。正人先正己，这是君子应该做到的。勇于面对和承认自己的错误的人，才是敢于承担责任的人。因为这样的人总能从自己身上找到原因，自己身上没有过失，其德行自然可以感化他人，赢得他人的尊重和信赖。

【译文】

孔子说："君子要求自己，小人苛求别人。"

【原文】

15.22　子曰："君子矜而不争[①]，群而不党。"

【题解】

其实孔子所坚持的为人之道就是自尊、仁爱和理性。"矜而不争"，是以理来自律，而非以气势凌人，所以不至于与人相争；"群而不党"是与人为善，不搞拉帮结派，这些都是一个正直君子所当为的。

【注解】

①矜（jīn）：庄重的意思。

【译文】

孔子说："君子矜持庄重而不与人争执，合群而不与人勾结。"

孔子认为，君子应该矜持庄重而不与人争执。

【原文】

15.23　子曰："君子不以言举人，不以人废言。"

【题解】

此章孔子论述的待人处世之道是非常有道理的。推举人要重实绩，不能一概而论、以偏概全，不能使工于言辞却无实行的巧言者得幸当道，也不能因为那人有了缺点就废弃了他有益的建言。

【译文】

孔子说："君子不因为一个人的言语（说得好）而推举他，也不因为一个人有缺点而废弃他好的言论。"

【原文】

15.24　子贡问曰："有一言而可以终身行之者乎[①]？"子曰："其'恕'乎[②]！己所不欲，勿施于人。"

【题解】

孔子认为，"恕"是一个人可以终身奉行的法则。"己所不欲，勿施于人"这句格言具有普世的意义。

【注解】

①一言：一个字。言，字。②恕：推己及人，即“己所不欲，勿施于人”。

【译文】

子贡问道：“有一个可以终身奉行的字吗？”孔子说：“大概是‘恕’吧！自己不想要的，不要施加给别人。”

【原文】

15.25　子曰：“吾之于人也，谁毁谁誉？如有所誉者，其有所试矣。斯民也，三代之所以直道而行也。”

【题解】

在此章中孔子告诉人们，对人不能随意加以毁誉，要实事求是地评价其功过是非。

【译文】

孔子说：“我对于别人，毁谤了谁？赞誉了谁？如果有所赞誉的话，一定对他有所考察。有了这样的民众，夏、商、周三代所以能直道而行。”

孔子认为，功过是非，不可随意毁誉。

【原文】

15.26　子曰：“吾犹及史之阙文也。有马者，借人乘之①。今亡矣夫②！”

【题解】

此章是孔子对人心不古的感慨，强调无论是治学还是做其他的事情，都要持一种诚实、认真的态度。史书中有存疑或空缺的地方，是古人对待疑问的态度，以待能知之人。

【注解】

①有马者，借人乘之：有人认为此句系错出，难以索解，存疑而已。②亡（wú）：无。

【译文】

孔子说：“我还能够看到史书中存疑空阙的地方。有马的人（自己不会调教）先借给别人骑。现在没有这样的了。”

【原文】

15.27　子曰：“巧言乱德。小不忍，则乱大谋。”

【题解】

本章孔子的这段名言是做大事人的座右铭。务实、忍耐、顾大局，这不是软弱的表现，而正是有志于做大事的人必备的素养。

【译文】

孔子说：“花言巧语会败坏道德。小事上不忍耐，就会扰乱了大的谋略。”

【原文】

15.28　子曰："众恶之，必察焉；众好之，必察焉。"

孔子认为，对一个人的评价不能附众之毁誉，必须详加观察。

【题解】

孔子认为，在知人论世上必须独立思考，对一个人不应该以众人之是非标准来决定自己的是非判断，一定要实事求是地进行考察。

【译文】

孔子说："众人都厌恶他，一定要去考察；大家都喜爱他，也一定要去考察。"

【原文】

15.29　子曰："人能弘道，非道弘人。"

【题解】

这一章说明人必须首先提高自身的修养，才可以把道发扬光大；而不能用道来装点门面，标榜自己。

【译文】

孔子说："人能够把道发扬光大，不是道能把人发扬光大。"

【原文】

15.30　子曰："过而不改，是谓过矣。"

【题解】

人非圣贤，孰能无过？有过错并不可怕，可怕的是明明知道自己做错了，却一味固执不思悔改、不加补救，那就无法挽回了。人的进步是在不断修正自身的错误的过程中完成的，所以人们对待错误应持的唯一正确态度是及时改正。

【译文】

孔子说："有了过错而不改正，这就真叫作过错了。"

【原文】

15.31　子曰："吾尝终日不食，终夜不寝，以思，无益，不如学也。"

【题解】

孔子的这句话是在说明学与思的辩证关系，特别强调了实实在在学习的重要性。

【译文】

孔子说："我曾经整天不吃，整夜不睡，去思索，这样做没有益处，不如去学习。"

【原文】

15.32　子曰："君子谋道不谋食。耕也，馁在其中矣[①]；学也，禄在其中矣。君子忧道不忧贫。”

【题解】

孔子这段话的中心意思是在劝学，劝学者不要将心思只放在食与禄上。

【注解】

①馁（něi）：饥饿。

【译文】

孔子说：“君子谋求的是道而不去谋求衣食。耕作，常常会有饥饿；学习，往往得到俸禄。君子担忧是否能学到道，不担忧贫穷。”

【原文】

15.33　子曰：“知及之①，仁不能守之，虽得之，必失之。知及之，仁能守之，不庄以涖之②，则民不敬。知及之，仁能守之，庄以莅之，动之不以礼，未善也。”

【题解】

此章孔子提出了一个合格的执政者所应具备的品质和治国理政的四条标准。

【注解】

①知：通“智”。②涖：通“莅”，临，到。

【译文】

孔子说：“靠聪明才智得到它，不用仁德去保持它，即使得到了，也一定会丧失。靠聪明才智得到它，用仁德守住它，但不以庄重的态度来行使职权，那么民众就不敬畏。靠聪明才智得到它，用仁德保持它，能以庄重的态度来行使职权，但不能按照礼来动员，也是不完善的。”

【原文】

15.34　子曰：“君子不可小知，而可大受也。小人不可大受，而可小知也。”

【题解】

本章孔子讲的还是要知人善任的道理。

【译文】

孔子说：“君子不可以用小事来察知，却可以接受重任；小人不可以承担重任，却可以用小事来察知”

孔子认为，君子可以授以重任。

【原文】

15.35　子曰：“民之于仁也，甚于水火。水火，吾见蹈而死者矣，未见蹈仁而死者也。”

【题解】

此章孔子强调了仁是人生和社会得以健康发展的根本，它是有益于人和社会的，但是人们往往认识不到它的重要性。

【译文】

孔子说："民众对于仁的需要，超过对水火的需要。水和火，我看见有人死在里面，却没有见过有为实行'仁'而死的。"

民众知道生存的重要性，却不明白"仁"更重要。

【原文】

15.36　子曰："当仁，不让于师。"

【题解】

这段是孔子的名言，为所有行仁道、为壮举、力求上进的人鼓足了底气。在仁面前，众人平等，不必谦让于师长。

【译文】

孔子说："面临仁时，对老师也不必谦让。"

【原文】

15.37　子曰："君子贞而不谅[①]。"

【题解】

孔子注重"信"的道德原则，但又说明了它必须以"道"为前提，即在仁和礼的基础上坚持"信"。

【注解】

①贞：正，指固守正道。谅：信，指不分是非而守信。

【译文】

孔子说："君子讲大信，而不拘泥于遵守小信。"

【原文】

15.38　子曰："事君，敬其事而后其食。"

【题解】

先人后己，首先要诚敬地付出，然后再谦逊地得到，这就是"礼"。在孔子看来，食君之禄，担君之忧，要诚敬地对待自己的职责，在自己有所贡献之前不提酬报之事。

【译文】

孔子说："侍奉君主，应该认真做事，而把领取俸禄的事放在后面。"

【原文】

15.39　子曰："有教无类。"

【题解】

正是孔子这种"有教无类"的伟大的教育思想，在春秋时代把贵族文化普及到了平民。

【译文】

孔子说："人人都教，没有高低贵贱的等级差别。"

【原文】

15.40　子曰："道不同，不相为谋[①]。"

【题解】

这是千古不易的箴言。志向不同，意见不合，不能在一起共同办事。

【注解】

①为（wèi）：与，对。

【译文】

孔子说："志向主张不同，不在一起谋划共事。"

【原文】

15.41　子曰："辞达而已矣。"

【题解】

在本章中，孔子强调辞贵达意，不取言辞的虚浮和绮丽，这是非常健康的语言观。

【译文】

孔子说："言辞能表达出意思就可以了。"

【原文】

15.42　师冕见[①]，及阶，子曰："阶也。"及席，子曰："席也。"皆坐。子告之曰："某在斯，某在斯。"师冕出。子张问曰："与师言之道与？"子曰："然，固相师之道也[②]。"

【题解】

古代乐师一般由盲者充任，此章具体而生动地描述了孔子对盲人真诚又体谅的态度。

【注解】

①师：乐师。冕：人名。古代的乐师一般是盲人。②相（xiàng）：帮助。

【译文】

师冕来见孔子，走到台阶边，孔子说："这儿是台阶。"走到坐席边，孔子说："这是坐席。"大家都坐下后，孔子告诉他说："某人在这里，某人在这里。"师冕告辞后，子张问道："这是和盲人乐师言谈的方式吗？"孔子说："是的，这本来就是帮助盲人乐师的方式。"

孔子为师冕作导引。

季氏篇第十六

【原文】

16.1　季氏将伐颛臾[①]。冉有、季路见于孔子[②]，曰："季氏将有事于颛臾。"孔子曰："求！无乃尔是过与[③]？夫颛臾，昔者先王以为东蒙主[④]，且在邦域之中矣，是社稷之臣也。何以伐为[⑤]？"冉有曰："夫子欲之，吾二臣者皆不欲也。"孔子曰："求！周任有言曰[⑥]：'陈力就列，不能者止。'危而不持，颠而不扶，则将焉用彼相矣[⑦]？且尔言过矣。虎兕出于柙[⑧]，龟玉毁于椟中，是谁之过与？"

孔子弟子讨论季氏将伐颛臾之事。

冉有曰："今夫颛臾，固而近于费[⑨]。今不取，后世必为子孙忧。"孔子曰："求！君子疾夫舍曰'欲之'，而必为之辞。丘也闻：有国有家者，不患寡而患不均，不患贫而患不安[⑩]。盖均无贫，和无寡，安无倾。夫如是，故远人不服，则修文德以来之。既来之，则安之。今由与求也相夫子，远人不服而不能来也，邦分崩离析而不能守也，而谋动干戈于邦内。吾恐季孙之忧，不在颛臾，而在萧墙之内也[⑪]。"

【题解】

孔子是主张以仁和礼来解决争端的，提倡"和为贵"，反对通过暴力手段解决国家内外的问题。此章孔子还提出了"不患贫而患不均，不患寡而患不安"的思想，让人民安乐，让社会均富，这种思想对中国古代文化和中国人的心理影响深远。

【注解】

①颛（zhuān）臾（yú）：鲁国的附属国，在今山东省费县西。②见于：被接见。③无乃：岂不是。尔是过：责备你。"过"用作动词，表示责备。"是"用于颠倒动宾之间，无义。④东蒙主：东蒙，蒙山。主，主持祭祀的人。⑤为：用于句末的语气词。这里表诘问语气。⑥周任：人名，周代史官。⑦相（xiàng）：搀扶盲人的人叫相，这里是辅助的意思。⑧兕（sì）：雌性犀牛。⑨费：季氏的采邑。⑩不患寡而患不均，不患贫而患不安：当作"不患贫而患不均，不患寡而患不安"。据俞樾《群经平议》。⑪萧墙：照壁屏风，指宫廷之内。

【译文】

季氏准备攻打颛臾。冉有、子路去拜见孔子，说："季氏准备对颛臾用兵了。"孔子说："冉求！难道不是你的过错吗？颛臾，以前先王让它主持东蒙山的祭祀，而且它在鲁国的疆域之内，是国家的臣属，为什么要攻打它呢？"冉有说："季孙大夫想去攻打，我们两人都不同意。"孔子说："冉求！周任说过：'根据自己的才力去担任职务，不能胜任的就辞职不干。'盲人遇到了危险不去扶持，跌倒了不去搀扶，那还用辅助的人干什么呢？而且你的话说错了。老虎、犀牛从笼子里跑出来，龟甲和美玉在匣子里被毁坏了，是谁的过错呢？"

冉有说："现在颛臾，城墙坚固，而且离季氏的采邑费地很近。现在不攻占它，将来一定会成为子孙的祸患。"孔子说："冉求！君子痛恨那些不说自己想那样做却一定要另找借口的人。我听说，对于诸侯和大夫，不怕贫穷而怕财富不均；不怕人口少而怕不安定。因为财富均衡就没有贫穷，和睦团结就不觉得人口少，境内安定就不会有倾覆的危险。像这样做，远方的人还不归服，那就再修仁义礼乐的政教来招致他们。他们来归服了，就让他们安心生活。现在，仲由和冉求你们辅佐季孙，远方的人不归服却又不能招致他们；国家分崩离析却不能保全守住；反而谋划在国内动用武力。我恐怕季孙的忧患不在颛臾，而在他自己的宫墙之内呢。"

【原文】

16.2 孔子曰："天下有道，则礼乐征伐自天子出；天下无道，则礼乐征伐自诸侯出。自诸侯出，盖十世希不失矣[①]；自大夫出，五世希不失矣；陪臣执国命[②]，三世希不失矣。天下有道，则政不在大夫。天下有道，则庶人不议。"

天下无道，则百姓议论纷纷。

【题解】

此章是孔子对春秋时期的政治形势的分析。"天下有道，则庶人不议"，这句话是给执政者们非常有益的警示。

【注解】

①希：少。②陪臣：大夫的家臣。

【译文】

孔子说："天下政治清明，制礼作乐以及出兵征伐的命令都由天子下达；天下政治昏乱，制礼作乐以及出兵征伐的命令都由诸侯下达。政令由诸侯下达，大概延续到十代就很少有不丧失的；政令由大夫下达，延续五代后就很少有不丧失的；大夫的家臣把持国家政权，延续到三代就很少有不丧失的。天下政治清明，国家的政权就不会掌握在大夫手中；天下政治清明，普通百姓就不会议论朝政了。"

【原文】

16.3 孔子曰："禄之去公室，五世矣[①]。政逮于大夫，四世矣[②]，故夫三桓之子孙微矣。"

【题解】

此章是孔子对于国家政治和历史作出的判断。鲁国国君丧失权力已历经宣公、成公、襄公、昭公、定公五代，季孙氏作为卿大夫把持朝政也历经了文子、武子、平子、桓子四代，权力不断下移，权柄逐渐被家臣操纵，故说三桓的子孙现在也衰微了。

【注解】

①禄：俸禄，这里指政权。公室：诸侯的家族。②逮（dài）：及。四世：指季孙氏文子、武子、平子、桓子四世。

【译文】

孔子说："国家政权离开了鲁国公室已经五代了，政权落到大夫手中已经四代了，所以鲁桓公的三家子孙都衰微了。"

【原文】

16.4　孔子曰："益者三友，损者三友。友直，友谅①，友多闻，益矣。友便辟②，友善柔，友便佞③，损矣。"

【题解】

此章孔子讲的交友之道，所提出的标准至今都有非常重要的参考价值。

【注解】

①谅：诚信。②便（pián）辟：逢迎谄媚。③便（pián）佞：用花言巧语取悦于人。

【译文】

孔子说："有益的朋友有三种，有害的朋友有三种。同正直的人交友，同诚信的人交友，同见闻广博的人交友，是有益的。同逢迎谄媚的人交友，同表面柔顺而内心奸诈的人交友，同花言巧语的人交友，是有害的。"

【原文】

16.5　孔子曰："益者三乐，损者三乐。乐节礼乐，乐道人之善，乐多贤友，益矣。乐骄乐，乐佚游①，乐宴乐，损矣。"

【题解】

这一章讲的是孔子的快乐观。孔子认为，健康的快乐观应该是以道德修养为要旨和依归的。

【注解】

①佚：放荡。

孔子向弟子阐释有益的快乐与有害的快乐的区别。

【译文】

孔子说："有益的快乐有三种，有害的快乐有三种。以用礼乐调节自己为乐，以称道人的好处为乐，以有很多德才兼备的朋友为乐，是有益的。以骄纵享乐为乐，以放荡游乐为乐，以宴饮无度为乐，是有害的。"

【原文】

16.6　孔子曰："侍于君子有三愆①：言未及之而言，谓之躁；言及之而不言，谓之隐；未见颜色而言，谓之瞽②。"

【题解】

此章孔子谈的是与君子交往中的适言问题。说话是一门艺术，把话说好并不是一件容易的事，这里孔子给了我们一些有益的指导：说话应择时择人，视情况而定。

【注解】

①愆（qiān）：过失。②瞽（gǔ）：眼睛瞎。

【译文】

孔子说："侍奉君子容易有三种过失：没有轮到他发言而发言，叫作急躁；到该说话时却不说话，叫作隐瞒；不看君子的脸色而贸然说话，叫作盲目。”

【原文】

16.7 孔子曰：“君子有三戒：少之时，血气未定，戒之在色；及其壮也，血气方刚，戒之在斗；及其老也，血气既衰，戒之在得[①]。”

孔子阐释少年人、中年人、老年人不同的身心特点及警戒。

【题解】

孔子按照人在少年、壮年、老年的不同生理和心理特点，分别提出了君子修身养性的重点。少年时身体内的血气尚未充实，容易贪恋美色，而色欲最损血气，故须戒色。到了壮年时，血气方刚，最容易犯争强好胜之心，易生祸端，故戒之在斗。晚年时身体血气已衰，体力不济，容易贪恋名位利禄，患得患失，而世间之祸多因贪起，所以要戒得。

【注解】

①得：贪得，包括名誉、地位、财货等。

【译文】

孔子说：“君子有三件事应该警惕戒备：年少的时候，血气还没有发展稳定，要警戒迷恋女色；壮年的时候，血气正旺盛，要警戒争强好斗；到了老年的时候，血气已经衰弱，要警戒贪得无厌。”

【原文】

16.8 孔子曰：“君子有三畏：畏天命，畏大人，畏圣人之言。小人不知天命而不畏也，狎大人，侮圣人之言。”

【题解】

此章孔子讲的是一个人要有敬畏之心才能成为言行高尚的君子，这也是最好的立身处世之道。

【译文】

孔子说：“君子有三种敬畏：敬畏天命，敬畏王公大人，敬畏圣人的言论。小人不知道天命，所以不敬畏它，轻视王公大人，侮慢圣人的言论。”

【原文】

16.9 孔子曰：“生而知之者，上也；学而知之者，次也；困而学之，又其次也；困而不学，民斯为下矣。”

【题解】

孔子把人对于知识的追求分为鼓励人们要勤奋学习，孜孜不倦。

【译文】

孔子说：“生来就知道的，是上等；经过学习后才知道的，是次等；遇到困惑疑难才去学习的，是又次一等了；遇到困惑疑难仍不去学习的，这种人就是下等的了。”

【原文】

16.10　孔子曰："君子有九思：视思明，听思聪，色思温，貌思恭，言思忠，事思敬，疑思问，忿思难[①]，见得思义。"

【题解】

此章孔子谈的这个九思，从人的言行举止各个方面系统而具体地讲解了君子的道德规范。

【注解】

①难（nàn）：后患。

【译文】

孔子说："君子有九种思考：看的时候要思考看明白了没；听的时候要思考听清楚了没；待人接物时，要想想脸色是否温和，样貌是否恭敬；说话时要想想是否忠实；做事时要想想是否严肃认真；有疑难时要想着询问；气忿发怒时要想想可能产生的后患；看见可得的要想想是否合于义。"

【原文】

16.11　孔子曰："见善如不及，见不善如探汤。吾见其人矣，吾闻其语矣。隐居以求其志，行义以达其道。吾闻其语矣，未见其人也。"

孔子向众弟子阐释改过迁善、完善自我的修身之道。

【题解】

此章讲的是一个人对进行自我道德修养应该保持高度的自觉性和紧迫感。

【译文】

孔子说："见到善的行为，就像怕赶不上似地去努力追求；看见不善的行为，就像手伸进了沸水中那样赶快避开。我看见过这样的人，也听到过这样的话语。隐居起来以求保全自己的志向，按照义的原则行事以贯彻自己的主张。我听到过这样的话语，却没见过这样的人。"

【原文】

16.12　齐景公有马千驷[①]，死之日，民无德而称焉。伯夷、叔齐饿于首阳之下[②]，民到于今称之。其斯之谓与[③]？

【题解】

本章说明对统治者的历史评价在于人民的口碑，这是一种先进的历史观。一个人的价值不在于其外在的财富，而在于其内在的品德。

【注解】

①千驷：驷，同驾一辆车的四匹马。千驷，四千匹马。②首阳：山名。伯夷、叔齐：商朝末年孤竹君的两个儿子。父亲死后，兄弟互让君位而出逃。周灭商后，他们耻食周粟，隐居于首阳山，采薇而食，终于饿死。③其斯之谓与：这一句中的"斯"字是指什么，上文没有交代，因此意思不清。有人以为，《颜渊》篇第十章"诚不以富，亦祇以异"（引自《诗·小雅·我行其野》）当在此句之前。

【译文】

齐景公有四千匹马，他死的时候，人民找不到他有什么德行值得称颂的。伯夷和叔齐饿死在首阳山上，人民到现在还在称颂他们。大概就是这个意思吧！

【原文】

16.13 陈亢问于伯鱼曰①："子亦有异闻乎？"对曰："未也。尝独立，鲤趋而过庭。曰：'学《诗》乎？'对曰：'未也。''不学《诗》，无以言。'鲤退而学《诗》。他日，又独立，鲤趋而过庭。曰：'学《礼》乎？'对曰：'未也。''不学《礼》，无以立。'鲤退而学《礼》。闻斯二者。"陈亢退而喜曰："问一得三，闻《诗》，闻《礼》，又闻君子之远其子也②。"

【题解】

"诗"和"礼"是孔子教育学生的必修课目，他对自己的独生子孔鲤的教育也是从此入手。这是孔子以身作则，"诗礼传家"。

【注解】

①陈亢：姓陈，名亢，字子禽。伯鱼：姓孔，名鲤，字伯鱼，孔子的儿子。②远（yuàn）：不接近，不亲昵。

【译文】

陈亢向伯鱼问道："你在老师那里有得到与众不同的教诲吗？"伯鱼回答说："没有。他曾经独自站在那里，我快步走过庭中，他说：'学《诗》了吗？'我回答说：'没有。'他说：'不学《诗》就不会应对说话。'我退回后就学《诗》。另一天，他又独自一人站着，我快步走过庭中，他说：'学《礼》了吗？'我回答说：'没有。'他说：'不学《礼》，就没法立足于社会。'我退回后就学《礼》。我只听到过这两次教诲。"陈亢回去后高兴地说："问一件事，知道了三件事，知道要学《诗》，知道要学《礼》，又知道君子不偏私自己的儿子。"

【原文】

16.14 邦君之妻，君称之曰夫人，夫人自称曰小童；邦人称之曰君夫人，称诸异邦曰寡小君；异邦人称之，亦曰君夫人。

国君与妻子和谐亲爱。

【题解】

春秋时代，礼制遭到破坏，诸侯嫡妾称号混乱，而称号实际上意味着某一种秩序的遵循和规范，孔子故而提到周礼，也是正名之意。

【译文】

国君的妻子，国君称她为夫人，夫人自称为小童；国内的人称她为君夫人，在其他国家的人面前称她为寡小君；别的国家的人也称她为君夫人。

阳货篇第十七

【原文】

17.1　阳货欲见孔子[①]，孔子不见，归孔子豚[②]。孔子时其亡也[③]，而往拜之。遇诸途。谓孔子曰："来！予与尔言。"曰："怀其宝而迷其邦，可谓仁乎？曰："不可。""好从事而亟失时[④]，可谓知乎[⑤]？"曰："不可。""日月逝矣，岁不我与。"孔子曰："诺，吾将仕矣。"

孔子与阳货相遇于途。

【题解】

此章记载了孔子和鲁国的权奸阳货的一段交往经历。坚守了自己"有所为，有所不为"的参政原则。

【注解】

①阳货：又叫阳虎，季氏的家臣。此时他正把持着季氏的权柄，曾经将季桓子拘禁起来而企图把持鲁国国政。后篡权不成逃往晋国。见：用作使动词，"见孔子"为"使孔子来见"。②归（kuì）：通"馈"，赠送。豚：小猪。古代礼节，大夫送士礼品，士必须在大夫家里拜受礼物。③时：通"伺"，窥伺，打听。④亟（qì）：屡次。⑤知（zhì）：通"智"。

【译文】

阳货想要孔子去拜见他，孔子不去拜见，他便送给孔子一头蒸熟了的小猪。孔子打听到他不在家时，前往他那里去回拜表谢。却在途中遇见阳货。阳货对孔子说："来！我同你说话。"孔子走过去，阳货说："一个人怀藏本领却听任国家迷乱，可以叫作仁吗？"孔子说："不可以。""喜好参与政事而屡次错失时机，可以叫作聪明吗？"孔子说："不可以。""时光很快地流逝了，岁月是不等人的。"孔子说："好吧，我将去做官了。"

【原文】

17.2　子曰："性相近也，习相远也。"

【题解】

后世的启蒙读物《三字经》中的第一句话就源于孔子的这一句名言，表述了孔子注重后天教育的思想，这也是他"有教无类"的教育思想的哲学基础。

【译文】

孔子说："人们的本性是相近的，后天的习染使人们之间相差甚远了。"

【原文】

17.3　子曰："唯上知与下愚不移。

【题解】

此章实际是上一章的补充，其主旨都在劝学，侧重人学习的自觉性。

【译文】

孔子说："只有上等的智者与下等的愚人是改变不了的。"

【原文】

17.4　子之武城[①]，闻弦歌之声[②]。夫子莞尔而笑[③]，曰："割鸡焉用牛刀？"子游对曰："昔者偃也闻诸夫子曰：'君子学道则爱人，小人学道则易使也。'"子曰："二三子！偃之言是也。前言戏之耳。"

【题解】

此章孔子借一次和子游的玩笑阐述了礼乐教化民众的意义和作用。

孔子过武城，见武城之人弦歌不辍。

【注解】

①武城：鲁国的一个小城，当时子游是武城宰。②弦歌：弦，指琴瑟。以琴瑟伴奏歌唱。③莞（wǎn）尔：微笑的样子。

【译文】

孔子到了武城，听到管弦和歌唱的声音。孔子微笑着说："杀鸡何必用宰牛的刀呢？"子游回答说："以前我听老师说过：'君子学习了道就会爱人，老百姓学习了道就容易使唤。'"孔子说："学生们，言偃的话是对的。我刚才说的话是同他开玩笑罢了。"

【原文】

17.5　公山弗扰以费畔[①]，召，子欲往。子路不说，曰："末之也已[②]，何必公山氏之之也[③]。"子曰："夫召我者，而岂徒哉？如有用我者，吾其为东周乎！"

【题解】

据《史记·孔子世家》记载，公山不狃以家臣的身份反叛季氏，理由可能是为了支持鲁君。孔子欲应公山不狃之召前去，是为了行仁道于世，也即"吾其为东周乎"。可见孔子用礼治世的迫切愿望。

【注解】

①公山弗扰：人名，又称公山不狃，字子洩，季氏的家臣。当时公山弗扰伙同阳货在费邑背叛季氏。畔：通"叛"。②末之也已：末，无。之，到、往。末之，无处去。已，止、算了。③之之也：第一个"之"字是助词，后一个"之"字是动词，"去、到"的意思。

【译文】

公山弗扰在费邑叛反，召孔子，孔子准备前往。子路不高兴，说："没有地方去就算了，何必到公山氏那里去呢？"孔子说："那召我去的人，岂会让我白去一趟吗？如果有任用我的人，我就会使周朝的政德在东方复兴。"

【原文】

17.6 子张问仁于孔子。孔子曰："能行五者于天下，为仁矣。""请问之。"曰："恭，宽，信，敏，惠。恭则不侮，宽则得众，信则人任焉，敏则有功，惠则足以使人。"

【题解】

子张是孔门中对政治感兴趣的弟子之一，故孔子从"恭，宽，信，敏，惠"五个方面来讲实行仁的具体做法，与回答颜渊、曾子问仁之说不同，这亦是因材施教的缘故。

【译文】

子张向孔子问仁。孔子说："能够在天下实行五种美德，就是仁了。"子张问："请问是哪五种？"孔子说："恭敬，宽厚，诚信，勤敏，慈惠。恭敬就不会招致侮辱，宽厚就会得到众人的拥护，诚信就会得到别人的任用，勤敏则会取得功绩，慈惠就能够使唤人。"

【原文】

17.7 佛肸召[①]，子欲往。子路曰："昔者由也闻诸夫子曰：'亲于其身为不善者，君子不入也。'佛肸以中牟畔[②]，子之往也，如之何？"子曰："然。有是言也。不曰坚乎，磨而不磷[③]；不曰白乎，涅而不缁[④]。吾岂匏瓜也哉？焉能系而不食？"

【题解】

佛肸在中牟发动叛乱，想召孔子前往。孔子之所以应召想去，主要也是急于用世，急于行仁道于天下，并且坚信自己可以出淤泥而不染，不被脏乱。

【注解】

①佛肸（xī）：晋国大夫赵简子的家臣，中牟邑宰。②中牟：春秋时晋邑。故址在今河北邢台和邯郸之间。③磷（lìn）：薄，损伤。④涅（niè）：黑土，黑色染料。这里作动词，用黑色染料染物。缁（zī）：黑色。

【译文】

佛肸召孔子，孔子打算前往。子路说："以前我从老师这里听过：'亲自行不善的人，君子是不会去的。'佛肸在中牟发动叛乱，您要去，这是怎么回事呢？"孔子说："是的，我有讲过这样的话。但不是说过坚硬的东西，磨也磨不损吗？不是说过洁白的东西，染也染不黑吗？我难道是只苦葫芦么，怎么能够悬挂在那里却不可食用呢？"

【原文】

17.8 子曰："由也！女闻六言六蔽矣乎[①]？"对曰："未也。"

"居[②]！吾语女。好仁不好学，其蔽也愚；好知不好学，其蔽也荡；好信不好学，其蔽也贼[③]；好直不好学，其蔽也绞[④]；好勇不好学，其蔽也乱；好刚不好学，其蔽也狂。"

【题解】

孔子在这里讲的还是个人的品德修养问题，其中贯穿始终的根本精神是孔子阐明的"中庸之道"，即追求不

孔子向子路阐释六种品德的弊病。

偏不倚、恰到好处的行为标准和完美目标。

【注解】

①六言：六句话，此处实际上指的是六种品德（仁、智、信、直、勇、刚）。六蔽：六种弊病。②居：坐。③贼：害。④绞：说话尖刻。

【译文】

孔子说："仲由！你听过六种品德和六种弊病吗？"子路回答说："没有。"

孔子说："坐下！我告诉你。爱好仁却不爱好学习，它的弊病是愚蠢；爱好聪明而不爱学习，它的弊病是放荡不羁；爱好诚信而不爱好学习，它的弊病是容易被人利用伤害；爱好直率而不爱好学习，它的弊病是说话尖刻刺人；爱好勇敢而不爱好学习，它的弊病是狂妄。"

【原文】

17.9　子曰："小子何莫学夫《诗》①！《诗》，可以兴，可以观②，可以群，可以怨③。迩之事父，远之事君；多识于鸟兽草木之名。"

孔子教诲弟子要学习《诗》。

【题解】

此章孔子讲了学习《诗》三百篇的重要性。从这里我们也可以加深对这部诗歌总集的理解和认识。

【注解】

①小子：指学生们。②观：观察力。③怨：讽刺。

【译文】

孔子说："学生们为什么没有人学《诗》呢？《诗》可以激发心志，可以提高观察力，可以培养群体观念，可以学得讽刺方法。近则可以用其中的道理来侍奉父母；远可以用来侍奉君主。还可以多认识鸟兽草木的名称。"

【原文】

17.10　子谓伯鱼曰："女为《周南》《召南》矣乎①？人而不为《周南》《召南》，其犹正墙面而立也与②？"

【题解】

伯鱼就是孔子的儿子孔鲤，《周南》和《召南》是《诗》中的两篇讲夫妇之道的诗篇，孔子让他的儿子认真学习这两首诗，对于培养伯鱼修身齐家治国的理念是有益处的。

【注解】

①《周南》《召南》：《诗经·国风》中的第一、二两部分篇名。周南和召南都是地名。这是当地的民歌。②正墙面而立：面向墙壁站立着。

【译文】

孔子对伯鱼说："你学习《周南》《召南》了吗？一个人如果不学习《周南》《召南》，那就像正对着墙站立一样无法行走了。”

【原文】

17.11　子曰：“礼云礼云，玉帛云乎哉？乐云乐云，钟鼓云乎哉？”

【题解】

孔子针对春秋时期权贵奢侈成风，礼乐流于玉帛钟鼓等形式而失去了原有的实质内容等现象，发出了深深地慨叹。

【译文】

孔子说：“礼呀礼呀，仅仅说的是玉器和丝帛吗？乐呀乐呀，仅仅说的是钟鼓等乐器吗？”

【原文】

17.12　子曰：“色厉而内荏[①]，譬诸小人，其犹穿窬之盗也与[②]？”

【题解】

孔子历来欣赏光明正大的人，而对那些表里不一、喜欢虚张声势、故作矜持之态以掩饰内心的欲望和浅薄卑下的小人，十分反感，故以“小偷”喻之。

【注解】

①荏（rěn）：软弱。②窬（yú）：通“逾”，爬墙。

【译文】

孔子说：“外表严厉而内心怯懦，用小人作比喻，大概像个挖洞爬墙的盗贼吧。”

孔子说，色厉而内荏的人，就像挖洞爬墙的盗贼一样。

【原文】

17.13　子曰：“乡愿[①]，德之贼也[②]。”

【题解】

孔子斥责“乡愿”，明确地点出这种人欺世盗名，似有德而实害德，极具欺骗性。这也说明孔子的中庸之道并不像后人理解的那样是“骑墙”或“和稀泥”。

【注解】

①乡愿：乡里多数人认为是忠厚之人。这种人貌似好人，实为与流俗合污以取媚于世的伪善者。愿，忠厚。②贼：毁坏，败坏。

【译文】

孔子说：“没有真是非的好好先生，是道德的败坏者。”

【原文】

17.14　子曰：“道听而途说，德之弃也。”

【题解】

孔子要求学生对待问题应该持以实践考察为依据的态度，鼓励学生要善于独立思考，道听而途说是违背道德的。

【译文】

孔子说："把道路上听来的东西四处传说，是背弃道德的行为。"

【原文】

17.15 子曰："鄙夫可与事君也与哉？其未得之也，患得之[①]；既得之，患失之。苟患失之，无所不至矣。"

【题解】

此章孔子批评了当时一些在朝为官的人的做法。

【注解】

①患得之：这里是"患不得之"的意思。这是当时楚地的俗语。

【译文】

孔子说："鄙夫，可以和他们一起侍奉君主吗？他们在未得到职位时，总是害怕得不到；得到职位以后，又唯恐失去。如果老是担心失去职位，就会没有什么事做不出来的。"

鄙夫在朝，患得患失。

【原文】

17.16 子曰："古者民有三疾，今也或是之亡也[①]。古之狂也肆，今之狂也荡；古之矜也廉[②]，今之矜也忿戾；古之愚也直，今之愚也诈而已矣。"

【题解】

此章孔子将古代具有狂、矜、愚三种毛病的人和当时的这类人相对比，发出了今不如昔、人心不古的感叹。

【注解】

①是之亡："亡是"的倒装说法，"之"字用在中间，无义。亡，通"无"。②廉：本义是器物的棱角，人的行为方正不阿也被称为"廉"。

【译文】

孔子说："古代的百姓有三种毛病，现在或许都没有了。古代的狂人是轻率肆意，现在的狂人则是放荡不羁；古代矜持的人是棱角分明，现在矜持的人是恼羞成怒，强词夺理；古代愚笨的人是憨直，现在愚笨的人是欺诈伪装罢了。"

【原文】

17.17 子曰："巧言令色，鲜矣仁。"

【题解】

本章重出，见《学而》篇第三章。译文略。

【原文】

17.18　子曰："恶紫之夺朱也[①]，恶郑声之乱雅乐也[②]，恶利口之覆邦家者。"

【题解】

此章孔子对当时的礼制破坏、是非颠倒、真假混淆的紫色夺朱、郑声乱乐、利口覆邦三种突出的社会政治现象进行了抨击。

【注解】

①恶（wù）：厌恶。紫之夺朱：朱是正色，紫是杂色。当时紫色代替朱色成为诸侯衣服的颜色。②雅乐：正统音乐。

【译文】

孔子说："憎恶紫色夺去红色的光彩和地位，憎恶郑国的乐曲淆乱典雅正统的乐曲，憎恶用巧言善辩颠覆国家的人。"

【原文】

17.19　子曰："予欲无言。"子贡曰："子如不言，则小子何述焉？"子曰："天何言哉？四时行焉，百物生焉，天何言哉？"

孔子向子贡阐释无言胜有言的道理。

【题解】

这是孔子与弟子的一段有趣的对话，含有哲学思辨的意味。

【译文】

孔子说："我不想说话了。"子贡说："您如果不说话，那我们这些学生传述什么呢？"孔子说："天说什么话了吗？四季照样运行，万物照样生长，天说什么话了吗？"

【原文】

17.20　孺悲欲见孔子[①]，孔子辞以疾[②]。将命者出户[③]。取瑟而歌，使之闻之。

【题解】

这是一段有趣的小故事。孺悲不经人介绍而擅自来见孔子，不合于"士相见礼"，故孔子以生病为由拒绝接见。而后孔子又取瑟而歌，实际上是想告诉孺悲自己并没有生病，只是不愿意接见他。当他碰壁之后，希望他会对自己的行为进行反省。

【注解】

①孺悲：鲁国人。鲁哀公曾派他向孔子学习士丧礼。②辞以疾：以有病作借口推辞。③将命者：传话的人。

【译文】

孺悲想拜见孔子，孔子以生病为由拒绝了。传话的人刚出门，孔子便取下瑟来边弹边唱，故意让孺悲听见。

【原文】

17.21 宰我问[①]："三年之丧，期已久矣。君子三年不为礼，礼必坏；三年不为乐，乐必崩。旧谷既没，新谷既升，钻燧改火[②]，期可已矣[③]。"子曰："食夫稻[④]，衣夫锦，于女安乎？"曰："安。""女安则为之！夫君子之居丧，食旨不甘，闻乐不乐，居处不安，故不为也。今女安，则为之！"

宰我出。子曰："予之不仁也！子生三年，然后免于父母之怀。夫三年之丧，天下之通丧也。予也有三年之爱于其父母乎？"

【题解】

本章是孔子和他的弟子宰我围绕丧礼应服几年的问题而展开的争论。

【注解】

①宰我：孔子学生，名予，字子我，鲁国人。②钻燧（suì）改火：古代钻木取火，所用木头四季不同。春用榆柳，夏用枣杏和桑柘，秋用柞，冬用槐檀，一年轮一遍，叫改火。③期（jī）：一周年。④夫（fú）：那。

【译文】

宰我问："父母死了，服丧三年，为期太久长了。君子三年不习礼，礼一定会败坏；三年不演奏音乐，音乐一定会荒废。旧谷已经吃完，新谷已经登场，取火用的燧木已经轮换了一遍，服丧一年就可以了。"孔子说："丧期不到三年就吃稻米，穿锦缎，对你来说心安吗？"宰我说："心安。"孔子说："你心安，就那样做吧！君子服丧，吃美味不觉得香甜，听音乐不感到快乐，住在家里不觉得舒适安宁，所以不那样做。现在你心安，就那样去做吧！"

宰我出去了，孔子说："宰我不仁啊！孩子生下来三年后，才能完全脱离父母的怀抱。三年丧期，是天下通行的丧礼。宰予难道没有从他父母那里得到过三年怀抱之爱吗？"

【原文】

17.22 子曰："饱食终日，无所用心，难矣哉！不有博弈者乎[①]，为之犹贤乎已[②]。"

【题解】

孔子的这段名言是对人们惰性的当头棒喝。

【注解】

①博弈：博，掷骰子。弈，古代围棋。②已：止，不动的意思。

【译文】

孔子说："整天吃得饱饱的，什么心思也不用，这就难办了呀！不是有掷骰子下围棋之类的游戏吗？干干这些，也比什么都不干好些。"

孔子批评那些饱食终日、无所用心的人，认为即便是下下棋也比终日无所事事强。

【原文】

17.23 子路曰："君子尚勇乎？"子曰："君子义以为上。君子有勇而无义为乱，小人有勇而无义为盗。"

【题解】

本章说明，人的行为要合乎礼就是义，故礼义并称。

【译文】

子路说：“君子崇尚勇敢吗？”孔子说：“君子把义看做是最尊贵的。君子有勇无义就会作乱，小人有勇无义就会去做盗贼。”

【原文】

17.24　子贡曰：“君子亦有恶乎[①]？”子曰：“有恶。恶称人之恶者，恶居下流而讪上者[②]，恶勇而无礼者，恶果敢而窒者[③]。”曰：“赐也亦有恶乎？”“恶徼以为知者[④]，恶不孙以为勇者，恶讦以为直者[⑤]。”

【题解】

此章通过孔子和子贡的对答，对有悖道德规范的四种人和作风不正的三种人作了揭露和斥责。

【注解】

①恶（wù）：厌恶。②流：晚唐以前的本子没有“流”字。③窒（zhì）：阻塞，不通事理，顽固不化。④徼（jiāo）：偷袭。⑤讦（jié）：攻击、揭发别人。

【译文】

子贡问：“君子也有憎恶的人或事吗？”孔子说：“是有所憎恶的。憎恶宣扬别人过错的人，憎恶身居下位而毁谤身居上位的人，憎恶勇敢而无礼的人，憎恶果敢而顽固不化的人。”孔子问：“赐，你也有憎恶的人和事吗？”子贡说：“我憎恶抄袭他人之说而自以为聪明的人，憎恶把不谦逊当作勇敢的人，憎恶揭发别人的隐私却自以为直率的人。”

【原文】

17.25　子曰：“唯女子与小人为难养也，近之则不孙，远之则怨。”

【题解】

此章孔子的话引起了很多人的讨论和非议。这不能用宣扬了“男尊女卑”、“夫为妻纲”的男权思想去理解，而是孔子对于当时的社会经验的一种总结。与小人和女子相处，对他们亲密，他们就容易过分随便无礼；而稍一疏远，便埋怨不已。

【译文】

孔子说：“只有女子和小人是不容易相处的。亲近了，他们就会无礼；疏远了，他们就会怨恨。”

【原文】

17.26　子曰：“年四十而见恶焉，其终也已。”

【题解】

孔子的这句话是在勉励人们及时改过迁善，否则，到了本该人生成熟并不惑的四十岁时还为人所厌恶，便为时已晚了。

【译文】

孔子说：“年已到了四十还被众人所厌恶，他这一辈子也就算完了。”

微子篇第十八

【原文】

18.1　微子去之①，箕子为之奴②，比干谏而死③。孔子曰："殷有三仁焉。"

微子去商。

【题解】

微子、箕子、比干都有忧国忧民的仁者之心和为国献身的精神，故孔子称之为"仁"。这三个人都是身处乱世而以不同方式尽忠，故孔子赞之。

【注解】

①微子：名启，商纣王的同母兄弟。微子出生时，他母亲还未被正式立为帝妻，纣是母亲立为帝妻后所生，故纣得以继承王位。②箕子：纣王的叔父。纣王暴虐无道，箕子曾向他进谏，纣王不听，箕子便假装发疯，被降为奴隶。③比干：也是纣王的叔父。他竭力劝谏纣王，被纣王剖心而死。

【译文】

微子离开了商纣王，箕子做了他的奴隶，比干强谏被杀。孔子说："殷朝有三位仁人！"

【原文】

18.2　柳下惠为士师①，三黜。人曰："子未可以去乎？"曰："直道而事人，焉往而不三黜？枉道而事人，何必去父母之邦？"

【题解】

这里孔子以十分沉痛的语气，道出了当时官场的腐败，既然到处都一样，还不如就留在生养自己的父母之邦。

【注解】

①士师：官名，主管刑罚。

【译文】

柳下惠担任掌管刑罚的官，多次被罢免。有人问："您不可以离开鲁国吗？"他说："用正直之道来侍奉人，去哪里而能不被多次罢免呢？不用正直之道来侍奉人，又为什么一定要离开故国家园呢？"

【原文】

18.3　齐景公待孔子①，曰："若季氏②，则吾不能，以季、孟之间待之③。"曰："吾老矣，不能用也。"孔子行。

【题解】

此章表明了齐景公在使用孔子问题上的态度是反复无常的。

【注解】

①齐景公：齐国的国君。②季氏：鲁国的大夫，位居上卿。③孟：指孟孔氏，鲁国的大夫，位居下卿。

【译文】

齐景公谈到怎样对待孔子时说："像鲁国国君对待季氏那样对待孔子，那我做不到；只能用低于季氏而高于孟氏的规格来对待他。"不久又说："我老了，不能用他了。"孔子就离开了齐国。

【原文】

18.4　齐人归女乐[①]，季桓子受之[②]，三日不朝，孔子行。

【题解】

此章说明尽管孔子以礼治国的愿望十分迫切，但他还是坚持原则的。

【注解】

①归（kuì）：通"馈"，赠送。②季桓子：季孙斯，鲁国的执政上卿。

【译文】

齐国人赠送鲁国一批歌女乐师，季桓子接受了，好几天不上朝，孔子就离开了鲁国。

季桓子观女乐而三日不朝。

【原文】

18.5　楚狂接舆歌而过孔子[①]，曰："凤兮，凤兮！何德之衰？往者不可谏，来者犹可追。已而，已而！今之从政者殆而！"孔子下，欲与之言。趋而辟之，不得与之言。

【题解】

这个《论语》中的名篇对后世归隐山林、躲避社会政治黑暗的知识分子有很深的影响。

【注解】

①接舆：楚国的隐士。一说他姓接名舆，一说因他接孔子之车而歌，所以称他接舆。

【译文】

楚国的狂人接舆唱着歌经过孔子的车子，说："凤凰啊，凤凰啊！为什么道德如此衰微，过去的已经不能挽回，未来的还来得及改正。算了吧，算了吧！现在那些从政的人危险呀！"孔子下车，想要同他说话。接舆快走几步避开了孔子，孔子没能同他交谈。

【原文】

18.6　长沮、桀溺耦而耕[①]，孔子过之，使子路问津焉[②]。长沮曰："夫执舆者为谁[③]？"子路曰："为孔丘。"曰："是鲁孔丘与？"曰："是也。"曰："是知津矣[④]。"问于桀溺，桀溺曰："子为谁？"曰："为仲由。"曰："是鲁孔丘之徒与？"对曰："然。"曰："滔滔者天下皆是也，而谁以易之[⑤]？且而与其从辟人之士也[⑥]，岂若从辟世之士哉？"耰而不辍[⑦]。子路行以告。夫子怃然曰[⑧]："鸟，吾非斯人之徒与而谁与？天下有道，丘不与易也。"

【题解】

此章亦是隐者对孔子的劝喻，孔子尊敬这些避世隐居、洁身自好的人，同时也说明自己积极入世的理由。最后一段的回答反映了孔子希望天下清平，所以积极入世，及欲拯救斯民于水火的人道主义情怀。

子路问津于长沮、桀溺。

【注解】

①长沮、桀溺：两位隐士，真实姓名和身世不详。耦而耕：两个人合力耕作。②津：渡口。③执舆：执辔（揽着缰绳）。此本是子路的任务，因为子路下车去问渡口，暂时由孔子代替。④是知津矣：这话是认为孔子周游列国，应该熟悉道路。⑤谁以易之：与谁去改变它呢。以，与。⑥而：同“尔”，你，指子路。辟：通“避”。⑦耰（yōu）：播下种子后，用土覆盖上，再用耙将土弄平，使种子深入土里，鸟不能啄，这就叫耰。⑧怃（wǔ）然：失意的样子。

【译文】

长沮和桀溺并肩耕地，孔子从他们那里经过，让子路去打听渡口在哪儿。长沮说：“那个驾车的人是谁？”子路说：“是孔丘。”长沮又问：“是鲁国的孔丘吗？”子路说：“是的。”长沮说：“他应该知道渡口在哪儿。”子路又向桀溺打听，桀溺说：“你是谁？”子路说：“我是仲由。”桀溺说：“是鲁国孔丘的学生吗？”子路回答说：“是的。”桀溺就说：“普天之下到处都像滔滔洪水一样混乱，和谁去改变这种状况呢？况且你与其跟从逃避坏人的人，还不如跟从逃避污浊尘世的人呢。”说完，还是不停地用土覆盖播下去的种子。子路回来告诉了孔子。孔子怅然若失地说：“人是不能和鸟兽合群共处的，我不和世人在一起又能和谁在一起呢？如果天下有道，我就不和你们一起来改变它了。”

【原文】

18.7 子路从而后，遇丈人，以杖荷蓧[①]。子路问曰：“子见夫子乎？”丈人曰：“四体不勤，五谷不分[②]，孰为夫子？”植其杖而芸[③]。子路拱而立。止子路宿，杀鸡为黍而食之，见其二子焉[④]。明日，子路行以告。子曰：“隐者也。”使子路反见之。至，则行矣。子路曰：“不仕无义。长幼之节，不可废也；君臣之义，如之何其废之？欲洁其身，而乱大伦。君子之仕也，行其义也。道之不行，已知之矣。”

【题解】

孔子一生，几乎一直在为天下太平、达于治世而东奔西走，希望能够推行仁道。到了晚年，连跟着他鞍前马后奔波的子路也说“道之不行，已知之矣”。尽管如此，孔子仍然百折不挠地要实践他的主张；就连弟子子路，也学习到了老师的“知其不可而为之”的精神。

【注解】

①蓧（diào）：古代在田中除草的工具。②五谷：古书中有不同的说法，最普通的一种指稻、黍、稷、麦、菽。稻麦是主要粮食作物；黍是黄米；稷是粟，一说是高粱；菽是豆类作物。③芸：通“耘”。④见其二子：使其二子出来见客。

【译文】

子路跟随孔子落在后面与孔子走散了，遇到一个老人，用手杖挑着除草用的工具。子路问道："您看见我的老师了吗？"老人说："四肢不劳动，五谷分不清。谁是你的老师呢？"说完，把手杖插在地上开始锄草。子路拱着手站在一边。老人便留子路到他家中住宿，杀鸡做饭给子路吃，还叫他的两个儿子出来相见。第二天，子路赶上了孔子，并把这事告诉了他。孔子说："这是个隐士。"叫子路返回去再见他。子路到了那里，他已经出门了。子路说："不出来做官是不义的。长幼之间的礼节，不可以废弃；君臣之间的道义，又怎么就可以废弃呢？本想保持自身纯洁，却破坏了重大的伦理道德。君子出来做官，是为了实行君臣之义。至于我们的政治主张行不通，是早就知道的了。"

【原文】

18.8　逸民：伯夷、叔齐、虞仲、夷逸、朱张、柳下惠、少连[①]。子曰："不降其志，不辱其身，伯夷、叔齐与！"谓柳下惠、少连："降志辱身矣，言中伦[②]，行中虑，其斯而已矣。"谓虞仲、夷逸："隐居放言[③]，身中清[④]，废中权[⑤]。我则异于是，无可无不可。"

孔子评论古之隐者与贤士。

【题解】

此章是孔子对历史和当代七位逸民作出的评价。

【注解】

①逸：同"佚"，散失、遗弃。伯夷、叔齐、柳下惠皆见前。虞仲、夷逸、朱张、少连四人身世无从考，从文中意思看，当是没落贵族。②中（zhòng）：符合。③放言：放肆直言。④身中清：立身清白。清，清白。⑤废中权：弃官合乎权宜。废，放弃。权，权宜。

【译文】

隐居不做官的人有：伯夷、叔齐、虞仲、夷逸、朱张、柳下惠、少连。孔子说："不降低自己的志向，不辱没自己的身份，就是伯夷和叔齐吧！"又说："柳下惠、少连降低了自己的志向，辱没了自己的身份，但言语合乎伦理，行为经过考虑，也就是如此罢了。"又说："虞仲、夷逸，避世隐居，放肆直言，立身清白，弃官合乎权宜。我就和他们不一样，没有什么可以，也没有什么不可以。"

【原文】

18.9　大师挚适齐[①]，亚饭干适楚[②]，三饭缭适蔡，四饭缺适秦，鼓方叔入于河[③]，播鼗武入于汉[④]，少师阳、击磬襄入于海[⑤]。

【题解】

孔子重视"乐"教，本人也对音乐有着深厚的修养，所以对当时乐师的境遇非常关心。此章记载了鲁国乐师在哀公时流散四方的情况。

【注解】

①大师挚：大，同"太"。大师是鲁国乐官之长，挚是人名。②亚饭干：第二次吃饭时奏乐的乐师，名干。古代天子、

诸侯吃饭时都要奏乐，所以乐师有亚饭、三饭、四饭之称。③缭、缺：亦是人名。鼓方叔：击鼓的乐师名方叔。④播鼗（táo）武：播，摇。鼗，小鼓。武，摇小鼓者的名字。⑤少师阳：副乐官，名阳。击磬襄：敲磬的乐师，名襄。

【译文】

太师挚到齐国去了，亚饭乐师干到楚国去了，三饭乐师缭到蔡国去了，四饭乐师缺到秦国去了，打鼓乐师方叔进入黄河地区了，摇鼗鼓的乐师武进入汉水一带了，少师阳、敲磬的乐师襄到海滨去了。

【原文】

18.10　周公谓鲁公曰[①]：“君子不施其亲[②]，不使大臣怨乎不以。故旧无大故，则不弃也。无求备于一人。”

【题解】

周公对鲁公伯禽的训诫所言可能在鲁国流传，孔子又向弟子们转述。君子不疏远他的亲族，不使大臣抱怨不获任用，不遗弃无重大罪过的老朋友，不要对一个人求全责备，用人办事，取其专长即可。这是古代贤君为政经验的总结。

【注解】

①鲁公：指周公之子，鲁国始封之君伯禽。②施（chí）：通“弛”，废弃的意思。

【译文】

周公对鲁公说：“一个有道的国君不疏远他的亲族；不使大臣怨恨没有被任用；故旧朋友如果没有大的过错，就不要抛弃他们；不要对一个人求全责备。”

【原文】

18.11　周有八士：伯达、伯适、仲突、仲忽、叔夜、叔夏、季随、季騧[①]。

【题解】

此章记述周代贤士众多，旨在说明国家兴亡的关键在于任用贤人。

【注解】

①适：音kuò。騧：音guā。八人事迹不详。有人认为，周朝有位良母，她四胎生了八个双生子，都是有名的士，后来都当了大官。

【译文】

周朝有八个著名的士人：伯达、伯适、仲突、仲忽、叔夜、叔夏、季随、季騧。

周朝有八位贤士。

子张篇第十九

【原文】

19.1　子张曰："士见危致命，见得思义，祭思敬，丧思哀，其可已矣。"

【题解】

子张这句话乃是总结了孔子的思想，提出了作为一个合格的士所必须具备的四条标准。

【译文】

子张说："士人看见危险肯献出生命，看见有所得就想想是否合于义，祭祀时想到恭敬，服丧时想到悲痛，这也就可以了。"

孔子认为，士人应当见危而致命。

【原文】

19.2　子张曰："执德不弘，信道不笃，焉能为有？焉能为亡？"

【题解】

此章强调了全面的道德修养是一个人的价值基础。履行道却不宽广，则德孤；能闻道却不能笃守坚持，则道废。

【译文】

子张说："执行德却不能弘扬它，信奉道却不笃定，这样的人可有可无。

【原文】

19.3　子夏之门人问交于子张。子张曰："子夏云何？"对曰："子夏曰：'可者与之①，其不可者拒之。'"子张曰："异乎吾所闻：君子尊贤而容众，嘉善而矜不能。我之大贤与，于人何所不容？我之不贤与，人将拒我，如之何其拒人也？"

【题解】

本章讲述的是与人交往之道。在《论语》中，对同一个问题，因提问者不同，孔子的回答也会不一样，此章便说明了这一情况。

【注解】

①与："可者与之"的"与"是相与、交往的意思，后两个"与"字是语气词。

【译文】

子夏的门人向子张请教怎样交朋友。子张说："子夏说了什么呢？"子夏的学生回答说："子夏说：

‘可以交往的就和他交往，不可以交往的就拒绝他。’”子张说：“这和我所听到的不一样！君子尊敬贤人，也能够容纳众人，称赞好人，怜悯无能的人。如果我是个很贤明的人，对别人有什么不能容纳的呢？如果我不贤明，别人将会拒绝我，我怎么能去拒绝别人呢？”

【原文】

19.4　子夏曰：“虽小道，必有可观者焉；致远恐泥[①]，是以君子不为也。”

【题解】

专业知识和崇高理想都是重要的，不能以贵贱的观点看待社会分工。

【注解】

①泥（nì）：阻滞，不通，妨碍。

子夏认为，分工无贵贱，皆有可取之处。

【译文】

子夏说：“即使是小技艺，也一定有可取之处，但它恐怕会妨碍从事远大的事业，所以君子不做这些事。”

【原文】

19.5　子夏曰：“日知其所亡，月无忘其所能，可谓好学也已矣。”

【题解】

此章讲的是学习方法。学习并非能够一蹴而就，而是需要不断地积累，才有可能有所成就，或有所创见。

【译文】

子夏说：“每天知道自己以前所不知的，每月不忘记以前所已学会的，可以说是好学了。”

【原文】

19.6　子夏曰：“博学而笃志，切问而近思，仁在其中矣。”

【题解】

这一章子夏提出博学、笃志、切问、近思四项，都是理论联系实际、言行一致的自我修养的方法。

【译文】

子夏说：“广泛地学习并且笃守自己的志向，恳切地提问并且常常思考眼前的事，仁就在这中间了。”

【原文】

19.7　子夏曰：“百工居肆以成其事，君子学以致其道。”

【题解】

本章谈的也是劝人努力学习的问题。社会有分工，人各有其志，百工在各自的作坊里兴作以营生，君子也必须通过努力的学习才能“致其道”。

【译文】

子夏说："各行各业的工匠在作坊里完成他们的工作，君子则通过学习来掌握道。"

【原文】

19.8　子夏曰："小人之过也必文[①]。"

【题解】

孔子也说过"过而不改，是谓过矣"。小人的一大特点就是不想改正自己的过错，在面对别人的指责时，必会以不实的言语来掩饰自己的过失，好像自己毫无过失一样。

【注解】

①文（wèn）：掩饰。

【译文】

子夏说："小人犯了错误一定会加以掩饰。"

【原文】

19.9　子夏曰："君子有三变：望之俨然[①]，即之也温[②]，听其言也厉。"

【题解】

子夏此话是对孔子仪容风度的基本概括。远处望见他，显得端庄威严；和他接近时，觉得温和可亲；听他说话，言辞严谨不苟，孔子的风度是自然的。

【注解】

①俨然：庄严的样子。②即：接近。

【译文】

子夏说："君子会使人感到有三种变化：远远望去庄严可畏，接近他时却温和可亲，听他说话则严厉不苟。"

【原文】

19.10　子夏曰："君子信而后劳其民，未信则以为厉己也。信而后谏，未信则以为谤己也。"

【题解】

取信于民是孔子对为政者的基本要求，也是基本的治国之道。

【译文】

子夏说："君子在得到民众的信任之后才去役劳他们；没有得到信任就去役劳，民众就会认为是在虐害他们。君子得到君主的信任之后才去进谏；没有得到信任就去进谏，君主就会以为是在诽谤

子夏认为，君子应该在得到民众的信任之后才去役劳他们。

自己。"

【原文】

19.11 子夏曰："大德不逾闲，小德出入可也。"

【题解】

此章反映了儒家既坚持仁德的基本原则，又不排斥变通的思想。

【译文】

子夏说："大的道德节操上不能逾越界限，在小节上有些出入是可以的。"

【原文】

19.12 子游曰："子夏之门人小子，当洒扫、应对、进退，则可矣；抑末也[①]，本之则无，如之何？"

子夏闻之，曰："噫！言游过矣！君之子道，孰先传焉？孰后倦焉[②]？譬诸草木[③]，区以别矣。君子之道，焉可诬也？有始有卒者，其惟圣人乎！"

【题解】

此章记叙了子游和子夏就教学方法问题展开的热烈讨论。

【注解】

①抑：连词，表示转折。这里是"可是"的意思。②倦："诲人不倦"的倦。这里指教诲。③譬诸草木：譬之于草木。草木有大小，比喻学问有深浅，应当分门别类，循序渐进。

【译文】

子游说："子夏的学生们，做洒水扫地、接待客人、趋进走退一类的事，是可以的，不过这些只是细枝末节的事。根本的学问却没有学到，这怎么行呢？"

子夏听到这话，说："咳！言游说错了！君子的学问，哪些先传授？哪些后传授？就好比草木一样，是区分为各种类别的。君子的学问，怎么能歪曲呢？有始有终地循序渐进，大概只有圣人吧！"

【原文】

19.13 子夏曰："仕而优则学，学而优则仕。"

【题解】

子夏这段讲学与仕之间的关系的话，从一个侧面概括了孔子的教育方针和办学目的，也成为中国历史上影响最大的传统思想之一。

【译文】

子夏说："做官仍有余力就去学习；学习成绩优异就去做官。"

子夏主张，学习成绩优异就去做官。

【原文】

19.14 子游曰："丧致乎哀而止[①]。"

【题解】

此章子游的意思是说，居丧，一方面要尽哀，一方面又不宜因过于哀痛而伤害身体。这是对孔子所提倡的丧礼的发展，注重在丧礼中的内心真诚的情感，却又不过度。

【注解】

①丧：居丧。止：足，可以。

【译文】

子游说："居丧充分表达了哀思也就可以了。"

【原文】

19.15　子游曰："吾友张也为难能也，然而未仁。"

【题解】

此章意思是说，子张的仪表和德业都非常出众，但还达不到仁的境界，其目的是在鼓励朋友。

【译文】

子游说："我的朋友子张是难能可贵的了，然而还没有达到仁的境界。"

【原文】

19.16　曾子曰："堂堂乎张也，难与并为仁矣。"

【题解】

此章是曾子对子张的评价，说明仁的境界难以达到。

【译文】

曾子说："仪表堂堂的子张啊，很难和他一起做到仁。"

【原文】

19.17　曾子曰："吾闻诸夫子，人未有自致者也[①]。必也亲丧乎？"

【题解】

此章意思是说要用理智来控制感情，情受约制于礼，这样对人的健康是有好处的。而在父母亲死亡的时候，大可不顾一切，放声大哭，因为丧礼以尽哀为达，自然可以尽情流露情感。

【注解】

①致：到了极点。这里指人的真情全部表露出来。

曾子认为，要用理智来控制感情，用礼来约束感情。

【译文】

曾子说："我听老师说过，人不会自动地充分表露感情，如果有，一定是在父母死亡的时候吧！"

【原文】

19.18　曾子曰："吾闻诸夫子，孟庄子之孝也[1]，其他可能也，其不改父之臣与父之政，是难能也。"

【题解】

本章中的孟庄子这种尽孝，表现出以国事为重的高尚品质。

【注解】

①孟庄子：名速，鲁国大夫，孟献子的儿子。

【译文】

曾子说："我听老师说过，孟庄子的孝，其他方面别人可以做到，而他不改换父亲的旧臣和父亲的政治措施，这是别人难以做到的。"

【原文】

19.19　孟氏使阳肤为士师[1]，问于曾子。曾子曰："上失其道，民散久矣。如得其情，则哀矜而勿喜。"

【题解】

此章表明曾子深得孔子的仁德思想的真传，抨击上位者的无道，深深地同情下层民众。

【注解】

①阳肤：曾子的弟子。

【译文】

孟氏让阳肤担任掌管刑罚的官，阳肤向曾子求教。曾子说："在上位的人丧失了正道，民心离散已经很久了。如果审案时审出真情，就应该悲哀怜悯而不要沾沾自喜！"

【原文】

19.20　子贡曰："纣之不善[1]，不如是之甚也。是以君子恶居下流，天下之恶皆归焉。"

【题解】

本章中子贡的意思是说，舆论对一个人的评价往往带有一种从众的"惯性"：说某人好，要说得比某人实际做的还要好；说某人坏，则要说得比某人实际做的还要坏。因此警诫君子要注重修身，不要居于下流。

【注解】

①纣：商朝最后一个君主，是有名的暴君。

子贡论纣王之恶。

【译文】

子贡说："商纣王的无道，不像现在流传得那么严重。所以君子忌讳身染污行，因为一沾污行，天下的坏事就都归集到他身上去了。"

【原文】

19.21　子贡曰："君子之过也，如日月之食焉：过也，人皆见之；更也，人皆仰之。"

【题解】

此章以日食月蚀的变化为喻，赞扬了君子不像文过饰非的小人，不隐瞒和掩盖过错，又能公开改正过错的光明磊落的态度和胸襟。

【译文】

子贡说："君子的过失，就像日食和月蚀一样：有过错时，人人都看得见；他改正了，人人都仰望他。"

【原文】

19.22　卫公孙朝问于子贡曰[①]："仲尼焉学[②]？"子贡曰："文、武之道，未坠于地，在人。贤者识其大者[③]，不贤者识其小者，莫不有文、武之道焉。夫子焉不学？而亦何常师之有？"

【题解】

此章是说明善于学习的人，随时随地都可以学到有益的东西。

卫公孙朝与子贡谈论孔子。

【注解】

①公孙朝：卫国大夫。当时鲁、郑、楚三国也都有公孙朝。所以指明卫公孙朝。②焉：何处，哪里。③识：通"志"。《汉书·刘歆传》引作"志"。

【译文】

卫国的公孙朝向子贡问道："仲尼的学问是从哪里学的？"子贡说："周文王和周武王之道，并没有失传，还留存在人间。贤能的人掌握了其中重要部分，不贤能的人只记住了细枝末节。周文王和周武王之道是无处不在的，老师从哪儿不能学呢？而且又何必有固定的老师呢？"

【原文】

19.23　叔孙武叔语大夫于朝[①]，曰："子贡贤于仲尼。"子服景伯以告子贡[②]。子贡曰："譬之宫墙，赐之墙也及肩，窥见室家之好。夫子之墙数仞，不得其门而入，不见宗庙之美，百官之富[③]。得其门者或寡矣。夫子之云，不亦宜乎！"

【题解】

此章表明孔子的思想平凡而伟大，看似都是平常的话，但是内涵极其丰富，闪耀着真理的光辉。

【注解】

①叔孙武叔：鲁国大夫，名州仇，“武”是他的谥号。②子服景伯：名何，鲁国的大夫。③官：这里指房舍。

【译文】

叔孙武叔在朝廷上对大夫们说：“子贡比仲尼更强些。”子服景伯把这话告诉了子贡。子贡说：“就用围墙作比喻吧，我家围墙只有齐肩高，从墙外可以看到里面房屋的美好。我老师的围墙有几仞高，找不到大门走进去，就看不见里面宗庙的雄美、房屋的富丽。能够找到大门的人或许太少了。所以叔孙武叔先生那样说，不也是很自然的吗？”

【原文】

19.24　叔孙武叔毁仲尼。子贡曰：“无以为也！仲尼不可毁也。他人之贤者，丘陵也，犹可逾也；仲尼，日月也，无得而逾焉。人虽欲自绝，其何伤于日月乎？多见其不知量也。”

【题解】

孔子在生前就得到弟子们非常崇高的评价和景仰，所以当有人诋毁孔子时，弟子们就自觉地站出来为老师辩护。当然，孔子之所以成为我国伟大的思想家、教育家，除了他自身的渊博学识、高尚品德、卓越贡献之外，还得益于其弟子们的继承和发扬光大。

【译文】

叔孙武叔诋毁仲尼。子贡说：“不要这样做！仲尼是不可诋毁的。他人的贤能，好比丘陵，还可以逾越；仲尼，就好比是日月，是无法逾越的。一个人即使想自绝于日月，对日月又有什么伤害呢？只显出他不自量力罢了。”

【原文】

19.25　陈子禽谓子贡曰：“子为恭也，仲尼岂贤于子乎？”子贡曰：“君子一言以为知①，一言以为不知，言不可不慎也。夫子之不可及也，犹天之不可阶而升也。夫子之得邦家者②，所谓立之斯立，道之斯行③，绥之斯来，动之斯和。其生也荣，其死也哀，如之何其可及也！”

子贡与陈子禽谈论孔子。

【题解】

此章也是子贡批评别人贬低孔子而抬高自己的问答录。

【注解】

①知（zhì）：通“智”。②邦：诸侯统治的地区。家：卿大夫统治的地区。③道（dǎo）：同“导”，引导，教化。

【译文】

陈子禽对子贡说：“你太谦恭了，仲尼岂能比你更有才能？”子贡说：“君子一句话可以表现出聪明，一句话也可以表现出不聪明，所以说话不可以不慎重。我的老师没人赶得上，就好像青天无法通过阶梯登上去一样。假如老师得到国家去治理的话，说要立于礼，百姓就立于礼；引导百姓，百姓就跟着实行；安抚百姓，百姓就会来归服；动员百姓，百姓就会协力同心。他活着时荣耀，死了令人哀痛，别人怎么可能赶得上他呢？”

尧曰篇第二十

【原文】

20.1　尧曰："咨[①]！尔舜！天之历数在尔躬。允执其中[②]。四海困穷，天禄永终。"舜亦以命禹。

曰："予小子履[③]，敢用玄牡，敢昭告于皇皇后帝：有罪不敢赦。帝臣不蔽，简在帝心[④]。朕躬有罪，无以万方；万方有罪，罪在朕躬。"

周有大赉[⑤]，善人是富。"虽有周亲，不如仁人。百姓有过，在予一人[⑥]。"

谨权量[⑦]，审法度[⑧]，修废官，四方之政行焉。兴灭国，继绝世，举逸民，天下之民归心焉。

所重：民，食，丧，祭。

宽则得众，信则民任焉[⑨]，敏则有功，公则说。

【题解】

本章这一大段文字，记述了从帝尧命舜以来历代先圣、先王的遗训。夏商相继，周武王伐纣誓师之辞，都在其中。孔子认为君主应当特别重视：民，食，丧，祭。孔子对三代以来先王的美德善政十分向往。他的理想政治也是：宽得众，敏有功，民信任。

尧帝对舜帝谆谆教诲。

【注解】

①咨：即"啧"，感叹词，表示赞美。②允：诚信。③履：商汤的名。④简：有两种解释：一、阅，计算，引申为明白的意思；二、选择。⑤赉（lài）：赏赐。⑥"虽有"四句：是周武王伐纣之辞。周亲，至亲。⑦权：秤锤，指量轻重的标准。量：斗斛，指量容积的标准。⑧法度：量长度的标准。⑨信则民任焉：汉行经无此五字，有人说是衍文。

【译文】

尧说："啧啧！你舜啊！按照上天安排的次序，帝位要落到你身上了，你要真诚地执守中正之道。如果天下的百姓贫困穷苦，上天给你的禄位也就永远终止了。"舜也这样告诫禹。

商汤说："我履谨用黑色的公牛作为祭品，明白地禀告光明伟大的天帝：有罪的人我不敢擅自赦免。您的臣仆的罪过我也不敢掩盖隐瞒，这是您心中知道的。我本人如果有罪，不要牵连天下万方；天下万方有罪，罪责就在我一个人身上。"

周朝实行大封赏，使善人都富贵起来。周武王说："虽然有至亲，也不如有仁人。百姓有罪过，罪过都在我一人身上。"

谨慎地检验并审定度量衡，恢复废弃了的职官，天下四方的政令就会通行了。复兴灭亡了的国家，承续已断绝的宗族，提拔被遗落的人才，天下的百姓就会诚心归服了。

所重视的是：民众，粮食，丧礼，祭祀。

宽厚就会得到众人的拥护，诚恳守信就会得到民众的信任，勤敏就能取得功绩，公正则大家心悦诚服。

【原文】

20.2　子张问于孔子曰："何如斯可以从政矣？"子曰："尊五美，屏四恶，斯可以从政矣。"子张曰："何谓五美？"子曰："君子惠而不费，劳而不怨，欲而不贪，泰而不骄[①]，威而不猛。"子张曰："何谓惠而不费？"子曰："因民之所利而利之，斯不亦惠而不费乎？择可劳而劳之，又谁怨？欲仁而得仁，又焉贪？君子无众寡，无小大，无敢慢，斯不亦泰而不骄乎？君子正其衣冠，尊其瞻视，俨然人望而畏之，斯不亦威而不猛乎？"子张曰："何谓四恶？"子曰："不教而杀谓之虐；不戒视成谓之暴；慢令致期谓之贼；犹之与人也[②]，出纳之吝[③]，谓之有司[④]。"

【题解】

这是子张向孔子请教为官从政的要领。这里所讲的"尊五美，屏四恶"，是孔子政治主张的基本原则，在其中包含着丰富的"民本"思想。

子张向孔子询问从政之事。

【注解】

①泰：安宁。②犹之与人：犹之，同样的意思。与，给予。犹之与人，同样是给人。③出纳：出和纳两个相反的意义连用，其中"纳"的意义虚化而只有"出"的意义。④有司：古代管事者之称，职务卑微。

【译文】

子张向孔子问道："怎样才可以治理政事呢？"孔子说："推崇五种美德，摒弃四种恶政，这样就可以治理政事了。"子张说："什么是五种美德？"孔子说："君子使百姓得到好处却不破费；使百姓劳作却无怨言；有正当的欲望却不贪求，泰然自处却不骄傲；庄严有威仪而不凶猛。"子张说："怎样是使百姓得到好处却不破费呢？"孔子说："顺着百姓想要得到的利益就让他们能得到，这不就是使百姓得到好处却不破费吗？选择百姓可以劳作的时间去让他们劳作，谁又会有怨言呢？想要仁德而又得到了仁德，还贪求什么呢？无论人多人少，无论势力大小，君子都不怠慢，这不就是泰然自处却不骄傲吗？君子衣冠整洁，目不斜视，态度庄重，庄严的威仪让人望而生敬畏之情，这不就是庄严有威仪而不凶猛吗？"子张说："什么是四种恶政？"孔子说："不进行教化就杀戮叫作虐；不加申诫便强求别人做出成绩叫作暴；起先懈怠而又突然限期完成叫作贼；好比给人财物，出手吝啬叫作小家子气的官吏。"

【原文】

20.3　子曰："不知命，无以为君子也[①]"。不知礼，无以立也。不知言[②]，无以知人也。"

【题解】

这是《论语》最后一章，孔子再次向君子提出了立身处事的三点要求，即"知命"、"知礼"、"知言"，表明孔子对于塑造具有理想人格的君子有高度期待，他希望有合格的君子来齐家治国平天下。

【注解】

①无以："无所以"的省略。②知言：善于分析别人的言语，辨别其是非善恶的意思。

【译文】

孔子说："不懂得天命，就没有可能成为君子；不懂得礼，就没有办法立身处世；不知道分辨别人的言语，便不能了解别人。"

第四卷

孟子

孟 子

《孟子》一书虽然只有 7 篇 34000 余字。但是对中国社会、中国人有着极其深远的影响，而且早已是世界文化遗产的一部分。孟子不仅在哲学论理上发展了孔子的思想，而且建立了以“民本”为基础的政治思想体系——“仁政”学说。

《孟子》

作者 孟子及其弟子

孟子名轲，是山东人，他的先祖是鲁国贵族，可后来家道衰微。孟子三岁丧父，母亲十分注重他的教育，“孟母三迁”“三断机杼”都成了中国人教子的成语典故。孟子成为孔子之后影响最大的一代大儒，被后世称为“亚圣”。

时代 战国

战国时期（公元前476年，一说前453年或前403年～前221年），简称战国，是中国历史上分裂对抗最严重且最持久的时代之一。这一时期各国混战不休，故被后世称之为“战国”。伴随着私田制和铁器的广泛运用，社会新兴阶层的崛起，战国时期的中国从政治、经济、文化、科技上迎来变革的高峰，各国为了获取土地、财富、人口，不断开展兼并战争；辩士纵横捭阖，宿将战场争锋，杰出人物大量涌现。战国承春秋乱世，启帝秦发端，中续百家争鸣的文化潮流。孟子生活的战国时代，大国都致力于富国强兵，孟子的仁政学说被认为是迂远而不切实际的事情。

内容

《孟子》共7篇：《梁惠王》上、下；《公孙丑》上、下；《滕文公》上、下；《离娄》；《万章》上、下；《告子》上、下；《尽心》上、下。孟子从性善论的角度出发，主张“仁政”“王道”。《孟子》一书记述了孟子所从事的政治活动，阐发了他把孔子“仁”的思想发展成的“仁政”学说，并建立了以“性善论”为理论基础的养性、养气、养心的哲学论理。特别是他提出的“民为贵君为轻”的政治思想，像一把炬火，两千多年来在历史中闪耀着光辉。

孟子生平

孟子，名轲，字子舆，是鲁国贵族孟孙氏的后裔。约公元前 372 年，他诞生在邹国（今山东邹县一带），孟孙氏家族没落后迁居于此。孟子三岁时，父亲就死了，靠母亲织布维持生计。

孟子的家本来住在郊外靠近墓地的山边。孟母见儿子很喜欢模仿着玩丧礼、祭礼的游戏，便决定迁居到城里去居住。

不想迁到城里后，住在一个市场附近，孟子看到商贩们做生意，又玩起了讨价还价的游戏。

孟母又把家迁到一个学堂附近，孟子就跟着读书人学习起礼仪来。

孟子八岁时，孟母省吃俭用将他送进学堂，但孟子起初学习并不努力，不能坚持用功。孟母看到这种情况，忿然用剪刀剪断织布机上的布，对孟子说：“你读书没有恒心，半途而废，和这又有什么差别呢！”孟子从此刻苦攻读。

孟母择邻。

孟子年岁稍长，便到鲁国去游学，到了鲁国的国都曲阜。这时，孔子的孙子子思已经去世了，孟子便受教于子思的门人。他日夜攻读，学业迅速长进，他决心继承孔子的学说并发扬光大。

邹穆公听说孟子贤能，便请他回国，但不久孟子便发现邹穆公并不采纳他的建议，于是率领门人离开邹国，周游列国，向诸侯游说实现王道和仁政的理想。

孟子首先到了齐国。齐威王虽将孟子待为上宾，并拜他为卿，却不给他实权。孟子感到在齐国难以施展他的政治抱负，便辞去官职。齐威王再三挽留，并赠以黄金百镒，被孟子婉拒。

孟母断机。

之后孟子先后到过宋国、梁国、滕国，又返回到齐国，但都未能实现自己的政治理想。公元前311年，孟子结束了十年游说诸侯的生活，回到邹国，专心著述，阐扬孔子的学说。公元前289年，孟子去世，终年84岁。他的学说对后世儒学影响极大，被公认为孔子学说的继承者，尊为“亚圣”。

游说诸侯，推行仁政。

孟子的思想及其政治主张

孟子根据战国时期的经验，总结各国治乱兴亡的规律，提出一个富有民主性精华的著名命题：“民为贵，社稷次之，君为轻。”认为君主应以爱护人民为先，要保障人民权利。主张保国爱民，礼贤下士，提出要让人民有基本的生活保障，还要为民制产，藏富于民。而且人民有权决定君主的名义与地位。孟子这一思想在中国思想界是破天荒的。《孟子》所阐述的要勇于担当道义的思想造就了许许多多富贵不淫、威武不屈、贫贱不移的大丈夫。

孟子的思想和政治主张可以总结为以下四大要点：

1.提出以民为本的思想，主张仁政，人们是可贵的，国家社稷应该是为人民的，君主所做所为应该是为了国家社稷和人民的。孟子的这一思想在中国历史上影响极为深远，有民主思想精华的思想家们都从这里得到理论的支持，而坚持专制的统治者如朱元璋则痛恨孟子的学说。

2.“道性善”。孟子解析心的内容为四端，即“恻隐之心”“羞恶之心”“辞让之心”“是非之心”这仁、义、礼、智“四端”。证明人性的本善，这为儒家的人文主义思想奠定了基础。孟子以“心”论“性”，宋代的陆九渊、明代的王阳明就是在孟子论心、论性的基础上发展出了“心即理”的心学理论。

3.“明浩然之气”。孟子提出了一整套锻炼、修养、成就人格的学说，为两千多年以来，有志于成就事业的人指出了下功夫的途径，并鼓舞了无数的志士仁人去克服困难，建功立业。

4.“黜五霸而尊三王”。孟子继承孔子学说和先圣先王的道统，发扬周公“制礼作乐”的精神，他提出“辟杨、墨”。孟子提出了一整套做人做事和社会生活的价值判断标准，他强调义利之辨、人兽之辨和取予之道，为中华民族建立礼乐型的教化系统作出了贡献。

梁惠王章句上

本篇主要记载了孟子与梁惠王、梁襄王和齐宣王的谈话，集中体现了孟子的仁政思想。针对战国时代战乱频繁、人民生活动荡不安的现状，孟子明确提出了自己的政治主张，即用仁义来对抗暴力。孟子极力主张仁义，反复论述了道德力量的强大，认为实行仁义之政，必定能得到本国乃至各国人民的拥护，这样也就必然会无敌于天下。基于此，他反对诸侯间为谋取私利而进行的战争，对统治者率兽食人的暴虐政治给予了直言不讳的抨击。强调了人民的重要性，指出只要统治者不嗜杀人，就能争取到民心，并进而统一天下。他还提出了一套具体的仁政方略，即让人民拥有五亩之宅和百亩之田的“恒产”，保障人民的基本生活，在此基础上对人民进行礼义道德教育，提高人民的向善之心，通过这样的措施来感化天下的百姓，从而达到统一天下的目的。这是孟子的政治蓝图，具有浓郁的人道主义色彩，虽然难以被当时力求富国强兵的诸侯所接受，但对后世儒家政治思想的影响是非常深远的。

◎第一章◎

【原文】

孟子见梁惠王[①]。王曰：“叟[②]，不远千里而来，亦将有以利吾国乎？”孟子对曰：“王何必曰利？亦有仁义而已矣[③]。

“王曰，何以利吾国，大夫曰[④]，何以利吾家，士庶人曰[⑤]，何以利吾身，上下交征利[⑥]，而国危矣。

“万乘之国[⑦]，弑其君者[⑧]，必千乘之家[⑨]；千乘之国，弑其君者，必百乘之家。万取千焉，千取百焉，不为不多矣。苟为后义而先利[⑩]，不夺不餍[⑪]。

“未有仁而遗其亲者也，未有义而后其君者也。王亦曰仁义而已矣，何必曰利？”

【注解】

①子：对人的一种尊称，和现在称“先生”差不多。梁惠王：即魏惠王，名罃（yīng），公元前（下面一律简称前）370年即位，前334年死。魏与韩、赵三家春秋时本是晋国的大夫，后来逐渐吞灭晋国其它世族，三分晋国，到前403年，东周威烈王正式承认他们为诸侯，史书多是把这一年作为战国时代的开始。魏惠王因避秦兵威胁，从安邑（今山西安邑）迁都大梁（今河南开封），所以魏国又称梁国。王本是天子的称号，但随着周室衰微，战国时，魏、齐、秦、韩、赵、燕、楚也都称王。②叟（sǒu）：年老的男人，这里是对长老的尊称。③仁义：仁，爱，重在思想；义，宜（指应做的事），重在行为。④大夫：周代官制分卿、大夫、士三个等级。⑤庶人：古时候称小官吏为庶人。⑥上下：指从王到庶人。交：互相。征：取，求。⑦万乘（shèng）之国：古代兵车一辆称一乘，国家的大小强弱可以根据拥有兵车的数量来衡量。万乘之国，指能出兵车万乘的国家。⑧弑（shì）：古代臣杀君、子女杀父母叫弑。⑨千乘之家：古代卿大夫大都有一定的封邑，这种卿大夫统治的封邑称之为家。有封邑当然也有兵车。卿大夫的封邑大，可以出兵车千乘；卿大夫的封邑小，可以出兵车百

孟子见梁惠王，谈“义”与“利”。

乘。⑩苟为：如果真是。⑪不夺不餍：夺，篡夺；餍（yàn），满足。

【译文】

孟子谒见梁惠王。惠王说："老先生，不辞千里而来，也将有什么有利于我国吗？"孟子回答道："大王何必讲利？有仁义也就够了。

"大王说，有什么有利于我国，大夫们说，有什么有利于我家，士和庶人们说，有什么有利于我自身，（这样）上下交相追逐私利，那么，国家就危险了。

孟子曰：未有义而后其君者也。王曰仁义而已矣，何必曰利？

"能出兵车万乘的国家，谋杀那个国家的君主的，必然是能出兵车千乘的卿大夫之家；能出兵车千乘的国家，谋杀那个国家的君主的，必然是能出兵车百乘的卿大夫之家。（卿大夫）在拥有万乘兵车的国家中获得兵车千乘，在拥有千乘兵车的国家中获得兵车百乘，不能说是不多了。假如真个是轻义而重私利，那就非闹到篡夺君位的地步是不能满足的。

"从来没有讲'仁'的人会遗弃他的双亲的，从来没有讲'义'的人而对他的君主有所怠慢的。大王您也只要讲仁义就够了，何必讲利呢？"

◎第二章◎

【原文】

孟子见梁惠王，王立于沼上①，顾鸿雁麋鹿②，曰："贤者亦乐此乎？"孟子对曰："贤者而后乐此，不贤者虽有此不乐也。《诗》云③：'经始灵台④，经之营之⑤，庶民攻之⑥，不日成之。经始勿亟⑦，庶民子来。王在灵囿⑧，麀鹿攸伏⑨，麀鹿濯濯⑩，白鸟鹤鹤⑪。王在灵沼，於牣鱼跃⑫。'文王以民力为台为沼，而民欢乐之，谓其台曰'灵台'，谓其沼曰'灵沼'，乐其有麋鹿鱼鳖。古之人与民偕乐，故能乐也。

"《汤誓》曰⑬：'时日害丧，予及女皆亡⑭。'民欲与之偕亡，虽有台池鸟兽，岂能独乐哉？"

【注解】

①沼（zhǎo）：水池。②顾：望着。③《诗》云：《诗》指《诗经》。下面的十二句诗，引自颂扬周文王建造灵台，享受苑囿钟鼓之乐的《大雅·灵台》诗。④经：测量。灵台：台名，故址在今陕西西安西北。旧说文王所造，由于百姓的共同操作，落成很快，如有神帮助，所以叫灵台（下"灵囿""灵沼"同）。⑤营：筹划。⑥庶民：众民。攻：建造。⑦亟（jí）：急。"勿亟"是说文王不加督促。⑧囿（yòu）：古代帝王豢养禽兽、种植花木的园林。⑨麀（yōu）鹿：母鹿。攸：在上古文献里同"所"。"攸伏"是说（母鹿）安于它原来所在的地方，没有被惊动。⑩濯濯（zhuó）：肥大而毛有光泽的样子。⑪鹤鹤：《诗经》作翯翯（hè），羽毛洁白的样子。⑫於（wū）：感叹词。牣（rèn）：充满。这句是赞叹鱼儿充满水池，蹦蹦跳跳。⑬《汤誓》：《尚书》篇名，是伊尹辅佐商汤伐夏桀时的誓词。⑭时：是，这个。害：读（hé），同"曷"，何时。丧（sāng）：灭亡。夏朝的暴君桀曾说过，"我有天下，就如同天上有太阳一样；太阳毁灭了，我才会灭亡呢。"老百姓对他的暴虐怨恨到了极点，所以冲着他说："这个太阳什么时候毁灭呢？要是它会毁灭，那我们即使跟它一块儿灭亡也在所不惜。"

【译文】

孟子谒见梁惠王，惠王站在池塘边，望着（那许多）鸿雁麋鹿，（问孟子）说："贤德的人也喜欢享受这些东西吗？”孟子回答说：“是贤德的人然后才能享受到这些东西，不是贤德的人，尽管拥有这些东西也享受不到。《诗》里面说：‘开始筹建灵台，又是测量又是筹划。百姓齐来建造它，不几天便落成。动工不用多督促，百姓都如子女自动来。文王偶来游灵囿，母鹿伏地自悠悠。母鹿肥大毛色润，白鸟素洁世无俦！文王来到灵沼旁，啊！满池鱼儿蹦得欢！’文王用百姓的劳力建台开池，百姓却欢欢喜喜，称他的台为‘灵台’，称他的沼为‘灵沼’，为他能享受到麋鹿鱼鳖的奉养而感到快乐。古时的贤者能够与民同乐，所以能得到快乐。

“《尚书》里的《汤誓》（载着百姓诅咒暴君夏桀的话）说：‘这个太阳何时灭亡呢？我宁愿跟你一同灭亡。’百姓要跟他一同灭亡，那他即使有台池鸟兽，难道能够独自享受么？”

◎第三章◎

【原文】

梁惠王曰：“寡人之于国也，尽心焉耳矣[①]！河内凶，则移其民于河东，移其粟于河内[②]；河东凶亦然[③]。察邻国之政，无如寡人之用心者。邻国之民不加少，寡人之民不加多[④]，何也？”

孟子对曰：“王好战，请以战喻：填然鼓之[⑤]，兵刃既接，弃甲曳兵而走[⑥]，或百步而后止，或五十步而后止，以五十步笑百步，则何如[⑦]？”

曰：“不可；直不百步耳[⑧]，是亦走也。”

曰：“王如知此，则无望民之多于邻国也。不违农时，谷不可胜食也；数罟不入洿池[⑨]，鱼鳖不可胜食也；斧斤以时入山林[⑩]，材木不可胜用也。谷与鱼鳖不可胜食，材木不可胜用，是使民养生丧死无憾也[⑪]。养生丧死无憾，王道之始也[⑫]。

五十步笑百步。

“五亩之宅，树之以桑，五十者可以衣帛矣[⑬]；鸡豚狗彘之畜，无失其时[⑭]，七十者可以食肉矣；百亩之田，勿夺其时，数口之家，可以无饥矣；谨庠序之教[⑮]，申之以孝悌之义[⑯]，颁白者不负戴于道路矣[⑰]。七十者衣帛食肉，黎民不饥不寒；然而不王者[⑱]，未之有也[⑲]。

“狗彘食人食而不知检[⑳]，涂有饿莩而不知发[㉑]；人死，则曰：‘非我也，岁也。’是何异于刺人而杀之，曰：‘非我也，兵也。’王无罪岁，斯天下之民至焉。”

孟子向梁惠王言说保护资源和人力的重要性。

【注解】

①寡人：古时王侯自我的谦称。焉耳矣：三个语气词叠用，在于加重语气，表示恳

切的情感。②凶：发生灾荒。河内：魏地，在今河南济源一带。河东：也是魏地，在今山西安邑一带。③亦然：也是这样做。④加：在这里作“更”字解。⑤填然：鼓声冬冬的样子。鼓：击鼓，名词动用。之：语气词，没有实际意义。古时击鼓进兵，鸣金退兵。⑥兵：兵器。既：已经。曳（yè）：拖着。走：奔逃。⑦何如：怎么样。⑧直：只是。耳：语气词，表限止，有“罢了”的意思。⑨数（cù）：密。罟（gǔ）：网。洿（wū）：低洼的地方。⑩斤：斧。时：指草木零落的季节。⑪养生：养活生者。丧（sāng）死：安葬死者。憾（hàn）：恨。⑫王道：指古代政治哲学中君主以仁义治天下，以德政安抚臣民的政策，与凭借武力、刑法、权势等进行统治的霸道是对立的。⑬衣（yì）：穿，名词动用。帛（bó）：丝织品的总称。⑭豚（tún）：小猪。彘（zhì）：猪。畜：牲畜。时：指交配、繁殖和饲养的适当时机。⑮谨：认真办好。庠（xiáng）序：古代乡学，商代叫序，周代叫庠，这里泛指学校。⑯申：反复陈述。孝悌（tì）：尽心侍奉父母为孝，敬爱兄长为悌。⑰颁（bān）白：同“斑白”，头发花白。负戴：负是背东西，戴是用头顶东西。⑱王（wàng）：使天下归服，名词动用。⑲未之有也：是“未有之也”的倒装。⑳检：制约。㉑涂：同途，路上。莩（piǎo）：同“殍”，饿死的人。发：指发放仓里的存粮以赈救饥民。

【译文】

五亩之宅，树之以桑，五十者可以衣帛矣。

梁惠王说：“我对于治理国家，（真是）尽心竭力了呀！河内发生了灾荒，就将那里的灾民移往河东，将河东的粮食运送到河内。当河东发生了灾荒时，我也是这样做。看看邻国的君主办理政事，没有一个像我这样尽心的。可是，邻国的人民并不见减少，而我的人民并不见增多，这是什么缘故呢？”

孟子回答道：“大王您喜欢打仗，就让我拿战争来打比方吧。战鼓冬冬地敲响了，兵刃已经相接，（打了败仗的）就丢下盔甲，拖着武器，狼狈逃窜，有的逃了上百步停下来，有的逃了五十步住了脚，逃了五十步的拿自己只逃了五十来步这点去讥笑逃了上百步的（胆子小），（您觉得）怎么样呢？”

梁惠王说：“不行；只不过没有跑到百步罢了，可这也是逃跑呀。”

孟子说：“大王您既然懂得了这个道理，就不必去巴望您国家的人民比邻国增多啦。（治理国家的人）只要不去剥夺农民耕种的时间，那粮食就会吃不尽；不拿过于细密的鱼网到池塘中去捞鱼，那鱼类水产便吃不完；砍伐林木有一定的时间，那木材便用不尽。粮食和鱼类水产吃不完，木材用不尽，这样便使老百姓供养生人、安葬死者都不感到有什么不满。老百姓对养生送死没有什么不满，这便是王道的开端。

“五亩大的宅园，种上桑树，上了五十岁的人就可以穿上丝绵袄了；鸡和猪狗一类家畜，不耽误它们饲养繁殖的时间，上了七十岁的人就可以有肉吃了。一家人百亩的耕地，农事不失其时，几口人的家庭就不会挨饿。认真地搞好学校教育，反复地阐明孝顺父母、敬爱兄长的重要意义，须发花白的老人们就不再会肩背着、头顶着（重物件）出现在道路上了。七十岁上的人有丝绵衣穿，有肉吃，一般老百姓饿不着，冻不着，这样还不能使天下归服，是从来不曾有过的事。

“（现在）猪狗一类家畜吃着人吃的粮食却不知道设法制止，路上出现了饿死的人却不知道开仓赈济饥民。老百姓死了，却说：‘（致他们于死的）不是我，是凶年饥岁。’这和拿刀把人刺杀，却说‘杀人的不是我，是兵器’有什么不同呢？大王您要是能够不归罪于凶年饥岁，这样，普天之下的老百姓便会涌向您这儿来了。”

◎第四章◎

【原文】

梁惠王曰："寡人愿安承教[①]。"

孟子对曰："杀人以梃与刃，有以异乎[②]？"

曰："无以异也。"

"以刃与政，有以异乎？"

曰："无以异也。"

曰："庖有肥肉，厩有肥马[③]，民有饥色，野有饿莩，此率兽而食人也。兽相食，且人恶之[④]；为民父母行政，不免于率兽而食人，恶在其为民父母也[⑤]？仲尼曰：'始作俑者，其无后乎！'为其象人而用之也。如之何其使斯民饥而死也？"

始作俑者，其无后乎！

【注解】

①安：安心乐意，作动词"承"的状语。承：接受。②梃（tǐng）：棍棒。③庖（páo）：厨房。厩（jiù）：马棚，也泛指牲口棚。④且：尚且，作副词用。恶（wù）：讨厌。⑤恶（wū）：同"乌"疑问代词，恶在，跟说"何在"相似。

【译文】

梁惠王（对孟子）说："我愿乐意接受您的教导。"

孟于回答道："用棍棒和用刀子杀害人，有什么不同吗？"

惠王说："没有什么不同。"

（孟子紧接着问道：）"用刀子和用政治杀害人有什么不同吗？"

惠王说："没有什么不同。"

孟子说："厨房里摆着肥美的肉食，马栏里关着膘肥体壮的马匹，老百姓却面有饥色，田野上横陈着饿死者的尸体，这无异于赶着兽类去吃人。兽类自相残食，人们尚且憎恶他们这种行为；那些号称为民父母的执政者，办理政事时，不免干出类似驱赶兽类去吃人的勾当来，那么，他们作为人民父母的意义又在哪里呢？孔仲尼说过一句这样的话：'第一个制作殉葬用的木（土）偶的人，该会没有后代留下吧！'（孔子对这个为什么要深恶痛绝呢？）就因为用了象人形貌的木（土）偶去殉葬。（照这样看来，办理政事的人）又怎么可以使这些老百姓饥饿至死呢？"

◎第五章◎

【原文】

梁惠王曰："晋国[①]，天下莫强焉[②]，叟之所知也。及寡人之身，东败于齐，长子死焉[③]；西丧地于秦七百里[④]；南辱于楚[⑤]。寡人耻之，愿比死者一洒之[⑥]。如之何则可？"

孟子对曰："地方百里而可以王[⑦]。王如施仁政于民，省刑罚，薄税敛，深耕易耨[⑧]；壮者以暇日修其孝悌忠信，入以事其父兄，出以事其长上，可使制梃以挞秦楚之坚甲利兵矣[⑨]。

"彼夺其民时，使不得耕耨以养其父母，父母冻饿，兄弟妻子离散。彼陷溺其民[⑩]，王往而征之，夫谁与王敌？故曰：'仁者无敌。'王请勿疑！"

孟子曰：地方百里而可以王。

【注解】

①晋国：即魏国。不但这里梁惠王称自己的国家为晋国，据记载当时的魏人周霄也自称晋国，又据1957年在安徽寿县出土的《鄂君启金节铭文》，当时的楚国也称魏国为晋国。②莫：无指代词，这里代国家，"没有国家"之意。③东败于齐，长子死焉：公元前341年，魏攻韩，韩向齐求救，齐乃命田忌为将，孙膑为军师伐魏救韩。魏惠王则派太子申、庞涓为将迎战。孙膑采用减灶法引诱魏军追击至马陵狭道伏击。魏军大败，庞涓自杀，太子申被俘，魏国从此由盛转衰。梁惠王这里说的便是指那次战役。④西丧地于秦七百里：马陵之役后，秦国屡次打败魏国，迫使魏国献出河西之地和上郡的十五个县城。⑤南辱于楚：公元前324年，魏被楚将昭阳击败于襄陵，魏国失去八邑。⑥比（bì）：为，代。一：全部。洒：即洗，"洒"字与"洗"字古时通用，洗雪。⑦地方百里："地方"不能连读，因为不是一词。古代以"方"指土地面积，"方百里"指纵横各百里的小国。⑧易（yì）耨（nòu）：易，副词，有迅速的意思。耨，耘田除草。⑨挞（tà）：用鞭子或是棍子打人。⑩陷溺（nì）：有坑害、暴虐的意思。

【译文】

梁惠王（对孟子）说："晋（魏）国的强大，当今世上没有哪个国家比得上，这是您老人家所知道的。但到了我继承王位，东面被齐国打败，连我的大儿子也送了命；西面丧失土地七百余里给秦国；南面又被楚国所折辱。我对此深以为耻，愿意替那些为国牺牲的人彻底雪耻报仇。要怎么办才可以（做到）呢？"

孟子曰：仁者无敌。王请勿疑！

孟子答道："只要有百里见方的土地就可以使天下归服，（何况魏国是个大国呢？）大王您如果能够对人民实施仁政，废除严刑峻法，减免苛捐杂税，督促人民深耕土地，速除杂草；壮年还在农闲的日子讲求孝顺父母、敬爱兄长、为人办事尽心竭力和待人诚实的道理，在家里便用来侍奉父兄，出外则用来侍奉长辈和上级，这样便可以使他们哪怕是制造木棒也足以打败秦、楚身披坚厚的铁甲、手执锐利的兵器的军队了。

"（秦、楚等）那些国家剥夺人民的耕种时间，使他们不能从事农耕来养活他们的父母，以至父母受冻挨饿，兄弟、妻子和孩子流离失散。他们陷人民于水深火热之中，大王您派军队前往讨伐他们，又有谁跟您对敌呢？所以有句老话说：'仁德的人是无敌于天下的。'大王对这点就不要再怀疑了！"

◎第六章◎

【原文】

孟子见梁襄王[①]，出，语人曰[②]："望之不似人君，就之而不见所畏焉[③]。卒然问曰[④]：'天下恶乎定？'吾对曰：'定于一。'

"'孰能一之？'

"对曰：'不嗜杀人者能一之。'

"孰能与之[⑤]？'

"对曰：'天下莫不与也。王知夫苗乎[⑥]？七八月之间旱[⑦]，则苗槁矣。天油然作云，沛然下雨，则苗浡然兴之矣[⑧]。其如是，孰能御之？今夫天下之人牧[⑨]，未有不嗜杀人者也。如有不嗜杀人者，则天下之民皆引领而望之矣[⑩]。诚如是也，民归之，由水之就下，沛然谁能御之[⑪]？'"

孟子见梁襄王。

【注解】

①襄（xiāng）王：惠王的儿子。②语（yù）：告诉。③就：靠近。所畏：可敬畏的地方。所字后跟他动词（或叫及物动词）畏字，组成"所字结构"，相当于一个名词，做动词"见"的宾语。④卒（cù）然：突然，出乎意料。⑤与：有服从或归附的意思。⑥夫：语助词。苗：禾苗。⑦七八月：周朝建子，以夏历十一月为正月，所以周历七八月，即建寅的夏历的五六月。⑧浡（bó）然：蓬蓬勃勃生长的样子。兴：生长。之：语气词，无实际意义，只起调整音节的作用；凡是跟在自动词（或叫不及物动词）后面的"之"字多是属于此类（如本篇第三章中的"填然鼓之"）。⑨人牧：牧养百姓的人，指人君。⑩引领：伸长脖子。⑪由：通"犹"，好像。这里的"沛然"，有水流迅疾，势不可挡的意思，与上面"沛然下雨"的"沛然"含意略有出入。

【译文】

孟子见梁襄王，出来之后，告诉人家说："远远望上去不像个国君的样子，走近他前面却又看不到有什么使人敬畏的地方。（见了我后）突然问道：'天下要怎样才能安定呢？'我回答说：'天下安定在于统一。'

（他紧接着又问道：）'谁能统一天下呢？'

我对他说：'不喜欢杀人的国君就能统一天下。'

（他又问：）'谁会归附他呢？'

我又回答：'天下没有不归附他的。大王您知道禾苗生长的情况吗？当七八月（也即农历五六月）间一发生干旱，禾苗就要枯槁了。一旦天上乌云翻滚，大雨倾盆，禾苗便又蓬蓬勃勃地长势喜人了。要是像这样，谁能阻挡它（生长）呢！现在世上那些做国君的人，没有不喜欢杀人的。如果有不喜欢杀人的，天下的老百姓，就都会伸长脖子巴望他来解救自己了。假如真是这样，那么，老百姓归附他，就好比水向低处流，奔腾澎湃，有谁能阻挡得了它们呢！'"

◎第七章◎

【原文】

齐宣王问曰：齐桓、晋文之事，可得闻乎？

齐宣王问曰[①]：“齐桓、晋文之事[②]，可得闻乎？”

孟子对曰：“仲尼之徒，无道桓文之事者，是以后世无传焉，臣未之闻也。无以[③]，则王乎？”

曰：“德何如则可以王矣？”

曰：“保民而王，莫之能御也。”

曰：“若寡人者，可以保民乎哉？”

曰：“可。”

曰：“何由知吾可也？”

曰：“臣闻之胡龁曰[④]，王坐于堂上，有牵牛而过堂下者，王见之，曰：‘牛何之？’对曰：‘将以衅钟[⑤]。’王曰：‘舍之！吾不忍其觳觫[⑥]，若无罪而就死地。’对曰：‘然则废衅钟与？’曰：‘何可废也？以羊易之！’不识有诸[⑦]？”

曰：“有之。”

曰：“是心足以王矣。百姓皆以王为爱也，臣固知王之不忍也。”

王曰：“然，诚有百姓者，齐国虽褊小[⑧]，吾何爱一牛？即不忍其觳觫，若无罪而就死地，故以羊易之也。”

曰：“王无异于百姓之以王为爱也。以小易大，彼恶知之？王若隐其无罪而就死地[⑨]，则牛羊何择焉？”

王笑曰：“是诚何心哉？我非爱其财而易之以羊也，宜乎百姓之谓我爱也。”

曰：“无伤也，是乃仁术也[⑩]，见牛未见羊也。君子之于禽兽也，见其生，不忍见其死；闻其声，不忍食其肉。是以君子远庖厨也[⑪]。”

王说曰[⑫]：“《诗》云：‘他人有心，予忖度之[⑬]。’夫子之谓也[⑭]。夫我乃行之，反而求之，不得吾心。夫子言之，于我心有戚戚焉[⑮]。此心之所以合于王者何也？”

曰：“有覆于王者曰[⑯]：‘吾力足以举百钧[⑰]，而不足以举一羽；明足以察秋毫之末[⑱]，而不见舆薪[⑲]。’则王许之乎？”

曰：“否。”

“今恩足以及禽兽，而功不至于百姓者，独何与？然则一羽之不举，为不用力焉；舆薪之不见，为不用明焉；百姓之不见保，为不用恩焉。故王之不王，不为也，非不能也。”

曰：“不为者与不能者之形何以异？”

曰：“挟太山以超北海[⑳]，语人曰：‘我不能。’是诚不能也。为长者折枝[㉑]，语人曰：‘我不能。’是不为也，非不能也。故王之不王，非挟太山以超北海之类也；王之不王，是折枝之类也。

【注解】

①齐宣王：姓田，名辟疆，齐威王的儿子，在位十八年。据推测，孟子在见了梁襄王之后便离开魏国到了齐国，这时齐宣王即位不过两年。②齐桓、晋文：齐桓公，姓姜，名小白；晋文公，姓姬，名重耳。他们先后称霸于春秋时代。

③以：通“已”。无以，犹言“如果一定要说下去”。④胡龁（hé）：齐宣王左右的近臣。⑤衅（xìn）钟：衅，是古代血祭新制的器物衅的一种仪式。衅钟就是宰杀牲口，血祭新铸成的钟的仪式。⑥觳（hú）觫（sù）：因恐惧而浑身发抖。⑦诸：“之乎”二字的合音。⑧褊（biǎn）：狭小。⑨隐：哀怜之义。⑩无伤：不妨事，没有关系。仁术：行仁政的方法。⑪远（yuàn）：使远离。⑫说（yuè）：通“悦”，高兴。⑬“他人”两句：这两句诗引自《诗经·小雅·巧言》。忖（cǔn）度（duó）：推测，揣想。⑭夫子：古代对人的敬称，和称先生、长者差不多，后沿用为对老师的专称。⑮戚戚：心动的样子；由于切合本意而感到心动。⑯覆：禀白，报告。⑰钧：古代三十斤为一钧。⑱秋毫之末：鸟兽到秋天换毛，新长的毛细，尖端尤其锐小，叫做秋毫。秋毫之末，比喻极细微的东西。⑲舆薪：车子装着的木柴。⑳挟：用腋夹着东西。太山：即泰山。超：跳过。北海：即渤海。㉑折枝：古来有三种解释，一说折取树枝，一说弯腰行礼，一说按摩肢体，这里取第一种解释。

【译文】

齐宣王问（孟子）道：“（您先生可以把）春秋时齐桓公和晋文公称霸于诸侯的事迹讲给我听听吗？”

孟子回答说：“孔子的学生们没有谈到齐桓公和晋文公的事迹的，所以后世不曾传下来，我没有听说过。如果一定要我说下去，就谈谈（君主以仁义治天下，以德政安抚臣民）使天下归服的王道好吗？”

有人曰：吾力足以举百钧，而不足以举一羽。

齐宣王问道：“要具备怎样的道德才能够使天下归服呢？”

孟子答道：“通过护育百姓（让他们安居乐业）的方法使天下归服，那是没有谁能阻挡得了的。”

齐宣王又问：“像我这样的人，可以护育百姓吗？”

孟子答道：“可以。”

齐宣王又问：“您怎么知道我可以呢？”

孟子回答说：“我听到您的近臣胡龁说，有一次大王坐在堂上，有个牵着牛走过堂下的人，您问他道：‘牵牛上哪儿去？’那人答道：‘要把它杀了去祭钟。’您说：‘放掉它吧！我实在不忍心看它吓得发抖的样子，没有罪过却被往死地里送。’那个人回问道：‘那么，就废止祭钟的仪式吗？’您说：‘怎么可以废止呢？拿只羊去换吧！’不知有没有这回事？”

齐宣王说：“有这回事。”

孟子说：“有这样的好心就足以（施行王道）使天下归服了。百姓都以为大王是吝啬，我本来就知道您是于心不忍哩。”

齐宣王说：“对，假如真个是像百姓所想的，齐国地方虽不大，我怎么会舍不得一头牛呢？就是因为不忍心看到它吓得发抖，这样毫无罪过却要往死地里送，所以才用羊去换它。”

孟子说：“百姓以为您吝啬，大王也不必奇怪。拿小小的羊去换下头大牛来，他们又怎么知道您的用意呢？您要是哀怜牲畜没有罪过却往死地里送，那么在牛羊两者之中又有什么区别呢？”

齐宣王不禁发笑道：“这真个是什么心理呢？我并不是吝惜钱财才拿只羊去替换它（牛），（您这么一说）百姓要说我吝啬是理所当然的了。”

孟子说：“（百姓这样误解）没有关系，（王这种不忍之心）正是仁爱之道，因为你只见到牛而没有见到羊。一个有仁爱之心的人对于那些家禽家畜，看见它们活着，就不忍心看到它们死去；听到它们悲鸣哀号，便不忍心吃它们的肉。因此君子总是要把厨房安排在远离自己的自己的地方。”

齐宣王听了高兴地说：“《诗》里面讲过：‘别人有想法，我能猜中它。’说的就是夫子这样的人。我自己做了这件事，回过头来反问自己（为什么要这样做），却说不出所以然来。经您老先生这样一讲，我心里感到有些触动了。这种心地为什么就能与王道相合呢？”

孟子说：“有人向大王禀白道：‘我的力气能够举起三千斤重的东西，却拿不起一根羽毛；(我的)视力能够看清秋天里刚换过的兽毛的末梢，却看不见一大车木柴。’那么，您大王会相信他这种说法吗？”

齐宣王说：“不会。”

孟子（马上接着）说：“现在您大王一片仁心使禽兽沾恩，却不能使百姓得到好处，这是什么原因呢？这样看来，一根羽毛拿不起来，是因为不愿用手力；一车木柴看不见，是因为不愿用目力；百姓不被爱护，是因为不愿广施恩泽。所以大王的不能（通过行王道）使天下归服，是不肯做，并不是不能做。”

齐宣王问道：“不肯做和不能做从现象上说来有什么不同？”

孟子说：“要一个人将泰山挟在腋下跳过渤海，他告诉别人说：‘我不能做。’这的确是不能做。叫一个人替年迈力衰的长辈折取树枝，他告诉别人说：‘我不能做。’这是不肯做，不是不能做。所以大王的不能（通过行王道）使天下归服，不是属于将泰山挟在腋下跳过渤海一类事情；大王的不能（通过行王道）使天下归服，是属于替年迈力衰的长辈折取树枝一类的事情。

【原文】

“老吾老，以及人之老；幼吾幼，以及人之幼[①]，天下可运于掌。《诗》云：‘刑于寡妻，至于兄弟，以御于家邦[②]。’言举斯心加诸彼而已。故推恩足以保四海，不推恩无以保妻子。古之人所以大过人者，无他焉，善推其所为而已矣。今恩足以及禽兽，而功不至于百姓者，独何与？

老吾老，以及人之老。

“权[③]，然后知轻重；度[④]，然后知长短。物皆然，心为甚[⑤]。王请度之[⑥]！

“抑王兴甲兵，危士臣，构怨于诸侯，然后快于心与？”

王曰：“否，吾何快于是？将以求吾所大欲也。”

曰：“王之所大欲，可得闻与？”

王笑而不言。

曰：“为肥甘不足于口与？轻煖不足于体与？抑为采色不足视于目与[⑦]？声音不足听于耳与？便嬖不足使令于前与[⑧]？王之诸臣皆足以供之，而王岂为是哉？”

曰：“否，吾不为是也。”

曰：“然则王之所大欲可知已。欲辟土地，朝秦楚[⑨]，莅中国而抚四夷也[⑩]。以若所为[⑪]，求若所欲，犹缘木而求鱼也。”

王曰：“若是其甚与？”

曰：“殆有甚焉[⑫]。缘木求鱼，虽不得鱼，无后灾；以若所为，求若所欲，尽心力而为之，后必有灾。”

曰：“可得闻与？”

曰：“邹人与楚人战[⑬]，则王以为孰胜？”

曰：“楚人胜。”

曰："然则小固不可以敌大，寡固不可以敌众，弱固不可以敌强。海内之地，方千里者九，齐集有其一[⑭]。以一服八，何以异于邹敌楚哉？盖亦反其本矣[⑮]。

【注解】

邹人与楚人战。

①老吾老，以及人之老：第一个"老"字是动词，指敬爱、敬重；第二、三个"老"字是名词，指先辈、年长者。幼吾幼，以及人之幼：第一个"幼"字是动词，指爱护；第二、三个"幼"字是名词，子弟。②"刑于寡妻"三句：这三句诗出自《诗经·大雅·思齐》篇。刑：典范，榜样。这里作动词用。御：治理。③权：本指秤锤，这里作动词，称量。④度：本指计量长短的标准，这里作动词，测量。⑤心为甚：意思是说物的轻重长短难齐，一定要称一称、量一量然后才知道。心的轻重长短，和物相比较就更难齐一了。⑥度（duó）：衡量，斟酌。⑦采色：即"彩色"。⑧便（pián）嬖（bì）：左右受宠爱的人。⑨朝（cháo）：使之来朝见，使动用法。⑩莅（lì）：临。中国：指当时的中原。莅中国，是说君临（即统治）中原。抚四夷：安抚四方边远少数民族地区。⑪若：第二人称代词，你。⑫殆（dài）：副词，表示不肯定。可译为"几乎""可能""大概"。⑬邹：当时小国，在今山东邹县一带。楚：当时大国，原在今湖北和湖南北部，后来扩展到今河南、安徽、江苏、浙江、江西和四川。⑭齐集有其一：是说集合齐国的土地，占到天下土地的九分之一。⑮盍（hé）：同"盍"，何不。

【译文】

"尊奉自家的长辈，推广开去也尊奉别人家的长辈；爱护自家的儿童，推广开去也爱护别人家的儿童，那么，治理天下便可以像把一件小东西放在手掌上转动那么容易了。《诗》里面说过：'在家先为妻子立榜样，然后兄弟也照样，再行推广治家邦。'这不过是说拿自己的一片仁爱之心加到别人的身上罢了。所以推广恩泽就足以能保有天下，不推广恩泽连自己的老婆孩子也护育不了。古代那些圣明的国君之所以能远远超过一般人，没有别的什么秘诀，只不过善于推行他们的好行为罢了。现在大王的恩泽能够沾被禽兽，而百姓们却得不到点滴好处，这是为什么呢？

"称一称，然后才知道轻重；量一量，然后才知道长短。凡是物体，没有不是这样的，心的长短轻重就较一般物体更难齐一，尤其需要衡量。请您大王细加衡量吧！

"难道您大王要动员军队，使您的臣下和士兵冒生命的危险，和诸侯结下深仇大恨，然后心里才感到快活吗？"

齐宣王说："不，我怎么会对这个有快感呢？我之所以这样做，是想借此得到我所十分希望得到的东西。"

孟子问道："大王所十分希望得到的东西，可以说给我听听吗？"

齐宣王笑而不言。

孟子（先故意用试探的口吻）问道："是为了肥美的食物不够味吗？轻暖的衣着不够舒适吗？还是为了文采美色不中看吗？美妙的音乐不中听吗？侍奉左右的宠臣不够役使吗？大王的臣子这些方面都能充分供给，您难道为的是这些么？"

齐宣王说："不，我不是为这些。"

孟子说："那么，您所十分希望得到的东西可以知道了，您是想扩张国土，使秦、楚等大国都来朝贡，统治整个中原地带，安抚四方边远部族地区。凭您现在的所作所为，去追求您所想得到的东西，简直像是爬到树上去抓鱼一样。"

齐宣王问道："竟然有这样严重吗？"

孟子说："恐怕还要更严重哩。爬到树上去抓鱼，尽管抓不到鱼，却不会有什么后患；凭您的所作所为，去追求您所希望得到的东西，要是尽心竭力地去做，必然会留下灾祸在后头。"

齐宣王说："（这是什么道理呢？）可以讲给我听听吗？"

孟子反问道："假如邹国人跟楚国人开战，那么您大王认为谁会得胜呢？"

齐宣王回答道："当然楚国人会得胜。"

孟子说："这样说来，小国本来就不可以抵挡大国，人数少的本来就不可以抵挡人数多的，势力弱的本来就不可以抵挡势力强的。现在天下拥有千里见方的土地的一共只有九个，齐国的土地凑合起来也不过只占九分之一。拿九分之一的地方去征服九分之八的地方，这跟邹国去和楚国对敌又有什么分别呢？您为什么不回到根本上去求得问题的解决呢？

【原文】

"今王发政施仁，使天下仕者皆欲立于王之朝，耕者皆欲耕于王之野，商贾皆欲藏于王之市，行旅皆欲出于王之涂，天下之欲疾其君者，皆欲赴愬于王①。其若是，孰能御之？"

孟子劝齐宣王发政施仁。

王曰："吾惛②，不能进于是矣。愿夫子辅吾志，明以教我。我虽不敏，请尝试之。"

曰："无恒产而有恒心者③，惟士为能。若民，则无恒产，因无恒心。苟无恒心，放辟邪侈④，无不为已。及陷于罪，然后从而刑之，是罔民也⑤。焉有仁人在位，罔民而可为也？是故明君制民之产，必使仰足以事父母，俯足以畜妻子，乐岁终身饱，凶年免于死亡；然后驱而之善，故民之从之也轻。

行旅皆欲出于王之涂。

"今也制民之产，仰不足以事父母，俯不足以畜妻子，乐岁终身苦，凶年不免于死亡。此惟救死而恐不赡，奚暇治礼义哉？

"王欲行之，则盍反其本矣：五亩之宅，树之以桑，五十者可以衣帛矣。鸡豚狗彘之畜，无失其时，七十者可以食肉矣。百亩之田，勿夺其时，八口之家，可以无饥矣。谨庠序之教，申之以孝悌之义，颁白者不负戴于道路矣。老者衣帛食肉，黎民不饥不寒，然而不王者，未之有也。”

孟子向齐宣王发表自己的政治见解。

【注解】

①愬（sù）：同“诉”，申诉。②惛（hūn）：同“昏”，昏乱。③恒产：恒，常，一定；产，产业。恒心：人们所常有的善心。④放：放荡。辟：同“僻”，邪僻是说不走正路，搞歪门邪道。侈：不守法制，胡作非为。⑤罔：同“网”，名词动用，是说像捕鱼一样张开网让人民陷入犯罪的罗网中来。

【译文】

“现在大王如果发布命令，施行仁政，使天下想做官的人们都愿意在大王的朝中做官，耕田的人都愿意在大王的田野里种地，经商的人们都愿意到大王的街市上做生意，旅行的人们都愿意到大王的国土上来游历，天下那些对自己的国君不满的臣僚都愿来到您大王跟前申诉。要是真能做到这样，又有谁能跟您对敌呢？”

齐宣王说：“我的脑子不大好使了，对您的构想不能有进一步的体会。希望先生辅佐我达到目的。我虽然缺乏才干，请让我试试看。”

孟子道：“一个人没有一定的维持生计的产业，却能坚持一贯向善之心，这只有读书明理的人才做得到。至于一般老百姓，那就只要失去一定的维持生计的产业，就会动摇一贯的向善之心。假使没有了一贯的向善之心，那就会放荡不走正路，胡作非为，没有什么干不出来的。等到因此犯了罪，然后对他们施加刑罚。这等于设下网罗陷害人民。哪有仁爱的国君在位，却可以干出陷害人民的事的呢？所以贤明的国君规定老百姓的产业，一定要使他们上面足够奉养他们的父母亲，下面足够养活他们的老婆孩子。遇上好年成尽可丰衣足食，凶年饥岁也能不至于饿死；然后要求他们走上向善的道路，所以老百姓也就容易听从了。

“现在规定老百姓的产业，上面不够奉养父母亲，下面不够养活老婆孩子，即使年成好也尽是艰难困苦，遇上凶年饥岁，就更是免不了要饿死。这样就连救自家人的性命都还来不及，哪有空闲时间去讲究礼义呢？

“大王您既然想成就统一天下的大业，何不回到根本上来来着手呢？五五亩大的宅园，种上桑树，上了五十岁的人就可以穿上丝绵袄了；鸡和猪狗一类家畜，不耽误它们饲养繁殖的时间，上了七十岁的人就可以有肉吃了。一家人百亩的耕地，农事不失其时，八口人吃饭的人家，就可以不闹饥荒了。认真地搞好学校教育，反复地阐明孝顺父母、敬爱兄长的重要意义，须发花白的老人们就不再会肩背着、头顶着（重物件）出现在道路上了。七十岁上的人有丝绵衣穿，有肉吃，一般老百姓饿不着，冻不着，这样还不能使天下归服，是从来不曾有过的事。”

梁惠王章句下

本篇记载了孟子与齐宣王、滕文公、邹穆公的谈话，以及在鲁国的遭遇。孟子与齐宣王的谈话，反复阐述了“与民同乐”的主题，是孟子“推恩”即“推己及人”思想的一个重要方面，国君无论是“好货”还是“好色”，只要能推己及人，而不是谋求一己之私，都不是一种恶行。得民心与否，是孟子对诸侯行为的评判标准。对齐国是否应该吞并燕国，孟子是从民心向背的角度来看的，认为“取之而燕民悦，则取之……取之而燕民不悦，则勿取”。当邹穆公指责自己的百姓对官长的死难袖手旁观时，孟子则指出是官长们平时漠视百姓的苦难才造成了这样的后果，百姓有报复的权利。人民始终是孟子政治思想的出发点。先秦时代的民本思想，到孟子这里被发展到了极致。对于君臣关系，孟子也从仁义的角度作出了新的价值判断，像桀、纣这样破坏仁义的暴君，在孟子看来已经丧失了作为国君的资格，而只是一名独夫，可以予以诛杀。这是非常大胆而有意义的论断，也体现出“仁义”是孟子思想中最高的价值范畴，其他一切都处于从属地位。比起后世以忠君为行为准则的思想来，孟子观点的合理性和进步性是显而易见的。

◎第一章◎

【原文】

庄暴见孟子[①]，曰：“暴见于王，王语暴以好乐[②]，暴未有以对也。”曰：“好乐何如？”

孟子曰：“王之好乐甚，则齐国其庶几乎[③]！”

他日，见于王曰：“王尝语庄子以好乐[④]，有诸？”

王变乎色[⑤]，曰：“寡人非能好先王之乐也，直好世俗之乐耳。”

曰：“王之好乐甚，则齐其庶几乎。今之乐，由古之乐也[⑥]。”

孟子见齐王问曰：独乐乐，与人乐乐，孰乐？

曰：“可得闻与？”

曰：“独乐乐[⑦]，与人乐乐，孰乐？”

曰：“不若与人。”

曰：“与少乐乐，与众乐乐，孰乐？”

曰：“不若与众。”

“臣请为王言乐。今王鼓乐于此[⑧]，百姓闻王钟鼓之声，管籥之音[⑨]，举疾首蹙頞而相告曰[⑩]：‘吾王之好鼓乐，夫何使我至于此极也？父子不相见，兄弟妻子离散？’今王田猎于此，百姓闻王车马之音，见羽旄之美[⑪]，举疾首蹙頞而相告曰：‘吾王之好田猎，夫何使我至于此极也？父子不相见，兄弟妻子离散？’此无他，不与民同乐也。

"今王鼓乐于此，百姓闻王钟鼓之声，管籥之音，举欣欣然有喜色而相告曰：'吾王庶几无疾病与，何以能鼓乐也？'今王田猎于此，百姓闻王车马之音，见羽旄之美，举欣欣然有喜色而相告曰：'吾王庶几无疾病与，何以能田猎也？'此无他，与民同乐也。今王与百姓同乐，则王矣。"

【注解】

①庄暴：齐国的臣子。②乐（yuè）：音乐。③庶几："差不多"的意思，但只用于积极方面。④子：是古代对有学问、道德或爵位的人的尊称。⑤王变乎色：齐王变色是由于对自己的爱好不正当感到惭愧的缘故。⑥由：通"犹"。⑦独乐乐：前"乐"字读lè，是动词，爱好、欣赏的意思。后乐字读yuè，是名词，作音乐解。⑧鼓乐：奏乐。⑨管籥（yuè）：古代吹奏器，如今天笙箫之类乐器。⑩举：副词，都。疾首：头痛。蹙（cù）頞（è）：皱着鼻梁发愁的样子。頞，鼻梁。⑪羽旄（máo）：本指用鸟的五彩羽毛和旄牛的尾巴装饰的旗帜，这里作为仪仗的代称。

【译文】

王鼓乐而百姓闻之。

庄暴见到孟子，说："齐王召见我庄暴，告诉我他喜欢音乐，我（一时）想不到用什么话来回答他。"（稍停一会儿）接着问孟子道："（一个做国君的人）喜欢音乐，究竟应不应该呢？"

孟子说："齐王要是非常喜欢音乐，那么齐国差不多就可以治理好了啊！"

后来有一天，孟子被齐宣王召见时，说："大王曾经告诉过庄暴您喜欢音乐，有这回事吗？"

齐宣王一听，（惭愧得）脸上都变了颜色，说："我并不是爱好先代帝王遗留下来的古乐，只不过是一些世俗流行的音乐罢了。"

孟子说："大王您要是非常喜欢音乐，那么，齐国就会治理得差不离了呢！时下流行的音乐和古代的音乐都一样嘛。"

齐宣王说："这个道理可以说给我听听吗？"

孟子（没有正面回答齐宣王，却反问）道："一个人单独享受听音乐的快乐，和跟别人一道享受听音乐的快乐，哪一种更快乐些呢？"

齐宣王说："当然跟别人一道听音乐更快乐。"

孟子（继续问）道："跟少数人一道享受听音乐的快乐和跟多数人享受听音乐的快乐，哪一种更快乐些呢？"

齐宣王说："当然跟多数人听音乐更快乐。"

孟子（紧接着）说："请让我为您陈述一下应该怎样来享受欣赏音乐的乐趣吧。假如现在大王在这里演奏音乐，老百姓一听到大王鸣钟击鼓的声音和箫管吹出的曲调，大家全都觉得头痛，皱着鼻梁互相诉苦道：'我们大王光顾自己爱好鼓乐，为何把我们弄到父子不能相见，兄弟、妻子和孩子流离失散这样困苦不堪的地步呢？'现在大王在这里打猎，老百姓听到大王车马的声音，看见华丽的仪仗，大家全都觉得头痛，皱着鼻梁互相诉苦道：'我们大王光顾自己打猎开心，为何把我们弄到父子不能相见，兄弟、妻子和孩子流离失散这样困苦不堪的地步呢？'这没有别的原因，只是由于不与老百姓一同娱乐的缘故。

“假如现在大王在这里奏乐，老百姓一听到您鸣钟击鼓的声音和箫管吹出的曲调，大家都喜形于色地奔走相告道：‘我们大王大概没有什么疾病吧，（要不然）怎么能够奏乐呢？’现在您大王在这里打猎，老百姓一听到大王车马的声音，看见华丽的仪仗，大家都喜形于色地奔走相告道：‘我们大王大概没有什么疾病吧，（要不然）怎么能打猎呢？’这没有别的原因，只是由于与老百姓一同娱乐的缘故。现在只要大王能跟老百姓一同娱乐，（就能够使人民归附于您），就可以使天下归服了。”

◎第二章◎

【原文】

齐宣王问曰：“文王之囿[①]，方七十里，有诸？”

孟子对曰：“于传有之[②]。”

曰：“若是其大乎？”

曰：“民犹以为小也。”

曰：“寡人之囿，方四十里，民犹以为大，何也？”

曰：“文王之囿，方七十里，刍荛者往焉[③]，雉兔者往焉[④]，与民同之。民以为小，不亦宜乎？臣始至于境，问国之大禁[⑤]，然后敢入。臣闻郊关之内有囿方四十里，杀其麋鹿者，如杀人之罪，则是方四十里为阱于国中。民以为大，不亦宜乎？”

【注解】

①囿（yòu）：古代帝王豢养禽兽、种植花木的园林。②传（zhuàn）：这里泛指古书。③刍（chú）荛（ráo）：刍，本指饲料；荛，本指柴火。这里的“刍荛者”，指割牧草和打柴的人。④雉（zhì）：野鸡。“雉兔者”指猎取野鸡和兔子的人。⑤大禁：重大的禁令。

郊关之内有囿方四十里，杀其麋鹿者，如杀人之罪。

【译文】

齐宣王问孟子道：“传说周文王豢养禽兽种植花木的园子有七十里见方，有这回事吗？”

孟子回答说：“在古书上是有这样的记载。”

齐宣王说：“真有这样大么？”

孟子说：“老百姓还觉得小了呢。”

齐宣王说：“我的园子，只有四十里见方，老百姓还认为大了，这是为什么呢？”

孟子说：“周文王的园子，周围七十里见方，割草的打柴的人可以到那里去，打野鸡、兔子的人也可以到那里去，文王与老百姓一同享有园子的利益。老百姓认为小了，难道不是应该的吗？我刚到齐国边界的时候，先打听一下齐国有哪些重大的禁令，然后才敢进入国境。我听说齐国首都的郊外，有一个四十里见方的园子，射杀园子里的麋鹿的，就等于犯了杀人罪，这是在国土上设下了个四十里见方的大陷阱来坑害老百姓。老百姓嫌它大了，难道不是应该的吗？”

◎第三章◎

【原文】

齐宣王问曰："交邻国有道乎？"

孟子对曰："有。惟仁者为能以大事小，是故汤事葛[1]，文王事昆夷[2]。惟智者为能以小事大，故大王事獯鬻[3]，勾践事吴[4]。以大事小者，乐天者也；以小事大者，畏天者也。乐天者保天下，畏天者保其国[5]。《诗》云：'畏天之威，于时保之[6]。'"

匹夫之勇。

王曰："大哉言矣！寡人有疾，寡人好勇。"

对曰："王请无好小勇。夫抚剑疾视曰[7]：'彼恶敢当我哉！'此匹夫之勇[8]，敌一人者也。王请大之！

"《诗》云：'王赫斯怒[9]，爰整其旅[10]，以遏徂莒[11]，以笃周祜[12]，以对于天下[13]。'此文王之勇也。文王一怒而安天下之民。

"《书》曰：'天降下民，作之君，作之师，惟曰其助上帝宠之[14]。四方有罪无罪惟我在[15]，天下曷敢有越厥志[16]？'一人衡行于天下[17]，武王耻之。此武王之勇也。而武王亦一怒而安天下之民。今王亦一怒而安天下之民，民惟恐王之不好勇也。"

【注解】

①汤事葛：汤，商汤王。葛，国名。汤事葛的事，详见《孟子·滕文公章句下》第五章。②文王事昆夷：昆夷，西戎国名。文王事昆夷的事迹已无法详考。③大王：亦作"太王"，即古公亶父，周王朝的奠基人。獯鬻：即猃（xiǎn）狁（yǔn），我国古代北方的少数民族。大王事獯鬻的事，见本篇第十五章。④勾践事吴：《史记·越王句践世家》及《国语·吴语》记载，吴王夫差在夫椒打败越军，侵入越国，越王勾践带着余下的五千残兵败将退守会稽，吴王派兵包围会稽，越王勾践派大夫文种求和，自请对吴国称臣。⑤"乐天"两句：上句"保"字有"享有""安定"的意思，下句"保"字有"保护""保全"的意思。⑥"畏天"两句：这两句诗引自《诗经·周颂·我将》。于时：于是。⑦抚剑：用手按剑。疾视：怒目而视。⑧匹夫：一人。⑨王赫斯怒：指文王赫然发怒的样子。⑩爰：于是。旅：师旅，军队。⑪遏（è）：阻止。徂（cú）：往伐。莒（jǔ）：国名。⑫笃：厚，增加。祜（hù）：福，"周祜"谓周家的福气。⑬对：答，"以对于天下"，是说以回答天下仰望的心。这里所引诗句出自《诗经·大雅·皇矣》。⑭书：指《尚书》（即《书经》）。这里的引文是出自《尚书》逸篇。惟曰其助上帝宠之：意思是说君和师的职责只在于帮助上帝爱护人民。⑮我：周武王姬发自指。⑯厥：其，指上天的。⑰衡：同"横"。古书中"衡"常与"横"通用。

【译文】

齐宣王问（孟子）道："跟邻国打交道有什么原则和方法吗？"

孟子回答说："有。只有以仁爱为怀的君主才能做到以大国的身份去侍奉小国，所以商汤王侍奉过葛伯，周文王侍奉过昆夷。只有明智的君主才能做到以小国的身份侍奉大国，所以周的大王古公亶父侍奉过强悍的獯鬻族，越王勾践侍奉过打败了自己的吴王夫差。以大国的身份侍奉小国的，是顺天行道、无往而不怡然自得的人；以小国身份侍奉大国的，是畏惧天的威严（无时不谨慎戒惧）的人。

顺天行道、无往而不怡然自得的人能够保有天下，畏惧天的威严的人能够保住他们的国家。《诗》上说：‘敬畏上天的威严（因此谨慎小心），于是保有天下。’”

齐宣王说：“您的话说得太好了啊！（可惜）我有个毛病，我喜爱勇敢（怕是难做到您所说的）。”

孟子回答道：“我恳请大王不要喜爱小勇。有这么一种人，手按佩剑、怒目而视说：‘他怎敢抵挡我呢！’这只是匹夫之勇。我恳请大王把它扩大一些吧！

“《诗》上说：‘文王对密须国人侵犯他国的暴行勃然大怒，于是整顿军队，以阻击侵犯莒国的敌寇，以增厚我周家的福泽，并以此报答天下仰慕我周天子的厚意。’这就是文王的勇。文王一旦发怒，便能使天下的人民得到安定。

“《书》里面说：‘上天降生下土的人民，替他们立个君主，也替他们安排好老师，派给君主和老师们的唯一责任是帮助上帝爱护下民。所以，四方的人有罪或是无罪，由我（姬发）来进行裁决。（有我在这里）天下谁敢超越他（上天）的意志起来作乱呢？’只要有一个人敢在天下横行无忌，武王便认为是自己的耻辱。这就是武王的勇。武王也是只要一发怒，便能使天下的人民得到安定。现在大王要是也能做到一旦发怒，便使天下的人民得到安定，那人民便还只怕大王不喜爱勇敢哩。”

◎第四章◎

【原文】

齐宣王见孟子于雪宫。

齐宣王见孟子于雪宫[①]。王曰：“贤者亦有此乐乎？”

孟子对曰：“有。人不得，则非其上矣[②]。不得而非其上者，非也；为民上而不与民同乐者，亦非也。乐民之乐者，民亦乐其乐；忧民之忧者，民亦忧其忧。乐以天下[③]，忧以天下，然而不王者，未之有也。

“昔者齐景公问于晏子曰[④]：‘吾欲观于转附、朝儛，遵海而南，放于琅邪[⑤]；吾何修而可以比于先王观也？’

“晏子对曰：‘善哉问也！天子适诸侯曰巡狩——巡狩者，巡所守也[⑥]。诸侯朝于天子曰述职——述职者，述所职也。无非事者：春省耕而补不足，秋省敛而助不给[⑦]。夏谚曰：吾王不游，吾何以休？吾王不豫，吾何以助？一游一豫[⑧]，为诸侯度。今也不然，师行而粮食，饥者弗食，劳者弗息。睊睊胥谗，民乃作慝[⑨]。方命虐民，饮食若流[⑩]。流连荒亡，为诸侯忧。从流下而忘反谓之流，从流上而忘反谓之连，从兽无厌谓之荒，乐酒无厌谓之亡[⑪]。先王无流连之乐，荒亡之行。惟君所行也。’

“景公说，大戒于国，出舍于郊[⑫]。于是始兴发，补不足。召大师曰[⑬]：‘为我作君臣相说之乐！’盖《徵招》、《角招》是也[⑭]。其诗曰：‘畜君何尤[⑮]？’——畜君者，好君也。”

【注解】

①雪宫：齐国离宫名。离宫，本是古代帝王筑来供出巡时休息的行宫，有点类似后来的别墅。见：是说齐宣王在雪宫接见孟子。②非：非议，埋怨。上：指君主。③以：介词，与；下句“忧以天下”的“以”字同。④齐景公：春秋时齐国国君，姓姜，名杵臼。晏子：名婴，齐景公时贤相。现存的《晏子春秋》虽是出于伪托，但所记晏婴的言行，也有助于我们窥见他的为人和学说的一斑。⑤转附、朝（cháo）儛（wǔ）：都是山名。转附可能是现在的芝罘（fú）山（即芝罘

岛），朝儛可能是现在山东省荣城县东的召石山。遵：循，沿。放：到。琅邪（yá）：齐国东南边境上的邑名。⑥狩：本读shòu，冬猎为狩，这里同守。巡所守，是说视察诸侯所守的土地。⑦省（xǐng）：视察。补不足：指补助农具、种子不足的农户。敛：收割。助不给：指帮助劳力、口粮不足的农户。⑧豫：游闲。⑨睊睊（juàn）：侧目而视的样子。胥：都。谗：谤毁。慝（tè）：邪恶，指反对上面统治者的行为。谗和慝，都是贬义词，统治阶级把劳动人民受不了剥削压迫而激起的怨恨和反抗的行为看作是"谗""慝"，翻译时为了保持原作语调，仍按文意语译。⑩方命：方是放的假借字，有放弃的意思，命指先王的教导。若流：是说像流水一般的无穷尽。⑪从兽：指田猎。荒：废。乐酒：以饮酒为乐。亡：失，是说废时失事。⑫说：同悦。戒：备，指在首都充分作好赈济贫苦人民的各种准备。舍：居。⑬大师：乐官。⑭君臣：指己（景公）与晏子。说：同"悦"。《徵（zhǐ）招》、《角招》：太师所作的乐曲名。徵、角为古代五音中的两个。五音是中国五声音阶上的五个级，相当于现在简谱上的1、2、3、5、6。唐代以来叫合、四、乙、尺、工。更古的时候叫宫、商、角、徵、羽。招，与韶同，舜的乐曲名。其诗，指《徵招》、《角招》的歌词。⑮畜：制止。尤：过错。

【译文】

齐宣在自己的离宫雪宫里接见孟子。宣王说："贤德的人也有这种享乐吗？"

孟子回答道："有。人们得不到这种享乐，就会埋怨他们的君主。当然，得不到这种享乐便埋怨他们的君主，是不对的；作为人民的君主却不与人民一同享受这种快乐，也是不对的。以人民的快乐为自己的快乐的人，人民也会以他的快乐为他们的快乐；以人民的忧愁为自己的忧愁的人，人民也会以他的忧愁为他们的忧愁。乐与天下人民同乐，忧与天下人民同忧，这样还不能使天下归心的事，是决不会有的。

天子到诸侯的国家去叫巡狩。

"从前齐景公向晏婴问道：'我打算到转附和朝儛两座名山去游览一番，然后沿着海岸向南走，直达琅邪邑，我应该怎样做才能比得上古代圣王的游观呢？'

"晏婴答道：'问得好！天子到诸侯的国家去叫巡狩——巡狩，就是巡视诸侯所守的疆土。诸侯到天子的朝廷去朝见叫述职——述职，就是汇报诸侯自己所担负的职守的情况。（无论是天子出外巡狩，还是诸侯入朝述职，）没有不是结合着工作进行的：春天视察耕种，并借此补助农具、种子不足的农户；秋天视察收割，并借此补助劳力、口粮不足的农户。夏朝时的俗谚说：'我们大王不出游，我怎能获得安慰和整休？我们大王不闲逛，我从何处获补助？我们大王出游或闲逛，全都可为诸侯学习的法度。'现在情况就不同了，天子一出来巡游，一大伙人员要为他奔忙，一大批粮食要被他消耗，以至闹到饥饿的人们吃不上饭，劳苦的人们得不到休息。群众侧目而视，怨声载道，看看都要起来作恶了。这样放弃先王的教导，虐害老百姓，豪饮暴食，像流水般地没个穷尽。这种流连荒亡的行为，不能不使诸侯们为之深深担忧。（什么叫流连荒亡呢？）从上流放舟而下游乐忘返叫作流，从下流挽舟而上游乐忘返叫作连，打猎没有个厌倦叫作荒，酗酒没有个节制叫作亡。古代的圣王不搞这种流连忘返的游乐、荒亡无节制的行为。（何去何从？）就由您大王自己选择了。

"景公听了很高兴，在首都做好充分的准备，然后自己到郊外去住下，于是开始行惠政，打开仓库拿出粮食来赈济缺衣少食的贫苦人民。并把乐官召来说：'替我作一首君臣同乐歌吧！'大概就是《徵招》《角招》西首歌。那歌辞中说，'制止君主的物欲又有什么过错呢？'——制止君主的物欲，正是爱护君主呢。"

◎第五章◎

【原文】

齐宣王问曰："人皆谓我毁明堂①，毁诸，已乎？"

孟子对曰："夫明堂者，王者之堂也。王欲行王政，则勿毁之矣。"

王曰："王政可得闻与？"

对曰："昔者文王之治岐也②，耕者九一③，仕者世禄④，关市讥而不征⑤，泽梁无禁⑥，罪人不孥⑦。老而无妻曰鳏⑧，老而无夫曰寡，老而无子曰独，幼而无父曰孤。此四者，天下之穷民而无告者⑨。文王发政施仁⑩，必先斯四者。《诗》云：'哿矣富人，哀此茕独⑪！'"

王曰："善哉言乎！"

曰："王如善之，则何为不行？"

王曰："寡人有疾，寡人好货⑫。"

对曰："昔者公刘好货⑬，《诗》云：'乃积乃仓⑭，乃裹糇粮⑮；于橐于囊⑯。思戢用光⑰。弓矢斯张，干戈戚扬⑱，爰方启行⑲。'故居者有积仓，行者有裹囊也⑳，然后可以爰方启行。王如好货，与百姓同之，于王何有！"

王曰："寡人有疾，寡人好色。"

对曰："昔者大王好色㉑，爱厥妃。《诗》云：'古公亶父，来朝走马㉒，率西水浒㉓，至于岐下。爰及姜女，聿来胥宇㉔。'当是时也，内无怨女，外无旷夫。王如好色，与百姓同之，于王何有！"

【注解】

①明堂：在鲁国境内泰山下，原是周天子东巡狩时接受诸侯朝见的处所，这时已被齐国侵占。②岐：周的旧国，在今陕西岐山县一带。③耕者九一：孟子这话指井田制而言。④仕者：指当时任大夫以上的官职的人而言。⑤关：道路上的关卡。讥：察问。征：抽税。⑥梁：拦水以捕鱼的水堰叫鱼梁。⑦孥（nú）：妻子和儿女。⑧鳏（guān）：无妻而独居的老年男子。⑨无告：无处可以告借。⑩发政：发布政令。⑪哿（gě）：欢乐。茕（qióng）：单独。⑫货：财货。⑬公刘：后稷的曾孙，是周代创业的始祖。⑭积：指露天积蓄粮食。仓：把粮积蓄在仓中。⑮糇（hóu）粮：干粮。⑯橐（tuó）：橐和囊都是口袋名，橐小而无底，囊大而有底。⑰戢（jí）：安抚。用：以。光：大。⑱干戈戚扬：都是武器名。⑲爰：于是。启行：出发。⑳裹囊：把粮装在口袋中。㉑大：同"太"。㉒来朝走马：避狄人之难。㉓率：循，沿。水：指漆水。浒：水边。㉔聿：语助词。胥：视察。

齐宣王问曰：人皆谓我毁明堂，毁诸，已乎？

内无怨女，外无旷夫。

【译文】

齐宣王问（孟子）道："人们都劝我拆掉明堂，是拆掉呢，还是不拆？"

孟子答道："明堂是有道德能使天下归服的王者的殿堂。大王要想实行王政，就不要拆掉了。"

齐宣王说："（如何实行王政）您可以讲给我听听吗？"

孟子回答说："当年文王做西伯治理岐周的时候，对耕田的人只抽九分之一的农业税，大夫以上的朝官俸禄可以子孙世代承袭，关卡和市场只稽查，并不征税。池沼鱼梁不禁止捕鱼，对犯罪的人施加刑罚只限于他本人，不连及妻子和儿女。失去妻室的老年男子叫鳏夫，死了丈夫的老年妇女叫寡妇，年迈膝下没儿没女的人叫孤老，年幼没有父亲的孩子叫孤儿。这四种人，是世间最穷苦无靠的人。文王发布政令施行仁政时，一定把这四种人作为优先抚恤的对象。《诗·小雅·正月》里说：'过得称心如意的要数富人，最可哀怜的还是这些孤独者！'"

齐宣王说："说得真好啊！"

孟子说："您大王如果认为王政好，那么，您为什么不实行呢？"

齐宣王说："我有个毛病，我贪爱财货。"

孟子回答："（这不要紧，）从前周朝王业的创始人公刘也贪爱财货，《诗·大雅·公刘》篇说：'收拾好露囤和内仓，包裹好（途中食用的）干粮，装进无底的小袋和有底的大囊。安抚人民以使国运光昌。张弓带箭齐武装，盾戈斧钺拿手上，开始迈步奔前方。'所以，必须做到不走的人仓里有积谷，走的人囊橐里面裹入了干粮，然后才可以出发。要是您大王贪爱财货，与百姓一同享用，对于实行王政又有什么不可以呢。"

齐宣王又说："我还有个毛病，我贪好女色。"

孟子回答说："（这也不要紧，）从前周朝王业的奠基人之一的太王（古公亶父）也贪好女色，宠爱他的妃子。《诗·大雅·绵》里说：'古公亶父迁居忙，一大清早驱骏马，沿着西方水边走，一直来到岐山下，同来还有姜氏女，勘查地址好建房。'在这个时候，真正做到内无找不到丈夫的怨女，外无娶不到妻子的光棍。大王要是贪好女色，也能注意广泛满足老百姓在这方面的需要，对于实行王政又有什么不可以呢？"

◎第六章◎

【原文】

孟子谓齐宣王曰："王之臣，有托其妻子于其友而之楚游者①，比其反也②，则冻馁其妻子③，则如之何？"

王曰："弃之。"

曰："士师不能治士④，则如之何？"

王曰："已之⑤。"

曰："四境之内不治，则如之何？"

王顾左右而言他。

孟子问齐宣王：四境之内不治，则如之何？

【注解】

①之：往。②比（bì）：及，到。反：同返。③馁（něi）：饥饿。④士师：古代的司法官。士，司法官的下属，即指乡士、遂士而言。⑤已：罢免。

【译文】

孟子对齐宣王说："您的臣子中，有个把妻室儿女托付给他的朋友照看而自己到楚国去游学的人，等到他回来时，他的妻子儿女正在受冻挨饿，那么，应该怎么对待（他那个朋友）呢？"

齐宣王说："和他绝交。"

孟子（进一步）问道："若是司法官不能管理他的下级，那应该怎样办呢？"

齐宣王说："罢免他。"

孟子（再进一步）问道："一个国家假如没有治理好，那又该怎么办呢？"

齐宣王回过头来左右张望，把话题扯到别处去了。

◎第七章◎

【原文】

孟子见齐宣王曰："所谓故国者，非谓有乔木之谓也[①]，有世臣之谓也[②]。王无亲臣矣，昔者所进，今日不知其亡也[③]。"

王曰："吾何以识其不才而舍之？"

曰："国君进贤，如不得已，将使卑逾尊，疏逾戚[④]，可不慎与？左右皆曰贤，未可也；诸大夫皆曰贤，未可也；国人皆曰贤，然后察之；见贤焉，然后用之。左右皆曰不可，勿听；诸大夫皆曰不可，勿听；国人皆曰不可，然后察之；见不可焉，然后去之。左右皆曰可杀，勿听；诸大夫皆曰可杀，勿听；国人皆曰可杀，然后察之；见可杀焉，然后杀之。故曰国人杀之也。如此，然后可以为民父母。"

【注解】

①"所谓"、"非谓"和"之谓"：前两个"谓"字是动词，有"说"的意思；后一"谓"字是名词，可译为"是（不是）说……的意思"。故国：历史悠久的国家。乔木：高大的树木。②世臣：指累世建立了功勋的臣子。③亡：失去职位。④逾：越过。戚：亲近。在孟子看起来，根据封建等级制度，起用人才，力求从尊者、戚（亲）者里选拔，所谓新不间旧，疏不间亲。因此他认为如果要使卑逾尊、疏逾戚，那是"不得已"的事。

【译文】

孟子谒见齐宣王时说："我们平常所说的历史悠久的国家，不是说它有年代久远的高大树木的意思，而是说有累世功勋卓著、与国家同休戚共命运的贤臣的意思。您大王现在没有亲信的臣子了，过去您所进用的人，到今天不知不觉地都失去了职位。"

齐宣王说："（可是）我凭什么能识别他无用而舍弃他呢？"

孟子说："国君进用贤才，如果万不得已要选拔新秀，那就将有可能使地位低下的人超过地位高的人，关系疏的人超过关系密的人，这样的事能不慎重对待吗？（因此，国君用人时）左右的人都说这个人贤能，不足凭信；朝里的官员们都说他贤能，还是不足凭信；全国的人都说他贤能，然后对他进行调查了解，发现他确是贤能，再行起用他。左右的人都说这个人不行，先别听，朝里的官员们都说他不行，也别听；全国的人都说他不行，然后对他进行调查了解，发现他确实不行，再行抛开他。左右的人都说这个人有可杀之罪，先别听；朝里的官员们都说他有可杀之罪，也别听；全国的人都说他有可杀之罪，然后对他进行调查了解，发现他确是有可乐之罪，然后杀掉他。所以说他是全国人杀掉的。能够做到这样，才可能真正做人民的父母。"

◎第八章◎

【原文】

齐宣王问曰："汤放桀[①]，武王伐纣[②]，有诸？"

孟子对曰："于传有之。"

曰："臣弑其君可乎？"

曰："贼仁者谓之'贼'，贼义者谓之'残'[③]。残贼之人，谓之一夫[④]。闻诛一夫纣矣，未闻弑君也。"

齐宣王问曰：汤放桀，武王伐纣，有诸？

【注解】

①汤放桀：汤，殷商的开国之君。桀，夏朝末世暴君。放，流放。

《书经》载："成汤放桀于南巢。"②武王伐纣（zhòu）：商末纣王无道，周武王出兵伐纣，纣王兵败自焚而死。③贼仁：贼，是损害的意思；贼仁是指绝灭人性、暴虐无道的行为。贼义指损害正义、颠倒是非的行为。④一夫：失掉人民同情的独夫。

孟子谓武王伐纣：闻诛一夫纣矣，未闻弑君也。

【译文】

齐宣王问（孟子）道："商汤王流放夏桀王，周武王攻打商纣王，有这回事吗？"

孟子回答说："在史籍上有这样的记载。"

齐宣王说："为臣的人杀掉他的君主行吗？"

孟子答道："损害仁爱、暴虐无道的人叫做'贼'，损害正义、颠倒是非的人叫做'残'。残贼的人，叫做'独夫'。我只听说（周武王）杀了个'独夫'纣王，没有听说杀过君主。"

◎第九章◎

【原文】

孟子谓齐宣王曰："为巨室[1]，则必使工师求大木[2]。工师得大木，则王喜，以为能胜其任也[3]。匠人斲而小之[4]，则王怒，以为不胜其任矣。夫人幼而学之，壮而欲行之。王曰，'姑舍女所学而从我[5]'，则何如？今有璞玉于此[6]，虽万镒[7]，必使玉人雕琢之[8]。至于治国家，则曰，'姑舍女所学而从我'！则何以异于教玉人雕琢玉哉？"

【注解】

①巨室：大宫，古代室与宫通用。②工师：管理工匠的官吏。③胜（shèng，旧读shēng）：能力足以担任叫胜任。④斲（zhuó）：砍，削。⑤姑：暂且。⑥璞（pú）：含玉的石头，也指未经琢磨的玉。⑦镒（yì）：一作溢，古代重量单位，合二十两（一说二十四两）。万镒，极言其贵重。⑧雕琢：雕刻玉石，使它成为器物。

【译文】

孟子谒见齐宣王时说："您要建造大宫室，就一定要打发工匠长去寻求大木料。工匠长找到了大木料，您大王就高兴，认为他能称职。一旦工匠（由于专业不精）把木料斫小了，您大王便要发怒，认为他不称职。一个人从小学习先王治天下的方术，希望长大成人后能够拿去实行，假如您大王说，'暂且抛开你所学的东西，听从我的话去做'，那又怎么样呢？现在这里有块没有经过雕琢的璞玉，虽然价值很昂贵，也一定要请玉匠雕琢加工。至于治理国家，却说，'暂且丢下你所学的那一套照我说的办吧'！那跟要玉工按照您的吩咐去雕刻玉石又有什么区别呢？"

为巨室，则必使工师求大木。

◎第十章◎

【原文】

齐人伐燕[①]，胜之。宣王问曰："或谓寡人勿取，或谓寡人取之。以万乘之国伐万乘之国[②]，五旬而举之，人力不至于此[③]。不取，必有天殃[④]。取之何如？"

孟子对曰："取之而燕民悦，则取之，古之人有行之者，武王是也[⑤]。取之而燕民不悦，则勿取，古之人有行之者，文王是也[⑥]。以万乘之国伐万乘之国，箪食壶浆以迎王师[⑦]。岂有它哉？避水火也。如水益深，如火益热，亦运而已矣[⑧]。"

【注解】

①齐人伐燕：齐宣王时，燕国由于燕王哙（kuài）把王位让给国相子之，国人不服，发生内乱，宣王用田王思的计谋，趁机出兵伐燕，并很快取得了胜利。②万乘之国：见本篇上第一章注⑦。按规定本来只有天子才能拥有兵车万乘，但这时齐、燕等七国都侵占土地，扩充军备，僭（jiàn，超越本分）号称王，拥有兵车也多达万乘，所以称万乘之国。③举：攻克，占领。人力不至于此：按《史记·燕世家》记载，齐攻燕时，燕"士卒不战，城门不闭"，燕君哙死，子之逃亡。由于齐师速胜，所以宣王以为光凭人力是办不到的，只有合乎天意才做得到。④不取，必有天殃：这是从春秋战国以来颇为流行的传统说法，齐宣王想占夺燕国，所以引这话为借口，提出向孟子询问。⑤古之人有行之者，武王是也：《史记·周本纪》载武王带领诸侯军伐商纣，纣王也发兵七十万人抵抗武王。商兵尽管多，但都无心作战，武王的军队一到，商兵纷纷倒戈替武王开道。武王兵临商都，商都百姓，全到郊外来迎接武王。这正说明武王取商而商民悦的情况。⑥古之人有行之者，文王是也：《论语·泰伯》篇说"文王三分天下有其二，以服事殷"。当时文王因为纣王的贤臣微子、箕子和比干三人还在，乐师们也还留在商国没有出奔他国，取了纣王的天下怕商民不服，所以没有取。⑦箪食壶浆：箪（dān），古代盛饭的圆形竹器。食（sì），名词，饭一类食物。浆，饮料的总称，如水浆，酒浆。⑧运：有走避他方的意思。

齐人伐燕，胜之。

【译文】

齐国人进攻燕国，战胜了它。齐宣王问孟子道："有的人叫我不要吞并它，有的人却劝我吞并它。拿一个万乘的大国去攻打另一个万乘的大国，只五十天便攻下了它，（如果不是天意，）人力是做不到这样的。看来，不吞并它，一定会天灾降身。您觉得吞并它怎么样？"

孟子回答说："如果吞并它，燕国的人民高兴，就吞并它，古代的周武王便是这样做的。要是吞并它，燕国的人民不高兴，就不要吞并它，古代的周文王便是这样做的。拿一个万乘的大国去攻打另一个万乘大国，老百姓携着饭筐和酒壶来迎接您大王的军队，难道有别的用意吗？不过是想避免再过那种水淹火燎的痛苦生活啊。如果燕国被吞并后，老百姓蒙受的灾难更加深重，那他们也就只好走避他方了。"

齐宣王向孟子询问伐燕之事。

◎第十一章◎

【原文】

齐人伐燕，取之。诸侯将谋救燕。宣王曰："诸侯多谋伐寡人者，何以待之？"

孟子对曰："臣闻七十里为政于天下者，汤是也[①]。未闻以千里畏人者也。《书》曰：'汤一征，自葛始[②]。'天下信之，东面而征西夷怨；南面而征北狄怨，曰：'奚为后我[③]？'民望之，若大旱之望云霓也[④]。归市者不止，耕者不变，诛其君而吊其民[⑤]，若时雨降。民大悦。《书》曰：徯我后，后来其苏[⑥]！'

"今燕虐其民，王往而征之，民以为将拯己于水火之中也[⑦]，箪食壶浆以迎王师。若杀其父兄，係累其子弟[⑧]，毁其宗庙，迁其重器，如之何其可也？天下固畏齐之强也，今又倍地而不行仁政，是动天下之兵也。

"王速出令，反其旄倪[⑨]，止其重器，谋于燕众，置君而后去之，则犹可及止也。"

【注解】

①汤：汤是商朝的开国君主，在他灭夏前，商是一个仅有七十里地的小国。为政于天下，跟说施政于天下差不多，即统一天下的意思。②汤一征，自葛始：一，有初和始的意思。葛，古国名，在今河南宁陵一带。③面：向。奚：什么，疑问代词。④霓（ní）：本是大气中有时跟虹同时出现的一种光的现象，颜色比虹淡，也叫副虹。这里可解为虹。早晨虹见于西方，是天即将下雨的征兆。⑤吊：抚慰。⑥徯（xī）：等待。后：君主。苏：复活。⑦拯（zhěng）：救。⑧係：同"系"（jì）。累：同"縲"，捆绑。⑨旄：同"耄"（mào），八九十岁的老人。倪（ní）：小孩。

【译文】

孟子向齐宣王阐述如何应对诸侯的攻伐。

齐国人攻打燕国，占领了它。一些别的诸侯准备商讨援救燕国。齐宣王（问孟子）说："诸侯们多有准备来攻讨我的，该用什么办法去对付他们呢？"

孟子回答道："我只听说以区区七十里地统一天下的，汤便是；没有听说（像您齐王那样）拥有国土千里的人反而会怕人的。《书》中说：'商汤王当初出征时，是从讨伐葛伯开始的。'天下的人对他非常信赖，当他东向出兵的时候，居住在西面的夷人就埋怨他；当他南向出兵的时候，居住在北面的狄人也埋怨他，他们都说：'为什么把我们摆在后面呢？'老百姓盼望他，就像大旱年岁盼望天空出现预示天将降雨的虹霓一样。（他的军队所到之处，）做生意的不停止营业，种田的照常下田劳动，仅仅诛杀残害人民的暴君，对老百姓却能安抚问慰，使他们感到汤的到来，有如旱天及时降落的雨水。老百姓心里十分高兴。《书》里面说："盼望我们的君主啊，君主一到，我们就得活命了哪！'

"现在燕王虐待他的老百姓，您大王发兵去讨伐他，老百姓以为您将要把他们从水深火热中拯救出来，所以纷纷提着饭筐和酒壶来欢迎犒劳您大王的军队。如果您杀死他们的父兄，俘虏他们的子弟，拆毁他们的祖庙宗祠，抢走他们的传国宝器，那怎么行呢？天下的诸侯们本来就害怕齐国的强大，现在土地又扩大了一倍却不行德政，这就不免要挑动天下的军队（一齐来对付您）了。

"大王您现在要赶快发布命令，把俘虏的老小送回去，停止运走燕国的宝器，跟燕国的大众共同商议，拥立新的燕王，然后撤出军队，那就还来得及阻止各国的兴兵呢。"

◎第十二章◎

【原文】

邹与鲁閧[①]。穆公问曰[②]："吾有司死者三十三人[③]，而民莫之死也[④]。诛之，则不可胜诛；不诛，则疾视其长上之死而不救[⑤]，如之何则可也？"

孟子对曰："凶年饿饥岁，君之民老弱转乎沟壑[⑥]，壮者散而之四方者，几千人矣[⑦]；而君之仓廪实，府库充[⑧]，有司莫以告，是上慢而残下也。曾子曰[⑨]：'戒之戒之！出乎尔者，反乎尔者也。'夫民今而后得反之也。君无尤焉[⑩]。君行仁政，斯民亲其上，死其长矣。"

穆公向孟子请教百姓与政权不一心该如何对待。

【注解】

①邹：即春秋时邾国，战国时改为邹国，在今山东邹县。閧（hòng）：同"哄"，本指战斗声，这里有交战的意思。②穆公：邹国君主。③有司：即官吏。古代设官分职，各有专管的事，所以叫作有司。④莫之死：即"莫死之"的倒装。"之"指"有司"。"莫之死"意思是说没有为他们而牺牲的。⑤疾视：仇视。⑥壑（hè）：山沟或大水坑。⑦几（jī）：几乎；近乎。⑧仓廪（lǐn）：储藏粮食的房子。府库：贮存财物的房子。⑨曾子：孔子弟子，名参，字子舆。⑩尤：责怪。

【译文】

邹国跟鲁国打仗。邹穆公问孟子道："（在这次战争中）我的将官们被打死的达三十三人之多，可是，老百姓却没有一个为他们效死的。要是杀掉这些人吧，杀也杀不尽；要是不杀吧，那他们就还是会仇视他们的长官，一任长官们被打死而不加援救，您看要怎么办才好呢？"

孟子回答说："在灾荒的年岁里，您的老百姓年老体弱的大批大批地死亡，连埋葬都成问题，只好把遗骸辗转抛弃到山沟里去的，和壮年人四出逃荒的，快将近千人了；而您大王粮仓饱满，国库充足，管钱粮的官员们也不把这种严重的情况向您汇报，他们简直是高高在上，不仅不关心人民疾苦，而且残害人民。曾子说过：'要警惕啊！要警惕啊！你怎样对待人家，人家便会怎样对待你。'（过去邹国的长官是那样残酷无情地对待老百姓，）从今以后老百姓只要一有机会，就会用同样的手段来回敬那些长官们了。您别责怪他们。只要您大王真个施行仁政，那么，老百姓便会敬爱君主和长官，并乐于为他们献出自己的生命了。

◎第十三章◎

【原文】

滕文公问曰[①]："滕，小国也，间于齐、楚。事齐乎？事楚乎？"

孟子对曰："是谋，非吾所能及也。无已，则有一焉。凿斯池也[②]，筑斯城也，与民守之，效死而民弗去，则是可为也。"

【注解】

①滕：是周文王的儿子叔绣所封国名，在今山东滕县，是周代一个弱小的封国。②池：指围绕城郭的护城河。

【译文】

滕文公问孟子道："滕国是个弱小的国家，处于齐、楚二大国之间。侍奉齐国好呢，还是侍奉楚国好？"

孟子答道："决定这样重大的国策，不是我的力量所能解决的。如果一定要我谈谈，那就只有一个主意：掘深这条护城河，加固这座城墙，与老百姓一心共同捍卫它，百姓宁愿献出生命也不愿离开它，这样就还是有办法的。"

滕文公问曰：滕，小国也，间于齐、楚。事齐乎？事楚乎？

◎第十四章◎

【原文】

滕文公问曰："齐人将筑薛[①]，吾甚恐，如之何则可？"

孟子对曰："昔者大王居邠[②]，狄人侵之[③]，去之岐山之下居焉[④]。非择而取之，不得已也。苟为善，后世子孙必有王者矣。君子创业垂统[⑤]，为可继也。若夫成功[⑥]，则天也。君如彼何哉？强为善而已矣。"

【注解】

①齐人将筑薛：薛是周初一个任姓的小国，故城在今山东滕县东南。春秋初还是一个独立的国家，不知什么时候被齐国灭掉了。筑薛，是说筑薛国的城墙以威胁滕国。②邠（bīn）：同"豳"，在今陕西彬县、旬邑县一带。③狄人：即獯鬻，详见本篇（下）第三章注。④岐山：在今陕西岐山县东北。⑤创业垂统：是说创基业于前，而垂统绪于后。世纪代代相传不绝便叫统。⑥若夫：至于。

【译文】

滕文公问孟子道："齐国人正准备加固薛城（以威胁滕国），我感到很害怕，您看怎么办？"

孟子回答说："从前周的祖先大王居住在邠地，狄人去侵犯他，他便迁离了邠地到岐山下定居。他并不是选择好那块地方才拿来作为自己定居之所，实在是（由于强敌的威逼）不得已这样做的啊。如果一个国君肯行善，（他本身也许来不及直接受到好处，）可他后世的子孙一定会有创立王业的。品德高尚、眼光远大的君子创立事业，并传给后代，正是为了可以世世代代继承下去。至于成功与否，那就要看天意如何了。现在您又能拿它强大的齐国怎么样呢？那也只好勉强行善政罢了。"

◎第十五章◎

【原文】

滕文公问曰："滕，小国也；竭力以事大国，则不得免焉。如之何则可？"

孟子对曰："昔者大王居邠，狄人侵之。事之以皮币[①]，不得免焉；事之以犬马，不得免焉；事之以珠玉，不得免焉。乃属其耆老而告之曰[②]：'狄人之所欲者，吾土地也。吾闻之也：君子不以其所以养人者害人。二三子何患乎无君？我将去之。'去邠，逾

孟子与滕文公论国事。

梁山[③]，邑于岐山之下居焉。邠人曰：‘仁人也，不可失也。’从之者如归市[④]。

“或曰：‘世守也，非身之所能为也[⑤]。效死勿去。’

“君请择于斯二者。”

【注解】

①皮币：皮，用狐貉（hé，也叫狸，皮毛可以为裘）皮毛做成的裘。《诗经·豳风·七月》：“一之日于貉，取彼狐狸，为公子裘。”可见狐貉为豳地所产。币：缯帛之类的丝织物。②属（zhǔ）：集合。耆（qí）老：六十岁以上的人叫耆，耆老，泛称老年人。③梁山：在今陕西乾县西北五里。太王必须越过梁山，才能逃避狄人的祸害。由邠到岐约二百五十里，梁山恰在其中途一百三十里的地方。④归市：趋向市集。⑤身：自身。

【译文】

滕文公问孟子道：“滕国是个小国；即使尽自己的力量去侍奉周围的大国，也还是逃脱不了受侵略的祸害，请问要怎么办才可以呢？”

孟子答道：“从前古公亶父居住在邠地，狄人来侵扰它。古公拿皮袄丝绢去侍奉他们，他们不肯放过他；拿猎犬好马去侍奉他们，还是不肯放过他；拿珠玉珍宝去侍奉他们，他们仍然不肯放过他。于是只得召集国里的父老们告诉他们说：‘狄人所索求的，无非是我的土地。我听前辈人说过：一个有道德的人决不愿拿他用来养活老百姓的东西去害老百姓。诸位又何必担心没有君主呢？我打算离开这里了。’于是离开了邠地，越过梁山，在岐山下面筑城定居下来。邠地的老百姓说：‘（古公亶父）真是个以仁爱为怀的人呀，我们万万不可以失去这样的好君主啊。’那些自愿追随他的人就像赶集市一样众多而又踊跃。

“但也有的人说：‘国土是祖先传下来应该由子孙世代保守住的基业，不是可以由我个人擅自作出处理的。哪怕牺牲生命也不能放弃它。’

“请您大王在上述二者中任择其一吧。”

◎第十六章◎

【原文】

鲁平公将出[①]，嬖人臧仓者请曰[②]：“他日君出，则必命有司所之[③]。今乘舆已驾矣[④]，有司未知所之。敢请[⑤]。”

公曰：“将见孟子。”

曰：“何哉，君所为轻身以先于匹夫者[⑥]？以为贤乎？礼义由贤者出；而孟子之后丧逾前丧[⑦]。君无见焉。”

公曰：“诺。”

乐正子入见[⑧]，曰：“君奚为不见孟轲也？”

曰：“或告寡人曰：‘孟子之后丧逾前丧’，是以不往见也。”

曰：“何哉，君所谓逾者？前以士，后以大夫；前以三鼎，而后以五鼎与[⑨]？”

曰：“否。谓棺椁衣衾之美也[⑩]。”

曰：“非所谓逾也，贫富不同也。”

乐正子见孟子，曰：“克告于君[⑪]，君为来见也[⑫]。嬖人有臧仓者沮君[⑬]，君是以不果来也。”

曰：“行，或使之；止，或尼之[⑭]。行止，非人所能也。吾之不遇鲁侯，天也。臧氏之子焉能使予不遇哉？”

【注解】

①鲁平公：鲁景公的儿子，名叔（也有的书上说他名旅的）。②嬖（bì）人：宠臣。臧（zāng）仓：小臣名。③之：往。

④乘（shèng）舆：国君或天子所乘坐的车子。⑤敢：表敬副词，用在动词前面，没有具体意义，单纯为了表示礼貌。⑥何哉，君所为轻身以先于匹夫者：这是古代疑问常见的一种倒装句式，作谓语的疑问词，提到作主语的者字结构“君所为轻身以先于匹夫者”之前（下面“何哉，君所谓逾者”句式和这句一样）。句子中的“以”字不是介词是连词，相当于“而”字。⑦后丧（sāng）逾前丧：丧，办丧事。后丧，指孟子为母亲办的丧事；前丧，指为他父亲办的丧事。逾（yú），超过。⑧乐正子：乐正，姓；子，男子之通称。乐正子，名克，是孟子的学生，当时正在鲁国做官。⑨三鼎、五鼎：鼎是古代祭祀时用来盛猪羊等牲畜的器皿。按照古代的礼制，士祭用三只鼎，大夫用五只鼎。与：同“欤”（yú），是表疑问的语气助词。它用在疑问句中和“乎”字那样直截了当地提出问题略有差别，它表示的是一种疑信参半的语气。⑩椁（guǒ）：古代套在棺材外面的大棺材，士以上的人家常用它。衣衾（qīn）：装殓死者用的衣被。⑪克：乐正子的名。⑫为：行，将。⑬沮：有的本子也作“阻，阻止”。⑭尼（nì）：阻止。

【译文】

鲁平公将要出门，他那个名叫臧仓的宠臣请示道：“以前您大王将要外出，就一定要把您所去的地方告知管事的臣下。现在您的车子都已经套好了马，可管事的臣下还不知道您所要去的地方，我胆敢向您请示一下。”

鲁平公将出，嬖人臧仓向他请示。

平公说：“我将要去见孟子。”

臧仓说：“您为着什么要降低身份先去拜访一个普普通通的人呢？您认为孟子贤德吗？可贤德的人是应该执行礼义的，而孟子呢，他办母亲的丧事超过先前办父亲的丧事（这是不合乎礼义的）。您就别去见他了。”

平公说：“好吧。”

（孟子的学生）乐正子进宫谒见鲁平公，说：“您为什么不去见孟轲呢？”

平公说：“有人告诉我说：‘孟子办母亲的丧事超过先前办父亲的丧事’，就为了这个缘故，我才没有去见他。”

乐正子入见，曰：君奚为不见孟轲也？

乐正子说：“您所说的‘后丧超过前丧’，指的是什么呢？是说前面用士的礼仪葬父、后面用大夫的礼仪葬母，还是说前面用三鼎礼祭父、后面用五鼎礼祭母呢？”

平公说：“不是，我说的是装殓死者的棺椁衣衾的精美（后者超过前者）。”

乐正子说：“这不能说是‘后丧超过前丧’，因为前后家境贫富不同嘛。”

乐正子见了孟子，说：“我把您推荐给了鲁君，鲁君本来将要来拜访您了。可是，有个名叫臧仓的宠臣阻止鲁君，鲁君就由于这个原因没能来。”

孟子说：“一个人干某件事时，无形中也许有一种力量在促使他这样做；他不干这件事时，又像是有一种力量在阻止他这样做。干这件事或不干这件事，不是人力所能决定的。我这次不能与鲁君遇合，是出于天命的支配。臧家那个小子，又怎么能使我不与鲁君遇合呢？”

公孙丑章句上

本篇主要论述了对个人意志的锻炼以及仁政的人性根基。孟子在与弟子公孙丑的问答中，对如何做到“不动心”进行了详尽的阐述。“不动心”是指对个人意志的锻炼，以期做到对礼义道德在选择上的高度自觉性。要做到“不动心”，一要“知言”，一要善养浩然之气。“知言”，在认识上是要对各种错误言论进行分析批判，辨明其所犯的是何种错误，以及错误是如何导致的；在道德修养上，“知言”又必须和“养气”相结合，以“心”来判断“言”成为“不动心”的必要条件之一。浩然之气，孟子认为是难以言传的，它属于精神范畴，但偏重在伦理道德方面，即指由道德情操所表现出来的精神力量。气，是先秦各学派常用的一个哲学概念，如黄老学派就认为气是万物的本原。孟子在气上附加了道德属性，即浩然之气必须配以道与义，认为人通过理性思维认识和掌握了道与义，再继续加强修养工夫，浩然之气就会充塞于天地之间；但如果离开或违反了道与义，思想意识中产生内疚，这时气也就馁了。培养浩然之气，是道义与气相结合的一个渐进积累的过程，既不能放任自流，也不能操之过急，这实际上是一种艰苦的意志锻炼。孟子在论述仁政的人性根基时认为，人生下来就有恻隐之心、羞恶之心、辞让之心和是非之心，这是四种“善端”，仁义礼智就是从这四种“善端”中发展起来的，因而人的本性就是善的。“不忍人之心”是仁的善端，正因为人具有这种“不忍人之心”，所以先王可以行“不忍人之政”，即仁政。仁政来源于先王“不忍人”的善心善性，这就为基仁政论提供了哲学根据。

◎第一章◎

【原文】

公孙丑问曰[①]：“夫子当路于齐[②]，管仲、晏子之功[③]，可复许乎[④]？”

孟子曰：“子诚齐人也，知管仲、晏子而已矣。或问乎曾西曰[⑤]：‘吾子与子路孰贤[⑥]？’曾西蹵然曰[⑦]：‘吾先子之所畏也。’曰：‘然则吾子与管仲孰贤？’曾西艴然不悦[⑧]，曰：‘尔何曾比予于管仲！管仲得君[⑨]，如彼其专也；行乎国政，如彼其久也；功烈[⑩]，如彼其卑也。尔何曾比予于是！’”曰：“管仲，曾西之所不为也，而子为我愿之乎？”

公孙丑问曰：夫子当路于齐，管仲、晏子之功，可复许乎？

曰：“管仲以其君霸，晏子以其君显。管仲、晏子，犹不足为与？”

曰：“以齐王，由反手也。”

曰：“若是，则弟子之惑滋甚。且以文王之德，百年而后崩[⑪]，犹未洽于天下；武王、周公继之，然后大行。今言王若易然，则文王不足法与？”

曰：“文王何可当也[⑫]！由汤至于武丁，贤圣之君六七作[⑬]，天下归殷久矣，久则难变也。武丁朝诸侯，有天下，犹运之掌也。纣之去武丁，未久也[⑭]，其故家遗俗，流风善政，犹有存者；又有微子、微仲、王子比干、箕子、胶鬲[⑮]——皆贤人也，相与辅相之，故久而后失之也。尺地莫非其有也，一民莫非其臣也；然而文王犹方百里起，是以难也。

“齐人有言曰：‘虽有智慧，不如乘势；虽有镃基[⑯]，不如待时。’今时则易然也：夏后、殷、周之盛[17]，地未有过千里者也，而齐有其地矣，鸡鸣狗吠相闻，而达乎四境，而齐有其民矣；地不改辟矣，民不改聚矣，行仁政而王，莫之能御也。且王者之不作，未有疏于此时者也[18]，民之憔悴于虐政，未有甚于此时者也。饥者易为食，渴者易为饮。孔子曰：'德之流行，速于置邮而传命[19]。'当今之时，万乘之国行仁政，民之悦之，犹解倒悬也。故事半古之人，功必倍之，惟此时为然。"

【注解】

孟子谓当时天下：民之憔悴于虐政，未有甚于此时者也。

①公孙丑：姓公孙，名丑，孟轲弟子。②当路：当权。③管仲：名夷吾，曾辅佐齐桓公建立霸业。晏子：指晏婴，字平仲，是齐景公的宰相。④许：犹"兴"。⑤曾西：曾参的孙子。⑥子路：孔子弟子仲由的字。⑦蹵（cù）然：不安的样子。⑧艴然：恼怒的样子。⑨得君：是说得到君主的信任。⑩功烈：功绩。管仲不辅佐齐桓公行王道而行霸道，所以曾西说他"功烈，如彼其卑也"。⑪百年而后崩：古代传说文王去世的时候是九十七岁，这里说百年是举它的整数。崩，古代天子死叫崩。⑫当：比并，媲美。⑬由汤至于武丁，贤圣之君六七作：汤、武丁，都是商代的贤君，由汤至武丁，中间比较突出的贤君，有太甲、太戊、祖乙、盘庚等，跟汤和武丁合起来算，一共是六个君主，孟子这里说"六七作"，是不定之辞。作，兴起。⑭纣之去武丁，未久也：从武丁到纣王共九代，所以说"未久"。⑮微子、微仲、王子比干、箕子、胶鬲：微子，名启，是纣王的庶兄。微仲，微子的弟弟。王子比干，纣王的叔父，他因为谏纣王被剖心而死。箕子，也是纣王的叔父，他看见纣王无道，比干被杀，于是装疯做了奴隶，为纣王所囚禁。胶鬲（gé），殷代的贤人，遇上纣王这样的乱世，便隐居到民间去贩卖鱼盐。⑯镃（zī）基（jī）：一作镃錤，大锄。⑰夏后：禹治水有功，舜让位给他，国号夏，也称为夏后氏。⑱王者之不作，未有疏于此时者也：作，兴。疏，久。⑲置邮：古代用马递送公文叫置，步行递送公文叫邮。

【译文】

公孙丑问孟子说："先生您要是在齐国掌了权，可望重建管仲、晏婴那样的功业么？"

孟子答道："你到底是个齐国人，仅仅知道管仲、晏婴罢了。曾经有个人问曾西：'您跟子路相比，哪个更强些呢？'曾西肃然起敬地回答说：'（子路是）我先祖父所敬畏的人啊。'那个人又问道：'那么，您跟管仲相比，哪个更强些呢？'曾西怒形于色，说：'你怎么拿我跟管仲相比呢？管仲得到他的君主的信任，是那样的专一；行使国家的政权，时间又是那样的长久；成就的功业，却是那样的微不足道。你怎么拿他来和我相比呢！'"孟子（稍微停顿了一下）说："管仲那样的人，连曾西都不屑和他相比，你说我愿意学他的样吗？"

公孙丑说："管仲辅佐齐桓公建立了霸主之业，晏婴辅佐齐景公使他名扬天下。难道管仲、晏婴这样的人还不值得效法吗？"

孟子说："以齐国这样有条件的大国使天下归服，易如反掌啊。"

公孙丑说："像您这样说，那我就更加不明白了。况且拿文王这样德高望重的人，又活了近百岁才去世，他推行的德政还没有周遍于天下；武王周公继承了他的事业继续努力，然后才使王道大行。现在您把推行王道而使天下归服说得那么容易，难道文王还不够做榜样吗？"

孟子说："我们怎么可以跟文王相比呢？（在商代）从汤王到武丁，这中间有六七个圣贤的君主兴起，天下的人归服殷商已经很久了，时间久了，要变动就难了。武丁使诸侯来朝，拥有天下，就像把一样东西放在手心里转动一样容易。纣王的年代离武丁没多久，那些勋旧世家流传下来的良好习俗，还有各种好的遗风善政，当时还是存在着，又有微子、微仲、王子比干、箕子和胶鬲——他们都是贤德的人——共同来辅佐他（商纣王），所以过了很久才失掉天下。那时没有一尺土地不是殷朝的土地，没有一个老百姓不是殷朝的臣民，可文王那时刚从百里见方的地方起事，所以这时要夺取天下就比较难了。

“齐国人有句俗话说：‘纵然有聪明，不如趁形势；纵然有大锄，不如待农时。’当今之世就是容易行王政统一天下的好时机：夏、商、周三代最盛的时期，国土从没有超过千里见方的，而齐国却有了那么广阔的土地，鸡鸣犬吠的声音，从首都一直到四方国境线，互相可以听到，而齐国也有了那么多的人民了；(在齐国目前这样的条件下，)土地不必再扩张了，人民也不必再增多了，如果推行仁政而使天下归服，那是没有谁能抵挡得住的。况且使天下归服的贤圣之君不出现，没有比现在更久的了；老百姓被暴政所折磨，没有比现在更厉害的了。一个饥饿的人对食物是不加挑剔的，一个口渴的人对饮料也不会苛择。孔夫子说：‘德政的推行，比驿站邮亭传递政令还要迅速。’现在这个时候，如果一个万乘大国出来实行仁政，那老百姓心里的高兴，就会跟一个倒挂着的人被解救下来差不多。所以只要做古人一半的事，就可以获得比古人多一倍的成功，这也只有现在这个时候才可以。”

文王犹方百里起。

◎第二章◎

【原文】

公孙丑问曰：“夫子加齐之卿相[①]，得行道焉，虽由此霸王不异矣。如此则动心否乎？”

孟子曰：“否。我四十不动心。”

曰：“若是，则夫子过孟贲远矣[②]。”

曰：“是不难。告子先我不动心[③]。”

曰：“不动心有道乎？”

曰：“有。北宫黝之养勇也[④]：不肤桡[⑤]，不目逃[⑥]，思以一豪挫于人，若挞之于市朝[⑦]；不受于褐宽博[⑧]，亦不受于万乘之君；视刺万乘之君，若刺褐夫；无严诸侯[⑨]，恶声至，必反之。孟施舍之所养勇也[⑩]，曰：‘视不胜犹胜也。量敌而后进，虑胜而后会，是畏三军者也。舍岂能为必胜哉？能无惧而已矣。’孟施舍似曾子[⑪]，北宫黝似子夏[⑫]。夫二子之勇，未知其孰贤，然而孟施舍守约也。昔者曾子谓子襄曰[⑬]：‘子好勇乎？吾尝闻大勇于夫子矣：自反而不缩[⑭]，虽褐宽博，吾不惴焉；自反而缩，虽千万人，吾往矣。’孟施舍之守气，又不如曾子之守约也。”

曰：“敢问夫子之不动心与告子之不动心，可得闻与？”

“告子曰：‘不得于言，勿求于心；不得于心，勿求于气。’不得于心，勿求于气，可；不得于言，勿求于心，不可。夫志，气之帅也；气，体之充也。夫志至焉，气次焉；故曰：‘持其志，无暴其气[⑮]。’”

“既曰‘志至焉，气次焉’；

孟子曰：否。我四十不动心。

又曰‘持其志，无暴其气’者，何也？”

曰：“志壹则动气，气壹则动志也。今夫蹶者趋者⑯，是气也，而反动其心。”

北宫黝之养勇也，不肤桡，不目逃。

【注解】

①加：和“居”字的意思差不多。②孟贲（bēn）：卫国人，古代著名勇士。③告子：名不害。根据《墨子·公孟篇》的记载，他可能曾到墨子的门下受教。④北宫黝（yǒu）：北宫是姓，黝是名，齐国人。⑤不肤桡（náo）：桡，这里是退却的意思。不肤桡，是说不因肌肤被刺而退却。⑥不目逃：不因眼睛被刺而转睛逃避。⑦市朝：市，进行集市贸易的地方。朝，朝廷。因为上古绝无在朝廷上鞭笞打人的事，所以“市朝”二字是偏义复词，只有“市”义，而无“朝”义。⑧不受：指不接受挫辱。褐：毛布。宽博：这里指穿粗布制的宽大衣服的人（即卑贱之人）。⑨无严诸侯：严，畏。这句是说心中没有可敬畏的诸侯。⑩孟施舍：这个人的生平事迹已经无法考究。⑪曾子：是孔子的弟子曾参。⑫子夏：孔子弟子，姓卜，名商。⑬子襄：曾子的弟子。⑭缩：直。⑮持其志，无暴其气：持，保持。暴，乱。⑯蹶（jué）者：失足摔倒的人。趋者：奔跑的人。

【译文】

公孙丑问道：“老师要是官居齐国卿相的高位，能有机会实现自己的主张，哪怕从此成就霸者王者的大业，也不足为怪了。在这种情况下，那么，您会不会（感到恐惧怀疑）而动心呢？”

孟子说：“不。我四十岁时就已做到不动心了。”

公孙丑说：“照这样说来，那老师远远地超过孟贲了。”

孟子说：“做到这个并不难，告子的不动心便比我还要早。”

公孙丑又问：“做到不动心有诀窍吗？”

孟子说：“有。北宫黝培养勇气的方法是：人家刺他的皮肤他一动也不动，刺他的眼睛他一眨也不眨，他认为哪怕只是一点点为人挫败，就像大街上鞭打了他一顿一样的奇耻大辱。他不愿受普通平民的挫辱，也不愿受大国君主的挫辱。在他看来，刺杀大国的君主，就像刺杀普通平民一样；在他心目中，没有什么国君侯王让他敬畏，谁骂了他一句，他就一定要回击。另一个叫孟施舍的培养勇气的方法又有所不同，他说：‘我对待不能战胜的敌人和对待能够战胜的敌人没有两样。如果先估量敌人的力量这才前进，先考虑胜败这才交锋，这种人若碰到数量众多的军队一定会害怕。我孟施舍难道能够稳操胜算吗？我只是能够无所畏惧罢了。’孟施舍的养勇有点像曾子，北宫黝有点像子夏。两个人的养勇到底谁比谁强，我也说不准。可是，我认为孟施舍能够抓住培养勇气的要领。从前，曾子对他的学生子襄说：‘你爱好勇敢吗？我曾经从老师孔子那里听到过关于什么是大勇的论述：自己反躬自问，正义不在我，哪怕对方是个普通平民，我也不能让人家恐惧我；自己反躬自问，正义在我这一边，那怕面对千军万马，我也将勇往直前哩。’孟施舍虽说有点像曾子，但他所守的是无所畏惧的勇气，到底赶不上曾子的原则简要可行。”

公孙丑说：“我大胆问问您：老师的不动心和告子的不动心，可以讲给我听听吗？”

孟子说：“告子说：‘对于对方语言的意思有弄不清的地方，不必在自己心上去琢磨他的话有没有道理；对于一件事的道理心里未能明了，不必因此而触动意气。’对于一件事的道理心里未能明了，不因此触动意气，是对的。对于对方语言的意思有弄不清的地方，不在自己心上去琢磨他的话有没有道理，那就不对了。思想意志是意气感情的将帅，意气感情是充满人的身体的力量。思想意志到了哪里，意气感情也就在哪里表现出来；所以我说：‘一个人应该谨慎掌握自己的思想意志，不要随便意气感情用事。'"

公孙丑又问道："您既然说'思想意志到了哪里，意气感情也就在哪里表现出来'，又说'一个人应该谨慎掌握自己的思想意志，不要随便意气感情用事'，这是什么道理呢？"

孟子回答说："这是因为一个人的思想意志专注于某一个方面，他的意气感情也会受到影响从那个方面表现出来，相反，一个人的意气感情专注于某一个方面，他的思想意志也会受到影响被牵引到那个方面来。现在我们看看那些摔倒和奔跑的人，这只是体气在专注于他们的行动，然而也不能不影响到思想，造成心的浮动。"

孟子与公孙丑谈动气。

【原文】

（公孙丑曰：）"敢问夫子恶乎长？"

曰："我知言，我善养吾浩然之气。"

"敢问何谓浩然之气？"

曰："难言也。其为气也，至大至刚，以直养而无害，则塞于天地之间。其为气也，配义与道；无是，馁也。是集义所生者，非义袭而取之也。行有不慊于心[①]，则馁矣。我故曰告子未尝知义。以其外之也。必有事焉而勿正心，勿忘，勿助长也。无若宋人然：宋人有闵其苗之不长而揠之者[②]，芒芒然归，谓其人曰：'今日病矣！予助苗长矣！'其子趋而往视之，苗则槁矣。天下之不助苗长者寡矣。以为无益而舍之者，不耘苗者也；助之长者，揠苗者也——非徒无益，而又害之。"

"何谓知言？"

曰："诐辞知其所蔽[③]，淫辞知其所陷，邪辞知其所离，遁辞知其所穷。生于其心，害于其政；发于其政，害于其事。圣人复起，必从吾言矣。"

【注解】

①慊（qiè）：足。②闵：忧虑。揠（yà）：拔高。③诐（bì）：偏颇，不正。蔽：遮隔、壅蔽。

【译文】

公孙丑问道："我大胆地请问您老师长于什么？"

孟子说："我善于分析理解别人的言辞，我善于培养我的浩然之气。"

公孙丑又问道："我再斗胆问一句，什么叫作浩然之气？"

孟子说："这就难以说得明白了。它作为一种气，是最伟大、最刚劲的，如果用正义去培养而不伤害它的话，它就会充塞于天地之间，无所不在。它作为一种气，必须与'义'和'道'配合，否则，就要显得软弱乏

宋人有闵其苗之不长而揠之者。

力。这是由正义的经常积累所产生的，不是凭偶然的正义行为所取得的。只要你行为中有一件事自己心里感到欠缺时，那种气会变得软弱乏力。我所以说告子从来不懂得什么是义，就因为他把‘义’看心外之物（我们必须把‘义’看成心内之物）。一定要培养你的浩然之气，但不要有特定的目的，每时每刻都不要忘记养气的事，但也不要不按它成长的规律去帮助它成长。千万别像宋国人那样：宋国有个担心他的禾苗长不快而把苗拔高的人，拖着疲惫不堪的身子回到家中，对家里的人说：‘今天可是累坏了！我帮助禾苗长高了呢！’他的儿子赶快跑去一看，禾苗都干枯了。其实世上不帮助禾苗生长的人是很少。认为培养工作没有好处而抛弃它的，那就等于是不耘苗去草的懒汉；那些违背规律地去帮助它生长的人，就是拔苗助长的人——不但没有好处，而且还害了它。”

公孙丑又接上去问道：“什么叫做知言呢？”

孟子说：“听了偏颇不正的话，我便知道说话的人所壅蔽的地方；听了放荡的话，我便知道说话的人所陷溺的地方；听了邪僻的话，我便知道说话的人偏离正道的地方；听了躲躲闪闪的话，我便知道说话的人所理屈词穷的地方。这四种言辞由心里（思想上）产生出来，必然会在政治上产生危害；如果从政治方面体现了出来，便要妨害国家的各项具体工作。当今或后世即使有圣人再度出现，也必然会赞成我所说的这些话的。”

【原文】

公孙丑曰：“宰我、子贡善为说辞[①]；冉牛、闵子、颜渊善言德行[②]；孔子兼之，曰：‘我于辞命，则不能也。’然则夫子既圣矣乎？”

曰：“恶[③]！是何言也？昔者子贡问于孔子曰：‘夫子圣矣乎？’孔子曰：‘圣则吾不能，我学不厌而教不倦也。’子贡曰：‘学不厌，智也；教不倦，仁也。仁且智，夫子既圣矣。’夫圣，孔子不居，是何言也？”

孟子谈到从前子贡向孔子提问的事情。

“昔者窃闻之：子夏、子游、子张皆有圣人之一体[④]，冉牛、闵子、颜渊则具体而微[⑤]，敢问所安。”

曰：“姑舍是[⑥]。”

曰：“伯夷、伊尹何如[⑦]？”

曰：“不同道。非其君不事，非其民不使；治则进，乱则退，伯夷也。何事非君，何使非民；治亦进，乱亦进，伊尹也。可以仕则仕，可以止则止，可以久则久，可以速则速，孔子也。皆古圣人也，吾未能有行焉。乃所愿，则学孔子也。”

“伯夷、伊尹于孔子，若是班乎[⑧]？”

曰：“否。自有生民以来，未有孔子也。”

曰“然则有同与？”

曰：“有。得百里之地而君之，皆能以朝诸侯、有天下；行一不义、杀一不辜而得天下，皆不为也。是则同。”

曰：“敢问其所以异。”

曰：“宰我、子贡、有若[⑨]，智足以知圣人，汙不至阿其所好[⑩]。宰我曰：‘以予观于夫子，贤于尧舜远矣。’子贡曰：‘见其礼而知其政，闻其乐而知其德，由百世之后，等百世之王，莫之能违也。自生民以来，未有夫子也。’有若曰：‘岂惟民哉？麒麟之于走兽，凤凰之于飞鸟，太山之于丘垤[⑪]，河海之于行潦[⑫]，类也。圣人之于民，亦类也。出于其类，拔乎其萃[⑬]。自生民以来，未有盛于孔子也。’”

【注解】

①宰我、子贡善为说辞：宰我，孔子弟子宰予。子贡，孔子弟子端木赐。说辞，言语。宰我、子贡是孔子言语科中的高足，《论语》中有“言语：宰我、子贡”这样的记述。②冉牛、闵子、颜渊善言德行：冉牛，孔子弟子冉耕，字伯牛；闵子，孔子弟子闵损，字子骞；颜渊，孔子弟子颜回，字子渊，三个人在孔子门下都是列在德行科。③恶：读wū，叹词，表示惊讶不安的神情。④子夏、子游、子张皆有圣人之一体：子游，孔子弟子言偃。子张，孔子弟子颛（zhuān）孙师。有圣人之一体，是用比喻的说法，说上述三个弟子都只得了圣人四肢中的一个肢体。⑤具体而微：是说具备了圣人的全体（即四肢都具备了），但是还不广大。⑥姑舍是：姑，暂且；舍，放下，抛开。孟子是个很自负的人，曾经说过“当今之世，舍我其谁”的豪言壮语，所以对孔门这许多弟子，他都不放在眼里，但是又不便明说，只好用“姑舍是”一语搪塞过去。⑦伯夷、伊尹：伯夷，商朝末年孤竹君的大儿子，跟他弟弟叔齐因互让王位而出逃。周武王伐纣时，二人曾扣住马头劝谏，武王不听，于是一同隐居在首阳山，立志不吃周朝的粮食而活活地饿死了。伊尹，有莘的处士，辅佐商汤王出兵攻打夏桀。⑧班：齐，等。⑨有若：孔子弟子，鲁国人，比孔子小十三岁。⑩汙：本作“洿”，孟子可能用为“洿”字的假借字。⑪垤（dié）：蚂蚁堆土作的窝。⑫行潦（lǎo）：路上的积水。⑬萃（cuì）：聚集。这里指聚在一起的人或事物。

【译文】

公孙丑又问道：“宰我、子贡长于言辞，冉牛、闵子和颜渊以德行见称；孔子则兼有他们的长处，但他还是说：‘我对于说话，就并不擅长。’老师您（既善于分析别人的言辞，又善养浩然之气，）已经是圣人了么？”

孟子（不禁惊诧地）说：“哎！你这是什么话呢？从前子贡向孔子问道：‘老师您已经成了圣人吗？’孔子说：‘圣人，我就还不能做到，我能做到的，不过是学习不感厌倦、教诲别人不知疲劳罢了。’子贡说：‘学习不厌倦，这是智的表现；教诲别人不知疲劳，这是仁的表现。具备了仁和智这两种高尚的品德，老师您已经称得上是圣人了啊。’圣人，孔子都不敢当，你这是什么话呢？”

公孙丑又问道：“从前我听说过，子夏、子游和子张，都学得了孔圣人一方面的特长，冉牛、闵子和颜渊大体上具备孔子的才德，但比不上他那样博大精深。请问老师，您在上面这些人中间与哪一个更接近呢？”

孟子说：“暂且抛开这些不谈吧。”

公孙丑又问：“伯夷和伊尹怎么样呢？”

孟子说：“他们处世之道并不相同。不是他认可的君主不侍奉，不是他认可的人民不役使，天下太平就进到朝廷去做官，天下不太平便退而隐居在野，这是伯夷处世的态度。什么君主都可以侍奉，什么人民都可以役使，天下太平也做官，天下不太平也做官，这就是伊尹的处世态度。应该做官就做官，应该辞官就辞官，应该久干下去就久干下去，应该赶快离开就赶快离开，这就是孔子的处世态度。他们都是古代的圣人。我没能做到他们那样。至于我所希望的，便是要学习孔子。”

公孙丑又问：“伯夷、伊尹对于孔子来说，是同等的吗？”

孟子答道：“不。自有人类以来没有能比得上孔子的。”

公孙丑问：“那么他们有相同的地方吗？”

孟子说：“有。如果他们得到百里见方的土地而以他们为君王，他们都能使诸侯来朝，统一天下。要他们做一件不合道理的事，杀一个无辜的人，因而得到天下，他们都不会做的。这就是他们相同的地方。”

公孙丑问道：“请问他们不同的地方在哪里呢？”

孟子说：“宰我、子贡和有若，他们的智慧足以了解孔子，即使夸张一点，也不至虚加赞扬他们喜爱的人。宰我说：‘依我宰予对老师的看法，他比尧舜高明得多。’子贡说：‘见到一个国家

自有生民以来，未有孔子也。

的礼制，就可以了解这个国家的政治；听了人家的音乐，便可以了解这个人的道德。那怕从百世以后，用同等标准（办法）按次去评价百世以来的君王，没有一个能背离孔子之道的。自有人类以来，没有出过一个像孔子这样（伟大）的人。'有若说：'难道只有人民有高下之分么？麒麟对于走兽，凤凰对于飞鸟，泰山对于小土堆，河和海对于路上的积水，是同类；圣人对于人民，也是同类。孔子大大地超过了他的同类，在他的那一群中冒着尖儿。自有人类社会以来，没有比孔子还要伟大的。'"

宰我、子贡、有若，智足以知圣人。

◎第三章◎

【原文】

孟子曰："以力假仁者霸，霸必有大国；以德行仁者王，王不待大，汤以七十里，文王以百里[①]。以力服人者，非心服也，力不赡也[②]；以德服人者，中心悦而诚服也，如七十子之服孔子也[③]。《诗》云：'自西自东，自南自北，无思不服。'此之谓也。"

以力假仁者霸。

【注解】

①汤以七十里，文王以百里：二句"里"字后都省去了"而王"二字，因为上文有"王不待大"一句，所以可以省。②赡（shàn）：足。③七十子：指孔子门下如颜渊、子贡等七十多个身通六艺的优秀弟子。

【译文】

孟子说："凭着自己的实力，假托仁义之名号召征伐的，可以称霸于诸侯，这种称霸的人一定要凭借国力的强大。依靠道德来推行仁政的人可以实行王道而使天下归服，实行王道而使天下归服不一定要国家大、力量强，商汤王凭借纵横七十里见方的土地，周文王凭借百里见方的土地（实行了王道，使天下归服）；倚仗势力使别人服从的，别人并不是从心里服从他，而是由于力量不足的原因；凭借德行使别人归服自己的，别人是心悦诚服的，像孔子门下七十二贤拜服孔子一样。《诗》里说：'从西到东，从南到北，无不心悦诚服。'说的正是这个意思。"

◎第四章◎

【原文】

孟子曰："仁则荣，不仁则辱；今恶辱而居不仁，是犹恶湿而居下也。如恶之，莫如贵德而尊士，贤者在位，能者在职。国家闲暇，及是时。明其政刑，虽大国，必畏之矣。《诗》云：'迨天之未阴雨，彻彼桑土[①]，绸缪牖户[②]。今此下民，或敢侮予[③]？'孔子曰：'为此诗者，其知道乎！能治其国家，谁敢侮之？'今国家闲暇，及是时，般乐怠敖[④]，是自求祸也。祸福无不自己求之者。《诗》云：‘永言配命，自求多福[⑤]。’太甲曰[⑥]：‘天作孽，犹可违；自作孽，不可活[⑦]。’此之谓也。”

国君只要施行仁政，就能国泰民安身享荣乐。

【注解】

①《诗》云：这里的《诗》指《诗经·豳风·鸱鸮》篇。迨天之未阴雨，彻彼桑土：迨，及，趁。彻，取。桑土，土音dù，就是桑根的皮。②绸缪（móu）：即缠绵的转声，是说用桑根的皮缠结成窝。③下民：指下人，小鸟住在树上，所以称住在地面上的人为下人。侮：欺侮。④般（pán）、乐：般、乐是同义复音词。怠：怠惰。敖（áo）：同“遨”，出游。⑤《诗》云：指《大雅·文王》篇。下二句引自这篇诗的第六章。永言配命：意思是说人应该常常不忘与天命配合。⑥太甲：殷王的名字。⑦自作孽，不可活：《礼记·缁衣》引太甲的这两句话，文字略有出入，“活”字作“逭”。逭（huàn），逃，避。这里的“活”字该是“逭”的假借字。

今国家闲暇，及是时，般乐怠敖，是自求祸也。

【译文】

孟子说：“国君只要施行仁政，就能（国泰民安）身享荣乐；不施行仁政，就将（国破民残，）身遭屈辱。现在既然讨厌屈辱，可是仍然安于不仁的现状（即不愿施行仁政），这就好像讨厌潮湿却甘心居住在低下的地方一样。如果讨厌它，就不如重视德行（而加强自我道德修养），尊敬贤能的人（而起用他们），使道德高尚的贤人在位，才华出众的能人任职。国家安定了，（没有内忧外患的干扰，）趁着这个大好的时机，使政教修明，法纪森严，哪怕是大国，也一定要感到害怕而来归附了。《诗》里说过：‘趁着天还没下雨，剥取桑根的皮儿，把那门窗修理好。那住在下面的人们，又有谁敢来欺侮我呢？’孔子说：‘作这首诗的人，真还可算懂得治国的道理哩！一个国君能治理好他的国家，谁敢欺侮他呢？’现在国家安定，如果国君趁着这个时候，纵情游乐，懒问政事，这简直是自取祸害。一个人的祸福没有不是自家儿找来的。《诗》中曾有过这样的句子：‘人们应该常常不忘和天命配合，为自己多找求点儿幸福。’商王太甲说：‘天降祸害，还可以逃避；自己造成的祸害，简直逃也没法逃脱。’正是这个意思。”

◎第五章◎

【原文】

孟子曰：“尊贤使能，俊杰在位，则天下之士，皆悦而愿立于其朝矣；市，廛而不征[①]，法而不廛[②]，则天下之商，皆悦而愿藏于其市矣；关，讥而不征，则天下之旅，皆悦而愿出于其路矣。耕者，助而不税[③]，则天下之农，皆悦而愿耕于其野矣；廛，无夫里之布[④]，则天下之民，皆悦而愿为之氓矣[⑤]。信能行此五者，则邻国之民，仰之若父母矣。率其子弟，攻其父母，自有生民以来，未有能济者也。如此，则无敌于天下。无敌于天下者，天吏也。然而不王者，未之有也。”

【注解】

①廛：货物堆栈，这里是名词动用，有提供堆栈储藏货物的意思。征：征收租税。②法：贸易法，这里也是名词动用，有按法定价格收购的意思。③助：帮助耕种公田。税：名词动用，征收租税。④廛：老百姓的住宅。夫：一夫。里：里居。布：即钱。夫里之布，是说有宅旁不种桑麻，让土地荒废，或是利用它来起造台榭楼观的，就罚令出里布，像后世凡是土地都有地税一般；百姓中凡是没有职业的，便使他们出夫布，即一个劳动力服役的工钱，像后世不能服公役的人缴纳的免役钱一样。⑤氓（méng）：可解民，但与民略有区别，一般多指从别处迁来的百姓，所以这个字从亡从民。

尊贤使能，俊杰在位，则天下之士，皆悦而愿立于其朝矣。

【译文】

孟子说："尊重贤士，使用能者，让才德出众的人各在其位，那么天下的士子们，都会感到衷心喜悦而愿意到那个朝廷里来做官了；在市场上，提供储藏货物的货栈而不征收货物税，遇上货物滞销，便由国家按法定价格征购，不让它们长期积压在货栈中，那么天下的商人，都会感到衷心喜悦而愿意把货物藏在那个市场上了；关卡上，仅仅稽查语言装束不同一般的人，并不征税，那么天下的旅客，都会感到衷心喜悦而愿意取道于那个国家了；耕田的人，只须帮着耕种井田制中的公田而不必另交租税，那么天下的农民，都会感到衷心喜悦而愿意到那里去种地了；里弄的居民们，不管在什么情况下（即使无正当职业或不在屋旁种桑麻），都给豁免附加的雇役钱和地税，那么天下各国的百姓们，都会感到衷心喜悦而愿意到那里去做寄居的百姓了。要是真的能做到上面五点，那么邻国的老百姓，便会对那里的国君像对父母般的仰望爱慕了。（别国的国君假如妄图进犯这样的国家，就好像是）率领儿女们去攻打他们自己的父母，从有人类以来，是没有能够获得成功的。这样，在天下就找不到敌手了。天下无敌的人，就是上天派遣到下界来的使者。要是做到了这样却还不能统一天下的，那是没有的事。"

◎第六章◎

【原文】

孟子曰："人皆有不忍人之心。先王有不忍人之心，斯有不忍人之政矣。以不忍人之心，行不忍人之政，治天下可运之掌上。所以谓人皆有不忍人之心者，今人乍见孺子将入于井，皆有怵惕恻隐之心[①]——非所以内交于孺子之父母也[②]，非所以要誉于乡党朋友也[③]，非恶其声而然也。由是观之，无恻隐之心，非人也；无羞恶之心，非人也；无辞让之心，非人也；无是非之心，非人也。恻隐之心，仁之端也[④]；羞恶之心，义之端也；辞让之心，礼之端也；是非之心，智之端也。人之有是四端也，犹其有四体也[⑤]。有是四端而自谓不能者，自贼者也[⑥]；谓其君不能者，贼其君者也。凡有四端于我者，知皆扩而充之矣，若火之始然[⑦]，泉之始达。苟能充之，足以保四海；苟不充之，不足以事父母。"

【注解】

①怵（chú）惕（tì）：吃惊害怕。恻隐：伤痛不忍。②内交：即结交。内，同"纳"。③要（yāo）誉：求得好名声。要，求，谋取。④端：开始。⑤四体：四肢。人的四肢，是必不可少的。⑥贼：残害。⑦然：同"燃"。

【译文】

恻隐之心。

孟子说："人们都有一颗见人遭遇不幸而有所不忍的心。古代帝王由于有这种怜悯别人的心，这样才有了怜悯下面百姓的仁政。拿这种怜悯别人的好心，去施行怜悯百姓的仁政，治理天下就可以像运转小物件于手掌上那么容易了。我所以说每个人都有见人遭遇不幸而有所不忍的心的缘故，譬如人们突然看见无知的小孩将要爬跌到井里去，都会立即产生一种惊骇、伤痛不忍的心情——这不是为了想跟这孩子的爹娘攀交情，不是为了要在邻里朋友中博得个好名声，也不是由于厌恶孩子的啼哭声才这样做的。从这里看来，没有同情之心，算不了人；没有羞耻的心，算不了人；没有推让之心，算不了人；没有是非之心，算不了人。同情之心，是仁的开端；羞耻之心，是义的开端；推让之心，是礼的开端；是非之心，是智的开端。一个人有这四个开端，就如同他的身体有四肢一样（是他本身所固有的）。有这四个开端却自认无所作为的人，是自己害自己的人；说他的君主无所作为的人，是戕害他的君主的人。凡是在自身具有这四个开端的人，如果懂得把它们扩充起来，那就会像火刚开始点着，泉水刚开始流出（前景是无可限量的）。（一个从事政治的人）假使能够扩充这四个开端，就可以护育天下的人民；假使不扩充的话，那就连自身的爹娘也无法奉养了。"

◎第七章◎

【原文】

孟子曰："矢人岂不仁于函人哉①？矢人唯恐不伤人，函人唯恐伤人。巫匠亦然②。故术不可不慎也③。孔子曰：'里仁为美，择不处仁，焉得智？'夫仁，天之尊爵也④，人之安宅也。莫之御而不仁，是不智也。不仁不智，无礼无义，人役也⑤。人役而耻为役，犹弓人而耻为弓，矢人而耻为矢也。如耻之，莫如为仁。仁者如射：射者正己而后发，发而不中，不怨胜己者，反求诸己而已矣。"

【注解】

①函人：制造铠甲的人。②巫：古代巫、医不分，古人治病亦用巫。匠：指制作棺椁的木匠。③术不可不慎也：术，指职业。造箭的人的本性并不比造甲的人仁（因为"人皆有不忍人之心"），造箭的人之所以有唯恐不伤人的思想，是由他的职业决定的。所以人们选择职业不可不慎重。④尊爵：最崇高的爵位。⑤人役：被别人所役使的人。

矢人岂不仁于函人哉？

【译文】

孟子说："造箭的人难道比制甲的人的本性更不仁爱吗？造箭的人唯恐自己造的箭不能射伤人，而制甲的人却又唯恐自己制的甲不坚固让人受了伤。为人治病的巫人和专为人制棺材的匠人也是这样。所以，一个人选择职业不可不持审慎的态度。孔子说过：‘居住的地方，要有仁德这才好。选择住处，没有仁德，这哪里能说是聪明呢？’仁，可以说是天赐的最崇高的爵位，是人们最安全的住宅。没有人阻拦，却不去行仁，这便是人们不聪明的地方。一个人不仁、不智、无礼、无义，那就只配当供人使唤的仆役。当了仆役却又以供人役使为可耻，那就像造弓的人以造弓为可耻，造箭的人以造箭为可耻一样。要是觉得可耻，就不如去行仁。行仁的人就好比赛箭的人一样：射箭的人都是端正自己射箭的姿式后把箭射出去，如果没有射中，不去埋怨胜过自己的同行，只是从自己本身去找原因罢了。”

◎第八章◎

【原文】

孟子曰：“子路，人告之以有过则喜；禹闻善言则拜[①]。大舜有大焉[②]，善与人同[③]，舍己从人，乐取于人以为善。自耕稼、陶、渔以至为帝[④]，无非取于人者。取诸人以为善，是与人为善者也[⑤]。故君子莫大乎与人为善。”

禹闻善言则拜。

【注解】

①禹闻善言则拜：禹是历史上第一个以治洪水著称的伟大人物，相传他接受舜的让位建立夏朝。《尚书·皋陶谟》：“禹拜昌言。”《史记·夏本纪》中“昌言”改作“美言”，亦即孟子的“善言”。②有：同“又”。③善与人同：即与人同善。④耕稼、陶、渔：根据《史记·五帝本纪》记载，舜为帝前曾经从事过种地、烧制陶器和捕鱼等各种劳动。⑤与人为善：与字有两解：一是偕同（即和别人一道），一是赞许、帮助。两解都可通。

子路，人告之以有过则喜

【译文】

孟子说道：“子路这个人，一听到人家告诉他有过错，他便高兴；夏禹王听了有益的话，便向人拜谢。大舜比他们两个又更伟大，他愿意跟别人一同行善，抛弃自己不对的，听从人家对的，乐意吸取别人的优点来行善。从他种庄稼、烧制陶（瓦）器、打鱼到被推举为天子，没有一处优点不是从别人那里虚心学习来的。吸取别人的优点来行善，这也是帮助、鼓励别人行善的好作风。所以君子的德行没有比跟别人一同行善更伟大的了。”

◎第九章◎

【原文】

孟子曰：“伯夷，非其君不事，非其友不友；不立于恶人之朝[①]，不与恶人言；立于恶人之朝，与恶人言，如以朝衣朝冠坐于涂炭[②]。推恶恶之心[③]，思与乡人立，其冠不正，望望然去之[④]，若将浼焉[⑤]。是故诸侯虽有善其辞命而至者[⑥]，不受也。不受也者，是亦不屑就已。

伯夷，非其君不事，非其友不友。

"柳下惠不羞汙君[⑦]，不卑小官；进不隐贤，必以其道；遗佚而不怨[⑧]，阨穷而不悯[⑨]。故曰：'尔为尔，我为我，虽袒裼裸裎于我侧[⑩]，尔焉能浼我哉？'故由由然与之偕而不自失焉[⑪]，援而止之而止。援而止之而止者，是亦不屑去已。"

孟子曰："伯夷隘，柳下惠不恭。隘与不恭，君子不由也。"

【注解】

①不立于恶人之朝：意思是不在恶人的朝廷里做官。②涂炭：涂，烂泥；炭，炭灰。涂炭比喻污秽不堪的地方。③恶恶：前一恶字读wù，厌恶；后一恶字读è，恶人。④望望然：去而不顾之貌。⑤浼（měi）：污秽。⑥辞命：使者奉命出使他国，有关外交所陈述的辞令。⑦柳下惠：名展禽，鲁国大夫。因为他的采邑在柳下，死后的谥号是惠，所以人们称他为柳下惠。⑧遗佚：被遗弃，指不被君主重用。⑨阨（ài）穷：困厄穷迫。悯：忧伤。⑩袒裼（xí）：脱去衣服，露出上身。裸裎：裸体。⑪由由：自得的样子。不自失：不失去自己正常的态度。

【译文】

柳下惠坐怀不乱。

孟子说："伯夷这个人嘛，不是他认可的君主就不肯侍奉；不是他认可的朋友就不肯结交；不在恶人的朝廷里做官，不跟恶人讲话；(在他看来，)在恶人的朝廷里做官，跟恶人讲话，就像穿着礼服、戴着礼帽坐在烂泥和炭灰上。把这种憎恶坏人的心思推广开去，(想到)他要是跟一个乡下人站在一起，乡下人的帽子又歪歪斜斜地戴在头上，他便要撇下乡下人不理睬而径自走开去，好像自己要被这个乡下人玷污了似的。所以当时各国的国君尽管用好言好语来聘请他去做官，他也是不接受的。他之所以不接受，这也是由于他认为那些国君不值得接近罢了。

"柳下惠却完全两样，他不以侍奉不好的君主为羞耻，也不以做小官为卑下，入朝做官不隐瞒自己的才干，但一定要按照他的原则；不被君主重用也毫无怨言，处境困厄穷迫也不感到忧伤。所以他说：'你是你，我是我，哪怕你在我旁边赤身露体（无礼到了极点），你又怎么能玷污我呢？'因此他怡然自得地与他们这些人在一起，却并不会有失常态，别人挽留他叫他留住，他便留住。挽留他叫他留住，他便留住。这也是由于他认为不必要离开罢了。"

孟子说："伯夷的器量过于狭隘，柳下惠的态度又太不恭敬。狭隘和不恭敬，君子是不会这样做的。"

公孙丑章句下

本篇从第二章起，详细记载了孟子在齐国的事迹，具体展现了孟子的处世原则，其中值得注意的是以下几个方面：首先，孟子提出了“天下有达尊三：爵一，齿一，德一”的观点，以年纪和道德来与诸侯的尊位分庭抗礼，否定了君权至高无上的地位。孟子在与诸侯打交道时，是以诸侯之师的身份自居的，他不应齐王之召，是因为齐王的行为不符合待师之礼。他认为有作为的君主应该像学生对待老师那样对待德高望重的臣属，应该把他们视为“不召之臣”而亲自前去拜访。这种对独立人格的强调，对自我意识的张扬是有别于孔子“君命召，不俟驾而行”的态度的，在当时也是难能可贵的。另外，孟子提出只有“天吏”才可以伐人之国。“天吏”指的是行仁政得民心的国君，实际上是认为当时任何一国的国君都没有率领义师讨伐不义之国的资格，这与其反战及主张以仁政的感化作用来统一天下的思想是互为表里的。篇中还强调了恪守伦理道德的绝对正确性，当被问及“周公使管叔监殷，管叔以殷畔”这个问题时，孟子认为，周公作为弟弟，对哥哥不应有任何怀疑，如果兄弟之间也互相不信任，那本身就是违背道德原则的，所以周公任用管叔是没有错误的。这种观点体现出礼义道德在孟子思想中的核心地位，也反映出孟子对宗法血缘关系的极力维护。

◎第一章◎

【原文】

孟子曰：“天时不如地利，地利不如人和[①]。三里之城，七里之郭[②]，环而攻之而不胜。夫环而攻之，必有得天时者矣；然而不胜者，是天时不如地利也。城非不高也，池非不深也，兵革非不坚利也，米粟非不多也；委而去之[③]，是地利不如人和也。故曰：域民不以封疆之界[④]，固国不以山谿之险[⑤]，威天下不以兵革之利。得道者多助，失道者寡助。寡助之至，亲戚畔之[⑥]；多助之至，天下顺之。以天下之所顺，攻亲戚之所畔，故君子有不战，战必胜矣[⑦]。”

天时不如地利。

域民不以封疆之界。

【注解】

①天时：李炳英《孟子文选》【注解】说：“古代作战，以‘天干’（甲、乙、丙、丁、戊、己、庚、辛、壬、癸）、‘地支’（子、丑、寅、卯、辰、巳、午、未、申、酉、戌、亥）所标志的时日（例如：甲子日、乙卯日等）和攻守地点的方位（东、南、西、北、中央）的适当配合为条件（某日攻某方、守某方为有利），来掌握胜败、吉凶的成数，这叫做天数。”天数即是天时。②三里之城，七里之郭：古代都邑四周用作防御的高墙一般分两重，里面的叫城，外面的叫郭，也就是内城和外城。③委：弃。④域民：限制人民，使他们居住在一定的区域内，为自己所统治。⑤固国：使国防坚固，牢不可破。⑥畔：同“叛”。⑦君子有不战，战必胜矣：句中的“有”字相当于口语

的"要么"。

【译文】

地利不如人和也。

孟子说："得天时不如得地利，得地利不如得人和。内城三里、外城七里的城邑，包围攻打却无法取胜。包围而攻打，一定有合乎天时的战机。可是却无法取胜，这说明得天时不如占地利呀。城墙并不是筑得不高，护城河并不是挖得不深，兵器和盔甲并不是不锐利、不坚固，粮食也并不是不多呀；可是，（当敌人一来进犯，）守兵们竟弃城而逃，这说明得地利不及得人和呀。所以说，限制人民不必靠国家的疆界，巩固国防不必凭山河的险要，威服天下不必恃武力的强大。行仁政的人帮助他的便多，不行仁政的人帮助他的便少。少助到了极点时，连亲戚都会背叛他；多助到了极点时，全天下都愿意顺从他。拿全天下顺从的力量去攻打连亲戚都背叛的人，那么，仁德之君要么不用战争，若用战争，是必然胜利的了。"

第二章

【原文】

孟子将朝王，王使人来曰："寡人如就见者也[①]，有寒疾，不可以风；朝将视朝[②]，不识可使寡人得见乎？"

对曰："不幸而有疾，不能造朝。"

明日，出吊于东郭氏[③]。公孙丑曰："昔者辞以病[④]，今日吊，或者不可乎？"

曰："昔者疾，今日愈，如之何不吊？"

王使人问疾，医来。孟仲子对曰[⑤]："昔者有王命，有采薪之忧[⑥]，不能造朝；今病小愈，趋造于朝，我不识能至否乎？"使数人要于路[⑦]，曰："请必无归而造于朝！"

不得已而之景丑氏宿焉[⑧]。景子曰："内则父子，外则君臣，人之大伦也[⑨]；父子主恩，君臣主敬。丑见王之敬子也，未见所以敬王也。"

曰："恶，是何言也！齐人无以仁义与王言者，岂以仁义为不美也？其心曰，'是何足与言仁义也'云尔[⑩]，则不敬莫大乎是。我非尧舜之道不敢以陈于王前，故齐人莫如我敬王也。"

孟子将朝王，王使人来。

景子曰："否，非此之谓也。《礼》曰：'父召无诺[⑪]；君命召，不俟驾[⑫]。'固将朝也，闻王命而遂不果[⑬]，宜与夫礼若不相似然[⑭]。"

曰："岂谓是与？曾子曰：'晋、楚之富，不可及也。彼以其富，我以吾仁；彼以其爵，我以吾义，吾何慊乎哉[⑮]！'夫岂不义而曾子言之？是或一道也。天下有达尊三[16]：爵一，齿一，德一。朝廷莫如爵，乡党莫如齿，辅世长民莫如德。恶得有其一以慢其二哉！

"故将大有为之君，必有所不召之臣，欲有谋焉则就之。其尊德乐道，不如是不足与有为也。故汤之于伊尹，学焉而后臣之，故不劳而王；桓公之于管仲，学焉而后臣之，故不劳而霸。今天下地丑德齐[17]，莫能相尚[18]。无他，好臣其所教，而不好臣其所受教。汤之于伊尹，桓公之于管仲，则不敢召。管仲且犹不可召，而况不为管仲者乎！"

【注解】

①如：将。②朝将视朝：第一个朝字读zhāo，早晨。第二个朝字读cháo，视朝，上朝视事（办事）。③东郭氏：齐国的大夫之家。④昔者：昨日。⑤孟仲子：是孟子的堂兄弟。⑥采薪之忧：是说有病不能上山打柴；这是当时士大夫交往中用来代疾病的习惯语。⑦要（yāo）：拦阻。⑧景丑氏：齐大夫景丑家。⑨伦：伦常，中国传统礼教规定的人与人之间正常关系，特指尊卑长幼之间的关系。⑩云尔：表示必然无疑的语助词。⑪召：呼唤。诺：慢条斯理的应答声。⑫君命召，不俟驾：是说国君呼唤，不等待车辆驾好马，立即先步行。⑬不果：中止，没有真的实行。⑭宜：相当于"殆（dài）"，几乎、差不多的意思。⑮慊（qiàn）：憾，恨。⑯达尊：普天下所尊敬的事。⑰地丑德齐：丑，类似。整句是说现在天下的人君，土地的大小相类似，德教的好坏差不多。⑱莫能相尚：互相不能超过。

【译文】

孟子正打算去朝见齐王，却碰上齐王打发人来传话说："我本是应当来看望您的，但是感冒了，不能吹风。今早我将临朝视事，不知道可不可以让我见到您？"

孟子回答说："我也不幸得了点病，不能上朝来。"

第二天，（孟子）到齐国的大夫东郭氏家里去吊唁。公孙丑说："昨天托病不上朝，今天却又出门去吊唁，（这样做）也许不大合适吧？"

孟子答道："昨天有病，今天病好了，怎么不去吊唁呢？"

孟子与景丑谈仁义。

齐王派人来探看孟子的病，医生也同来了。孟仲子（应付）说："昨天王命召见，恰好（先生）病了，不能上朝。今天病稍好了点，已上朝去了，我不知道他能不能到达朝中？"（孟仲子接着）打发几个人到路上拦住孟子，说："请您一定别回家，上朝去走一趟吧！"

（孟子）没有办法，只有躲到景丑的家借住一晚。景丑（知道这种情况后）说："在家庭内就得讲个父子之亲，在家庭外就得讲个君臣之义，这是人与人之间重大的伦常关系。父子之间以恩爱为主，君臣之间以尊敬为主，我只看到齐王对你的尊敬，却没有看到你对齐王是怎样尊敬的。"

孟子说："哎！这是什么话！齐国人没有一个拿仁义之道跟齐王接谈的，难道真的是认为仁义不好吗？他们心里是这样想的：'这个王哪配跟他谈论什么仁义之道呢？'我看，再没有什么行为比这更不尊敬齐王了。我不是尧舜之道不敢拿到齐王前面陈述，所以齐国人对齐王的尊敬是谁也比不上我的。"

景丑说："不，我说的不是这个。《礼》上说：'父亲召唤儿子时，（儿子应立即起身回应，）决不可以慢条斯理地应答。君主召唤，应该立即动身，不等待车辆驾好马。你本来准备上朝，听到齐王召唤反而不去了，恐怕跟《礼》上说的不大相合吧。"

孟子说："难道你说的是这个吗？曾子说过：'晋国和楚国的豪富，是无法与之相比的。不过，他们凭借的是他们的财富，我凭借的是我的仁；他们仗的是他们的爵位，我凭借的是我的义，（和他们比起来，）我心里又有什么遗憾呢！'这个话没有道理曾子会说吗？大概是有点道理的。天下有三

孟子曰：故将大有为之君，必有所不召之臣，欲有谋焉则就之。

个为人们普遍尊敬的东西：一个是爵位，一个是年龄，一个是德行。在朝廷没有比得上爵位的，在乡里没有比得上年龄的，在辅佐君主统治百姓方面就没有比得上德行的。怎能仗着自己占着一面（爵位）却去怠慢占着两面（年龄与德行）的人呢！

“所以将要大有作为的君主，一定有他不敢召唤的臣子，有什么事情要谋划，就亲自去他家里请教。他（国君）重视德行、乐于行仁政，如果不是这样，便不足和他有所作为。因此商汤王对于伊尹，先向伊尹学习，然后用他为臣，因此，不大费力气就使天下归服；桓公对于管仲，也是先向他学习，然后用他为臣，因此，不大费力气而建立霸主的事业。现在（天下的大国）土地大小差不多，君主们的道德品行也不相上下，谁也没能超过谁，这没有别的原因，就是他们欢喜以听从他们教导的人为臣，而不欢喜以有能力教导他们的人为臣。商汤王对于伊尹，齐桓公对于管仲，就不敢召唤。管仲这样的人还不可以召唤，何况不愿做管仲的人呢！”

◎第三章◎

【原文】

陈臻问曰[①]：“前日于齐，王馈兼金一百而不受[②]；于宋，馈七十镒而受；于薛[③]，馈五十镒而受。前日之不受是，则今日之受非也；今日之受是，则前日之不受非也。夫子必居一于此矣。”

孟子曰：“皆是也。当在宋也，予将有远行，行者必以赆[④]；辞曰馈赆，予何为不受？当在薛也，予有戒心[⑤]；辞曰闻戒，故为兵馈之，予何为不受？若于齐，则未有处也[⑥]，无处而馈之，是货之也[⑦]。焉有君子而可以货取乎？”

【注解】

①陈臻（zhēn）：孟子弟子。②王馈兼金一百：馈（kuì），赠送。兼金，好金，它的价格比一般金价高出一倍，所以叫兼金。一百，百镒。古时以一镒为一金。镒（yì），二十两，一作溢，或误以一镒为二十四两。古代所说的金，多是指黄铜，并不是现在的黄金。③薛：是齐国靖郭君田婴的封邑，不是春秋的薛国，故城在今山东滕县西南。④赆（jìn）：临别时赠送的财物。⑤戒心：戒备不测的心。据说当时有人想暗害孟子，孟子为防不测，所以作了必要的戒备。⑥处：用途。⑦货：名词动用，跟下文“货取”的意思差不多，是说用财物收买。

【译文】

陈臻问道：“前些日子在齐国，齐王赠送给您质好价高的黄金一百镒您却不接受。近来在宋国，（宋君）赠送七十镒黄金您接受了；在薛地，（薛君）赠送五十镒黄金您也接受了。如果前些日子的不接受是对的，那么，今天的接受就不对了，如果今天的接受是对的，那么，前些日子的不接受就不对了。您先生在这两个截然相反的做法中，一定有一个是做错了的。”

孟子说：“都是对的。当在宋国的时候，我将要远出旅行，（按照惯例）对出门旅行的人一定要送点程仪，宋君当时说是送程仪，我为什么不接受呢？当在薛地时，（听说有人想暗害我，）我得有所戒备，薛君当时听说我要有所戒备，因此送点钱给我购置武器，我又为什么不接受呢？至于在齐国，就没有说明是什么用途，不说明用途却要（无缘无故地）送钱给我，这无异是想收买我。哪有贤德君子可以用钱财收买的呢？”

◎第四章◎

【原文】

凶年饥岁，子之民，老羸转于沟壑，壮者散而之四方。

孟子之平陆[①]，谓其大夫曰[②]：“子之持戟之士[③]，一日而三失伍[④]，则去之否乎？”

曰：“不待三。”

“然则子之失伍也亦多矣。凶年饥岁，子之民，老羸转于沟壑，壮者散而之四方者，几千人矣。”

曰：“此非距心[⑤]之所得为也。”

曰：“今有受人之牛羊而为之牧之者，则必为之求牧与刍矣[⑥]。求牧与刍而不得，则反诸其人乎？抑亦立而视其死与？”

曰：“此则距心之罪也。”

他日见于王曰：“王之为都者[⑦]，臣知五人焉。知其罪者惟孔距心。”为王诵之[⑧]。

王曰：“此则寡人之罪也。”

【注解】

①平陆：齐边境县邑名，在今山东汶（wèn）上县北。②大夫：平陆县的最高行政长官（县令）。③持戟之士：即战士，古代常称战士为“持戟”。④失伍：士兵擅自离开行伍。⑤距心：平陆邑宰之名。文末提到其姓名是孔距心。⑥牧：牧地。刍（chú）：草料。⑦为都者：治理都邑的官吏。⑧诵：复述。

【译文】

孟子到平陆，对那里的邑宰说：“你邑里守卫边疆的战士，如果一天之内三次擅离职守，那么，是不是要将他开除呢？”

邑宰说：“不必等待三次（才开除）。”

孟子说：“那么你自己失职的地方也很多了。在饥荒年岁，你治下的百姓，老弱病残被丢弃在山沟中的，年轻力壮逃亡于四方的，已近千人了。”

邑令说：“这不是我的力量所能办到的。”

孟子说：“譬如现在有一个人，接受别人的牛羊而替人放牧，那就一定要替人家找到牧地和草料。万一找不到牧地和草料，是把牛羊送还给人家呢，还是站在那里眼看着牛羊饿死呢？”

邑令说：“这就是我的罪过了。”

后来，孟子朝见齐王说：“大王的邑令，我结识了五个，其中能认识自己失职的罪过的，只有孔距心一人。”于是把自己跟孔距心的谈话对齐王复述了一遍。

齐王听后说：“这也是我的罪过呢。”

◎第五章◎

【原文】

孟子谓蚳鼃曰[①]：“子之辞灵丘而请士师[②]，似也[③]，为其可以言也。今既数月矣，未可以言与？”

蚳鼃谏于王而不用，致为臣而去[④]。

齐人曰：“所以为蚳鼃则善矣；所以自为，则吾不知也。”

公都子以告[⑤]。

曰："吾闻之也：有官守者，不得其职则去；有言责者，不得其言则去。我无官守，我无言责也，则吾进退，岂不绰绰然有余裕哉[⑥]？"

蚳鼃谏于王而不用，致为臣而去。

【注解】

①蚳鼃：齐大夫。蚳，一作坻，都读chí。鼃（也写作䵷），是蛙字的古文。②灵丘：齐国的边邑，到底具体在现在什么地方，说法不一，都不可靠。士师：治狱官。③似也：是说所做的事近似有理。④致为臣：又叫致仕，即辞职引退的意思。⑤公都子：孟子弟子。⑥绰绰：宽绰的样子。裕：宽。

【译文】

孟子对蚳鼃说："你辞掉灵丘邑令不当，却请求去做治狱官，这件事做得似乎有点道理，因为（做了治狱官）可以向主上进言了。现在（你当治狱官）已经几个月了，难道还不可以进言么？"

蚳鼃向齐王进了言却没有被采纳，便辞职离去了。

齐国有人（议论这件事）道："（孟子）替蚳鼃打算得还是好的；可为自己打算得怎样，我就不知道了。"

公都子把这些话告诉了孟子。

孟子说："我听说过，有官职的人，不能履行他的职责就得辞职不干；有进言责任的人，他进了言上边不采纳，也辞职不干。我既没有官职，也没有进言的责任，那我的出处进退，难道不是宽宽绰绰，有更多的自由吗？"

◎第六章◎

【原文】

孟子为卿于齐，出吊于滕[①]，王使盖大夫王驩为辅行[②]。王驩朝暮见，反齐滕之路，未尝与之言行事也。

公孙丑曰："齐卿之位，不为小矣；齐滕之路，不为近矣，反之而未尝与言行事，何也？"

曰："夫既或治之，予何言哉？"

【注解】

①孟子为卿于齐，出吊于滕：孟子曾经做过齐卿。滕文公去世，齐王因为文公是个贤君，加上孟子又跟他有较深的交情，所以特破例派孟子这样的贵卿与王驩一道去吊唁。②王使盖大夫王驩为辅行：盖（gě），齐国县邑名。故城在今山东沂（yí）水县西北八十里。这里的"盖"跟《滕文公章句下》第十章"兄戴（按指陈仲子的哥哥陈戴），盖禄万锺"的"盖"是同一个县邑，由王氏与陈氏共管。当时以一半土地作为齐王朝的下邑，由王驩管治；以另一半土地作为卿族的私邑，由陈氏世世代代享有。王驩（huān），齐王的宠臣，当时为盖邑大夫。辅行，即副使。

【译文】

孟子在齐国为卿，奉派出使到滕国去作吊，齐王还另派了盖邑的邑令王驩作副使。王驩早晚同孟子在一块，往返于齐滕的道路上，孟子却从未和他商量过怎样行事。

公孙丑不禁发问道："齐卿的位置，不算小了；从齐到滕的路，也不算近了，来回一整趟您却从不曾和王驩商量怎样行事，这是什么缘故呢？"

孟子说："既然有人去办理那些事了，我还说什么呢？"

◎第七章◎

【原文】

孟子自齐葬于鲁[1]，反于齐，止于嬴[2]。充虞请曰[3]："前日不知虞之不肖[4]，使虞敦匠事[5]。严[6]，虞不敢请。今愿窃有请也：木若以美然[7]。"

曰："古者棺椁无度[8]，中古棺七寸[9]，椁称之。自天子达于庶人，非直为观美也，然后尽于人心。不得[10]，不可以为悦；无财，不可以为悦。得之为有财[11]，古之人皆用之，吾何为独不然？且比化者无使土亲肤[12]，于人心独无恔乎[13]？吾闻之也：君子不以天下俭其亲。"

孟子自齐葬于鲁。

【注解】

①孟子自齐葬于鲁：孟子在齐国做官，母亲死了，归葬于鲁。②嬴（yíng）：齐国南面的一个都邑，故城在今山东莱芜县西北四十里。③充虞：孟子弟子。④前日不知虞之不肖：前日，指孟子母殁后守三年之丧前。不肖（xiào），不贤，不中用，这是充虞自谦之词。⑤敦：督办。匠：指木工。⑥严：事急。⑦木若以美然：木，棺木。以，通已；以美，太美。⑧古者：指殷以前。度：厚薄的尺寸。⑨中古：指周公制礼以来。⑩不得：是说法制规定不当得。⑪得之为有财：是说法制规定当得而且又是有钱备办得起；也有人认为"为"当作"而"。⑫且比化者无使土亲肤：比（bǐ，旧读bì），为。化者，死者。整句是说为了死者不使泥土沾污他的肌肤。⑬恔（xiào）：快意。

【译文】

孟子从齐国将母亲归葬到鲁国后，返回齐国，在嬴邑停留了下来。充虞请问道："早先您不知道我的能力差，承蒙派遣我去监督备办棺木。当时大家都忙碌，（我虽有疑问，）不敢请教。现在我想请教一下：（我觉得）棺木似乎过于华美了。"

孟子说："上古时候对于内棺和外棺尺寸，没有一定的规定，中古时候规定内棺厚七寸，外棺的厚度以与它相称为准。从天子一直到老百姓，（对棺椁讲究，）不仅为了美观，（大家认为只有这样做了，）然后才算尽了孝心。因礼法所限不得用好棺木，当然不能令人称心；限于财力不能购用好棺木，也还是不能令人称心。礼法允许而又财力能办到，古代人都会用好棺木，我为何独独不能这样做呢？而且为了让死者的遗体不挨着泥土，（这样做）人子的心不是可以感到慰藉好过一些么？我听说过，一个懂得孝道的君子，决不因为要为天下人节约物资而在埋葬父母的大事上省钱。"

◎第八章◎

【原文】

沈同以其私问曰[1]："燕可伐与？"

孟子曰："可。子哙不得与人燕，子之不得受燕于子哙[2]。有仕于此而子悦之[3]，不告于王而私与之吾子之禄爵；夫士也，亦无王命而私受之于子，则可乎？何以异于是？"

齐人伐燕。

或问曰："劝齐伐燕，有诸？"

曰："未也。沈同问'燕可伐与'，吾应之曰，'可'，彼然而伐之也。彼如曰：'孰可以伐之？'则将应之曰，'为天吏，则可以伐之。'今有杀人者，或问之曰，'人可杀与？'则将应之曰，'可'。彼如曰，'孰可以杀之？'则将应之曰，'为士师，则可以杀之。'今以燕伐燕[④]，何为劝之哉？"

沈同以其私问曰：燕可伐与？

【注解】

①沈同：齐大臣，他的事迹已无可考。②子哙、子之的事，见《梁惠王章句下》篇第十章注①。③有仕于此："仕"字应当作"士"，可能是传写的错误。④以燕伐燕：意思是说，齐国无道，与燕国差不多，它去伐燕，就像以燕伐燕一样。

【译文】

沈同以他个人的身份问孟子道："燕国可以讨伐吗？"

孟子说："可以。（没有天子的命令，）子哙无权擅自把燕国让给人家，子之也不得擅自从子哙那里接受燕国。假如这里有个谋求官职的人，你对他很喜欢，也不向齐王报告，便把自己的俸禄和官爵都私自让给他；而那个人呢，也没有得到齐王的命令便从你那里私自接受你的俸禄和官爵，你说这样做行吗？子哙和子之私相授受燕国的事跟这个又有什么不同呢？"

齐国人出兵讨伐燕国。

有人问孟子道："听说您曾劝齐国讨伐燕国，有这回事吗？"

孟子说："没有这回事。沈同问过，'燕国可以讨伐吗？'我回答他说'可以'，他便真的认为是这样而使齐国出兵去讨伐了燕国。他如果进一步问，'谁可以去讨伐燕国？'那我就会回答他道，'只有上得天意的天吏才可以去讨伐它。'假如现在有个杀人的人，有人问道，'这个杀人犯可以杀掉吗？'那么被问的人就会回答他说，'可以。'他如果说，'谁可以杀他呢？'那就将回答道，'做治狱官，就可以杀他。'现在以一个跟无道燕国不相上下的国家去讨伐燕国，我为什么要劝他们这样做呢？"

◎第九章◎

【原文】

燕人畔[①]。王曰："吾甚惭于孟子[②]。"

陈贾曰[③]："王无患焉。王自以为与周公孰仁且智？"

王曰："恶！是何言也！"

曰："周公使管叔监殷，管叔以殷畔[④]。知而使之，是不仁也；不知而使之，是不智也。仁智，周公未之尽也，而况于王乎？贾请见而解之。"

见孟子，问曰："周公何人也？"

曰："古圣人也。"

曰："使管叔监殷，管叔以殷畔也，有诸？"

曰："然。"

曰："周公知其将畔而使之与？"

曰："不知也。"

"然则圣人且有过与？"

曰："周公，弟也；管叔，兄也。周公之过，不亦宜乎？且古之君子，过则改之；今之君子，过则顺之。古之君子，其过也，如日月之食[⑤]，民皆见之；及其更也，民皆仰之。今之君子，岂徒顺之，又从为之辞。"

孟子谈起古代周公之事。

【注解】

①燕人畔：《史记·燕世家》载齐王伐燕，燕国的士兵不抵抗，连城门也不关，燕君哙丧了命，齐国大胜，子之逃亡。第二年，燕国人共同拥立太子平，这便是燕昭王。这段记载正说明燕人不归附齐，所以说"燕人畔"。畔，同"叛"。②吾甚惭于孟子：惭，惭愧。齐王之所以"惭于孟子"，一是孟子本没有劝齐伐燕；二是齐伐燕后，诸侯将要合谋救燕，孟子曾劝齐王"速出令，反其旄倪，止其重器，谋于燕众，置君而后去之"（见《梁惠王章句下》第十一章）。齐王未加采纳，因而导致"燕人畔"的结果。③陈贾：齐大夫。④周公使管叔监殷，管叔以殷畔：管叔，名鲜，是武王的弟弟，周公的哥哥。武王战胜商军诛杀纣王后，封纣子武庚为诸侯，派自己的三个弟弟管叔、蔡叔、霍叔监督武庚的国家。武王死后，成王年纪小，周公代行政权，管叔和武庚反叛周朝，周公出兵讨伐并且诛杀了他们。⑤食：同"蚀"。

【译文】

燕国人不归附齐国。齐王说："我对孟子感到很惭愧。"

陈贾说："大王别为这个难过。您觉得您跟周公相比，哪一个更仁爱而又聪明些呢？"

齐王（大为不满）道："哎！你这是什么话！"

陈贾说："周公派遣管叔去监督殷国，管叔却带领殷国一起反叛周朝。如果周公知道管叔会叛变却要派遣他，这就对自己兄弟太不仁爱了；如果不知道而派遣他，这便是他的不聪明的地方。仁和智，周公尚且没能完全做到，何况您大王呢？请让我陈贾去见孟子请他作些解释。"

陈贾见到孟子问道："周公是个怎样的人呢？"

孟子说："是古代的圣人。"

陈贾说："周公派遣管叔监督殷国，管叔率领殷国一道反叛周朝，有这件事吗？"

孟子说："不错。"

陈贾说："周公是事先知道他将会反叛却仍派遣他的么？"

孟子说："不知道。"

陈贾紧接上去又问道："那么，圣人尚且会有过错么？"

孟子答道："周公是弟弟，管叔是哥哥，周公的过错，不也是合乎情理的事么？况且古代品德高尚的君子，有过就改；现在身居高位的君子，明知错了，却将错就错。古代的君子，他们所犯过错，像天上发生的日蚀月蚀一样，老百姓都可以看到；当他们改正错误时，老百姓也都能抬头看见。现在的君子，不但将错就错，而且还要千方百计找借口、编谎辞来为自己的错误作辩护。"

◎第十章◎

【原文】

孟子致为臣而归[①]。王就见孟子曰："前日愿见而不可得[②]，得侍同朝[③]，甚喜。今又弃寡人而归，不识可以继此而得见乎？"

对曰："不敢请耳，固所愿也。"

他日，王谓时子曰[④]："我欲中国而授孟子室[⑤]，养弟子以万钟[⑥]，使诸大夫国人皆有所矜式，子盍为我言之⑦！”

时子因陈子而以告孟子⑧，陈子以时子之言告孟子。

孟子曰：“然⑨；夫时子恶知其不可也？如使予欲富，辞十万而受万⑩，是为欲富乎？季孙曰：‘异哉子叔疑⑪！使己为政，不用，则亦已矣，又使其子弟为卿。人亦孰不欲富贵，而独于富贵之中，有私龙断焉⑫。’古之为市也，以其所有易其所无者，有司者治之耳。有贱丈夫焉⑬，必求龙断而登之，以左右望，而罔市利⑭。人皆以为贱，故从而征之。征商自此贱丈夫始矣。”

【注解】

①致为臣而归：“致为臣”解释已见前，这里是指孟子辞去齐卿准备归家，但是这时他还在齐国，所以齐王能够去看望他。②前日：指孟子还没有来齐国任职时。③得侍同朝：是说与孟子得为君臣，同朝共处。这是齐王的谦词。④时子：齐臣。⑤中国：国的中央，这里的国指国都临淄。授孟子室：建筑住宅给孟子。⑥养弟子以万钟：钟，六石四斗（古代量器小，一斗约相当于近代二升），万钟即六万四千石。李炳英《孟子文选》说：“这万钟的粮谷本是赠给孟子的，但不直言给孟子而言给予孟子作为养弟子的费用，这是在封建时代赠予人对受赠予的人修饰礼貌的措词。”⑦矜（jīn）式：敬守法则，也即效法的意思。盍（hé）：何不。⑧陈子：指孟子弟子陈臻。⑨然：随口答应的话，相当于现在的“哦”。⑩辞十万：这大概是孟子统计自己在齐国做官时辞去的总数，不是一年当中有这么多。⑪季孙、子叔疑：不知什么时候人。⑫龙断：龙，同“垄”，一作陇；垄断，指平地耸立突出而又四面隔绝的土丘。垄断又可作动词，如“垄断市利”，即网罗市利的意思；这里的垄断便是动词。⑬丈夫：已成年男子的通称。贱丈夫，贪得无餍、受人鄙视的男子。⑭罔市利：罔，同“网”，罔市利是说看见市场上有利可图，便撒开网去牟取，使它尽归己有。这是比喻的说法。

【译文】

孟子辞职想回家。齐王登门见到孟子说：“以前（您还没来齐时）我巴望见到您都不可能，后来有幸能和您同朝共事，我感到十分高兴。现在您丢下我要回乡去了，不知从今以后，我们还有机会再见到面吗？”

孟子答道：“我只是不敢（非分地）提出这样的要求罢了，（其实，）这本是我的愿望呢。”

孟子致为臣而归，王就见孟子。

在另一天，齐王对时子说：“我想在首都的中心地区建一座房子给孟子住，送给他万钟粮粟作为弟子们的生活费用，使朝廷内外的官民都有所取法，你何不替我向孟子说说我这种打算！”

时子托陈子转告孟子，陈子将时子的话告诉了孟子。

孟子说：“哦；那位时子又怎么知道这种事情（万万）不可以做呢？假如我想发财，辞去十万钟的禄米不要却去接受万钟的赐粮，这是为了想发财吗？季孙说过：‘子叔疑这个人真奇怪！自己被任命做官，没有取得信任，也就算了吧，却又要（活动）让他的子弟去做卿。人们又有谁不想获取厚禄高官，而只有他却独独想在升官发财之中垄断一切。’（什么叫垄断呢？）古代的集市贸易，人们都是拿他们自己所有的东西，去跟人家交换自己所没有的东西，（这些事情）不过由有关部门去管理罢了。后来有一个被人瞧不起的贪得无餍的汉子，一定要找一个唯一突出的高丘爬上去，以便四面张望，把集市

齐王对时子说：我想在首都的中心地区建一座房子给孟子住。

上贸易的赢利一齐捞过来，人们都鄙视他这种行为，因此便向他征税。向商人征税的制度便是从这个卑鄙的汉子开始的。”

◎第十一章◎

【原文】

孟子去齐[①]，宿于昼[②]。有欲为王留行者，坐而言[③]。不应，隐几而卧[④]。

客不悦曰：“弟子齐宿而后敢言[⑤]，夫子卧而不听，请勿复敢见矣。”

曰：“坐！我明语子。昔者鲁缪公无人乎子思之侧，则不能安子思[⑥]；泄柳、申详无人乎缪公之侧，则不能安其身[⑦]。子为长者虑[⑧]，而不及子思。子绝长者乎？长者绝子乎？”

孟子向客人阐明自己所以不理睬他的原因。

【注解】

①孟子去齐：孟子之所以离开齐国，主要是由于跟齐君意见不相投，自己的政治主张得不到实行。②昼：齐国西南近邑。③坐而言：这里的“坐”字与下面“坐，我明语子”中的“坐”字不同。古人席地而坐，有两种坐法：一种是跪坐，又叫危坐，即两膝着地，腰和股伸直；一种是安坐，即两膝着地，屁股贴着脚跟比较舒适的一种坐法。这里“坐而言”的坐是跪坐，下面“坐，我明语子”的坐是安坐。④隐：凭靠。几（jī）：小桌子，古代供老年人坐时倚靠的。⑤齐宿：齐同“斋”，齐宿是说先一日斋戒以表示严肃恭敬。⑥昔者鲁缪公无人乎子思之侧，则不能安子思：“缪”同“穆”。鲁穆公名显，在位三十三年。子思，孔子的孙，名伋。穆公尊敬子思，以礼相待，经常派人伺候在他的左右，表达自己的诚意。⑦“泄柳、申详”二句：泄柳，鲁穆公时贤人，即《告子章句下》第六章中的子柳。申详，孔子弟子子张的儿子，子游的女婿。⑧长者：孟子自称，因为他年长，所以自称长者。

【译文】

孟子离开齐国，在昼邑住宿。有个来替齐王挽留孟子的人，跪坐着跟孟子说话。孟子没有回答他，靠在小桌子上打盹。

客人不高兴地说：“学生先一天斋戒致敬然后才敢前来进言，先生却睡大觉，连听也不听，这我就不再敢求见您了。”

孟子说：“坐下来！我明白地告诉你。从前鲁穆公要不是经常有人留在子思旁边（表达自己对子思的诚意），就不能把子思留下来；泄柳和申详要是没有人经常在鲁穆公旁边（维持调护），他们也就不能安下身来。你替长辈打算，赶不上子思时的贤者为子思着想的，（却来劝我留下，）到底是你跟长辈决绝呢，还是长辈跟你决绝呢？”

◎第十二章◎

【原文】

孟子去齐。尹士语人曰[①]：“不识王之不可以为汤武，则是不明也；识其不可，然且至，则是干泽也[②]。千里而见王，不遇故去，三宿而后出昼，是何濡滞也？士则兹不悦[③]。”

高子以告[④]。

曰：“夫尹士恶知予哉？千里而见王，是予所欲也；不遇故去，岂予所欲哉？予不得已也。

予三宿而出昼，于予心犹以为速，王庶几改之！王如改诸，则必反予。夫出昼而王不予追也，予然后浩然有归志[⑤]。予虽然，岂舍王哉？王由足用为善。王如用予，则岂徒齐民安，天下之民举安。王庶几改之，予日望之！予岂若是小丈夫然哉[⑥]？谏于其君而不受则怒，悻悻然见于其面[⑦]，去则穷日之力而后宿哉？"

尹士闻之曰："士诚小人也。"

高子把尹士的话告诉了孟子。

【注解】

①尹士：齐国人。②干：求。泽：禄。③兹不悦："兹"字前省去介词"于"字，不必看作倒装句。④高子：齐国人，孟子弟子。⑤浩然：如水流浩大，势不可当。⑥是：指示代词。小丈夫：气量狭小的人。⑦悻悻（xìng）：忿怒的样子。见：同"现"。

孟子千里而见王。

【译文】

孟子离开齐国而去。尹士对别人说："不知道齐王成不了商汤王、周武王那样的人，那就是（孟子）缺乏眼力的地方；知道他不行，然而还是来到了齐国，那就是贪求富贵喽。跑了千里路来见齐王，与王不相得所以离去，住了三晚才走出昼县，这到底又是为了什么这样慢腾腾的呢？我就对这一点不高兴。"

高子把这些话告诉了孟子。

孟子说："那个尹士怎么能了解我呢？跑了千里路来见齐王，这是我的愿望；不相得所以离去，难道是我的愿望么？我是不得已啊。我住了三晚才走出昼县，在我的心里还认为太快了，（当时我心想，）齐王也许会改变态度吧！齐王如果改变态度，就一定会把我召回去。我走出了昼县而王却还不来追我（回去），然后我才有了难以抑止的回乡打算。我尽管如此，难道（愿意）舍弃齐王吗？（我认为）齐王还是有条件办好政事的。齐王如果用了我，那何止是齐国的百姓安居乐业，天下的百姓也全都能安居乐业。齐王也许会改变态度，我天天盼望他能如此！我难道会像那种气量狭小的人的样子么：向他的国君进谏没有被采纳就发脾气，满脸不高兴，离开那个国家时非得把一天的力气跑得竭尽无余才肯宿歇吗？"

尹士听到这些话后说："我的确是个小人啊。"

◎第十三章◎

【原文】

孟子去齐，充虞路问曰："夫子若有不豫色然。前日虞闻诸夫子曰：'君子不怨天，不尤人[①]。'"

曰："彼一时，此一时也。五百年必有王者兴，其间必有名世者。由周而来，七百有余岁矣。以其数，则过矣；以其时考之，则可矣。夫天未欲平治天下也；如欲平治天下，当今之世，舍我其谁也？吾何为不豫哉？"

【注解】

①君子不怨天，不尤人：这二句原是孔子的话（出自《论语·宪问》篇）。

【译文】

孟子离开齐国，充虞在路上问道："先生好像有点不愉快的样子。以前我听先生说过：'君子不抱怨天，不责怪人。'"

五百年必有王者兴。

孟子说："那时是那时，现在是现在，（情况不同了嘛！）（从历史的进程来看，）每隔五百年便一定会有一位推行王道的圣君降生，这中间一定也还会有一些以才德闻名于世的人才出现。从周朝开国以来，到现在已有七百多年了。拿年数来说，就超过了（五百年）；拿时势来考察一下，就该诞生圣君贤臣了。上天是不想让天下太平了吧，上天要是想使天下获致太平，那当今的世上，除了我还有谁（能担当这份重任）呢？我为什么不愉快呢？"

◎第十四章◎

【原文】

孟子去齐，居休①。公孙丑问曰："仕而不受禄，古之道乎？"

曰："非也。于崇②，吾得见王，退而有去志，不欲变，故不受也。继而有师命，不可以请③。久于齐，非我志也。"

【注解】

①休：地名，在今山东滕县北一十五里，离孟子的家大约一百里。②崇：齐国地名。③师命：师旅之命，也即是作战的命令。请：要求。

【译文】

孟子离开齐国，在休地住下。公孙丑问道："做官却不接受俸禄，这是古代传下来的法规吗？"

孟子说："不是。（当日）在崇地，我有机会见到齐王，（因为他这个人不愿行仁政，所以我）回来后便起了离开的念头，（我）不想改变这种念头，所以不接受俸禄。接着齐国又发生了战事，不便请求离去。久久留在齐国，并不是我的意愿。"

孟子去齐。

滕文公章句上

本篇记述了孟子向滕文公提出的各项政治建议，以及在滕国与农家学派和墨家学派人物间的论辩。向滕文公提出的各项政治建议中，包括服丧三年的礼制，实行十分之一的税率，以及关于井田制的设想，这些都是孟子反复论述过的有关仁政的具体措施。本篇最引人注意的是孟子关于社会分工的理论。农家学派的代表人物许行提出贤明的君主应该“与民并耕而食，饔飧而治”，其目的是为了反对统治者对人民进行的剥削以及由此而造成的社会不公平现象，出发点和愿望都是善良的，但这种主张的实质却是倒退的，因为脑力劳动和体力劳动、管理者和被管理者的分工是由社会进步而形成的，是社会发展的必然趋势，泯灭社会分工，无疑是否定了社会的进步。孟子在对这种观点的反驳中，详细全面地从生产的发展和产品的交换论证了社会分工的必要性，认为管理国家的官员和直接参加生产的劳动者，都是社会生活中不可缺少的成员，他们之间只是劳心与劳力的区别。他进一步认为，劳心者比劳力者对社会的贡献更大，因而，“劳心者治人，劳力者治于人；治于人者食人，治人者食于人，天下之通义也”。这种观点是符合社会发展的实际的，它也是孟子思想中最具进步意义的一个部分。

◎第一章◎

【原文】

滕文公为世子[①]，将之楚，过宋而见孟子[②]。孟子道性善，言必称尧舜[③]。

世子自楚反，复见孟子。孟子曰：“世子疑吾言乎？夫道一而已矣。成覸谓齐景公曰[④]：‘彼丈夫也，我丈夫也，吾何畏彼哉？’颜渊曰：‘舜何人也？予何人也？有为者亦若是。’公明仪曰[⑤]：‘文王我师也；周公岂欺我哉？’今滕，绝长补短，将五十里也，犹可以为善国。《书》曰：‘若药不瞑眩，厥疾不瘳[⑥]。’”

滕文公为世子，将之楚，过宋而见孟子。

【注解】

①世子：天子和诸侯的嫡长子。杨伯峻《孟子译注》以为“世子”即”太子”，“世”和“太”古音相同，古书常通用。②过宋而见孟子：滕文公为世子，出使楚国时经过宋国，当时孟子在宋国，和他相见了。③孟子道性善，言必称尧舜：道，讲。性，是人禀受于天以生之理。在孟子看来，人生来性本是善的，与尧舜一样，不过一般为私欲所蒙蔽，因而失去了天生的善性；尧舜没有私欲的蒙蔽，所以能扩充这种善性，成为人们学习的榜样。因此，孟子与世子谈话，每次讲到性善，就一定要称述尧舜，目的在于使他知道仁义不待外求，圣人可学而至，因而能用力不懈。性善论是孟子哲学思想的核心，是他的仁义学说的哲学基础。其实在阶级社会中，统治阶级与被统治阶级的善恶观是各有他们不同的标准的。而孟子却拿口、耳、目、心所喜欢的东西人人相同，来证明合于统治阶级需要的理义，也是为一切人所喜欢的。事实恰恰相反，统治阶级的理义，根本在于维护剥削，而被统治阶级的理义，根本在于反对剥削。二者毫无共同之处。孟子的性善论是从统治阶级看本阶级的性是善的。拿这个作标准，被统治阶级的人当他们对统治阶级的理义表示顺从的时候，在孟子看来，他们的性也是善的；当他们对这个理义表示反对，代表其奉阶级在政治、经济权利方面有所要求时，在孟子及其信徒们看来，他们便是蔽于物欲，把本来是善的性变恶了。这就是孟子及其信徒们性善论的真正涵义和实质所在。④成覸（jiàn）：齐景公手下的一个以勇敢而出名的臣子。⑤公明仪：公明，姓，仪，名；鲁国的贤人，曾子的弟子。⑥《书》

曰：若药不瞑眩，厥疾不瘳：书，指《商书·说命》篇。这两句话见《国语·楚语》武丁所作书。《说命》三篇，今古文《尚书》都没有，只东晋梅赜所上古文《尚书》有《说命》上、中、下三篇，这可能是梅氏把武丁作的书拿来作为伪古文《说命》上篇。瞑（miàn）眩（xuàn），愦乱。瘳（chōu），病痊愈。二句是说药力不猛，便治不好病。

【译文】

滕文公做太子时，将要出使到楚国去，路过宋国，便特地去看望孟子。孟子跟他讲了人性善的观点，开口不离尧舜。

太子从楚国回来时，又会见了孟子。孟子说："太子怀疑我的话吗？道理只有一个罢了。成𫖮对齐景公说：'他是男子大丈夫，我也是男子大丈夫，我干吗要怕他呢？'颜渊说过：'舜是什么样的人呢？我是什么样的人呢？有作为的人也应该像他一样。'公明仪曾经说：'文王是我的老师，周公难道会骗我吗？'现在滕国（虽小），假使将土地截长补短（进行丈量），也将有五十里见方大，还是可以建设成一个好国家。《书》说：'如果一种药服了后不使人产生头晕目眩的感觉，那个病是不会好的。'"

◎第二章◎

【原文】

滕定公薨①。世子谓然友曰②："昔者孟子尝与我言于宋，于心终不忘。今也不幸至于大故③，吾欲使子问于孟子，然后行事。"

然友之邹问于孟子④。

孟子曰："不亦善乎！亲丧，固所自尽也。曾子曰：'生，事之以礼；死，葬之以礼，祭之以礼，可谓孝矣。'诸侯之礼，吾未之学也；虽然，吾尝闻之矣：三年之丧⑤，齐疏之服⑥，饘粥之食⑦，自天子达于庶人，三代共之。"

然友反命，定为三年之丧。父兄百官皆不欲也，曰："吾宗国鲁先君莫之行⑧，吾先君亦莫之行也，至于子之身而反之，不可。且《志》曰⑨：'丧祭从先祖。'"曰："吾有所受之也。"

谓然友曰："吾他日未尝学问⑩，好驰马试剑；今也父兄百官不我足也，恐其不能尽于大事⑪，子为我问孟子。"

然友复之邹问孟子。

孟子曰："然；不可以他求者也。孔子曰：'君薨，听于冢宰⑫，歠粥⑬，面深墨⑭。即位而哭，百官有司莫敢不哀，先之也。'上有好者，下必有甚焉者矣。君子之德，风也；小人之德，草也。草上之风，必偃⑮。是在世子。"

然友反命。

世子曰："然。是诚在我。"

五月居庐⑯，未有命戒。百官族人可，谓曰知。及至葬，四方来观之，颜色之戚，哭泣之哀，吊者大悦。

然友之邹问于孟子。

【注解】

①滕定公：文公（即文章中的世子）的父亲。②然友：世子的师傅。③大故：指定公的亡故。④然友之邹问于孟子：这时孟子已自宋返邹。邹离滕国仅四十余里，返只需大半天，所以可以问了后再办丧事。⑤三年之丧：指子女为父母、臣下为君上守孝三年。⑥齐疏之服：用粗布并缝边制成的丧服。齐，读zī，本作齐，齐是假借字，有的本子作斋，是误字；齐即缝边的意思。疏，和粗字意思差不多。⑦饘（zhān）粥：即糜粥。⑧宗国：滕和鲁都是文王的后代所封的国家，而鲁的祖先周

公为长，兄弟宗之，所以滕称鲁为宗国。⑨《志》曰：志，有记的意思；这里指国家史官掌管的记事的书。⑩学问：名词动用，是说研究学问。⑪其：世子自指之词。⑫冢宰：六卿之长。⑬歠（chuò）：喝，饮。⑭深墨：深黑色，指居丧内心哀痛，面也不洗，忧形于色。⑮上：加。偃（yǎn）：伏。⑯五月居庐：根据古代礼制，诸侯死后五个月下葬。未葬之前，孝子住在倚庐中。所谓倚庐，指临时用两根柱子倚在墙上搭成的窝棚。

父母去世后，孝子应守孝三年。

【译文】

滕定公去世了，太子对师傅然友说："前些时孟子在宋国曾经跟我谈过一些话，我心里始终不能忘记。现在不幸遇到了大变故，我打算请你去向孟子请教，然后再举办丧事。"

然友到邹国向孟子请教。

孟子说："（太子能够问及这样的事，）（这）不也好得很吗！办理父母的丧事，本是做孝子的人所应尽力以赴的。曾子说过：'父母在世时，按礼仪的规定去侍奉；父母去世时，按礼仪的规定去安葬、去祭祀，这就可算是尽孝了。有关诸侯丧葬的礼仪，我没有学习过；但是，我曾经听说过，（父母去世后，孝子）守孝三年，穿缝了边的粗布孝服，喝着稀饭，上从天子下到老百姓，夏、商、周三代都没有例外。"

然友回去汇报了，于是定为守孝三年。公族的父兄和朝里的百官都不愿意，说："我们的宗国鲁国的先代君主都没有行过（三年之丧），我们的先代君主也没有行过，到您手里却要在这方面一反祖先的所为，这事不能做。何况《志》书里说过：'丧葬和祭祀要照祖先的成规办事。'这样我们就可以说：'我们（这样做）是上有继承的。'"

（于是太子）对然友说："我以前不曾好好研究学问，只对跑马击剑感兴趣；现在父兄官吏们都不满意我的做法，我真担心我对这次丧礼不能做到竭诚尽力，请你再替我去向孟子请教一下。"

然友又一次到邹国去向孟子请教。

孟子说："对，这件事是不能求之于外人的。孔子说过：'君主去世，（太子）将一切朝事全委托给首相去料理，喝稀饭，（哀伤得）面目深黑，一临孝子之位便哀哀痛哭，（这样）下属的官吏便没有敢不悲哀的，因为太子带了头。'在上位的人有所爱好，下面的人便一定会（对这个）爱好的更厉害。君子的德像是风，小人的德像是草，风吹到草上面，草便一定会随着风向而倒伏，这件事办得好坏完全取决于太子。"

然友回去（向太子）复命。

太子说："对，这件事的确取决于我。"

（于是）太子住在丧庐里整整五个月之久，不曾发号施令。朝中百官和公族都表示满意，说（太子）懂礼。等到安葬（定公）时，四面八方的人都来观看葬仪，（太子）脸色的悲伤，哭泣的哀痛，使来作吊的客人们看了都感到十分满意。

◎第三章◎

【原文】

滕文公问为国。

孟子曰："民事不可缓也。《诗》云：'昼尔于茅，宵尔索绹。亟其乘屋，其始播百谷[①]。'民之为道也，有恒产者有恒心，无恒产者无恒心。苟无恒心，放辟邪侈，无不为已。及陷乎罪，然后从而刑之，是罔民也[②]。焉有仁人在位罔民而可为也？是故贤君必恭俭礼下，取于民有制。阳虎曰[③]：‘为富不仁矣，为仁不富矣。’夏后氏五十而贡，殷人七十而助，周人百亩而彻[④]。其实皆什一也。彻者，彻也[⑤]；助者，藉也[⑥]。龙子曰[⑦]：‘治地莫善于助，莫不善于贡。’贡者校数岁之中以为常[⑧]。乐岁粒米狼戾[⑨]，多取之而不为虐，则寡取之；凶年粪其田而不足，则必取盈焉。为民父母，使民盻盻然[⑩]，将终岁勤动，不得以养其父母，又称贷而益之[⑪]，使老稚转乎沟壑，恶在其为民父母也？夫世禄，滕固行之矣。《诗》云：‘雨我公田，遂及我私[⑫]。’惟助为有公田。由此观之，虽周亦助也。

滕文公问为国。

《诗》云：昼尔于茅，宵尔索绹。

“设为庠序学校以教之[⑬]。庠者，养也；校者，教也；序者，射也。夏曰校，殷曰序，周曰庠；学则三代共之，皆所以明人伦也。人伦明于上，小民亲于下。有王者起，必来取法，是为王者师也[⑭]。《诗》云：‘周虽旧邦，其命维新[⑮]’，文王之谓也。子力行之，亦以新子之国[⑯]！”

使毕战问井地[⑰]。

孟子曰：“子之君将行仁政，选择而使子，子必勉之！夫仁政，必自经界始[⑱]。经界不正，井地不钧[⑲]，谷禄不平[⑳]。是故暴君汙吏必慢其经界。经界既正，分田制禄可坐而定也。

“夫滕，壤地褊小，将为君子焉[㉑]，将为野人焉。无君子，莫治野人；无野人，莫养君子。请野九一而助，国中什一使自赋。卿以下必有圭田[㉒]，圭田五十亩；余夫二十五亩[㉓]。死徙无出乡，乡田同井，出入相友，守望相助，疾病相扶持，则百姓亲睦。方里而井，井九百亩，其中为公田。八家皆私百亩，同养公田；公事毕，然后敢治私事，所以别野人也。此其大略也；若夫润泽之，则在君与子矣。”

【注解】

①“昼尔”四句：这几句诗出自《诗经·豳风·七月》。尔：语助词。于：取。索：搓绳。亟：同“急”。乘：升。②罔：同“网”，名词动用，“罔民”是说像捕鱼一样张开网让人民陷入犯罪的罗网中来。③阳虎：即阳货，鲁国季氏的家臣。④“夏后氏五十而贡”三句：这里所说的不过是孟子假托古史来阐述自己的理想，当时的事实可能不一定是这样。⑤彻：通。这里是说周朝这种税制是天下通行的税制。⑥藉：同“借”，指借民力来耕种公田。⑦龙子：古代贤人。⑧校（jiào）：计量，比较。⑨粒米：犹言米粒，泛指粮食。狼戾：犹狼藉。⑩盻盻（xì）然：勤苦不休息的样子。⑪称贷：借债。益：补足。⑫雨（yù）我公田，遂及我私：诗句引自《诗经·小雅·大田》。《大田》是西周记述农事的诗。当时助法全部废除了，典籍也不存在，唯有从这首诗中还可见到周朝也是用助法，所以孟子引来作为证明。⑬设为庠（xiáng）序学校以教之：庠，养老；序，习射；学，国学；校，教民。庠、序、校都是乡里学校的名称。⑭为王者师：滕国土地小，即使行仁政，也未必能兴王业，但是却可以充任王者师。⑮周虽旧邦，其命维新：引自《诗经·大雅·文王》。《文王》是歌颂文王的诗。命，天命。⑯新：作动词，使动用法，是说使他的国家焕然一新。子：指文公，因为他年岁不大，所以孟子这样称呼他。⑰毕战：滕国的臣子。井地：即井田。⑱经界：这里经、界同

义，经界即指井田的界限。⑲钧：通“均”。⑳谷禄：即俸禄，古人用谷物为俸禄，所以又称俸禄为谷禄。㉑为：有。㉒圭（guī）田：士由于德行洁白而升官，便给与田亩，以供祭祀，这种田称圭田。㉓余夫：本指农夫家还没有到达成家年龄而又有一定劳动能力的剩余劳动力。

【译文】

（向孟子）询问治国的方法。

孟子说：“老百姓生产的事是刻不容缓的。《诗》里说过：‘白天出外割茅草，晚上要把绳索搓好，急急忙忙盖屋顶，播种的时间转眼到。’老百姓的一般情况是这样，有一定的维持生计的产业便能坚持一贯的向善之心，没有一定的维持生计的产业便不能坚持一贯的向善之心。假使没有了一贯的向善之心，那就会放荡不走正路，胡作非为，没有什么干不出来的。等到因此犯了罪，然后对他们施加刑罚。这等于设下网罗陷害人民。哪有仁爱的国君在位，却干出陷害人民的事的呢？所以贤良的君主务必做恭谨俭朴，礼贤下士，向老百姓征收赋税有定规。阳虎说过：‘想发财就别讲仁爱，要讲仁爱就别想发财。’夏朝每家授田五十亩，赋税行的是贡法，商朝每家授田七十亩，赋税行的是助法，周朝每家授田百亩，赋税行的是彻法，实际上征的税率都是十分之一。彻有通的意思；助有借的意思。龙子说：‘经营土地的税制没有比助法更好的，没有比贡法更不好的。’所谓贡法就是比较若干年的若干年的收成得出一个税收的定数（即不管丰年、歉年都得按这个定数征税）。丰收年景粮食到处抛置，就是多征收一点也不算苛暴，却并不多征；凶年饥岁，田里的收成甚至连第二年肥田的费用都不够，却非征满那一定数不可。一国的君主号称老百姓的父母，使老百姓整年地辛勤劳动，却没法子养活自己的爹妈，还得借高利贷来凑足纳税的数字，以至使老弱辗转流亡于沟壑之中，为民父母的意义又在哪里呢？对做大官的人子孙世代享有田租收入的制度，滕国早就实行了。（但有利于老百姓的税制——助法却始终没有被采用。）《诗》里面说：‘（希望）雨先下到公田里，然后再落到私田。’只有实行助法才会有公田，从这篇周诗看来，虽是周朝，也是实行助法的。

为民父母，使民终岁勤动，不得以养其父母，又称贷而益之。

夫世禄，滕固行之矣。

“（人民生活有了着落，还要）设立‘庠’、‘序’、‘学’、‘校’来教育他们。‘庠’是教养的意思，‘校’是教育的意思，‘序’是习射的意思。（即地方学校）夏朝叫校，殷朝叫序，周朝叫庠，至于国家办的学校（也就是大学），三代都共用了‘学’这个名称，（无论乡学和国学）都是用来向学生阐明并教导他们明确（‘父子有亲、君臣有义、夫妇有别、长幼有序、朋友有信’这五种）社会伦常观念的。在上面的诸侯卿大夫士明确并承认社会的伦常关系，小百姓们在下面自然也就亲密无间了。只要圣王兴起，便一定要来向您模仿学习的，这样您就做了圣王的老师了。《诗》里说过：‘岐周虽是个古老的国家，但承接天命而不断

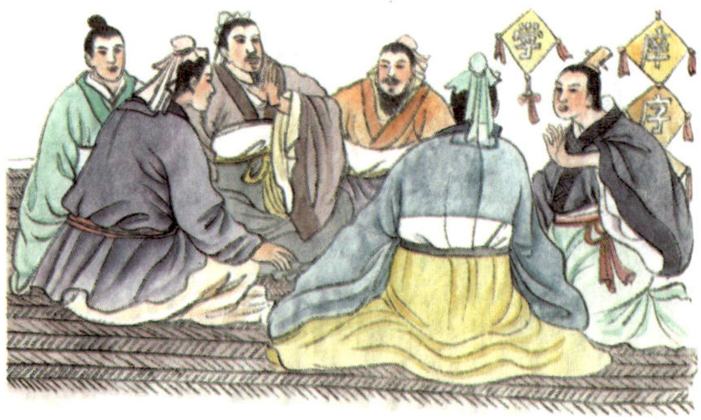

设为庠序学校以教之。

革新。’这是就文王创建帝业而说的。您努力干下去，也可以使您的国家为之气象一新。”

（滕文公）又派毕战来（向孟子）询问有关井田制的问题。

孟子说：“你的国君将要实行仁政，经过精心选择才派遣你来问我，你努力完成使命吧！实行仁政，必须从划分和理清田界着手。田界没有划分理清，井地的大小就不能做到均匀，作为俸禄的田租就不能做到合理公平。所以那些暴君和贪吏总是要（千方百计）搞乱正确的田界。田界既然已经划分理清了，分田地给百姓，制定官吏的俸禄，便可以不费力作决定了。

“滕国，国土狭窄，但也有官吏，也有百姓。没有官吏，便不能治理百姓；没有百姓，便不能养活官吏。我建议你们在郊野实行九分抽一的助法，城邑使用十分抽一的贡法。卿以下的官吏各分给他们供祭祀用费的圭田，圭田规定为五十亩；对于那些被称为‘余夫’的剩余劳动力，就每人另给田二十五亩。（这样，）埋葬或搬家都不用离开本土本乡，共一井田的各家，平日出入相亲相爱，防守盗贼互助互帮，谁家有了病人，大家共同照顾，那么百姓间就做到真正的亲爱团结了。（井田制）将每一方里的土地划为一个井田单位，一个井田单位共有田九百亩，中间的百亩是公田，八户人家各耕私田一百亩，八家须得共同耕种公田。公田里的农活完毕了，然后大家才敢去料理私人的事务，这样做就是为了老百姓跟官吏有所区别。这里所说的只是井田制大概情况，至于怎样修饬调整而使之完善，那就得靠你们的君主和你了。”

○第四章○

【原文】

有为神农之言者许行[①]，自楚之滕，踵门而告文公曰[②]：“远方之人闻君行仁政，愿受一廛而为氓[③]。”文公与之处[④]。其徒数十人，皆衣褐[⑤]，捆屦、织席以为食[⑥]。

陈良之徒陈相与其弟辛负耒耜而自宋之滕[⑦]，曰：“闻君行圣人之政，是亦圣人也，愿为圣人氓。”

陈相见许行而大悦，尽弃其学而学焉。

陈相见孟子，道许行之言曰：“滕君则诚贤君也；虽然，未闻道也。贤者与民并耕而食，饔飧而治[⑧]。今也滕有仓廪府库，则是厉民而以自养也[⑨]，恶得贤？”

有为神农之言者许行，自楚之滕，踵门而告文公。

孟子曰：“许子必种粟而后食乎？”

曰：“然。”

“许子必织布而后衣乎？”

曰：“否；许子衣褐。”

“许子冠乎[⑩]？”

曰：“冠。”

曰：“奚冠？”

曰：“冠素。”

曰：“自织之与？”

曰：“否，以粟易之。”

曰：“许子奚为不自织？”

曰：“害于耕。”

曰：“许子以釜甑爨，以铁耕乎[⑪]？”

曰：“然。”

“自为之与？”

陈相见孟子。

曰："否；以粟易之。"

"以粟易械器者，不为厉陶冶；陶冶亦以其械器易粟者，岂为厉农夫哉？且许子何不为陶冶，舍皆取诸其宫中而用之[12]？何为纷纷然与百工交易？何许子之不惮烦？"

曰："百工之事固不可耕且为也。"

"然则治天下独可耕且为与？有大人之事，有小人之事[13]。且一人之身，而百工之所为备，如必自为而后用之，是率天下而路也[14]。故曰，或劳心，或劳力；劳心者治人，劳力者治于人；治于人者食人[15]，治人者食于人，天下之通义也。

【注解】

①神农：炎帝神农氏，相传他第一个制造农具，教老百姓种田，是中国农耕的发明者。许行，是孟子时研究神农学说的学者。②踵：本指脚后跟，这里作动词，解作"到，登"。③廛（chán）：百姓的住宅。④处：即住所。⑤褐（hè）：本指粗布，这里指贫苦百姓穿的衣服。⑥捆（kǔn）屦（jù）：捆，织。屦，古时用麻、葛等织成的鞋。⑦陈良：楚国的儒者。耒（lěi）耜（sì）：古代一种像犁的翻土农具。⑧饔（yōng）飧（sūn）：早餐叫饔，晚餐叫飧，这里是说自己做饭吃。⑨厉：损害。⑩冠（guàn）：戴帽。⑪许子以釜（fǔ）甑（zèng）爨（cuàn），以铁耕乎：釜，古代用来煮食物的炊事用具，相当于现在的锅。甑（zèng），古代用来蒸食物的陶土炊具。爨（cuàn），烧火煮饭。铁，指铁制耕具。⑫舍：同"啥"，什么。⑬有大人之事，有小人之事：大人，与"君子"相似，有时指有德者，有时指有位者。小人，指被统治者。⑭路：名词动用，有奔走道路，得不到休息的意思。⑮食（sì）人：养活。

【译文】

有位学习神农学说的学者名叫许行，从楚国来到了滕国，登门告诉文公说："远方的人听说您实行仁政，愿意接受一个住所做您的老百姓。"文公给了他住所。他的门徒几十个，都穿着粗麻布衣，靠编草鞋、织麻席子过活。

儒者陈良的门徒陈相和他的弟弟陈辛一道背着农具从宋国走到滕国，（见了文公）说："听说您实行圣人的政治，这样说来您也是圣人了，（我们）愿意做圣人的老百姓。"

陈相见到许行后十分高兴，完全抛弃他原来所学的东西，转而向许行学习。

陈相去见孟子，转述许行的话说："滕君的确是个贤明的君主；不过，还不懂得（做贤君的）道理。贤君应该跟老百姓一同种地获取口粮，还要自弄饭吃，兼理国事。现在滕国有的是粮仓财库，那就是损害老百姓来养肥自己了，又怎算得贤德呢？"

孟子说："许子一定要自种庄稼然后才吃饭么？"

（陈相）说："是这样。"

"许子一定要自己织布然后才穿衣服么？"

（陈相）说："不；许子穿粗麻布衣。"

"许子戴帽子么？"

（陈相）说："戴帽子。"

（孟子）说："戴什么帽子？"

（陈相）说："戴白绢帽子。"

（孟子）说："是自己织的吗？"

（陈相）说："不；用粮食换来的。"

（孟子）说："许子为什么不自己织呢？"

（陈相）说："那会妨碍庄稼活。"

许行之徒数十人，捆屦、织席以为食。

以粟易械器者，不为厉陶冶。

（孟子）说："许子用锅甑弄饭、用铁器种地么？"

（陈相）说："对。"

"（这些炊具和农具）是自己制造的么？"

（陈相）说："不是；是用粮食换来的。"

"（农夫）用粮食换炊具和农具，不能算是损害泥瓦工和冶铁工；泥瓦工和冶铁工也用他们的炊具和农具换粮食，难道能说是损害了农夫吗？而且许子为什么不自己烧窑炼铁，无论什么东西都储备在家中随时取用呢？为什么要这样忙碌地跟各种工匠去交换？为什么许子这样不怕麻烦呢？"

（陈相）说："各种工匠的活儿本来就不可能在种地的同时又去兼着干。"

"那么治理天下的事难道独独可以在种地的同时去兼着干么？做官的有做官的应做的事情，当百姓的有当百姓的应做的事情。况且一个人身上（所需用的东西），是所有工匠给做的，如果一定要自己制造的东西才去用，这简直是率领普天下的人全都奔忙于路途之上，永无停息了。所以说，有的人动脑筋，有的人卖力气，动脑筋的人统治别人，卖力气的人受别人统治；受人统治的人得养活别人，统治人的人受别人供养，这是天下通行的法则。

【原文】

"当尧之时，天下犹未平，洪水横流，泛滥于天下，草木畅茂，禽兽繁殖，五谷不登，禽兽偪人①，兽蹄鸟迹之道交于中国②。尧独忧之，举舜而敷治焉③。舜使益掌火，益烈山泽而焚之④，禽兽逃匿。禹疏九河⑤，瀹济漯而注诸海⑥，决汝汉，排淮泗而注之江⑦，然后中国可得而食也。当是时也，禹八年于外，三过其门而不入，虽欲耕，得乎？

"后稷教民稼穑⑧，树艺五谷；五谷熟而民人育。人之有道也⑨，饱食、煖衣、逸居而无教⑩，则近于禽兽。圣人有忧之⑪，使契为司徒⑫，教以人伦——父子有亲，君臣有义，夫妇有别，长幼有序，朋友有信。放勋曰⑬：'劳之来之⑭，匡之直之，辅之翼之，使自得之，又从而振德之⑮。'圣人之忧民如此，而暇耕乎？

"尧以不得舜为己忧，舜以不得禹、皋陶为己忧⑯。夫以百亩之不易为己忧者⑰，农夫也。分人以财谓之惠，教人以善谓之忠，为天下得人者谓之仁。是故以天下与人易，为天下得人难。孔子曰：'大哉尧之为君！惟天为大，惟尧则之，荡荡乎民无能名焉！君哉舜也！巍巍乎有天下而不与焉⑱！'尧舜之治天下，岂无所用其心哉？亦不用于耕耳。

当尧之时，天下犹未平，禽兽繁殖，五谷不登。

"吾闻用夏变夷者，未闻变于夷者也。陈良，楚产也，悦周公、仲尼之道，北学于中国。北方之学者，未能或之先也。彼所谓豪杰之士也。子之兄弟事之数十年，师死而遂倍之⑲。昔者孔子没，三年之外，门人治任将归⑳，入揖于子贡，相向而哭，皆失声，然后归。子贡反筑室于场，独居三年，然后归。他日，子夏、子张、子游以有若似圣人，欲以所事孔子事之，强曾子。曾子曰：'不可；江汉以濯之，秋阳以暴之㉑，皜皜乎不可尚矣。'今也南蛮鴃舌之人㉒，非先

后稷教民稼穑。

王之道，子倍子之师而学之，亦异于曾子矣。吾闻出于幽谷迁于乔木者，未闻下乔木而入于幽谷者。《鲁颂》曰：‘戎狄是膺，荆舒是惩[23]。’周公方且膺之，子是之学，亦为不善变矣。”

“从许子之道，则市贾不贰[24]，国中无伪；虽使五尺之童适市，莫之或欺。布帛长短同，则贾相若；麻缕丝絮轻重同，则贾相若；五谷多寡同，则贾相若；屦大小同，则贾相若。”

曰：“夫物之不齐，物之情也；或相倍蓰[25]，或相什伯，或相千万。子比而同之[26]，是乱天下也。巨屦小屦同贾，人岂为之哉？从许子之道，相率而为伪者也，恶能治国家？”

【注解】

①偪（bī）人：偪，古逼字。②中国：指中原地区（黄河流域一带）。③敷治：分治。④益：舜的臣子，起初做火正，后来做掌管山林沼泽的虞官。⑤九河：指徒骇、太史、马颊、复釜、胡苏、简、絜、钩盘、鬲津等九条河。⑥瀹（yuè）济漯（tà）：瀹，疏通。济，水名，源于河南济源县西的王屋山。漯，水名。古漯水当出于今山东朝城县境。⑦决汝汉，排淮泗而注之江：汝、汉、淮、泗是水名。这些水不一定都流入长江，孟子不过是借此申述大禹治水之功，未必字字实在。⑧后稷：相传名“弃”，为周朝的始祖，帝尧时为农师。⑨有：犹“为”。⑩饱食、煖（xuān）衣、逸居而无教：意思是说衣、食、住三者俱全，只是没有教育。⑪有：同“又”。⑫契（xiè）：相传为商朝的祖先。⑬放（fǎng）勋：帝尧之名。⑭劳之来之：“劳”“来”二字意义近似，都有慰劳、慰问意思。“来”现作“徕”。⑮振德：振，救。德，对人施恩德。⑯皋（gāo）陶（yáo）：虞舜时的司法官。⑰易：治。⑱“孔子曰”以下数句：是孟子引孔子赞颂尧舜的话。与，作私有、享受解。⑲倍：同“背”。⑳任：挑在肩上或是装在车上的东西，实指行李。㉑秋阳以暴（pù）之：阳，阳光。因为周历的七、八月相当于今日农历的五、六月，所以周之所谓秋阳，实为今夏日之太阳。暴，同“曝”，晒。㉒南蛮鴃（jué）舌之人：指许行。鴃，即伯劳鸟，人们讨厌它的鸣叫声，所以孟子用来比喻语言不中听的许行。㉓鲁颂：指歌颂鲁僖公的《閟宫》篇。膺：攻打。荆：楚的本号，舒：附楚的邻近小国。㉔贾：同“价”。㉕蓰（xǐ）：五倍。㉖比（bì）：有强合在一起的意思。

【译文】

“当唐尧在位的时候，天下还不安定，洪水乱流，到处泛滥，草木生长茂盛，禽兽成倍地增长，谷物没有收成；恶禽猛兽危害人类，它们的足迹遍布于中原各地。尧一个人对这种情况感到忧虑，所以选拔舜来分管治理工作。舜又派伯益掌管火政，伯益放火焚烧山林和草泽地带，禽兽奔逃躲避。（舜又派）禹疏浚九河，疏通济水、漯水，让河水流入海中，开凿汝水、汉水，疏通淮水、泗水，引导入江中。然后中原地带的人们得以耕种。当这个时候，禹在外面奔忙了八年，三次经过家门都不进去，（在这种情况下）即使他想耕种，又哪能成呢？

从许子之道，虽使五尺之童适市，莫之或欺。

“后稷教导百姓耕种收割，栽培谷物；谷物成熟了，百姓也就得到了养育。人类的生活规律（往往是这样），吃得饱、穿得暖、住得舒适，要是没有教育，那就会接近于禽兽。圣人对此又深感忧虑，便派契做（掌管教育的）司徒官，教给人们以人与人之间的道德关系——父子之间得相亲爱，君臣之间得有礼义，夫妇之间得有内外之别，长幼之间得有尊卑次序，朋友之间得有信用。放勋说：慰劳他们，纠正他们，帮助他们，使他们各得其所，（发生困难）又赈救他们，对他们施以恩德。圣人这样（辛勤）地为百姓操劳，还有空余时间去耕田吗？

圣人忧民。

“尧把得不到舜这样的人作为自己的忧虑，

舜也把得不到禹和皋陶这样的人作为自己的忧虑。那些把分管的百亩田地没有耕种好作为自己的忧虑的，是农夫。把财物分送给人叫做惠，把好的道理交给别人叫做忠，替天下人找到出色的人才叫做仁。把天下让给别人倒容易，为天下挑选到（有能力治理天下的）人才却是难事。孔子说：‘尧作为帝王的确是伟大啊！（世上）只有天最伟大，（从古以来）只有尧能够效法天，对尧的无边圣德，百姓们简直找不到适当的词语来形容它！了不起的帝王舜呀！他那么使人敬服的坐了天下，自己却不享受它！’尧、舜的治理天下，难道不要用心思吗？只是不用到耕田上罢了。

大哉尧之为君。

夫物之不齐，物之情也。

“我只听说拿中原的文化习俗去改变边远落后民族的，没有听说用过边远落后民族的一切改变中原的。陈良，原是楚国生长的，他喜爱周公和仲尼的学说，所以跑到北方来向中原学习。北方的学者，还没有哪个能够超过他的。他真算得上个杰出的人物。你们兄弟俩向他学习了几十年，可是（你们的）老师一死便立即背叛他。从前孔子的去世，（守孝）三年已满，弟子们整理好行李担子将要各自回去，进去向子贡行礼告别，彼此望着号啕痛哭，声音都嘶哑了，然后才回去。子贡回到墓地建筑了一间屋子，在那里独个儿住了三年，这才回去。后来，子夏、子张和子游认为有若有点像圣人（孔子），想用侍奉孔子的礼节去侍奉他，强要曾子同意。曾子说：‘使不得；譬如用江汉的水洗濯过，在盛夏的太阳里曝晒过，真是洁白得无以复加了。（谁能再比得上孔子呢？）’现在（许行）这个来自南蛮满口方言的人，指责、反对我们古圣先王的法规，你们却背叛你们的老师反过来向他学习，这也就跟曾子完全不同了。我只听说鸟儿总是愿意从幽暗的山谷迁移到高树上去栖息的，却没有听说过从高树上迁下来到幽暗的山谷中去安家的。《鲁颂》说：‘要攻击戎狄，痛惩荆舒。’周公正是要攻击他们，你们却向这样的人学习，可算是向不好的方面改变了。”

陈相说：“按照许子的办法去做，就可以使市面上物价一律，国里面没有欺假；哪怕是身高不满五尺的孩子上街去（买东西），也不会有谁欺骗他。棉布和丝绸长短一样，价钱也就差不多；麻线和丝绵的轻重相同，价钱也就差不多；各种谷物的多少一样，价钱也就差不多；鞋子大小相同，价钱也就差不多。”

孟子说：“各种货物的品种质量不一致，这是客观情况。有的相差一倍到五倍，有的相差十倍到百倍，有的相差千倍到万倍。你把它们强拉在一起等同起来，这是要造成天下的混乱。制作粗糙的鞋子和制作精细的鞋子卖同一价钱，人们难道会干（这样的傻事）吗？按照许子的办法去做，是带着大家一同弄虚作假，怎么能治理好国家呢？”

◎第五章◎

【原文】

墨者夷之因徐辟而求见孟子①。孟子曰：“吾固愿见，今吾尚病，病愈，我且往见，夷子不来。”

他日，又求见孟子。孟子曰：“吾今则可以见矣。不直，则道不见；我且直之。吾闻夷子墨者，墨之治丧也，以薄为其道也②；夷子思以易天下，岂以为非是而不贵也？然而夷子葬其亲

孟子与徐子言。

厚，则是以所贱事亲也。”

徐子以告夷子。

夷子曰：“儒者之道，古之人若保赤子③，此言何谓也？之则以为爱无差等，施由亲始④。”

徐子以告孟子。

孟子曰：“夫夷子信以为人之亲其兄之子为若亲其邻之赤子乎？彼有取尔也。赤子匍匐将入井，非赤子之罪也。且天之生物也，使之一本，而夷子二本故也。盖上世尝有不葬其亲者，其亲死，则举而委之于壑。他日过之，狐狸食之，蝇蚋姑嘬之⑤。其颡有泚⑥，睨而不视。夫泚也，非为人泚，中心达于面目。盖归反虆梩而掩之⑦。掩之诚是也，则孝子仁人之掩其亲，亦必有道矣。”

徐子以告夷子。夷子怃然⑧，为间⑨，曰：“命之矣⑩。”

【注解】

①墨者：学习墨家学说的人。夷之：夷，姓；之，名，他的事迹已不可考。徐辟：孟子弟子。②墨之治丧也，以薄为其道也：《墨子》有《薄葬篇》，反对厚葬。③赤子：刚生下的婴孩皮肤呈红色，所以叫赤子。④施：行。⑤蚋（ruì）：小蚊。姑：与方言蛊（gǔ）字同，用嘴吸血。嘬（chuài）：咬，吃。⑥有泚（cǐ）：有，语助词。泚，汗出的样子。⑦反：可能是“取”字之误。虆（léi）梩（lí），虆是盛土的笼，梩是铲土的锹。⑧怃（wǔ）然：茫然自失的样子。⑨为间：停了片刻。⑩命：接受教命。

【译文】

墨家的门徒夷之通过徐辟的关系要求见见孟子。孟子说：“我本来愿意见他，（无奈）现在我病着，病好了，我将要去看望他，夷子不必来（这里）。”

过了一些日子，（夷之）又要求谒见孟子。孟子说：“我现在就可以和他见面了。（不过）不说直话，正确的道理就表现不出来；我姑且说说直话吧。我听说夷子是墨家学派的信徒，墨家办丧事，把薄葬看作是他们的正道；夷子想拿薄葬来改革天下，难道会把这个看作不对而不加崇尚吗？可是夷子却厚葬他的父母，这就等于是拿他们所轻贱的礼仪去对待双亲了。”

徐子把这些话告诉了夷子。

夷子说：“儒家的学说中有过这样的记载，古代的帝王对待老百姓就像爱护初生的婴儿一样，这句话是什么意思呢？我认为（它的意思是）爱是没有差别的，但是实施爱却应该从自己的父母开始。”

徐子又把这些话转告子孟子。

孟子说：“夷子难道真的认为人们爱他哥哥的孩子和爱他邻居的婴儿是一样的么？夷子不过抓住了这一点：婴儿在地上爬着快要掉进井里去了，这并不是婴儿的罪过。（这时候，不管是谁的孩子，无论谁看见了，都会去救的。夷子以为这就是爱无等次，其实，这是人的恻隐之心。）而且天生万物，都只有一个根本，而夷子（却主张爱无差等，认为别人的父母，等于自己的父母，）提出两个根本。大概上古时候曾经有过不埋葬父母的人，他的父母死了，就把他们的遗骸抛到山沟里。后来路过那里，看见狐狸在吃他们，苍蝇、蚊子在吮叮他们。（心里难过悔恨得）额角冒汗，只是斜着眼睛瞟一下，连正视都不敢。那个人流汗，并不是为了流给别人看的，而是衷心悔恨，自然而然地在面貌上流露出来。大概他回去取了畚箕和铁锹掩埋了父母的遗体。掩埋遗体实在是做得对的，这样看来，孝子仁人埋葬他们的父母亲，自然是有其道理的。”

徐子再次把孟子的话告诉夷子，夷子心中感到茫然如有所失，过了片刻，说：“我衷心受教了。”

滕文公章句下

本篇主要记述孟子与弟子及宋、魏、齐诸国人士的问答，除了对仁政的阐述，篇中还提出了以下几个观点：一是关于大丈夫的定义。孟子认为张仪、公孙衍这些人以妾妇之道事君，人格卑污，虽然建有事功，但不足以称为大丈夫，真正的大丈夫应该是具有“富贵不能淫，贫贱不能移，威武不能屈”的人格的人。这是孟子对仁义之士提出的理想人格标准，这种大丈夫的道德形象，成为了历史上无数志士仁人追求的道德目标和行为准则，是传统伦理道德思想中的精华部分。另一观点是反对杨朱、墨子学派。孟子意识到杨朱学派的“为我”，威胁到了儒家提倡的君臣之义；墨子学派的“兼爱”，威胁到了儒家提倡的父子之仁，因此把这两个学派斥为邪说，给予了猛烈的抨击，目的是为了捍卫儒家学说，其言行中充满了强烈的使命感。另外，孟子还对“士”的社会作用作了阐释，他指出士人“入则孝，出则悌”，为提高社会道德水平作出了榜样；把“先王之道”一代一代地传给后人，为后来的圣君贤相培养后备力量，其对社会的贡献是远远大于普通劳动者的。这是上篇对劳心者和劳力者分工不同的观点的进一步阐述。

◎第一章◎

【原文】

谒见诸侯，大则以王，小则以霸。

陈代曰[①]：“不见诸侯，宜若小然；今一见之，大则以王，小则以霸。且《志》曰：‘枉尺而直寻。’宜若可为也。”

孟子曰：“昔齐景公田，招虞人以旌，不至[②]，将杀之。志士不忘在沟壑，勇士不忘丧其元。孔子奚取焉？取非其招不往也。如不待其招而往，何哉？且夫枉尺而直寻者，以利言也。如以利，则枉寻直尺而利，亦可为与？昔者赵简子使王良与嬖奚乘[③]，终日而不获一禽。嬖奚反命曰：‘天下之贱工也。’或以告王良。良曰：‘请复之。’强而后可，一朝而获十禽。嬖奚反命曰：‘天下之良工也。’简子曰：‘我使掌与女乘。’谓王良。良不可，曰：‘吾为之范我驰驱[④]，终日不获一；为之诡遇[⑤]，一朝而获十。《诗》云：“不失其驰，舍矢如破[⑥]。”我不贯与小人乘[⑦]，请辞。’御者且羞与射者比[⑧]；比而得禽兽，虽若丘陵，弗为也。如枉道而从彼，何也？且子过矣：枉己者，未有能直人者也。”

【注解】

①陈代：孟子弟子。②旌（jīng）：古代一种在旗杆顶上饰有五色羽毛的旗子。虞人：看守皇帝或是诸侯园子的小官吏，召唤他的时候，应该用打猎时戴的皮帽子，旌是召唤大夫用的，所以虞人不应召到来。③赵简子：即赵鞅，春秋时晋国的正卿。王良：晋国驾车的能手。嬖（bì）奚：简子的宠臣名叫奚的。④范：在这里作动词用，是说纳我驱驰于轨范之中。⑤诡遇：不按照驾车的正法赶着车子去多与禽兽相遇，以便多猎取它们。⑥“不失其驰”两句：这两句诗出于《诗经·小雅·车攻》。舍矢，犹放矢。如破，犹“而破”，破有杀伤的意思。⑦贯：同“惯”，习惯。⑧比：这里读（bì），有强合在一起的意思。

【译文】

陈代说：“不愿谒见诸侯，未免小器了点呢。假如现在一去谒见他们，弄得好呢，也许可以实行仁

昔齐景公田，招虞人以旌。

政，帮助他们统一天下，即使不那么理想，也可以富国强兵，帮助他们称霸于世。况且以前的《志》书中也说过：'所曲折的不过一尺，而得伸直的却是八尺。'（相较之下）好像是可以干一干的。"

孟子说："从前齐景公去打猎，拿饰有羽毛的旗子召唤管园囿的小吏，小吏不来见，（景公）准备杀掉他。志士不怕尸填沟坑，勇者也不怕掉脑袋，（这不是孔子当年赞颂这个小小管园吏的话么？）孔子取他哪一点呢？就是取他敢于坚守礼义，不接受不合乎礼仪的召唤。如果我不等待诸侯以礼相招便去谒见他们，那成什么话呢？而且那些所谓受屈折一尺，却能伸直八尺的话，完全是从得到利益的观点而说的。如果单从利益的观点来考虑问题的话，那么只要能得到利益，即使屈折八尺伸直一尺的事，难道也可以干么？从前赵简子派王良替他的宠幸小臣叫奚的赶车（出去打猎），赶了一整天却没有打到一只鸟。奚回来向赵简子汇报道：'（王良简直）是世上最蹩脚的赶车工。'有人把这个话告诉了王良。王良（向赵简子）说：'请让我再给他赶一次车吧。'奚被坚持要求后才答应，一个早上就打到了十只鸟。奚回来在赵简子面前夸奖王良道：'（王良真）是世上最出色的赶车工。'简子说：'那我就派他专门替你赶车。'（简子）把这件事跟王良说，王良不答应，说：'我按照赶车的正当规矩替他赶着车奔驰，却整天打不到一只鸟；不按赶车的正当规矩去赶车，一个早上便打到十只鸟。（可见成问题的不是我的赶车技术，而是他的射猎本领和品德。）《诗》里说过：不违背赶车的正规，箭一发出便有杀伤。我不习惯替小人赶车子，请允许我辞去这份差事。'一个赶车的人尚且以与一个不体面的射手合作为可耻，这种合作后打到的禽兽，尽管堆积如山，也不屑干。你怎么倒反劝我枉曲正道去屈从当今那些诸侯，那是为什么呢？况且你错了，凡是枉屈自己的人，没有一个能够使别人正直的。"

◎第二章◎

【原文】

景春曰[①]："公孙衍、张仪岂不诚大丈夫哉[②]？一怒而诸侯惧，安居而天下熄。"

孟子曰："是焉得为大丈夫乎！子未学礼乎？丈夫之冠也，父命之[③]；女子之嫁也，母命之，往送之门，戒之曰：'往之女家，必敬必戒，无违夫子！'以顺为正者，妾妇之道也。居天下之广居，立天下之正位，行天下之大道；得志与民由之，不得志独行其道；富贵不能淫，贫贱不能移，威武不能屈，此之谓大丈夫。"

【注解】

①景春：与孟子同时人，习纵横之术。②公孙衍：字犀首，魏国阴晋（陕西华阴）人，是当时的纵横家一流人，曾在秦国做过大良造的官，并佩五国相印。张仪：魏国人，是与苏秦并称的大纵横家，曾说六国连横以对抗秦国。这里景春不提苏秦，大概因为这时苏秦已为齐国所杀。③丈夫之冠（guàn）也，父命之：冠，行冠礼；古时男子年二十行冠礼。父命之，是说由父亲主持行冠礼这件事。

富贵不能淫，贫贱不能移，威武不能屈，此之谓大丈夫。

【译文】

景春说："公孙衍、张仪这样的人难道不是真正可称之为大丈夫的么？他们一旦发了怒，天下的诸侯便要害怕，要是他们安静下来，天下便平安无事了。"

孟子说："这样的人又怎算得是大丈夫呢！你没有学过礼吗？男子长大成人行冠礼时，由父亲主持其事，并面加训导；女儿出嫁时，母亲主持其事，将她送到门口，告诫道：'去到你们家里，一定要恭敬，一定要遇事小心谨慎，不要违背丈夫的意志！'以顺从为最大的原则的，这是妇女之道。只有住在（"仁"这个）天下最宽大的住宅里，站在（"礼"这个）天下最正确的位置上，走在（"义"这个）天下最光明的大道上，得志时跟老百姓一起循着这条道路前进，不得志时便独自坚持自己的原则，富贵不能乱我的心，贫贱不能变我的行，威力相逼不能挫我的志，这样的人才称得上是大丈夫。"

◎第三章◎

【原文】

周霄问曰[①]："古之君子仕乎？"

孟子曰："仕。《传》曰：'孔子三月无君，则皇皇如也，出疆必载质[②]。'公明仪曰：'古之人三月无君则吊[③]。'"

"三月无君则吊，不以急乎[④]？"

孟子对周霄问。

曰："士之失位也，犹诸侯之失国家也。《礼》曰：'诸侯耕助以供粢盛[⑤]；夫人蚕缫以为衣服[⑥]。牺牲不成[⑦]，粢盛不絜，衣服不备，不敢以祭。惟士无田，则亦不祭[⑧]。'牲杀、器皿、衣服不备，不敢以祭，则不敢以宴，亦不足吊乎？"

"出疆必载质，何也？"

曰："士之仕也，犹农夫之耕也；农夫岂为出疆舍其耒耜哉？"

曰："晋国亦仕国也，未尝闻仕如此其急。仕如此其急也，君子之难仕，何也？"

曰："丈失生而愿为之有室，女子生而愿为之有家；父母之心，人皆有之。不待父母之命、媒妁之言[⑨]，钻穴隙相窥，逾墙相从，则父母国人皆贱之。古之人未尝不欲仕也，又恶不由其道。不由其道而往者，与钻穴隙之类也[⑩]。"

【注解】

①周霄：魏国人。②《传》曰：这里所说的《传》，不知指什么书。皇皇如也：像找不着东西心里发急的样子。质：同"贽、挚"，古代人初次见面时所带的礼物。③吊：慰问。④以：通"已"，太的意思。⑤耕助：连绵动词，和下文"蚕缫"相对成文。助，即"藉"，古时候天子和诸侯都有"藉田"，他们每年春耕开始的季节到田边去扶扶犁做个样子，其实他们这些田还是要借助农民的力量去耕种，所以叫藉田；而耕种这种藉田也叫"藉"。粢（zī）盛（chéng）：可以盛在器皿中用来供神的谷物如黍稷稻粱等叫粢，上述谷物已盛在器皿中的叫盛。⑥夫人：指诸侯的大老婆。蚕缫（sāo）：养蚕抽茧出丝。其实她们也只是捧捧蚕种和把手在缫茧盆中浸湿一下做个样子，以表示她们的重视。⑦牺牲不成：祭祀时把宰杀用来祭祀鬼神的牛羊猪等畜生叫"牺牲"，又叫"牲杀"；成有肥硕丰满的意思。⑧惟士无田，则亦不祭：参看《滕文公章句上》第三章。⑨媒妁（shuò）：媒人。⑩与钻穴隙之类也：杨伯峻《孟子译注》以为这句话不合语法，"之类"的"之"字是衍文（多余的字），本来作"与钻穴隙类也"。

【译文】

周霄问道："古代的君子做官吗？"

孟子说："做官。上代的传记里就说过：'孔子只要三个月没有君主任命他做官，就感到心神不安，离开国境一定要随身携带进谒别的国君的见面礼。'公明仪也说：'古代的人三个月不侍奉君主，朋友亲戚便要登门向他进行慰问。'"

周霄紧接着问："三个月没有君主侍奉便要进行慰问，不是太急躁了点吗？"

孟子说："士人失掉职位，就像诸侯失掉了国家一样。"《礼》书上说：'诸侯带头参加藉田的耕种工作，就是为了供给祭品，诸侯夫人带头养蚕缫丝，就是为了供给祭服，祭祀用的牲畜养得不肥硕，粮食谷物不清净，衣服不完备，不敢用来祭祀（祖先神祇）。士人要是没有供祭祀用的圭田，也就没有资格祭祀。'（祭祀用的）牲畜、器皿、衣服不完备，不敢用来祭祀，也就不敢用来摆宴席款待宾客，难道这还不该去进行慰问吗？"

周霄又问："离开国境一定要携带谒见别国君主的见面礼，这又是什么缘故呢？"

孟子回答道："士人要做官，就跟农夫要种田一样，农夫难道会因为背井离乡而抛下他的农具不要吗？"

周霄又说："我们魏国也是一个可以做官的国家，我从未听说过想做官竟到了如此迫切的地步。想做官到了如此迫切的地步，君子却又偏偏这样难于做官，这又是为什么呢？"

孟子说："男孩子一生下来（做父母的）便愿意替他找房好妻室，女孩子一生下来（做父母的）便愿意替她找个称心如意的丈夫；当爷娘的这种心情，人人都会有吧！可要是（做儿女的）不经过父母的许可、媒人的介绍，便扒墙打洞互相偷看，甚至爬过墙去进行幽会，那么父母和社会上的人士便都要瞧不起他们。古代的人未尝不想做官，但又讨厌那种做官不择手段的行径。不经过正当门路而去做官的勾当，就跟男女扒墙打洞偷情幽会的丑行相类似。"

◎第四章◎

【原文】

彭更问曰①："后车数十乘，从者数百人，以传食于诸侯②，不以泰乎？"

孟子曰："非其道，则一箪食不可受于人；如其道，则舜受尧之天下，不以为泰，子以为泰乎？"

曰："否；士无事而食，不可也。"

曰："子不通功易事，以羡补不足③，则农有余粟，女有余布；子如通之，则梓、匠、轮、舆皆得食于子④。于此有人焉，入则孝，出则悌，守先王之道，以待后之学者⑤，而不得食于子；子何尊梓、匠、轮、舆而轻为仁义者哉？"

曰："梓、匠、轮、舆，其志将以求食也；君子之为道也，其志亦将以求食与？"

曰："子何以其志为哉？其有功于子，可食而食之矣。且子食志乎？食功乎？"

曰："食志。"

曰："有人于此，毁瓦画墁⑥，其志将以求食也，则子食之乎？"

曰："否。"

曰："然则子非食志也，食功也。"

孟子认为，士要做具体工作，才能接受别人奉养。

【注解】

①彭更：孟子弟子。②传（zhuàn）食：犹言"转食"，即辗转住在诸侯的客馆里接受他们的款待。③羡：多余。④梓、匠、轮、舆：都是木工。梓是制木器的工人；匠是木匠的泛称；轮是制车轮的工人；舆是制车的工人。⑤待：当读"持"，有扶持的意思。⑥画墁（màn）：画，与划古字通。墁，墙壁的粉饰。画墁是说刻划新粉饰的墙壁。

【译文】

彭更问道："随从的车辆几十部，带领的学生几百人，在诸侯的客馆里辗转地受到款待，这不已经是太过份了点吗？"

孟子说："如果不合理，哪怕是一筐子饭也不可以接受的；要是合理的话，就是舜接受尧让给他的天下，也并不算过分，你认为过分了吗？"

彭更说："我不是这个意思；（我认为）士人不做具体工作，却接受人家的奉养，那是不可以的。"

孟子说："你如果不互通各人的成果，交换劳动产品，使各人都拿自己多余的产品去补助别人的不足，那么，农民就会有多余的粮食，妇女就会有多余的布匹。你要是实行互通有无，那么，木匠、车工就都能从你那里得到给养。现在这里有个人，回到家里就孝顺父母，出到外面就尊敬长上，谨守古代圣王的法规，用这个来扶持、培养后来的学者，却得不到你的给养，你为什么这样尊敬木匠、车工，却轻视行仁义的人呢？"

彭更说："木匠、车工（从事劳动），他们的目的在于解决吃饭问题，君子们学习、施行圣人之道，难道也是为了解决吃饭问题吗？"

孟子说："你为什么专拿他们的动机目的来说呢？他对你有功绩，你认为可受给养的便给他给养。况且，你是根据他的目的动机给他给养呢，还是根据他的功绩贡献才给他给养呢？"

彭更说："根据他的动机目的。"

孟子说："现在有个人在这里，打碎屋上的瓦，划破粉刷得好好的墙壁，他的动机在于要饭吃，那么你给不给他饭吃呢？"

彭更说："不能给。"

孟子说："那么，你给人给养不是根据动机目的，而是根据功绩贡献啊。"

◎第五章◎

【原文】

苟行王政，四海之内，皆举首而望之。

万章问曰[①]："宋，小国也。今将行王政，齐楚恶而伐之，则如之何？"

孟子曰："汤居亳[②]，与葛为邻，葛伯放而不祀[③]。汤使人问之曰：'何为不祀？'曰：'无以供牺牲也。'汤使遗之牛羊，葛伯食之，又不以祀。汤又使人问之曰：'何为不祀？'曰：'无以供粢盛也。'汤使亳众往为之耕，老弱馈食。葛伯率其民，要其有酒食黍稻者夺之，不授者杀之。有童子以黍肉饷，杀而夺之。《书》曰：'葛伯仇饷[④]。'此之谓也。为其杀是童子而征之，四海之内皆曰：'非富天下也，为匹夫匹妇复仇也。''汤始征，自葛载[⑤]'，十一征而无敌于天下。东面而征西夷怨，南面而征北狄怨，曰：'奚为后我？'民之望之，若大旱之望雨也；归市者弗止，芸者不变。诛其君，吊其民，如时雨降，民大悦。《书》曰：'徯我后，后来其无罚[⑥]。'

"'有攸不惟臣，东征绥厥士女；匪厥玄黄，绍我周王见休，惟臣附于大邑周[⑦]。'其君子实玄黄于匪，以迎其君子；其小人箪食壶浆，以迎其小人。救民于水火之中，取其残而已矣。《太誓》曰：'我武惟扬，侵于之疆，则取于残，杀伐用张，于汤有光[⑧]。'

"不行王政云尔；苟行王政，四海之内，皆举首而望之，欲以为君，齐楚虽大，何畏焉？"

【注解】

①万章：齐国人，孟子弟子。②亳（bó）：在今河南商邱县境内。③葛：在今河南宁陵县境内。葛伯，嬴姓诸侯。放：放纵无道。④《书》曰，葛伯仇饷：《书》指《尚书》逸篇。仇饷，是说跟送田饭的人为仇。⑤汤始征，自葛载：《梁惠王》篇有"汤一征，自葛始"的话，与这里大致相同，载有始的意思。⑥《书》：也是指《尚书》逸篇。⑦"有攸不惟臣"至"惟臣附于大邑周"：这几句不像孟子的话，可能是逸书文。"有攸不惟臣，东征绥厥士女"，二句是写武王东征商纣，导使士民的臣附。攸，所。惟，思，念。绥，安抚。厥，其。士女，男女（指老百姓）。当时有些人不想臣服于周的，所以武王要出兵东征以安抚其男女民众。"匪厥玄黄，绍我周王见休，惟臣服于大邑周"，三句是写官吏的臣附。匪，同篚，竹筐，在这里用作动词。玄黄，指黑色和黄色的币帛。绍，介。休，美，善。周王，指周武王。整个三句意思是说商纣的官吏愿借筐篚礼物的介绍为周王所见美，臣服于周。⑧"《太誓》曰"下数句：《泰誓》是古《尚书》篇名，现已佚失。梅赜伪古文《尚书》将这几句话采入《泰誓》中篇中。二三句中的"于"字，通"邘"，都是国名。

有童子以黍肉饷。

【译文】

万章问道："宋国是个小国家，现在打算要实行王政，齐楚两国却妒恨它这种善行，出兵攻打它，那该怎么办呢？"

孟子说："（当年）商汤居住在亳城，和葛国相邻，葛伯十分放肆，又不祭祀祖先神灵。汤便打发人去责问他：'为什么不祭祀呢？'（葛伯）回答说：'没有力量备办供祭祀用的牛羊。'汤便派人赠送牛羊给他，葛伯吃掉它们，并不拿去供祭祀。汤又打发人去责问他：'为什么不祭祀呢？'回答说：'没有力量备办供祭祀用的粮米。'汤便派遣亳地的群众去替他耕种，老弱一些的人便去（给耕田的人）送饭。葛伯却带领他的老百姓（中途）拦住那些携着酒食饭菜的送饭人进行抢夺，不给的便杀掉。有个孩子携着饭和肉送到田间去，（他们）抢走肉饭，还把他杀害了。《书》中说：'葛伯跟送田饭的人为仇。'说的就是这回事。只是因为他杀死这个孩子，汤才出兵讨伐他，普天下的人都说：'（汤的出兵）不是想夺取天下的财富，而是要为平民老百姓报仇。'（《书》上还说：）'汤的讨伐有罪的人，是从葛伯开始的。'一共进行了十一次征伐，在天下没有遇到敌手。向东面出师讨伐时，西面的部族便要埋怨，向南面出师讨伐时，北面的部族便要埋怨，（他们）说：'为什么要把我们放在后面（而不先来攻打）呢？老百姓盼望汤的讨伐之师，就像天大旱的日子里盼望下大雨一样，（即使在战争的日子里，）做买卖的人没有闭市，耘禾的人没有停下他们除草的工作。惩罚那些暴虐的君主，安抚那些无辜的老百姓，就像天降下一场及时的大雨，老百姓皆大欢喜。《书》中说：'我们恭候着我们君王的到来，君王来了我们就不再受罪了。'

"《周书》中有过这样的记载：'（商朝）有些人不想臣服于周，所以武王才出师东征，去安抚那里的男女民众。（当周师东征的时候，）商朝的官吏都愿把黑色和黄色的绢绸装在竹篮里作为礼物，拿这个自我介绍进见周王，争取周王的好感，使自己能臣服于大周国。'那些官吏们把黑色和黄色的绢绸装在竹篮里，带去迎接（周国的）官吏；那些老百姓提着饭篮和茶水去迎接（周国的）士兵们。（可见武王出师攻打商纣，）为的不过是从水火中解救出（商朝的）老百姓，把残害他们的暴君除掉罢了。《太誓》里就说过：'发扬我们的威武，攻进邘国的疆土，除掉邘国害民的暴君，以此张大杀伐之功，那就比商汤还要更有荣光。'

"只怕（宋君）不肯实行王政；假如真个能实行王政，普天之下的君民都抬起头来企望着他，想拥戴他为天下人的君主；齐国和楚国尽管强大，又有什么可怕呢？"

◎第六章◎

【原文】

孟子谓戴不胜曰[①]："子欲子之王之善与？我明告子。有楚大夫于此，欲其子之齐语也，则使人傅诸？使楚人傅诸？"

曰："使齐人傅之。"

曰："一齐人傅之，众楚人咻之[②]，虽日挞而求其齐也，不可得矣；引而置之庄、岳之间数年[③]，虽日挞而求其楚，亦不可得矣。子谓薛居州，善士也。使之居于王所。在于王所者，长、幼、卑、尊皆薛居州也，王谁与为不善？在王所者，长、幼、卑、尊皆非薛居州也，王谁与为善？一薛居州，独如宋王何[④]？"

【注解】

①戴不胜：宋国的臣子。②咻（xiū）：喧哗干扰。③庄、岳：齐国的街和里名。④独：将。

【译文】

孟子对戴不胜说："你想你的君王朝好的方向走么？我明白地告诉你，假如有个楚国的大夫在这里，想使他的儿子学会讲齐国话，那么是使齐国人教他呢，还是使楚国人教他呢？"

戴不胜答道："使齐国人教他。"

孟子说："一个齐国人教他，许多个楚国人（在旁边）吵吵嚷嚷干扰他，那尽管天天鞭打他，要他学会讲齐国话，也是办不到的；要是把他领去放在齐国的庄、岳这样的闹市住上几年，那么你就是天天鞭打他，要他恢复讲楚国话，也是办不到的。你说薛居州是个好人，推荐他住在宋王宫中。如果住在王宫中的人，无论年长、年幼、地位低、地位高的都是像薛居州一样的好人，那宋王又跟谁去干坏事呢？如果住在王宫中的人，年长、年幼、地位低、地位高的都不是像薛居州一样的好人，那宋王又跟谁去做好事呢？仅仅一个薛居州，将拿宋王怎么办呢？"

◎第七章◎

【原文】

公孙丑问曰："不见诸侯何义？"

孟子曰："古者不为臣不见。段干木逾垣而辟之[①]，泄柳闭门而不内[②]。是皆已甚；迫，斯可以见矣。阳货欲见孔子而恶无礼[③]，大夫有赐于士[④]，不得受于其家，则往拜其门。阳货瞰孔子之亡也[⑤]，而馈孔子蒸豚，孔子亦瞰其亡也，而往拜之。当是时，阳货先，岂得不见？曾子曰：'胁肩谄笑，病于夏畦[⑥]。'子路曰：'未同而言，观其色赧赧然[⑦]，非由之所知也[⑧]。'由是观之，则君子之所养，可知已矣。"

胁肩谄笑，病于夏畦。

【注解】

①段干木逾垣而辟之：段干木，姓段干，名木，晋国的高士。魏文侯登门拜访他，他翻墙逃避文侯。②泄柳：鲁缪公时人。③阳货欲见孔子：阳货，鲁大夫。阳货欲

见孔子的事见《论语·阳货》篇。④大夫有赐于士：阳货当时做季氏的总管，而季氏是鲁国的正卿，所以阳货也有资格称大夫。孔子当时没有任职，所以称士。⑤瞰（kàn）：窥伺。亡：不在。⑥胁肩谄笑，病于夏畦（qí）：胁肩，竦肩。谄笑，强作媚悦的笑容。畦：有土埂围着的一块块排列整齐的长方形田地。⑦赧（nǎn）：惭愧。⑧非由之所知也：由，子路名。这是一句表示深恶痛绝的感情的话。

【译文】

公孙丑问道："您不愿谒见诸侯是什么意思呢？"

孟子说："古代的惯例，没有当诸侯的臣子，便不去谒见他。段干木跳墙躲避魏文侯，泄柳关起门来不接受鲁缪公的访问，这都已做得过分了。要是对方逼着要见你，那还是可以见的。阳货想使孔子来见自己，但又怕失礼，（按当时的规定，）大夫如果赏赐东西给士，士要是碰巧不在家，不能在家里接受大夫的赏赐，便得到大夫家登门拜谢。阳货打听到孔子不在家，便赐给孔子一个蒸猪腿；孔子也窥伺到阳货不在家时，才到他家去拜谢。当这时，阳货先去赐东西给孔子，（孔子）怎好不去回拜他呢？曾子说过：'竦起两个肩头，做出讨好的笑脸，那真比盛夏的日子里到菜地去整地浇菜还要累呢。'子路也说过：'明明跟这个人志趣不相投，却要勉强去和他交谈，看看他一脸羞惭的样子，我真不知道所为何来。'从上面这些事例看来，一个君子应该怎样来培养自己的品德和操守就可以知道了。"

◎第八章◎

【原文】

戴盈之曰[①]："什一，去关市之征，今兹未能[②]；请轻之，以待来年，然后已，何如？"

孟子曰："今有人日攘其邻之鸡者[③]，或告之曰：'是非君子之道。'曰：'请损之，月攘一鸡，以待来年，然后已。'如知其非义，斯速已矣，何待来年？"

孟子与戴盈谈论税赋之事。

【注解】

①戴盈之：宋国大夫。②兹：年。③攘（ráng）：偷盗。

【译文】

戴盈之说："恢复古代十分取一的税法，废除关卡和市上对商品的征税制度，今年还不能做到，现在请先减轻一些税收，以便等到明年，再全都废除，怎么样？"

孟子说："（譬如）现在有个每日偷邻居一只鸡的人，有人告诫他说：'这个不是君子应有的行为。'他回答道：'请先减少一点，一个月偷一只鸡，等到明年，再洗手不干。'假如知道那件事做得不对，就该立即罢手，何必要等到明年呢？"

◎第九章◎

【原文】

公都子曰[①]："外人皆称夫子好辩，敢问何也？"

孟子曰："予岂好辩哉？予不得已也。天下之生久矣，一治一乱。"

"当尧之时，水逆行，泛滥于中国。蛇龙居之，民无所定，下者为巢，上者为营窟[②]。《书》曰：'洚水警余[③]。'——洚水者，洪水也。使禹治之。禹掘地而注之海，驱蛇龙而放之菹[④]；水由地中行，江、淮、河、汉是也。险阻既远，鸟兽之害人者消，然后人得平土而居之。

“尧舜既没，圣人之道衰，暴君代作[5]，坏宫室以为汙池，民无所安息；弃田以为园囿，使民不得衣食。邪说暴行又作，园囿、汙池、沛泽多而禽兽至。及纣之身，天下又大乱。周公相武王，诛纣伐奄，三年讨其君，驱飞廉于海隅而戮之[6]，灭国者五十，驱虎、豹、犀、象而远之，天下大悦。《书》曰：‘丕显哉，文王谟！丕承哉，武王烈！佑启我后人，咸以正无缺[7]。’

大禹治理好了水患，人民得以安居乐业。

世衰道微，邪说暴行有作。

“世衰道微，邪说暴行有作，臣弑其君者有之，子弑其父者有之。孔子惧，作《春秋》。《春秋》，天子之事也；是故孔子曰：‘知我者，其惟《春秋》乎！罪我者，其惟《春秋》乎！’

“圣王不作，诸侯放恣，处士横议[8]，杨朱、墨翟之言盈天下[9]，天下之言不归杨，则归墨。杨氏为我，是无君也；墨氏兼爱，是无父也。无父无君，是禽兽也。公明仪曰：‘庖有肥肉，厩有肥马；民有饥色，野有饿莩，此率兽而食人也。’杨、墨之道不息，孔子之道不著，是邪说诬民，充塞仁义也。仁义充塞，则率兽食人，人将相食。吾为此惧，闲先圣之道[10]，距杨、墨[11]，放淫辞，邪说者不得作。作于其心，害于其事；作于其事，害于其政。圣人复起，不易吾言矣。

“昔者，禹抑洪水而天下平，周公兼夷狄，驱猛兽而百姓宁，孔子成《春秋》而乱臣贼子惧。《诗》云：‘戎狄是膺，荆舒是惩，则莫我敢承。’无父无君，是周公所膺也。我亦欲正人心，息邪说，距诐行，放淫辞，以承三圣者；岂好辩哉？予不得已也。能言距杨、墨者，圣人之徒也。”

【注解】

①公都子：孟子弟子，公都是复姓。②营窟：相连的窟穴。③《书》曰，洚（jiàng）水警余：《书》指《尚书》逸篇。洚，洪水。④菹（jū）：长了草的沼泽。⑤代作：一代一代更替地产生。⑥飞廉：是商纣王手下一个好逢迎上司的臣子。⑦“《书》曰”以下各句：出自《尚书》逸篇。⑧处士：不在朝廷做官闲居家中的士人。⑨杨朱、墨翟：二人都生在孟子前，具体年代已无法核实，大约在春秋末期战国初期。杨朱主张“为我”“贵生”。墨翟是墨家的创始人，所传《墨子》七十一篇，现仅存五十三篇。主张人们要“兼相爱，交相利”，“节用”，“苦身劳形以利天下”，反对战争，反对儒家的“礼乐”。⑩闲：这里当捍卫讲。⑪距：同“拒”，抵御，反对。

【译文】

公都子说：“别人都说老师喜欢辩论，请问这是为什么呢？”

孟子说：“我难道是喜欢辩论么？我（实在是）不得已呀。人类社会产生已经很久了，总是一时太平一时乱（交相更替呀）。

“当尧执政的时候，洪水横流，到处泛滥，大地被龙蛇盘踞，老百姓没有地方定居，低洼地方的人只好在树上搭窝，高地的人便凿成一个连一个的窑洞。《尚书》中说：‘洚水警诫了我们。’——洚水就是洪水。（当时尧）派禹治水。禹挖通河道把洪水导入海中，又把（那些为害人们的）龙蛇驱逐

孟子赞颂说：多高明啊，文王的谋略。

到草泽中去；（于是）水便被纳入河道中流，这便是长江、淮水、黄河和汉水。危险和不方便既已消除，为害人们的鸟兽之灾也没有了，然后人们才得以回到平地上来安居。

“尧舜去世后，圣人之道就逐渐衰微了，暴虐的君主代代都产生过，（他们）拆毁民房来挖成深池，弄得老百姓无处安居；破坏农田来做园林，老百姓不能得到衣服和食物。（于是）荒谬的学说和残暴的行为随之兴起，园林、池沼、草泽多了，禽兽也就来了。到了商纣的时候，天下又发生了大乱。（于是）周公辅佐武王，出兵攻打纣王，并讨伐（助纣为虐的）奄国，三年之内，诛杀了纣王，把纣王手下的坏臣子飞廉赶到海边上杀死了。被消灭的国家多达五十个，把老虎、豹子、犀牛、大象赶到远方，天下的老百姓（对此）十分高兴。《尚书》里说：‘多高明啊，文王的谋略！多无愧于先人啊，武王的功绩！帮助启发了我们后一辈，使大家都正确没有缺点。’

“（不久，）世风日下，王道衰微，荒谬的学说和残暴的行为又出现了，臣子杀害君主的事有，儿子杀害父亲的事也有。孔子（对此）深感忧惧，便著述了《春秋》这部书，（对天子、诸侯、大夫‘褒善贬恶’。）这本是天子的职权，所以孔子说：‘了解我的，恐怕只在《春秋》这部书吧！责怪我的，恐怕也还在《春秋》这部书吧！’

“圣明的帝王没有产生，诸侯们横行无忌，为所欲为，一些在下面的学者们乱发议论，不顾影响，杨朱、墨翟的学说盛极一时，充满天下，一般人的论调不属杨派，就属墨派。杨派一切为了自己，这是目无君主；墨派主张不分亲疏，一视同仁，这是目无父母。目无君主和父母，那就成了禽兽了。公明仪说：‘厨房里摆着肥肉，马栏里喂着肥马；（可是）老百姓脸上有饥色，野外躺着饿死者的尸体，这无异乎是带领着野兽去吃人。’杨派、墨派的学说不停止流行，孔子的学说便得不到发扬光大，这便是荒谬的学说欺骗了百姓，阻塞了仁义的道路。仁义的道路一被阻塞，这就等于是带领野兽去吃人，人与人也将互相残杀。我为这个深感忧惧，（所以，挺身而出，）学习和捍卫先代圣人的学说抨击杨派和墨派，驳斥那些乌七八糟的言论，使发表荒谬议论的人不能抬头。（这种荒谬的学说）从心里产生出来，便要给工作带来危害，工作受了危害，也就危害了整个政治。（我想）后世再有圣人兴起，也不会改变我这些话的。

“从前，大禹治好了洪水，天下就太平了，周公征服了夷狄，赶走了猛兽，老百姓便安宁了，孔子著成了《春秋》（褒善贬恶），那些胡作非为的乱臣贼子便感到十分害怕。《诗》里说：‘（我）一攻打戎狄，惩罚荆舒，就没有谁敢抗拒我了。’那些目无君主父母的人，便正是周公所要惩罚的对象。我也要端正人心，止息谬论，反对阴险的行径，驳斥无耻的谎言，来继承大禹、周公、孔子三位大圣人的业绩；我难道是喜欢辩论吗？实在是不得已啊。凡是能够著书立言以反对杨、墨学派的人，就是圣人的门徒了。”

◎第十章◎

【原文】

匡章曰[①]：“陈仲子岂不诚廉士哉[②]？居於陵[③]，三日不食，耳无闻，目无见也。井上有李，螬食实者过半矣[④]，匍匐往，将食之[⑤]；三咽，然后耳有闻，目有见。”

孟子曰：“于齐国之士，吾必以仲子为巨擘焉[⑥]。虽然，仲子恶能廉？充仲子之操，则蚓而后可者也。夫蚓，上食槁壤，下饮黄泉[⑦]。仲子所居之室，伯夷之所筑与？抑亦盗跖之所筑与？所食之粟，伯夷之所树与，抑亦盗跖之所树与？是未可知也。”

曰：“是何伤哉？彼身织屦，妻辟纑[⑧]，以易之也。”

曰：“仲子，齐之世家也；兄戴，盖禄万钟[⑨]。以兄之禄为不义之禄而不食也，以兄之室为不义之室而不居也，辟兄离母[⑩]，处于于陵。他日归，则有馈其兄生鹅者[⑪]，己频顣曰[⑫]：‘恶用是鶃鶃者为哉[⑬]？’他日，其母杀是鹅也，与之食之。其兄自外至，曰：‘是鶃鶃之肉也。’出而哇之。以母则不食[⑭]，以妻则食之；以兄之室则弗居，以于陵则居之，是尚为能充其类也乎？若仲子者，蚓而后充其操者也。”

【注解】

①匡章：齐国人，曾在齐威王、宣王朝做过官。②陈仲子：齐国一个既不做官，也无益于世的士子。③於（wū）陵：齐国地名，在今山东长山县南，离齐国当时的首都临淄大约二百里。④井上有李，螬食实者过半矣：李，指李子。螬，蛴螬，金龟子的幼虫，生活在土里，吃农作物的根和茎，在不同的地区有地蚕、土蚕、核桃虫等于同的名称。⑤将：持，取。⑥擘（bò）：大拇指。巨擘，犹言数一数二的人物。⑦上食槁壤，下饮黄泉：槁壤，干枯的尘土。黄泉，地下泉水。⑧辟纑：辟，劈开，分析，这里指绩麻。纑，本指布缕，这里作动词用，有搓线成缕的意思。⑨盖（gě）：仲子的哥哥陈戴做官时所封的采邑，见《公孙丑章句下》第六章。⑩辟：同“避”，有的本子即作“避”。⑪鶃：同“鹅”。⑫己：指仲子。频顣（cú）：频与“颦”同，顣与“蹙”同，是说皱起眉头表示不高兴的样子。⑬鶃鶃（yì）：鹅叫声。⑭以母则不食：按仲子起初并未因母亲的缘故不吃鹅肉，只是听到他哥哥说“是鶃鶃之肉也”，才“出而哇之”。孟子这句话不符实际，原不过是想借此使仲子蒙上个不孝的名声罢了。

【译文】

匡章说：“陈仲子难道不是个廉洁的人么？（他）住在於陵，三天没有吃什么，（已经饿得）耳朵听不到声音，眼睛看不见东西了。井台上有个（从树上掉下的）李子，桃核虫咬食了它的大半果肉，（他无力地）爬上前去，捡起这个李子来就吃，（也顾不上细嚼慢咽）吞咽了三口，就恢复了耳朵的听觉和眼睛的视觉。”

匡章曰：陈仲子岂不诚廉士哉？

孟子说：“在齐国的人士中，无疑，仲子为首屈一指的人物。尽管如此，但仲子又怎么称得上廉洁呢？如果要彻底实现仲子的操守，那就只有变成蚯蚓然后才可以，蚯蚓这种虫，在地面上吃干巴巴的尘土，在地层深处饮清洁的黄泉。仲子所住的房子，是伯夷建造的呢，还是盗跖建造的呢？所吃的粮食，是伯夷种的呢，还是盗跖种的呢，这些都是不可知的。”

匡章说：“这打什么紧呢？他亲自编织草鞋，老婆绩麻搓线，拿去换吃的、住的。”

孟子说：“仲子，出身齐国的世族家庭；他的哥哥陈戴，封地盖邑每年能收到禄米几万石；（仲子）认为他哥哥的俸禄是不义的财物，便不食用；认为哥哥的房子是不义的产业，便不居住，避开哥哥，脱离母亲，（独个儿）住在於陵。后来有一天回家看望母亲，正好碰上有个送一只生鹅给他哥哥的人。（仲子）独自皱着眉头道：‘要这只鶃鶃叫的怪东西派什么用场呢？’过了些日子，他的母亲杀了这只鹅，拿给他吃。（当他正吃着的时候，）他哥哥从外面跑了进来，说：‘这便是那个鶃鶃叫的怪东西的肉。’（仲子一听，）便跑到外面去，‘哇’的一声全吐了。因为是母亲的东西便不吃，因为是妻子的东西便吃了；因为是哥哥的房子便不住，因为是於陵的地方便住下，这样还能算是廉洁到顶了吗？像仲子这样的人，恐怕只有把自己变成蚯蚓然后才能把廉洁之风推向顶点吧。”

离娄章句上

在本篇中，孟子从不同的角度阐述了效法尧舜、争取民心的政治主张，以此为出发点，他对当时各国的良将谋臣给予了激烈的抨击，认为他们杀戮人民、破坏仁义，罪恶深重，提出“善战者服上刑，连诸侯者次之，辟草莱、任土地者次之”，表现了对不义战争的坚决反对。本篇中，孟子多次谈到孝悌的原则，把仁义礼智都归结到了“事亲”“从兄”的宗法血缘关系中去，阐发了孝悌是仁义之本的思想，认为顺从父母，不仅要在物质上满足父母的需要，还要在精神上满足父母的需要，并且把这种“大孝”强调到高于一切的程度。由此可见，孟子是把维护宗法血缘关系作为其伦理道德观的核心的，这对中国传统社会中人的思想和行为产生了不容忽视的负面影响。

◎第一章◎

【原文】

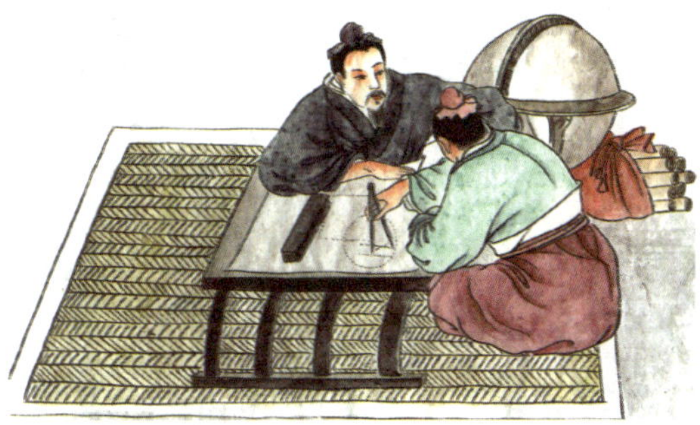

不以规矩，不能成方圆。

孟子曰：“离娄之明[①]，公输子之巧[②]，不以规矩，不能成方员[③]；师旷之聪，不以六律，不能正五音[④]；尧舜之道，不以仁政，不能平治天下。今有仁心仁闻[⑤]，而民不被其泽，不可法于后世者，不行先王之道也。故曰，徒善不足以为政，徒法不能以自行。《诗》云：‘不愆不忘，率由旧章[⑥]。’遵先王之法而过者，未之有也。圣人既竭目力焉，继之以规矩准绳，以为方员平直，不可胜用也；既竭耳力焉，继之以六律正五音，不可胜用也；既竭心思焉，继之以不忍人之政，而仁覆天下矣。故曰，为高必因丘陵，为下必因川泽；为政不因先王之道，可谓智乎？

“是以惟仁者宜在高位；不仁而在高位，是播其恶于众也。上无道揆也[⑦]，下无法守也，朝不信道，工不信度[⑧]，君子犯义，小人犯刑，国之所存者幸也。故曰：城郭不完，兵甲不多，非国之灾也；田野不辟，货财不聚，非国之害也；上无礼，下无学，贼民兴[⑨]，丧无日矣。

“《诗》曰：‘天之方蹶，无然泄泄[⑩]！’——泄泄，犹沓沓也[⑪]。事君无义，进退无礼，言则非先王之道者[⑫]，犹沓沓也。故曰，责难于君谓之恭，陈善闭邪谓之敬，吾君不能谓之贼。”

【注解】

①离娄：一名离朱，相传为黄帝时人，能在百步外看见“秋毫之末”。②公输子：即鲁班（一作般），鲁国的巧人，大概生于春秋末期，和孔子、墨子同时。③不以规矩，不能成方员：规，用来画圆像今天的圆规一类的仪器。矩，用来画方形像今天的曲尺一类的仪器。员，同圆。④师旷之聪，不以六律，不能正五音：师旷，晋平公时著名的乐师。聪，辨音能力强。六律、五音，律，指基本音律，分阴阳二部，阳为律，分太簇、姑冼、蕤（ruí）宾、夷则、无射、黄钟，即所谓六律；阴为吕，分大吕、应钟、南吕、函钟、小吕、夹钟；合称律吕或十二律。音指音阶；我国古代音阶分为宫、商、角、徵（zhǐ）、羽五种。相传黄帝时乐师伶伦截竹为筒，根据筒的长短来区别声音的清浊高下，也即是说用十二种长短不同的竹管，吹出十二种不同的声音作为基本音律，来审定以“宫、商、角、徵、羽”为标准的五种音调，即文中所说的以六律正五音。⑤闻：这里读（wèn），名声。⑥不愆（qiān）不忘，率由旧章：这两句诗出自《诗经·大雅·假乐》，这首诗是歌颂周成王能遵循旧章治国的。愆，过。率，循。⑦揆（kuí）：揆度，有估量揣测的意思。⑧度（dù）：计量长短的工具。⑨贼民兴：指战国时候，战乱不止，赋役繁重，民不聊生，铤而走险，“犯上作乱”。

⑩天之方蹶（guì），无然泄泄：这二句诗见《诗经·大雅·板》，这首诗是讽劝同僚、讥刺暴君的。蹶，动，指动乱不安。泄泄，多言的意思。⑪沓沓（tà）：多而重复。“泄泄”、“沓沓”义近，都是多言饶舌、随声附和的意思。⑫非：诋毁。

孟子说：只有仁人才适宜处在高位上。

【译文】

孟子说：“即使有离娄那样的眼力，公输般那样的巧艺，如果不凭圆规和曲尺，就不能画出准确的方形和圆形；即使有师旷那样强的辨音能力，如果不用六律，就不能校正好五音；即使有尧舜那样高明的政治能力，要是不实行仁政，就不能把天下治好。如今（一些诸侯）虽然有仁爱之心和仁爱的声望，百姓却没有蒙受恩泽，也不足为后世效法的原因，就在于他们没有实行先王之道。所以说，单有善念不足以搞好政治，单有良法不能自动执行（，只有二者密切配合，才能做到法行政举）。《诗》上说：‘不犯偏差，也不要遗漏，一切循照旧的规章。’遵循先王的法度行事而发生过失，这是从来没有过的事。古代圣人既竭尽自己的目力进行测视，又用圆规、曲尺、水平仪和绳墨来造方的、圆的、平的、直的各种东西，这些东西就用之不尽了；（古代圣人）既竭尽自己的听力来辨音，又用六律来校正五音，这种五音也就用之无穷了。（古代圣王）既竭尽心思考虑政事，又实行从不忍人出发的仁政，这样他的仁爱就遍布天下了。所以说，堆高山就必须凭借原有的丘陵高地，挖深池就必须利用原有的河流沼泽。办理政治不凭藉先王之道，能说得上是明智吗？

“所以只有仁人才适宜处在高位上；如果不仁爱的人处在高位上，这就等于把他的邪恶散播到群众中去。在上的国君不依照正确的道义来揣测天意民心，在下的臣民没有正确的法度可供遵守。朝廷上不相信道义，工匠们否认尺度，当官的违反义理，老百姓触犯刑法，这时国家还能存在，那真是侥幸的事。所以说，城墙不坚牢，武器装备不足，不是国家的灾难；农田没有开发，财富没有收聚，不是国家的祸害；（只有）在上位的人不讲礼义，居于臣下的人又不愿学习，造反的老百姓起来了，那亡国的日子便不远了。

“《诗经》上说：‘老天正要降下祸乱，群臣不要吵闹附和’。‘泄泄’和‘沓沓’差不多，（都是吵闹附和的意思。）侍奉君王不讲究道义，进退不讲究礼法，开口便诋毁先王之道，这种人跟多言无义的‘沓沓’者是一样的。所以说，责求君王行难事（先王的仁政），就叫作‘恭’；向君王陈说正确意见，阻塞他的邪念，就叫做‘敬’；认为‘我的君主不能行仁政’，就叫做‘贼’（有贼害的意思）。”

◎第二章◎

【原文】

孟子曰：“规矩，方员之至也[①]；圣人，人伦之至也[②]。欲为君，尽君道；欲为臣，尽臣道。二者皆法尧舜而已矣。不以舜之所以事尧事君，不敬其君者也；不以尧之所以治民治民，贼其民者也。

“孔子曰：‘道二，仁与不仁而已矣。’暴其民，甚则身弑国亡，不甚则身危国削；名之曰幽厉[③]，虽孝子慈孙，百世不能改也。《诗》云：‘殷鉴不远，在夏后之世[④]。’此之谓也。”

【注解】

①至：极限，极点。②人伦：这里的人伦，解作“人事”，即为人之道。③幽：指西周十二传的周幽王宫涅，是宣王的儿子，西周最后一个君主。由于他宠爱褒姒，政治昏暗，被犬戎所杀。厉：指西周十传的周厉王胡，他恣行暴虐，残杀批评他的人，被国人流逐于彘而死。幽和厉都是不好的谥称。厉王本在幽王前，而习惯称“幽厉”，大概是由于幽王的过恶大于厉王的缘故。④殷鉴不远，在夏后之世：二句是《大雅·荡》篇的结句。鉴，古代照人的铜镜。二句虽是说殷应该以夏为鉴（指汤诛夏桀），实际是要周以殷所以亡为借鉴。

【译文】

规矩，方员之至也。

孟子说："圆规和曲尺，是最方最圆无以复加的极则，（同样，）古代圣人也是做人到达尽善尽美地步的极则。想做（一个好的）君主，便要尽君主之道；想做（一个好的）臣子，便要尽臣子之道。二者都不过是要效法尧舜罢了。不用舜侍奉尧的忠诚态度侍奉自己的君主，便是不尊敬君主的人，不用尧治理百姓的挚爱心情治理自己的百姓，便是残害百姓的人。

"孔子说过：'治理国家的方法不外两种，也即是行仁政与不行仁政罢了。'（一个君主）残暴地虐待他的老百姓，（其后果是，）重则本身被杀，国家灭亡；轻则本身危险，国势削弱；死后蒙上'幽''厉'的恶名，后代尽管出了争气的子孙，哪怕经过了百多代，也是更改不了这种坏名声的。《诗》里有这么两句话：'殷商的鉴戒并不在远，就在夏的朝代。'说的正是这个意思。"

◎第三章◎

【原文】

孟子曰："三代之得天下也以仁，其失天下也以不仁。国之所以废兴存亡者亦然。天子不仁，不保四海；诸侯不仁，不保社稷；卿大夫不仁，不保宗庙；士庶人不仁，不保四体。今恶死亡而乐不仁，是犹恶醉而强酒。"

【译文】

孟子说："夏、商、周三代得到天下是由于仁爱，他们失去天下是由于不仁。国家的兴盛、衰败、生存、灭亡的原因也是这样。天子不仁，就不能保住天下；诸侯不仁，就不能保住国家；公卿大夫不仁，就不能保住宗庙；士子和老百姓不仁，就不能保全自身。现在有些人讨厌死亡，但却乐意干坏事，这就跟憎恶喝醉酒却又偏要勉强去喝酒的人一样。"

◎第四章◎

【原文】

孟子曰："爱人不亲，反其仁；治人不治，反其智；礼人不答，反其敬。行有不得者皆反求诸己，其身正而天下归之。《诗》云：'永言配命，自求多福。'"

【译文】

自求多福。

孟子说："爱别人，别人却不来亲近，就应反躬自问自己仁爱的程度；治理别人，别人却不服治理，就应反躬自问自己智慧的程度；对别人彬彬有礼，别人却不理不睬，就应反躬自问自己恭敬的程度。凡是行为没有得到预期效果的都要反过来从自己身上找原因，自身端正了，天下的人自然会归向自己。《诗》里就说过这样的话：‘永远修德配天命，多福还得自己求。’”

◎第五章◎

【原文】

孟子曰：“人有恒言[1]，皆曰‘天下国家’。天下之本在国，国之本在家，家之本在身。”

【注解】

①恒：经常，平常。

【译文】

孟子说：“人们有句口头常说的话，都说是‘天下国家’。可见天下的根本在国，国的根本在家，家的根本则在于个人本身。”

◎第六章◎

【原文】

孟子曰：“为政不难，不得罪于巨室[1]。巨室之所慕，一国慕之；一国之所慕，天下慕之；故沛然德教溢乎四海。”

【注解】

①巨室：指为国人所钦敬、仿效的贤卿大夫的家族，如春秋时晋国的六卿、鲁国的三桓等。

【译文】

孟子说：“办理政治并不难，（关键在于自己修身立德，）不得罪那些很有影响的贤卿大夫的家族。因为那些贤卿大夫的家族所向慕的，一国的人便也都会争着向慕；一国的人所向慕的，普天下的人便同样会争着向慕，所以你的德教便会声势浩大，不可遏抑地充溢于天下了。”

◎第七章◎

【原文】

孟子曰：“天下有道，小德役大德，小贤役大贤；天下无道，小役大，弱役强。斯二者，天也。顺天者存，逆天者亡。

“齐景公曰：‘既不能令，又不受命，是绝物也。’涕出而女于吴[1]。

孟子曰：顺天者存，逆天者亡。

“今也小国师大国而耻受命焉，是犹弟子而耻受命于先师也。如耻之，莫若师文王。师文王，大国五年，小国七年，必为政于天下矣。《诗》云：‘商之孙子，其丽不亿。上帝既命，侯于周服。’‘侯服于周，天命靡常。殷士肤敏，裸将于京[②]。'孔子曰：'仁不可为众也。夫国君好仁，天下无敌。'今也欲无敌于天下而不以仁，是犹执热而不以濯也。《诗》云：'谁能执热，逝不以濯[③]？'"

战国时代，各国的主从关系完全由实力决定。

【注解】

①女（nǜ）：作动词用，嫁。《吴越春秋·阖闾内传》载吴王阖闾要攻打齐国，齐景公只得将女儿作为人质出嫁给吴国。②"商之孙子"八句：这几句《诗》出自《诗经·大雅·文王》。其丽不亿：丽，数。不，不止。亿，古人以十万为亿，跟今人以万万为亿不同。侯于周服：侯，语助词。周服，向周朝臣服。殷士肤敏：殷士，殷朝的臣子。肤敏，壮美而又敏捷。裸（guàn）将于京：裸，祭礼的一种仪式。于，往。京，指周的首都镐京（今属陕西西安市）。③谁能执热，逝不以濯：这二句诗出自《诗经·大雅·桑柔》，这首诗是周大夫芮伯刺厉王暴政。逝，语助词。濯，浇洗。

【译文】

孟子说："天下太平、政治清明的时候，道德平庸的人受道德高尚的人役使，才智一般的人受才智高超的人役使；天下不太平、政治黑暗的时候，力量小的被力量大的奴役，势力弱的被势力强的奴役。这两种情况，是天意。顺从天意的就能生存，违背天意的就要灭亡。

"齐景公说过：'既没有能力命令别人，又不愿接受别人的命令，这是自绝于人。'他只能流着眼泪把女儿嫁给了吴国。

"现在一些小国效法大国，却又羞于接受大国的命令，这就好比学生把接受老师的命令看作是耻辱一样。如果真的感到可耻，那不如效法文王。效法文王，大国不出五年，小国不出七年，就一定可以统治整个天下了。《诗》里说过：'商朝的子孙，人数不下十万，上帝既已授命文王，他们也只能向周朝归顺。"他们归顺于周朝，可见天命没有定论。殷朝的臣子壮美而又聪敏，他们将要去灌酒助祭于周京。'孔子说过：'仁的力量强弱不在于人数的多少。假如国君爱好仁德，就能天下无敌。'现在有的人希望自己天下无敌却又不施仁政，这就好比想手拿烫物而又不愿用冷水浇手一样。《诗》中说得好：'谁能手执烫物，却不用水来浇濯？'"

◎第八章◎

【原文】

孟子曰："不仁者可与言哉？安其危而利其菑[①]，乐其所以亡者；不仁而可与言，则何亡国败家之有？

"有孺子歌曰：'沧浪之水清兮[②]，可以濯我缨；沧浪之水浊兮，可以濯我足。'孔子曰：'小子听之！清斯濯缨，浊斯濯足矣，自取之也。'夫人必自侮，然后人侮之；家必自毁，而后人毁之；国必自伐，而后人伐之。《太甲》曰：'天作孽，犹可违；自作孽，不可活。'此之谓也。"

沧浪之水清兮。

【注解】

①菑：通"灾"。②沧浪（láng）：青苍的水色。《楚辞·渔父》中的渔父也曾划着桨歌唱这首沧浪曲，孔子所闻远在《楚

辞》前，可见它是一首流传久远的民歌。

【译文】

孟子说："对于那些不施仁爱的人，怎可用言词来说服他们呢？处境危险，他们却视为安全；灾祸临头，他们却视为大吉大利；分明是自取灭亡的行为，他们却当作无上的快乐。如果不仁的人而可用言词说服的话，那世上还会有什么亡国败家的惨剧发生呢？

"从前有个儿童唱着一首这样的歌道：'碧绿的河水清啊，可以洗我帽上缨；碧绿的河水浊啊，可以洗我的脚。'孔子在一旁听了说：'后生们听呀！水清就洗帽缨，水浊就洗脚。这都是由水本身决定的。'（由此可见，）人们一定是自己先有自取侮辱的言行，然后别人才侮辱他；一个家庭一定是先有自取毁坏的因素，然后别人才会来毁坏它；一个国家一定是先有自取讨伐的前提，然后别人才来讨伐它。《尚书·太甲》篇说的'天造的孽，人们还可以逃避；至于自己造下孽，那就活也活不了'，便正是这个意思。"

◎第九章◎

【原文】

孟子曰："桀纣之失天下也，失其民也；失其民者，失其心也。得天下有道：得其民，斯得天下矣。得其民有道：得其心，斯得民矣。得其心有道：所欲与之聚之[①]，所恶勿施，尔也[②]。民之归仁也，犹水之就下、兽之走圹也[③]。故为渊驱鱼者，獭也[④]；为丛驱爵者，鹯也[⑤]，为汤武驱民者，桀与纣也。今天下之君有好仁者，则诸侯皆为之驱矣。虽欲无王，不可得已。今之欲王者，犹七年之病求三年之艾也[⑥]。苟为不畜，终身不得。苟不志于仁，终身忧辱，以陷于死亡。《诗》云：'其何能淑，载胥及溺[⑦]。'此之谓也。"

得天下有道：得其民，斯得天下矣。

【注解】

①与：犹"为"，替。②尔：如此，这样；也同"耳"，解作"罢了"。这里兼有这两重意思。③圹：同"旷"，旷野。④獭（tǎ）：像小狗，栖居水中，吃鱼，有水獭、旱獭、海獭之分，通常多指水獭。⑤为丛驱爵者，鹯（zhān）也：丛，密茂的树林。爵，同"雀"。鹯，古书中指鹞子一类的猛禽。⑥七年之病求三年之艾：艾，是一种可以用来治病的中草药。中医用燃烧的艾绒熏烤病人某一穴位来治某种病，叫作灸。这句话中的"七"和"三"不一定是实数，只是说年深日久的意思。⑦其何能淑，载胥及溺：这二句诗出自《大雅·桑柔》篇。淑，善。载，语助词。胥，皆，都。

【译文】

孟子说："桀、纣之所以会丧失天下，是由于失去了百姓的拥护；失去了老百姓拥护的，是由于失去了民心。得到天下有它的办法：得到百姓的拥护，就能得到天下。得到百姓拥护有它的办法：得到民心，便能得到百姓的拥护。得到民心有它的办法：他们所需要的替他们收聚起来，他们所憎恶的不强加给他们。如此而已。百姓的归向于仁政，就像水往低处流，兽朝旷野跑。所以替深水赶来游鱼

为渊驱鱼。

的是水獭，替森林赶来飞鸟的是鹞鹰，替汤王和武王赶来百姓的是夏桀和商纣。如果现在天下的国君中有爱好仁德的，那么诸侯们就都会替他把百姓赶来。（这样的国君）哪怕他不想称王于天下，也是办不到的了。现在妄想称王于天下的人，好比是患了七年的病而需要找到数年的陈艾来医治一样，如果平时不积蓄，那就终身也得不到。（一个国君）如果对施仁政没有兴趣，那他就要终身忧愁受辱，直到他死亡。《诗经》里说：'（这样胡作非为）怎能把事情办好，最后终究一块儿沉下深渊。'说的就是这种人。"

◎第十章◎

【原文】

孟子曰："自暴者[①]，不可与有言也；自弃者，不可与有为也。言非礼义[②]，谓之自暴也；吾身不能居仁由义，谓之自弃也。仁，人之安宅也；义，人之正路也。旷安宅而弗居，舍正路而不由，哀哉！"

自暴者，不可与有言也。

【注解】

①暴：犹"害"。②非：毁坏。

【译文】

孟子说："一个自暴的人，不可能跟他谈有价值的话；一个自弃的人，不可能跟他有所作为。一个人说话诋毁礼义，叫作'自暴'；自认为不能怀仁行义，叫作'自弃'。仁是人们最舒坦的住所；义是人们最正确的道路。一个人放着最舒坦的住所不住，丢下最正确的道路不走，真是可悲呀！"

◎第十一章◎

【原文】

孟子曰："道在迩而求诸远，事在易而求诸难。人人亲其亲、长其长，而天下平。"

【译文】

孟子说："平治天下的道理就在眼前，却要向远处去寻找；平治天下的事本是轻而易举的，却要向难处去寻找。如果人人都爱各自的父母，尊敬各自的长辈，天下自然就能够平治好了。"

◎第十二章◎

【原文】

孟子曰："居下位而不获于上[①]，民不可得而治也。获于上有道，不信于友，弗获于上矣。信于友有道，事亲弗悦，弗信于友矣。悦亲有道，反身不诚，不悦于亲矣。诚身有道，不明乎善，不诚其身矣。是故诚者，天之道也；思诚者，人之道也。至诚而不动者，未之有也；不诚，未有能动者也。"

【注解】

①获于上：从"居下位"至"不诚其身矣"，见《礼记·中庸》篇。获于上，是说得到上司的信任。

【译文】

孟子说："身处在下面的职位却不能得到上司的信任，便不可能治理好百姓。获得上司的信任有它的方法，一个人不被朋友所信任，便得不到上司的信任了。得到朋友信任有它的方法，一个人侍奉父母却不能得到父母的欢心，便不会被朋友信任了。得到父母的欢心有它的方法，一个人反省自身，缺乏诚意，便得不到父母的欢心了。要使本身具备诚心有它的方法，一个人不懂得什么是善，本身也就不会具备诚心了。所以诚心善性是天所赋予人的优良本质；考虑保持和发扬这种诚心善性是人为的努力。一个人做到了至诚无伪而人们却不被感动，是绝对没有的事；缺乏诚心的人是不能感动别人的。"

◎第十三章◎

【原文】

孟子曰："伯夷辟纣，居北海之滨[①]，闻文王作，兴曰[②]：'盍归乎来[③]！吾闻西伯善养老者[④]。'太公辟纣，居东海之滨[⑤]，闻文王作，兴曰：'盍归乎来！吾闻西伯善养老者。'二老者，天下之大老也，而归之，是天下之父归之也。天下之父归之，其子焉往？诸侯有行文王之政者，七年之内，必为政于天下矣。"

孟子谈论伯夷、太公。

【注解】

①北海之滨：指黄河从右碣石入海的地方，在今河北昌黎县西北，离伯夷所在的孤竹国（孤竹古城在今河北卢龙县南十二里）不远，是当年伯夷避纣的地方。②兴：有"起""兴奋"的意思。③来：语助词。④西伯：即后来的周文王，当纣的时候，为西方诸侯之长（西伯）；周朝建立后，被追谥为"文王"。孟子称他为"文王"，是后世人的身份，伯夷、太公称他为"西伯"，是同时代人的身份。⑤东海之滨：一般指海曲一带，海曲县治所在今山东日照西。

【译文】

孟子说："伯夷逃避暴君纣王的统治，隐居在北海边上，听说文王兴盛起来了，精神振奋地说：'我何不归到那里去呢！我听说西伯是善于奉养老人的人。'太公姜尚逃避暴君纣王的统治，隐居在东海边上，听说文王兴盛起来了，精神振奋地说：'我何不归到那里去呢！我听说西伯是善于奉养老人的人。'伯夷和太公二位老人，是天下德高望重的著名老人，而他们都归到西伯（即文王）那里去，这就等于是天下的父老归向西伯（即文王）了。天下的父老都归向他，他们的儿子一辈（不归向他）又归向谁呢？当今的诸侯们中如有效法文王愿意实行仁政的，不出七年，就一定能统一天下了。"

◎第十四章◎

【原文】

孟子曰："求也为季氏宰[①]，无能改于其德，而赋粟倍他日[②]。孔子曰：'求非我徒也，小子鸣鼓而攻之可也[③]！'由此观之，君不行仁政而富之，皆弃于孔子者也；况于为之强战！争地以战，杀人盈野；争城以战，杀人盈城。此所谓率土地而食人肉，罪不容于死。故善战者服上刑[④]，连诸侯者次之[⑤]，辟草莱、任土地者次之[⑥]。"

【注解】

①求：指孔子的弟子冉求，春秋时鲁国人，字子有，名列孔子门下政事科。季氏：鲁国贵族之一，世代为卿，这里是指季康子。②赋：取，征收。③子：古时老师对学生的称呼。鸣鼓：大张旗鼓。攻，有谴责的意思。④上刑：重刑。⑤连诸侯：连结诸侯。⑥辟草莱、任土地者次之：辟，开辟；草莱，未开垦的荒地。任土地，把土地分授给百姓，叫他们负责耕种。孟子是儒家，极力鼓吹所谓仁政，对上述富国强兵之术，不从当时政治、经济的实际情况出发，一概加以反对，因此他所到之处，被视为迂阔而不见重用。

【译文】

孟子说："冉求做了鲁国公卿季康子的家臣，没有能力改变他的所作所为，却帮着他向老百姓征收比往日增加一倍的粮谷。孔子说：'冉求，不是我们中的人了，弟子们可以大张旗鼓地去责数他的过错！'从这件事看来，凡是去帮助不行仁政的君主搜刮财富的人，都是被孔子所唾弃的；何况对于那些为霸主们去努力作战的人呢！为了争夺土地而进行战争，往往杀人满野；为了争夺城池而进行战争，往往杀人满城，这就是我们所说的为了土地而吞噬人肉，这种人罪大恶极，处以死刑还不足以偿还他们的罪恶。所以那些能征惯战的人应该受到最重的刑罚，那些搞'合纵连横'唆使诸侯们拉帮结伙互相攻战的人该受次一等的刑罚，那些迫使老百姓开荒山、尽地力以增加霸主们赋税收入的人也该受到更次一等的刑罚。"

◎第十五章◎

【原文】

孟子曰："存乎人者，莫良于眸子[①]。眸子不能掩其恶。胸中正，则眸子瞭焉；胸中不正，则眸子眊焉[②]。听其言也，观其眸子，人焉廋哉[③]？"

【注解】

①"存乎"两句：存，在，察。眸（móu）子，泛指眼睛。②眊（mào）：眼睛昏花。③廋（sōu）：隐藏、藏匿。

【译文】

孟子说："观察人的方法，莫过于观察他的眼睛。眼睛不能掩盖人内心的丑恶。心中正直，眼睛就显得清明；心中不正直，眼睛就显得浑浊。听一个人的谈话，观察他的眼神，这个人内心的邪善又怎么能够隐藏得住呢？"

观其眸子。

◎第十六章◎

【原文】

孟子曰："恭者不侮人，俭者不夺人。侮夺人之君，惟恐不顺焉，恶得为恭俭？恭俭岂可以声音笑貌为哉？"

【译文】

孟子说："恭敬的人不会欺侮别人，俭朴的人不会掠夺别人。那些欺侮、掠夺别人的君王，生怕别人不顺从他，又怎么能做到恭俭呢？恭敬和俭朴难道是可以凭悦耳的声音和讨好的笑脸做得出来的吗？"

◎第十七章◎

【原文】

淳于髡曰[①]："男女授受不亲，礼与？"

孟子曰："礼也。"

曰："嫂溺，则援之以手乎？"

曰："嫂溺不援，是豺狼也。男女授受不亲，礼也；嫂溺，援之以手者，权也[②]。"

曰："今天下溺矣，夫子之不援，何也？"

曰："天下溺，援之以道；嫂溺，援之以手——子欲手援天下乎？"

男女授受不亲。

【注解】

①淳（chún）于髡（kūn）：战国时齐国人，先后在齐威王、宣王朝做过官。为人滑稽善辩论，机智善讽。屡次奉派出使诸侯国，从不曾受辱。②权：凡对事情衡量得失利弊变通办理便叫权。

【译文】

淳于髡问（孟子）道："男女之间不能亲手递接东西，这是礼法的规定吗？"

孟子说："是礼法的规定。"

淳于髡又问："如果嫂子掉河里了，那么用手去拉她呢？"

孟子说："嫂子掉进河里而不用手去拉，这简直是豺狼了。男女之间不亲手递接东西，这是礼法的规定；嫂子掉进河里，用手拉她上岸，这是变通的办法。"

淳于髡说："如今天下的人都像掉进了深渊中，先生您却不去援救，为什么呢？"

孟子说："天下的人都掉进深渊，要用道去援救；嫂子掉进了河里，要用手去拉她——难道您想用手去救援掉进深渊里的天下人吗？"

◎第十八章◎

【原文】

公孙丑曰："君子之不教子，何也？"

孟子曰："势不行也。教者必以正；以正不行，继之以怒。继之以怒，则反夷矣[①]。'夫子教我以正，夫子未出于正也。'则是父子相夷也。父子相夷，则恶矣。古者易子而教之，父子之间不责善。责善则离，离则不祥莫大焉。"

【注解】

①夷：伤，包括父子而言，有伤感情的意思。

【译文】

公孙丑问道："君子不亲自教育儿子，是为什么呢？"

孟子答道："这是由于情势上行不通。执教的人一定要用正道理去教育学生，用正道理而不发生效果，执教的人随之而来的往往是被激怒，执教的人一被激怒，就反而伤了双方的感情。（儿子心里会这样非议父亲：）'您搬出正道理来一本正经地教育我，您自己的所作所为却并未合乎正道理。' 这就伤了父子的感情。父子伤感情，可就坏了。古时候人们相互交换儿子来进行教育，父子之间避免互相拿正道理来责求对方。父子之间互相拿正道理来责求对方，彼此就会因此产生隔膜，彼此之间有了隔膜，那是最不好的事。"

◎第十九章◎

【原文】

孟子曰："事孰为大？事亲为大；守孰为大？守身为大。不失其身而能事其亲者，吾闻之矣；失其身而能事其亲者，吾未之闻也。孰不为事？事亲，事之本也；孰不为守？守身，守之本也。

"曾子养曾皙[①]，必有酒肉，将彻，必请所与；问有余；必曰有。曾皙死，曾元养曾子[②]，必有酒肉；将彻，不请所与；问有余，曰亡矣，——将以复进也。此所谓养口体者也。若曾子，则可谓养志也。事亲若曾子者可也。"

【注解】

①曾皙：名点，曾参（即曾子）父，父子同是孔子学生。②曾元：曾参的儿子。

事孰为大？事亲为大。

【译文】

孟子说："侍奉哪个最重要？侍奉父母最重要；操守哪个最重要？保持自身的操守（不使它陷于不义）最重要。不丧失自身的操守而又能侍奉好他父母的人，我听说过；丧失了自身的操守却能侍奉好他父母的人，我从未听说过。哪个长者不该侍奉？可侍奉父母，是最根本的；哪件正义的事不该坚持？但保持自身的操守（不使它陷于不义），是最根本的。

"曾子奉养他父亲曾皙，每餐必定要有酒肉；撤去食物时，必定请示父亲剩下的酒肉给谁吃；父亲问有没有剩余，必定回答有。曾皙死后，曾元奉养他的父亲曾子，每餐也还是有酒肉，但将撤席时，却不请示剩下的酒菜给谁吃；父亲问有没有剩余，就回答说没有了。准备拿剩下的酒菜下餐再进奉给父亲。这就是所谓养口体的。像曾子，就可以说是对父母心意的奉养了。侍奉双亲能做到像曾子那样，就算可以了。"

◎第廿章◎

【原文】

孟子曰："人不足与适也[①]，政不足间也；惟大人为能格君心之非。君仁莫不仁；君义莫不义；君正莫不正。一正君而国定矣。"

【注解】

①人：指在位的小人。适（zhé）：同"谪"，有指摘、责备的意思。

【译文】

孟子说："对那些当权的小人不值得去指摘，对他们的政治也不值得去非议；只有大德的人才能纠正君主思想上的错误。（在一个国家内，君主是起决定作用的。）君主心存仁爱，下面便没有不心存仁爱的；君主行事合宜，下面便没有不行事合宜的；君主作风正派，下面便没有不正派的。君主一得到端正，整个国家便自然安定了。”

◎第廿一章◎

【原文】

孟子曰：“有不虞之誉，有求全之毁。”

【译文】

孟子说：“有出乎意料之外的赞誉，也有本求无过而偏遭诋毁的事。”

◎第廿二章◎

【原文】

孟子曰：“人之易其言也，无责耳矣。”

【译文】

孟子说：“人们之所以轻易发表言论，不过是由于他无须负什么责任罢了。”

◎第廿三章◎

【原文】

孟子曰：“人之患，在好为人师。”

【译文】

孟子说：“人的毛病，在于（缺乏自知之明）喜欢充当别人的老师。”

一正君而国定矣。

◎第廿四章◎

【原文】

乐正子从于子敖之齐[①]。

乐正子见孟子。孟子曰："子亦来见我乎？"曰："先生何为出此言也？"曰："子来几日矣？"曰："昔者[②]。"曰："昔者，则我出此言也，不亦宜乎？"曰："舍馆未定[③]。"曰："子闻之也，舍馆定，然后求见长者乎？"曰："克有罪。"

乐正子见孟子。

【注解】

①乐正子：鲁国人，名克，孟子弟子。子敖：齐国贵臣，即右师王驩。这时子敖出使到鲁国，乐正子跟他一块来齐国。孟子正在齐国，所以乐正子能谒见孟子。②昔者：前日。③舍馆：客舍。

【译文】

乐正子随从王驩来到了齐国。

乐正子谒见孟子。孟子说："你也会来见我吗？"乐正子说："先生为什么讲出这样的话来呢？"孟子反问："你来了几天了？"乐正子答道："一些日子。"孟子说："既然你是前些日子来了，那么我说这样的话，不也是应该的吗？"乐正子解释道："因为客馆还没有定（所以来迟了些）。"孟子说："你听说过，等客馆定下了，然后才来谒见长辈吗？"乐正子说："这个我有过错。"

◎第廿五章◎

【原文】

孟子谓乐正子曰："子之从于子敖来，徒餔啜也[①]。我不意子学古之道而以餔啜也。"

【注解】

①餔（bù）啜：饮食。

【译文】

孟子对乐正子说：'你跟随王子敖来齐国，只不过是为了饮食。我真没有想到你学了古人的大道，却拿来谋取饮食呢。"

◎第廿六章◎

【原文】

孟子曰："不孝有三，无后为大[①]。舜不告而娶，为无后也，君子以为犹告也。"

【注解】

①不孝有三，无后为大：在古代被封建礼教看作是不孝的三件事，除了孟子这里所说的无后外，还有所谓"阿意曲从，

陷亲不义”和“家贫亲老，不为禄仕”两件事。

【译文】

孟子说：“不孝的事有三件，其中以没有子孙后代为最大。（娶妻本应先禀告父母，）帝舜没有禀告父母就娶老婆，就是因为担心没有后代。所以君子认为他这样和禀告了是一样的。”

◎第廿七章◎

【原文】

孟子曰：“仁之实，事亲是也；义之实，从兄是也；智之实，知斯二者弗去是也；礼之实，节文斯二者是也；乐之实，乐斯二者，乐则生矣[①]；生则恶可已也，恶可已，则不知足之蹈之手之舞之。”

仁之实，事亲是也。

【注解】

①乐之实，乐斯二者，乐则生矣：三个乐字，第一个读yuè，音乐；第二、三个读lè，喜爱、快乐。

【译文】

孟子说：“仁的实质，便是侍奉父母；义的实质，便是顺从兄长；智的实质，便是透彻地了解这两者的道理而执着地守着它片刻不离；礼的实质，便是调节这两者（既使它们不文过其实，又不失应有的礼仪）；乐的实质，便是喜爱这二者，快乐也就自然而然地产生了；快乐一产生就无法再遏止了，快乐无法遏止，就情不自禁地要手舞足蹈起来了。”

◎第廿八章◎

【原文】

孟子曰：“天下大悦而将归己；视天下悦而归己，犹草芥也，惟舜为然。不得乎亲，不可以为人；不顺乎亲，不可以为子，舜尽事亲之道而瞽瞍厎豫[①]，瞽瞍厎豫而天下化，瞽瞍厎豫而天下之为父子者定，此之谓大孝。”

【注解】

①瞽瞍：舜的父亲，性情顽固，曾经多次想谋杀舜。厎（zhí）豫：厎，致；豫，乐。厎豫是说由不快乐到快乐。

【译文】

孟子说：“天下的人都十分高兴，并且将要归附于自己；把天下的人悦服并将归附于自己，看得像草芥一样不那么重要，只有舜是这样。（在舜的眼中看来，）儿子与父母亲的关系相处得不好，不可以做人；儿子不能事事顺从父母亲的心意，便不成其为儿子。（因此，）舜尽了一切事亲之道而使瞽瞍由不高兴到高兴了，瞽瞍由不高兴到高兴了，于是天下的人都受到了感化；替瞍由不高兴到高兴了，于是天下作为父子的伦常关系也从此确定了，这就叫作大孝。”

离娄章句下

本篇杂记孟子平时的言论，可注意的有以下几方面的观点：首先是关于君臣关系。孟子主张君臣之间应有相应的对等关系，不能单方面要求臣下无条件地服从君主："君之视臣如手足，则臣视君如腹心；君之视臣如犬马，则臣视君如国人；君之视臣如土芥，则臣视君如寇仇。"这种相互制约的君臣关系，是具有一定的民主色彩的，是孟子思想中的精华。遗憾的是这一思想在后世未能被发扬光大。另外，孟子对君子人格的培养的言论也是具有进步意义的。他认为君子不应该为得失而忧虑，而应该以尧舜为榜样，努力做到最善，"舜，人也；我，亦人也"。认为凡人和圣人在人格上是平等的，因而"人皆可以为尧舜"，这种认识在当时的时代背景下是难能可贵的。最后，孟子还对不择手段追求富贵利达的人给予了尖锐的讽刺，表现出对人格卑劣的人的极端厌恶和鄙薄。

◎第一章◎

【原文】

孟子曰："舜生于诸冯，迁于负夏，卒于鸣条①，东夷之人也。文王生于岐周②，卒于毕郢③，西夷之人也。地之相去也，千有余里；世之相后也，千有余岁。得志行乎中国，若合符节④。先圣后圣，其揆一也⑤。"

孟子论舜与文王之事。

【注解】

①诸冯、负夏、鸣条：舜是传说中的古代圣人，他生、卒、活动的地名已经很难确指。诸冯、负夏、鸣条都是地名，大概在东方少数民族地区。②岐周：指岐山下周的旧邑，在今陕西岐山县东北。③毕郢：地名，相传是文王去世的地方，在今陕西咸阳县东二十一里。④若合符、节：符、节，古代用于多方面作为表示印信的东西，原料也不限于竹，还有用玉、铜、角等做成的，形状有龙、虎、人之别，根据用途的不同而异。一般是分成两半，各执一半，相合无间，拿来代替印信。⑤揆（kuí）：准则。

【译文】

孟子说："舜出生在诸冯，迁居到负夏，死在鸣条，是东方边远地区人。文王出生在岐周，死在毕郢，是西方边远地区人。地域相距一千多里，时代相隔一千多年。当他们得志后在中原地区实现他们的抱负，简直没有两样，前代的圣人和后代的圣人，他们的准则都是一个样。"

◎第二章◎

【原文】

子产听郑国之政①，以其乘舆济人于溱洧②。孟子曰："惠而不知为政③。岁十一月，徒杠成④；十二月，舆梁成⑤，民未病涉也。君子平其政，行辟人可也⑥，焉得人人而济之？故为政者，每人而悦之，日亦不足矣。"

【注解】

①子产：春秋时郑卿公孙侨的字。子产自郑简公时当权，先后在定公、献公、声公朝为相四十多年，政声卓著，颇得孔子称许。②溱（zhèn）洧（wěi）：郑国二水名。③惠：惠，恩惠，慈爱。④徒杠（gāng）：仅供徒步行人过河用的独木桥。⑤舆梁：可通车马的大桥。⑥行辟人：辟，同“避”，行辟人是说叫行人回避。

【译文】

子产在郑国当政，用自己乘坐的车子在溱水和洧水帮助把行人渡过去。孟子说：“子产惠爱百姓却不晓得如何办好政事。如果十一月里，过人的小桥修成了，十二月里，过车辆的大桥修成了，老百姓就不会再为渡河发愁了。在上面做官的办好了政事，即使是出去时令行人开道回避自己也是可以的，怎能去一个一个地帮人渡河呢？所以当政的人，要讨得每个人的欢心，那时间也就会太不够用了。

◎第三章◎

【原文】

孟子告齐宣王曰：“君之视臣如手足，则臣视君如腹心；君之视臣如犬马，则臣视君如国人；君之视臣如土芥，则臣视君如寇仇。”

王曰：“礼，为旧君有服[①]，何如斯可为服矣？”

曰：“谏行言听，膏泽下于民；有故而去，则君使人导之出疆，又先于其所往[②]；去三年不反，然后收其田里。此之谓三有礼焉。如此，则为之服矣。今也为臣，谏则不行，言则不听；膏泽不下于民；有故而去，则君搏执之，又极之于其所往[③]；去之日，遂收其田里。此之谓寇仇。寇仇，何服之有？”

【注解】

①礼，为旧君有服：礼，指《仪礼》。旧君，过去曾侍奉过的君主。服，指穿丧服。齐宣王觉得孟子的话说得过重了，所以故意提出这个问题来问他。②先：先派人去。所往：所要去的国家。③极：这里是使穷困、走投无路之意。

【译文】

君之视臣如土芥，则臣视君如寇仇。

孟子告诉齐宣王说：“君王看待臣下犹如自己的手足，臣下看待君王就会犹如自己的腹心；君王看待臣下犹如狗马，臣下看待君王就会犹如一般百姓；君王看待臣下犹如泥块草芥，臣下看待君王就会犹如仇敌。”

宣王（听了这番话，觉得有些过分，就故意）问道：“礼制规定：离了职的臣下要为旧日的君主服孝，在怎样的情况下他们才会为旧日的君主服孝呢？”

孟子说：“如果臣下的规劝他照办了，好的意见他听取了，恩惠遍及了百姓；臣下有故必须离开国家时，君主就派人引导他出境，并且事先派人到他所去之地布置妥当；离开三年还没回国，才收回他的封地跟房屋。这叫作三有礼。君王能做到这样，臣下（在他死了后）就会为他服孝。如今做臣下的，规劝的话不被接受，正确的意见不被采纳，所以恩惠也不曾遍及百姓；臣下因故离国时，君王就派人捉拿他，又在他所去之地故意制造种种困难；刚一离开，便没收他的封地跟房屋。这就叫作仇敌。对于仇敌，还为他服孝干嘛呢？”

◎第四章◎

【原文】

孟子曰："无罪而杀士，则大夫可以去；无罪而戮民，则士可以徙。"

【译文】

孟子说："（君主）无辜地杀害士人，做大夫的就可以离开这个国家；无辜地屠杀老百姓，做士人的就可以迁往别处。"

◎第五章◎

【原文】

孟子曰："君仁莫不仁，君义莫不义。"

【译文】

孟子说："君主心存仁爱，下面的臣民便没有不心存仁爱的；君主行事合宜，下面的臣民便没有行事不合宜的。"

◎第六章◎

【原文】

孟子曰："非礼之礼，非义之义，大人弗为。"

【译文】

孟子说："似是而非的礼，似是而非的义，有大德的君子是不干的。"

◎第七章◎

【原文】

孟子曰："中也养不中，才也养不才①，故人乐有贤父兄也。如中也弃不中，才也弃不才，则贤不肖之相去，其间不能以寸②。"

【注解】

①中也养不中，才也养不才：行事没有过份或不及叫中；力能有所作为叫才。养是指培养熏陶，等待受教育的人潜移默化。②其间不能以寸：杨伯峻《孟子译注》以为这句话的后面省略了动词"量"字。

【译文】

孟子说："道德修养高尚的贤者应该熏陶培育道德修养不高的人，有才智的能人应该熏陶培育才智低下的人，所

人乐有贤父兄也。

以人们愿意（或乐于）家里有贤能的父兄。要是道德修养高尚的贤者抛弃道德修养不高的人，有才智的能人抛弃才智低下的人，那么，贤和不贤两种人之间的距离，简直不能用分寸去量了。”

◎第八章◎

【原文】

孟子曰：“人有不为也，而后可以有为。”

【译文】

孟子说：“人只有对某些事舍弃不干，然后才可以有所作为。”

◎第九章◎

【原文】

孟子曰：“言人之不善，当如后患何？”

【译文】

孟子说：“专爱说别人的坏话，一旦因此而引起后患，应当怎么办呢？”

◎第十章◎

【原文】

孟子曰：“仲尼不为已甚者。”

【译文】

孟子说：“孔子不做过头的事。”

◎第十一章◎

【原文】

孟子曰：“大人者，言不必信，行不必果，惟义所在。”

【译文】

孟子说：“有德的君子，讲的话不一定都守信，做的事不一定都彻底，只看说和做怎么样更为合宜。”

◎第十二章◎

【原文】

孟子曰：“大人者，不失其赤子之心者也。”

【译文】

孟子说：“所谓大人，是没有失去他那颗爱人民犹如爱婴儿一般的心的人。”

◎第十三章◎

【原文】

孟子曰："养生者不足以当大事[①]，惟送死可以当大事。"

【注解】

①养：旧读yàng，今读yǎng。当：当作，视为。

【译文】

孟子说："生前奉养父母不能算作是大事，只有死后给他们办好丧事才可以算作是大事。"

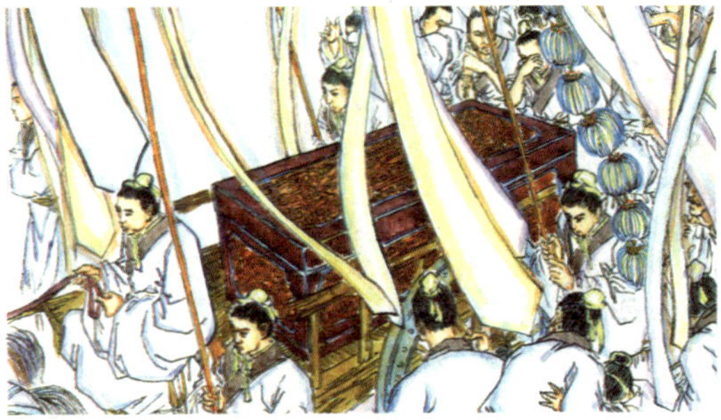

养生者不足以当大事，惟送死可以当大事。

◎第十四章◎

【原文】

孟子曰："君子深造之以道，欲其自得之也。自得之，则居之安；居之安，则资之深[①]；资之深，则取之左右逢其原，故君子欲其自得之也。"

【注解】

①资之深：资，有积蓄的意思。深造自得，在于积蓄深广的知识，积蓄深厚，然后能取之不尽，用之不竭，左右逢源。

【译文】

孟子说："君子沿着正确的路子对学问进行高深的造诣，目的就是要使自己自觉地得到学问。自己自觉地求得的学问，就能心安理得地坚守它；能心安理得地坚守它，日积月累，就能积蓄深广；积蓄深广，便能随心所欲，取之不尽，用之不竭，左右逢源，所以君子贵在自己自觉地求得学问。"

君子深造之以道，欲其自得之也。

◎第十五章◎

【原文】

孟子曰："博学而详说之，将以反说约也。"

【译文】

孟子说："广博地学习，详尽地解说，目的是要（融会贯通）回到最简明最扼要的地步。"

◎第十六章◎

【原文】

孟子曰："以善服人者，未有能服人者也；以善养人，然后能服天下。天下不心服而王者，未之有也。"

【译文】

孟子说："拿自己的长处去折服别人，没有能够使人折服的；拿自己的长处去教育帮助别人，（使别人也能获得这些长处，）然后才能叫天下的人心服。天下的人不归心而能够统一天下的，是决不会有的事。"

◎第十七章◎

【原文】

孟子曰："言无实不祥。不祥之实，蔽贤者当之。"

【译文】

孟子说："言语没有有实际内容而不好的。只有那些阻碍进用贤者的人，才是不好的哩。"

◎第十八章◎

【原文】

徐子曰[①]："仲尼亟称于水曰：'水哉，水哉[②]！'何取于水也？"

孟子曰："原泉混混[③]，不舍昼夜，盈科而后进[④]，放乎四海，有本者如是，是之取尔[⑤]。苟为无本，七八月之间雨集[⑥]，沟浍皆盈[⑦]；其涸也，可立而待也。故声闻过情[⑧]，君子耻之。"

【注解】

①徐子：指孟轲弟子徐辟。②亟（qì），屡次。③原泉混混："原"字有的本子作"源"，"原"为正字，"源"是俗字。混混，即滚滚。④盈科：注满坑洼。⑤是之取尔：这是一个强调宾语的提宾倒装句式，尔同耳，表限止。⑥七八月之间雨集：这里孟子用的是周历，周正建子，夏正建寅，相差两个月，所以周历七八月即夏历五六月，正当夏至之后，常多大雨。⑦浍（kuài）：田间的水沟。⑧声闻（wèn）：名声，名誉。情：实际，实情。

【译文】

徐辟说："孔子曾多次赞美水道：'水啊，水啊！'请问他对于水取的是什么呢？"

孟子说："有本有源的泉水滚滚奔流，不分白天黑夜，注满空坑后又继续前进，一直到达大海。凡是做事重视本原的便正像这样，孔子所取的不过是这一点罢了。假如是无本无源，就像七八月间大雨滂沱，一下子沟沟洼洼水都满了，可是它的干涸却不必等待多久的时间。所以声誉超过了实际（就像无本之水，表面上一时浩浩荡荡），有道德的君子常把它看作是一种耻辱。"

仲尼亟称于水曰：水哉，水哉！

◎第十九章◎

【原文】

孟子曰："人之所以异于禽兽者几希，庶民去之，君子存之。舜明于庶物，察于人伦，由仁义行，非行仁义也。"

【译文】

孟子说："人区别于禽兽的地方很少，（对于这很少的区别，）一般人丢弃了它，君子保存了它。舜对于众多事物的道理能明白，对于人之常情能明察，所以他能自然地走在仁义的道路上，而不是勉强地去推行仁义。"

人之所以异于禽兽者几希，庶民去之，君子存之。

◎第廿章◎

【原文】

孟子曰："禹恶旨酒而好善言。汤执中，立贤无方[①]。文王视民如伤，望道而未之见[②]。武王不泄迩[③]，不忘远。周公思兼三王，以施四事[④]；其有不合者，仰而思之，夜以继日；幸而得之，坐以待旦。"

【注解】

①方：常，一定。②而：读rú，古代"而""如"二字可以通用。③泄：同"媟（xiè）"，有狎亵、轻慢的意思。④思兼三王，以施四事：三王，三代的君主。四事，禹汤文武所行的事。

【译文】

孟子说："夏禹王讨厌人家进献美酒，却爱听有益的话。商汤王坚持中正之道，但起用贤人却能通权达变，打破常规。周文王看待老百姓，就像他们受了伤一样，（百般抚慰。）分明已接触到了道，却好像还没有看到一样，（追求不懈。）周武王不轻慢常在身边的近臣，也不忘怀散在他方的远臣。周公常常想要兼学夏、商、周三代的贤王，来实践禹、汤、文、武四位君主所开创的业绩；遇到有与他们不合的地方，便仰起头细加思考，不分白天黑夜；一旦侥幸豁然贯通，便高兴得坐着等待天亮（好立即拿去实行）。"

◎第廿一章◎

【原文】

孟子曰："王者之迹熄而《诗》亡[①]，诗亡，然后《春秋》作。晋之《乘》，楚之《梼杌》，鲁之《春秋》，一也[②]；其事则齐桓、晋文，其文则史。孔子曰：'其义则丘窃取之矣。'"

【注解】

①迹：是远（jì）字的误写，远是古代王者派出的采诗官（叫道人），他们摇着木铎采录民间的好诗。亡：佚失。②晋之《乘（shèng）》，楚之《梼（táo）杌（wù）》，鲁之《春秋》：都是史书。有人认为《春秋》是当时通用的史书名，晋

国和楚国对本国的史书另立了名号，鲁国却是沿用当时通行的史书名。

王者之迹熄而《诗》亡，诗亡，然后《春秋》作。

【译文】

孟子说："圣王采诗的盛举废止了，《诗》就亡失了，《诗》亡失了，然后孔子的《春秋》便产生了。晋国的《乘》、楚国的《梼杌》、鲁国的《春秋》，都是一样的史书，（不过名称各自不同罢了。）它们所记的史事不过是齐桓、晋文图霸之类，它们的文字也只是一般史书的笔法。孔子说：'（我作的《春秋》异乎上述那些史书的地方在于：）《诗》三百篇褒善贬恶的徽言大义，我个人在作《春秋》时便借用过来了。'"

◎第廿二章◎

【原文】

孟子曰："君子之泽，五世而斩；小人之泽[①]，五世而斩。予未得为孔子徒也，予私淑诸人也[②]。"

【注解】

①小人：指不在位的圣贤。泽：流风余韵。②淑："叔"的假借字，"取"的意思。《诗经·七月》"九月叔苴"，叔字便是解作收取。

【译文】

孟子说："在朝圣贤的流风余韵过了五代便衰竭了；在野圣贤的流风余韵也是过了五代便衰竭了。我没有赶上当孔子的学生，我是私地里向别人学取（孔子之道）的。"

◎第廿三章◎

【原文】

孟子曰："可以取，可以无取，取伤廉；可以与，可以无与，与伤惠；可以死，可以无死，死伤勇。"

【译文】

孟子说："可以拿，可以不拿，拿了有损廉洁，（所以不拿最好；）可以给，可以不给，给了有损惠爱，（所以不给最好；）可以死，可以不死，死了有损勇敢（所以不死最好）。"

◎第廿四章◎

【原文】

逄蒙学射于羿[①]，尽羿之道，思天下惟羿为愈己，于是杀羿。孟子曰："是亦羿有罪焉。"

公明仪曰："宜若无罪焉。"

曰："薄乎云尔，恶得无罪？郑人使子濯孺子侵卫，卫使庾公之斯追之[②]。子濯孺子曰：'今日我疾作，不可以执弓，吾死矣夫！'问其仆曰：'追我者谁也？'其仆曰：'庾公之斯也。'

曰：'吾生矣。'其仆曰：'庾公之斯，卫之善射者也；夫子曰吾生，何谓也？'曰：'庾公之斯学射于尹公之他，尹公之他学射于我。夫尹公之他，端人也，其取友必端矣。'庾公之斯至，曰：'夫子何为不执弓？'曰：'今日我疾作，不可以执弓。'曰：'小人学射于尹公之他，尹公之他学射于夫子。我不忍以夫子之道反害夫子。虽然，今日之事，君事也，我不敢废。'抽矢扣轮，去其金，发乘矢而后反[③]。"

【注解】

①逄（péng）蒙：是后羿的家人（家众），又是羿的学生。《左传》襄公四年说羿"将归自田，家众杀而亨（同烹）之"。这里的家众即指逄蒙。当时逄蒙帮助后羿的叛相杀死羿。羿：夏代诸侯有穷国的君主。②子濯孺子、庾公之斯：孺子，郑国的大夫；庾公，卫国的大夫。③乘（shèng）矢：四支箭。

逄蒙学射于羿，尽羿之道。

【译文】

逄蒙向后羿学习射箭，完全掌握了后羿的射箭技巧，他心想天下只有后羿一人的射艺超过自己，于是就杀害了后羿。孟子（对这件事评论）道："这件事后羿本身也有罪过。"

公明仪说："（后羿）似乎没有罪过吧。"

孟子说："不过轻一点罢了，怎么能说没有罪过呢？郑国有次派遣子濯孺子侵犯卫国，卫国打发庾公之斯追赶他。子濯孺子说：'今天我的病发了，拿不起弓来，我怕要死了呢！'他问驾车的人道：'追赶我的是谁？'驾车的人说：'是庾公之斯。'子濯孺子说：'我得活命了。'驾车的人说：'庾公之斯是卫国很会射箭的人；您却说我得活命了，这是什么意思呢？'于濯孺子说：'庾公之斯是在尹公之他那里学射箭的，尹公之他曾经向我学习射箭。尹公之他是个正派人，他选取的学生一定也是正派的。'庾公之斯追到了，问道：'您为什么不拿起弓来呢？'答道：'今天我的病发了，拿不起弓来。'庾公之斯说：'我向尹公之他学射箭，尹公之他又曾向您学射箭。我不忍心拿您传授的技艺反转来伤害您。尽管如此，但是，今天的事情，是国家的公事，我不敢完全撇下。'于是抽出箭来在车轮子上敲打，把金属箭头敲掉，一连发射了四支箭便回身走了。"

◎第廿五章◎

【原文】

孟子曰："西子蒙不洁，则人皆掩鼻而过之；虽有恶人，斋戒沐浴，则可以祀上帝。"

【译文】

孟子说："如果西施沾上了污秽的东西，人人都会掩着鼻子走过她身旁；尽管有个丑陋的人，要是他诚心吃素，沐浴清洁，那么也可以去祭祀上帝。"

◎第廿六章◎

【原文】

孟子曰："天下之言性也，则故而已矣。故者以利为本[①]。所恶于智者，为其凿也。如智者若禹之行水也，则无恶于智矣。禹之行水也，行其所无事也。如智者亦行其所无事，则智亦大矣。天之高也，星辰之远也，苟求其故，千岁之日至[②]，可坐而致也。"

【注解】

①利：顺。②日至：《孟子》书中所说的日至，有的指冬至，有的指夏至。此处指冬至。

【译文】

孟子说："天下人所说的本性，不过是说万物固有的道理罢了。固有的道理以顺乎自然为根本。我们之所以讨厌那些自炫聪明的人，是因为这种聪明是穿凿附会。如果聪明人聪明是像大禹使水顺流一样，那么对于聪明就犯不上讨厌了。大禹的使水顺流，做的是不露一点痕迹自然而然的事。如果聪明人也能够做不露痕迹自然而然的事，那么聪明的作用也就可算是大了。天是很高的，星辰是很远的，如果能用心推求它们的运行规律，那么千年以后的冬至，也是可以在家中坐着推算得出的。"

孟子曰：天下之言性也，则故而已矣。

◎第廿七章◎

【原文】

公行子有子之丧[①]，右师往吊[②]，入门。有进而与右师言者，有就右师之位而与右师言者。孟子不与右师言，右师不悦曰："诸君子皆与驩言，孟子独不与驩言，是简驩也。"

孟子闻之，曰："礼，朝廷不历位而相与言，不逾阶而相揖也。我欲行礼，子敖以我为简，不亦异乎？"

【注解】

①公行子有子之丧：公行子，齐国大夫。有子之丧，根据《仪礼·丧服篇》的规定，一个人的大儿子死了，做父亲的得为他穿粗麻布孝服（所谓斩衰）三年。所以，后一个"子"是指公行子的大儿子。②右师：即齐王的宠臣王驩，字子敖。

【译文】

公行子有大儿子的丧事，右师到他家去作吊，右师一进门，立即便有迎上去跟他说话的，也有（在他就坐后）跑到他的坐位旁边和他攀谈的。孟子没有和他拉话，右师不高兴地说："诸位大夫都跟我说话，惟独孟子不跟我说话，这是（有意）简慢我。"

孟子知道这件事后，说："按照礼节，在朝廷上不跨越位子去跟别人说话，不走过阶前跟别人打拱。我是想按礼节行事，子敖却认为我是（有意）简慢，不也是怪事吗？"

◎第廿八章◎

【原文】

孟子曰："君子所以异于人者，以其存心也。君子以仁存心，以礼存心。仁者爱人，有礼者敬人；爱人者人恒爱之，敬人者人恒敬之。有人于此，其待我以横逆[①]，则君子必自反也：我必不仁也，必无礼也，此物奚宜至哉[②]？其自反而仁矣，自反而有礼矣，其横逆由是也[③]，君子必自反也：我必不忠。自反而忠矣，其横逆由是也，君子曰：'此亦妄人也已矣；如此，则与禽兽奚择哉[④]？于禽兽又何难焉？'

"是故君子有终身之忧，无一朝之患也。乃若所忧则有之：舜，人也，我，亦人也。舜为法于天下，可传于后世，我由未免为乡人也，是则可忧也。忧之如何？如舜而已矣。若夫君子所患则亡矣。非仁无为也，非礼无行也。如有一朝之患，则君子不患矣。"

【注解】

①横（hèng）逆：蛮横不讲理。②奚宜：为什么。③由：通"犹"。④择：区别，不同。

君子有终身之忧，无一朝之患也。

【译文】

孟子说："君子之所以不同于一般人的，在于他保存在心里的思想。君子把仁保存在心里，把礼保存在心里。仁爱的人爱人，有礼的人敬人。爱人的人，别人也总爱他，尊敬别人的人，别人也总尊敬他。如果这里有个人，他用粗暴无礼的态度对待我，那么君子一定会反躬自问：我一定是对人不仁了，对人无礼了，不然，这种事怎么会发生呢？如果自问做到了仁，自问做到了有礼，而那人还是这样粗野，君子一定再反躬自问：一定是我对人不忠了。要是自问做到了忠心，而那个人粗野依旧，君子就只好说：'这无非是个狂人罢了。像他这样，那他和禽兽有什么区别呢？对于禽兽又好去责难什么呢？'

因此君子有终身的忧虑，没有一时的忧患。至于他终身忧虑的事有这些：舜，是人，我也是人；舜给天下人树立了榜样，可以流传到后世，而我依然不免是个一般的人，这就是值得忧虑的事。忧虑了又怎么办呢？只要像舜那样去做罢了。至于君子所担心的祸患却是没有的。不仁的事不做，无礼的事不干。（这样，）如果遇上了什么灾祸，君子也并不把它看作是值得担心的事（因为它不是自己招来的）。"

◎第廿九章◎

【原文】

禹、稷当平世[①]，三过其门而不入，孔子贤之。颜子当乱世，居于陋巷，一箪食，一瓢饮，人不堪其忧，颜子不改其乐，孔子贤之。

孟子曰："禹、稷、颜回同道。禹思天下有溺者由己溺之也；稷思天下有饥者，由己饥之也，是以如是其急也。禹、稷、颜子易地则皆然。今有同室之人斗者，救之，虽被发缨冠而救之[②]，可也；乡邻有斗者，被发缨冠而往救之，则惑也；虽闭户可也。"

大禹成婚三日，便离开家去治理洪水。

【注解】

①稷：本虞舜时农官，当时由周的始祖弃担任，所以也称弃为稷。稷并没有三过其门不入的事，这里只是说禹的治水表现而连及稷，极言两位圣人都急于民事。②缨冠：缨，系帽绳。缨冠，连绳带帽一起套在头上。说明急忙。

【译文】

禹、稷处在太平时代，（他们急百姓之急，）三次路过自家门口都不进去，孔子赞许他们。颜子生在乱世，住在狭陋的巷子中，一箪饭，一瓢水，别人谁也熬不住这种苦生活，颜子却并不改变他的快乐，孔子同样赞许他。

孟子（对此评论）说："禹、稷和颜回走的是同一条道路。禹一想到天下还有遭受洪水困扰的人，就像是自己把他们推入水里的似的；稷一想到天下还有没饭吃的人，就像是自己让他们饿肚子似的，所以他们才会像那样急着去拯救他们。禹、稷和颜回如果互换了处境也是那样的。现在假设有同房子的人打架，为了救他们，哪怕匆忙得还披着头散着发就直接戴上了帽子赶去救他们，也是可以的。（禹、稷急百姓之急正像这样，）如果有邻居打架，也这样赶去劝阻，那就真是太糊涂了，即使是关起门来不管也是可以的。（颜子居陋巷闭门读书，自得其乐正像这样。）"

◎第卅章◎

【原文】

公都子曰："匡章，通国皆称不孝焉，夫子与之游，又从而礼貌之，敢问何也？"

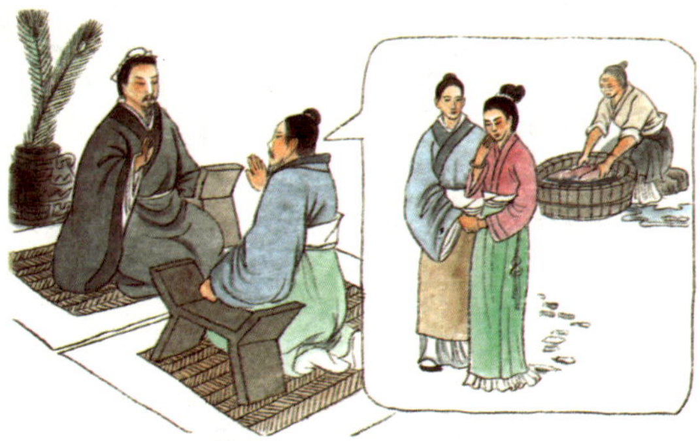

世俗所谓不孝者五，惰其四支，不顾父母之养，一不孝也。

孟子曰："世俗所谓不孝者五，惰其四支，不顾父母之养，一不孝也；博弈好饮酒，不顾父母之养，二不孝也；好货财，私妻子，不顾父母之养，三不孝也；从耳目之欲[①]，以为父母戮[②]，四不孝也；好勇斗很[③]，以危父母，五不孝也。章子有一于是乎？夫章子，子父责善而不相遇也[④]。责善，朋友之道也；父子责善，贼恩之大者。夫章子，岂不欲有夫妻子母之属哉？为得罪于父，不得近，出妻屏子[⑤]，终身不养焉，其设心以为不若是，是则罪之大者，是则章子已矣。"

【注解】

①从：同"纵"。②戮：羞辱。③很：同"狠"。④不相遇：合不来。⑤屏（bǐng）：逐出、疏远。

【译文】

公都子说："匡章这人，全国人都说他不孝，您却同他交游，还对他十分客气，请问这是为什么？"

孟子答道："世俗说的不孝的事情有五种：四肢懒散，不顾对父母的奉养，是一不孝；喜好赌博喝酒，不顾对父母的奉养，是二不孝；贪图钱财，偏爱自己的老婆孩子，不顾对父母的奉养，是三不孝；放纵声色作乐，使父母蒙受羞辱，是四不孝；逞强好斗，连累父母，是五不孝。章子在这五种不孝中犯有哪一种吗？章子这个人，只是由于父子之间互相责求善行才把父子关系搞僵罢了。相互责求善行，这本是朋友相处的原则；父子之间相互责求善行，这是很伤感情的事。章子难道不想有夫妻母子的天伦之乐吗？只是由于开罪了父亲，无法亲近他，只好把老婆和儿子赶出疏远，终身不接受他们的侍养。他设想不这样做，就是最大的罪过，这就是章子的为人罢了。"

◎第卅一章◎

【原文】

曾子居武城，有越寇[①]。或曰："寇至，盍去诸？"曰："无寓人于我室，毁伤其薪木。"寇退，则曰："修我墙屋，我将反。"寇退，曾子反。左右曰："待先生如此其忠且敬也。寇至，则先去以为民望[②]；寇退则反，殆于不可[③]。”沈犹行曰[④]：”是非汝所知也。昔沈犹有负刍之祸[⑤]，从先生者七十人，未有与焉。”

子思居于卫，有齐寇。或曰：“寇至，盍去诸？”子思曰：“如伋去，君谁与守？”

孟子曰：“曾子、子思同道。曾子，师也，父兄也；子思，臣也，微也。曾子、子思易地则皆然。”

【注解】

①曾子居武城，有越寇：武城，鲁国邑名，故城在今山东费县西南九十里。有越寇，杨伯峻《孟子译注》说：“根据《左传》哀公二十一年以后吴鲁越鲁关系史的记载，费县东南一带之地，是和越灭吴后的疆界犬牙交错的，因之越寇之来去甚易。”②先去以为民望：是说百姓看了会仿效这种行为。③殆：恐怕。于：为，是。④沈犹行：曾子弟子。沈犹，复姓；行是名。⑤有负刍之祸：指当时有个名叫负刍的人作乱进攻沈犹氏。

【译文】

曾子住在武城，碰上越国军队来进犯。有的人对曾子说：“敌兵要到了，何不早点离开这里呢？”（曾子同意了，临走时叮嘱看房子的人）说：“不要让别人住进我的房子里，损伤那里的树木。”敌兵退走了，就又捎回口信说：“把我住房的墙屋修理好吧，我要回来了。”敌兵退走了，曾子回来了。他身边的人议论说：“武城的大夫对待先生是这样的忠诚和恭敬，一旦敌兵到了，就先离去使百姓看着先生的样学；敌人退走了，先生就回来了，(这样做）恐怕是不大好吧。”沈犹行听了说：“这样的事不是你们所能了解的。从前（先生住在我们姓沈犹的那里，）恰好有个名叫负刍的人制造乱子，当时跟随先生的七十个人，没有一人过问这件事的。”

孟子曰：曾子、子思同道。

子思住在卫国，齐国军队来进犯。有的人对子思说：“敌兵要到了，何不离开这里呢？”子思回答道：“要是我走了，卫君跟谁一道守城呢？”

孟子（对这两件事发表评论）道：“曾子、子思所走的同是一条正确的道路。曾子是师长，是父兄一辈的人；子思是臣子，是地位低下的人。他们两人如果互换一下地位，也都会这样做的。”

◎第卅二章◎

【原文】

储子曰[①]：“王使人瞷夫子[②]，果有以异于人乎？”孟子曰：“何以异于人哉？尧舜与人同耳。”

【注解】

①储子：齐国人。②瞷（jiàn）：一作瞰（kàn），窥看。

【译文】

储子说：“王打发人窥看您，果然有跟别人不同的地方么？”孟子说：“有什么跟别人不同的地方呢？尧舜跟别人也是一样的哩。”

◎第卅三章◎

【原文】

齐人有一妻一妾而处室者，其良人出[①]，则必餍酒肉而后反。其妻问所与饮食者，则尽富贵也。其妻告其妾曰："良人出，则必餍酒肉而后反；问其与饮食者，尽富贵也，而未尝有显者来。吾将瞷良人之所之也。"

蚤起，施从良人之所之[②]，遍国中无与立谈者。卒之东郭墦间[③]，之祭者，乞其余；不足，又顾而之他——此其为餍足之道也。

其妻归，告其妾曰："良人者，所仰望而终身也。今若此！"与其妾讪其良人，而相泣于中庭[④]，而良人未之知也，施施从外来[⑤]，骄其妻妾。

由君子观之，则人之所以求富贵利达者，其妻妾不羞也，而不相泣者，几希矣。

【注解】

①良人：丈夫。②施：古"斜"字。③墦（fán）：坟墓。④中庭：即庭中。⑤施施：得意洋洋的样子。

【译文】

齐国有个有一妻一妾的人家，她们的丈夫每次外出，就一定要吃饱酒肉才回来。他的妻子问跟他一道喝酒吃饭的是些什么人，他就说都是有钱有地位的人。他的妻子告诉他的小老婆说："丈夫外出，一定要酒醉饭饱之后才会回来；问跟他一道饮酒吃饭的人，个个都是有钱有地位的人，可是，从来不曾有显贵体面一些的人到家里来。我打算窥探一下丈夫所去的地方。"

清早起来，（妻子）便拐弯抹角地紧跟往丈夫所去的地方，（发现）整个都城中并没有谁跟他站着交谈的。最后（丈夫）走到东门城外的坟墓中间，向那些扫墓的人乞讨些残羹剩饭；不够，又四面望望然后走到别的扫墓的人那里去——这就是他天天醉饱的方法。

他的妻子回去，（把看到的情况）告诉他的小老婆，并且说："丈夫，是我们指望倚靠度过整整一生的人，现在丈夫却是这个样子！"于是跟他的小老婆一道在庭中咒骂丈夫，哭成一团，丈夫却一点也不知情，得意洋洋地从外面进来，在妻妾面前大耍威风。

齐人有一妻一妾而处室者。

从君子的观点看来，（现实生活中）一些人用来追求升官发财的手段，能够使他们的妻妾不感到羞耻而一块儿哭泣的，几乎是很少的。

万章章句上

本篇是孟子与弟子万章、咸丘蒙关于历史问题的谈论。孟子“言必称尧舜”，其弟子也主要对尧舜的事迹进行了提问。在对尧舜行为的评价中，孟子把人伦置于最高地位，认为“大孝终身慕父母”，不能得到父母的欢心，即使得到天下也不值得；并且进而认为人伦高于礼法，由于夫妻是五伦之一，所以孟子肯定了舜不告而娶的行为，也肯定了舜对为恶的兄弟的封赏。这种对宗法血缘关系的强调，在前几篇中已有阐述，而在本篇中表现得最为集中和突出，这种观念对后世的消极影响是很大的。另外，孟子认为“天子不能以天下与人”，尧舜的禅让以及禹的传子世袭，都是由天决定的。所谓天，实际上即是人民，因为孟子认为人民的意志决定了天的意志，这是很可贵的民本思想。需要注意的是，孟子在对历史事件的诠释中掺入了许多个人主观成份，他或是用历史来证明自己的观点，或是根据自己的观念来改变历史事实，把史实纳入自己的理论范畴，所以他所说的历史是不能作为史实对待的，有关伊尹和百里奚的谈论就是如此。

◎第一章◎

【原文】

舜往于田，号泣于旻天。

万章问曰：“舜往于田，号泣于旻天[1]，何为其号泣也？”

孟子曰：“怨慕也[2]。”

万章曰：“‘父母爱之，喜而不忘；父母恶之，劳而不怨。’然则舜怨乎？”

曰：“长息问于公明高曰[3]：‘舜往于田，则吾既得闻命矣；号泣于旻天，于父母，则吾不知也。’公明高曰：‘是非尔所知也。’夫公明高以孝子之心，为不若是恝[4]：我竭力耕田，共为子职而已矣[5]，父母之不我爱，于我何哉？帝使其子九男二女[6]，百官牛羊仓廪备，以事舜于畎亩之中，天下之士多就之者，帝将胥天下而迁之焉[7]。为不顺于父母，如穷人无所归。天下之士悦之，人之所欲也，而不足以解忧；好色，人之所欲，妻帝之二女，而不足以解忧；富，人之所欲，富有天下，而不足以解忧；贵，人之所欲，贵为天下，而不足以解忧。人悦之、好色、富贵，无足以解忧者，惟顺于父母可以解忧。人少，则慕父母；知好色，则慕少艾[8]；有妻子，则慕妻子；仕则慕君，不得于君则热中[9]。大孝终身慕父母。五十而慕者[10]，予于大舜见之矣。”

【注解】

①旻（mín）天：秋天的天空。②怨慕：这里的“慕”字即下文“大孝终身慕父母”的“慕”字，指儿女对父母的依恋。③长息、公明高：长息，公明高的弟子。公明高是曾子的弟子。④恝（jiè）：没有忧愁的样子。⑤共（gōng）：通“恭”。⑥九男二女：《尚书·尧典》和《逸书》分别记载了尧叫九个儿子尊舜为老师，把两个女儿嫁给舜的事。⑦胥：都，尽。⑧少艾：美好。⑨热中：急躁而心热。⑩五十而慕：舜三十岁被召用，在位二十年，所以说五十。一般人对父母亲慕恋的感情，常是随着年龄的增大而逐渐衰退，而舜年五十慕恋父母亲的热忱不改，所以孟子称他为大孝。

【译文】

万章问道：“舜到地里去耕种，望着秋高气爽的天空哭诉，他为什么要哭诉呢？”

孟子答道："这是由于舜对父母有怨恨和慕恋交织的感情的缘故。"

万章说："（从前曾子说过：）'父母要是喜欢自己，自己心里虽然高兴，但却不敢对做儿子的职责有所遗忘懈怠；父母要是厌恶自己，自己心里尽管不免忧愁，但却不敢埋怨父母。'那么，舜是不是抱怨父母呢？"

人少，则慕父母。

孟子说："长息曾问过公明高：'舜去地里耕种，这个我已能理解；但他一面喊着天一面喊着父母，又哭又诉，我就不懂这是为什么。'公明高说：'这个不是你能理解得了的。'在公明高看来，一个孝子的心对于父母对自己的爱恶绝不能这样无动于衷，我尽力耕田，恭恭敬敬地尽着做儿子的本职罢了，至于父母不爱我，对我有什么关系呢？帝尧叫他的九个男孩两个女孩，还有百官带着牛羊，囤积粮食，应有尽有，到田野里去伺候舜，天下的士人也有很多到舜那里去的，尧帝将把整个天下让给舜。因为不能使父母顺心，自己就像穷困的人没有归宿一样。天下的士人喜欢自己，这本是人们的愿望，但却不足以解除舜的忧愁；爱好美色，本也是人们的愿望，但舜娶了尧的两个女儿，却不足以解除忧愁；富有，本是人们的愿望，但舜拥有天下的财富，却不足以解除忧愁；尊贵，本也是人们的愿望，但舜获得了身为天子的尊贵，还不足以解除忧愁。（对于舜来说，）人们喜欢自己、爱好美色、财多地位高，没有一样足以解除忧愁的，只有使父母顺心才可以解除忧愁。人在幼小的时候，就怀恋父母；知道爱好美色了，就倾慕年轻而又漂亮的人；有了妻子，便宠爱妻子；走上了做官的道路，便就倾心于君主，要是得不到君主的信任，内心便要感到焦急烦躁。（只有）大孝的人才会终身慕恋父母。到了五十岁的年纪还慕恋父母的，我在大舜身上看到了。"

◎第二章◎

【原文】

万章问曰："《诗》云：'娶妻如之何？必告父母[①]。'信斯言也，宜莫如舜；舜之不告而娶，何也？"

孟子曰："告则不得娶。男女居室，人之大伦也；如告，则废人之大伦，以怼父母[②]，是以不告也。"

万章曰："舜之不告而娶，则吾既得闻命矣；帝之妻舜而不告，何也？"

曰："帝亦知告焉则不得妻也。"

万章曰："父母使舜完廪，捐阶[③]，瞽瞍焚廪。使浚井，出，从而揜之[④]。象曰[⑤]：'谟盖都君咸我绩[⑥]。牛羊父母，仓廪父母，干戈朕，琴朕，弤朕[⑦]，二嫂使治朕栖[⑧]。'象往入舜宫，舜在床琴。象曰：'郁陶思君尔[⑨]。'忸怩[⑩]。舜曰：'惟兹臣庶[⑪]，汝其于予治[⑫]！'不识舜不知象之将杀己与？"

曰："奚而不知也[⑬]？象忧亦忧，象喜亦喜。"

曰："然则舜伪喜者与？"

曰："否。昔者有馈生鱼于郑子产，子产使校人畜之池[⑭]。校人烹之，反命曰：'始舍之，圉圉焉[⑮]；少则洋洋焉[⑯]，悠然而逝[⑰]。'子产曰：'得其所哉！得其所哉！'校人出，曰：'孰谓子产智？予既烹而食之，曰，"得其所哉，得其所哉。'故君子可欺以其方，难罔以非其道。彼以爱兄之道来，故诚信而喜之，奚伪焉？"

【注解】

①“娶妻”两句：这两句诗引自《诗经·齐风·南山》。舜时肯定无此诗句，但万章认为诗语所述大概是古代娶妻之礼，舜的时候也不例外，所以下文说：“信斯言也，宜莫如舜。”②怼（duì）：怨。③阶：梯。④揜：通“掩”。⑤象：舜异母弟。⑥谟（mó）：谋。盖：“害”的假借字。都君：指舜，相传舜在一个地方住上三年，那里便会成为都市，意思是说人都愿意跟从他，所以称为都君。⑦弤（dǐ）：舜弓之名。⑧二嫂使治朕栖：栖，床。这句话实际是要让两位嫂嫂做他的妻子。⑨郁陶（yáo）：思念的意思。⑩忸（niǔ）怩（ní）：羞惭的样子。⑪惟：思。⑫于：为，助。⑬奚而：为什么。⑭校（xiào）人：管理池塘的人。⑮圉圉（yǔ）：僵硬没有舒展的样子。⑯洋洋：舒缓摇尾之貌。⑰悠然：自得的样子。

万章问舜为何不告而娶。

父母使舜浚井，出，从而揜之。

昔者有馈生鱼于郑子产。

【译文】

万章问道：“《诗经》里说：‘娶妻应该怎样做？一定要禀告父母。’相信这道理的，应该没有像舜一样的了。可舜却并不禀告父母就娶了妻子，为什么呢？”

孟子说：“禀告了就娶不成了。男女成婚，是人生的常伦。如果禀告了，这个人生的常伦在舜身上便会被废弃了，最终将怨恨父母，所以不禀告。”

万章又说：“舜不禀告父母就娶妻子的道理，我已经听您说明白了；帝尧把女儿嫁给舜却也不告诉舜的父母，又为什么呢？”

孟子说：“帝尧也晓得一告诉，女儿就嫁不成了。”

万章再问：“舜的父母叫舜修理粮仓，（等他登上仓后）却拿走了梯子，然后瞽瞍放火焚烧粮仓，（舜机智地逃脱了。）又引着他去淘井，（瞽瞍）一出井，就用土去堵塞井口（想把舜活埋在井中）。舜的弟弟象（以为舜已死了，）说：‘谋害大哥都是我的功劳，他的牛羊归父母，粮仓归父母，兵器归我，琴归我，弓归我，让两位嫂子替我整理床铺。’象跑进舜的住所去，舜却活着正坐在床上弹琴。象只好撒谎说：‘我真想念你啊。’神情很尴尬。舜说：‘我惦记着我这些臣下和人民，你来协助我管理他们吧！’我不晓得舜当时是不是不知道象要杀害他自己？”

孟子说：“怎么会不知道呢？（舜看重兄弟情义，所以）象忧愁他也忧愁，象高兴他也高兴。”

万章接上去问：“那么，舜是假装高兴的么？”

孟子解释说：“不。从前有人送了一条活鱼给郑国的子产，子产叫池沼管理员放它到池沼中喂养。管理员把鱼煮了吃了，却向子产报告说：‘刚放它时，还是半死不活的样子，一会儿后就摇着尾巴游乐了，一下子就游得无影无踪了。’子产回答说：‘得到它的好去处了啊！得到它的好去处了啊！’那人出来后对别人说：‘谁说子产聪明啊？我都把鱼给煮吃了，他却还说，得到它的好去处了啊，得到它的好去处了啊。'所以君子可以用合乎常情的方法去欺骗他，却不能用没有道理的东西去蒙蔽他。他（指象）既然是装着敬爱兄长的模样来见舜，舜相信他而感到高兴，怎能说是假装的呢？"

○第三章○

【原文】

万章问曰："象日以杀舜为事，立为天子则放之，何也？"

孟子曰："封之也；或曰，放焉。"

万章曰："舜流共工于幽州①，放驩兜于崇山②，杀三苗于三危③，殛鲧于羽山④，四罪而天下咸服，诛不仁也。象至不仁，封之有庳⑤。有庳之人奚罪焉？仁人固如是乎：在他人则诛之，在弟则封之？"

曰："仁人之于弟也，不藏怒焉，不宿怨焉，亲爱之而已矣。亲之，欲其贵也；爱之，欲其富也。封之有庳，富贵之也。身为天子，弟为匹夫，可谓亲爱之乎？"

"敢问或曰放者，何谓也？"

曰："象不得有为于其国，天子使吏治其国而纳其贡税焉，故谓之放。岂得暴彼民哉？虽然，欲常常而见之，故源源而来。'不及贡，以政接于有庳⑥。'此之谓也。"

【注解】

①流共工于幽州：按从此句以下至"四罪而天下咸服"是《尚书》《虞书·舜典》中的一段文字。共工，官名。幽州，指北方边远地区，在今河北密云县东北。②驩兜：人名，帝尧臣子，与共工伙同作恶，被舜放逐到崇山。崇山：指南方边远地区，在澄阳县南七十五里。③杀：《舜典》作窜，按窜、杀为同音假借字。这里的杀不是杀戮，而是流放（根据段玉裁《说文解字注》）。三苗：国名，这里指三苗的国君。三危：地名，在甘肃敦煌县南。④殛鲧于羽山；殛（jí），是极的假借字，与上流、放、窜等字都有流人的意思。鲧（gǔn），禹的父亲，治水无功。关于羽山，一说在山东郯城县东北，和江苏赣榆县接界（见郭璞《山海经注》）。一说山东蓬莱县有羽山，《寰宇记》说这里是殛鲧的地方。⑤有庳（bì）：地名，向来以为在永州府零陵县（今湖南境内），后人对这个说法多持怀疑态度。也有人认为应当在离舜的都城蒲坂（今山西永济县）不远的地方。⑥不及贡，以政接于有庳：这两句疑是《尚书》逸文，所以《孟子》断以"此之谓也"。

【译文】

象日以杀舜为事。

万章问说："象每天都谋划着杀害舜，可舜被拥立为天子后就只将他流放，这是为什么呢？"

孟子说："实际是封了他做诸侯，但是也有人说是放逐他。"

万章说："舜把共工流放到幽州，把驩兜流放到崇山，把三苗的国君流放到三危，把鲧流放到羽山，惩处了这四个罪犯后天下的人全部悦服，因为是惩罚了不仁的恶人的缘故。象为人最不仁，却将他封在有庳国，有庳的人有什么罪过，（偏要受像这样的恶人的统治？）一个仁爱的人做事难道应该这样吗？对别人就办他的罪，对弟弟就封他的侯？"

孟子说："一个仁爱的人对自己的弟弟，不把怒气藏在胸中，不把怨恨埋在心底，就只知道亲爱他罢了。亲他，想使他有地位；爱他，想使他有财富。把他封为有庳国的诸侯，这正是为了要使他有财富、有地位。如果一个人自身做了天子，而弟弟却是一个平民，这能说是亲爱他吗？"

万章又说："请问有人说舜放逐象，这是怎么说的呢？"

孟子说："象不能在他的封国里有所作为，所以天子派遣官吏去帮他治理国家并替他缴纳贡税，从这个角度来讲，因此有人说是放逐。（采取了这些措施，）象难道还能对他的百姓肆行暴虐吗？尽管这样，舜还是想常常见到他，所以让他不断地上京城来，（《尚书》中有两句话：）'等不了朝贡的日子，常常借征询政事接见有庳国的国君。'就是指的这个而言。"

◎第四章◎

【原文】

咸丘蒙问曰[①]："语云：'盛德之士，君不得而臣，父不得而子。'舜南面而立，尧帅诸侯北面而朝之，瞽瞍亦北面而朝之。舜见瞽瞍，其容有蹙[②]。孔子曰：'于斯时也，天下殆哉岌岌乎[③]！'不识此语诚然乎哉？"

孟子曰："否；此非君子之言，齐东野人之语也。尧老而舜摄也。尧典曰：'二十有八载，放勋乃徂落[④]，百姓如丧考妣[⑤]。三年，四海遏密八音[⑥]。'孔子曰：'天无二日，民无二王。'舜既为天子矣，又帅天下诸侯以为尧三年丧，是二天子矣。"

咸丘蒙曰："舜之不臣尧，则吾既得闻命矣。《诗》云：'普天之下，莫非王土；率土之滨，莫非王臣[⑦]。'而舜既为天子矣，敢问瞽瞍之非臣，如何？"曰："是诗也，非是之谓也；劳于王事而不得养父母也。曰：'此莫非王事，我独贤劳也。'故说诗者，不以文害辞，不以辞害志。以意逆志，是为得之。如以辞而已矣，《云汉》之诗曰：'周余黎民，靡有孑遗[⑧]。'信斯言也，是周无遗民也。孝子之至，莫大乎尊亲；尊亲之至，莫大乎以天下养。为天子父，尊之至也；以天下养，养之至也。《诗》曰：'永言孝思，孝思维则[⑨]'，此之谓也。《书》曰：'祗载见瞽瞍[⑩]，夔夔斋栗[⑪]，瞽瞍亦允若[⑫]'，是为父不得而子也？"

【注解】

①咸丘蒙：孟子弟子，复姓咸丘。②有蹙：有，语助词。蹙，不安的样子。③天下殆哉岌岌乎：此句是"天下岌岌乎殆哉"的倒装。殆，危险；岌岌乎，危险的样子。④放勋：尧名。徂（cú）：同"殂"。⑤考妣：古代对已死父母的称呼。⑥四海：指民间。遏：止。密：无声。八音：指用金、石、丝、竹、匏、土、革、木为器材所作乐器的声音。⑦"普天之下"四句：这几句诗出自《诗经·小雅·北山》，这是周朝大夫怨恨幽王分配徭役劳逸不均而作的诗。率：循，沿。⑧孑（jié）遗：孑，单独，独立的样子。遗，脱漏。⑨"永言孝思"两句：这两句诗出自《诗经·大雅·下武篇》。这首诗赞美周武王能够继承太王、王季、文王的美德，为后世子孙做出榜样。⑩祗（zhī）：恭敬。⑪夔夔（kuí）斋栗：敬谨恐惧的样子。⑫允若：允，信；若，顺。

盛德之士，君不得而臣。

【译文】

咸丘蒙问道："俗话说，'很高道德的人，君主不能把他看作臣子，父亲不能把他看作儿子。'舜南面坐朝当了天子，尧带领诸侯从北面朝见他，瞽瞍也从北面朝见他。舜看见（在下面朝见他的）瞽瞍，神色局促不安。孔子说：'在这一时候，天下真是岌岌可危啊！'不知这些话真是这样么？"

孟子说："不，这不是君子说的话，是齐国东边乡下人说的野话。（当时事实是）尧老了让舜代行天子职权。《尧典》说：'舜代行天子职权二十八年时，尧才去世，群臣像是死了父母一样，在替他服丧的三年里，民间停止了一切音乐。’孔子说过：‘天上没有两个太阳，地上没有两个天子。’如果舜已经做了天子，又率领天下诸侯为尧服三年丧，这就同时有两个天子了。”

咸丘蒙说：“舜没有把尧当成臣子来看，这个我已经听您说明白了。《诗》中说：‘普天之下，没有一处不是天子的土地。四海之内，没有一个人不是天子的臣民。’舜既然已经做了天子，请问瞽瞍却不向他称臣，怎么回事呢？”孟子说：“这篇诗说的不是这个意思，而是说诗人自己忙于国事以至不能奉养双亲。意思是这样：‘这些没有一件不是王家的事，（别人挺安逸，）却只有我最劳累。’所以解说诗的人，不能因为字面而妨碍了对诗中辞句的理解，不能因为诗的辞句而妨碍了对诗人作诗的意旨的体会。要用自己的体会去揣摩作者的本意，这样才算是读懂了诗。如果只拘泥于对诗的辞句的理解，《云汉》这篇诗里说，‘周朝剩下的老百姓，没有一个留存。’相信这话，这就成了周朝没有留下一个人了。孝子最大的孝，莫过于尊敬父母；对父母最大的尊敬，莫过于拿天下来奉养父母。做天子的父亲，这是尊敬到了极顶；拿天下奉养父母，这是奉养到了极顶。《诗》中说：‘永远不忘孝敬父母的道理，孝敬父母的道理就是天下的法则。’说的就是这意思。《尚书》中说：‘（舜）恭恭敬敬地来见瞽瞍，以至谨慎颤抖，瞽瞍也就相信舜的诚心而变得顺心了。’这能说是父亲不能把他当成是儿子看待吗？”

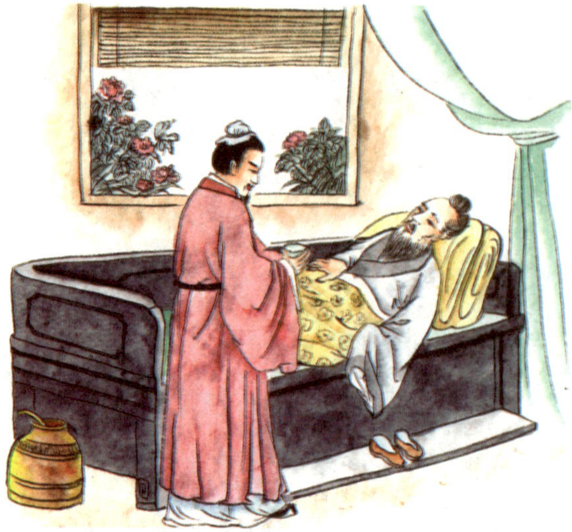

孝子之至，莫大乎尊亲。

◎第五章◎

【原文】

万章曰：“尧以天下与舜，有诸？”

孟子曰：“否；天子不能以天下与人。”

“然则舜有天下也，孰与之？”

曰：“天与之。”

“天与之者，谆谆然命之乎[①]？”

曰：“否；天不言，以行与事示之而已矣。”

曰：“以行与事示之者，如之何？”

曰：“天子能荐人于天，不能使天与之天下；诸侯能荐人于天子，不能使天子与之诸侯；大夫能荐人于诸侯，不能使诸侯与之大夫。昔者，尧荐舜于天，而天受之；暴之于民[②]，而民受之；故曰，天不言，以行与事示之而已矣。”

万章问：尧将天下给与舜，有这件事吗？

曰：“敢问荐之于天，而天受之；暴之于民，而民受之，如何？”

曰：“使之主祭，而百神享之，是天受之，使之主事，而事治，百姓安之，是民受之也。天与之，人与之，故曰，天子不能以天下与人。舜相尧二十有八载，非人之所能为也，天也。尧崩，三年之丧毕，舜避尧之子于南河之南[③]。天下诸侯朝觐者，不之尧之子而之舜；讼狱者，不之尧之子而之舜[④]；讴歌者，不讴歌尧之子而讴歌舜，故曰，天也。夫然后之中国，践天子位焉[⑤]。而居尧之宫[⑥]，逼尧之子，是篡也，非天与也。《太誓》曰，'天视自我民视，天听自我民听[⑦]'，此之谓也。"

【注解】

①谆谆（zhūn）：有恳切地再三告诫叮咛的意思。②暴（pù）：公开推荐。③南河：黄河在尧都城的南面，所以叫南河。相传舜避尧的儿子丹朱于河南面的偃朱城（在今山东濮县东二十五里地）。④讼狱：经传多作"狱讼"，两者含义相同，即诉讼。⑤然后之中国，践天子位焉：因为前文已说"舜避尧之子于南河之南"，所以说"之中国"。中国，国家的中央，即首都。⑥而居尧之宫："而"同"如"。⑦"天视自我民视"两句：今文《尚书》没有这两句话，见晋梅赜伪古文《尚书·太誓》。自，从。这二句是说天的视听，从人的所欲。

【译文】

孟子答万章问。

万章问："尧将天下给与舜，有这件事吗？"

孟子说："不；天子不能将天下给与人。"

万章说："那么，舜获得天下，是谁给他的呢？"

孟子说："天给他的。"

万章紧接着问："所谓天给他的，是不是上天恳切地叫他接受天下呢？"

孟子说："不；天不会说话，不过是用行为和事实表示它的意旨罢了。"

万章说："怎样用行为和事实表示的呢？"

孟子说："天子能够将人才推荐给天，却不能叫天给与他天下；诸侯能够将人才推荐给天子，却不能叫天子让他做诸侯；大夫能够将人才推荐给诸侯，却不能叫诸侯让他做大夫。从前，尧将舜推荐给天，天接受了，又将他公开向老百姓介绍，老百姓也接受了；所以说，天不会说话，不过是用行为和事实表示它的意旨罢了。"

万章又问："请问所谓推荐给天，天接受；公开介绍给老百姓，老百姓接受，何以见得呢？"

孟子说："派他去主持祭祀，一切神灵便都来享用，这就是天接受了；派他去主持政事，政事搞得井井有条，老百姓安居乐业，这就是老百姓接受了。天给他，人给他，所以说，天于不能将天下给与人。舜辅佐尧二十八年，不是人的力量所能办到，这是天意。尧逝世后，守孝三年完了，舜到南河之南去回避尧的儿子，（好让他继承帝位，）天下的诸侯来朝见天子的，不到尧的儿子那里去，却到舜那里去；进行诉讼的不到尧的儿子那里去，却到舜那里去；歌功颂德的不歌颂尧的儿子却歌颂舜，所以说，这是天意。这样舜才回到京都，坐上天子的位子。要是（舜）住在尧的宫廷里，逼迫尧的儿子让位，这简直是篡夺，不是天给与的。《太誓》说过，'天看事物是通过老百姓的眼睛来看的，天听语言是通过老百姓的耳朵来听的，'说的正是这个意思。"

◎第六章◎

【原文】

万章问曰："人有言：'至于禹而德衰，不传于贤，而传于子[①]。'有诸？"

孟子曰："否，不然也。天与贤，则与贤；天与子，则与子。昔者，舜荐禹于天，十有七年，舜崩，三年之丧毕，禹避舜之子于阳城[②]，天下之民从之，若尧崩之后不从尧之子而从舜也。禹荐益于天，七年，禹崩，三年之丧毕，益避禹之子于箕山之阴[③]，朝觐讼狱者不之益而之启[④]，曰：'吾君之子也。'讴歌者不讴歌益而讴歌启，曰：'吾君之子也。'丹朱之不肖，舜之子亦不肖[⑤]。舜之相尧、禹之相舜也，历年多，施泽于民久。启贤，能敬承继禹之道。益之相禹也，历年少，施泽于民未久。舜、禹、益相去久远[⑥]，其子之贤不肖，皆天也，非人之所能为也。莫之为而为者，天也；莫之致而至者，命也。匹夫而有天下者，德必若舜禹，而又有天子荐之者，故仲尼不有天下。继世而有天下，天之所废，必若桀纣者也，故益、伊尹、周公不有天下。伊尹相汤以王于天下，汤崩，太丁未立，外丙二年，仲壬四年[⑦]，太甲颠覆汤之典刑，伊尹放之于桐[⑧]，三年，太甲悔过，自怨自艾，于桐处仁迁义。三年，以听伊尹之训己也，复归于亳[⑨]。周公之不有天下，犹益之于夏、伊尹之于殷也。孔子曰：'唐虞禅，夏后殷周继，其义一也。'"

【注解】

①"人有言"以下三句：《新序·节士》篇载伯成子高回答禹的问话和《韩非子·外储说》中潘寿对燕王说的话都指出了禹有意把天下传给儿子启，道德已不如舜高尚。万章这里所说的"人有言"，指的大概就是这一类话。②阳城：在今河南登封县境内。③箕山：在今河南登封县东南。阴：山的北面。④启：禹子名，后世因避汉景帝刘启讳，也作开。启的为人，孟子非常称道，其实从《楚辞》《墨子》《竹书纪年》《山海经》等书所记载的看来，未必是贤王（采用杨伯峻《孟子译注》说）。⑤丹朱之不肖，舜之子亦不肖：丹朱，尧的儿子，名叫朱，封于丹，所以叫丹朱，舜的儿子名叫商均。⑥舜、禹、益相去久远：舜相尧二十八年，禹相舜十七年，益相禹仅只七年，禹便去世了，他们之间不是相去久远，疑原文可能有错误，如果作"舜、禹、益相帝之久暂"，上下文字便一气贯注了。⑦"太丁未立"以下三句：根据《史记·殷本纪》记载，商汤王死后，太子太丁还没有立为君主便死了，于是只好立太丁的弟弟外丙，这就是帝外丙；帝外丙即位三年去世，立外丙的弟弟仲壬，这就是帝仲壬；仲壬即位四年去世，伊尹于是立太丁的儿子太甲。外丙、仲壬在卜辞中作"卜丙""中壬"。⑧桐：地名，在今河南偃师县附近。⑨亳（bó）：在今河南偃师县西，一名尸乡。

【译文】

万章问道："人们有这样的说法，'到了禹道德便衰微了，不把天下传给贤者，却传给儿子'。真有这样的事么？"

孟子谈论古代圣人继位与选择继承人之事。

孟子说："不，并不是这样。天意要给贤者，就给贤者；天意要给儿子，就给儿子。从前，舜把禹推荐给天，过了十七年，舜去世了，守孝三年满了后，禹到阳城去回避舜的儿子，天下的百姓追随他，就像尧去世后不追随尧的儿子却追随舜一个样。禹也把益推荐给天，过了七年禹去世了，守孝三年满了后，益到箕山的北面去回避禹的儿子。那些朝见天子和诉讼的人都不到益那里去却到启那里，说：'这是我们天子的儿子。'那些歌功颂德的人都不歌颂益却歌颂启，说：'这是我们天子的儿子。'（尧的儿子）丹朱不中用，舜的儿子也不中用。舜辅佐尧、禹辅佐舜，经历的时间多，对老百姓施行恩泽也久。（禹的儿子）启很贤明，能够虔诚地继承禹的好传统好作风。益辅佐禹，经历的时间既短，对百姓施行恩泽也没多几天。舜、禹、益辅佐天子时间的久暂，他们儿子的贤明和不中用，这都是天意，不是人力所能办到的。凡事不是人力所能办到却自然办到了的，就是天意，不是人力所能招致却自然来到了的，就是命运。一个普通的人却能享有天下的，道德一定得像舜和禹，而且又有天子的推荐，所以孔子就没能享有天下，继承父祖之业而享有天下的人，天意所要废弃的，一定是像桀纣那样（暴戾）的人，所以益、伊尹和周公也没能享有天下。伊尹辅佐汤统一了天下。汤去世后，（太子）太丁（早死）没有做天子，外丙坐了二年位，仲壬坐了四年位，（他们都死得早，）（继承王位的太丁的儿子）太甲破坏了汤王制订的法典，（辅相）伊尹便把他流放到桐去。三年之后，太甲悔过自新，痛改前非，就在桐那里力求做到存心仁爱，行事合宜，三年中，虚心听取伊尹对自己的教诲，这样就又回到了亳地。周公不能享有天下，就和益的在夏朝、伊尹的在殷朝一样。孔子就说过：‘唐尧虞舜让位给贤者，夏商周三代帝位子孙世代相传，道理都是一样的。”

◎第七章◎

【原文】

万章问曰："人有言‘伊尹以割烹要汤[①]，’有诸？"

孟子曰："否，不然；伊尹耕于有莘之野[②]，而乐尧舜之道焉。非其义也，非其道也，禄之以天下，弗顾也；系马千驷，弗视也。非其义也，非其道也，一介不以与人[③]，一介不以取诸人，汤使人以币聘之[④]，嚣嚣然曰[⑤]：‘我何以汤之聘币为哉？我岂若处畎亩之中，由是以乐尧舜之道哉？’汤三使往聘之，既而幡然改曰[⑥]：‘与我处畎亩之中[⑦]，由是以乐尧舜之道，吾岂若使是君为尧舜之君哉？吾岂若使是民为尧舜之民哉？吾岂若于吾身亲见之哉？天之生此民也，使先知觉后知，使先觉觉后觉也。予，天民之先觉者也；予将以斯道觉斯民也。非予觉之而谁也？’思天下之民匹夫匹妇有不被尧舜之泽者，若己推而内之沟中[⑧]。其自任以天下之重如此，故就汤而说之以伐夏救民[⑨]。吾未闻枉己而正人者也，况辱己以正天下者乎？圣人之行不同也，或远，或近；或去，或不去；归洁其身而已矣。吾闻其以尧舜之道要汤，未闻以割烹也。《伊训》曰：‘天诛造攻自牧宫，朕载自亳[⑩]。’"

【注解】

①伊尹以割烹要汤：这一说法，也见于《墨子·尚贤》篇、《庄子·庚桑楚》、《史记·殷本纪》以及《吕氏春秋·本味》篇，其中《本味》篇记述尤其详细。②有莘：国名，在今河南陈留县东北。③介：同草芥的“芥”；草芥，极其轻微的东西。④币：帛，是古代赠送人的常物，《梁惠王章句下》便有“事之以皮币”的话。后来因为车马玉帛同为聘享的礼物，所以统称为币。⑤嚣嚣（áo）然：闲暇自得的样子。⑥幡（fān）：本是一种狭长垂直悬挂的旗子，也作旛，这里同翻，幡然，改变的样子。⑦与：有“与其”“如”的意思。⑧内：音nà，义同“纳”。⑨说：读shuì，游说。⑩《伊训》曰，天诛造攻自牧宫，朕载自亳：《伊训》，《尚书》的逸篇之一。牧宫，桀的宫室名；朕，我，这里是伊尹自称；载，开始；亳，殷首都名。孟子引书的用意，在于说明汤与伊尹所谋划的，是顺天救民的事，不是割烹，以驳斥伊尹以割烹要汤的邪说。

伊尹耕于有莘之野，而乐尧舜之道。

【译文】

万章问道："人们有这样一种说法，‘伊尹用烹调的技术去干求汤王，’真有这个事吗？"

孟子说："不，不是；伊尹在有莘国的郊野种田，十分喜爱尧舜之道。要是不合乎道和义，即使拿天下的财富给他作俸禄，他也毫不理睬，即使系四千匹马在他前面，（作为馈赠他的礼物，）他连看也不会看上一眼。要是不合乎道和义，一点小东西也不会拿给别人，也不会向别人要一点小东西。汤王派人带着礼物去聘请他，他却不动声色地说：‘我为什么要接受汤的聘礼呢？何如我现在这样身居田野之中，由此以攻习尧舜之道为乐呢？’汤王三次派人去聘请他，然后他才完全改变态度道：‘我与其身居田野之中，由此以攻习尧舜之道为乐，怎比使这位君主成为尧舜之君呢？怎比使这些百姓成为尧舜的百姓呢？怎比在我生前亲自看到尧舜之道见诸实行呢？上天降生这些百姓，使先知的人帮助后知的人觉醒，使先觉的人帮助后觉的人觉醒。我，是百姓中天生先觉的人，我将拿这个尧舜之道去帮助这些百姓觉醒。不是我去帮助他们觉醒，又是谁去呢？’他心里想天下的百姓中只要有一个男人一个女人没有沾被尧舜恩泽的，就好像是自己将他们推进水沟中一样。他是这样自愿把天下的重担挑在肩头，所以跑到汤王那里去拿攻打夏桀拯救百姓的事向他游说。我没有听说过委屈自己却能匡正别人的，更何况屈辱自己而去匡正天下的呢？圣人的行事各不相同，有的远离君主，有的接近君主，有的离开朝廷，有的不愿离开，但是归结起来，(相同之点，)只是保持自身清洁，做到一尘不染罢了。我只听说他(伊尹)用尧舜之道去干求汤王，没有听说用烹调技术的事。《伊训》里说，‘上天对夏桀的讨伐，是从牧宫（代表夏桀）自己制造了该被攻讨的罪恶招来的，我（伊尹自谓）和汤谋伐桀却是从亳都开始的。’”

◎第八章◎

【原文】

万章问曰：“或谓孔子于卫主痈疽[①]，于齐主侍人瘠环[②]，有诸乎？”

孟子曰：“否，不然也；好事者为之也。于卫主颜雠由[③]。弥子之妻与子路之妻[④]，兄弟也。弥子谓子路曰：‘孔子主我，卫卿可得也。’子路以告。孔子曰：‘有命。’孔子进以礼，退以义，得之、不得曰‘有命[⑤]’。而主痈疽与侍人瘠环是无义无命也。孔子不悦于鲁卫[⑥]，遭宋桓司马，将要而杀之，微服而过宋[⑦]。是时孔子当阨，主司城贞子[⑧]，为陈侯周臣[⑨]。吾闻观近臣，以其所为主；观远臣，以其所主。若孔子主痈疽与侍人瘠环，何以为孔子？”

【注解】

①痈（yōnɡ）疽（jū）：即雍渠，是同声通假字；雍渠是卫灵公的太监。②侍人瘠环：侍人，即太监；瘠环，是侍人的姓名。③颜雠由：卫国的贤大夫，《史记·孔子世家》作颜浊邹。④弥子：即弥子瑕，卫灵公的宠臣。⑤得之、不得曰“有命”：杨伯峻《孟子译注》以为这里的“之”字作“与”字用。⑥孔子不悦于鲁卫：孔子不悦于鲁，指孔子做鲁司寇代行相事，齐国人知道后非常害怕，送给鲁君一班女乐，季桓子跟鲁君整天整天地去观看，把政事抛在一边，孔子便离开鲁国去卫国。不悦于卫，指孔子在卫国住了一个多月，卫灵公跟夫人同车，太监雍渠做陪车的，让孔子坐车跟在后面，招摇过市，孔子感到耻辱，离开卫国去曹国。二事都见《史记·孔子世家》。⑦遭宋桓司马，将要而杀之，微服而过宋：宋桓司马，指宋国的司马桓魋（tuí）。微服，换去平常穿的衣服，使人不认识，即现在的化装。⑧司城贞子：陈国的卿。⑨陈侯周：陈怀公的儿子，周是他的名字，即位后被楚国所灭，所以没有谥号，只称陈侯周。

万章就孔子周游列国旧事向孟子发出疑问。

【译文】

万章问道：“有人说孔子在卫国寄居在痈疽家里，在齐国寄居在宦官瘠环家，有这回事吗？”

孟子说：“不，不是这样，这是那些多事的人捏造出来的。(孔子)在卫国寄居在颜雠由家。弥子瑕的妻子跟子路的妻子是姐妹，弥子瑕对子路说：'孔子要是寄居到我家，卫国的卿相位子便可以得到。'子路把这个话告诉了孔子。孔子说：'凡事都有个命定。'孔子无论进还是退都要求合乎礼和义，得到官位和得不到官位都说是命运决定。如果寄居到痈疽和宦官瘠环家中去，这便是不顾道义和命运了。孔子对鲁国和卫国不高兴。又遇上宋国的司马桓魋，预谋在路上拦截他加以杀害，所以只得化装通过宋国。这个时候孔子正蒙难，也还是寄居在（不算坏的）司城贞子家里，做陈侯周的臣子。我听说要观察朝中左右近臣的好坏，就看在他家里寄居的都是些什么样的客臣；要观察外来做官的客臣的好坏，就看他寄居在什么样的主人的家里。要是孔子真个寄居在痈疽和宦官瘠环家里，那还算什么孔子呢？"

◎第九章◎

【原文】

万章问曰："或曰：'百里奚自鬻于秦养牲者，五羊之皮，食牛，以要秦缪公[①]'，信乎？"

孟子曰："否，不然也，好事者为之也。百里奚，虞人也。晋人以垂棘之璧与屈产之乘，假道于虞以伐虢[②]。宫之奇谏[③]，百里奚不谏。知虞公之不可谏而去之秦，年已七十矣，曾不知以食牛干秦缪公之为汙也，可谓智乎？不可谏而不谏，可谓不智乎？知虞公之将亡而先去之，不可谓不智也。时举于秦，知缪公之可与有行也而相之[④]，可谓不智乎？相秦而显其君于天下，可传于后世，不贤而能之乎？自鬻以成其君，乡党自好者不为？而谓贤者为之乎？"

【注解】

①"百里奚自鬻于秦"四句：事见《战国策》《韩诗外传》以及《说苑》等书，说百里奚自己卖身替人家喂牛，卖价是五张羊皮，所以百里奚又叫五羖（gǔ，一作羖，公羊）大夫。缪，通"穆"。②"晋人以垂棘"两句：虞、虢（guó），都是国名。虞在今山西平陆县东北六十里。虢指北虢，在今山西平陆县。当时晋国建都于绛，在今山西翼城东南十五里，晋国由绛伐虢国，虞是必经之途，所以一定要向虞国借路。晋假道于虞伐虢事载《左传》僖公二年及五年。③宫之奇谏：宫之奇，虞国臣子。《左传》僖公二年载晋派荀息向虞国借路，虞公答应了，并请求自己先去攻打虢国。宫之奇出来劝阻，虞公不听。④可与有行：是说可以跟他有所作为。

【译文】

百里奚自鬻于秦养牲者，五羊之皮，食牛。

万章问道："有人说，'百里奚用五张羊皮的卖价将自己卖给秦国一个养牲口的人，给他喂牛，用这种行为来谋求秦穆公的录用'。是真的吗？"

孟子说："不，不是这样，是那些多事的人捏造出来的。百里奚是虞国人。晋国人拿垂棘出的白璧和屈地产的驾车的好马作为贿赂，想借虞国的路去攻打虢国。宫之奇出来劝阻虞公（别上晋国的当），百里奚就没有进行劝阻。知道虞公不可劝阻因而离开虞国到秦国去，他的年岁已经七十了，竟会不知道以喂牛的方式去干求秦穆公为脏污的行为，能说是聪明吗？知道不可劝阻便不去劝阻，能说是不聪明吗？知道虞公将要亡国因而先行离开，这不能说是不聪明。当时被秦国所起用，知道穆公这人可以跟他有所作为，因而愿做他的辅相，能说是不聪明吗？辅佐秦国因而使它的君主扬名于天下，并可流芳于后世，一个不贤明的人能做到这样吗？用卖身的方法来成就他的君主的事业，即使是乡里中一般能洁身自爱的人都不会这样，难道说一个贤明的人会这样做吗？"

万章章句下

本篇第一章表达了孟子的价值取向，即对“圣人”也有不同层次的区分。他认为伯夷、伊尹、柳下惠都在某一方面达到了圣人的境界，而孔子则在各方面都达到了完美无缺的圣人境界，是完美人格的典范。在其他各章中，孟子主要阐述了待人处世的原则，主张士人不应托养于诸侯，交友时要诚信而注重品德，对诸侯的馈赠在符合礼义的前提下可以接受，以及如果不合礼法就不可去谒见诸侯等。对君权的限制也是本篇的主要观点之一，孟子提出为了国家，贵戚之卿可以废立国君，亦即把国家置于君主之上，这是其学说中具有民主色彩的地方。孟子还提出君主应该以贤德之人为师，执弟子礼，也即是以普通人的道德来与国君的权势分庭抗礼，其自我人格意识是很强烈的，同样也是具有进步意义的。

◎第一章◎

【原文】

孟子曰：“伯夷，目不视恶色，耳不听恶声。非其君不事，非其民不使。治则进，乱则退。横政之所出[①]，横民之所止[②]，不忍居也。思与乡人处，如以朝衣朝冠坐于涂炭也。当纣之时，居北海之滨，以待天下之清也。故闻伯夷之风者，顽夫廉[③]，懦夫有立志。

伯夷，目不视恶色，耳不听恶声。非其君不事，非其民不使。

“伊尹曰：‘何事非君？何使非民？’治亦进，乱亦进。曰：‘天之生斯民也，使先知觉后知，使先觉觉后觉。予，天民之先觉者也。予将以此道觉此民也。’思天下之民匹夫匹妇有不与被尧舜之泽者，若己推而内之沟中：其自任以天下之重也。

“柳下惠不羞汙君，不辞小官。进不隐贤，必以其道。遗佚而不怨，阨穷而不悯。与乡人处，由由然不忍去也。‘尔为尔，我为我，虽袒裼裸裎于我侧，尔焉能浼我哉？’故闻柳下惠之风者，鄙夫宽，薄夫敦。

“孔子之去齐，接淅而行[④]；去鲁，曰：‘迟迟吾行也，去父母国之道也。’可以速而速[⑤]，可以久而久，可以处而处，可以仕而仕，孔子也。”

孟子曰：“伯夷，圣之清者也；伊尹，圣之任者也；柳下惠，圣之和者也；孔子，圣之时者也。孔子之谓集大成。集大成也者，金声而玉振之也[⑥]。金声也者，始条理也；玉振之也者，终条理也。始条理者，智之事也；终条理者，圣之事也。智，譬则巧也；圣，譬则力也。由射于百步之外也[⑦]，其至，尔力也；其中，非尔力也。”

【注解】

①横（hèng）政：暴政。②横民：暴民。③顽：古书中常跟“贪”字通用。④淅（xī）：把米浸在水中，这里指浸在水中还没有淘洗的米。⑤而：用法同“则”。⑥金：指金属制的乐器如钟、镈（bó）之类。声：宣，即宣布开始的意思。玉：指玉或石制的乐器如磬（qìng）之类。振：收，宣告结束。⑦由：同“犹”。

【译文】

柳下惠遗佚而不怨，阨穷而不悯。与乡人处，由由然不忍去也。

孟子说："伯夷这人，眼睛不看妖艳的颜色，耳朵不听淫靡的音乐。不是他认可的君主不去侍奉，不是他认可的百姓不去使唤。世道太平就出来做事，世道混乱就退隐田野。暴政施行的地方，暴民居住的地方，他都没有耐心住下。他觉得跟乡里暴民一块相处，好比穿着礼服戴着礼帽坐在烂泥和煤灰上。在纣王当政时，他隐居在北海边上，以等候天下的太平。所以听说了伯夷高风亮节的，就是贪心的人也变得廉洁了，懦弱的人也能立起志来了。

"伊尹说：'哪个君主不能侍奉？哪个百姓不能使唤？'太平时当官，大乱时也当官，他说，'上天生下这些百姓，要叫先知的人帮助后知的人觉悟，要叫先觉的人帮助后觉的人觉醒。我，是天生百姓中先觉醒的人；我将拿这些圣贤之道去帮助这些百姓觉醒。'一想到天下的百姓中有一个男人一个女人还没有受到尧舜的恩泽的，就像是自己把他们推入了水沟中一样，（这就是）他自愿把天下的重担放在肩上。

"柳下惠不以侍奉不好的君主为可耻，做小官也不推辞。上朝做官不隐藏自己的能力，办事必定按照原则。被遗弃了也不生怨恨，身处困境并不忧愁。跟乡里暴民相处，其乐融融地舍不得离开他们。（他说）'你是你，我是我，就算你赤身露体坐在我身旁，你又怎么能玷污我呢？'所以听说了柳下惠高风亮节的，狭隘的人也变得宽怀起来了，刻薄的人也变得厚道起来了。

"孔子离开齐国时，来不及做饭，捞起浸在水中的米就上路了；离开鲁国时，却说：'我们慢慢走吧，这是离开祖国的态度。'该快走便快走，该留久点便留久点，该闲居便闲居，该做官便做官。这就是孔子的态度。"

孟子说："伯夷是圣人中清高的人，伊尹是圣人中富有责任感的人，柳下惠是圣人中随和的人，孔子是圣人中能相机行事的人。孔子可说是集大成的了。所谓集大成，（就是像奏乐时）开头先敲金属乐器钟镈，最后击玉制的特磬收尾。先敲金属钟镈，是表示节奏条理的开端；最后用玉制的特磬收尾，是表示节奏条理的终结。条理的开始在于智慧；条理的终结在于圣德。智慧，好比是技巧，圣德，好比是力气。就犹如在百步之外射箭，射到目的地，是靠你的力气；射中目标，就不是单靠你的力气了（还得靠你的智慧、技巧）。"

◎第二章◎

【原文】

北宫锜问曰[①]："周室班爵禄也[②]，如之何？"

孟子曰："其详不可得闻也。诸侯恶其害己也，而皆去其籍，然而轲也尝闻其略也。

"天子一位，公一位，侯一位，伯一位，子、男同一位，凡五等也。君一位，卿一位，大夫一位，上士一位，中士一位，下士一位，凡六等。天子之制，地方千里，公侯皆方百里，伯七十里，子、男五十里，凡四等。不能五十里[③]，不达于天子，附于诸侯，曰附庸[④]。天子之卿受地视侯[⑤]，大夫受地视伯，元士受地视子、男[⑥]。大国地方百里，君十卿禄，卿禄四大夫，大夫倍上士，上士倍中士，中士倍下士，下士与庶人在官者同禄[⑦]，禄足以代其耕也。次国地方七十里，君十卿禄，卿禄三大夫，大夫倍上士，上士倍中士，中士倍下士，下士与庶人在官者同禄，禄足以代其耕也。小国地方五十里，君十卿禄，卿禄二大夫，大夫倍上士，上士倍中士，中士倍下士，下士与庶人在官者同禄，禄足以代其耕也。耕者之所获，一夫百亩，百亩之粪，上农夫食九人，上次食八人，中食七人，中次食六人，下食五人[⑧]。庶人在官者，其禄以是为差。”

【注解】

①北宫锜（qǐ）：卫国人。②班：列，排列，作动词用，有划定等级的意思。③不能：跟不足、不到的意思差不多。④附庸：根据《礼记·王制》所记，小城叫附庸，庸即墉，有城的意思。所谓附庸，就是拿国事附于大国，不能用自己的姓名和皇帝直接打交道。⑤视：比。⑥元士：上士。⑦庶人在官：老百姓在官府当差的。⑧“一夫百亩，百亩之粪”以下数句：一夫一妇，佃田百亩，施加粪肥，粪多而力勤者为上农，他们田中的收入，可养活九人。其下按农夫生产能力的大小又分四等，共计五等。

【译文】

北宫锜问道：“周朝王室排列爵位和俸禄的等级制度怎样？”

孟子说：“它的详细情况已不可能知道了，诸侯们因为讨厌它妨碍他们自己扩充土地和财富，把那些（可作根据的）文献全都销毁了；不过我孟轲却曾粗知它的大概情况。

北宫锜问曰：周室班爵禄也，如之何？

“（当时排列爵位的制度是：）天子是一级，公是一级，侯是一级，伯是一级，子、男同为一级，总共是五等。（在朝廷中，）天子是一级，卿是一级，大夫是一级，上士是一级，中士是一级，下士是一级、总共分六等。（当时排列俸禄的制度是：）天子亲自管辖的土地是千里见方，公和侯都是百里见方，伯爵七十里，子、男各五十里，总共是四等。土地不到五十里的，不能直接通名到天子那里去，附属在其他诸侯大国，叫作附庸。天子朝中的卿所受的封地比照侯爵，大夫受地比照伯爵，上士受地比照子爵和男爵。公侯大国的封地百里见方，它的国君的俸禄十倍于卿，卿的俸禄四倍于大夫，大夫倍于上士，上士倍于中士，中士倍于下士，下士跟当公差的老百姓拿同样的俸禄，他们所得的俸禄足够抵上从事耕种的收入。中等国家的封地七十里见方，它的国君的俸禄十倍于卿，卿的俸禄三倍于大夫，大夫倍于上士，上士倍于中士，中士倍于下士，下士跟当公差的老百姓拿同样的俸禄，他们所得的俸禄足够抵得上从事耕种的收入。小国的封地五十里见方，它的国君的俸禄十倍于卿，卿的俸禄二倍于大夫，大夫倍于上士，上士倍于中士，中士倍于下士，下士跟当公差的老百姓拿同样的俸禄，他们所得的俸禄足够抵得上从事耕种的收入。农夫的收入，一夫一妇受田一百亩，加上百亩的肥料，粪多而又勤劳的上等农民可以养活九口人，上次的养活八口人，中等的养活七口人，中次的养活六口人，下等的养活五口人。在公家当差的老百姓，他们的俸禄便是比照这个来分等级高下的。”

◎第三章◎

【原文】

万章问曰：“敢问友？”

孟子曰：“不挟长，不挟贵，不挟兄弟而友。友也者，友其德也，不可以有挟也。孟献子[①]，百乘之家也，有友五人焉：乐正裘，牧仲，其三人，则予忘之矣。献子之与此五人者友也，无献子之家者也。此五人者，亦有献子之家，则不与之友矣。非惟百乘之家为然也，虽小国之君亦有之。费惠公曰[②]：‘吾于子思，则师之矣；吾于颜般，则友之矣；王顺、长息[③]，则事我者也。’非惟小国之君为然也，虽大国之君亦有之。晋平公之于亥唐也[④]，入云则入，坐云则坐，食云则食；虽蔬食菜羹[⑤]，未尝不饱，盖不敢不饱也。然终于此而已矣。弗与共天位也，弗与治天职也，弗与食天禄也，士之尊贤者也，非王公之尊贤也。舜尚见帝[⑥]，帝馆甥于贰室[⑦]，亦飨舜，迭为宾主，是天子而友匹夫也。用下敬上，谓之贵贵；用上敬下，谓之尊贤。贵贵尊贤，其义一也。”

【注解】

①孟献子：鲁国的贵卿。②费（bì）：小国名。③颜般、王顺：《汉书·古今人表》颜般作颜敢，王顺作王慎，大概是因为“敢”“般”形状接近而写错的。“顺”“慎”二字古书中往往通用。④亥唐：晋国隐居陋巷的贤人。⑤蔬食：粗粮。⑥舜尚见帝：尚，上。当时舜在下位，尧为天子，所以说“尚见”。⑦帝馆甥于贰室：甥，指舜，根据礼书的规定，妻父叫外舅，所以岳父也可以称女婿为甥。尧把女儿嫁给舜，因此称舜为甥。贰室，副宫。

万章问什么是朋友。

【译文】

万章问道：“请问怎么交友？”

孟子说：“交友要不倚仗自己年岁大，不倚仗自己地位高，也不倚仗自己有权势的兄弟。所谓交友，是和他的品德相交，不可以有所倚仗。孟献子是位拥有百辆车马的大夫，他有五个友人，乐正裘，牧仲，还有三个我忘了名字。献子同这五个人交朋友，心里没有我是大夫的念头，这五个人，如果心里也有着献子是个大夫的念头，就不会同他相交了。不仅拥有百辆车马的大夫是这样，就是小国的君主也有交朋友的问题。费惠公说：‘我对于子思，把他当老师；对于颜般，把他当朋友；至于王顺、长息，只是侍奉我的臣子。’不止是小国的君主是这样，就是大国的君主也有交朋友的问题。晋平公对于亥唐（很尊敬），亥唐叫他进去就进去，叫他坐就坐，叫他吃就吃；即使粗饭菜汤，也从不曾不吃饱，因为不敢不吃饱。然而只不过做到这一步罢了，并不同他共居官位，不同他共理政事，不同他共享俸禄，这是士人尊敬贤人的态度，不是王公尊敬贤人的态度。舜（当年）去拜见帝尧，帝尧在另一所官邸里款待这位女婿，也设宴请舜，（舜有时也宴请尧，）两人互为宾主，这是天子和平民百姓交朋友。以地位低的尊敬地位高的人，叫作尊重贵人；以地位高的人尊敬地位低的人，叫作尊敬贤士。尊重贵人和尊敬贤士，道理是一样的。”

◎第四章◎

【原文】

万章问曰：“敢问交际何心也？”

孟子曰：“恭也。”

曰：“‘却之却之为不恭’，何哉？”

曰：“尊者赐之，曰，‘其所取之者义乎，不义乎？’，而后受之，以是为不恭，故弗却也。”

曰：“请无以辞却之，以心却之，曰‘其取诸民之不义也’，而以他辞无受，不可乎？”

曰：“其交也以道，其接也以礼，斯孔子受之矣。”

万章曰：“今有御人于国门之外者[①]，

孟子提出以从人民那里掠夺来的财物进行交际是可耻的。

其交也以道，其馈也以礼，斯可受御与？”

曰：“不可；《康诰》曰：‘杀越人于货，闵不畏死，凡民罔不譈②。’是不待教而诛者也。殷受夏，周受殷，所不辞也；于今为烈，如之何其受之？”

曰：“今之诸侯取之于民也，犹御也。苟善其礼际矣，斯君子受之，敢问何说也？”

曰：“子以为有王者作，将比今之诸侯而诛之乎③？其教之不改而后诛之乎？夫谓非其有而取之者盗也，充类至义之尽也。孔子之仕于鲁也，鲁人猎较④，孔子亦猎较。猎较犹可，而况受其赐乎？”

曰：“然则孔子之仕也，非事道与⑤？”

曰：“事道也。”

“事道奚猎较也？”

曰：“孔子先簿正祭器⑥，不以四方之食供簿正。”

曰：“奚不去也？”

曰：“为之兆也⑦。兆足以行矣，而不行，而后去，是以未尝有所终三年淹也。孔子有见行可之仕，有际可之仕⑧，有公养之仕⑨。于季桓子，见行可之仕也；于卫灵公，际可之仕也；于卫孝公⑩，公养之仕也。”

【注解】

①御人于国门之外：御，止。这句是说用暴力拦截行人而杀之。②“《康诰》曰”数句：《康诰》，《尚书》篇名，成王打败管、蔡后，将殷国余下的百姓封给康叔统治，作《康诰》。“杀越人于贷”下数句，今本《尚书》作“杀越人于货，暋不畏死，罔弗譈。”越，与粤通用，都是语助词。于，取。闵（暋），强横。譈（duì），一作憝，怨。③比（bì）：连。④猎较（jué）：田猎时互相比较夺得禽兽的多少。⑤事道：是说以行道为职志。⑥簿正祭器：先用簿书正确规定祭器，使有定数，不用四方难以为继的东西充祭品，从根本上建立制度，这样猎较这种陋习也就会自然而然地废止了。⑦兆：始。⑧际可：有礼节接待某个人。⑨公养：国君养贤人的礼节，是指对当时一般人的礼遇。⑩卫孝公：即卫出公辄，一个人两个谥号，本是古已有之的制度。

【译文】

万章问道：“请问与人交际的时候，应该抱着什么思想？”

孟子说：“应该出以恭敬之心。”

万章又问：“（人家常说，）‘老是拒绝接受别人赠送的礼物便是不恭敬’，这是什么意思呢？”

孟子说：“要是一位有地位的人赠送东西，自己先这么考虑道，‘他取得这些东西是合乎义呢，还是不合于义呢？’然后才接受，因为这样做是不恭敬，所以就不拒绝接受了。”

万章说：“请不要用语言去拒绝，而在心里拒绝他，心想，‘他的赠物是取之于民的不义之财’，然后用别的借口不接受他的，这样做难道不可以吗？”

孟子说：“他以正道来相交往，以礼节来相接触，这样就是孔子也是会接受他赠送的礼物的。”

万章说：“假如现在有人在京都郊野截杀行人，（抢劫财物，）他也以正道来相交往，以礼节来有所馈赠，这样难道还可以接受他那抢来的横财不成？”

孟子说：“不可以；《康诰》中曾经这样说，‘杀害行人，劫夺财物，一味强横，一点也不怕死，（对于这种人，）所有百姓没有不恨之入骨的。’这种人不必等待先进行教育就可以诛

孟子曰：今之诸侯取之于民也，犹御也。

杀他。殷朝继承了夏朝这条法规，周朝又继承了殷朝这条法规，这是它们所不愿更改的；现在这种杀人抢劫财物的行为就更是厉害了，怎么能接受这种馈赠呢？”

万章说：“现在的诸侯从百姓那里榨取血汗，跟强盗杀人劫物的行径差不多。如果他们把相交往的礼节表演得很出色，这样君子就可以接受他们的馈赠，请问这又该怎样解释呢？”

孟子说：“你以为有圣王兴起，会将现在的诸侯不问青红皂白一股脑儿全部诛杀呢，还是先教育他们，如果再不悔改然后再诛杀呢？（人们）说不是他所应该有的东西却要去取它到手是盗贼的行径，那只是扩充它的意义，提高到最高原则上来说的，（并不是把他就看作是真的盗贼，）孔子在鲁国做官时，鲁国人开展猎物多少的竞赛活动，孔子也参加这种竞赛活动。参加猎物多少的竞赛活动尚且可以，更何况接受他们赠送的礼物呢？”

万章说：“那么孔子的做官，难道不是为了实现自己的政治主张么？”

孟子说：“是为了实现自己的政治主张。”

万章紧接着问道：“为了实现政治主张，为什么又要去参加猎物多少的竞赛活动？”

孟子答道：“孔子先用文书规定祭器的数目，并且规定不得用四方难以获得的食物来盛在文书规定的祭器中充祭品（这样，为了获得猎物供祭祀的‘猎较’活动久而久之，便会自动废止了）。”

万章又问：“（孔子）为什么不离去呢？”

孟子说：“（孔子）是要先开个头，（试行一下自己的政治主张，）如果这个开头证明自己的政治主张可以行得通，而主管其事的人君却不肯实行，然后才离去，所以孔子（在他所到过的国家）从来不曾有呆过三年整的。孔子做官大约有这样三种情况：有的是看见有行道的可能而做官，有的是因国君对自己能以礼相待而做官，有的则是由于国君能够养贤而做官。对于季桓子，就是看见有行道的可能而做官的；对于卫灵公，就是因国君对自己能以礼相待而做官的；对于卫孝公，则是由于国君能够养贤而做官的。”

第五章

【原文】

孟子曰：“仕非为贫也，而有时乎为贫；娶妻非为养也，而有时乎为养。为贫者，辞尊居卑，辞富居贫。辞尊居卑，辞富居贫，恶乎宜乎？抱关击柝[①]。孔子尝为委吏矣[②]，曰，‘会计当而已矣。’尝为乘田矣[③]，曰，‘牛羊茁壮长而已矣。’位卑而言高，罪也；立乎人之本朝[④]，而道不行，耻也。”

为贫者，辞尊居卑，辞富居贫。

【注解】

①抱关：看门的人。柝（tuò）：打更用的梆子。②委吏：仓库的管理人员。③乘（shèng）田：管理牲畜园子的小官吏。④本朝：即朝廷的意思。

【译文】

孟子说：“做官不是因为贫穷，但有时也会因为贫穷；娶妻不是为了奉养父母，但有时也会为了奉养父母。因为贫穷而做官的，就该不做高官，而做小官，不求高薪，只求薄禄。不做高官，而做小官，不求高薪，只求薄禄，那么，干哪样合适呢？那当守门打更的人就行。孔子就曾做过管理仓库的小官，他说，‘做到账目清楚就行了’。他也曾当过看守牲畜园子的小吏，他说，‘把牛羊养得肥壮就行了’。职位卑下的人却好高谈朝政，是罪过；在人家的朝廷上当大官，却不能推行正确的政治主张，是耻辱。”

◎第六章◎

【原文】

万章曰："士之不托诸侯[①]，何也？"

孟子曰："不敢也。诸侯失国，而后托于诸侯，礼也；士之托于诸侯，非礼也。"

万章曰："君馈之粟，则受之乎？"

曰："受之。"

"受之何义也？"

曰："君之于氓也，固周之[②]。"

曰："周之则受，赐之则不受，何也？"

曰："不敢也。"

曰："敢问其不敢何也？"

曰："抱关击柝者皆有常职以食于上。无常职而赐于上者，以为不恭也。"

子思不接受鲁缪公差人送的肉。

曰："君馈之，则受之，不识可常继乎？"

曰："缪公之于子思也，亟问，亟馈鼎肉[③]。子思不悦。于卒也，摽使者出诸大门之外[④]，北面稽首再拜而不受[⑤]。曰：'今而后知君之犬马畜伋。'盖自是台无馈也[⑥]。悦贤不能举，又不能养也，可谓悦贤乎？"

曰："敢问国君欲养君子，如何斯可谓养矣？"

曰："以君命将之[⑦]，再拜稽首而受。其后廪人继粟，庖人继肉[⑧]，不以君命将之。子思以为鼎肉使己仆仆尔亟拜也[⑨]，非养君子之道也。尧之于舜也，使其子九男事之，二女女焉，百官牛羊仓廪备，以养舜于畎亩之中，后举而加诸上位[⑩]。故曰，王公之尊贤者也。"

【注解】

①士：《孟子》中所说的士有两种：一种是有职位的士；一种是没有职位的士，这里的士属于后一种。②"君之"两句：氓，指从外来侨居本国的百姓。周，救济。③亟问，亟馈鼎肉：亟，读qì，屡次。鼎肉，熟肉。古人问候人，往往馈赠礼物以表意，所以"问"与"馈鼎肉"是同时进行的。④摽（biāo）：撵走。⑤稽（qǐ）首再拜：稽首，叩头到地；这里先稽首，后再拜，表示拒绝接受礼物。⑥台：地位低贱的仆役。⑦将：送。⑧"其后廪人"两句：廪人，管仓库的小吏。庖人，厨师。⑨仆仆：有劳顿的意思。⑩加：与前面"夫子加齐之卿相"的"加"同义，都可解作居。

【译文】

万章问道："士不能寄居诸侯国家依靠他的过日子，这是什么理由？"

孟子说："不敢这样做。诸侯失掉了自己的国家，然后寄居在别的诸侯国家当寓公，这是于礼相合的；士作诸侯国的寓公，便是不合乎礼的。"

万章又问："国君要是送给他粮食，那接不接受呢？"

孟子说："接受。"

"接受有什么理由呢？"

孟子说："国君对于流落在他国内的外侨，本有周济的义务。"

万章说："周济他就接受，赐与他就不接受，这又是为什么呢？"

孟子说："不敢接受。"

万章说："请问不敢接受的理由何在？"

孟子说："看门和打更的小吏都是由于有正常的职务才受上面的给养，没有正当的职务却接受上面的赐与，在人们看来是不恭敬的行为。”

万章说：“国君送东西给他，就接受，不知道可不可以常常这样做？”

孟子说：“过去缪公对于子思，屡次派人去问候，并赠送肉食。子思心里很不高兴。到最后，把使者撵出大门外，朝着北面叩头，一再作揖，拒绝接受缪公赠送的东西，并且说：‘从今以后我才知道您大王是把我孔伋当作狗马一样地畜养。’从此仆人就不再（给子思）送东西了。喜爱贤士既不能提拔，又不能奉养，这能说是喜爱贤士吗？”

万章说：“请问国君要奉养贤士，怎样做才真算是奉养贤士呢？”

孟子说：“（第一次馈送东西，）以国君的名义送给他，他便一再作揖叩头接受下来。以后管粮仓的人经常送粮食，管膳食的人经常送肉食，就不再用国君的名义去送了。子思认为（鲁缪公）馈送肉食害得自己十分麻烦地一再作揖下跪，这不是奉养君子的正确作法。从前尧对待舜，派他的九个男孩尊舜为老师，把两个女儿嫁给他，替舜服役的各种工作人员以及牛羊仓库，应有尽有，以奉养舜于田野之中，然后提拔他放在高位上，所以说，这才是王公尊敬贤士的典范。”

◎第七章◎

【原文】

万章曰：“敢问不见诸侯，何义也？”

孟子曰：“在国曰市井之臣，在野曰草莽之臣，皆谓庶人。庶人不传质为臣[①]，不敢见于诸侯，礼也。”

万章曰：“庶人，召之役，则往役；君欲见之，召之，则不往见之，何也？”

曰：“往役，义也；往见，不义也。且君之欲见之也，何为也哉？”

曰：“为其多闻也，为其贤也。”

曰：“为其多闻也，则天子不召师，而况诸侯乎？为其贤也，则吾未闻欲见贤而召之也。缪公亟见于子思[②]，曰：‘古千乘之国以友士，何如？’子思不悦，曰：‘古之人有言曰：事之云乎？岂曰友之云乎[③]？’子思之不悦也，岂不曰，‘以位，则子，君也；我，臣也，何敢与君友也？以德，则子事我者也，奚可以与我友？’千乘之君求与之友而不可得也，而况可召与？齐景公田，招虞人以旌，不至，将杀之。志士不忘在沟壑，勇士不忘丧其元。孔子奚取焉？取非其招不往也[④]。”

曰：“敢问招虞人何以？”

曰：“以皮冠[⑤]。庶人以旃[⑥]，士以旂[⑦]，大夫以旌。以大夫之招招虞人，虞人死不敢往；以士之招招庶人，庶人岂敢往哉？况乎以不贤人之招招贤人乎？欲见贤人而不以其道，犹欲其入而闭之门也。夫义，路也；礼，门也。惟君子能由是路，出入是门也。《诗》云：‘周道如底，其直如矢；君子所履，小人所视。’”

万章曰：“孔子，君命召，不俟驾而行；然则孔子非与？”

曰：“孔子当仕有官职，而以其官召之也。”

【注解】

①传质：质，同“贽（zhì）”，见面礼。庶人带着见面礼去谒见诸侯，一定得由通报人把见面礼传送上去，所以叫传贽。②见于子思：与《梁惠王章句下》第一章“暴见于王”，《公孙丑章句下》第四章“他日见于王”等句语法相同，是指缪公去见子思，为子思所接见。③云乎：语助词。④“齐景公田”至“取非其招不往也”几句：见《滕文公章句下》第一章。⑤皮冠：打猎时戴的皮帽子。⑥旃（zhān）：古代一种用整幅丝绸做的、就着丝绸的织花不再另加画图的旗子。⑦旂（qí）：古代一种在旗上画着二龙相交，并于旗杆顶端挂上铃铛的旗子。

【译文】

万章问道：“请问作为一个士人不愿意去谒见诸侯，这是什么意思呢？”

孟子回答说："（不在职的士人）住在都城的叫作市井之臣，住在农村的叫作草莽之臣，统称为百姓。百姓没有传送见面礼成为臣属，不敢谒见诸侯，这是合乎礼的。"

万章继续问："百姓，国君召他服役，就去服役；国君要见他，召他，却不见国君，这是为什么呢？"

答道："去服役，是应该的；去谒见，是不应该的。而且国君要见他，是为什么呢？"

万章说："是因为他见多识广，是因为他德高望重。"

孟子说："如果因为他见多识广，（国君要拜他做老师，）那么即使是天子也不便召见老师的，何况是诸侯呢？如果因为他德高望重，那么我就从没有听说过想和德高望重的贤士会晤却去召见他的。鲁缪公多次去访问子思，问道：'古代能出兵车千辆的大国之君跟士人交朋友，怎么样呢？'子思心里不高兴，答道：'古代人的话是说，（对于士人，）国君应该拜他做老师，难道是说跟他交朋友吗？'子思的不高兴，难道（他心里）不是说，'论地位，那么你，是君主；我，是臣子，（臣子）怎么敢和君主交朋友呢？论品德，那你就该是拜我做老师的人，怎么可能跟我交朋友呢？'千乘的大国之君想跟他交朋友都办不到，更何况（要他）服从召唤呢？从前齐景公去打猎，拿饰有羽毛的旗子召唤管园囿的小吏，小吏不来见，（景公）将要杀掉他。一个志士仁人正直不苟，不怕惨遭杀戮，尸填沟坑，一个大勇的人临危不乱，哪怕要掉脑袋，（这不是孔子当年赞颂这个小小管园吏的话么，）孔子取他哪一点呢？就是取他敢于坚守礼义，不接受不合乎礼仪的召唤。"

问："请问召唤管园囿的小吏该用什么东西？"

答："用皮帽子。召唤普通百姓用整幅丝绸就着上面的花纹做的旗子，召唤士人用悬有铃铛上面画有相交的二龙的旗子，召唤大夫用饰有羽毛的旗子。用召唤大夫的旗子去召唤管园囿的小吏，小吏死也不敢去；用召唤士人的旗子去召唤普通百姓，普通百姓难道敢去吗？何况用召唤不贤的人的旗子（或礼节）去召唤贤德的人呢？想晤见贤德的人却不遵循应有的礼数，那就像是想请他进屋子却把门关起来。义，就像是路；礼，就像是门。只有有德的君子才能打这条路走，打这个门出进。《诗》里说，'大路像磨刀石一般平，又像箭头一般直，有德君子在上面走，百姓步步来效法。'"

万章最后又问："听说孔子，国君一有命令召唤，总是等不到套好马车便走；那么孔子做得不对么？"

孟子答道："孔子当时正在做官，担任了职务，上面的国君是凭他的职务召唤他的。"

◎第八章◎

【原文】

孟子谓万章曰："一乡之善士斯友一乡之善士，一国之善士斯友一国之善士，天下之善士斯友天下之善士。以友天下之善士为未足，又尚论古之人，颂其诗[①]，读其书[②]，不知其人可乎，是以论其世也。是尚友也。"

尚论古之人，颂其诗，读其书。

【注解】

①颂：同"诵"。②读：除断其章句外，还有抽绎其义的意思。

【译文】

孟子对万章说："一个地方的著名人士就跟一个地方的著名人士交朋友，一个国家的著名人士就和一个国家的著名人士交朋友，名闻天下的人士就和名闻天下的人士交朋友。如果感到和天下闻名的人士交朋友还不能满足自己的要求，便又向上评论古代的人，吟诵他们的诗歌，研读他们著的书，因为还不了解他们的为人是否真的可以，所以还要议论一下他们所处的时代，（看看他们在那个时代中起过什么作用。）这就叫作追溯到上代跟古代的著名人物做朋友。

第九章

【原文】

齐宣王问卿。孟子曰："王何卿之问也？"

王曰："卿不同乎？"

曰："不同；有贵戚之卿①，有异姓之卿。"

王曰："请问贵戚之卿？"

曰："君有大过则谏；反覆之而不听，则易位。"

王勃然变乎色。

曰："王勿异也。王问臣，臣不敢不以正对②。"

王色定，然后请问异姓之卿。

曰："君有过则谏，反覆之而不听，则去。"

贵戚之卿。

异姓之卿。

【注解】

①贵戚之卿：与异姓之卿对文，指同姓的卿。②正：正义。

【译文】

齐宣王问及有关卿的问题。孟子说："大王您问的是哪一种卿呢？"

宣王说："卿难道还有不同么？"

孟子说："有不同；有出身王族的卿，有跟王族不同姓的卿。"

宣王说："请问出身王族的卿怎样？"

孟子答道："国君有重大的过错便进谏，反覆劝谏他不听从，便改立另一位贤能的国君。"

宣王（被唬得一下子）突然变了脸色。

孟子说："大王不要感到奇怪。大王问我，我不敢不拿直话回答您。"

宣王脸色恢复了正常，然后再问与王族不同姓的卿怎样。

孟子说："国君有过错就进谏，反复劝谏了他不听从，就离职到别的国家去。"

告子章句上

本篇主要探讨人性问题，孟子的人性理论是在与告子的辩论中得到系统性的阐发的。告子主张性无善无不善，“生之谓性”，认为人性没有什么善恶问题，食色的本能就是人性，善和恶则是后来由外界的影响加之于人的，与人性无关，亦即善恶是由后天决定的。孟子则认为人的善性是先天就具备的，恶的行为并非来自本性，而是因外部条件而引起的偶然结果，与人的善性没有必然联系。在对告子“生之谓性”观点的反驳中，孟子指出告子从生理本能来论证人性，从而使人与动物失去了区别，使人性等同于兽性，切中了告子人性论的要害。孟子承认人性是与生俱来的，但并不是与生俱来的都是人性，他把人与动物相同的那一部分生理本能排除在人性之外，认为食色只是生理本能而不是人性，如何正确地对待生理本能，才是人性范围内的事，也就是说，调节生理本能的正确标准，即理和义，才是人性，是人类生下来就具有的属性，即人的善性。孟子是我国历史上第一个系统论述人性问题的人，其观点虽然是不科学的，但仍然具有认识上的参考价值。

◎第一章◎

【原文】

告子曰：“性犹杞柳也①，义犹桮棬也②；以人性为仁义，犹以杞柳为桮棬。”

孟子曰：“子能顺杞柳之性而以为桮棬乎？将戕贼杞柳而后以为桮棬也。如将戕贼杞柳而以为桮棬，则亦将戕贼人以为仁义与？率天下之人而祸仁义者，必子之言夫！”

【注解】

①杞柳：即榉柳。②桮（bēi）棬（quān）：是杯盘一类的用器。桮，同“杯”。

【译文】

告子说：“人性好比榉柳，仁义好比杯盘；使人性具备仁义，犹如把榉柳树做成杯盘（要靠人为的力量）。”

孟子说：“你能顺着榉柳的本性把它做成杯盘吗？还是得毁伤榉柳的本性，然后才能做成杯盘吧。假如是毁伤榉柳的本性才能做成杯盘，那么（你）也要毁伤人的本性以使它具备仁义么？率领天下人一同来祸害仁义的，一定就你这种论调啊！”

孟子与告子谈论人性中是否天然带有仁义的问题。

告子认为，人性好比榉柳，仁义好比杯盘；使人性具备仁义，犹如把榉柳树做成杯盘。

◎第二章◎

【原文】

告子曰："性犹湍水也，决诸东方则东流，决诸西方则西流。人性之无分于善不善也，犹水之无分于东西也。"

孟子曰："水信无分于东西。无分于上下乎？人性之善也，犹水之就下也。人无有不善，水无有不下。今夫水，搏而跃之，可使过颡；激而行之，可使在山。是岂水之性哉？其势则然也。人之可使为不善，其性亦犹是也。"

【译文】

告子说："人性就像急流的水一般，在东方冲开了缺口便向东方流去，在西方冲开了缺口便向西方流去。人性不分善和不善，就好像水流本不分东西流向一个样。"

孟子说："水的确本不分东西流向，但是水也不分上下一定的流向么？人性的向善，便和水的爱向低处流相仿佛。人（的本性）是没有不善良的，水（的本性）是没有不向下流的。那水，你一拍打它使它跳跃起来，当然，一时也可以使它高出你的额头，你设法遭挡它，一时也可以使它飞流上山。这难道是水的本性么？这是形势逼着它如此。人可以使之干坏事，他的本性的变更也和（用外力）改变水的本性一样。"

◎第三章◎

【原文】

告子曰："生之谓性[①]。"

孟子曰："生之谓性也，犹白之谓白与？"

曰："然。"

"白羽之白也，犹白雪之白，白雪之白犹白玉之白与？"

曰："然。"

"然则犬之性犹牛之性，牛之性犹人之性与？"

【注解】

①生之谓性：告子的意思，大概是说人生之初，自然即赋给他以性，性都相同，无善恶之别。孟子即抓住告子"生之谓性"这句话，用"犬牛也是生而禀性，难道与人性没有区别吗"的反诘以驳之，借以证明自己人性善的主张的完全正确。

孟子与告子对人的天性进行辩论。

【译文】

告子说："天生的禀赋就叫性。"

孟子说："天生的禀赋就叫性，就像白色的东西就叫白吗？"

告子说："是。"

"白羽毛的白，和白雪的白一样，白雪的白和白玉的白一样吗？"

告子说："是。"

"那么狗的生性和牛的生性一样，牛的生性和人的生性一样吗？"

◎第四章◎

【原文】

告子曰："食色，性也[①]。仁，内也，非外也；义，外也，非内也[②]。"

孟子曰："何以谓仁内义外也？"

曰："彼长而我长之，非有长于我也；犹彼白而我白之，从其白于外也，故谓之外也。"

曰："异于白马之白也，无以异于白人之白也[③]；不识长马之长也，无以异于长人之长与？且谓长者义乎？长之者义乎？"

曰："吾弟则爱之，秦人之弟则不爱也，是以我为悦者也，故谓之内。长楚人之长，亦长吾之长，是以长为悦者也，故谓之外也。"

曰："耆秦人之炙[④]，无以异于耆吾炙，夫物则亦有然者也，然则耆炙亦有外与？"

告子说：食色，性也。

【注解】

①食色，性也：告子这句话是说食色出自本身之所需，不是外加于我，是内而不是外。下章孟子说："口之于味也，有同耆焉；耳之于声也，有同听焉；目之于色也，有同美焉；至于心，独无所同然乎？"《礼记·礼运》篇也说："饮食男女，人之大欲存焉。"语意与告子同。②"仁，内也"六句：在告子看来，仁由内出，为性中所本有，义外非内，则为性中所本无。早于孟子的墨翟在《墨子·经说下》中对仁内义外之说就曾作过有力的批驳。可见关于仁内义外之争，由来已久。③异于白马之白也，无以异于白人之白也：上句"异于"二字可能是多出的。④耆：同"嗜"。

孟子认为仁爱是人的天性。

【译文】

告子说："饮食和男女两件事，是人的本性。仁，存在于人本身之内，不是在本身之外；义，存在于人本身之外，不是在本身之内。"

孟子说："为什么说仁在身内义在身外呢？"

告子答道："因为他年长所以我将他看作长者加以尊敬，年长在他不在于我，就好像它是白色的东西因而我认为它白，这是由于外在物的白色所决定的，（并不是我脑子里先存有白色的观念，）所以说它是外在的东西。"

孟子问道："白马的白和白人的白固然没有多少不同，但不知对老马的尊敬跟对年长的人的尊敬是不是也没有多少区别呢？而且你所说的义，是指长者呢，还是指尊敬长者的心呢？（如果义不在于他的年长，而在于我尊敬长者之心，那么，义就还是在内不是在外哩。）"

孟子曰：异于白马之白也，无以异于白人之白也；不识长马之长也，无以异于长人之长与？

告子（继续辩解）说："对于我自己的的弟弟就爱，对于秦人的弟弟就不爱，这就可见爱不爱在于我自己，所以我（把仁）叫作内在的东西。尊敬楚人的长者，也尊敬我的长者，这可见爱不爱决定于他人的年长，所以我（把义）叫作外在的东西。"

孟子（继续反驳）说："爱吃秦人的烧肉和爱吃我们自己的烧肉是没有多少区别的，看来各种事物也都有相类似的情况，那么喜爱吃烧肉的心思难道也是存在于身外吗？（这样，'食色'还能称之为'性'么？）"

◎第五章◎

【原文】

孟季子问公都子曰[①]："何以谓义内也？"

曰："行吾敬，故谓之内也。"

"乡人长于伯兄一岁，则谁敬？"

曰："敬兄。"

"酌则谁先？"

曰："先酌乡人。"

"所敬在此，所长在彼，果在外，非由内也。"

公都子不能答，以告孟子。

孟子谈论弟弟和叔父处于不同位置时谁更受人尊敬的问题。

孟子曰："敬叔父乎？敬弟乎？彼将曰敬叔父。曰，'弟为尸[②]，则谁敬？'彼将曰敬弟。子曰，'恶在其敬叔父也？'彼将曰在位故也。子亦曰在位故也。庸敬在兄，斯须之敬在乡人。"

季子闻之，曰："敬叔父则敬，敬弟则敬，果在外，非由内也。"

公都子曰："冬日则饮汤，夏日则饮水，然则饮食亦在外也？"

【注解】

①孟季子：孟子的从兄弟，不过也有些人怀疑这一点，但都提不出可靠的证据来。②尸：古代代表死者受祭的人叫尸，多由亲属中辈数晚年纪小的人担任。后世才用画像或牌位来代替。

【译文】

孟季子问公都子道："为什么说义在身内呢？"

答道："（对人）表达内心的崇敬，所以说义在身内。"

"如果有个乡里的人比你大哥大一岁，那么你尊敬谁呢？"

答道："尊敬大哥。"

"要是同席斟酒那你先给谁斟呢？"

答道："先给乡里的人斟。"

"（这样看来，）你内心所尊敬的在这（指大哥），外面所表示礼敬的却在那里（指乡里人），那义毕竟是在身外，并不是从内心产生的嘛。"

公都子不能回答这问题，便将它告诉了孟子。

孟子说："（你可以反问他，）应该尊敬叔父呢，还是尊敬弟弟呢？他将回答说尊敬叔父。（你可以进一步）问道，'假如弟弟（在祭祖先时）充任受祭的代理人——尸，那么该尊敬谁呢？'他将回答说尊敬弟弟。你就可以再问，'（那你刚才说）该尊敬叔父的道理又在哪里呢？'他将回答因为弟弟处在尸位的缘故。那你也同样可以说因为乡里人处在客位的缘故，对哥哥是经常的尊敬，对乡里人是一时的尊敬。"

季子听了这些话后，说："尊敬叔父是（在这样的情况下）去尊敬，尊敬弟弟却（又是在那样的情况下）才给予他尊敬，看起来又毕竟在于身外，并不是发自内心。"

公都子听了反问道："（人们）冬天就喝热茶，夏天就喝凉水，（照你的说法，）那么饮食也不是出于内在的需要而是由于外在的原因所决定的吗？"

◎第六章◎

【原文】

公都子曰："告子曰：'性无善无不善也。'或曰：'性可以为善，可以为不善，是故文武兴，则民好善；幽厉兴，则民好暴。'或曰：'有性善，有性不善，是故以尧为君而有象；以瞽瞍为父而有舜；以纣为兄之子，且以为君，而有微子启、王子比干[①]。'今曰性善，然则彼皆非欤？"

孟子谈四端。

孟子曰："乃若其情[②]，则可以为善矣，乃所谓善也。若夫为不善，非才之罪也[③]。恻隐之心，人皆有之；羞恶之心，人皆有之；恭敬之心，人皆有之；是非之心，人皆有之。恻隐之心，仁也；羞恶之心，义也；恭敬之心，礼也；是非之心，智也。仁义礼智，非由外铄我也[④]，我固有之也，弗思耳矣。故曰，'求则得之，舍则失之。'或相倍蓰而无算者，不能尽其才者也。《诗》曰：'天生蒸民，有物有则。民之秉彝，好是懿德[⑤]。'孔子曰：'为此诗者，其知道乎！故有物必有则；民之秉彝也，故好是懿德。'"

【注解】

①微子启、王子比干：根据《史记》的记载，微子是纣王的庶兄，和纣王都是帝乙的儿子。比干是纣王的亲戚，司马迁也不知道他是谁的儿子。从这里公都子所引的话看来，微子、比干都是帝乙的弟弟，是纣王的叔父。这是《孟子》所载跟《史记》不同的地方。②乃若：发语辞，用在这里表示转折的语气。③非才之罪也：才，犹材质；才、情都是指质性而言。④铄：美，动词，使动用法。⑤"《诗》曰"诸句：引自《大雅·蒸民》第一章。蒸，《诗经》作烝，众。物，事。则，法则。秉，执。彝，《孟子》原书和东汉王符的《潜夫论》都引作夷，常。懿，美。

【译文】

公都子说："告子说：'人性本没有善和不善。'有的人又说：'人性可以使它变得善，也可以使它变得不善，所以周文王和武王（这样的圣王）产生了，人民就向善成风；周幽王和厉王（这样的暴君）出现了，人民便多趋向暴戾。'还有一种这样的说法：'人性有的善，有的不善，所以哪怕有尧这样的圣人为君，却难免出现象这样的坏蛋；虽说有瞽瞍这样缺德的人为父，却还是生了大舜这样的好儿子，以纣这样暴虐的人做侄儿，而且做了君主，却同时存在着微子启、王子比干这样以仁德著称的叔父。'现在您老师说人性本来都善良，那么他们说的都不对么？"

孟子说："要说人们本来的质性，就都可以使之趋向善良，这便是我所说的人性本善。至于有的人不干好事，不能责怪他的质性不好。怜悯他人灾难的心，人人都有；做了不光彩的事感到羞耻的心，人人都有；对人有礼貌的心，人人都有；判断事物是和非的心，人人都有。怜悯他人灾难的心便是仁；对不光彩的事感到羞耻的心便是义；对人有礼貌的心便是礼；判断事物是非的心便是智。仁义礼智的美德，不是由外面虚饰而成的，是我本身原来就具有的，不过没有自觉地意识到它们罢了。所以说，'只要去探索它们，便不难获得，一旦放弃它们，便不免要失掉'。有的人（比别人）相差一倍、五倍甚至无数倍，他们便是那种不能充分发挥天生优美的才性的人。《诗》中说过，'老天生下这百姓，有事物便有法则。百姓秉执这常道，爱的就是这美德。'孔子说，'作这篇诗的人，大概是懂得道理的啊！所以世间有事物必然便有法则；百性能秉执这天生常道，所以能中心爱好这美德。'（这可作为人性本来就善良的佐证。）"

孟子认为人性如水，随高就低，关键是怎样引导。

◎第七章◎

【原文】

孟子曰："富岁子弟多赖[①]，凶岁子弟多暴，非天之降才尔殊也，其所以陷溺其心者然也。今夫麰麦，播种而耰之[②]，其地同，树之时又同，浡然而生，至于日至之时[③]，皆熟矣。虽有不同，则地有肥硗[④]，雨露之养，人事之不齐也。故凡同类者，举相似也，何独至于人而疑之？圣人与我同类者。故龙子曰：'不知足而为屦，我知其不为蒉也[⑤]。'屦之相似，天下之足同也。

"口之于味，有同耆也；易牙先得我口之所耆者也[⑥]。如使口之于味也，其性与人殊[⑦]，若犬马之与我不同类也，则天下何耆皆从易牙之于味也？至于味，天下期于易牙，是天下之口相似也。惟耳亦然，至于声，天下期于师旷，是天下之耳相似也。惟目亦然，至于子都[⑧]，天下莫不知其姣也。不知子都之姣者，无目者也。故曰，口之于味也，有同耆焉；耳之于声也，有同听焉；目之于色也，有同美焉。至于心，独无所同然乎？心之所同然者何也？谓理也，义也。圣人先得我心之所同然耳。故理义之悦我心，犹刍豢之悦我口[⑨]。"

【注解】

①赖：即懒。②"今夫"两句：麰（móu）麦，即大麦。耰（yōu），本是摩田器，这是名词动用，有把土耙平的意思。③日至：这里指的是夏至。④硗（qiāo）：土地坚硬不肥沃叫硗薄。⑤蒉（kuì）：盛土的草包。⑥易牙：一作狄牙，春秋时人，以滋味游说齐桓公，桓公用为寺人（宫内小臣），很被亲幸。桓公死后，跟他的同党竖刁、开方一同在齐国作乱。《左传》僖公十七年提到了这个人，又名雍巫；有关他的故事传说散见于周秦的书上。⑦其性与人殊：孟子认为饮食男女是人所不学而能的生性，所以这里的性字有人的本能的意思。⑧子都：古代著名的美男子，以后沿用为美男子的通称。⑨刍（chú）豢（huàn）：吃草的家畜叫刍，如牛羊便是；吃谷的家畜叫豢，如猪狗便是。

【译文】

孟子说："丰收年岁青年子弟懒惰的多，歉收年岁青年子弟强暴的多，这并不是天生人的才质有这样的不同，而是由于外在的因素影响了他们的心（思想）才变得这样的。譬如种大麦吧，播下种去把地耙平，土地相同，栽种的时候也一样，它们便蓬蓬勃勃的生长，到了夏至前后，几乎全都成熟了。纵使有的例外，那也是因为土质的肥瘠、雨露的多寡和人工管理的好坏有所不同的缘故；所以凡是同类的东西，差不多都是相似的，为什么独独对于人却要怀疑呢？圣人跟我们是同类的。因此龙子说：'即使不了解脚的大小样子去编草鞋，我知道决不会编成盛土的草包的。'草鞋样式的相似，说明天下人的脚是相同的。

“人们的口对于味道，有相同的嗜好。（以烹调著名的厨师）易牙早就掌握了我们所嗜好的口味，（所以他烹调的菜为人们所喜爱。）假如人们的口味，生来就与别人不同，像狗和马跟我们不同类一个样，那么天下的人为什么都喜欢追求易牙烹调的口味呢？谈到口味，天下的人都巴望着尝到易牙烹调的口味，这说明天下人的口是相似的。就是耳朵也是这样，谈到音乐，天下的人都巴望能听到名乐师旷演奏的乐曲，这说明天下人的耳朵是相似的。就是眼睛也是这样。一谈到美男子子都，天下的人没有不知道他的漂亮的。不能鉴别子都漂亮的，那简直是没长眼睛的人。所以说，口对于味道，有相同的嗜好；耳朵对于声音，有相同的听赏能力；眼睛对于美色，有相同的审美情趣。谈到心，独独没有一致肯定的东西么？人心所一致肯定的东西是什么呢？是理，是义。圣人不过是早就掌握了我们心里所肯定的东西罢了。所以理和义之使我的心喜爱，就和牛羊狗马的肉使我的口喜爱是一样的。”

富岁子弟多赖，凶岁子弟多暴。

◎第八章◎

【原文】

孟子曰：“牛山之木尝美矣①，以其郊于大国也②，斧斤伐之，可以为美乎？是其日夜之所息，雨露之所润，非无萌蘖之生焉，牛羊又从而牧之③，是以若彼濯濯也④，人见其濯濯也，以为未尝有材焉，此岂山之性也哉？虽存乎人者，岂无仁义之心哉？其所以放其良心者，亦犹斧斤之于木也。旦旦而伐之，可以为美乎？其日夜之所息，平旦之气，其好恶与人相近也者几希⑤，则其旦昼之所为，有梏亡之矣⑥。梏之反覆，则其夜气不足以存；夜气不足以存，则其违禽兽不远矣。人见其禽兽也，而以为未尝有才焉者，是岂人之情也哉？故苟得其养，无物不长；苟失其养，无物不消。孔子曰：‘操则存，舍则亡；出入无时，莫知其乡⑦。’惟心之谓与。”

【注解】

①牛山：在今山东临淄县南。②郊于大国：邑外叫郊，这里名词动用，是说处在大国的郊野。③“无非”两句：萌，芽。蘖（niè），从旁边长出的芽。牧，害。④濯濯（zhuó）：形容山上光秃秃的。⑤几希：不多。⑥有：同“又”。梏（gù）：搅乱。⑦乡：音同向，意思也与向同。

【译文】

孟子说：“牛山上的树木曾经长得非常茂盛，由于它生长在大都市的郊野，人们经常用斧子去砍伐它，它还可以保持它的茂盛吗？这就是说，虽然它日日夜夜在生长，雨露也在不断的滋润着它，也并不是说没有新芽和旁枝长出来，（无

孟子曰：牛山之木尝美矣。

奈在斧斤砍伐之余，）牛羊接着又在山上牧放时糟踏它，因此牛山便成为那样光秃秃的了。人们看见它光秃秃的了便误以为它从来没有生长过树木，这难道是山的本来面目（本性）么？虽是在人的身上，（不是也和山上的有树木一样，）难道没有仁义之心吗？之所以有的人会丧失他那种原有的善心，那也是像斧子对于牛山上的树木一样，天天去砍伐它，它还可以保持原来的茂盛吗？尽管他日里夜里潜滋暗长的善心，凌晨时接触到的清明之气，促成了他有了少许与别人相接近的好恶，可他第二天的所作所为，又来搅乱他，使他丢失了刚刚产生的那一点儿与别人相接近的好恶。这样不断搅乱，那么凌晨他所接触的那种清明之气也不足以保存他那点儿刚刚恢复的善心，清明之气既然不足以保存他那点儿善心，那他就离禽兽不远了。人们看见他沦为禽兽，便以为他从不曾有过好的资质，这难道是人的本性么？所以要是真的得到正当的培养，没有什么东西（善性）不会生长的；相反，要是真的失去了正当的培养，没有什么东西（善性）不会消失的。孔子说：'把握它就存在，放弃它就消亡，出和入没有定时，也不知它居住何方。'这就是指心说的吧！"

心，操则存，舍则亡。

◎第九章◎

【原文】

孟子曰："无或乎王之不智也①。虽有天下易生之物也，一日暴之②，十日寒之。未有能生者也。吾见亦罕矣，吾退而寒之者至矣。吾如有萌焉何哉③？

"今夫弈之为数④，小数也；不专心致志⑤，则不得也。弈秋，通国之善弈者也。使弈秋诲二人弈，其一人专心致志，惟弈秋之为听。一人虽听之，一心以为有鸿鹄将至⑥，思援弓缴而射之⑦，虽与之俱学，弗若之矣。为是其智弗若与？曰：非然也。"

【注解】

①无或乎王之不智：或，同"惑"，疑怪。当时有人把王的不智归咎于孟子辅导不力，所以孟子这样说。②暴（pù）：同"曝"，晒。③吾如有萌焉者何哉："如……何"即"奈……何"，有拿它怎么样的意思。④弈：即博。不过博跟弈还是有区别的，古人说弈，只限于下棋，博就要先掷采（和后世的掷色子差不事），然后下棋。后人不下棋而专掷采，于是称掷采为博，这样博与弈就成为两回事了。数：技艺。⑤致志：致，尽；致志是说尽意。⑥鸿鹄（hú）：古书中凡是鸿鹄二字连用，实际即指鹄，鹄就是天鹅。⑦缴（zhuó）：本指生丝缕，后来称系在射鸟用的箭上的丝绳为缴。有时系着丝绳的箭也称缴。

【译文】

孟子说："别对王的不聪明感到奇怪。（培养人正如培养植物，）哪怕是天下容易生长的植物，你让它晒一天太阳，又搁在阴凉的地方冷它十天，那就没有能够活下去的了。我见到王的次数很少，我一退出，那些泼冷水（陷王于不义）的人接着便到了，我又能拿他那刚刚萌发出来的一点点善心怎么样呢？

"下棋这种技艺，本来是一种小技艺；如果不聚精会神地学，便学不到手。弈秋，是全国的下棋能手，假如让弈秋教两个人下棋，其中一个聚精会神，就只听弈秋的指教。另一个表面上虽然好像也在听，实际上他一心以为天鹅快要飞来了，想拿起弓箭去射它。这样，这个人尽管和前面那个人一块儿学，成绩便赶不上人家了。你说这是他的智慧不如人家吗？我说，不是这样。"

◎第十章◎

【原文】

孟子曰："鱼，我所欲也，熊掌，亦我所欲也；二者不可得兼，舍鱼而取熊掌者也。生，亦我所欲也，义，亦我所欲也；二者不可得兼，舍生而取义者也。生亦我所欲，所欲有甚于生者，故不为苟得也；死亦我所恶，所恶有甚于死者，故患有所不辟也。如使人之所欲莫甚于生，则凡可以得生者，何不用也？使人之所恶莫甚于死者，则凡可以辟患者，何不为也？由是则生而有不用也，由是则可以辟患而有不为也，是故所欲有甚于生者，所恶有甚于死者。非独贤者有是心也，人皆有之，贤者能勿丧耳。一箪食，一豆羹[①]，得之则生，弗得则死，嘑尔而与之[②]，行道之人弗受；蹴尔而与之[③]，乞人不屑也。万钟则不辩礼义而受之[④]；万钟于我何加焉？为宫室之美、妻妾之奉、所识穷乏者得我与[⑤]？乡为身死而不受，今为宫室之美为之；乡为身死而不受，今为妻妾之奉为之；乡为身死而不受，今为所识穷乏者得我而为之，是亦不可以已乎？此之谓失其本心。"

【注解】

①豆：古代用来盛羹汤或肉食的器皿。②嘑：同"呼"，呵叱声。③蹴（cù）：踢。④辩：同"辨"。⑤得：与"德"通。

【译文】

孟子说："鱼，是我所喜爱的，熊掌，也是我所喜爱的，如果两者不能都得到，我就舍弃鱼而要熊掌。生命是我所珍爱的，义也是我所珍爱的；如果两者不能都得到，我就放弃生命而要义。生命也是我所珍爱的，但我所珍爱的东西中有超过了生命的，所以就不干苟且偷生的事；死亡也是我所讨厌的，但我所讨厌的东西中有超过了死亡的，所以有的祸灾就不躲避。假如人们所珍爱的东西中没有超过生命的，那么凡是能够保命的手段，哪样不采用呢？假如人们所讨厌的东西中没有超过死亡的，那么凡是能够躲避祸患的事，哪件不会做呢？通过这种手段就能够保命，然而有的人却不采用；只要这样做就能够躲避祸患，然而有的人却不做。所以，（这样看来，）人们所喜爱的东西有超过生命的，所厌恶的东西有超过死的。不仅是贤德的人有这种想法，人人都有，只是贤人不会丧失它罢了。一筐饭，一碗汤，得到它就能活命，得不到它就可能死亡，但如果呵叱着施舍给别人，哪怕是过路的饿汉也不会接受；拿脚踢着施舍给别人，那就连乞丐也会不屑一顾。可如今万钟的俸禄却被有的人连问也不问是否合乎礼义就接受了它。万钟的俸禄到底能给我增加些什么呢？是为了居室的华丽、妻妾的侍奉和所认识的穷人（因获得我的周济）而感激我吗？以前就算是死也不肯接受，现在却为了能住上华丽的居室而甘心这样做；以前就算是死也不肯接受，现在却为了能得到妻妾的侍奉而甘心这样做；以前就算是死也不肯接受，现在却为了让所认识的穷人（因获得我的周济）感激我而甘心这样做，这些行径难道不也是可以停止的么？这就叫丧失了他的本性。"

鱼，我所欲也，熊掌，亦我所欲也。

◎第十一章◎

【原文】

孟子曰："仁，人心也；义，人路也。舍其路而弗由，放其心而不知求，哀哉！人有鸡犬放，则知求之，有放心而不知求。学问之道无他，求其放心而已矣。"

孟子曰：仁，人心也；义，人路也。

【译文】

孟子说："仁，是人心的本质；义，是人走的正道。抛开人走的正道而不走，放弃人的良心而不晓得去找回，悲哀啊！有的人鸡狗丢失了，便晓得要去找回来，可良心丧失了，却不晓得去寻找。治学的道理没有别的，无非是把丧失的良心再找回来罢了。"

◎第十二章◎

【原文】

孟子曰："今有无名之指屈而不信，非疾痛害事也，如有能信之者，则不远秦楚之路，为指之不若人也。指不若人，则知恶之；心不若人则不知恶，此之谓不知类也。"

【译文】

孟子说："现有个无名指弯了不能伸直，尽管不是碍事的疾痛，如果有能将它伸直的人，那就奔走秦国、楚国（去求医）也不觉得路远，这是因为手指比不上别人的缘故。手指不如别人，就知道嫌厌；心地不如别人，就不知道嫌厌，这就叫做分不清轻重缓急。"

◎第十三章◎

【原文】

孟子曰："拱把之桐梓，人苟欲生之，皆知所以养之者。至于身，而不知所以养之者，岂爱身不若桐梓哉？弗思甚也。"

【译文】

孟子说："一两把手大小的桐树和梓树，人们如果真的要使它生长得好，便都知道怎样去培养它。至于对于他们自身，却不知道怎样去修养，难道爱他们自身还不如爱桐树和梓树吗？归根结底在于太不会用心思了。"

◎第十四章◎

【原文】

孟子曰："人之于身也，兼所爱。兼所爱，则兼所养也。无尺寸之肤不爱焉，则无尺寸之肤不养也。所以考其善不善者，岂有他哉？于己取之而已矣。体有贵贱，有小大。无以小害大，无以贱害贵。养其小者为小人，养其大者为大人。今有场师，舍其梧槚[①]，养其樲棘[②]，则为贱场师焉。养其一指而失其肩背，而不知也，则为狼疾人也[③]。饮食之人，则人贱之矣，为其养小以失大也。饮食之人无有失也，则口腹岂适为尺寸之肤哉[④]。"

【注解】

①梧槚（jià）：梧，梧桐。槚，梓树。二者都是有用的木材。②樲（èr）棘：樲，酸枣。棘，荆棘。二者都是不中用的木材。③狼疾：应作"狼藉"。④岂适：岂止。

【译文】

孟子曰：人之于身也，兼所爱。

孟子说："人对于自己的身体，每个部分都要爱护。每个部分都要爱护，那么每个部分都要保养。没有哪一尺一寸肌肤不爱护的，便没有哪一尺一寸的肌肤不加以保养的。因此考察一个人把身体保养得好不好，难道有别的法子吗？就看他看重自己身体的哪一部分罢了。身体的各部分有重要和次要、小和大的区别。不能因为保养小的部分损害了大的部分，也不能因为保养次要的部分损害了重要的部分。只保养小的部分的人是小人，能保养大的部分的人是君子。如果现在有这么个园艺师，丢下那些有用的梧树苗和梓树苗不理，却去培植那些没用的酸枣和荆棘，那他就是个蹩脚的园艺师。假如有人只顾保养自己的一根指头，却让肩背丧失了功能，而他自己还不晓得，那他便是一个糊涂人。只顾贪图吃喝的人，人们便要鄙视他，因为他保养了身体小的部分而丧失了大的部分。如果讲究吃喝的人没有丧失对品德的培养，那么难道他的吃喝，就只是为了保养一尺一寸的肌肤吗？"

◎第十五章◎

【原文】

公都子问曰："钧是人也[①]。或为大人，或为小人，何也？"

孟子曰："从其大体为大人，从其小体为小人[②]。"

曰："钧是人也，或从其大体，或从其小体，何也？"

曰："耳目之官不思，而蔽于物。物交物，则引之而已矣。心之官则思，思则得之[③]，不思则不得也。此天之所与我者。先立乎其大者，则其小者弗能夺也。此为大人而已矣。"

心之官则思。

【注解】

①钧：同"均"。②大体、小体：即上章"体有贵贱、有小大"的大、小体。③思则得之：杨伯峻《孟子译注》以为此句中的"之"字即第六章中"求则得之，舍则失之"的"之"，指"我固有之"的"仁义礼智"的"才"而言。译文从之。

【译文】

公都子问道："同是一样的人，为什么有的会成为大人君子，有的却沦为卑微小人？”

孟子说：“顺从身体重要器官（心志）需要的便能成为大人君子，顺从它不重要器官（口腹）需要的便将沦为卑微小人。”

公都子又问：“同是一样的人，为什么有的人顺从身体重要器官的需要，有的却顺从它不重要器官的需要呢？”

孟子答道：“耳朵、眼睛一类器官不能思考，因而易被外物所蒙蔽。（耳朵眼睛）这种东西和外物一接触，就只有被外物（如声色狗马等利欲）所引诱罢了。心这种器官便善于思考，一加思考就能得到人的本来的善性，不思考便得不到。这种（能思考的）器官是上天特意赋与给我们人类的。（你）首先把这种（善于思考的）大器官立牢了，那么那些（耳、目、口、腹一类）次要器官便不会（由于外物的诱惑而）夺去（你）天生的善性了。成为大人君子的道理不过是这样罢了。”

◎第十六章◎

【原文】

孟子曰：“有天爵者，有人爵者。仁义忠信，乐善不倦，此天爵也；公卿大夫，此人爵也。古之人修其天爵，而人爵从之。今之人修其天爵，以要人爵；既得人爵，而弃其天爵，则惑之甚者也，终亦必亡而已矣。”

有天爵者，有人爵者。

【译文】

孟子说：“有天然的爵位，有人为的爵位。仁义忠信，好善不止，这便是天然的爵位，公卿大夫等官职，这便是人为的爵位。古代的人加强天然爵位（也即是品德）的修养，人为的爵位便随之而来了。现在的人修养天然的爵位（作为敲门砖），来追求人为的爵位；一旦人为的爵位到了手，便抛弃那天然的爵位，这就真是糊涂透顶，到头来也必然要闹到丢失人为的爵位完事。”

◎第十七章◎

【原文】

孟子曰：“欲贵者，人之同心也。人人有贵于己者，弗思耳矣。人之所贵者，非良贵也。赵孟之所贵①，赵孟能贱之。《诗》云：‘既醉以酒，既饱以德②。’言饱乎仁义也，所以不愿人之膏粱之味也③；令闻广誉施于身，所以不愿人之文绣也④。”

【注解】

①赵孟：春秋时晋国的的贵卿赵盾，字孟，他的子孙也都称为赵孟。②“《诗》云”三句：这里所引诗句见《大雅·既醉》篇第一章。《既醉》是写周成王举行祭祀后饮宴的诗。③愿：羡慕。膏：肥肉。粱：精米。④文：指绣了花的衣服。绣：指绣了花的裤裙，是古代有爵位的人穿的官服。

【译文】

孟子说：“想要得到尊贵的地位，是人们共同的心愿。其实在每个人身上都有可尊贵的东西，只是自己没有去思考它罢了。别人加给自己尊贵的东西，并不是最值得尊贵的。赵孟加官进爵使之尊贵的人，赵孟也能夺去他的官爵使他变得地位低贱。《诗》中说：'既已请我喝醉酒，又用德泽润我身。'这是说仁义已使我富足了，也就不再慕恋别人肥肉白米饭的美味了；把广为传播的好名声加在我的身上，也就不再慕恋做官人着的锦绣衣裳了。"

◎第十八章◎

【原文】

孟子曰："仁之胜不仁也，犹水胜火。今之为仁者，犹以一杯水救一车薪之火也；不熄，则谓之水不胜火，此又与于不仁之甚者也，亦终必亡而已矣。"

【译文】

孟子说："仁战胜不仁，就像是水战胜火一样。如今行仁的人，好比是拿着一小杯水去浇灭一大车木柴烧起来的大火；浇灭不成，就说是水不能战胜火，这种论调又助长了那些极其不仁的人，最终必定会把他原有的那点仁也弄丧失了。"

◎第十九章◎

【原文】

孟子曰："五谷者，种之美者也；苟为不熟，不如荑稗[①]。夫仁亦在乎熟之而已矣。"

【注解】

①荑（tí）稗（bài）：荑，同"稊"，类似稗的一种草；稗，稗子，是长在田中有点像稻的杂草。荑稗可以饲养家畜，古人也用来备荒。

【译文】

孟子说："五谷，是粮食作物中的优良品种；但是如果种了不能成熟，那就倒反不如荑稗一类野生植物了。为仁（的要求）也只在于使它成熟罢了。"

◎第廿章◎

【原文】

孟子曰："羿之教人射，必志于彀[①]；学者亦必志于彀。大匠诲人必以规矩，学者亦必以规矩。"

【注解】

①志：期望。彀（gòu），弓拉满。

【译文】

孟子说："羿教人射箭，必定把拉满弓作为要求，学射箭的人也一定要把拉满弓作为要求。高明的木匠必定以规矩教导人，学做木工的人也一定要以遵循规矩要求自己。"

羿之教人射，必志于彀。

告子章句下

本篇阐述的主要内容还是在于仁政。孟子从行仁政、法尧舜的立场出发，指出："五霸者，三王之罪人也；今之诸侯，五霸之罪人也；今之大夫，今之诸侯之罪人也。"认为"今之所谓良臣，古之所谓民贼也"，坚决反对杀人以求地。这些人的行为与孟子所主张的"爱民""保民"的政治理念背道而驰，所以孟子给予了猛烈的抨击，从反面表达了其政治理想。孟子主张对人民征收合理的赋税，即十分取一的税率，反对对人民横征暴敛。但当白圭提出"二十取一"的主张时，孟子却认为这是一种倒退，而表示了反对。他认为，随着社会分工的扩大，国家机构趋于复杂，为了供养大批的官员和知识分子，向人民征收一定的赋税是必要的，超过了合理的限度，无论是太多还是太少，都是不适宜的。这种观点明智而不偏激，极富社会洞察力，是符合历史实际的。"舜发于畎亩之中"一章，论述了逆境对君子理想人格的锻炼培养，提出了"生于忧患，死于安乐""无敌国外患者，国恒亡"的包含着朴素辩证法的观点，体现了他的在矛盾冲突中实现自身价值的深刻思想。

◎第一章◎

【原文】

任人有问屋庐子曰①："礼与食孰重？"

曰："礼重。"

"色与礼孰重？"

曰："礼重。"

曰："以礼食，则饥而死；不以礼食，则得食，必以礼乎？亲迎②，则不得妻；不亲迎，则得妻，必亲迎乎？"

屋庐子不能对，明日之邹，以告孟子。

孟子对屋庐子问。

孟子曰："於答是也何有？不揣其本，而齐其末，方寸之木可使高于岑楼③。金重于羽者，岂谓一钩金与一舆羽之谓哉④？取食之重者与礼之轻者而比之，奚翅食重⑤？取色之重者与礼之轻者而比之，奚翅色重？往应之曰：'紾兄之臂而夺之食⑥，则得食；不紾，则不得食，则将紾之乎？逾东家墙而搂其处子⑦，则得妻；不搂，则不得妻，则将搂之乎？'"

【注解】

①任（rén）：国名，在今山东济宁县境内。屋庐子：孟子弟子。②亲迎（yìng）：新郎亲自去新娘家迎娶。③岑（cén）楼：高楼。岑，山小而高。④一钩金：钩指带钩，一钩金是说作成一带钩所需的金，极言金的数量之小。⑤奚翅：何但。"翅"与"啻"同。⑥紾（zhěn）：扭转。⑦处子：处女。

【译文】

任国有人问屋庐子道："礼和食哪样更重要？"

答道："礼重要。"

这个人（紧接着）问道："色和礼哪样重要？"

答道："礼重要。"

问道："要是按照礼节去找食物，就得饿死；不按照礼节去找食物，就能得到食物，是不是一定要按照礼节行事呢？要是行亲迎礼，便得不到妻子；不行亲迎礼，就能得到妻子，是不是一定得行亲迎礼呢？”

屋庐子不能回答，第二天便跑到了邹国，把这些问题告诉了孟子。

孟子说：“对于回答这些问题又有什么难处呢？如果不去度量基地的高低是否一致，却只顾去比它们上面的高低，那么即使仅是一寸厚的木块，（把它搁在高地方，）你也可以使它比尖顶的高楼还要高。我们说金子比羽毛更重，难道是说一个小小金带钩的重量比一大车子羽毛还要重么？拿关系重大的吃的问题与无足轻重的礼的细微末节去相比，岂是吃的问题重要吗？拿有关男女结合的重要问题与无足轻重的礼的细微末节去相比，岂是男女问题重要吗？你去回答他说：‘扭伤哥哥的胳膊夺去他的食物，就可以得到吃的；不扭伤，就得不到吃的，那你会去扭伤他的胳膊吗？跳过东家的墙去搂抱他家的姑娘，就可以得到老婆；不搂抱，就得不到老婆，那你会去搂抱她吗？’”

◎第二章◎

【原文】

曹交问曰[①]：“人皆可以为尧舜，有诸？”

孟子曰：“然。”

“交闻文王十尺，汤九尺，今交九尺四寸以长，食粟而已，如何则可？”

曰：“奚有于是？亦为之而已矣。有人于此，力不能胜一匹雏，则为无力人矣；今曰举百钧，则为有力人矣。然则举乌获之任[②]，是亦为乌获而已矣。夫人岂以不胜为患哉？弗为耳。徐行后长者谓之弟，疾行先长者谓之不弟。夫徐行者，岂人所不能哉？所不为也。尧舜之道，孝弟而已矣。子服尧之服，诵尧之言，行尧之行，是尧而已矣。子服桀之服，诵桀之言，行桀之行，是桀而已矣。”

人皆可以为尧舜。

曰：“交得见于邹君，可以假馆，愿留而受业于门。”

曰：“夫道若大路然，岂难知哉？人病不求耳。子归而求之，有余师！”

【注解】

①曹交：春秋曹君的后裔。②乌获：古时有名的大力士。

【译文】

曹交问道：“人人都可以成为尧舜，有这个说法吗？”

孟子说：“是的。”

（曹交又问：）“我听说文王身长十尺，汤身长九尺，如今我身长九尺四寸多，（可是每天）只知道吃饭罢了，要怎样才能够（成为尧舜）呢？”

孟子说：“这有什么呢？也无非是要去做而已。假如这里有个人，自认为力气不如一只小鸡，那他就是没有力气的人了；现在他说他的力气能举起三千斤重的东西，那他就是有力气的人了。那么，要是能举起乌获所举过重量的，这也就成为乌获了。人所害怕的难道是在于不能胜任吗？在于不去做罢了。慢慢地跟在长者的后边走，叫作弟，快快抢在长者的前面走，叫作不弟。慢点儿走，难道是人不能做到的吗？只是不去做罢了。尧舜之道，也只是孝弟而已。你穿尧穿的衣服，说尧说的话，做尧做的事，就成为尧了。你穿桀穿的衣服，说桀说的话，做桀做的事，就成为桀了。"

曹交说："我能见到邹君，可以借个馆舍，我愿意留下来在您的门下受教。"

孟子说："尧舜之道就像大路一样，难道很难懂吗？就怕人自己不去探求罢了。你回去自己好好探求，老师有的是。"

◎第三章◎

【原文】

公孙丑问曰："高子曰①：'《小弁》②，小人之诗也。'"

孟子曰："何以言之？"

曰："怨。"

曰："固哉，高叟之为诗也！有人于此，越人关弓而射之③，则己谈笑而道之；无他，疏之也。其兄关弓而射之，则己垂涕泣而道之；无他，戚之也④。《小弁》之怨，亲亲也。亲亲，仁也。固矣夫，高叟之为诗也！"

敌人开弓射自己，不会觉得有什么，哥哥开弓射自己，就会觉得十分伤痛。

曰："《凯风》何以不怨⑤？"

曰："《凯风》，亲之过小者也；《小弁》，亲之过大者也。亲之过大而不怨，是愈疏也；亲之过小而怨，是不可矶也⑥。愈疏，不孝也；不可矶，亦不孝也。孔子曰：'舜其至孝矣，五十而慕⑦。'"

【注解】

①高子：高子在《孟子》一书中，曾经几次提到。《公孙丑》篇和《尽心》篇提到的高子，《注》文说是齐国人，到过孟子门下学习。本章中的高子，孟子既然称他为高叟，年纪似乎比孟子大，不当为孟子弟子。②《小弁（pán）》：《诗经·小雅》篇名。关于诗的本事，一说是周幽王太子宜臼，因遭褒姒谗害，被放逐而作。一说是周宣王大臣尹吉甫的儿子伯奇，由于后母的挑拨离间，被父亲赶出家门而作。两说都未见于先秦典籍，孟子在这里也没有指出诗中所写的具体人和事，所以很难叫人相信。但从诗的内容看，作者是在家庭矛盾中被父亲赶出，流落在外，悲愤填膺，因而写出这首情文并茂的好诗却是可以肯定的。③关：同"弯"。④戚之也：戚，亲；因为对哥哥亲，所以要"号泣而道之"。⑤《凯风》：见《诗经·邶风》。《毛诗》认为它是一首赞美孝子能讽劝母亲改正淫邪行为的诗，这多少是由于受了《孟子》"《凯风》，亲之过小"这句话的影响。其实从诗的本身来探讨，看不到"改正淫邪"的任何迹象，看到的倒是母亲的劬劳和七个儿子不能分忧的自责。⑥不可矶（jī）：矶，激。不可矶是说受不了一点儿刺激。⑦舜五十而慕：已见《万章章句上》第一章。

【译文】

公孙丑道："高子说：'《小弁》，是小人的诗。'"

孟子说："为什么这样说呢？"

答道："因为它充满怨愤的情绪。"

孟子说："高老夫子的讲解诗未免太固陋了吧！假定有个人在这里，越国人开弓要射他，他自己就边谈边笑地劝说越国人不可这样做；这并不是有别的原因，只是由于越国人和他关系疏远的缘故。要是他的哥哥开弓要射他，他自己就啼哭着劝说他哥哥不可这样做，这并不是有别的原因，只是由于哥哥是他的亲人的缘故。《小弁》的怨愤，是出于对自己亲人的爱护。爱护亲人，是仁的表现。高老夫子的讲解诗实在太固陋了啊！”

公孙丑又问道：“《凯风》为什么没有流露怨恨的感情呢？”

孟子道：“《凯风》诗，作者的母亲过错较小；《小弁》诗，作者的父亲过错就较大。父母亲的过错大却毫无怨言，这就愈显得与父母疏远；父母亲的过错小却一味抱怨，这就说明做儿子的一点小小刺激也受不了。过份疏远自己的父母，固然是不孝，受不了一点小刺激，也是不孝。孔子说：‘舜要算最孝顺的儿子吧，到了五十岁这样的年龄还是依恋着父母。’”

◎第四章◎

【原文】

宋牼将之楚[①]，孟子遇于石丘[②]，曰：“先生将何之？”

曰：“吾闻秦楚构兵[③]，我将见楚王说而罢之。楚王不悦，我将见秦王说而罢之。二王我将有所遇焉。”

曰：“轲也请无问其详，愿闻其指。说之将何如？”

曰：“我将言其不利也。”

曰：“先生之志则大矣[④]，先生之号则不可[⑤]。先生以利说秦楚之王，秦楚之王悦于利，以罢三军之师，是三军之士乐罢而悦于利也。为人臣者怀利以事其君，为人子者怀利以事其父，为人弟者怀利以事其兄，是君臣、父子、兄弟终去仁义[⑥]，怀利以相接，然而不亡者，未之有也。先生以仁义说秦楚之王，秦楚之王悦于仁义，而罢三军之师，是三军之士乐罢而悦于仁义也。为人臣者怀仁义以事其君，为人子者怀仁义以事其父，为人弟者怀仁义以事其兄，是君臣、父子、兄弟去利，怀仁义以相接也，然而不王者，未之有也。何必曰利？”

【注解】

①宋牼（jiān）：一作宋钘，战国时与孟子、尹文子、慎到等同时的有名学者。②石丘：地名，未详所在，有人以为属宋国。③构兵：交战。④大：有“善”和“好”的意思。⑤号：名号，所用的提法。⑥终：尽。

【译文】

宋牼将要去楚国，孟子在石丘碰见他，问道：“先生要到哪里去呢？”

答道：“我听说秦国和楚国正在交战，我准备去谒见楚王劝说他罢兵。楚王要是不高兴（这样做），我就打算去谒见秦王劝说他罢兵。在两个国王中间我总会找到和我意见投合的。”

孟子说：“我孟轲不打算打听详细情况，但却愿意听听您的意向。您将怎样劝说他们呢？”

答道：“我准备去讲讲交兵的不利。”

宋牼将之楚，孟子遇于石丘。

孟子道："您先生的用心是很好的，但是您先生的提法便不合适。先生拿利去劝说秦楚两国的君主，秦楚两国的君主由于对利感兴趣而罢兵，这就使二军的官兵乐于罢兵却对利产生了浓厚的兴趣。做人臣子的怀着得利的观点去侍奉他们的君主，做人儿子的怀着得利的观点去侍奉他们的父亲，做人弟弟的怀着得利的观点去侍奉他们的哥哥，这就使得君臣、父子、兄弟之间完全抛掉仁义、怀着得利的观点来相互接待，像这样国家却不会灭亡的，简直是没有的事。先生要是拿仁义去劝说秦楚两国的君主，秦楚两国的君主由于对仁义感兴趣而罢兵，这就使三军的官兵乐于罢兵而对仁义产生了浓厚的兴趣。做人臣子的怀着仁义的观点去侍奉他们的君主，做人儿子的怀着仁义的观点去侍奉他们的父亲，做人弟弟的怀着仁义的观点去侍奉他们的哥哥，这就使得君臣、父子、兄弟之间完全抛去利的观点，怀着仁义的观点来相互接待，像这样却不能统一天下的，也简直是没有的事。为什么非说利不可呢？"

◎第五章◎

【原文】

孟子居邹，季任为任处守[①]，以币交，受之而不报。处于平陆，储子为相[②]，以币交，受之而不报。他日，由邹之任，见季子；由平陆之齐，不见储子。屋庐子喜曰："连得间矣。"问曰："夫子之任，见季子；之齐，不见储子，为其为相与？"

曰："非也。《书》曰：'享多仪[③]，仪不及物曰不享，惟不役志于享。'为其不成享也。"

屋庐子悦。或问之，屋庐子曰："季子不得之邹，储子得之平陆。"

孟子见季子。

【注解】

①季任：任（rén）国君主最小的弟弟。当时任君到邻国去朝会，季任为留守，代行政事。任国在今山东济宁市。②"处于平陆"两句：平陆，齐国的下邑，故城在今山东汶上县北。储子，齐国宰相。③《书》曰：《书》指《尚书·洛诰》篇。享多仪：享，指享见之礼；多，有"贵""美"的意思；仪，仪法。

【译文】

孟子住在邹国时，季任为任国留守，（代理国君暂行国政，）送了礼物来和孟子结交，孟子受了礼物却并没有回报。后来孟子住在平陆时，储子做齐国的国相，也送了礼物来和孟子结交，孟子同样是受了礼物没有回报。过了些日子，孟子从邹国到任国时，去拜访了季子；但是，当他由平陆去齐国首都时，却没有去拜访储子。屋庐子（知道这种情况后）高兴地说："我找到老师一个漏洞（来发问了）。"问道："老师您到任国，拜访了季子；到齐国首都，却不拜访储子，是因为他仅是个国相吗？"

孟子说："不是的。《尚书》中说过：'享献之礼以有仪节为可贵，要是仪节与礼物不相称那就等于没有享献，这只是因为享献的人没有把心意用在享献上。'（我之所以不去拜访储子，）是为了他的享献不成其为享献的缘故。"

屋庐子（听了）很高兴。有人问他（是怎么一回事），屋庐子回答道："季子（因为有重任在身）不能到邹国去，而储子（作为国相）却是可以亲自去平陆的。"

◎第六章◎

【原文】

淳于髡曰："先名实者，为人也；后名实者，自为也[①]。夫子在三卿之中，名实未加于上下而去之[②]，仁者固如此乎？"

孟子曰："居下位，不以贤事不肖者，伯夷也；五就汤五就桀者，伊尹也；不恶汙君，不辞小官者，柳下惠也。三子者不同道，其趋一也。一者何也？曰，仁也。君子亦仁而已矣，何必同？"

曰："鲁缪公之时，公仪子为政，子柳、子思为臣，鲁之削也滋甚[③]；若是乎贤者之无益于国也！"

曰："虞不用百里奚而亡，秦穆公用之而霸。不用贤则亡，削何可得与欤？"

曰："昔者王豹处于淇，而河西善讴[④]；绵驹处于高唐，而齐右善歌[⑤]；华周杞梁之妻善哭其夫而变国俗[⑥]。有诸内，必形诸外。为其事而无其功者，髡未尝睹之也。是故无贤者也；有则髡必识之。"

曰："孔子为鲁司寇，不用，从而祭，燔肉不至，不税冕而行[⑦]。不知者以为为肉也。其知者以为为无礼也。乃孔子则欲以微罪行，不欲为苟去。君子之所为，众人固不识也。"

【注解】

①先名实者，为人也；后名实者，自为也：先，旧读xiàn，作动词用，重视；名，声誉；实，事功。后，也是作动词用，不重视。自为，有独善其身的意思。②"夫子在"两句：三卿，指上卿、亚卿、下卿。上下，上指君，下指民。③"鲁缪公之时"诸句：公仪子，指公仪休，鲁国的博士，曾任鲁国宰相，在政治上颇有声望，司马迁将他列入《史记·循吏列传》。子柳，即泄柳，曾做过鲁缪公的卿。"鲁之削也滋甚"，如鲁缪公时，齐鲁之间多次交战，鲁除平陆一役获胜外，其余几乎都是兵败地削，便是很好的证明。这几句话是淳于髡讥刺孟子纵然不离开齐国，也未必能有所作为。④王豹处于淇，而河西善讴：王豹，卫国善于唱歌的人；也有人以为是齐国人。淇，卫国水名。河西，卫在黄河西面，所以叫河西。⑤绵驹处于高唐，而齐右善歌：绵驹，善唱歌的人；高唐，齐国西部县邑，故城在今山东禹县西南，绵驹便住在那里。因为高唐在齐国西面，西在右，所以叫齐右。⑥华周杞梁之妻善哭其夫而变国俗：华周，即华旋；杞梁，即杞植，二人都是齐国的大夫。春秋鲁襄公二十三年，齐国袭击莒（jǔ）国，二人一同参加了。传说他们战死后，他们的妻子悲痛万分，对着城墙大哭，城墙也被她们衷哭声感动得倒坍了。国人群起仿效，善哭成风。⑦燔肉不至，不税冕而行：燔（fán），烤。燔肉，同膰（读音与燔同）

伯夷、伊尹、柳下惠，三子者不同道，其趋一也。

昔者王豹处于淇，而河西善讴。

肉，又名胙（zuò），是宗庙的祭肉，生的叫脤（shèn），熟的叫膰。古代天子和诸侯举行祭祀后，余下的腊肉，按规定除赐给同姓国外，也拿来赐给有关大夫等官。不税冕而行：税（tuō），解，脱；冕，大夫以上戴的礼帽。不税冕而行，只是用夸张手法形容走得匆忙，事实并不一定真是这样。

柳下惠不嫌弃缺德的君主，也不谢绝当小官。

【译文】

淳于髡说："以名誉功业为重的人，是志在救民；不重视名誉功业的人，是为了独善其身。您先生身居齐国三卿的高位，名誉和功业无论从上辅君王还是下济万民来说都还无所建树却就要离开齐国，一个志士仁人原来是这样的吗？"

孟子说："身居低下的地位，不愿意拿自己贤者的身份去侍奉不中用的君主的，是伯夷；五次投到汤的门下，又五次投到桀的门下的，是伊尹；不嫌弃缺德的君主，也不谢绝当小官的，是柳下惠。三个人处世接物的态度不同，但他们总的趋向却是一致的。这个一致的趋向是什么呢？我说，就是一个'仁'字。所以君子只要趋向于仁就可以了，又为什么一定要彼此相同呢？"

淳于髡说："从前鲁缪公的时候，公仪子替他掌握政权，子柳和子思都在他的朝廷上做臣子，可是鲁国的地削国弱更见厉害，贤者的无益于国家竟是像这样呢！"

孟子说："从前虞国因为不用百里奚便亡了国，秦穆公由于用了他便成就了霸业。可见不用贤者就要导致国家的灭亡，（要想单是）削减点国土又怎么办得到呢？"

淳于髡说："从前王豹居住在淇水旁边，于是河西地方的人们便都擅长于唱歌；绵驹居住在高唐地方，于是齐国西部地方的人们也都擅长于唱歌。华周、杞梁的妻子以痛哭她们战死的丈夫著名，因而改变了齐国的习俗。里面有什么，外面也一定会表现出什么。做了那件事却见不到它的功绩的，我从不曾看到过那样的事情。所以今天实在是没有贤人；如果有的话，那我就一定会知道他的。"

孟子说："从前孔子做鲁国司寇的官，不被鲁君所信任，跟随鲁君去祭祀，祭过了的燔肉也没有按规定送来，于是孔子立即离开了鲁国。不了解孔子的人以为孔子是为了几块祭肉而走的，了解孔子的人就知道他是由于鲁国君相的无礼才出走。至于孔子却是（为了不至显露君相的过错）因而想使自己带上一点小小罪名而离开鲁国，并不愿意随随便便地出走。一个仁德君子的所作所为，是一般的普通人不易识别理解的。"

◎第七章◎

【原文】

孟子曰："五霸者，三王之罪人也[①]；今之诸侯，五霸之罪人也；今之大夫，今之诸侯之罪人也。

"天子适诸侯曰巡狩，诸侯朝于天子曰述职。春省耕而补不足，秋省敛而助不给。入其疆，土地辟，田野治，养老尊贤，俊杰在位，则有庆；庆以地。入其疆，土地荒芜，遗老失贤，掊克在位，则有让[②]。一不朝，则贬其爵；再不朝，则削其地；三不朝，则六师移之[③]。是故天子讨而不伐，诸侯伐而不讨[④]。五霸者，搂诸侯以伐诸侯者也，故曰，五霸者，三王之罪人也。

"五霸，桓公为盛。葵丘之会[⑤]，诸侯束牲载书而不歃血[⑥]。初命曰，诛不孝，无易树子，无以妾为妻。再命曰，尊贤育才，以彰有德。三命曰，敬老慈幼，无忘宾旅。四命曰，士无世官，官事无摄，取士必得[⑦]，无专杀大夫。五命曰，无曲防[⑧]，无遏籴，无有封而不告[⑨]。曰，凡我同盟之人，既盟之后，言归于好。今之诸侯皆犯此五禁，故曰，今之诸侯，五霸之罪人也。

“长君之恶其罪小，逢君之恶其罪大⑩。今之大夫皆逢君之恶，故曰，今之大夫，今之诸侯之罪人也。”

【注解】

①五霸者，三王之罪人也：五霸，春秋时诸侯中的五个霸主——齐桓、晋文、秦穆、宋襄、楚庄；三王，夏禹王、商汤王、周文王、武王。这句是说，五霸对于三王来说，他们是有罪的人。②“入其疆”至“掊克在位，则有让”诸句：掊（póu）克，搜刮民财而又爱自夸好胜的人。让，责。这几句说的是天子巡狩的事。③“一不朝”至“六师移之”诸句：移之，是说出师讨伐，改立国君。这几句说的是诸侯述职的事。④天子讨而不伐，诸侯伐而不讨：讨，天于发布命令，声讨不服从王命的诸侯的罪，让那些作为一方的诸侯之长的方伯连帅率领诸侯们共同去攻伐他。伐，诸侯奉天子的命令，出师攻打不服从王命的别的诸侯。⑤葵丘之会：葵丘，宋国的地方，在今河南兰考县、民权县境内。春秋鲁僖公九年，齐桓公在这里和宰周公以及齐、宋、卫、郑、许、曹等诸侯会盟，这就是历史上有名的葵丘之会。⑥束牲载书不歃血：载，加，动词；书，盟约。歃（shà）血，盟誓时宰杀牲口，用嘴巴稍微吸一点牲口血。古代结盟，盟言记在盟书上，宰杀牲口取血，在地面挖个洞穴，把死牲口放在里面，然后将盟书加在死牲口身上，用土埋了。当时齐桓公威信高，诸侯多数害怕他，尽管不献血进行盟誓，也没有敢违反的。⑦官事无摄，取士必得：摄，代理；得，得人，得贤才。⑧曲防：防本指堤防，这里是说王法所不禁止的东西，曲意设防加以禁止。⑨封：封赏。告：报告盟主。⑩长君之恶、逢君之恶：长，助长。逢，逢迎引导。

【译文】

孟子说：“五霸，是三王的罪人；现在的诸侯，是五霸的罪人；现在的大夫，又是现在的诸侯的罪人。

“天子到诸侯国家巡行叫巡狩，诸侯朝见天子叫述职。（天子到诸侯国巡狩，）春天视察耕种情况，补助穷困户，秋天视察收割的情况，对不能自给的缺粮户进行赈济。踏进哪个国家的疆界，如果土地开辟了，农事井井有条，老人得到赡养，贤人受到尊敬，杰出的人才都被选拔在官，就有奖赏；赏给土地。要是踏进哪个国家的疆界，土地一片荒芜，老人被遗弃，贤人散失在野，横征暴敛的人高居要职，就得给予责罚。（诸侯对天子：）一次不朝见，便降低他的爵位；再次不朝见，便削减他的封地；三次不朝见，便派出军队进行讨伐，另立国君。所以天子（对不服从的诸侯：）只发布命令，讨他的罪，而不亲自出兵去攻伐他；诸侯就只奉命行事，攻伐不服从王朝的诸侯，而不对别的诸侯发号施令，声罪致讨。五霸，是强拉着诸侯去攻伐诸侯的。所以说，五霸是三王的罪人。

“五霸中，齐桓公是最强大的。在葵丘那次盟会上，与诸侯们捆绑祭神的牲口（牛），把盟书搁在它的身上，（由于桓公自信诸侯害怕他的威

五霸者，三王之罪人也。

现在的诸侯，是五霸的罪人。

力，不敢背信，）没有举行歃血的仪式。（盟约共有五条：）第一条是，要诛罚不孝顺父母的人，不得擅自改换已经立了的太子，不得扶立爱妾为正妻。第二条是，要尊敬贤人，培育人才，借以表彰有德之士。第三条是，尊敬老人，慈爱幼儿，不得怠慢外宾和一般旅客。第四条是，做官的读书人不得把官位世代相传，公务不要兼代，选拔人才一定要得人任贤，不拘一格，不得擅自杀戮大夫。第五条是，不得蔑视王法，曲设防禁，不得阻止粮食籴进卖出，不得单凭私恩有所封赏而不报告（盟主）。末了说，凡是我们参加盟会的人，已经订立盟约之后，便要恢复正常的友好邦交。现在的诸侯全部违犯了这五条禁令，所以说，现在的诸侯，是五霸的罪人。

"一味顺从，助长君主的过错，这个罪行还小一点，君主还没有萌发作恶的念头，做臣子的却曲意逢迎，导使作恶，这个罪行可就大了。现在的大夫都是逢迎君主作恶的，所以说，现在的大夫，是现在的诸侯的罪人。"

◎第八章◎

【原文】

鲁欲使慎子为将军[①]。孟子曰："不教民而用之，谓之殃民。殃民者，不容于尧舜之世。一战胜齐，遂有南阳[②]，然且不可[③]……"

慎子勃然不悦曰："此则滑厘所不识也。"

曰："吾明告子。天子之地方千里；不千里，不足以待诸侯。诸侯之地方百里；不百里，不足以守宗庙之典籍[④]。周公之封于鲁，为方百里也；地非不足，而俭于百里[⑤]。太公之封于齐也，亦为方百里也；地非不足也，而俭于百里。今鲁方百里者五[⑥]，子以为有王者作，则鲁在所损乎，在所益乎？徒取诸彼以与此，然且仁者不为，况于杀人以求之乎？君子之事君也，务引其君以当道，志于仁而已。"

不教民而用之，谓之殃民。

【注解】

①慎子：鲁国的臣子，善用兵，从与孟子的问答中知道他名叫滑（gū）厘。②南阳：即汶阳，在今山东泰安西南一带。因为它地处泰山的西南面，汶水的北面，而山南、水北古人习惯都称为阳，所以它既名南阳，又名汶阳。③然且不可：杨伯峻《孟子译注》说："此句未完。因慎子勃然不悦，抢着说去。所以知之者，凡用'尚且''犹且''然且'诸副词之句，多是主从复合句，从句用'且'，主句用反问句，如下文'然且仁者不为，况于杀人以求之乎'即是。此处下文无主句，且有'慎子勃然不悦'诸叙述语，所以知之。"④宗庙之典籍：典藉即礼籍，是讲名位尊卑的书，也就是记述法度的书。它是祖先从天子那里接受、并传下来把它藏在宗庙里的。所以宗庙的典籍即祖先的典籍。⑤俭：约，少。⑥今鲁方百里者五：鲁国自从周公的儿子伯禽封于曲阜后，他的子孙从隐公到哀公，先后攻打宋、项、

孟子与慎子言。

郏、莒等国，多次侵占他们的土地，所以鲁国在春秋时，实际兼有九国的土地。

【译文】

鲁国想让慎子做将军。孟子说："不先教练百姓就用他们去打仗，这叫作坑害百姓。坑害百姓的人，在尧舜的时代是容不得的。即使一次战斗便打赢了齐国，顺利地收复了南阳，这样尚且不行……"

慎子（还没有把话听完，）便勃然变色很不高兴地说："这个却是我慎滑厘所弄不懂的。"

孟子说："我明白告诉你好了。天子的辖地千里见方，不到千里，便不够用以接待来朝见的诸侯。诸侯的辖地百里见方，不到百里，便不够用以奉守受之于天子、历代相传下来珍藏在祖祠里的文物典章。周公被封在鲁国，有约百里见方的土地，土地并不是不够，但事实上（周公的封地）却是少于百里的。太公的被封在齐国，也有约百里见方的土地，土地并不是不够，但事实上也是少于百里的。现时鲁国就有五个百里见方的土地，你认为假如有圣贤之君兴起时，那么鲁国的土地将摆在被削减还是被增加的行列中呢？不费一兵一卒之力从那个国家取来土地给与这个国家，这样仁爱的人尚且不干，更何况用杀人的手段去取得土地呢？君子侍奉君主（没有别的诀窍，）务必引导他的君主做到事事在理，心向着仁罢了。"

◎第九章◎

【原文】

孟子曰："今之事君者曰：'我能为君辟土地，充府库。'今之所谓良臣，古之所谓民贼也。君不乡道[1]，不志于仁，而求富之，是富桀也。'我能为君约与国，战必克。'今之所谓良臣，古之所谓民贼也。君不乡道，不志于仁，而求为之强战[2]，是辅桀也。由今之道，无变今之俗，虽与之天下，不能一朝居也。"

【注解】

①乡：与"向"同。道：道德。②强战：专凭强力，发动战争。

今之所谓良臣，古之所谓民贼也。

【译文】

孟子说："现在那些侍奉君主的人都说：'我能够替君主开拓疆土，充实府库。'现在所谓的好臣子，正是古代所谓的害民之贼。君主不趋向道德，又无心行仁义，你却去力求使他富足，这就等于是使夏桀富足。（现在那些侍奉君主的人又说：）'我能够替君主联合赞助我们的邻国，每次战争一定获得胜利。'现在所谓的好臣子，正是古代所谓的害民之贼。君主不趋向道德，又无心行仁义，你却去力求替他恃强奋战，这就等于是辅佐夏桀。假如走着现在的道路，不改变现在的习俗，哪怕把整个天下给与他，他也是不能保持一个早晨的。"

◎第十章◎

【原文】

白圭曰[1]："吾欲二十而取一，何如？"

孟子曰："子之道，貉道也[②]。万室之国，一人陶，则可乎？"

曰："不可，器不足用也。"

曰："夫貉，五谷不生，惟黍生之[③]。无城郭、宫室、宗庙、祭祀之礼，无诸侯币帛饔飧[④]，无百官有司，故二十取一而足也。今居中国，去人伦，无君子[⑤]，如之何其可也？陶以寡，且不可以为国，况无君子乎？欲轻之于尧舜之道者，大貉小貉也；欲重之于尧舜之道者，大桀小桀也[⑥]。"

孟子与白圭讨论税赋之事。

【注解】

①白圭：名丹，周人。②貉：与"貊"同（读mò，与"一丘之貉"的"貉"字读hé音不同）。古代少数民族的称号。③惟黍生之：貉族居住在北方，那里气候寒冷，日照最短，不生五谷，只有黍由于成熟早，所以独能生长。④饔（yōng）飧（sūn雍）：本解早餐和晚餐，这里指以饮食馈赠宾客的礼数。⑤去人伦，无君子：孟子认为貉族没有君臣祭祀交际的礼仪，这是"去人伦"；没有百官有司，这是"无君子"。⑥大貉小貉、大桀小桀：在孟子看来，尧舜以来，什一而税，足以供给君臣祭祀交际等一切礼仪的需求，制定税收便要拿这个做标准。减轻为二十而税一，那就和貉族差不多，所以说大貉小貉。加重到超过十一而税，那就和夏桀差不多，所以说大桀小桀。

【译文】

白圭说："我想要把税率改为二十抽一，（你认为）怎么样？"

孟子说："你的做法，是貉国的做法。假定一万户的国家，只有一个人做陶器，那能行吗？"

白圭说："不行，因为这样陶器便会不够用。"

孟子说："那个貉国（气候寒冷，）五谷都不能生长，只有那种（早熟作物）黍才可以（在那里）成活；那里没有城墙、高敞的房舍、祖先的祠庙以及祭祀的礼仪，没有诸侯间致送币帛等礼物和宴饮款客的礼节，也没有各种大小官吏，所以它的税率定为二十抽一也就够用了。现在你住在中原，却要（像貉族那样）废弃社会人类的伦常，不设从事政治的官员，那又怎么能行呢？做陶器的工匠太少了，尚且不能搞好国家，更何况没有从政的官员呢？要想把税率定得比尧舜的标准轻的，那就是大貉和小貉；反之，要想把税率定得比尧舜的标准重的，那就是大桀和小桀。"

◎第十一章◎

【原文】

白圭曰："丹之治水也愈于禹[①]。"

孟子曰："子过矣。禹之治水，水之道也。是故禹以四海为壑[②]，今吾子以邻国为壑。水逆行谓之洚水[③]——洚水者，洪水也——仁人之所恶也。吾子过矣。"

【注解】

①丹之治水：根据《韩非子·喻老》篇的记载，白圭治水的办法，不是疏通河道，导入江海，而是筑堤塞穴，壅水注入他国。②壑（hè）：本指山沟或大水坑，这里引伸为水消纳的地方。③洚（jiàng）水：水流不遵河道叫洚水。

【译文】

白圭说："我对洪水的治理超过了大禹。"

孟子说："你错了。大禹的治理洪水，是循着水原来所走的道路加以疏导的；所以大禹是把四海作为消纳水的地方。现在你却是把邻国作为消纳水的地方。水不遵循故道而四处泛滥叫作洚水——洚水也即是洪水——（因为它为害人民很大，所以，）是仁爱百姓的人所最憎恶的。我的先生，你错了！"

◎第十二章◎

【原文】

孟子曰："君子不亮，恶乎执？"

【译文】

孟子说："君子不讲求诚信，还能操持什么呢？"

◎第十三章◎

【原文】

鲁欲使乐正子为政[①]。孟子曰："吾闻之，喜而不寐。"

公孙丑曰："乐正子强乎？"

曰："否。"

"有知虑乎？"

曰："否。"

"多闻识乎？"

曰："否。"

"然则奚为喜而不寐？"

曰："其为人也好善。"

"好善足乎？"

鲁欲使乐正子为政。

曰："好善优于天下，而况鲁国乎？夫苟好善，则四海之内皆将轻千里而来告之以善[②]。夫苟不好善，则人将曰：'訑訑，予既已知之矣[③]！'訑訑之声音颜色距人于千里之外。士止于千里之外，则谗谄面谀之人至矣。与谗谄面谀之人居，国欲治，可得乎？"

【注解】

①乐正子：孟轲弟子，复姓乐正，名叫克（一作尅）。②轻千里：轻，易，是意动用法；轻千里，即不以千里为难的意思。③訑訑（yí），予既已知之矣：訑訑，自满自足的样子，訑字又作"詑"或"诧"。既，尽。

【译文】

鲁国打算让乐正子主持国家政事。孟子说："我一听到这个消息，欢喜得连觉都睡不着。"

公孙丑说："乐正子坚强果断吗？"

答道："不。"

"有智慧善于思考问题吗？"

答道："不。"

"博学多闻见识广阔吗？"

答道："不。"

"那么您为什么会欢喜得连觉都睡不着呢？"

答道："他的为人欢喜听取有益的话。"

"只要欢喜听取有益的话就够了吗？"

答道："只要欢喜听取有益的话，用它来治理天下都还绰绰有余，更何况治理鲁国呢？假如真的欢喜听取有益的话，那四方的好善之士都会不远千里地赶来把有益的话告诉他，要是真个不欢喜听有益的话，那人们将（学着他的语言神态）道：'嗯嗯，（你说的）我全都已经知道了！'这种（带有轻蔑性的）嗯嗯的声音脸色简直把人家拒绝在千里之外了。好善之士被阻止在千里之外，那些爱打小报告、说奉承话的人随后便到了，跟那些爱打小报告，说奉承话的人混在一块，要想把国家治理好，能做得到吗？"

◎第十四章◎

【原文】

陈子曰[①]："古之君子何如则仕？"

孟子曰："所就三，所去三。迎之致敬以有礼；言，将行其言也，则就之。礼貌未衰，言弗行也，则去之。其次，虽未行其言也，迎之致敬以有礼，则就之。礼貌衰，则去之。其下，朝不食，夕不食，饥饿不能出门户。君闻之，曰：'吾大者不能行其道，又不能从其言也，使饥饿于我土地，吾耻之。'周之，亦可受也，免死而已矣。"

【注解】

①陈子：陈臻。

【译文】

陈子问："古代的君子在怎样的情况下才出来做官呢？"

孟子说："（古代的君子）就职的情况有三种，去职的情况也有三种。迎接他时能尽敬意而又有礼貌；他有所进言，（君主）又将付诸实行，便就职。（君主）对他的礼貌尽管没有减弱，可是对他的进言却不能付诸实行，就去职。其次，虽然不能实行他的进言，但迎接他时却能尽敬意而又有礼貌，便就职。如果君主对他的礼貌减弱了，就去职。最下等的，他早上吃不上饭，晚上也吃不上饭，肚子饥饿得无力走出门户，君主得知这种情况后，说：'我从大的方面说不能实行他的政治主张，又不能听从他的进言，以至使他在我的国土上忍饥挨饿，我对这件事感到耻辱。'（在这样的情况下）给予他周济，就也可以接受，这不过是为了免于一死罢了。"

◎第十五章◎

【原文】

孟子曰："舜发于畎亩之中[①]，傅说举于版筑之间[②]，胶鬲举于鱼盐之中[③]，管夷吾举于士[④]，孙叔敖举于海[⑤]，百里奚举于市[⑥]。故天将降大任于是人也，必先苦其心志，劳其筋骨，饿其体肤，空乏其身，行拂乱其所为，所以动心忍性，曾益其所不能[⑦]。

"人恒过，然后能改；困于心，衡于虑[⑧]，而后作；徵于色，发于声，而后喻。

"入则无法家拂士[⑨]，出则无敌国外患者，国恒亡。然后知生于忧患而死于安乐也。"

【注解】

①畎（quǎn）：田间小沟。畎亩，田间，田地。②傅说举于版筑之间：版筑，在夹版中填土，再用杵夯实以成墙。傅说

原是判了刑的人，殷高宗武丁从苦役中起用了他。③胶鬲（gé）举于鱼盐之中：胶鬲是从卖鱼盐的商贩子中被举用起来的。胶鬲，商朝贤臣，起初贩卖鱼和盐，周文王把他举荐给纣。后来又辅佐周武王。④管夷吾：即管仲。士：主管监狱的官。⑤孙叔敖举于海：孙叔敖隐居在海滨，楚庄王起用他为令尹。⑥百里奚举于市：百里奚是春秋时期虞国大夫，虞王被俘后，他由晋入秦，又逃到楚，后来秦穆公用五羖（gǔ，黑色公羊）羊皮把他赎出来，用为大夫。市，市场，做买卖的地方。⑦曾：同“增”。⑧衡于虑：思虑堵塞。衡，通“横”，堵塞，指不顺。⑨拂（bì）：辅弼。

管夷吾是从狱官手中选拔出来充任国相的。

【译文】

孟子说：“舜是在田野中发迹的，傅说是从筑墙的苦役中被提拔的，胶鬲是从贩卖鱼和盐的行业中被推举上来的，管夷吾是从狱官手中选拔出来充任国相的，孙叔敖是从海边僻远的地方拔用的，百里奚是从畜牧业主那里赎买上来的。所以上天要把治国治民的重任加在这人肩上，一定先要（给他降临种种困难，）使他心烦意乱，筋骨疲乏，肚肠饥饿，身无分文，干扰他做的事，从而令他从心意竦动中得到锻炼，性格变得坚韧，由此而增加他的能力。

孙叔敖是从海边僻远的地方拔用的。

“一个人，经过了多次错误和失败的教训，然后才能改过自新；经过了艰苦的思想斗争，然后才能有所作为；憔悴的颜色和慷慨的悲歌表现出来了，然后才能得到人们的了解。

“一个国家，要是国内没有通晓法度的大臣和足以辅弼国君的士子，国外又缺乏对敌国侵扰的远虑，这样的国家就常常是要灭亡的。从这里，我们可以懂得人为什么在忧患中能够生存，而在安乐中却反会遭到毁灭的道理了。”

◎第十六章◎

【原文】

孟子曰：“教亦多术矣，予不屑之教诲也者，是亦教诲之而已矣。”

【译文】

孟子说：“教育也有多种多样的方式方法，那些我不屑给予教诲他的人，这也是对他的一种教诲呢。”

尽心章句上

本篇杂记孟子言论，是孟子各方面思想的综合。对于命运的诠释，是本篇一个重要的观点。在前三章中，孟子认为，命运虽然是人力不可改变的必然，但是如果人的行为是遵循命运的必然趋势的，尽到了自己本身应尽的努力，不管结果是否尽如人愿，都是得命运之正，是符合“正命”的。反之，如果人的行为违反事物的必然趋势，一意孤行，所造成的结果就是“非正命”。对命运的这种区分，是要说明人在命运面前，即在必然性面前，并不是完全消极的。这种观点与宿命论的观点是完全不同的。本篇中孟子对君子理想人格的论述也很重要。孟子提出士人应该“尚志”，亦即遵行仁义，把“居仁由义”视为培养理想人格的基石，而“穷则独善其身，达则兼善天下”则是理想人格所应达到的最高境界，为世人确立了一个道德修养的准则。对宗法血缘关系的维护也是本篇内容的一个方面，孟子对陈仲子的指责以及对舜携犯罪的父亲逃往海滨的假设，都是为了维护宗法血缘关系，他将宗法血缘关系视为伦理道德的基石，是无论如何不能被破坏的，这是孟子思想中的糟粕。

◎第一章◎

【原文】

孟子曰：“尽其心者，知其性也。知其性，则知天矣。存其心，养其性，所以事天也。夭寿不贰，修身以俟之，所以立命也。”

【译文】

孟子说：“能够竭尽他的善心的，便是真正了解了人的本善的天性。懂得了人的本善的天性，就是懂得了天命。（一个人）保存他的善心，培养他本善的天性，目的就在于正确对待天命。无论短命或是长寿，都毫不怀疑动摇，只是修身养性以等待天命，这便是安身立命的方法。”

孟子讲述尽心的本质在于竭尽人的天然善心。

◎第二章◎

【原文】

孟子曰：“莫非命也[①]，顺受其正！是故知命者不立乎岩墙之下[②]。尽其道而死者，正命也；桎梏死者，非正命也。”

【注解】

①莫非命：这句是禁戒之辞，禁戒一个人不可非命而死。莫，即不要。②岩墙：将要倒坍的墙。

【译文】

孟子说：“不要去非命而死，而要去顺理而行，接受正常的天命吧！所以懂得天命的人不会站到就要倒塌的墙壁下面。一切完全按照正道行事而死的人，他所接受的是正常的天命，那些因为犯罪坐牢而死的人，他们所接受的就不是正常的天命。”

◎第三章◎

【原文】

孟子曰："求则得之，舍则失之，是求有益于得也，求在我者也。求之有道，得之有命，是求无益于得也，求在外者也。"

【译文】

孟子说："（有的东西）追求它就能得到，放弃它就会失掉，这种追求对获得（这个东西）有益处的，因为所追求的东西就存在于我本身之内，（能否获得它，就看我自己而已。）（有的东西）追求它要有一定的原则，得到它与否得看命运的安排，这种追求对获得（这个东西）是毫无益处的，因为所追求的东西存在于我的身外。（能不能得到它就由不得自己了。）"

求之有道，得之有命。

◎第四章◎

【原文】

孟子曰："万物皆备于我矣。反身而诚，乐莫大焉。强恕而行，求仁莫近焉。"

【译文】

孟子说："世间的一切，我都具备了。如果我反躬自问，发现自己是诚实的，就没有什么比这更使我快乐的了。凡事努力推行推己及人的恕道，达到仁德的道路就没有比这更近的了。"

◎第五章◎

【原文】

孟子曰："行之而不著焉，习矣而不察焉，终身由之而不知其道者，众也。"

【译文】

孟子说："（人人都有仁义之心，）如果仅仅这样做下去，却不明白为什么要这样做，天天习以为常，却不问个所以然，终生终世打这条道路走，却不考究一下这是条什么道路，这种人便是一般的人。"

◎第六章◎

【原文】

孟子曰："人不可以无耻；无耻之耻，无耻矣。"

【译文】

孟子说："一个人不可以没有羞耻；一个人如果能够感到自己没有羞耻为可耻，（因而改过自新，）

他便可以终身不再蒙受羞耻了。”

◎第七章◎

【原文】

孟子曰：“耻之于人大矣；为机变之巧者，无所用耻焉。不耻不若人，何若人有？”

【译文】

孟子说：“羞耻对于人来说关系非常大；那些搞阴谋诡计的人，是没有什么地方用得着羞耻的。一个人要是不把不如别人看作是羞耻，那他还有什么地方能比得上别人呢？”

◎第八章◎

【原文】

孟子曰：“古之贤王好善而忘势；古之贤士何独不然？乐其道而忘人之势，故王公不致敬尽礼，则不得亟见之。见且由不得亟[1]，而况得而臣之乎？”

【注解】

①由：同“犹”

【译文】

孟子说：“古代的贤君喜爱有德行的贤士，忘记自己的权势地位；古代的贤士又何尝不是这样？他们热爱他们信奉的义理，忘记别人的权势地位，所以王公们要是对他们不能做到诚心诚意，礼仪周到，就不能多次见到他们。相见的次数尚且不能多，更何况要把他们作为自己的臣下呢？”

古之贤王好善而忘势。

◎第九章◎

【原文】

孟子谓宋句践曰[1]：“子好游乎[2]？吾语子游。人知之，亦嚣嚣[3]；人不知，亦嚣嚣。”

曰：“何如斯可以嚣嚣矣？”

曰：“尊德乐义，则可以嚣嚣矣。故士穷不失义，达不离道。穷不失义，故士得己焉[4]；达不离道，故民不失望焉。古之人，得志，泽加于民；不得志，修身见于世。穷则独善其身，达则兼善天下。”

【注解】

①宋句践：宋姓，句践名，是一位喜欢拿道德游说诸侯，希望能实现他的政治主张的学者。②游：游说。③嚣嚣（áo）：无求无欲，悠闲自得的样子。④得己：即自得的意思。

【译文】

孟子对宋句践说：“你喜欢到各国去游说吗？我告诉你关于游说应取的态度。人家理解我，也悠闲自得；人家不理解我，也悠闲自得。”

问道：“要怎样才能做到悠闲自得呢？”

答道：“一个人能尊重自己的德操，以行为合于义为乐，就可以悠闲自得了。所以士人在穷困时不丢掉义，在得志时不偏离道。士人能够在穷困时不丢掉义，所以能自得其乐；能够在得志时不偏离道，所以使百姓不至感到失望。古代的君子，得了志，恩泽普遍施加到百姓；万一不得志，也能自修品德，有所表现于世。穷困时搞好自身的品德修养，得志时便使天下百姓普遍地各得其所。”

孟子与宋句践言。

◎第十章◎

【原文】

孟子曰：“待文王而后兴者，凡民也。若夫豪杰之士，虽无文王犹兴。”

【译文】

孟子说：“要等待有文王这样的圣君出现，然后才知道兴起向善的，是普通的人。至于杰出的人物，尽管没有文王这样的圣君出现，也还是能够自觉地兴起向善的。”

◎第十一章◎

【原文】

孟子曰：“附之以韩魏之家[①]，如其自视欿然[②]，则过人远矣。”

【注解】

①附：增加。韩魏之家：是指春秋时晋国六卿中最富有的家族，不是指战国时韩、魏两国。②欿然：欿读kǎn，是坎的假借字。欿然，有不自满的意思。

【译文】

孟子说：“（除了他自己的家业外，）再拿（晋国）韩魏两大家族的财富加上去，如果他自己看来，觉得（仁义之道还不足，）并不值得自满，这样的人就远远超出了一般人。”

◎第十二章◎

【原文】

孟子曰：“以佚道使民，虽劳不怨。以生道杀民，虽死不怨杀者[①]。”

【注解】

①以生道杀民：生道，指广大人民生存的原则；这里的民是指危及广大人民生存的人。

【译文】

孟子说：“从谋求百姓能过上温饱的安逸生活的原则出发而役使百姓，他们尽管劳累一些，也不会埋怨。从维护广大百姓生存的原则出发而不得已杀人，被杀者伏罪而死，也不至怨恨杀他的人。”

◎第十三章◎

【原文】

孟子曰：“霸者之民，驩虞如也[①]，王者之民，皞皞如也[②]。杀之而不怨，利之而不庸[③]，民日迁善而不知为之者。夫君子所过者化[④]，所存者神，上下与天地同流，岂曰小补之哉？”

【注解】

①驩虞：即欢娱；驩虞是欢娱二字的假借字。②皞皞（hào）：通“浩浩”，广大自得的样子。③庸：功，这里有归功的意思。④君子所过者化：这句中“君子”的意义和一般把有德或是有位的人称为君子的意义不同。这句中的“君子”指“圣人”，不但指王者的圣人，可能也指非王者的圣人，如孔子等，所以这里不用“王者”字样而改用“君子”两字。

【译文】

孟子说：“霸者的百姓（由于明显地看到君主的惠泽，因而）感恩戴德，欢天喜地，王者的百姓（身受君主的德泽而不自觉，因而）心旷神舒，怡然自得。（在王道的熏陶下，）百姓被杀了，却并不怨恨，百姓蒙爱恩泽，却并不归功于谁，百姓一天一天趋向于善却不知道是谁造成的。圣人所到的地方，人们从风而化，他所在的国家，默化潜移，神妙莫测，简直是上与天、下与地一同运转不息，难道说仅仅只是小小的补益吗？”

◎第十四章◎

【原文】

孟子曰：“仁言不如仁声之入人深也，善政不如善教之得民也。善政，民畏之；善教，民爱之。善政得民财，善教得民心。”

【译文】

孟子说：“仁厚的言辞不如仁德的声望更能深入人心，良好的政治不如良好的教育更能深得人心。良好的政抬，百姓害怕它；良好的教育，百姓喜爱它。良好的政治得到的是百姓的财物，良好的教育得到的却是百姓的心。”

仁言不如仁声之入人深也。

◎第十五章◎

【原文】

孟子曰：“人之所不学而能者，其良能也；所不虑而知者，其良知也[①]。孩提之童[②]，无不知爱其亲者，及其长也，无不知敬其兄也。亲亲，仁也；敬长，义也。无他，达之天下也。”

【注解】

①良能、良知：良有“最”有“好”的意思，良能、良知跟说最好的能、最好的知差不多，《孟子》原文已有阐释。
②孩提之童：孩，古文作咳，笑；提，抱，二三岁的小孩会笑、闹着要人抱，所以称为“孩提之童”。

【译文】

孟子说："人们无须乎学就会做的，这是他们的良能；无须乎用脑筋思考就可以知道的，这是他们的良知。二三岁光会笑、要人抱的小孩，没有不知道爱他的父母的，等到长大了，又没有不知道尊敬他的兄长的。亲爱父母亲便是仁，尊敬兄长便是义。（打算做有所作为使泽被万民的圣人）没有其他诀窍，只不过是把人的这种天生的亲亲敬长的仁义之心推广到天下罢了。"

◎第十六章◎

【原文】

孟子曰："舜之居深山之中，与木石居，与鹿豕游，其所以异于深山之野人者几希；及其闻一善言，见一善行，若决江河，沛然莫之能御也[①]。"

舜之居深山之中，与木石居，与鹿豕游。

【注解】

①沛然：《孟子》中有三处地方用了"沛然"这个形容词：《梁惠王章句上》篇，"沛然下雨"，它形容大雨润物的样子；《离娄章句上》篇，"沛然德教溢于四海"，它形容德教广大，充满四海的样子；这里的"沛然莫之能御"，形容舜舍己从人，取于人以为善，只要有所闻见，立即毫不动摇地拿来实行。

【译文】

孟子说："舜住在深山时，跟树木和石头一块儿作伴，和麋鹿野猪一同游息，他的用以区别于深山野人的地方差不多很少；可是等到他听到一句有益的话语，看到一种良好的行为，（便立即采纳，雷厉风行，）好像江河决了口，声势浩大得没有谁能阻挡得了。"

◎第十七章◎

【原文】

孟子曰："无为其所不为，无欲其所不欲，如此而已矣。"

【译文】

孟子说："不干那些自己不愿干的事，不要那些自己不该要的东西，这样就足够了。"

◎第十八章◎

【原文】

孟子曰："人之有德慧术知者，恒存乎疢疾[①]。独孤臣孽子[②]，其操心也危，其虑患也深，故达。"

【注解】

①疢（chèn）：灾患。②孽子：即庶子，指妾所生的儿子。

【译文】

孟子说："那些有德行、聪明、学术和才智的人，往往来自艰危的处境。只有那些孤立无援的臣下和被人歧视的庶孽之子，他们提心吊胆，对于祸患的考虑也较深，所以能通晓事理，洞达人情。

◎第十九章◎

【原文】

孟子曰："有事君人者，事是君则为容悦者也；有安社稷臣者，以安社稷为悦者也；有天民者，达可行于天下而后行之者也；有大人者，正己而物正者也。"

【译文】

孟子说："（人的品格有四等：）有侍奉君主的一种人，他们侍奉这些君主专是为了讨得君主们的欢心；有安邦定国的臣子，他们是以安定国家为乐事的，具有高深学问涵养的天民，他们一定要知道他们的道可以畅行于天下然后才出来行道；有变化通神的大人，他们只要一端正自己，外物便自自然然地也跟着得到了端正。"

◎第廿章◎

【原文】

孟子曰："君子有三乐，而王天下不与存焉。父母俱存，兄弟无故[①]，一乐也；仰不愧于天，俯不怍于人[②]，二乐也；得天下英才而教育之，三乐也。君子有三乐，而王天下不与存焉！"

君子有三乐，而王天下不与存焉。

【注解】

①故：灾患丧病。②怍（zuò）：惭愧。

【译文】

孟子说："君子有三桩乐事，但是使天下归服并不包含在里面。父母全都健在，兄弟也没灾没病，是第一桩乐事；上对得住天，下对得起人，是第二桩乐事；得到天下优秀的人才对他们进行教育，是第三桩乐事。君子有三桩乐事，但是使天下归服并不包含在里面。"

◎第廿一章◎

【原文】

孟子曰："广土众民，君子欲之，所乐不存焉；中天下而立，定四海之民，君子乐之，所性不存焉。君子所性，虽大行不加焉，虽穷居不损焉，分定故也。君子所性，仁义礼智根于心。其生色也睟然[①]，见于面，盎于背[②]，施于四体[③]，四体不言而喻。"

【注解】

①睟（cuì）然：润泽的样子。这两字过去属下读，这里根据周广业《孟子逸文考》属上读，即"其生色也睟然"。②盎（àng）然：盛大流行的样子，引申为显现的意思。③施：延及。

【译文】

孟子说："国土辽阔，人口众多，这固然是君子所希求的，但他所感乐趣的却不在这里；屹立于天下的中央，使海内的百姓普遍得到安定，君子对这个自然感到乐趣，但他所得自天的本性却不在这里。君子所得自天的本性，纵然是他的政治理想在天下完全得到实行也不会因此在上面增添一点什么，即使是困居乡里也不会因此从那里减少一点什么，这是由于性分已经固定了的缘故。君子所得自天的本性，仁义礼智深深植根在他的心中，它生发出来的神色温润清和，表现在颜面，显露于肩背，遍及四肢，四肢一动作，它不待用语言说明，人们一看便知道了。"

君子所性，仁义礼智根于心。

◎第廿二章◎

【原文】

孟子曰："伯夷辟纣，居北海之滨，闻文王作兴，曰：'盍归乎来！吾闻西伯善养老者。'太公辟纣，居东海之滨，闻文王作，兴曰：'盍归乎来！吾闻西伯善养老者。'天下有善养老，则仁人以为己归矣。五亩之宅，树墙下以桑，匹妇蚕之，则老者足以衣帛矣。五母鸡，二母彘，无失其时，老者足以无失肉矣。百亩之田，匹夫耕之，八口之家足以无饥矣。所谓西伯善养老者，制其田里，教之树畜，导其妻子使养其老。五十非帛不煖，七十非肉不饱。不煖不饱，谓之冻馁。文王之民无冻馁之老者，此之谓也。"

【译文】

孟子说："伯夷逃避纣王，住在北海边上，听说文王兴盛起来了，便精神振奋地说：'何不归到那里去啊！我听说西伯是善于养老的人。'太公姜尚逃避纣王，住在东海边上，听说文王兴盛起来了，便精神振奋地说：'何不归到那里去啊！我听说西伯是善于养老的人。'只要天下有善于养老的人，那么仁人们便把他当作自己的归宿了。五亩大小的住宅，把桑树种在墙脚下，让一个妇女养蚕缫丝，那么老年人就能够穿上丝绵袄了。每户人家所养的五只母鸡，二头母猪，不要违误了它们饲养和繁殖的时机，老年人便不会没有肉吃了。百亩田地，一个丁壮农夫耕种，八口人的家庭就足够吃饱了。人们所说的西伯善于养老，（指的是他）规定分配给百姓土地和住宅的数字和大小，指教他们栽种和畜牧，教导他们的妻子儿女奉养他们家的老人。人到了五十岁，不着丝绵便不能暖身子，到了七十岁，没有肉食便不能饱肚子。身子不暖肚子不饱，便叫作受冻挨饿。所谓文王的老百姓没有受冻挨饿的老人，说的正是这个意思。"

◎第廿三章◎

【原文】

孟子曰："易其田畴[①]，薄其税敛，民可使富也。食之以时，用之以礼，财不可胜用也。民非水火不生活，昏暮叩人之门户求水火，无弗与者，至足矣[②]。圣人治天下，使有菽粟如水火。菽粟如水火，而民焉有不仁者乎？"

【注解】

易其田畴，薄其税敛，民可使富也。

①易：整治。畴：耕治的田亩。②至足矣：至足，极富足。至于“矣”字，杨伯峻《孟子译注》云：“此‘矣’字用法同‘也’，‘至足矣’为解释句，说明上句的原因。‘矣’字这种用法很少见，（一般古书，‘也’与‘矣’用法分别很清，故《淮南子·说林训》云：‘也之与矣，相去千里。’）前代传钞是否有误，不得而知。”

【译文】

孟子说：“只要整治好耕地，赋税收轻点，百姓是可以富足的。（再教育他们注意节俭，）食用要有时节，用钱不超过礼数，财物便用不尽了。百姓没有水和火是活不下去的，要是黑夜敲门向别人讨碗水或要个火，是没有人不会给的，这是由于水火家家都多极了的缘故。圣人治理天下，就要使百姓家有粮食像水火那样充足。百姓家的粮食像水火那样多了，哪还会有不仁爱的呢？”

◎第廿四章◎

【原文】

观于海者难为水，游于圣人之门者难为言。

孟子曰：“孔子登东山而小鲁，登太山而小天下[①]。故观于海者难为水，游于圣人之门者难为言。观水有术，必观其澜。日月有明，容光必照焉[②]。流水之为物也，不盈科不行；君子之志于道也，不成章不达[③]。”

【注解】

①东山、太山：东山，蒙山，在山东南部。太山，泰山。②容光：透光的小缝。③成章：指学问积累多了，自然而然就能把文章写成。达：指由此及彼。

【译文】

孟子说：“孔子登上了东山，便觉得鲁国小了，登上了泰山，便觉得天下小了。所以对于看过大海的人，别的水就很再难吸引他了，对于曾在圣人门下学习过的人，别的言论就很难再打动他了。看水有方法，一定得看它壮阔的波澜。日月有光辉，连小小的缝隙也一定能够照到。流水这个东西，不填满地上的坑洼，是不会前进的；君子有志于钻研大道，不通过大量的学识道德的积累，是不能够由此及彼，洞察事理的。

◎第廿五章◎

【原文】

孟子曰：“鸡鸣而起，孳孳为善者，舜之徒也；鸡鸣而起，孳孳为利者，蹠之徒也[①]。欲知舜与蹠之分，无他，利与善之间也[②]。”

【注解】

①蹠（zhí）：同“跖”，即所谓盗跖，春秋战国之际奴隶起义领袖，旧时被诬称为盗跖。②间（jiàn）：有空隙的意思，

这里用来极言其小。

【译文】

孟子说："一听到鸡叫便起来，努力不懈地行善事的，是舜一类的人；一听到鸡叫便起来，努力不懈地追求私利的，是跖一类的人。要想知道舜跟跖的区分，没有别的，只在利和善这极其微小的差异中。"

◎第廿六章◎

【原文】

孟子曰："杨子取为我，拔一毛而利天下，不为也。墨子兼爱，摩顶放踵利天下[①]，为之。子莫执中[②]。执中为近之。执中无权，犹执一也。所恶执一者，为其贼道也，举一而废百也。"

孟子曰：杨子取为我，拔一毛而利天下，不为也。

【注解】

①摩：摩秃。放：到。踵：脚后跟。②子莫：鲁国的贤人。

【译文】

孟子说："杨子采取为我的主张，尽管只须拔去自己一根毫毛却能使天下得利，都不愿干；墨子主张兼爱，那怕从摩秃头顶到走破脚跟，只要有利于天下，也乐意干。子莫就（不同于二人，）坚持折中的主张。坚持折中的主张算是近乎正确。但如果持折中的主张而不知道随时变通，那也还是固执一偏。我们之所以讨厌固执一偏的主张，就因为它损害了仁义之道，顾及一端不计其余的缘故。"

◎第廿七章◎

【原文】

孟子曰："饥者甘食，渴者甘饮，是未得饮食之正也，饥渴害之也。岂惟口腹有饥渴之害？人心亦皆有害。人能无以饥渴之害为心害，则不及人不为忧矣。"

【译文】

孟子说："肚子饥的人吃什么食物都觉得是美的，口渴的人喝什么饮料都觉得是甜的，这实际是没有尝到饮料和食物的正常滋味，原因在于极度的饥渴妨害了他们品尝滋味的正常感觉。难道只是嘴巴和肚于有饥渴的妨害吗？人们的心也都有类似的妨害。要是人们能使他们的心不受像饥渴对于嘴巴肚子那样的妨害，那么尽管自己一时还不如别人，也不会因此而发愁了。"

◎第廿八章◎

【原文】

孟子曰："柳下惠不以三公易其介[①]。"

【注解】

①介：操守。

【译文】

孟子说："柳下惠不因为居三公的高位便改变他特立独行的操守。"

◎第廿九章◎

【原文】

孟子曰："有为者辟若掘井，掘井九轫而不及泉[①]，犹为弃井也。"

【注解】

①轫：同"仞"。八尺为仞。一说七尺为仞。

【译文】

孟子说："做事情就像掏井一样，掏到六七丈深还没有掏出泉水，就还是一口废井。"

◎第卅章◎

【原文】

孟子曰："尧舜，性之也；汤武，身之也；五霸，假之也。久假而不归，恶知其非有也。"

【译文】

孟子说："尧舜秉性行仁，自然成习；汤武，躬行仁义，勉力回复本性；至于五霸，却是假借仁义之名，来图谋他们的私利，借久了不归还，别人（受了他们的蒙蔽，）又怎么知道他们并没有仁的实际呢？"

◎第卅一章◎

【原文】

公孙丑曰："伊尹曰：'予不狎于不顺[①]。'放太甲于桐[②]，民大悦。太甲贤。又反之，民大悦。贤者之为人臣也，其君不贤，则固可放与？"

孟子曰："有伊尹之志，则可；无伊尹之志，则篡也。"

【注解】

①予不狎于不顺：见今《商书·太甲上》（按今《商书·太甲》三篇是伪古文）。狎，习见，看惯；不顺，是说太甲所为，不顺义理。②放太甲于桐：参看《万章章句上》第六章。

伊尹一心为公，所以孟子说他放逐太甲的行为可以接受。

【译文】

公孙丑问："伊尹说：'我看不惯那些不顺义理的人。'于是他把太甲放逐到桐去，老百姓非常高兴。太甲改过自新了，他又将他迎接回来，老百姓也非常高兴。贤人作了人家的臣子，要是他的君主不好，就可以放逐吗？"

孟子说："有伊尹那样为公的心思，就可以；没有伊尹那样为公的心思，便是篡权了。"

◎第卅二章◎

【原文】

公孙丑曰："《诗》曰'不素餐兮[1]！'君子之不耕而食，何也？"

孟子曰："君子居是国也，其君用之，则安富尊荣；其子弟从之，则孝悌忠信。'不素餐兮'，孰大于是？"

【注解】

①素餐：等于说白吃饭。无功受禄，便叫素餐。

【译文】

公孙丑问："《诗》中说：'不白吃饭呀！'（那就是说人应该耕种才能吃饭，）可现在的君子却不种田也吃饭，这是为什么呢？"

君子不素餐。

孟子说："君子居住在这个国家，如果这个国家的君主用他作官，便能使国家和君主安定、富足而又保持崇高光荣的地位，如果他们的子弟跟着他学习，便能孝敬父母，尊敬兄长、忠心事君、讲究信实。'不白吃饭呀'，还有什么比这个功劳更大的吗？"

◎第卅三章◎

【原文】

王子垫问曰："士何事？"

孟子曰："尚志。"

曰："何谓尚志？"

曰："仁义而已矣。杀一无罪非仁也，非其有而取之非义也。居恶在？仁是也；路恶在？义是也。居仁由义，大人之事备矣。"

【译文】

王子垫问道："士干的什么事？"

孟子说："士应当使自己保持高尚的志向。"

又问："怎样才能说是志向高尚呢？"

答道："不过是坚持仁和义罢了。凡是杀害一个没有罪的人，便是不仁；凡是财物不是他自己应该得的却取用了，便是不义。士应该居住在什么地方呢？仁便是的；士应该行走的路在哪里呢？义便是的。住的是仁，经由的是义，即使是在官的大人分内的事情也都全部具备了。"

◎第卅四章◎

【原文】

孟子曰："仲子，不义与之齐国而弗受[1]，人皆信之，是舍箪食豆羹之义也。人莫大焉亡亲戚君臣上下[2]。以其小者信其大者，奚可哉？"

【注解】

①仲子，不义与之齐国而弗受：仲子，即陈仲子。他的事迹见《滕文公章句下》第十章。“不义与之齐国而弗受”，只是一种假设，并不是实有其事。②大焉：跟“大于”差不多。亡：同“无”。

【译文】

孟子说：“陈仲子这个人，要是毫无道理地把个齐国给他，他是不会接受的，人们都相信这件事，其实，这种义是等于放弃一筐饭一碗汤的义。人的罪过再没有什么比不要母兄君臣尊卑更大的了，（而仲子便正是犯有这种罪过。）又怎么可以因为他有这一点点廉洁的表现便相信他的大节操呢？”

◎第卅五章◎

【原文】

桃应问曰[①]：“舜为天子，皋陶为士，瞽瞍杀人，则如之何？”

孟子曰：“执之而已矣。”

“然则舜不禁与？”

曰：“夫舜恶得而禁之？夫有所受之也。”

“然则舜如之何？”

曰：“舜视弃天下犹弃敝蹝也[②]。窃负而逃，遵海滨而处[③]，终身䜣然[④]，乐而忘天下。”

【注解】

①桃应：孟子弟子。②蹝（xǐ）：一作屣，鞋子。③海滨：滨，水边。古时海滨是政令达不到的地方，所以孟子设想舜会把他犯法的父亲藏在这里。④䜣：古欣字。

【译文】

桃应问道：“舜做天子，皋陶当法官，假定瞽瞍杀了人，那该怎么办？”

孟子说：“那就只有把他抓起来了。”

“那么舜不会出来阻止么？”

答道：“舜怎么能出来阻止呢？（皋陶所执行的法）是有所传受的。（又怎敢徇私枉法呢？）”

“那么舜怎么办呢？”

答道：“舜把抛弃天下看作是抛掉一双破鞋一样。他会偷偷地背着犯法的父亲逃走，一路上沿着海边住下来，一辈子高高兴兴地，享受天伦之乐，把曾经做过天子享有天下的事情忘记得一干二净。”

◎第卅六章◎

【原文】

孟子自范之齐[①]，望见齐王之子，喟然叹曰：“居移气，养移体，大哉居乎！夫非尽人之子与？”

孟子曰[②]：“王子宫室、车马、衣服多与人同，而王子若彼者，其居使之然也；况居天下之广居者乎[③]？鲁君之宋，呼于垤泽之门[④]。守者曰：‘此非吾君也，何其声之似我君也？’此无他，居相似也。”

【注解】

①自范之齐：范，齐国地名，故城在今山东范县东南二十里，是从梁（魏）到齐的要道。梁襄王即位之后，刚好是齐宣王新政的开始，孟子听说那里有条件实行仁政，所以从范动身到齐国去。②孟子曰：赵岐《孟子章句》这句以前为一章，以下另作一章。朱熹《孟子集注》则把二章合为一章，并指出这“孟子曰”三字是多余的文字。③广居：喻指仁，见《滕文

公章句下》第二章。④垤（dié）泽：宋城门名。

【译文】

孟子从范邑到齐国的首都去，远远望见了齐王的儿子，深有感触地长叹道："一个人所处的环境改变他的气度，所受的奉养改变他的体魄，环境对人们的影响是多么大啊！他和一般人不都是人的儿子吗？（他为什么会显得这样与众不同呢？）"

居移气，养移体。

孟子接下去又说："王子的住房、车马、衣服多半跟别人的差不多，可王子却显示了那样不凡的气魄，这就是因为他所处的环境使他变得这样的缘故，（王宫的环境尚且能使他变得这样与众不同，）何况处在天下最广阔的环境——仁——中的人呢？鲁君有一次到宋国去，在宋国垤泽的城门下吆喝，守门的人说：'这不是我们的君主，为什么他的声音这样像我们的君主呢？'这没有别的原因，只是由于他们所处的环境相似。"

◎第卅七章◎

【原文】

孟子曰："食而弗爱，豕交之也；爱而不敬，兽畜之也。恭敬者，币之未将者也。恭敬而无实，君子不可虚拘。"

【译文】

孟子说："（对于贤人）光奉养而不爱，那就跟把他当成猪一样接待差不多。光知爱而不知尊敬，那就等于把他当成兽类一样豢养着。恭敬之心，是应在币帛奉送之前就具备了的。徒有恭敬的形式（如致送币帛）而没有恭敬的实际，君子是不会被这种虚假的礼仪所拘留住的。"

◎第卅八章◎

【原文】

孟子曰："形色，天性也；惟圣人然后可以践形。"

【译文】

孟子说："人的形体容貌，没有不是秉自然之理而生成的，这就是所谓天性，只有圣人才能尽这种自然之理，使天生的形体更加充实完美，无愧于天性。"

◎第卅九章◎

【原文】

齐宣王欲短丧，公孙丑曰："为期之丧，犹愈于已乎？"

孟子曰："是犹或紾其兄之臂[①]，子谓之姑徐徐云尔，亦教之孝弟而已矣。"

王子有其母死者，其傅为之请数月之丧[②]。公孙丑曰："若此者何如也？"

曰："是欲终之而不可得也。虽加一日愈于已，谓夫莫之禁而弗为者也。"

【注解】

①紾（zhěn）：扭。②王子有其母死者，其傅为之请数月之丧：王子死去的母亲是他父亲的小老婆，上面还有大老婆在，按丧礼的规定他不能行亲丧之礼，守孝三年，因此他的老师代他向他父亲请求守几个月丧。

【译文】

齐宣王想缩短丧礼规定的守孝时间，通过公孙丑问孟子道：父母死后守一周年，还是比完全不守孝更强些吧？”

孟子说：“这就像有个人扭他哥哥的胳膊，你对他说暂且慢慢儿扭吧，（这又有什么用呢。）也只有拿孝敬父母尊敬兄长的道理教育他好了。”

王子有其母死者。

王子中有个死了母亲的，他的老师替他请求（为他死去的母亲）守几个月的孝。公孙丑（就这件事）问孟子道：“像这样的事该怎么样呢？”

答道：“这个是这位王子想守完三年的孝（而又受到丧礼的限制）不可能做到的。（我上次所说的）那怕是增加一天守孝的时间也比完全不守孝更好，说的是那些并没有谁禁止他守孝他却不守孝的人。”

◎第四十章◎

【原文】

孟子曰：“君子之所以教者五：有如时雨化之者，有成德者，有达财者[①]，有答问者，有私淑艾者[②]。此五者，君子之所以教也。”

【注解】

①财：是“才”的假借字。②私：私下。淑：善。艾：治。这是指有的人不及登君子之门受业，可是从别人那里间接接触到君子的道德学问，私地里拿来修身立业。

【译文】

君子之所以教者五。

孟子说：“君子用来教育人的方式有五种：有像及时雨那样化育万物（使得蓬勃生长）的，有帮助培养成优良品德的，有多方诱导发展特有才干使之成材的，有解答学生提出的疑难问题的，有拿自身的品德学问，影响那些不能登门受业的人，使他们通过自修得到成功的。这五种方式，便是君子用来教育人的方式。”

◎第四十一章◎

【原文】

公孙丑曰：“道则高矣，美矣，宜若登天然，似不可及也；何不使彼为可几及而日孳孳也[①]？”

孟子曰：“大匠不为拙工改废绳墨，羿不为拙射变其彀率[②]。君子引而不发，跃如也。中道而立，能者从之。

【注解】

①几（jī）：近。②彀率：弯弓的限度。

【译文】

公孙丑说："道可说是高了、美了，可就是好像登天一般，似乎有点高不可攀；为什么不使它变为可以接近，以便别人每日用功去钻求的呢？"

孟子说："高明的木匠不会因为笨拙的徒工而改变或是抛弃操作时必不可少的墨线，善射箭的羿也不会因为学射人的笨拙而改变要求弯弓时所应达到的限度。君子（教人，正像射手教射一般，）搭上箭拉满弓，并不把箭发出去，只是（示范性地）做出跃跃欲试的姿式。他立下一个合乎中道、不难也不易的学习准则，能接受这个准则的就跟上去。"

羿不为拙射变其彀率。

◎第四十二章◎

【原文】

孟子曰："天下有道，以道殉身；天下无道，以身殉道；未闻以道殉乎人者也。"

【译文】

孟子说："天下要是走上了正轨，道便能随从贤者本身的被信任而得以施行；天下要是离开了正轨，贤者本身便随着道的不能施行而隐居起来；我没有听说过为了逢迎王侯而走歪曲甚至破坏正道的。"

◎第四十三章◎

【原文】

公都子曰："滕更之在门也[①]，若在所礼。而不答，何也？"

孟子曰："挟贵而问，挟贤而问，挟长而问，挟有勋劳而问，挟故而问，皆所不答也。滕更有二焉。"

【注解】

①滕更：滕君的弟弟，当时在孟子那里学习。

【译文】

公都子说："滕更在您门下学习，似乎应摆在以礼相待的人的行列，您却不回答他的发问，这是为什么呢？"

孟子说："仗着自己的权位高来发问，仗着自己有点才干名气来发问，仗着自己年纪比人家大几岁来发问，仗着自己是有功之臣来发问，仗着自己与人家有点老交情来发问，所有这些都是我不予回答的。滕更这个人（在五条里面）犯了两条（指'挟贵''挟贤'）。"

◎第四十四章◎

【原文】

孟子曰："于不可已而已者，无所不已。于所厚者薄，无所不薄也。其进锐者，其退速。"

【译文】

孟子说："对于不该废弃（或罢黜）的人却废弃了，那就没有什么人不可以废弃了。对于应当厚待的人却薄待了，那就没有什么人不可以薄待了。那些进用太突然了的人，他们的被罢退也必然会十分迅速。"

◎第四十五章◎

【原文】

孟子曰："君子之于物也，爱之而弗仁；于民也，仁之而弗亲。亲亲而仁民，仁民而爱物。"

【译文】

孟子说："君子对待（草木禽兽等）万物，爱惜它们却不施给仁德；对于百姓，施给仁德却并不亲爱。君子亲爱自己的亲人，推而施仁德于百姓；对百姓施给仁德，推而爱惜万物。"

◎第四十六章◎

【原文】

孟子曰："知者无不知也，当务之为急；仁者无不爱也，急亲贤之为务。尧舜之知而不遍物，急先务也；尧舜之仁不遍爱人，急亲贤也。不能三年之丧，而缌、小功之察[①]；放饭流歠，而问无齿决[②]，是之谓不知务。"

【注解】

①缌、小功：缌（sī），细麻布，丧服较轻的用这种布，这里指的是缌麻三月的孝服。缌麻，是五种孝服（斩衰、齐衰、大功、小功、缌麻）中最轻的。本宗为高祖父母及五服内在小功以下的人穿这种孝服；异姓为中表兄弟、妻的父母、女婿、外孙都穿这种孝服。小功，丧服，是用稍粗熟的布做的，这是服丧五月的孝服。本宗为曾祖父母，伯叔祖父母、堂伯叔父母等，外亲为外祖父母、母舅、姨母等穿这种孝服。缌麻和小功都属孝服中较轻的。②放饭流歠，而问无齿决：放饭，放，纵；放饭是说放肆地吃饭。流歠（chuò），歠，吸，喝；流歠是说张口大喝，汤冲入口中像水长流。齿决，决，断；问无齿决是说见人吃湿肉用手去撕裂，便责问他何以不用牙齿去咬断。放饭流歠，是很不礼貌的举动；无齿决，只是小小不礼貌的举动。

【译文】

孟子说："智者本应无所不知，但必须急于处理好当前第一位的工作；仁者奉应无所不爱，但必须把亲近贤人当作唯一的急务。尧舜的智慧虽高，却不可能知道一切事物，因为他们得急于知道当前首要的任务；尧舜的仁德虽大，却不可能爱所有的人，因为他们得急于亲近贤人。譬如一个人不能执行三年的丧礼，而对缌麻和小功这样三五个月较轻的丧礼却过分苛察；自己跟长辈同席，毫无礼貌，竟然大口大口地吃饭、喝汤，却要责回别人吃湿肉时为什么用手去撕开而不用牙齿去啃断它，这就叫作不识大体。"

尽心章句下

本篇也是杂记孟子言论，综合体现了孟子思想的各个方面。其中对中道、狂、狷以及乡原的阐述是很重要的观点，反映了孟子的价值观和价值取向，是对孔子思想的直接继承。“中道”即中庸，是孔孟观念中最理想的价值取向，“狂”和“狷”是较中道为低的一个层次，但前者有进取心，后者洁身自好，都有可取之处，都可以通过教育而达到中道。他们所坚决反对的，是那些貌似中庸，实际上没有操守，与社会同流合污的“乡原”，认为这种好好先生从根本上违背了中庸之道，是道德原则的破坏者。这种人与孔孟的价值取向是完全对立的。在本篇中，孟子提出了“民为贵，社稷次之，君为轻”的观点，将先秦儒家的民本思想推到了极致。在最后一章，孟子提出了尧、舜、汤、文王、孔子对圣人之道的传承次序，开了儒家“道统”的先声。孟子把这一章安排在全书之末，是有着特殊含义的。他以接受孔子传统自居，却不明说，只是作出了暗示。韩愈在《原道》中明确地说：“尧以是传之舜，舜以是传之禹，禹以是传之汤，汤以是传之文、武、周公，文、武、周公传之孔子，孔子传之孟轲。”完全表达出了孟子的心意。

◎第一章◎

【原文】

孟子曰：“不仁哉梁惠王也！仁者以其所爱及其所不爱，不仁者以其所不爱及其所爱。”

公孙丑曰：“何谓也？”

“梁惠王以土地之故，糜烂其民而战之。大败，将复之，恐不能胜，故驱其所爱子弟以殉之，是之谓以其所不爱及其所爱也。”

【译文】

孟子说：“梁惠王委实太不仁了啊！一个仁爱的人会拿他施加于所爱的人的恩泽推广开去，沾被到他所不爱的人的身上，（相反，）一个薄情寡恩的人却会拿他施加于他所不爱的人的荼毒连累及他所心爱的人。”

公孙丑听了，问道：“这话怎么讲呢？”

答道：“梁惠王为了扩张土地的缘故，把他所不爱的百姓投入战争的血海，使他们弃尸原野，肝脑涂地。吃了大败仗后，又将卷土重来，却担心百姓不肯替他卖命，所以不惜驱使他所心爱的子弟上战场去送死，这便叫作拿他施加于他所不爱的人的荼毒连累他所心爱的人。”

◎第二章◎

【原文】

孟子曰：“春秋无义战①。彼善于此，则有之矣。征者，上伐下也，敌国不相征也。”

【注解】

①春秋无义战：春秋之时礼崩乐坏，诸侯之间因为各自利益而相互攻伐，故云。

【译文】

孟子说：“春秋那个时代几乎没有合乎义的战争，（相对而言，）那次战争比这次战争好点（的情况），就还是有的。（为什么说春秋没有合乎义的战争呢？因为）征讨这个词，是指上面的天子讨伐下面违反王命的诸侯，地位相等的国家是不得互相征伐的。"

◎第三章◎

【原文】

孟子曰："尽信《书》，则不如无《书》。吾于《武成》，取二三策而已矣[①]。仁人无敌于天下，以至仁伐至不仁，而何其血之流杵也[②]？"

【注解】

①策：古人用于书写记录的用竹简编联成的竹册。②杵：舂米的木棒。

尽信《书》，则不如无《书》。

【译文】

孟子说："完全相信《书》，还不如没有《书》。我对于《书》中《武成》这篇文章，只不过采用其中两三段文字罢了。一个仁德的人在天下是没有敌人的，以周武王这样仁爱的贤君，去讨伐商纣那样最不仁爱的暴君，（百姓是极其欢迎的），所以又怎么会发生血流成河，连舂米的木棒都给血河漂走的事呢？"

◎第四章◎

【原文】

孟子曰："有人曰：'我善为陈[①]，我善为战。'大罪也。国君好仁，天下无敌焉。南面而征北狄怨[②]，东面而征西夷怨，曰：'奚为后我？'武王之伐殷也，革车三百两，虎贲三千人[③]。王曰：'无畏！宁尔也，非敌百姓也。'若崩厥角稽首[④]。征之为言正也，各欲正己也，焉用战？"

【注解】

①陈：即"阵"本字。②北狄：焦循《孟子正义》本作"北夷"，朱熹《孟子集注》本作"北狄"。③革车三百两，虎贲（bēn）三千人：革车，兵车；两，同辆。虎贲，古时用来喻指勇士、武士，是说猛怒如老虎的奔赴；三千人，《书序》作三百人。④厥：顿。角：额角，厥角，即以额角触地，也即"顿首""叩头"的意思。崩，指山崩塌，这里用来形容百姓叩头的众声轰然。

【译文】

孟子说："有人说，'我善于陈兵列将摆成作战阵势，我善于打仗取胜。'这实际是该服上刑的大罪过。只要国君好行仁德，天下便没有敌手。（过去商汤大起义师，）他讨伐南方，北方的狄族便埋怨。他讨伐东方，西方的夷族同样也埋怨，他们说：'为什么把我们搁在后面呢？'周武王去讨伐殷纣时，派出兵车三百辆，勇士三千人。武王告谕殷商的百姓道：'别害怕！我们是来帮助你们得到安定生活的，不是来跟你们百姓作对的。'百姓们听了一齐伏在地上把额角碰着地面叩起头来，登时像山岳崩塌似地一片响。征这个字含有正的意思，（被暴君压榨虐害的各国百姓）都想匡正自己的国家，哪里又用得着战争呢？"

◎第五章◎

【原文】

孟子曰："梓匠轮舆能与人规矩，不能使人巧。"

【译文】

孟子说："木匠车工能够把规矩法度传授给别人，但却不能保证别人一定获得高超熟练的技巧。（那是得靠学者自己从不断的研练中去心领神会的。）"

梓匠轮舆能与人规矩。

◎第六章◎

【原文】

孟子曰："舜之饭糗茹草也[①]，若将终身焉；及其为天子也，被袗衣[②]，鼓琴，二女果[③]，若固有之。"

【注解】

①饭（fǎn）糗（qiǔ）茹草：糗，即干粮。茹：吃。②袗（zhěn）衣：即絺衣。絺（chī），细葛布。③果：一作"婐"，侍候。

【译文】

孟子说："舜当年吃干粮啃野菜的时候，好像准备一辈子这样过下去；等到他做了天子，身着细葛布衣服，弹着琴，尧的两个女儿侍候他，又好像本来他就具有这些生活条件似的。（一点异样的感觉也没有。）"

◎第七章◎

【原文】

孟子曰："吾今而后知杀人亲之重也：杀人之父，人亦杀其父；杀人之兄，人亦杀其兄。然则非自杀之也，一间耳[①]。"

【注解】

①一间（jiàn）：间，隔；一间有中间隔一人的意思。

【译文】

孟子说："我从今以后才知道杀害别人的亲属关系的重大：一个人杀了别人的父亲，别人也会杀死他的父亲；杀了别人的哥哥，别人也会杀死他的哥哥。这样难道不就等于自己杀死自己的父兄么？只不过中间隔了一个人罢了。"

◎第八章◎

【原文】

孟子曰："古之为关也，将以御暴；今之为关也，将以为暴。"

【译文】

孟子说："古时候设立关卡，是准备用来（稽查奸人出入，）防止发生暴乱的；现在设立关卡，却是准备用来（征收赋税，）推行暴政。"

◎第九章◎

【原文】

孟子曰："身不行道，不行于妻子；使人不以道，不能行于妻子。"

【译文】

孟子说："一个从政的人如果自己行事都不遵照正道，那么正道就连在他妻子身上也行不通，（更谈不上要求别人了；）如果他不按道理去支使人，那么就连他妻子也支使不动（更谈不上支使别人了）。"

◎第十章◎

【原文】

孟子曰："周于利者凶年不能杀[1]，周于德者邪世不能乱。"

【注解】

①周于利者凶年不能杀：周，足。杀，窘乏。这句只是陪衬，下句才是中心。

【译文】

孟子说："平时积蓄财物富足的人，哪怕是灾荒年岁也不能使他受窘乏；平时积德厚的人，哪怕是乱世也不能使他迷失方向。"

周于利者凶年不能杀；周于德者邪世不能乱。

◎第十一章◎

【原文】

孟子曰："好名之人，能让千乘之国，苟非其人，箪食豆羹见于色。"

【译文】

孟子说："那些珍惜不朽之名的人，能够把可出兵车千乘的国家让给贤人，但是，假如不是那种适宜受让的对象，那怕是让给一筐饭，一碗汤，他心里的不高兴也会在脸上表现出来的。"

◎第十二章◎

【原文】

孟子曰："不信仁贤则国空虚；无礼义，则上下乱；无政事，则财用不足。"

【译文】

孟子说："不信任有仁德有才干的人，国家便会显得空虚无人；国家没有礼义来定尊卑地位，上下的关系便要出现一片混乱；没有好的政治（来保障生产的正常进行，赋税的合理征收），国家的财政收支便会感到不足。"

◎第十三章◎

【原文】

孟子曰："不仁而得国者，有之矣；不仁而得天下，未之有也。"

【译文】

孟子说："不行仁德却能得到一个国家，这样的事是有的；不行仁德却能得到整个天下，这样的事是从来没有的。"

◎第十四章◎

【原文】

孟子曰："民为贵，社稷次之，君为轻。是故得乎丘民而为天子[①]，得乎天子为诸侯，得乎诸侯为大夫。诸侯危社稷，则变置。牺牲既成，粢盛既絜[②]，祭祀以时，然而旱干水溢，则变置社稷。"

【注解】

①丘民：丘，众，丘民即民众。此处指民心。②絜：同"洁"，干净。

得乎丘民而为天子，得乎天子为诸侯，得乎诸侯为大夫。

【译文】

孟子说："百姓，是最重要的，社稷其次，君主又更轻一点。所以赢得民心便可以做天子，赢得天子的心便可以做诸侯，赢得诸侯的心便可以做大夫。如果诸侯对国家有害，就改立别的人。如果牲口已经足够肥大，祭品也已经足够干净，祭祀又按时进行了，可是旱灾和水灾还是肆虐，那就得另外改立土谷之神了。"

◎第十五章◎

【原文】

孟子曰："圣人，百世之师也，伯夷、柳下惠是也。故闻伯夷之风者，顽夫廉，懦夫有立志；闻柳下惠之风者，薄夫敦，鄙夫宽。奋乎百世之上，百世之下，闻者莫不兴起也。非圣人而能若是乎——而况于亲炙之者乎？"

圣人，百世之师也。百世之下，闻者莫不兴起也。

【译文】

孟子说："圣人是百代人的老师，伯夷和柳下惠便正是这样的人。所以在那些听到伯夷的风格和操守的人当中，即使是贪婪的人也变得廉洁了，懦弱的人也变得意志坚强了；在那些听到柳下惠的风格和操守的人当中，即使是刻薄成性的人也变得厚道了，胸襟狭隘的人也变得宽宏大度了。他们在百代之前奋发有为，百代之后，听到他们事迹的人没有不为之感奋振作的。不是圣人能够像这样吗？——更何况对于那些同时代亲受他们熏陶的人呢？"

◎第十六章◎

【原文】

孟子曰："仁也者，人也。合而言之，道也。"

【译文】

孟子说："'仁'这个字的含义就是'人'，把'仁'和'人'合并起来讲，就是道。"

◎第十七章◎

【原文】

孟子曰："孔子之去鲁，曰：'迟迟吾行也。'去父母国之道也。去齐，接淅而行。去他国之道也。"

【译文】

孟子说："孔子离开鲁国时，说：'我们慢慢地走吧。'这是告别母国（应取）的态度。离开齐国时，把正在淘的米漉干了就走。这是离开别国（所采取）的态度。"

孔子去齐，接淅而行。去他国之道也。

◎第十八章◎

【原文】

孟子曰："君子之戹于陈蔡之间[①]，无上下之交也。"

孔子在陈蔡之间被围困。

【注解】

①君子之戹于陈蔡之间：君子，指孔子。据《史记·孔子世家》记载，孔子在陈、蔡两国之间时，楚国派人来聘请孔子，孔子准备去拜见楚君；陈、蔡的大夫阴谋一道征发服劳役的罪犯在野外把孔子包围，使他不得前往，粮食也断绝了接济。

【译文】

孟子说："孔子在陈蔡之间被围困，以至饿饭，就因为（陈蔡的君臣都坏，）孔子和他们上下都没有交往的缘故。"

◎第十九章◎

【原文】

貉稽曰[①]："稽大不理于人口[②]。"

孟子曰："无伤也。士憎兹多口。《诗》云：'忧心悄悄，愠于群小[③]。'孔子也。'肆不殄厥愠，亦不殒厥问[④]。'文王也。"

忧心悄悄，愠于群小。

【注解】

①貉稽：人名，姓貉（mò），名稽，当时一个做官的人。②理：利；"不理于人口"有"不利于（或不顺于）人口"的意思。③"忧心"二句：引自《诗经·邶风·柏舟》。④肆不殄（tiǎn）厥愠，亦不殒厥问：引自《诗经·大雅·绵》。肆，是承上启下的词，有"故今"的意思。殄，绝；愠，怒；殒，失；问，名声。

【译文】

貉稽说："我现在大大地被人们所讥讽。"

孟子说："这没啥关系。（本来嘛，）士人最讨厌这种多嘴多舌。《诗》里说：'我满怀忧心沉甸甸，得罪宵小一大串。'孔子的遭遇便正是这样。《诗》又说：'今虽不能消除别人的怨恨，但也不会贬损自己的声名。'说的就是文王。"

◎第廿章◎

【原文】

孟子曰："贤者以其昭昭，使人昭昭；今以其昏昏，使人昭昭。"

【译文】

孟子说："贤明的人教人，凭着自己的透彻明了，帮助别人也透彻明了；现在那些教人的人，就凭自己糊里糊涂的头脑，却要使别人透彻明了。"

◎第廿一章◎

【原文】

孟子谓高子曰："山径之蹊间①，介然用之而成路②；为间不用，则茅塞之矣。今茅塞子之心矣。"

【注解】

①山径之蹊间：山径，山坡。蹊，鸟兽走的小路。②介然用之：介然，有执著、坚持的意思。用，行。

【译文】

孟子对高子说："山坡上那些野兽走过的地方，如果人们持续地在上面走着因而便成了路，只要隔一会儿不去走，茅草就会将它塞掉。现在你的心也给茅草塞掉了。"

◎第廿二章◎

【原文】

高子曰："禹之声尚文王之声。"

孟子曰："何以言之？"

曰："以追蠡①。"

曰："是奚足哉？城门之轨，两马之力与？"

【注解】

①追蠡：追，过去读duī，钟钮。蠡（lǐ），蛀木的虫。

【译文】

高子说："禹的音乐超过文王的音乐。"

孟子说："凭什么这样讲呢？"

高子答道："就因为禹传下来的钟钮像给虫咬得快要断了一般。"

孟子说："这又何足为证呢？城门下车轮子驶过的辙迹那样深，难道是两匹拉车的马的力量吗？（这是由于天长日久车马经过多的缘故。同样，禹的钟钮快要断了，也是由于天长日久的关系啊。）"

禹传下来的钟钮像给虫咬得快要断了一般。

◎第廿三章◎

【原文】

齐饥。陈臻曰："国人皆以夫子将复为发棠[①]，殆不可复。"

孟子曰："是为冯妇也[②]。晋人有冯妇者，善搏虎，卒为善士。则之野，有众逐虎，虎负嵎，莫之敢撄；望见冯妇，趋而迎之。冯妇攘臂下车。众皆悦之，其为士者笑之。"

【注解】

①发棠：发，发放粮食赈济灾民。棠，地名。②冯妇：人名，姓冯，名妇。

【译文】

齐国闹饥荒。陈臻说："国内的人都认为，老师您会再次替大伙请求齐王打开棠邑的仓库来赈济百姓，不过恐怕不便再这样做吧。"

孟子说："（如果再这样做，）这就成了冯妇了。晋国有个叫冯妇的，善于打虎，后来成了善人，（便洗手不干了。）有次他到野外去，看见有许多人正在追赶一只老虎，老虎背靠着山角（对峙），没人敢去碰它；大家远远望见了冯妇，便跑上前迎接他。冯妇于是挽起袖子，挥着胳膊，走下车来。大伙都喜欢他，可士人却讥笑他。"

陈臻曰：国人皆以夫子将复为发棠。

◎第廿四章◎

【原文】

孟子曰："口之于味也，目之于色也，耳之于声也，鼻之于臭也[①]，四肢之于安佚也，性也；有命焉，君子不谓性也。仁之于父子也，义之于君臣也，礼之于宾主也，知之于贤者也，圣人之于天道也，命也；有性焉，君子不谓命也。"

【注解】

①臭（xiù）：气味，与读chòu作为香臭之臭不同，杨伯峻《孟子译注》说："上句'味''色''声'都是中性词（不含美恶之义），但用在此处，则指'美味''美色''乐声'，此种用法，以前诸章不乏其例。'臭'字亦如此。'臭'的本义是'气味'，不论香臭都叫'臭'，此则专指芬芳之气。正如《左传·僖公四年》的'一薰一莸，十年尚犹有臭'的'臭'专指恶臭一般。"

【译文】

孟子说："口喜欢美味，眼睛喜欢美色，耳朵喜欢好听的声音，鼻子喜欢芳香的气味，四肢喜欢舒适，都是天性的嗜好；可是（能否都称心如意地得到它们，）这中间又有个命运好坏的问题，所以君子不强调天性，（不加强求。）仁对于父子，义对于君臣，礼对于宾主，知对于贤者，圣人对于天道，它们能否一一各得其宜，这是属于命运的问题，其中也有天性的作用，所以君子不把它们看成是命运的安排，（以便尽力而为，希望性分所定的东西都能见诸实行。）”

◎第廿五章◎

【原文】

浩生不害问曰[①]：“乐正子何人也？”

孟子曰：“善人也，信人也。”

“何谓善？何谓信？”

曰：“可欲之谓善[②]，有诸己之谓信，充实之谓美，充实而有光辉之谓大，大而化之之谓圣，圣而不可知之之谓神。乐正子，二之中，四之下也。”

【注解】

①浩生不害：复姓浩生，名不害，齐国人。②可欲：犹可爱。

【译文】

浩生不害问道：“乐正子是个什么样的人？”

孟子说：“是个好人，是个实实在在的人。”

“什么叫作好？什么叫作实实在在？”

答道：“一个人使人觉得他可爱便叫作好；他自己的确有那些值得人爱的优点便叫作实实在在；那些优点确乎充实于他本身便叫作‘美’；不止是充实，而且表现出光辉灿烂便叫作‘大’；不但是大，而且融化为一体，找不出使它大的痕迹，便叫作‘圣’；圣人德广，以至到了神妙不可测度的境界，便叫作‘神’。乐正子正是处在好和实实在在二者的中间和‘美’‘大’‘圣’‘神’四者的下面。”

◎第廿六章◎

【原文】

孟子曰：“逃墨必归于杨，逃杨必归于儒。归，斯受之而已矣。今之与杨、墨辩者，如追放豚，既入其苙[①]，又从而招之[②]。”

【注解】

①苙（lì）：关猪牛等家畜的栏。②招：挂，即用绳索绊住家畜的脚。

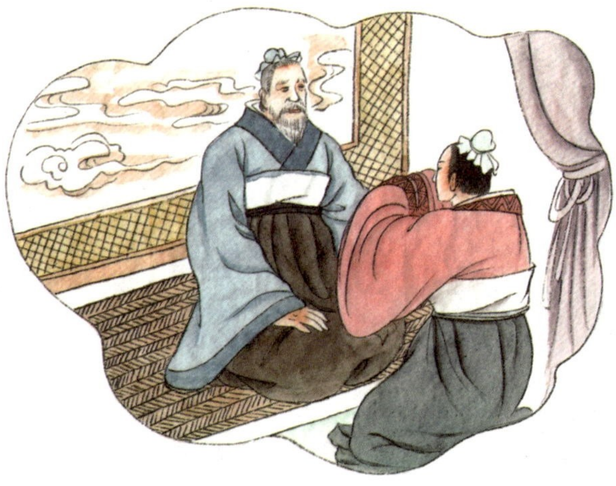

逃墨必归于杨，逃杨必归于儒。

【译文】

孟子说：“脱离墨子一派的人一定会归到杨朱那一派去，脱离杨朱一派的人一定会归到儒家学派这边来，既归到这边来了，就接受他算了。现在那些跟杨墨两派展开论争的人，就像是追回走失了的猪一般，已经赶回进猪圈里了，还要用绳子绊住它们的脚（以免再走失，这未免太过分了点）。”

◎第廿七章◎

【原文】

孟子曰："有布缕之征，粟米之征，力役之征。君子用其一，缓其二。用其二而民有殍，用其三而父子离。"

【译文】

孟子说："（国家赋役的种类：）有征收布帛的，有征收粮食的，还有征发人力的。君子（对于这三种赋役，分期更换使用，）使用一种，其他两种便暂缓使用。如果两种赋投同时使用，百姓便会有因此而饿死的，如果三种赋役同时使用，那（国家便要因此分崩离析，）父亲和儿子这样的至亲骨肉，彼此也将各不能相顾了。"

◎第廿八章◎

【原文】

孟子曰："诸侯之宝三：土地，人民，政事。宝珠玉者，殃必及身。"

【译文】

孟子说："诸侯的宝贝有三件：土地，百姓，政治。（不重视上面三件宝贝，）却把珍珠美玉看作宝贝的人，祸灾就一定会降到他身上。"

◎第廿九章◎

【原文】

盆成括仕于齐[①]，孟子曰："死矣盆成括！"盆成括见杀，门人问曰："夫子何以知其将见杀？"

曰："其为人也小有才，未闻君子之大道也，则足以杀其躯而已矣。"

【注解】

①盆成括：姓盆成，名括，曾经想投孟子门下学习，由于弄不懂孟子的学问便离去了。

【译文】

盆成括在齐国做官，孟子知道后说："盆成括要死了啊！"后来盆成括果然被杀，学生问道："老师您怎么知道他会被杀？"

答道："他的为人有点儿小聪明，但不懂君子的大道，那就足以杀害他自身了。"

◎第卅章◎

【原文】

孟子之滕，馆于上宫[①]。有业屦于牖上[②]，馆人求之弗得。或问之曰："若是乎从者之廋也？"

曰："子以是为窃屦来与？"

曰："殆非也。夫子之设科也，往者不追，来者不拒。苟以是心至，斯受之而已矣。"

【注解】

①上宫：别宫的名字。②业屦：还没有织完的草鞋。

【译文】

孟子到滕国，住在上宫。有一双还没有织完的草鞋搁在窗子上，客馆的人遍处寻找没有找到。有的人便问孟子道："跟随您的人怎么这样随便把人家的东西藏起来呢？"

孟子反问道："你以为这些人是为偷草鞋才来的吗？"

孟子答馆人问。

答道："大概不是吧。不过您开馆设置课程，接受学生，离去的并不追问，进来的也不拒绝。只要他们真的是抱着这种向学的心而来，这就只有把他们接受下来（当然就难保没有染上坏习气的人混进来）。"

◎第卅一章◎

【原文】

孟子曰："人皆有所不忍，达之于其所忍，仁也；人皆有所不为，达之于其所为，义也。人能充无欲害人之心，而仁不可胜用也；人能充无穿逾之心，而义不可胜用也；人能充无受尔汝之实[①]，无所往而不为义也。士未可以言而言，是以言饵之也[②]；可以言而不言，是以不言餂之也，是皆穿逾之类也。"

【注解】

①尔汝：本是长辈对于晚辈、上级对于下级的通称，这里是作为轻贱的称呼。②餂（tiǎn）：挑取东西。

【译文】

孟子说："每个人都有他所不忍心做的事，只要他能将它扩充到他所忍心做的事上（因而停止再做他所忍心做的事），便是仁；每个人都有他所不愿做的事，只要他能将它扩充到他所愿做的事上（因而停止再做他所愿做的事）便是义。（也就是说，）只要人们能够扩充他那种不愿害人的心，那么他的仁便用不尽了；只要人们能够扩充那种不挖洞跳墙（也即是盗窃）的心，那么他的义便用不尽了。只要人们能够扩充那种不受轻蔑的实际言行，那么他就不管到哪里都再没有不合于义的了。对于一个士人本来不可以跟他攀谈却故意去攀谈，这便是用言语去诱惑他而自己便于从中取利；可以跟他攀谈却故意不去攀谈，这便是用沉默去诱惑他而自己便于从中取利，这些都是属于挖洞跳墙一类的行为。"

◎第卅二章◎

【原文】

孟子曰："言近而指远者，善言也；守约而施博者[①]，善道也。君子之言也，不下带而道存焉[②]；君子之守，修其身而天下平。人病舍其田而芸人之田[③]——所求于人者重，而所以自任者轻。"

【注解】

①施（shì）：施给恩惠。②不下带：古人把衣带束在腰上，心是在衣带的上面，所以这里的不下带是暗指心而言。③芸：通"耘"，指治理田地。

【译文】

言近而指远者，善言也。

孟子说：“言辞浅近而道理深远的，这是好的语言，操持简要而效果广大的，这是好的方法。君子所说的，虽是平常的事，而治天下的大道理却就在其中；君子所操持的，虽是修身的事，（但影响所及，）却能使天下太平。人们痛恨的是放下自己的田不治，却去治理别人的田（的行为）——要求别人的很沉重，而放在自己肩上挑的却很轻。”

◎第卅三章◎

【原文】

孟子曰：“尧舜，性者也；汤武，反之也。动容周旋中礼者，盛德之至也。哭死而哀，非为生者也；经德不回[1]，非以干禄也。言语必信，非以正行也[2]。君子行法以俟命而已矣。”

动作容貌没有不自然合于礼的，这是前代圣贤的美德登峰造极的表现。

【注解】

①经：行。回：邪。②非以正行：不是一定要以正行为名。

【译文】

孟子说：“尧舜的仁德，只是按他们的本性行事；汤武的仁德，却是经过修身力行，然后回复到天然的性分。动作容貌细微曲折没有不自然合于礼的，这是前代圣贤的美德登峰造极的表现。痛伤死者而哭得悲衷，（纯系出于至情，）不是为了做给生者看的。按照道德行事，不搞歪门邪道，并不是想借此求得个一官半职。说话一定守信用，也不是为了要博取一个方正的名声。君子（没有别的，）只不过是行为遵循法度，以等待命运的安排罢了。”

◎第卅四章◎

【原文】

孟子曰：“说大人，则藐之，勿视其巍巍然。堂高数仞[1]，榱题数尺[2]，我得志，弗为也。食前方丈，侍妾数百人，我得志，弗为也。般乐饮酒，驱骋田猎，后车千乘，我得志，弗为也。在彼者，皆我所不为也；在我者，皆古之制也，吾何畏彼哉？”

说大人，则藐之。

【注解】

①堂：殿堂的阶级。②榱（chuī）题：榱，承屋瓦的椽子。题，头。

【译文】

孟子说："游说诸侯，就得轻视他们，别把他们一时的显赫看得了不起。殿堂阶级高数丈，屋檐几尺宽，我如果得志，不会这么干。好菜好酒摆满了前面方丈宽的地方，伺候的姬妾多达几百人，我如果得志，不会这么干。天天饮酒作乐，驱驰田猎，跟随在后面的车子千多辆，我得了志，不会这么干。他们干的，都是我所不干的；我所干的，都符合古代制度，我怕他什么呢？"

◎第卅五章◎

【原文】

孟子曰："养心莫善于寡欲。其为人也寡欲，虽有不存焉者[①]，寡矣；其为人也多欲，虽有存焉者，寡矣。"

养心莫善于寡欲。

【注解】

①不存：这里的"不存"跟末句的"存"字，不是指人身的存亡，而是指是否不失人的本心。

【译文】

孟子说："养心的方法没有比尽量减少物质欲望更好了。那些平素物质欲望少的人中间，尽管也有失去本心（也即天生的善性）的，但是为数却很少；那些平素物质欲望多的人中间，尽管也有能保存他的本心的，但是为数也很少。"

◎第卅六章◎

【原文】

曾晳嗜羊枣[①]，而曾子不忍食羊枣。公孙丑问曰："脍炙与羊枣孰美[②]？"

孟子曰："脍炙哉！"

公孙丑曰："然则曾子何为食脍炙而不食羊枣？"

曰："脍炙所同也，羊枣所独也。讳名不讳姓[③]，姓所同也，名所独也。"

孟子对公孙丑问。

【注解】

①羊枣：一种紫黑色、小而圆的果实，俗称羊矢枣。但也有人认为羊枣不是枣子，是一种较小的柿子，初生时黄色，成熟后转为黑色，有点像羊矢，将它的树嫁接

便成为柿树。②脍（kuài）炙（zhì）：脍，细切肉；炙，烤熟的肉。③讳名：古代对于父母和君上的名不能称，也不能写，叫作避讳。

【译文】

从前曾皙非常喜爱吃羊枣，因而曾子不忍吃羊枣。公孙丑问道："细切熟肉跟羊枣哪一种更好吃？"

孟子答道："当然是细切熟肉嘛！"

公孙丑说："那么，曾子为啥吃细切熟肉却不吃羊枣呢？"

孟子答道："细切熟肉是人们所同爱吃的，羊枣却是（曾皙）所单独爱吃的。这跟人们对于父母君上避名不避姓是一样的，因为姓是大家共同的，而名却是父母君上所独有的。"

◎第卅七章◎

【原文】

万章问曰："孔子在陈曰：'盍归乎来！吾党之士狂简①，进取，不忘其初②。'孔子在陈，何思鲁之狂士？"

孟子曰："孔子不得中道而与之③，必也狂狷乎④——狂者进取，狷者有所不为也。孔子岂不欲中道哉？不可必得，故思其次也。"

"敢问何如斯可谓狂矣？"

曰："如琴张、曾皙、牧皮者⑤，孔子之所谓狂矣。"

"何以谓之狂也？"

曰："其志嘐嘐然⑥，曰：'古之人，古之人。'夷考其行而不掩焉者也⑦。狂者又不可得，欲得不屑不絜之士而与之，是狷也，是又其次也。孔子曰：'过我门而不入我室，我不憾焉者，其惟乡原乎⑧！乡原，德之贼也。'"

曰："何如斯可谓之乡原矣？"

曰："'何以是嘐嘐也？言不顾行，行不顾言，则曰，古之人，古之人⑨。行何为踽踽凉凉⑩？生斯世也，为斯世也，善斯可矣。'阉然媚于世也者，是乡原也。"

万子曰⑪："一乡皆称原人焉，无所往而不为原人，孔子以为德之贼，何哉？"

曰："非之无举也，刺之无刺也，同乎流俗，合乎汙世；居之似忠信，行之似廉絜；众皆悦之，自以为是，而不可与入尧舜之道，故曰'德之贼'也。孔子曰：'恶似而非者：恶莠，恐其乱苗也；恶佞，恐其乱义也；恶利口，恐其乱信也；恶郑声，恐其乱乐也⑫；恶紫，恐其乱朱也；恶乡原，恐其乱德也。君子反经而已矣⑬。经正，则庶民兴；庶民兴，斯无邪慝矣。'"

万章问孟子，孔子在陈国时为什么要念叨着鲁国那些狂放之士。

【注解】

①吾党之士狂简：语见《论语·公冶长》篇，作"吾党之小子狂简"。狂简，简，大，有志大、言大的意思，与世俗所谓"志大才疏"的人相类似。狂者进取大道，但方法不对头，所以赶不上中道的人。②不忘其初：这可能是万章引孔子的话，意思是说不能改变他们的旧习染。

③孔子不得中道而与之：语见《论语·子路》篇，“孔子”下有“曰”字，“中道”作“中行”。④狷（juàn）：一作獧，狷急，狷介，即性情正直，不肯同流合污的意思。⑤琴张、牧皮：琴张，见于昭公二十年《左传》及《庄子·大宗师篇》，一般都以为字子张，即孔子弟子颛孙师。但未见《仲尼弟子列传》，所以，也有人提出了疑问，牧皮，生平已无从考查。⑥嘐嘐（xiāo）：言大志大的样子。⑦夷：平，辨；“夷考”有考察的意思。⑧乡原：“乡原”一词，见《论语·阳货》篇，谨愿的人。因为他们似德非德，所以孔子以为“德之贼”，对他深恶而痛绝之。⑨“何以是嘐嘐也”至“古之人，古之人”：是乡原讽刺狂者的话。⑩行何为踽踽凉凉：踽踽（jǔ），独行不进的样子；凉凉，薄，不被人亲厚。这是乡原讥讽狷者的话。⑪万子曰：子，男子的美称。不称万章而称万子，是孟子对万章的赞赏。⑫郑声：郑有重（chóng）的意思。郑声大概是指弦急柱促、声音复沓悦耳的乐歌，这该是孔子时代的一种后起的新乐，拿那些典雅简单的诗乐去和它相比，自然要相形见绌。所以孔子要对它加以贬斥，以免动摇雅乐在乐坛的统治地位。⑬反经：万世不变的常道。反，复；经，常。

【译文】

万章问道：“孔子在陈国时说，‘何不归去呢！我们乡里的学生们不喜欢按照常规行事，志向大口气也大，一直没有改变他们的老脾气。’孔子在陈国，为什么要念叨着鲁国那些狂放之士呢？”

孟子说：“孔子说过‘得不到不偏不倚合于中行的人而加以奖掖鼓励，如果一定要奖掖鼓励一些人，那就只有狂放之士和狷介之士了啊！狂放的人富有进取心，狷介之士有所不为’。孔子难道不想得到不偏不倚合于中行的人吗？但不一定能得到，所以便只好想到次一等的人了。”

“请问怎样的人才可被称作狂放之士呢？”

答道：“像琴张、曾皙、牧皮这一类人，就是孔子所称的狂放之士。”

孔子曾指斥自己的弟子“狂简”。

“为什么说他们是狂放之士呢？”

答道：“他们表现出志向大口气也大的样子，口里常是这样嚷着：‘古代的人，古代的人。’但考察起他们的行为来，便不能和他们的语言密合无间。狂放之士又不易得到，（孔子）便想找到那些不屑干肮脏事的人而加以奖掖鼓励，这就是狷介之士，这又是（较狂放之士）次一等的人。孔子说：‘经过我的门口，却不进我的屋，而我并不感到遗憾的，那恐怕只有那些（虚伪透顶的）好好先生吧！那些好好先生，是损害道德的大害虫。”

问道：“怎样的人才叫作好好先生呢？”

答道：“那些好好先生讥讽狂放之士和狷介之士说：‘干嘛要这样志向高口气大呢？说的不管做的，做的不符合说的，光是叫嚷古代的人呀，古代的人呀。（你们这些狷介的人，）为什么把自己弄得这样孤单冷落呢？生在这个世界上，替这个世界上的人做事，混得差不多就可以嘛。’没有灵魂，装出一副讨好相，好让世上的人都喜欢他，这种人就叫作好好先生。”

万子说：“一乡的人都称他是好人，他无论到什么地方去都表现作好人，孔子却认为他是损害道德的大害虫，这是为什么呢？”

答道：“（像好好先生这种人，）你要指责他又举不出他什么太大的过错，你要讥刺他又像没有什么可讥刺的，这种人同流合污，平常与人相处好像忠厚老实，做起事来也好像廉洁方正，大家都喜欢他，他自己也沾沾自喜，觉得自己不错，但是与尧舜之道却是格格不入的，所以说是‘损害道德的大害虫’。孔子说：‘最讨厌的是那些外表相似实际却完全是两码事的东西：讨厌那些似苗非苗的狗尾草，为的是怕它混淆了禾苗；讨厌那些有歪才似义非义的人，为的是怕他们混淆了义；讨厌那些能说会道似信非信的人，为的是怕他们混淆了信实；讨厌那些声音复沓过分悦耳的乐曲，为的是怕它混淆了雅乐；讨厌那些似朱非朱的紫色，为的是怕它混淆了红色；讨厌那些似有德非有德的好好先生，为的是怕他们混淆了道德。所要求于君子的只不过是回到常道上来罢了。常道摆正了位置，百姓们便会积极奋发起来，百姓们积极奋发起来了，就不会有邪恶的事了。'"

孔子恶郑声，恐其乱乐也。

第卅八章

【原文】

孟子曰："由尧舜至于汤，五百有余岁；若禹、皋陶，则见而知之；若汤，则闻而知之。由汤至于文王，五百有余岁，若伊尹、莱朱①，则见而知之；若文王，则闻而知之。由文王至于孔子，五百有余岁，若太公望、散宜生②，则见而知之；若孔子，则闻而知之。由孔子而来至于今，百有余岁，去圣人之世若此其未远也，近圣人之居若此其甚也，然而无有乎尔，则亦无有乎尔。"

孟子叹息虽然距圣人遗迹不远，但却没有继承圣人道统的人。

【注解】

①莱朱：汤的贤相。②散宜生：散宜氏的后代，以文德著称。

【译文】

孟子说："从尧舜到商汤，经历了五百多年；像禹、皋陶这些人，是亲自看见因而知道尧舜治天下之道的；像商汤，便是听传闻而知道尧舜治天下之道的。从商汤到文王，也经历了五百多年，像伊尹、莱朱这些人，是亲自看见因而知道商汤治天下之道的；像文王，便是听传闻而知道商汤治天下之道的。从文王到孔子，又经历了五百多年，像太公望、散宜生这些人，是亲自看见因而知道文王治天下之道；像孔子，便是听传闻而知道文王治天下之道的。而从孔子直到今天，一百来年，离开圣人的时代像这样的不远，距离圣人的故乡像这样的近，可是没有继承道统的人，也竟然没有继承道统的人了（这真是一件令人担忧的事）。"